Handbook of Macroeconomic Data Analysis

宏观经济数据

分析手册

李奇霖　著

上海财经大学出版社
SHANGHAI UNIVERSITY OF FINANCE & ECONOMICS PRESS

图书在版编目(CIP)数据

宏观经济数据分析手册 / 李奇霖著. —上海:上海财经大学出版社，2021.8

ISBN 978-7-5642-3782-0/F·3782

Ⅰ. ①宏… Ⅱ. ①李… Ⅲ. ①宏观经济分析—手册 Ⅳ. ①F015-62

中国版本图书馆 CIP 数据核字(2021)第 088100 号

责任编辑: 李成军
封面设计: 钱宇辰
版式设计: 朱静怡

宏观经济数据分析手册

著　　者: 李奇霖　著
出版发行: 上海财经大学出版社有限公司
地　　址: 上海市中山北一路 369 号(邮编 200083)
网　　址: http://www.sufep.com
经　　销: 全国新华书店
印刷装订: 上海叶大印务发展有限公司
开　　本: 710mm×1000mm　1/16
印　　张: 36　(插页:2)
字　　数: 564 千字
版　　次: 2021 年 8 月第 1 版
印　　次: 2025 年 10 月第 16 次印刷
印　　数: 45 001—48 000
定　　价: 128.00 元

献给我的爱人和孩子

前　言

这个月的 PMI 为什么又高于预期了？工业增加值为什么与 PMI 产出指数背离？我们期待稳增长后基建投资会加速但实际结果为什么持续低于预期？为什么政策不断打压房地产，但房地产投资还是能持续高于预期？

投资者经常会问到这些问题，而宏观研究员要做的基础工作之一，就是要向市场回答这些问题。只有正确地解答了这些问题，我们才能找到预期差，而预期差是捕捉市场赚钱机会重要的基础。

为什么这样说呢？

因为资产价格是包含了市场预期的，研究员只有捕捉到预期差，并找到超预期或低于预期的逻辑和投资依据，市场才会对资产价格重新定价，而投资者实现盈利的关键就是这个重新定价的过程。

我们举一个比较经典的案例。

2020 年 4 月，国内已经基本上控制了新冠肺炎疫情，但疫情却在海外开始扩散，海外经济冰封，市场一度对外贸非常悲观，普遍认为 2020 年第二季度出口同比会降 30％以上，所以和外需相关的标的被市场嫌弃。

但从事实来看，4 月的出口数据就好于市场的预期了，仔细看下分项，是医疗物资支撑了出口，因为海外疫情暴发需要口罩和呼吸机。不过这个时候市场对外需相关标的还是嫌弃的，毕竟医疗物资的出口市场觉得是一锤子买卖，范围也不够广，就算 4 月出口数据超预期，也不觉得外需相关标的有什么好的投资机会。

到了5月，美联储已经开始大放水了，财政刺激也配合货币宽松加码刺激经济，而5月出口数据再度超过了市场预期。一看细项，可以发现这次超预期的不仅仅是医疗物资了，集成电路、手机、电子设备等与线上办公需求相关的电子出口也全面大涨。

然后到了6月，更多的出口产品都开始回升了。因为海外疫情扩散，叠加货币宽松把利率打到了零甚至负，所以海外的换房需求被激发了，市中心太挤，怕疫情扩散，有钱的愿意搬家到郊区住独栋。房地产一好，带动的出口就多了起来，家电、家具、箱包、工业品的出口需求都出来了，于是从6月开始，正式否定了投资者出口会低于预期、即使高于预期也不可持续的逻辑，确认了中国出口的高景气度。

更重要的是，在海外订单激增的同时，海外的产能却没有恢复，也就是说，全球都在依靠中国产能供应。

但由于海外没有复工，生产能力有限，因此中国将货物出口到欧美地区之后，空集装箱大量滞留在欧洲和北美港口，没办法及时运回中国，导致中国出口集装箱短缺，结果是集装箱运价指数大幅上涨，上海出口集装箱运价指数从2020年6月末的1 001.33，一路飙升至11月末的1 938.32，涨幅约为93.6%，其中最为热门的欧美航线涨幅尤为明显，涨幅达3—4倍。

那么，这个过程当中，与出口相关的标的表现如何呢？以中远海控(601919)为例，在市场对外需的质疑声中，2020年5月底股价最低跌到了3.14元，但后续随着出口预期修复，集装箱运价上涨，中远海控的股价开始持续上涨，2021年1月涨到了17.65元，半年的涨幅为5—6倍。如果能在5月的出口数据(6月上旬公布)中发现出口反转的逻辑，布局相关板块，是可以给投资者非常惊人的回报的。

到这里还没完，通过对贸易数据的分析，基本上可以确定，从2020年第三季度开始，中国经济增长的动能开始逐步恢复了。

经济增长动能恢复以后，政策就不会继续鼓励地产—基建产业链了，因为地产—基建产业链短期能稳增长，但长期扭曲经济结构，制造了资产价格泡沫。既然出口已经起来了，解决了短期稳增长的需要，就没必要放地产—基建出来造成更大的宏观结构扭曲了。

过去，政策层面不是不知道地产—基建的副作用，主要是不得已而为之。当外需不行，又有稳就业的考虑时，经济下行只能不断释放地产—基建产业链，通过地产和土地抵押融资，创造出信贷和财富，拉动经济增长，关键是要保住就业。

但现在有了出口后，相比于房地产和基建这两条老路，它创造的现金流能惠及更多企业（与出口相关的制造业板块）和居民，更容易形成良性循环，负面作用更小。企业有了现金流，杠杆也容易消化。

按这个主线，我们就可以推测出：

1. 房地产调控一定会从严，房企融资会趋势性收紧，基建投资会持续低于预期。

2. 货币政策会逐步回归常态化，金融监管也一定会加强，货币政策除了保留对小微企业的支持外，其他领域的流动性支持会逐步退出。对债券市场来讲，风险大于机遇，不仅要关注利率风险，还要关注地产—基建产业链上的信用风险。

3. 地产—基建产业链板块的低估值会长期化。

从这个例子里，我们可以看到，宏观基本面分析对市场趋势的判断是非常重要的，不仅如此，通过对基本面趋势的分析，还可以预判出政策面的变化。

我相信，这本书是有它独特的存在意义和价值的。

在我从业的经历当中，有幸成为部分财经院校的专业硕士生导师。在参与专业硕士培养的过程当中，我深刻感受到经济、金融的研究生教育，至少在教材这一块，与业界的真实需求是存在脱节的。

比如在研究生的培养体系中，学生既会学到一些中高级宏微观经济、金融学的课程，也会学到计量经济学，但对于在业界怎么使用这些知识，除非亲自去金融机构实习，否则是不清楚的。

本书希望建立一座满足高校经济、金融类培养和业绩研究需要的桥梁，让有志于想加入业绩研究领域的学生们能够了解到业绩研究在做什么，是如何通过宏观经济数据分析宏观经济问题的。

另外，对于希望通过学习宏观经济分析，提高市场和大类资产配置研判能力的投资者来说，本书也可以成为“敲门砖”。毕竟，宏观经济数据解读是宏观分析非常基础的工作。

能完成本书的写作，与团队小伙伴们的努力是分不开的，因此非常感激张德礼、聂政在本书写作过程中提供的帮助，也非常感谢我的同事和搭档孙永乐的坚守和付出，在团队人手最紧缺的时候，为本书的完成同样做出了卓越的努力。

目　录

前言　1

第1章　GDP分析　1

1.1　书本上的GDP　3

1.2　现实中的GDP　6

1.3　我们如何分析GDP　22

1.4　中国GDP历史数据复盘　40

第2章　工业数据分析(一)　51

2.1　初识工业增加值数据　53

2.2　如何解读工业增加值　57

2.3　如何预判工业增加值数据　71

第3章　工业数据分析(二):工业企业财务数据　87

3.1　初识工业企业财务数据　89

3.2　工业企业利润表解读　90

3.3　工业企业资产负债表数据解读　107

第4章 固定资产投资分析 125
4.1 固定资产投资统计制度 127
4.2 固定资产投资解读 132
4.3 固定资产投资相关问题探讨 142

第5章 基建分析 151
5.1 基建投资的口径与内涵 153
5.2 观测基建投资的三个维度 157
5.3 基建投融资史 182

第6章 房地产投资分析 199
6.1 房地产开发投资的构成 202
6.2 房地产开发资金来源 209
6.3 从房地产销售到房地产开发投资 218
6.4 房地产开发投资的预测与测算 228

第7章 制造业投资分析 235
7.1 观测制造业投资的三个视角 237
7.2 拆解制造业投资的四个维度 244
7.3 制造业投资回顾 253

第8章 消费分析 267
8.1 社会消费品零售总额概述 269
8.2 如何解读社会消费品零售总额 275
8.3 案例分析:2020年8月社零数据 300

第 9 章 进出口分析 307

9.1 进出口数据介绍 309

9.2 进出口数据解读 311

9.3 案例分析:2020 年 9 月进出口数据 347

第 10 章 物价分析 351

10.1 CPI 基本情况介绍 353

10.2 CPI 的预测 364

10.3 PPI 的介绍与预测 382

10.4 CPI 与 PPI 的分析 391

第 11 章 金融数据分析 407

11.1 社融与人民币信贷数据概览 409

11.2 社融的分项分析 413

11.3 货币供应量分析 428

11.4 金融数据的隐藏信息 435

11.5 案例分析 438

第 12 章 PMI 分析 449

12.1 官方 PMI 的基本概况 451

12.2 财新 PMI 455

12.3 官方非制造业 PMI 的基本情况 457

12.4 如何分析 PMI 461

12.5 案例分析 474

第 13 章 外汇数据分析 479

13.1 外汇占款 481

13.2 银行结售汇数据 488
13.3 国际收支平衡表 493
13.4 外汇占款、银行结售汇与国际收支之间的关系 505

第14章 财政数据分析 511
14.1 看懂“财政四本账” 513
14.2 解读财政数据 541
14.3 案例分析 556

第 1 章

GDP 分析

这一章我们将给出一个中国 GDP 数据的具体分析框架：一是总量分析，二是结构分析，后者又包括生产法和支出法两个视角，通过这两个视角，我们可以粗略地把握中国经济的产业结构和需求变化。

GDP,又称国内生产总值,是目前衡量一国经济发展最重要的宏观指标,甚至没有之一。

在本书中,我们将从书本跨越到实际,先向读者呈现统计局如何一步步核算出我们所熟知的GDP数据。

然后,我们将给出一个中国GDP数据的具体分析框架:一是总量分析,二是结构分析,后者又包括生产法和支出法两个视角,通过这两个视角,我们可以粗略地把握中国经济的产业结构和需求变化。

最后,在结合这个分析框架的基础上,我们将按照1978—2001年、2002—2011年、2012—2020年这三个主要的历史阶段,对改革开放以来的中国GDP增长史进行一轮简要复盘。

1.1　书本上的GDP

让我们先来复习一下教科书对于GDP的经典定义:一国(地区)在一定时期内生产的所有最终产品的市场价值。

关于这个定义,有几点需要把握:

第一,GDP只限于在本国内的生产。比如小明是个中国人,他在美国长期工作,他创造的产出不计入中国GDP。再比如中国企业A,它的美国子公司创造的产出也不计入中国GDP。而相反的,一个在中国长期工作的美国人,他的产出计入中国GDP。

有一个和GDP很像的概念:GNP(国民生产总值),它不考虑地域,只考虑国民身份。无论是小明的产出,还是企业A在美国的子公司产出,都计入中国GNP。

第二,"一定时期内"反映了GDP是一个流量概念,而不是存量概念。小明在2020年底有100万元的总资产,这是存量概念,小明在2020年赚了100万元,这才是流量概念。两类概念不能直接对比。

存量概念和流量概念不可比,这一点一定要注意,比如我们常用M2/GDP,其实就是在拿存量概念和流量概念做对比。

第三,GDP度量的是生产,而不是售出。企业A假如生产了100万元产品,这一年只卖出了 80 万元，最后计入这一年 GDP 的还是 100 万元。一辆在 2019 年生产，但是在 2020 年才卖出的车，其实车的价值已经计入 2019 年 GDP。

从另一个角度理解，企业 A 卖给了消费者 80 万元产品，又把剩余的 20 万元产品“卖”给了企业自己，而后者其实已经计入存货投资，所以这一年的 GDP 有 100 万元。

第四，GDP 考虑的是最终产品的价值，或者说是每个产品环节的增值。最终产品是 GDP 概念中相对难理解的部分。我们用一个例子说明：

(1)农业合作社 A 种植小麦，把小麦以 10 元的售价卖给面粉厂 B。

(2)面粉厂 B 把小麦磨成面粉，并把面粉以 20 元的售价卖给面包厂 C。

(3)面包厂把面粉加工成面包，以 30 元的售价卖给小明。

到了小明这，面包不再作为原材料，继续进入下一个生产环节，而是直接被消费掉了，这时面包就是最终产品，计入 GDP 的是 30 元。为什么不考虑小麦和面粉的价值呢？因为它们作为原材料，已经包含在面包的价值里了，如果把它们的价值也计入，GDP 显然就重复计算了。

当然，我们也可以把 GDP 理解为“新创造的价值”的总和，从增加值的角度看。在小麦的环节，价值增值是 10 元(假如其种植成本可以忽略不计)，面粉、面包的环节价值增值也都是 10 元。加起来合计 30 元，和利用最终产品价值计算出的 GDP 结果是一样的。

事实上，在实务中，我们很难一个个辨别哪些是最终产品，哪些是中间产品。所以反而是用行业增加值的思路来核算 GDP。

理论上说，GDP 有三种核算方法，分别是生产法、收入法、支出法。三者在核算理念上有所区别：

(1)生产法：一国最终的产出成果，等于各生产环节的增加值加总。各个生产环节的增加值＝总产出－中间投入。

(2)收入法：一国最终的产出成果，等于各类已投入生产要素应获得的回报。比如劳动力要素要得到工资回报，资本得到利息回报。

(3)支出法：一国最终的产出成果，等于最终使用。最终产品被使用的方式主要有三种：消费、投资和净出口。

尽管三者的核算理念不同，但最终的理论核算结果是一致的。我们可以用一个简化的经济运作模型解释。

假设一国只有企业部门和居民部门：

(1)企业A生产出100元钢材，全部卖给企业B。企业B拿这些钢材继续生产出200元机械设备和100元五金用具。由于只考虑最终产品，因此GDP就是300元(生产法)。

(2)如果居民部门买下了100元五金用具，形成了居民消费支出；企业A买下了200元机械设备，形成了固定资产投资，那么“消费＋投资”构成的GDP也是300元(支出法)。

(3)企业A在卖出钢材后，获得收入100元，假设生产成本低到可以忽略不计，那么在向居民支付50元工资后，还剩下利润50元。企业B的收入是300元，扣除100元钢材成本，再向居民支付100元工资后，还剩下企业B利润100元。居民部门工资收入＋企业A、B利润等于300元(收入法)。

换言之，生产法衡量的是创造了多少新产品价值，支出法衡量的是这些产品是怎么被使用的，收入法衡量的是产品带来的价值/利益是怎么分配的。三者是在说一件事的不同侧面。

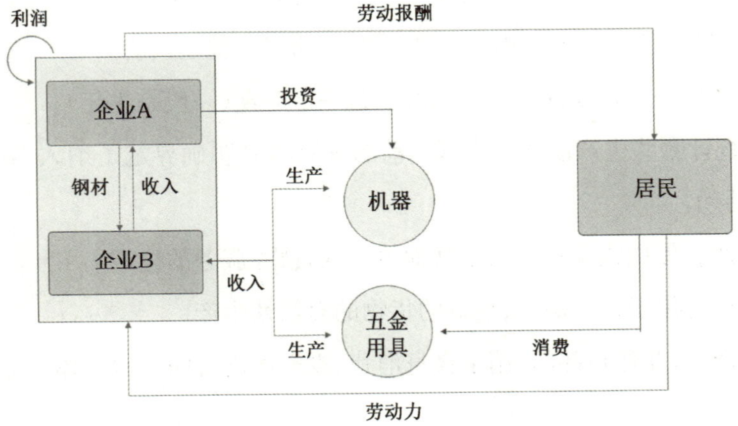

图1.1 一个简单的两部门经济运作模型

1.2 现实中的GDP

那么,现实中的GDP究竟是怎么核算出来的,它和书本上的GDP有什么区别?了解这个问题很重要,毕竟我们只能基于现实中的GDP指标做经济分析。

GDP核算是一个浩大的工程。在这里,我们暂时忽略掉那些统计技术上的细节,只把一些主要的概念、方法和核算步骤展现出来,让读者对GDP这个非常“宏观”的概念有更直观的理解。

1.2.1 统计范围的界定

目前中国的GDP核算方法,主要是基于《中国国民经济核算体系2016》,而这一核算体系又主要参考了联合国制定的国民账户体系SNA(2008)。

根据《中国国民经济核算体系2016》,GDP的定义为:一个国家所有常住单位在一定时期内生产活动的最终成果。其中,又主要在两个方面对GDP的统计进行了界定。

GDP统计哪些生产主体?主要是我国的常住单位,具体指的是在我国经济领土范围内“具有经济利益中心的经济单位”。对这些经济单位的选择是有门槛的:

(1)要在我国有一定的场所,比如住房、厂房或其他建筑物。

(2)要从事一定规模的经济活动并超过一定时期(一般是1年)。

GDP统计哪些生产活动?中国当前的核算体系明确界定了纳入GDP考察的四类生产活动:

(1)生产者提供或准备提供给其他单位的货物/服务的生产。

(2)生产者用于自身消费、投资的货物的自给性生产。

(3)生产者(非住户部门)用于自身消费、投资而进行的知识载体产品的自给性生产。

(4)自有住房提供的住房服务,以及雇用有酬家庭服务人员提供的家庭和个人服务的自给性生产。

总的来说,这个界定涵盖了很多自给性生产活动(包括第二、第三和第四项),

所以其实比传统教科书上对GDP生产活动的界定(主要针对市场性活动)更宽泛。

关于GDP生产范围的界定,历史上其实是在不断拓宽的。1993年SNA主要将自给性的货物生产纳入核算范围,2008年SNA则主要纳入了自给性的知识载体产品生产。我国的核算体系也跟随调整,和SNA基本保持了一致。

当前GDP核算不包含的生产活动,主要是居民自给性的服务生产,比如小明给自己家打扫卫生,这种活动的价值不计入GDP。一方面是因为这些纯粹的非市场活动很难合理估价,另一方面,如果把它们也纳入GDP统计范围,会降低GDP对于经济分析和政策制定的参考价值。

当然,统计范围只是划定了边界,受限于现实的统计能力,其实不是所有的经济主体、所有的生产活动都被仔细地考量和核算过,GDP没办法百分之百地反映一个国家的生产状况。这一点,我们接下来看GDP的核算流程就会知道。

1.2.2 怎么核算生产法GDP

目前中国对外公布的GDP数据,以生产法GDP为主,更准确来说是生产法+收入法混合。我们先来介绍这种方法。

生产法GDP,其实就是各行业的增加值加总。那么,第一步就是合理划分经济行业。

我国GDP统计主要基于《国民经济行业分类标准》。目前该标准已经更新到了2017年版,2019年之后的GDP核算,已经采用了最新的行业划分标准。

根据该标准,可以将我国经济划分为20个门类行业、97个大类行业、473个中类行业以及1 381个小类行业。

考虑到资料可获得性和工作复杂度,实际GDP核算涉及的行业细分程度是有限的。

其中,季度GDP核算能够拿到的基础资料不是很详细,所以主要基于19个门类行业(不含国际组织),部分门类行业会进一步细化为行业大类。

年度GDP核算则基本可以细分到所有大类行业来核算,不过也稍微做了一些调整,例如房地产业会继续拆分为5个中类行业核算。

另一种分类方法,则是按照三次产业分类,即所谓的第一产业、第二产业、第三产业。这三大产业，基本上是对20个国民经济门类行业的再组合，不过根据最新的三次产业分类标准，第一产业、第二产业中一些辅助性的活动，被划入了第三产业。

具体的三次产业和国民经济行业组合方式如表1.1所示。

表1.1 三次产业划分和国民经济行业分类方法

三次产业类别	国民经济行业门类行业	大类行业	中类行业	小类行业
第一产业	农林牧渔业——农、林、牧、渔专业及辅助性活动	5	24	72
第二产业	采矿业——开采专业及辅助性活动	7	19	39
	制造业——金属制品、机械和设备修理业	31	179	609
	电力、燃气及水生产和供应业	3	9	18
	建筑业	4	18	44
第三产业	批发和零售业	2	18	128
	交通运输、仓储和邮政业	8	27	67
	住宿和餐饮业	2	10	16
	信息传输、软件和信息技术服务业	3	17	34
	金融业	4	26	48
	房地产业	1	5	5
	租赁和商务服务业	2	12	58
	科学研究和技术服务业	3	19	48
	水利、环境和公共设施管理业	4	18	33
	居民服务、修理和其他服务业	3	16	32
	教育	1	6	17
	卫生和社会工作	2	6	30
	文化、体育和娱乐业	5	27	48
	公共管理、社会保障和社会组织	6	16	34
	国际组织	1	1	1

有了行业划分之后，第二步就是获得各个行业的基础统计资料。

在核算季度GDP时，统计局能拿到的资料主要包括：

(1)统计局搜集的调查资料，比如各种农林牧渔业、工业、建筑业统计调查资料。

(2)其他部门的行政记录资料，比如央行的金融机构信贷收支数据、税务局的分行业税收数据等。

在核算年度GDP时，统计局能拿到的资料更多一些，除了国家统计调查资料和行政记录资料外，还可以获得：

(3)部门年度财务统计资料，比如交通运输部汇总的交通行业年度财务统计数据等。

(4)财政决算资料。

不同行业有相应的官方统计资料。但总的来说，常规年度GDP就是在上述4类原始资料的基础上加工、整理出来的(见表1.2)。

表1.2　　一些主要行业的增加值核算基础资料来源

主要行业	主要资料来源		
	国家统计局调查资料	部门财务统计资料	部门行政记录资料
农林牧渔业	农林牧渔业总产出和中间消耗调查资料	—	—
工业	规模以上工业企业统计资料、规模以下工业企业抽样调查资料	—	—
建筑业	建筑业生产经营情况和财务状况调查资料	—	—
交通运输、仓储和邮政业	运输邮电业统计资料	交通运输部、国资委、邮政局、中石油、中石化等部门财务统计资料	交通运输部和税务总局有关行政记录
信息传输、计算机服务和软件业	重点服务业抽样调查资料、劳动工资统计资料	工业和信息化部电信和其他信息传输服务业财务数据	—
批发和零售业	批发和零售业经营情况和财务状况调查资料	—	财政部有关行政记录
住宿和餐饮业	住宿和餐饮业经营情况和财务状况调查资料、投入产出调查资料	—	—
金融业	—	央行、银保监会、证监会等部门财务数据	央行、银保监会、证监会、商务部、税务总局等部门行政记录
房地产业	房地产开发企业统计资料、城乡住户调查资料	—	国家税务总局全国税收收入分税种分行业资料

资料到手后，第三步就是分别计算各行业的增加值。在实际核算过程中，有两点需要注意：

第一，根据我国目前的GDP核算方法，农业、林业、渔业、牧业等行业增加值采用生产法核算，其他行业则采用收入法核算。

(1)生产法核算方法：行业增加值＝总产出－中间投入。

以农林牧渔业为例，统计局要从农林牧渔业统计报表中，拿到农林牧渔业总产值数据，以及中间消耗数据，再用总产值－中间消耗，计算增加值。

(2)收入法核算方法：行业增加值＝劳动者报酬＋生产税净额＋固定资产折旧＋营业盈余。

这四个项目的定义以及计算方法示例，我们在表1.3中列示。由于各个项目在核算过程中有很多细节问题需要处理，不同行业具体计算方式也不同，限于篇幅，这里就不展开谈了。

表1.3　　　　四个收入法项目的概念范围和计算方法示例

收入法项目	概念范围	具体计算方法示例(2010年)
劳动者报酬	劳动者报酬指劳动者从事生产活动应获得的全部报酬，既包括货币形式的报酬，也包括实物形式的报酬。主要包括工资、奖金、津贴和补贴，单位为其员工缴纳的社会保险费、补充社会保险费和住房公积金、行政事业单位职工的离退休金、单位为其员工提供的雇员股票期权及其他各种形式的报酬和福利等。个体经济活动中自雇者的劳动者报酬和营业盈余不易区分，在实际核算中按一定比例划分	总承包建筑业企业劳动者报酬＝本年应付工资总额＋本年应付福利费总额＋劳动、失业保险费＋住房公积金及住房补贴＋工会经费×60%＋差旅费中属于劳动者报酬的部分＋经营费用、管理费用和财务费用中其他属于劳动者报酬的部分＋实物报酬
生产税净额	生产税净额指生产税减生产补贴后的差额。其中生产税分为产品税和其他生产税，产品税主要有增值税、消费税、进口关税、出口税等；其他生产税主要有房产税、车船使用税、城镇土地使用税等。生产补贴包括农业生产补贴、政策亏损补贴、进口补贴等。生产补贴作为负生产税处理	总承包建筑业企业生产税净额＝工程结算税金及加＋管理费用中的税金＋经营费用、管理费用和财务费用中其他属于生产税净额的部分

续表

收入法项目	概念范围	具体计算方法示例(2010年)
固定资产折旧	固定资产折旧指由于自然退化、正常淘汰或损耗而导致的固定资产价值下降,用以代表固定资产通过生产过程被转移到其产出中的价值。各类企业和执行企业会计准则的事业单位的固定资产折旧,一般按当期计提的折旧费核算;不计提折旧的单位,如政府机关、不执行企业会计准则的事业单位以及居民住房的固定资产折旧,应按照统一规定虚拟计算。原则上,固定资产折旧应按照固定资产的重置价值计算	总承包建筑业企业固定资产折旧=本年折旧
营业盈余	营业盈余指常住单位创造的增加值扣除劳动者报酬、生产税净额和固定资产折旧后的余额	总承包建筑业企业营业盈余=(营业利润－投资收益－公允价值变动收益)＋工会经费×40%＋经营费用、管理费用和财务费用中其他属于营业盈余的部分

简单以建筑业为例,统计局要从建筑业企业财务状况表、生产经营情况表中,获得企业的各种财务数据,然后基于这些财务数据,分别计算出劳动者报酬、生产税净额、固定资产折旧和营业盈余四大项目,最后加总得到行业收入法增加值。

不过,上述说法仍然简化了核算过程,因为建筑业中有很多资质外建筑企业、个体经营户等,它们都缺乏官方的统计资料,最终需要通过推算,才能得到其增加值,我们下文会讲到。

第二,部分资料丰富、翔实的行业,可以直接计算增加值数据。而资料不足的行业,需要推算。特别是季度GDP核算,由于资料限制,因此很多行业都需要采用推算方法。

推算的方法主要有三种:比例推算法、增加值率推算法、相关指标推算法。

(1)比例推算法。例如建筑业有很多资质外建筑企业,统计局缺乏其生产数据,那么只能先计算出今年资质内企业的增加值,再参考过去资质内企业的增加值占全行业比重(一般是基于经济普查数据计算这个比重),反推出整个建筑业的增加值。

(2)增加值率推算法:增加值=总产出×增加值率。

例如租赁和商业服务业,在采用收入法核算的时候,四个构成项目没办法直接核算，那么只能参考过去四个项目占总产出的比例，再用今年的行业总产出×收入法各项目占比，得到各项目推算数据，再加总获得行业增加值。

（3）相关指标推算法：增加值＝上年同期增加值×（1＋相关指标增长速度）。这里的增加值也可以换成总产出，或者收入法各项目。

例如仓储业，统计局可以获得仓储服务企业的营收增速，今年的仓储业总产出，可以用去年仓储业总产出×营收增速计算得到。然后再用增加值率推算法，进一步算出仓储业的收入法增加值。

因为间接计算是一种估算，所以一定程度上会影响 GDP 的核算精确度。大部分的行业其实是直接计算和间接计算混用。2013 年数据显示，利用基础资料直接计算的行业增加值约为 GDP 的 55%，采用间接计算的约为 45%。随着这几年统计资料不断丰富和完善，现在直接计算的比例可能会更高一些。

可以发现，GDP 核算其实并不能做到绝对“精确”，它某种程度上还是一个估算值。

表 1.4　　少数行业完全采用直接计算方法，大部分是直接和间接计算方法混用

产业部门	计算方法	
	直接计算法	间接计算法
农林牧渔业	√	
工业	√	
建筑业	资质内建筑业企业	其他建筑业企业
交通运输、仓储和邮政业	国有及国有控股铁路运输业企业、国有及国有控股航空运输业企业、管道运输业、邮政业	其他铁路运输业、道路运输业、城市公共交通业、水上运输业、其他航空运输业、装卸搬运及其他运输服务业、仓储业
信息传输、计算机服务和软件业	电信和其他信息传输服务业	计算机服务业和软件业
批发和零售业	限额以上批发和零售业企业	限额以下批发和零售业企业、批发和零售业个体经营户
住宿和餐饮业	限额以上住宿和餐饮业企业	限额以下住宿和餐饮业企业、住宿和餐饮业个体经营户
金融业	√	
房地产业	房地产开发经营业	物业管理业、房地产中介服务业、其他房地产活动

最后，在计算出了各个行业的增加值后，把它们全部加总起来，就可以得到最终的生产法 GDP。

1.2.3 怎么核算支出法 GDP

另一种核算 GDP 的方法是支出法。支出法 GDP 尚未建立正式的季度核算制度，因此目前只披露年度数据。

在支出法下，GDP 被分为最终消费支出、资本形成总额、货物和服务净出口三部分核算。

最终消费支出主要包括居民消费支出和政府消费支出。

居民消费支出总共包括 10 个类别：(1)食品烟酒。(2)衣着。(3)居住。(4)生活用品及服务。(5)交通和通信。(6)教育、文化和娱乐。(7)医疗保健。(8)金融中介服务。(9)保险服务。(10)其他商品及服务。

这些类别数据中的(1)－(7)和(10)主要基于住户调查中的居民消费支出资料计算(住户调查是抽样调查)，不过也参考了行政记录资料、行业协会数据等其他资料，比如"交通和通信"类别中的汽车消费支出，会参考汽车工业协会的轿车销量等数据推算。(8)和(9)则主要参考金融和保险业统计资料计算。

政府消费支出与财政支出密切相关，但需要做一些调整。

财政支出包括两部分：一部分是购买性支出，另一部分是转移性支出。购买性支出又包括政府消费性支出(也称经常性支出)和政府投资性支出，两者最大的区别在于，前者是非生产性的，不形成任何资产。只有经常性支出算作政府消费支出。

具体而言，GDP 下的政府消费支出＝财政支出中的经常性业务支出－经营性业务收入＋固定资产折旧。其中经常性业务支出主要是指工资福利性支出、商品和服务性支出等。相关数据主要来自财政支出决算明细表。

资本形成总额主要包括固定资本形成总额、存货变动。

固定资本形成总额指的是常住单位在一定时期内获得的固定资产减去处置的固定资产的价值总额，可分为有形固定资本形成总额和无形固定资本形成总额两部分。

在具体操作中，主要按照 8 个分项计算：(1)住宅。(2)非住宅建筑物。(3)土地改良支出。(4)机器和设备。(5)矿藏勘探费。(6)计算机软件支出。(7)研究与开发支出。(8)其他支出。

固定资本形成总额主要是基于全社会固定资产投资额计算出来的,但同时也做了一些调整,关于两者的差别我们将在下文中提到。

存货变动按照 8 个行业分别计算:(1)农林牧渔业。(2)工业。(3)建筑业。(4)批发和零售业。(5)交通运输仓储及邮政业。(6)住宿和餐饮业。(7)房地产业。(8)其他服务业。

每个行业的存货变动,都通过相应行业的统计调查或财务资料,获取期初、期末存货价值数据核算。

计算存货变动时,剔除了价格变动所引起的存货持有收益/损失。因此存货变动=期末存货价值−价格调整后的期初存货价值。

货物和服务净出口,主要由货物与服务出口金额减去进口金额计算得出。相关数据直接取自国际收支平衡表。

最终消费支出、资本形成总额、货物和服务净出口三者加总,即得到支出法 GDP。

理论上支出法 GDP 与生产法 GDP 最终的核算结果是相等的,但在实务中,由于两者在统计资料、统计方法方面存在差异,因此核算结果会存在误差。因为我国以生产法 GDP 为准,所以这一统计误差项最终填列在支出法(使用方)栏目下(见表 1.5)。

表 1.5　支出法和生产法 GDP 之间的统计误差填列在支出法下

生　产	金　额	使　用	金　额
1. 生产法国内生产总值		1. 支出法国内生产总值	
总产出		最终消费支出	
中间投入(—)		居民消费支出	
2. 收入法国内生产总值		为住户服务的非营利机构消费支出	
劳动者报酬		政府消费支出	
生产税净额		资本形成总额	
生产税		固定资本形成总额	
生产补贴(—)		存货变动	

续表

生 产	金 额	使 用	金 额
固定资产折旧		贵重物品获得减处置	
营业盈余		货物和服务净出口	
		货物和服务出口	
		货物和服务进口(一)	
		2. 统计误差	

1.2.4 名义 GDP 和实际 GDP

统计局在核算 GDP 时会同时核算现价 GDP 和不变价 GDP,它们也被分别称作名义 GDP 和实际 GDP。

它们有什么区别?我们用下面这个例子说明:

假设 A 国只生产汽车:

2015 年,一辆汽车的价格是 10 万元,到了 2020 年,一辆汽车的价格涨到了 20 万元。

如果 2020 年 A 国生产了 100 辆汽车,那么这一年的名义 GDP 就是 2 000 万元(简单假设中间投入为 0),即 2020 年价格×2020 年数量。

而 2020 年的实际 GDP(指定基期为 2015 年)则只有 1 000 万元,即 2015 年价格×2020 年数量。

换言之,名义/现价 GDP 是用现在的价格计算的 GDP,实际/不变价 GDP 是用基期价格计算的 GDP。

注意,基期是可以随意变化的,如果选择了不同的基期,那么实际 GDP 的数值会存在差异。所以我们在说明实际 GDP 的绝对额时,一般要指明基期。

为什么我们还要使用实际 GDP 这个概念呢?因为实际 GDP 通过保持基期价格不变,进而剔除了价格因素,能够更纯粹地反映产出数量变动的影响。

在实际统计中,统计局核算不变价 GDP 也是采用生产法和支出法。

从生产法的角度看,不变价 GDP 由各行业的不变价增加值加总而得,它的核算是和现价 GDP 核算同步进行的。

计算各行业不变价增加值的方法有两种:价格指数缩减法、物量指数外推法。

不同行业用的方法不同，相关的价格/物量指数也不同。

价格指数缩减法：行业不变价增加值=行业现价增加值÷价格指数。

比如，工业用的是工业生产者出厂价格指数来缩减，建筑业用的是建筑安装工程价格指数来缩减。

物量指数外推法：行业不变价增加值=上年同期不变价增加值 ×(1+物量指数增长速度)

有一些行业，更方便得到的指标是物量指标，比如铁路运输业，可以利用铁路客货运周转量指数，在上期增加值的基础上，直接外推出当期不变增加值(因为只考虑了"量"的变化，价格还是保持了基期价格)。

表 1.6　部分行业采用的不变价增加值核算方法及相关的价格/物量指数

行业(一级分类)	不变价增加值核算方法	相应的价格指数/物量指数
农林牧渔业	价格指数缩减法	农产品生产价格指数、林产品生产价格指数、畜产品生产价格指数、水产品生产价格指数、农业生产服务价格指数
工业	价格指数缩减法	工业生产者出厂价格指数中各对应行业大类指数
建筑业	价格指数缩减法	建筑安装工程价格指数
批发和零售业	价格指数缩减法	商品零售价格指数
交通运输、仓储和邮政业	价格指数缩减法、物量指数外推法	铁路客货运周转量指数、道路客货运周转量指数、水上客货运周转量指数、航空客货运周转量指数、输油(气)周转量指数、邮政业务总量指数、服务项目价格指数
住宿和餐饮业	价格指数缩减法	宾馆住宿价格指数和其他住宿价格指数的简单算数平均指数、居民消费价格指数中的在外用膳指数
信息传输、软件和信息技术报务业	价格指数缩减法	居民消费价格指数中的通信服务指数、职工平均工资指数
金融业	价格指数缩减法、物量指数外推法	货币金融服务缩减指数、股票成交量指数、保险业缩减指数、货币金融服务缩减指数
房地产业	价格指数缩减法、物量指数外推法	房地产开发经营业加权价格指数、居民消费价格指数中的物业管理指数和服务项目指数、城镇居民住房面积指数、农村居民住房面积指数

不变价GDP的支出法核算方式与生产法是一致的，也是主要采用价格指数缩减法、物量指数外推法。

目前只有少部分支出项目，采用的是物量指数外推法，比如“GDP－居民消费支出－居住项”中的自有住房服务价值，使用“居民自有住房面积发展速度”这一物量指数外推。其他绝大部分项目，采用的都是价格指数缩减法。

不过，支出法下的不变价GDP还处于试算阶段，部分项目的核算还有待完善，比如政府消费支出、存货变动、净出口等。因此目前并不对外公布不变价核算结果，而只是公布三大支出项目对GDP不变价同比的贡献率和拉动点数。

另外，在实际GDP的基期选择问题上，统计局也有相关规定。

目前计算不变价GDP需要每隔若干年调整一次基期。在1981年到2000年间，是每10年调整一次基期。而自2001年至今，是每5年调整一次基期，例如2011－2015年的实际GDP，以2010年为基期计算，2016－2020年数据则按2015年价格计算。

在核算了现价GDP和不变价GDP之后，为了衡量它们之间的关系，有一个专门的指标，叫作GDP平减指数。

统计局公布的GDP平减指数＝当期现价GDP÷当期不变价GDP。这里的不变价GDP，采用的基期为上一期，即每一年(季)的GDP平减指数计算，都以上一年(季)价格作为不变价。

因为现价GDP未剔除价格因素，而实际GDP剔除了，所以两者相除得到的GDP平减指数，其实可以看作我国所有最终货物和服务的价格总指数。

该指数与我国常用的其他的CPI、PPI等价格指标不同。

一是核算思路有所不同。CPI、PPI等指数是直接编制的价格指数，而GDP平减指数是将现价GDP与不变价GDP相除得到的(不过在计算不变价GDP时，有些行业增加值的计算，可能利用CPI或者PPI数据进行价格缩减，这是它们的关联所在)。

二是统计范围有所不同，CPI只考虑居民消费相关的商品和服务，PPI则主要反映工业企业产品的价格，而GDP平减指数则涵盖了所有生产的货物和服务。

1.2.5 GDP 数据的修订

季度 GDP 的初步核算数，一般是季后 15 天左右公布。年度 GDP 的初步核算数，一般是次年 1 月 20 日左右公布。

GDP 在初步核算后，还需要最终核实。

而季度、年度 GDP 的最终核实数，则一般要到隔年 1 月份才会出来。

相比于初步核算，最终核实数参考的资料会更丰富，比如能拿到财政决算资料、行业财务资料，计算得到的 GDP 数据也会更准确。

上述属于常规修订，此外中国历史上还有几次 GDP 的全面修订。

如果 GDP 核算方法变化，或者行业分类标准发生变化，那么统计局就会全面修订 GDP 历史数据。最典型的就是 2017 年中国国民经济核算体系重大调整，将研发支出纳入 GDP，随之更新了历史 GDP 数据。

另外，每次开展全国经济普查后，由于对第二、三产业开展了全面性调查，有了范围更大、内容更丰富、准确的基础数据，往往也会修订年度、季度 GDP 历史数据。

第一次经济普查在 2004 年，之后逢 3 和逢 8 年份为经济普查年。目前我国一共开展了四次经济普查，分别是 2004、2008、2013、2018 年。

普查年的次年 12 月左右会发布经济普查数据，并且修订普查年及以前年份的 GDP 数据。

这四次经济普查，对普查年名义 GDP 的修订幅度分别为＋16.8％、＋4.4％、＋3.4％、＋2.1％，修订幅度基本上是越来越小，这也反映了中国 GDP 数据统计质量在不断改进。

经济普查对 GDP 的修订，可能会对经济预测造成一些影响，所以也比较受市场关注。

例如 2020 年是中国全面建成小康社会的关键之年，根据“十八大”目标，我国国内生产总值需要较 2010 年翻一番。按照这一信息，可以推算出 2020 年需要达到的 GDP 增长目标。

在第四次经济普查对实际 GDP 同比增速的影响没有出来之前，预估 2020 年实际 GDP 增速需要达到 6.1％左右，才能完成翻一番目标。但是在第四次经济普查修订结果出来后，历史 GDP 增速被调高，使得 2020 年 GDP 增速只需要达到 5.5%，就能实现 GDP 翻番目标，这就使得当时市场对经济刺激政策的期待进一步降温。

最后我们可以观察一下，在经历了历史多轮修订后，当下最新的 GDP 同比增速和各年初步核算的 GDP 增速之间有什么差异。

首先，修订后各年的 GDP 同比增速基本都更高了。

其次，修订前后的 GDP 差异，在这几年越来越小，这一方面可能是因为历史 GDP 核算与现在有很多细节方面的不同，从后往前回溯修订更困难，所以数据差异也越大；另一方面也可能和近年来参考资料的丰富、核算质量的提高有关。

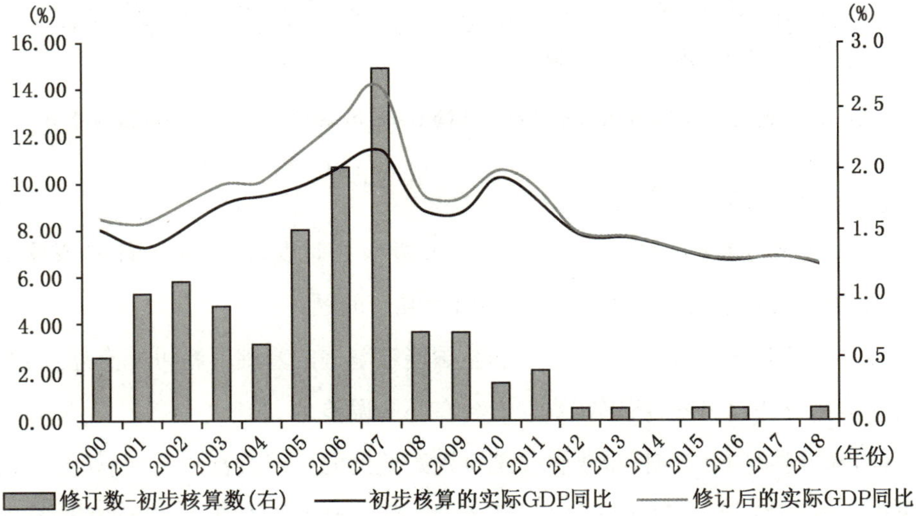

图 1.2　多轮修订后的 GDP 同比，比初次核算的 GDP 同比要更高

1.2.6　地区 GDP 加总是否等于全国 GDP

最后有一个常见问题：如果将各省份的 GDP 加总，按理来说应该等于全国 GDP，但事实上两者并不一致。

21 世纪初以来的各省市现价 GDP 合计值，一直高于全国 GDP，并且两者始终存在不小的误差，这一差异在 2013—2014 年高达 4 万亿元左右。不过 2017—2019

年两者间误差明显缩小，特别是2018—2019年，省份合计值开始低于全国值。

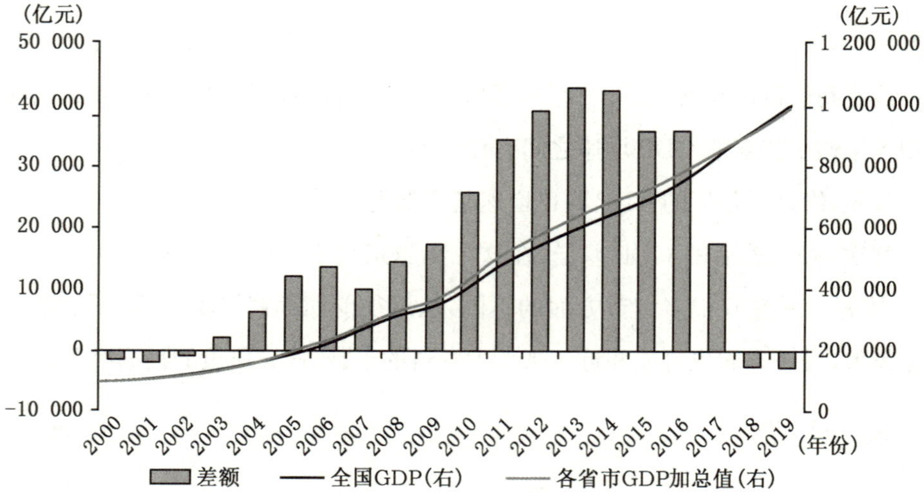

图1.3　地区GDP合计值多年来高于全国GDP，但2018—2019年差异显著缩小

该如何理解这两者之间的误差？

第一，差异存在的一个重要原因在于分级核算制度，即国家统计局核算全国GDP，各省统计局核算各省GDP。这会带来几个问题：

(1)在GDP核算过程中，每个省和全国能够掌握的基础资料可能有差异，有时采用的推算方法也不同，所以在统计上会有一些误差。

(2)地方核算GDP时，很难去仔细辨别跨地区的生产经营活动，例如某公司在A市设立母公司，B、C两市分别设立子公司，那么到了年末，B、C两地在核算地区GDP的时候，就有可能将子公司创造的增加值记入当地的GDP，造成重复计算。

(3)基层的统计力量可能相对薄弱，统计人员可能配置不足、业务水平不高，这都会影响地方GDP的统计质量。

第二，有些地方政府为了彰显政绩，可能会给GDP数据注水，导致GDP虚高。天津、辽宁、内蒙古等地都曾曝光过本省的经济数据造假行为。国家统计局也曾公开过多起统计违法案件，地方统计工作人员编造并代填代报企业统计数据，人为拉高地方GDP。

上述主客观原因，共同导致地方GDP加总值常年高于全国GDP。

该如何理解这个误差在2017—2019年的缩小呢?

如果地区GDP加总持续与全国GDP存在较大差异,可能会让人质疑GDP核算的客观性,也很难基于GDP数据来分析地区的经济结构。

2019年我国提出GDP统一核算改革,即不再是地方自行核算GDP,而是由国家统计局领导,各省统计局参与,统一核算。

借助于第四次经济普查,2018年GDP已经进行了统一核算,并有了修订结果。调整之后,地区GDP加总略小于全国GDP。这主要是因为有一些生产活动,比如驻外使领馆、军队武警,以及一些不宜划分地区的保密单位,它们的活动仅核算在全国,地区GDP是不核算的。

从调整后数据来看,各省GDP数据都或多或少有一些变动。其中,山东、天津、河北与东北三省等14个省(直辖市)下调;安徽、上海、福建、广东和浙江等17个省(直辖市)上调。总体来看,调高的省份以南方居多,调低的省份以北方居多。

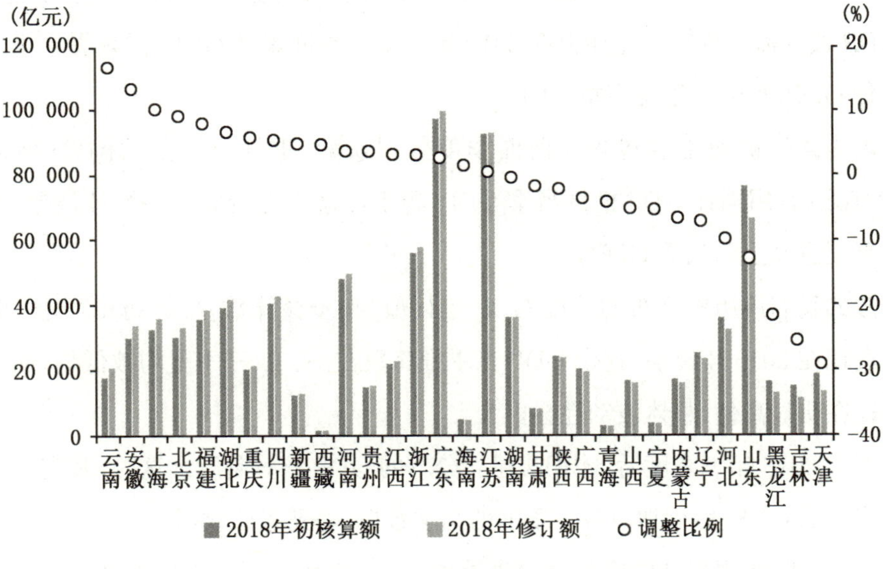

图1.4 2018年各地区GDP的初步核算值以及统一核算后的修订值对比

未来,随着GDP统一核算的改革调整,地方GDP合计值和全国GDP之间的差异将显著缩小,并且这个差异可能会保持一个相对稳定的负值。

1.3 我们如何分析 GDP

现在，假如有一份刚公布的季度/年度 GDP 数据摆在我们面前，我们该如何解读？又该如何简单地预测 GDP 走势？

1.3.1 总量分析

GDP 分析分为两步走，第一步看总量，第二步看结构。

先来看 GDP 绝对额。季度 GDP 在公布时一般会有两个值（累计值和当季值），在这里我们需要简单区分一下这两者。

累计值是指年内累计，比如二季度 GDP 累计值，是指第一至第二季度的 GDP。而二季度 GDP 当季值则仅指二季度 GDP。

在 2015 年三季度之前，GDP 采用的是累计核算方法，公布的也是累计值，当季 GDP 数据需要推算。比如根据 2019 年一至三季度累计 GDP，再减去一至二季度累计 GDP，得到三季度当季 GDP。

因为累计值通常会包含对前面季度数据遗漏、重复及误报的调整，所以在 2015 年之前，用累计 GDP 推算当季 GDP，将不可避免地造成一些统计误差，不能得出真正意义上的当季 GDP。

假如我们用历史公布的季度 GDP 累计值（初步核算数）推算历史当季 GDP。可以发现在 2015 年以前，这个 GDP 当季推算数在一、二、三季度均被低估，而在四季度存在明显高估，整体波动性会更大。

到了 2015 年三季度后，才正式建立分季的 GDP 核算制度。这时，其实是先核算出当季的 GDP，然后加总各个季度的当季数据，得到累计数据。

所以这时候用累计值反推出的当季值，其实和官方公布的当季值数据基本是一致的。只有每年的四季度数据除外，因为第一至第四季度累计 GDP，其实就是年度 GDP，这时会根据新资料再做一些调整，所以按照第一至第四季度累计值反推出的四季度 GDP 当季值，会与公布数据有一定差异（当然这里只是指初步核算值，之后的 GDP 修订工作会把差异都抹平）。

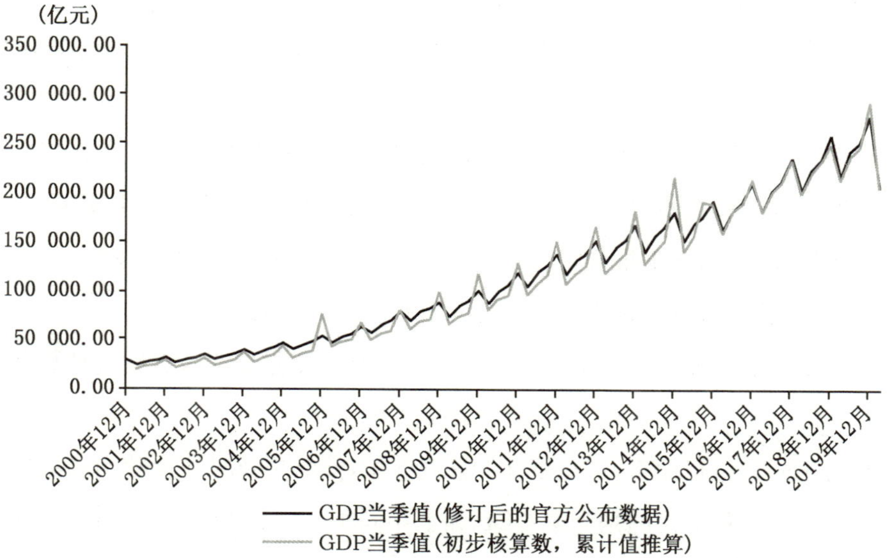

图1.5　2015年之前,用GDP累计值推算的当季值存在较大误差

我们现在一般在分析季度GDP数据时,当季值和累计值都可以看,但一般分析的是官方公布的GDP当季值。

紧接着,如果观察我国GDP当季值变动趋势,可以发现,长期来看GDP一直处于扩张趋势。每年的GDP一般都高于上年,各季度GDP一般都高于上年同期。

另外我们也可以发现非常明显的季节性规律,每年的一季度到四季度,GDP绝对额是逐季增加的。这可能是由于以下几个原因导致的:

(1)节假日因素。比如一季度有春节,企业停工停产。

(2)农作物生长周期。主要农作物的收成期一般是下半年。

(3)消费、出口旺季在下半年。这可以从社会消费品零售总额(简称社零)、出口金额年内波动趋势看出。

正是因为GDP数据存在明显的长期增长趋势和季节性波动,所以对比GDP绝对额意义并不大。

事实上,我们更关心的是变动率,即经济增长速度的快慢。另外,我们还需要一些办法剔除季节性波动,以便把握经济变化的主趋势。

一个传统的处理办法是计算GDP同比。通过比较当季GDP与上年同一季度的GDP(具有相同季节性),就可以剔除季节性因素的影响。

这里需要注意的是,我们使用的往往是不变价GDP同比,即所谓的实际GDP同比。

因为实际GDP同比剔除了价格因素,能让我们更清晰地识别出,经济增长中哪些是物价上涨得来的,哪些是生产/需求扩张得来的,而后者是我们此时更关注的。

各类媒体报道、学术报告中所提到的GDP增速,如"2020年一季度GDP增速为−6.8%",若不含特殊说明,一般也都是指实际GDP同比。

另一个方法是先对不变价GDP做季节性调整(简称季调),然后再计算环比指标。

相对于同比指标而言,环比指标的好处在于,能够更及时地反映当前的经济运转状况。同比增速对比的是当季GDP和上年同季GDP,理论上说,同比包含了好几个环比增速的连乘(存在基数效应的干扰)。而环比指标只对比了当季GDP和上季GDP,包含的历史信息更少,也就更"新"、更"灵敏"。

问题在于,计算环比之前,怎么对当季GDP做合理的季节性调整,以剔除季节性波动呢?

2011年一季度,国家统计局建立了季度GDP环比统计制度,此后会定期公布季调后的GDP环比。统计局主要基于季节调整软件(NBS−SA)对GDP进行季节调整,该软件涉及一些相对复杂的计量处理方法,同时考虑了中国独特国情,比如剔除了春节、端午、中秋等假日因素。

从图1.6中可以看出,在季节性调整之后,GDP环比增速没有了季节性波动,明显更具有参考价值了。

不过目前来看,统计局公布的季节性调整后GDP环比数据,时间区间相对较短,运用的还不是很广泛。人们更喜欢用的还是GDP同比数据。

对于海外发达经济体而言,GDP季节性调整体系已经非常完善,所以会直接公布季节性调整后的GDP绝对值,美国、日本、欧盟都是如此。

例如美国开发了自己的季节性调整工具(X−13 ARIMA),季调因素包括假期因素、月工作天数,甚至还综合考虑了冬季天气、工厂生产计划等一系列因素。

而因为有了比较科学的季调数据,所以这些国家更关心的是GDP的环比指

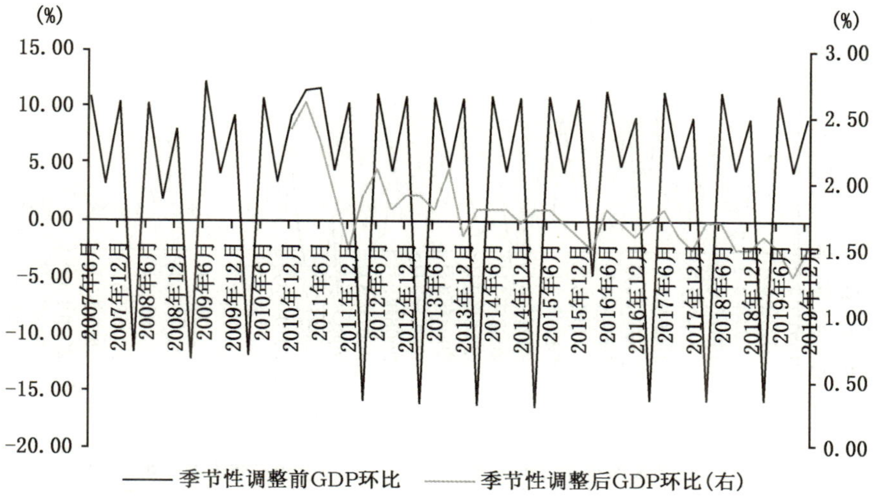

图 1.6 季调后的 GDP 环比增速，比季调前更具有意义

标，而不是同比指标。

关注海外经济的读者，应该会对“环比折年率”这个概念比较熟悉。这是海外发达经济体用于描述 GDP 增长的主要指标。

环比折年率＝(1＋环比增速)^4－1，近似等于环比增速×4。这是假设经济可以连续 4 个季度，都保持同样的环比增长速度，进而将环比指标年化。思路有点像是我们用复利的方式，把月利率换算成年化利率。

实际上，这个指标就是把季度 GDP 的环比变动幅度放大，以更清楚地展示短期经济的波动情况。一般来说，GDP 的环比折年率变动幅度会大于同期的 GDP 同比变动幅度。

简单总结一下。目前对我国 GDP 进行总量分析，最主要的指标还是不变价 GDP 同比。

第一，我们可以先拿它和机构预测值对比，看是超出预期还是低于预期。

第二，我们可以拿它和历史数据比，看是走高还是走低，变动斜率如何。

第三，我们可以拿它的变动情况和海外主要经济体的 GDP 数据变动对比，看看走势是否具有一致性，增速谁高谁低。但是在对比的时候，要注意同环比指标的差异性。

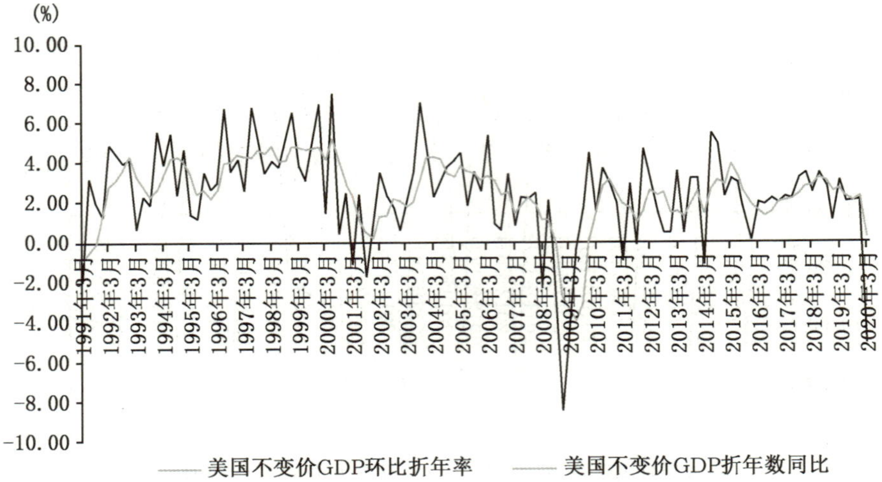

图 1.7 美国 GDP 环比折年率波动幅度大于折年数同比

1.3.2 结构分析

在对 GDP 数据进行了总量分析后，接下来我们需要深入分析 GDP 的结构。有两个基本视角：一个来自生产法，另一个来自支出法。

生产法 GDP 是各行业增加值的加总，分析生产法 GDP 的构成，实际就是在分析产业结构和产业变化。

支出法 GDP 由消费、投资、出口构成，通过分析这几大项，可以摸清经济需求的变化情况。

1. 生产法视角

我们首先需要搞清楚的是，对于 GDP 而言，三次产业各自的重要性如何。

从历史数据看，我国第一产业和第二产业增加值占 GDP 比重都在下降，而第三产业占比正不断上升，目前已经居于主导地位（见图 1.8）。截至 2019 年，第一产业、第二产业、第三产业按不变价计算的 GDP 占比分别为 7.4%、39.6%、53.0%。

但是，我们想知道的不仅仅是三大产业的 GDP 占比，因为从短期来看，三次产业结构一般不会发生大变动，只有长期来看，这个数据才会呈现出清晰的变动趋势，才具备分析价值。

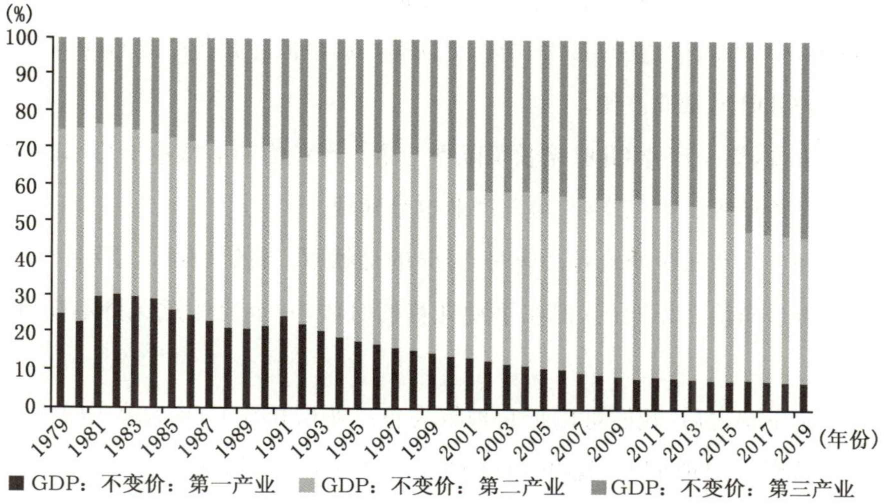

图1.8 第三产业占GDP比重不断上升

我们更关注的是三大产业增加值（为便于说明，下文中都直接简称为某产业GDP）在短期的变动幅度，以及它们各自对GDP增速的影响程度。

由于统计局没有公布各产业的季调GDP环比数据，因此三大产业GDP的变化幅度，只能由不变价同比来度量。

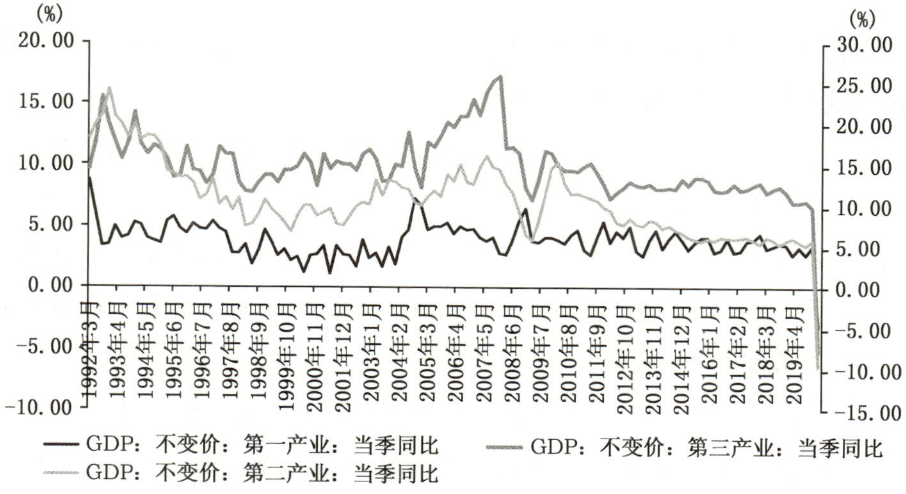

图1.9 三次产业GDP同比变动趋势

有了三大产业的 GDP 同比之后，可以分别计算出它们对 GDP 增速的拉动效果。

首先需要计算各产业的 GDP 增长贡献率。这个概念和各产业 GDP 占比有点像，不过是 GDP 增量的占比。

具体来说，第一产业 GDP 增长贡献率＝第一产业增加值增量÷总 GDP 增量，均采用不变价计算。第二产业、第三产业也是同理。

统计局会公布每个季度各产业对 GDP 的贡献率。我们也可以手动计算得到，结果和官方公布值是相同的（但在手动计算的时候，一定要注意保持不变价 GDP 基期一致）。

有了贡献率之后，我们可以把它理解为各产业增长在 GDP 增长中的权重，用各产业贡献率×GDP 同比，就可以得到各产业对 GDP 的拉动点数。

比如，2019 年四季度第三产业 GDP 增长贡献率是 55%，GDP 同比增长率是 6%。二者相乘，可以得到第三产业对 GDP 增长的拉动程度约为 3.3%。统计局也会公布拉动点数这个指标。

第一产业、第二产业、第三产业对 GDP 增长的拉动点数之和，等于 GDP 同比变动（见图 1.10）。这样，我们就可以清晰地解构出各产业对 GDP 增长的影响程度。

在上述过程中，最关键的还是对各产业的 GDP 同比分析。而无论是解读各产业 GDP 同比背后隐藏的信息，还是预测产业 GDP 同比，只依靠 GDP 数据本身是不够的，我们需要一些相关指标辅助判断。

首先是第一产业。上文我们曾提到，第一产业（农林牧渔业）GDP，主要是通过总产出－中间消耗核算出来的。

因为中间消耗相对比较稳定，所以第一产业 GDP 的波动，主要源于农林牧渔总产值波动。农林牧渔总产值同比没有剔除价格因素，所以它和第一产业的现价 GDP 同比走势基本上是相近的。

而第一产业现价 GDP/总产值的波动，又主要源于价格波动，而非生产波动。

第一产业 GDP 平减指数累计同比（代表“价”）的走势，和现价 GDP 同比是一致的。而第一产业不变价 GDP 同比（代表“量”）变动则比较小。

总的来看，因为第一产业的 GDP 增长贡献率很低，一般都在 5%左右，并且不

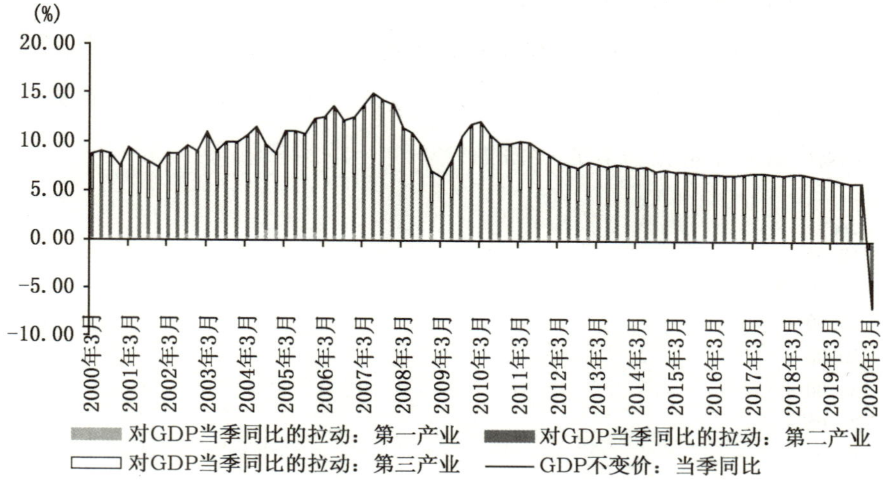

图 1.10　三次产业对 GDP 增长的拉动点数之和等于 GDP 同比变动

变价 GDP 同比波动不大，所以我们对 GDP 的分析，往往也不涉及第一产业。

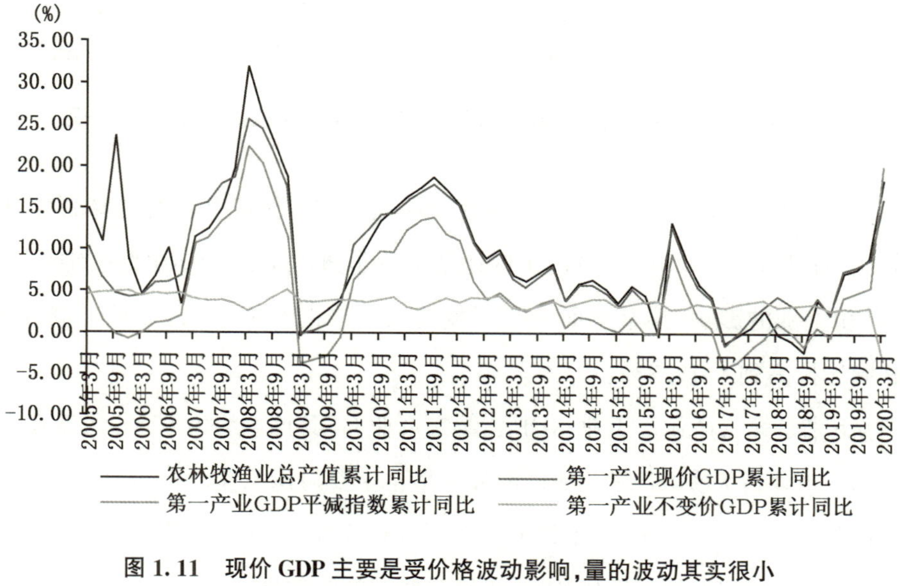

图 1.11　现价 GDP 主要是受价格波动影响，量的波动其实很小

不过，关于第一产业，2020 年一季度有一个有趣的现象。

因为新冠肺炎疫情下的物理隔离，所以农业生产和畜牧业养殖受到了比较大的冲击，导致第一产业不变价 GDP 同比大幅走弱至－3.2%。但与此同时，第一产业 GDP 平减指数同比却在飙涨。这说明量减、价升。

我们可以通过农产品生产价格指数同比来观察价格变动。它是统计局用价格缩减法将农林牧渔业现价增加值转换为不变价的主要指标，所以它和第一产业 GDP 平减指数同比走势基本是一致的。

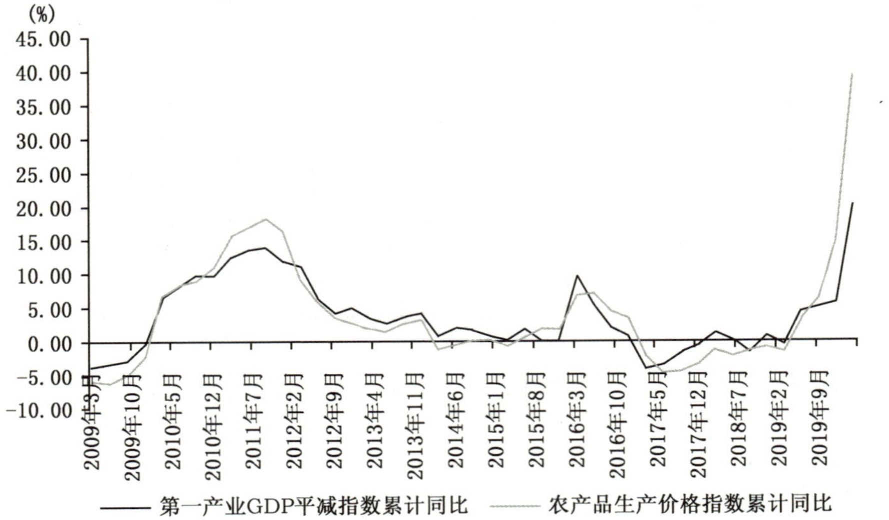

图 1.12 农产品生产价格指数同比和第一产业 GDP 平减指数同比走势一致

而在农产品生产价格指数中，畜牧业产品是一季度价格上涨的主要品种，特别是猪肉。很明显，2020 年一季度，中国还处于由非洲猪瘟引起的超级猪周期中。

猪价上涨的影响，甚至全面盖过了疫情对生产的负面冲击，而把一季度现价 GDP 同比拉高到了 16.2%。

接下来是第二产业。工业 GDP 占第二产业 GDP 比重约为 85%，建筑业 GDP 占 15%。工业占大头，GDP 分析的时候一般也主要讨论工业。

工业生产状况的好坏，对于我国经济而言非常重要。因此，统计局会在每个月中旬公布工业增加值的同环比数据，以增强数据的时效性。

工业增加值这个指标是我们分析的重点。我们目前经常用它来代替对工业 GDP 的分析。原因在于：(1)工业增加值是月频数据，能够帮助我们及时地跟踪工业生产的短期变化。(2)工业增加值除了公布总体增速外，还会同时公布 41 个子

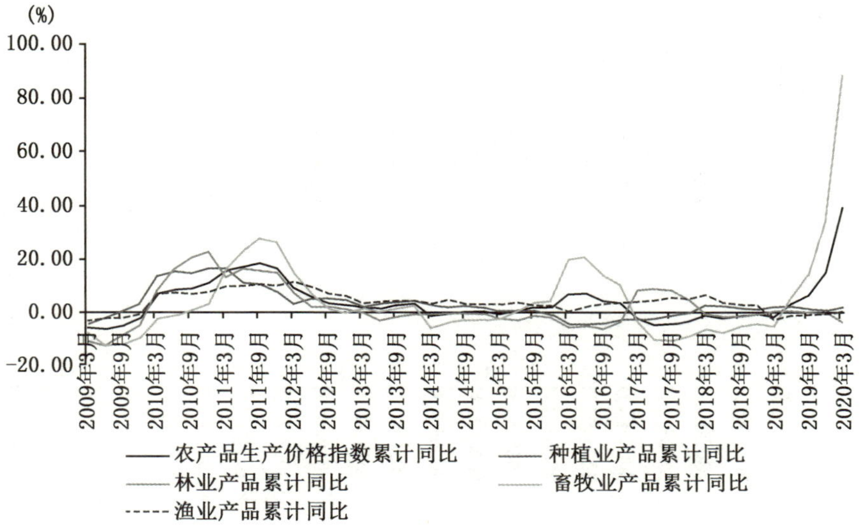

图 1.13　农产品生产价格指数同比中,2020 年一季度最主要是畜牧业产品生产价格指数同比在上涨

行业的增速,有利于我们深入把握各行各业的动态。

那这个独立的工业增加值指标,和 GDP 项目下的“工业增加值”(即我们所指的工业 GDP)有什么差异呢?

最主要的差别在于统计范围。

工业增加值只统计了规模以上的工业企业,即营收在 2 000 万元及以上的工业企业,而工业 GDP 则包含了所有工业企业。不过,规模以上企业本来就是工业企业主体,所以这一点影响也不大。

除此之外,两者都是增加值的概念,没什么差别。

工业增加值同比,本身已经剔除了价格因素,所以从历史走势来看,和工业不变价 GDP 同比是比较一致的。

关于工业增加值这个指标,这里不深讲,我们后续还有专门的文章对它进行介绍。

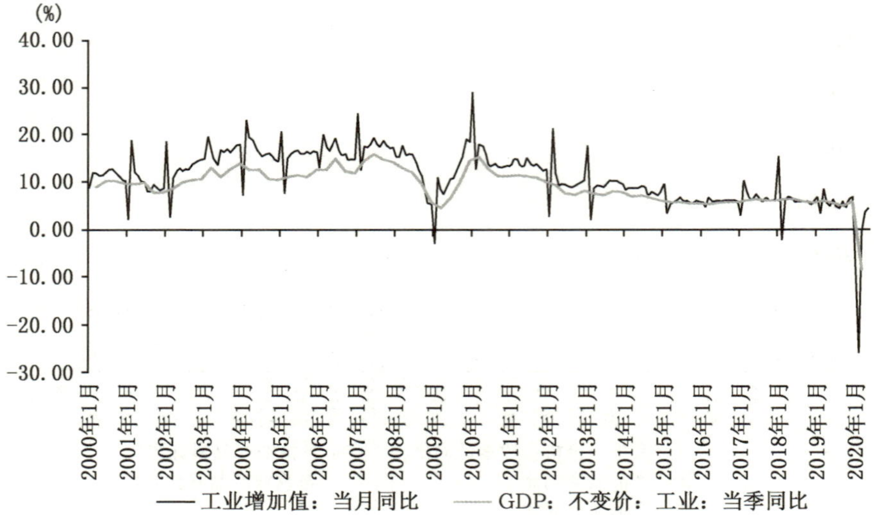

图 1.14　工业增加值同比增速和工业不变价 GDP 的增速走势一致

最后是第三产业。随着第三产业占比不断增长，对 GDP 波动的影响力也就越来越大，我们不能忽视这种影响。

但是，第三产业所包含的行业范围比较广泛，目前又缺乏一个类似于工业增加值的月频综合性指标能够跟踪服务业变化，这就增加了我们的分析难度。

国家统计局自 2017 年开始发布了服务业生产指数同比(剔除了价格因素)，这是一个能够反映服务业经济活动的月度运行情况的综合性指标。但这个指标目前的适用性还不是很好，原因在于：

(1)只覆盖了市场性活动。而服务业 GDP 既包含市场性活动，也包含非市场性活动，比如科教文卫等行业中的非市场性活动。

(2)不够准确。为了保证时效性，该指标能够参考的基础资料有限，并且对于部分行业采用了推算预估。服务业 GDP 的核算相对更完整、准确。

(3)数据披露期限较短。目前该指标最早只到 2016 年 12 月。

从 2017 年以来的已有数据来看，服务业生产指数同比和第三产业 GDP 同比在大方向上是一致的，但短期走势有所背离，服务业生产指数似乎领先了半年左右(见图 1.15)。

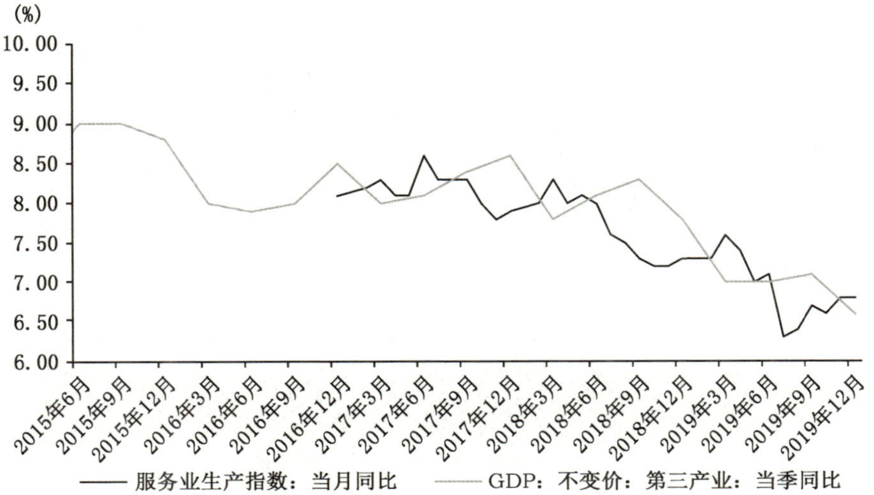

图1.15　服务业生产指数同比和GDP同比大方向一致，但短期走势有所背离

未来随着服务业生产指数的数据时间跨度不断拉长，核算方式不断改进，研究者可能会给予这个指标更多的关注。

另一个可用于替代分析的综合性指标是服务业PMI。

但它是用调查问卷的形式统计的，和第三产业GDP的核算思路完全不同。并且它本质上是一个环比指标，不适合直接拿来与第三产业GDP同比做比较（而第三产业GDP又没有季调后的环比指标）。

然而，考虑到它是月频数据，有时效性，我们还是可以参考这个指标来简单地判断服务业的短期变化（见图1.16）。

由于缺乏比较完善的综合性指标，我们有时候需要分行业具体分析第三产业。

目前，第三产业中，有8个行业会公布增加值的季度数据：(1)批发和零售业。(2)交通运输、仓储和邮政业。(3)住宿和餐饮业。(4)信息传输、软件和信息技术服务业。(5)金融业。(6)房地产业。(7)租赁和商务服务业。(8)其他行业。

“其他行业”中又包含了7个子行业，比如卫生和社会工作、教育业等。但是这些行业的增加值只披露年度数据，并且数据相当滞后，目前最新数据只到了2017年。

从披露季度数据的8个行业来看，我们可以选择优先分析那些GDP占比较

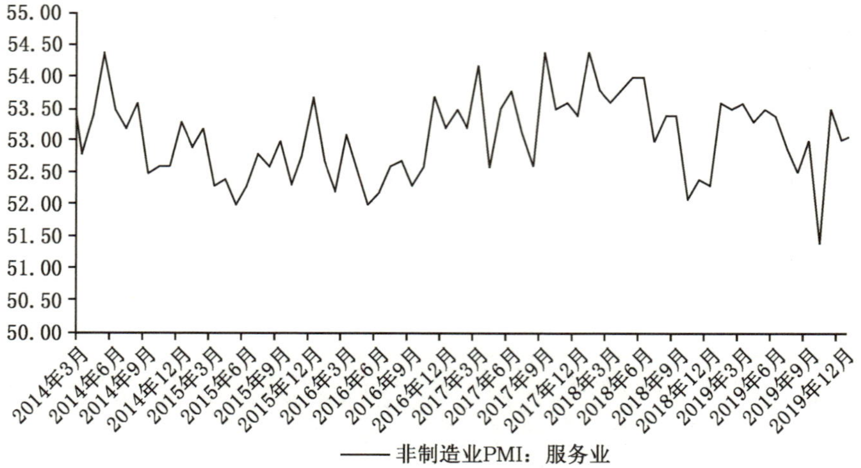

图 1.16 服务业 PMI 可以粗略地用于判断服务业短期变动情况

高、波动性又比较大的行业，比如金融业、房地产业等，它们对 GDP 增速变化的影响力更大(见图 1.17)。

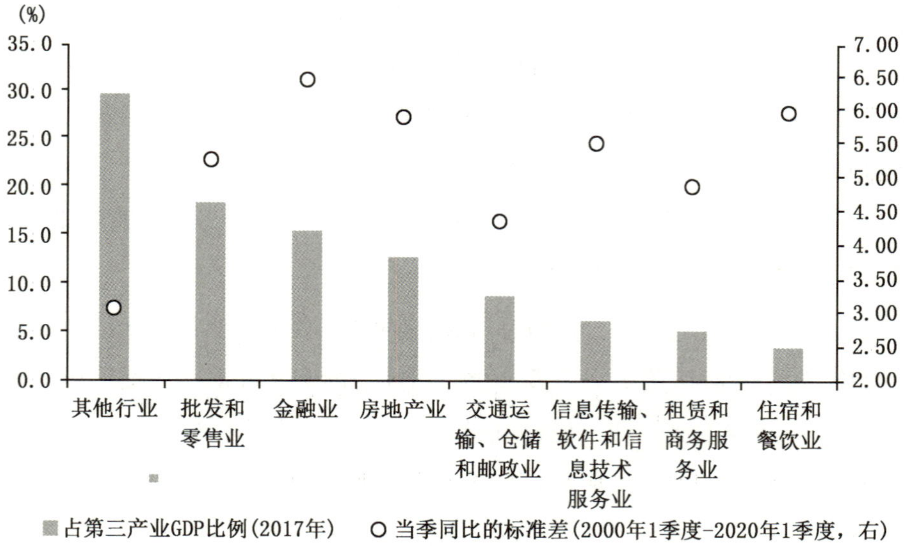

图 1.17 8 个服务行业的 GDP 占比和当季同比标准差对比

对于每个行业，我们都可以选择一些指标来拟合该行业 GDP 同比的变动情况，特别是那些统计局在GDP的核算过程中使用了的指标。但有两点需要注意：

(1)这个指标最好是物量指标，不包含价格因素。

(2)我们只能通过这些指标的变化分析GDP变化的具体原因，或是判断未来GDP可能存在的趋势和拐点，而很难直接测算出相应行业GDP增速的具体数值。

例如，金融业GDP同比和股票成交量月度同比有比较明显的相关性，因为股票成交量与证券公司的经纪业务收入密切相关(见图1.18)。这反过来也说明证券业的波动，可能是影响整个金融业GDP波动的重要因素。

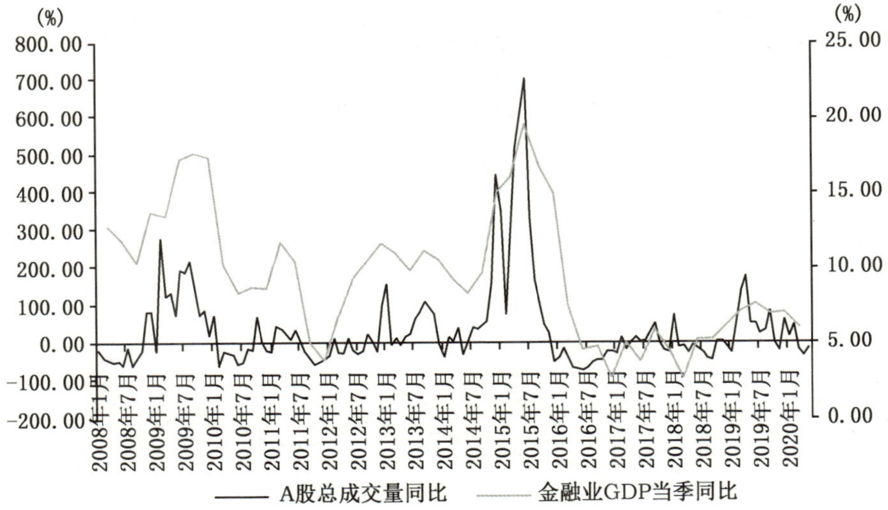

图1.18 金融业GDP同比和A股成交量同比走势相关

又如，商品房销售面积同比的走势和房地产业GDP同比是基本一致的(见图1.19)。我们可以利用前者(月频数据)判断房地产业GDP同比的拐点和变动方向。

2. 支出法视角

我们一般在分析GDP时，它其实是更主要的视角。因为消费、投资、净出口作为三大主要需求变量，在短期内的变动是比较灵敏的，并且有显著的经济意义。

三大需求中哪个的影响力最大？从三大需求的GDP贡献率来看(和上文提到的GDP贡献率是同一概念)，目前消费变动对经济增长的影响力最显著，其次是投

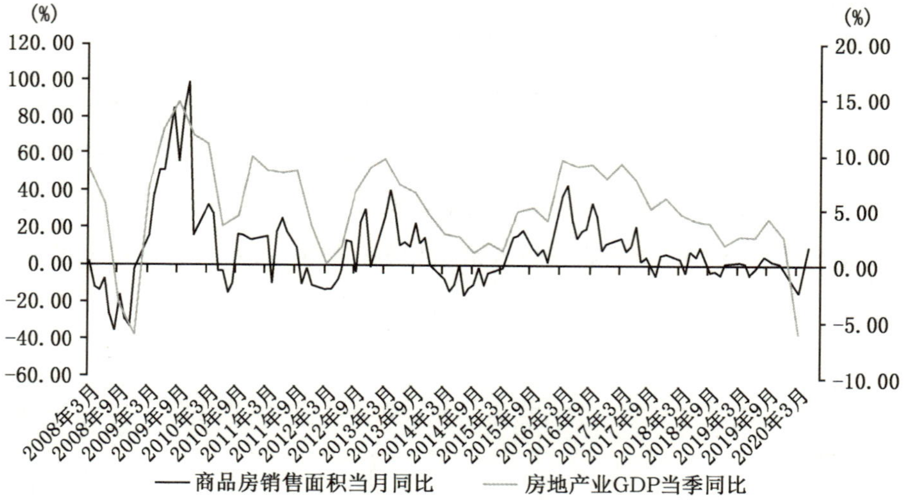

图 1.19　商品房销售面积和房地产业 GDP 同比走势相关

资，最后是净出口（见图 1.20）。

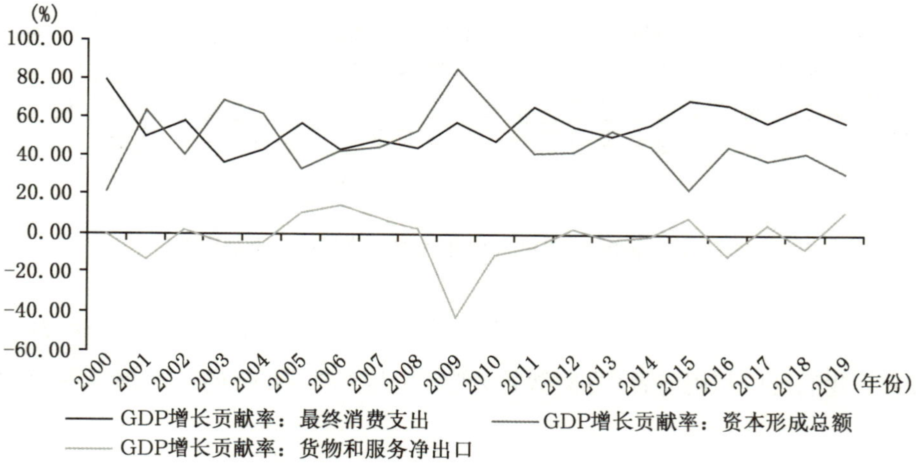

图 1.20　消费和投资对 GDP 增长的贡献比例比较高

2019 年，消费、投资和净出口对 GDP 增长的贡献分别占到了 6 成、3 成和 1 成。

接下来我们需要分别分析消费、投资、净出口，看看是哪个因素导致 GDP 增速的升降。

比较遗憾的是，目前支出法GDP的季度数据所显示的信息量比较少，消费、投资、出口等没有更详细的数据。所以我们只能参考一些频率更高、细节更多的相关经济指标辅助判断。在使用时，须注意它们与GDP指标间的差异。

首先来看消费。目前我国反映消费的指标主要有三个：一是GDP—最终消费支出（年频），二是住户调查中的居民消费支出（季频），三是社会消费品零售总额（月频）。

住户调查中的居民消费支出，是GDP—最终消费支出的主要核算基础资料。但它没有涵盖政府消费支出，并且它仅披露人均消费支出增速，参考意义有限。

目前，市场上常用社会消费品零售总额来替代对GDP最终消费支出的分析。

这个指标与最终消费支出在核算范围方面，存在一些差别：

(1)社会消费品零售总额只包括了商品零售、餐饮服务，其他服务性消费支出（如教育医疗支出等）均未被包括在内。而GDP—最终消费支出涵盖了上述支出。

(2)GDP—最终消费支出还包括了"虚拟消费支出"，比如居民的自有住房服务价值、一些自产自销的商品或服务（比如农产品）、隐含在利息中的金融中介服务等。这些都是社会消费品零售总额不包括的。

(3)社会消费品零售总额中，有一些消费行为在GDP中其实是计为投资的，最典型的比如居民建房时买的建筑材料。

不过，从历史走势来看，两个指标的增速拟合效果还不错（见图1.21）。考虑到暂时还没有其他能够度量消费的更好的指标，现在不妨先用它来判断消费状况的大体变化。

再来看投资。GDP—资本形成总额可以分为固定资本形成总额、存货增加两部分。

固定资本形成总额占绝对主体，一般占95%以上，而存货增加占比很小。我们一般也只分析固定资本形成总额。

有一个指标与固定资本形成总额长得非常像：固定资产投资完成额。它反映了全社会建造和购买固定资产的工作量和相关费用。

固定资本形成总额和固定资产投资完成额有区别，它们存在一些统计范围方面的差异：

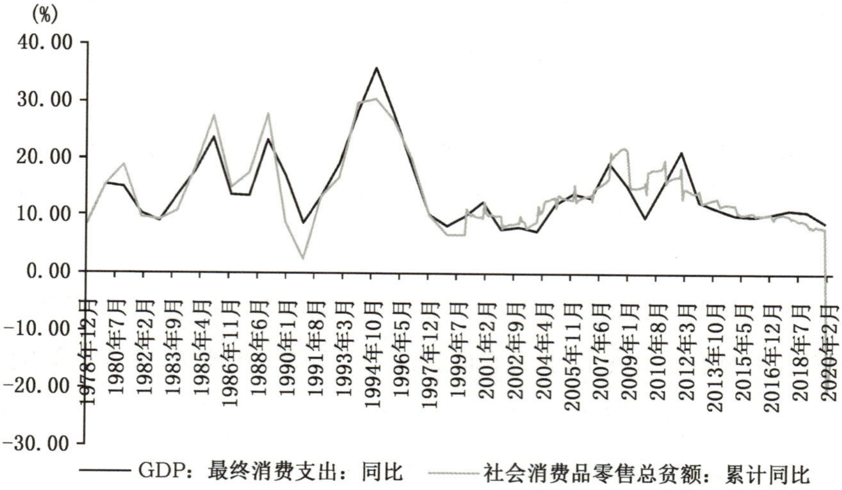

图 1.21　GDP—最终消费支出同比与社会消费品零售额同比走势相关

(1)固定资产投资完成额只统计 500 万元及以上的非农户项目(除房地产企业开发地产项目没有规模限制外)。而固定资本形成总额没有以 500 万元作为门槛，统计了所有规模的项目。这个是最主要的区别。

(2)固定资产投资完成额包含土地购置费、旧建筑物购置费和旧设备购置费等，但固定资本形成总额将它们剔除了。

(3)固定资本形成总额还包括了商品房销售增值，以及培育性生物资源、知识产权产品等无形固定资产的增加。固定资产投资完成额则不包括。

固定资产投资完成额是个非常重要的指标，市场关注度也很高。

一方面，它是 GDP—固定资本形成总额核算时的重要基础资料，我们在上文中曾提到这一点。另一方面，它是月频数据，时效性很强，而且资料翔实、细节丰富。我们平时在分析投资数据的时候，也以固定资产投资完成额为主。

历史上两个指标的变动比较一致，但是在 2017—2018 年，GDP 固定资本形成总额增速出现大幅抬升，与固定资产投资完成额增速的趋势性下行明显背离(见图 1.22)。

我们猜测这个背离的形成，主要是因为 2017 年后 GDP 核算体系更新，固定资本形成总额将更多的知识产权产品纳入核算范围，特别是纳入研究与开发支出这

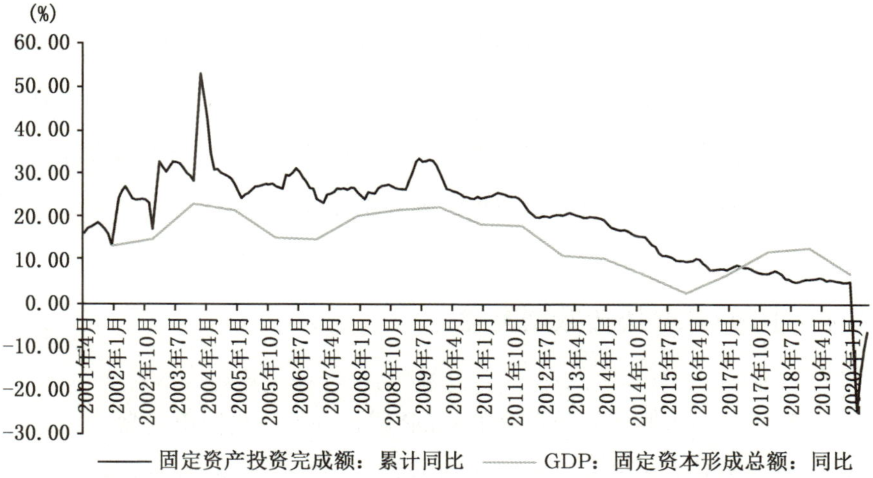

图 1.22　固定资本形成总额同比与固定资产投资完成额同比走势近年出现背离

一项，可能对固定资本形成总额增速造成了扰动。而固定资产投资完成额并不统计这些，所以不受影响。

固定资产投资额完成数据很全面，可以继续细分为三类主要项目：基建投资、房地产投资、制造业投资——而它们又分别对应着不同的下游需求。限于文章篇幅，我们不再逐个陈述。

最后是货物与服务净出口。目前市场主要分析的是海关统计的月度进出口贸易差额。它与 GDP 核算的货物与服务净出口有两点主要差异：

(1)海关统计的贸易差额，只统计货物贸易，不统计服务贸易。而 GDP—货物与服务净出口两者都包括。

(2)海关统计的货物进口按到岸价计算，货物与服务净出口统计的货物进口按离岸价计算。两个价格的差异主要在于国际运费、保险费等。

另外，2014 年以后，外管局发布了国际货物和服务贸易进出口月度数据，这个数据和 GDP—净出口统计口径更接近，同时包含了货物和服务贸易。我们也可以利用这个数据来拟合 GDP—净出口。

不过，这个数据一般在次月月末公布，时效性不如海关进出口数据(次月 8—10 日)。

净出口(或者说贸易差额)等于出口减进口。一般我们在分析的时候,会更关注出口数据,因为它直接反映了海外需求,是我国经济总需求分析中的重要部分。

总的来说,支出法是比生产法更重要的 GDP 分析视角,无论是社会消费品零售额、固定资产投资还是海关进出口数据,都有很多需要进一步仔细甄别的细节。我们会在以后的章节中,对这些重要指标展开更深入的分析。

1.4　中国 GDP 历史数据复盘

最后,我们对中国改革开放以来的 GDP 增长进行一轮简单复盘。

首先可以关注几个比较重要的历史节点:一是 1978 年中国刚刚开始改革开放;二是 2001 年中国加入世贸组织;三是 2008 年全球金融危机;四是 2020 年新冠肺炎疫情。

因此,我们大致将改革开放后的中国经济增长,分为以下几个阶段来讨论:

(1)1978—2001 年:GDP 增速总体较快,但波动很大。

(2)2002—2011 年:GDP 增速持续上升。

(3)2012 年至今:GDP 增速趋于下行,2020 年一季度垂直下落。

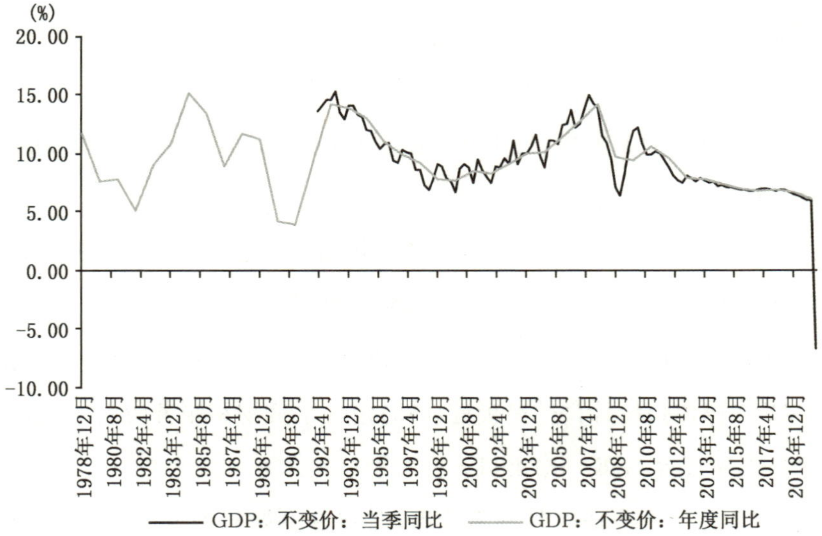

图 1.23　改革开放以来的中国 GDP 同比可以分为三个主要阶段

我们将每一个阶段(其中第一个阶段又可以分为几个小阶段)的GDP增长,以及各年的生产法、支出法项目对GDP的拉动点数,一并列示在表1.7中。这样可以比较清楚地显示出各年GDP增长的主要驱动因素。

表1.7　　　　各年度生产法、支出法下各项目对于GDP增速的拉动效果

年份	GDP同比增速(%)	生产法下各项目对GDP拉动点数(%)			支出法下各项目对GDP拉动点数(%)		
		第一产业	第二产业	第三产业	消费	投资	净出口
1978	11.7	1.1	7.2	3.3	4.5	7.8	-0.6
1979	7.6	1.6	4.1	1.9	6.4	1.5	-0.3
1980	7.8	-0.4	6.7	1.5	6.1	1.6	0.1
1981	5.1	2.1	0.9	2.1	4.6	-0.1	0.6
1982	9.0	3.5	2.6	2.9	5.1	2.0	1.9
1983	10.8	2.6	4.7	3.5	8.1	3.6	-0.9
1984	15.2	3.9	6.5	4.8	10.5	6.3	-1.6
1985	13.4	0.5	8.2	4.7	9.7	10.7	-7.0
1986	8.9	0.9	4.8	3.3	4.5	1.4	3.0
1987	11.7	1.2	6.4	4.1	4.8	3.0	3.9
1988	11.2	0.6	6.9	3.7	4.9	6.2	0.1
1989	4.2	0.7	1.8	1.7	3.3	0.0	0.9
1990	3.9	1.6	1.6	0.8	3.5	-2.7	3.1
1991	9.3	0.6	5.7	3.0	5.7	3.4	0.2
1992	14.2	1.2	9.0	4.1	8.1	7.4	-1.3
1993	13.9	1.1	8.9	3.9	8.1	7.6	-1.8
1994	13.0	0.8	8.6	3.6	4.6	4.4	4.0
1995	11.0	1.0	6.9	3.1	5.1	5.0	0.9
1996	9.9	0.9	6.2	2.8	6.2	3.4	0.3
1997	9.2	0.6	5.5	3.2	3.9	1.3	4.0
1998	7.8	0.6	4.7	2.6	5.1	2.2	0.5
1999	7.7	0.4	4.4	2.9	6.8	1.6	-0.7
2000	8.5	0.4	5.1	3.1	6.7	1.8	0.0
2001	8.3	0.4	3.9	4.1	4.2	5.3	-1.2
2002	9.1	0.4	4.5	4.2	5.3	3.7	0.1
2003	10.0	0.3	5.8	3.9	3.6	6.9	-0.5
2004	10.1	0.7	5.2	4.1	4.3	6.3	-0.5
2005	11.4	0.6	5.8	5.0	6.5	3.8	1.1
2006	12.7	0.6	6.3	5.8	5.5	5.4	1.8
2007	14.2	0.4	7.1	6.7	6.8	6.3	1.1
2008	9.7	0.5	4.7	4.5	4.2	5.1	0.4
2009	9.4	0.4	4.9	4.1	5.4	8.0	-4.0
2010	10.6	0.4	6.1	4.2	5.0	6.7	-1.1
2011	9.6	0.4	5.0	4.2	6.3	3.9	-0.6
2012	7.9	0.4	3.9	3.5	4.4	3.3	0.2
2013	7.8	0.3	3.8	3.7	3.9	4.1	-0.2
2014	7.4	0.3	3.4	3.7	4.2	3.3	-0.1
2015	7.0	0.3	2.8	3.9	4.9	1.6	0.5
2016	6.8	0.3	2.5	4.1	4.6	3.1	-0.9
2017	6.9	0.3	2.4	4.2	4.0	2.6	0.3
2018	6.7	0.3	2.3	4.2	4.4	2.8	-0.5
2019	6.1	0.2	2.2	3.6	3.5	1.9	0.7

接下来,我们将结合表1.7,简要地回顾一下改革开放以来中国各阶段经济增长/衰退的主要原因。

在一个完整的经济分析框架里,人口、城镇化、技术进步、制度变革等一系列长期因素的变动是非常重要的。另外,金融周期对经济周期的影响力也是巨大的。但这些议题太过宏大,我们接下来的分析,可能会更简要地剖析GDP短期波动的触发因素。

1.4.1 1978—2000 年

这个阶段中国 GDP 年均复合增速约为 9.7%，是历史上增速较快的阶段。最主要的原因是改革开放后，体制束缚逐渐解除，中国经济增长活力被彻底激发。

但同时，这个阶段也出现了几次比较大的波动。波动的主要原因在于中央经济政策的松紧。我们将这个阶段分为 6 个小阶段来看。

第一，1978—1981 年 GDP 增速下滑，主要是因为中央判断投资过热，物资缺口过大，所以决定在 1979—1981 年进行经济调整，通过项目限制、信贷管制等方式，压缩固定资产投资规模。该时期，投资对 GDP 的拉动点数下滑得非常快。

第二，1982—1985 年 GDP 增速高增。该时期无论是生产还是需求都在快速扩张。

生产端：政策逐步催化。

(1)1982 年，中央提出 20 世纪末工农业产值“翻两番”计划，带动了生产热情。

(2)家庭联产承包责任制全面铺开，这个制度极大地解放了农业生产力，第一产业 GDP 拉动点数较上个阶段有所扩大。

(3)一旦农村剩余劳动力增多，加上户籍制度松绑，人口便流向城市，为城市工业、服务业输血。所以第二产业、第三产业 GDP 拉动点数也在扩大。

需求端：消费和投资双热。

(1)工资制度改革，职工工资和企业利润挂钩，很多企业大幅度提高工人的工资和奖金，可以看到图 1.24 中，平均实际工资指数快速上升，这带动了消费需求扩张，1984 年消费对 GDP 拉动点数甚至冲高到 10 个点。

(2)一些地方为了加快完成工业翻两番计划，大力扩建工业产能。另外，价格双轨制下，企业为了获取计划外的利润，也有动力扩产，进而拉动投资走高。

(3)这段时期进口增速远超出口增速，导致净出口对 GDP 拉动作用持续为负，1985 年甚至降至负 7 个点，这也反映了内需增长过快。

第三，1986—1991 年 GDP 增速向下调整，主要是因为政府在 1985 年下半年、1988 年两度选择了收紧经济政策。

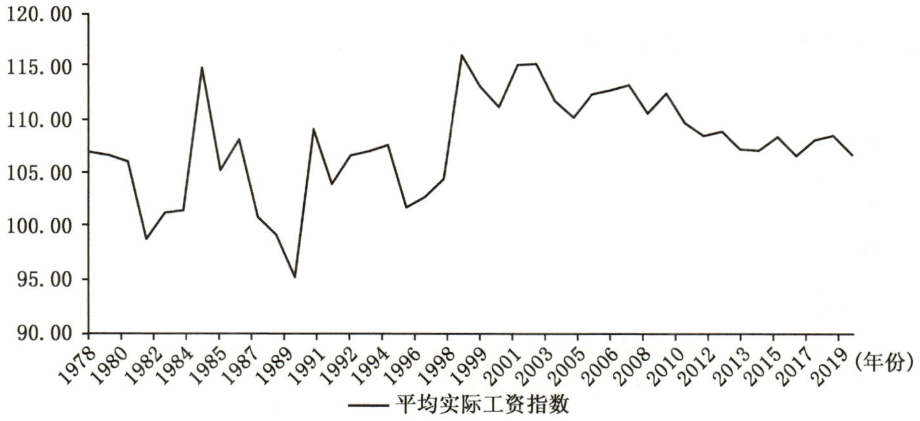

图 1.24 1983—1984 年平均实际工资指数突然提升

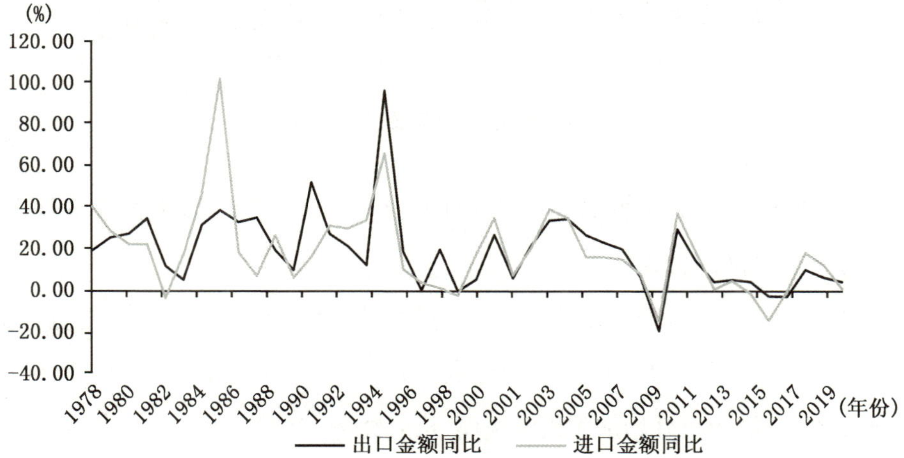

图 1.25 1984 年进口同比远超出口同比

1985 年,消费、投资需求都扩张得很厉害,经济过热导致通货膨胀升温。1985 年政府其实纠结了很久,是继续推经济,还是防通货膨胀。最后在下半年得出了基本结论:防通货膨胀。于是采取了一些措施,比如控制货币供应量,收缩信贷,限制职工工资、奖金等。

但因为 1986 年一季度的经济大滑坡,导致中央防通货膨胀决心有所动摇,二季度重新放开信贷规模,投资需求又再度膨胀,带动 1987—1988 年 GDP 增速回升。同时，1988 年中央又决定冒险实现价格闯关，改革价格双轨制。需求扩张和制度突然调整，结果导致通货膨胀迅速高企(见图 1.26)。

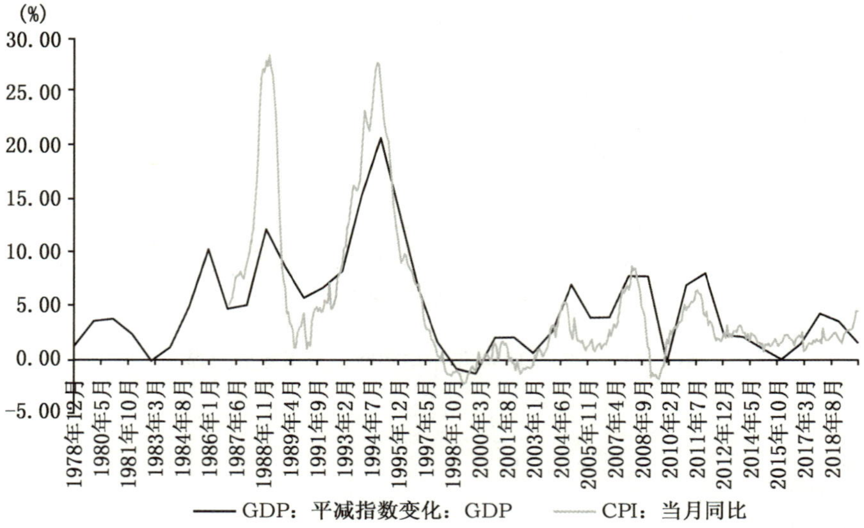

图 1.26　1988 年中国通货膨胀高企

最终，中央在 1988 年决定，用三年时间进行全面治理整顿，维护经济秩序，不惜通过经济硬着陆的方式实现。

在整顿期间，中央紧缩财政信贷、压缩投资，虽然控制了通货膨胀，但也付出了相当沉重的经济代价，GDP 增速从两位数掉到了 4%左右。到 1991 年底，经济秩序整顿基本完成，中央开始加大投资规模，重启经济，中国经济也逐渐走出了低谷。

第四，1992—1993 年 GDP 增速上行，主要是因为 1992 年邓小平南方谈话后，短期内全国又掀起了新一轮的改革高潮，发展市场经济的理念不再动摇，这也刺激了当时的投资和消费热情，两者对 GDP 的拉动作用在 1992—1993 年都非常高。

另外，南方谈话后，允许外资在中国投资兴办企业，上海浦东、沿江沿边内陆等进一步开放，外商直接投资规模迅速扩大，也成为该时期经济增长的重要驱动力之一(见图 1.27)。

第五，1994—1997 年 GDP 增速下行，主要是因为南方谈话后，总需求又开始过热，货币发行和信贷扩张，进而明显加大了通货膨胀压力。因此 1993 年 6 月开始，中

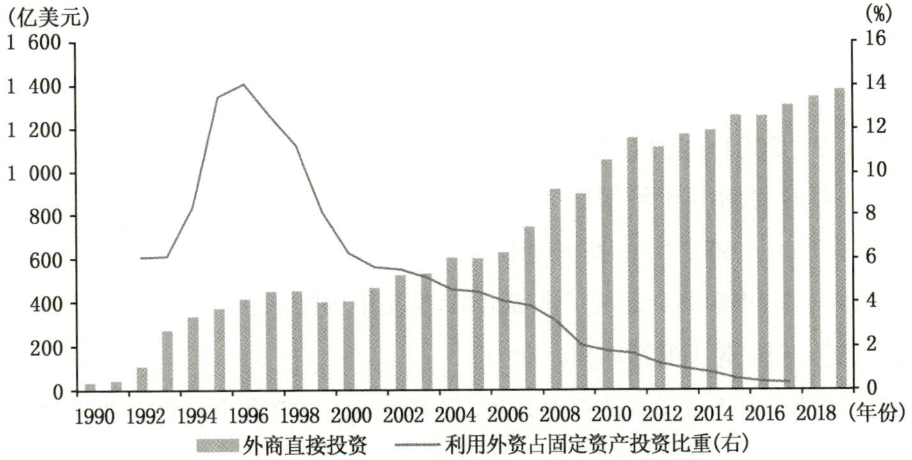

图 1.27 南方谈话后,外商直接投资规模快速扩张

央加强了宏观调控,推动 GDP 增速软着陆。历史在重演,只是这次更有序一些。

第六,1997—2001 年 GDP 增速继续下行。主要受 1997 年亚洲金融危机影响。

一方面,亚洲金融危机期间,中国承诺人民币不贬值,出口受较大影响。同时外资也在撤退,影响了投资增速,经济下行压力加大。

另一方面,我国也出台了一系列措施来拉动内需。比如发行长期建设国债,加大基础设施建设投资;通过减税、增加农业补贴等措施提高居民收入,进而增加消费。

有了逆周期政策的对冲,尽管遭遇了亚洲金融危机冲击,但中国 GDP 增速没有出现大幅滑落。

总体来看,1978—2000 年这段时期,政策对经济运转节奏的影响非常大,几乎是"一松就热,一紧就死"。这主要是因为中国正处于迈向市场经济的转轨阶段,各种调控手段还不够完善。

另外,这段时期频繁出现的经济过热、高通货膨胀现象,其实也反映了当时的经济矛盾,主要是生产能力跟不上需求扩张。

到了 20 世纪 90 年代末期,各种制度改革已经取得了很大成效,生产力解放,供给约束基本被打开,供不应求的矛盾逐渐向供过于求过渡。这从两个方面可以看出:一是通货膨胀的平均值下沉,很少再出现需求相对供给明显过热,导致通货膨胀高企的情况。二是中国的贸易顺差越拉越大，说明溢出的生产能力被国外需求消耗了。

1.4.2　2001—2011年

这一段时间，中国经济增长与全球的联系逐渐紧密。

第一，2001—2007年GDP增速持续上行。

2001年末，中国顺利加入了世贸组织，这是中国经济在2001—2007年扭转下滑态势、进入新一轮上升期的核心动力。

这段时期，由于贸易条件双向开放，其实中国的进口和出口都在快速增长，因此最终的净出口对GDP的拉动效应其实并不明显。该阶段GDP增长的逻辑主要在于：

(1)出口增加和外需扩张，刺激了我国生产，特别是工业生产，使得中国成为世界工厂。可以看到2001—2007年第二产业对GDP拉动点数一直在持续提升。

(2)企业产能扩张，因此投资维持在一个比较高的水平。此外，贸易顺差下带来的大量外汇储备，推动了基础货币投放，也给投资创造了比较好的流动性条件。

(3)出口创收，增加了居民财富，也带动了消费扩张。

(4)消费扩张又带动了许多不可贸易部门的生产，这些不可贸易部门很多集中在第三产业，因此第三产业的GDP拉动点数也在稳步提升。

第二，2008—2012年GDP增速出现大幅波动，主要是受2008年全球金融危机以及后续的中国经济刺激政策影响。

2008年全球金融危机爆发，海外发达经济陷入深度衰退，外需收缩，出口减速，企业生产放缓，扩产投资意愿低迷，就业压力增大，消费萎缩。这一系列因素明显增大了我国经济压力，因此2008年GDP增速放缓。

金融危机的影响逐步显现，我国出台了一系列政策来刺激经济，例如货币政策宽松，多次下调存款准备金率、存贷款基准利率等。而其中最著名的是“4万亿投资计划”，这些资金主要投向基础设施领域，目的是通过政府财政刺激拉动总需求，进而来保障经济增长。

可以看到，2009年投资对GDP的拉动点数大增至8个点，有效对冲了净出口下滑带来的负面影响，成为GDP增长最主要的支撑力量（见图1.28）。

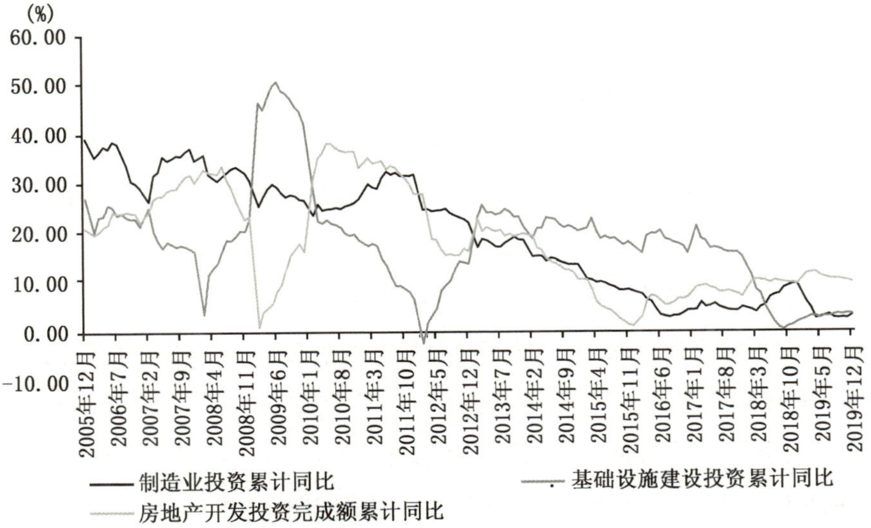

图1.28　2009年，财政刺激下的基建投资成为中国经济的主要支撑力量

而在主要的投资类别中，基建又是最主要支撑。2009年房地产投资、制造业企业投资都在下滑，只有基建投资逆势抬升，这显然是政府财政刺激的结果。

政策刺激起到了显著效果。我国GDP在2008—2011年间依旧保持了9%以上的增长，成为全球率先实现复苏的国家。

但是不考虑剂量的政策刺激，也给中国经济留下了许多后遗症：

(1)实体经济杠杆水平抬升。巨额的基建投资，带来了严重的地方政府隐性债务问题。另外，在货币宽松环境下，企业的加杠杆行为也非常严重，债务率迅速走高。债务驱动经济增长，其实是在透支未来的发展空间。

(2)房地产库存积压。货币极度宽松、信贷扩张、调控政策放松，以及流动性泛滥下的房价快速上涨，都催化着房地产投资在2009年以来迅速升温，给之后的房地产库存积压埋下伏笔。

(3)上游企业产能过剩。基建、地产投资扩张，带动钢铁、水泥等上游产能扩容，结果造成了后来严重的产能过剩问题。

因此，表面上看，中国GDP还维持着较高增速，但2008年金融危机后，其实已经隐藏着许多结构性的问题，这也是后来国家要推行去杠杆、去库存、去产能的重要原因。

1.4.3　2012—2020 年

这段时期，GDP 增速持续放缓，经济增长进入新常态。

2012 年 GDP 跌破 8%，基本已经告别两位数增长时代，而到了 2019 年，GDP 已经下行至 6.1%。

该时期 GDP 增速下台阶的原因是多方面的：

第一，海外经济体还处于 2008 年金融危机的余震中，外部需求仍然比较疲软，全球化红利逐渐衰退。

第二，中国经济内部的一些结构性问题逐渐暴露，而我国也主动放缓经济增长步伐，更注重发展质量，开始积极地化解这些内在问题。

第三，许多支撑中国经济高增长的长期因素，正在悄然发生变化，比如人口结构的变迁。

具体来看，需求端方面，投资的弱化成为拖累 GDP 下行的主要因素。

一方面，在 2008 年大规模的投资刺激之后，投资边际效率下滑，同时各部门债务率高企，追加投资的意愿和能力都比较有限。

另一方面，我国为了防范金融风险和债务风险，也不再像之前一样，总是依赖强刺激政策拉动经济增长，而是坚定不走大水漫灌的老路。

这些因素加在一起，带来了当前投资力量的弱化。

由于投资的低迷可能成为常态，外部需求又难言好转，甚至在中美贸易摩擦、逆全球化抬头的当下，有进一步恶化的趋势，因此拉动消费的重要性越来越凸显，这就需要保障就业，提高居民收入，并且稳住居民杠杆率。

而生产端方面，第二产业或者说工业生产，正面临瓶颈期。

从长期因素来看，中国人口红利不再，取而代之的将是越来越严重的老龄化问题，这可能会带来劳动力要素的供给限制。另外，资源、环境的约束也在逐渐加强。因此像以前一样，用低成本扩张工业生产特别是劳动密集型、资源密集型工业生产的方式，很难继续。

从相对短期的因素来看，金融危机和一揽子刺激计划后，我国企业面临着比较严峻的产能过剩问题，尤其是一些上游企业。因此我国开启了去产能进程，关闭和停产了大量企业，这也对工业生产造成了较大影响。

不过，这段时期中国的服务业扩张得很快，2015 年第三产业占 GDP 比重首次超过 50%，并且还在不断扩张(见图 1.29)，从全球发达经济体的历史经验来看，这其实是一个必然趋势。

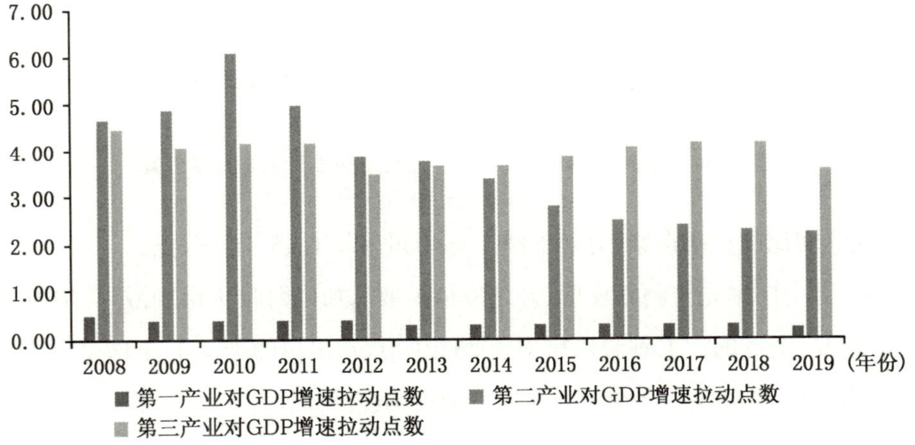

图 1.29　第二产业对 GDP 拉动点数下滑，第三产业成为主要支撑力量

再跳出一二三产业的概念范畴来看，高科技产业和新经济的崛起，可能是未来中国 GDP 增长的主要驱动力。所以中国目前也在集中力量推动科技创新，推动经济新旧动能转换，用技术进步的力量抵消劳动力和资本要素退场的影响。

2020 年新冠肺炎疫情的爆发，给经济蒙上了一层新的阴影。一季度 GDP 增速大幅跌落至−6.8%。

为了控制新冠肺炎疫情，我国采取了物理隔离措施，企业停产停工，这就直接对生产端造成了非常大的冲击，其中工业生产受到的冲击尤为严重，第二产业 GDP 同比甚至降至−9.6%。

同时，新冠肺炎疫情对总需求也产生了较大影响。由于居民出行意愿下滑、就业形势恶化等原因，消费受到较大冲击。而经济前景不明朗、现金流压力较大，库存积压的情况下，企业也不愿意追加投资。一季度的最终消费支出和资本形成总

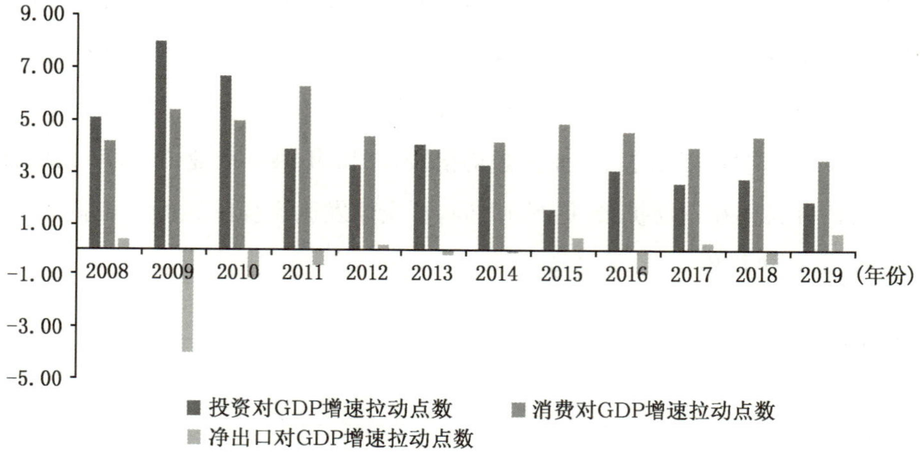

图 1.30　投资对 GDP 拉动点数下滑，消费成为主要支撑力量

额对 GDP 同比的拉动点数，分别下滑至－4.36 和－1.46 个百分点。

但随着中国率先控制好疫情，海外疫情扩散后加码财政货币刺激，叠加海外产能没有恢复，全球的需求刺激依靠中国产能供应，在出口的带动下，四季度 GDP 为 6.5％，全年 2.3％，成为全球为数不多正增长的经济体。

第2章

工业数据分析(一)

工业增加值数据反映的是工业生产的快与慢。通过分析工业增加值数据,我们可以对经济的供给端有更深的了解。

本章我们将先从工业增加值数据开始讲起。工业增加值数据反映的是工业生产的快与慢。而工业生产又与经济的冷热状况密切相关。通过分析工业增加值数据,我们可以对经济的供给端有更深的了解。本章对工业增加值数据的介绍和分析包括三个方面:

第一,工业增加值数据的核算流程是什么?

第二,怎么解读工业增加值数据?一是做总量分析,二是做结构分析。由于工业行业门类众多,我们提供了一些更简洁的观察视角。

第三,如何预判工业增加值数据?本章主要介绍了与工业生产相关的主流高频指标,并且在最后,我们为高频指标和工业增加值数据之间的背离提供了一些可能的解释。

2.1 初识工业增加值数据

2.1.1 工业增加值是什么

我们曾介绍过 GDP 的具体核算流程。按照生产法,需要分别计算出国民经济各行业的增加值,然后加总得到最终的 GDP。

工业增加值,其实就是 GDP 核算中的工业部分。

什么是工业?“工业”概念在我国经济统计中有非常明确的范围界定,它包含三个国民经济门类行业:(1)采矿业。(2)制造业。(3)电力、热力、燃气及水生产和供应业。其中制造业最重要,占比在 85%左右。

统计局会在公布 GDP 数据时,同时公布分行业的增加值数据,当然其中也包括季度、年度的工业增加值。

本章讨论的重心主要在于月度工业增加值数据。它和年/季度的工业增加值,概念上没什么差异,但也有一些特殊性:

一是考虑到时效性,需要每月独立核算。并且由于基础资料不完整,只能采用推算方法。

二是统计范围更小,只统计了规模以上工业(年主营业务收入≥2 000 万元的工业企业)的数据。

2.1.2 月度工业增加值数据怎么核算

月度工业增加值数据的核算过程并不算复杂,分为三步走。第一步是计算上年度工业增加值率,第二步是核算本月规模以上工业总产值,第三步是利用增加值率法推算本月工业增加值。

第一步,要得到上年度的工业增加值率,就要先计算各年度的工业总产值、工业增加值。核算基础数据来自每年的工业企业成本费用调查。

2009 年起统计局正式实施这一调查。调查范围是全部大中型工业企业和部分规模以上小型工业企业,它们约占所有规模以上工业企业的 1/3。被调查企业需要填写工业企业成本费用表。这个表格覆盖的企业数据内容是比较全面的,包括折旧、职工薪酬、税费等。基于这些数据,统计局可以直接计算出各企业的增加值(由收入法的四个项目加总而成)和总产值。

将各企业的工业增加值、总产值按照行业划分合并汇总,可以计算出国民经济中类行业、大类行业以及总的工业增加值和总产值。然后用行业增加值÷总产值,就可以得到各行业的工业增加值率。

第二步,本月度的规模以上工业总产值数据,主要来自每月规模以上工业企业上报的“工业产销总值及主要产品产量表”(见表 2.1)。

表 2.1　　工业产销总值及主要产品产量表示例(部分表格)

工业产销总值及主要产品产量

表　　号: B204-1表
制定机关: 国家统计局
文　　号: 国统字(2013)63号
有效期至: 2015年1月

组织机构代码: [redacted]
单位详细名称: [redacted]
2014年 [redacted] 月

指标名称	计量单位	代码	本年		上年同期	
			本月	1-本月	本月	1-本月
甲	乙	丙	1	2	3	4
一、工业总产值(当年价格)	千元	01	1 852	5 645	1 667	4 419
其中:新产品产值	千元	02	0	0	0	0
工业销售产值(当年价格)	千元	03	1 697	5 028	946	3 870
其中:出口交货值	千元	04	0	0	0	0
二、工业总产值(当年价格)按工业行业小类分	—	—	—	—	—	—
玻璃纤维及制品制造		[redacted]	1 852	5 645	1 667	4 419
三、主要工业产品产量	—	—	—	—	—	—
玻璃纤维纱	吨	[redacted]	8.83	17.42	1.9	6.06

其中工业总产值又主要包括三部分:(1)本期产成品价值。(2)在制品、半成品本期的价值增值。(3)对外加工费。

将各规模以上企业的数据按照行业汇总,即可得到行业的月度总产值数据。

值得一提的是,2012 年之后,企业都是直接通过国家联网直报系统上报月度工业产销总值及主要产品产量数据,然后再由国家统计局汇总,避免了之前数据传报过程中可能发生的人为调整数据的情况,所以数据质量还是比较高的。

第三步,各行业月度规模以上工业总产值×上年度各行业增加值率=各行业规模以上工业增加值。再将它们继续汇总,就可以得到大类、门类行业以及总的工业增加值。

为什么只能推算?主要还是受月频数据的时效性制约,统计局很难获得企业详细的财务费用数据,所以无法像年度数据一样,直接依据收入法计算增加值(年度数据也只有被调查企业才有详细数据)。只有产量、产值的数据是比较容易摸清的,所以只能采用增加值率法间接推算。

考虑到与 GDP 数据的衔接问题,统计局在 2006 年 11 月之后,就已经不再公布月度工业增加值的绝对值数据了,而只发布增速数据,这一点需要注意。

这里的增速指的主要是不变价增速。所以首先要将现价工业增加值转为不变价工业增加值,方法是价格指数缩减法,我们在 GDP 核算中曾提到过。

PPI 是工业所采用的价格缩减指数。不同种类行业用对应的 PPI 缩减,然后再将行业不变价增加值加总,得到行业大类和总的不变价工业增加值。

在有了不变价工业增加值后,就可以计算增速。目前统计局既会发布同比增速,也会发布季节性调整后的环比增速。环比增速自 2011 年 2 月后发布,季节性调整方法和 GDP 一样,也是采用统计局研制的季节调整软件(NBS－SA)。不过在增速计算方面,有一点处理上的细节,我们在此按下不表,下文会再提到。

总结上文,针对目前统计局发布的月度工业增加值数据,有四点需要把握:(1)月度工业增加值是一个利用上年度增加值率间接推算出来的数据。(2)目前只公布工业增加值的增速,不公布绝对值。(3)度量的是规模以上工业企业,不是所有工业企业。(4)是用不变价工业增加值来计算增速,而不是现价,即剔除了价格因素。

2.1.3 “规模以上工业”统计口径的变化

上文中我们提到了“规模以上”这个概念。将工业分为“规模以上”和“规模以下”，主要还是考虑到现实中的统计局限性。一方面是规模以下工业企业数量繁多，统计起来有难度；另一方面是因为很多小企业缺乏完整清晰的财务核算流程和财务报表，又很难严格落实统计数据填报的准确性，所以如果纳入了小企业，可能会让数据质量打折扣。

虽然目前规模以上工业企业数量有限，但是它们的增加值占所有工业企业的比例，大约在80%以上，还是具有较强的代表性。

统计局每年都会按照企业前一年的营收规模评定是否将其纳入规模以上工业企业名录（由企业向统计局申报）。符合这个标准的企业每年是有变化的，比如有新建的、营收扩张的，也有破产倒闭的、营收下降的。所以这个名录内的企业范围一直在变动。

比如企业A的2018年营收规模超过2 000万元，则会在2019年纳入该名录（简称为“升规”）；若该企业2019年经营不善，营收又回到2 000万元以下，则会在2020年被划出该名录（简称为“退规”）。

读者在这里可能会有疑问：如果名录内的企业进进出出，那么不同时期的工业增加值，可能会面临统计口径不可比的问题。比如去年可能统计了企业A的增加值，今年A变为规模以下企业，就没有被统计。那么统计局发布的工业增加值的月度同比增速数据，对此是如何处理的呢？

一个基本原则是：以本期的企业范围为基准。例如，去年有100家规模以上工业企业，企业A升规之后，今年规模以上企业变成了101家，企业A会同时填报本期和上年同期的工业数据。这时在计算增速时，无论是分子（本期工业增加值）还是分母（上年同期工业增加值），都以这101家工业企业为准计算。

这也意味着，如果我们试图用以前的名义工业增加值绝对值，再结合同比增速数据、PPI数据，倒推出当前各月规模以上工业增加值的绝对值，会产生比较大的估算误差，因为增速的口径一直在动态调整，而口径的变动细节我们不掌握。

另外，“规模以上工业”的标准，本身也经历了多次调整：

(1)1998—2006年,指全部国有和年主营业务收入≥500万元的非国有工业法人单位。

(2)2007—2010年,指年主营业务收入≥500万元的工业法人单位。

(3)2011年至今,指年主营业务收入≥2 000万元的工业法人单位。

从标准的变化来看,一是所有制色彩在淡化,这反映了民营经济的壮大;二是营收门槛在抬高,说明我国工业企业规模正在不断扩张。

21世纪以来,规模以上工业企业单位数迅速增长。2011年门槛调高后,规模以上工业企业数量减少,而后缓慢增加,截至2020年5月,共有37.5万家规模以上工业企业(见图2.1)。

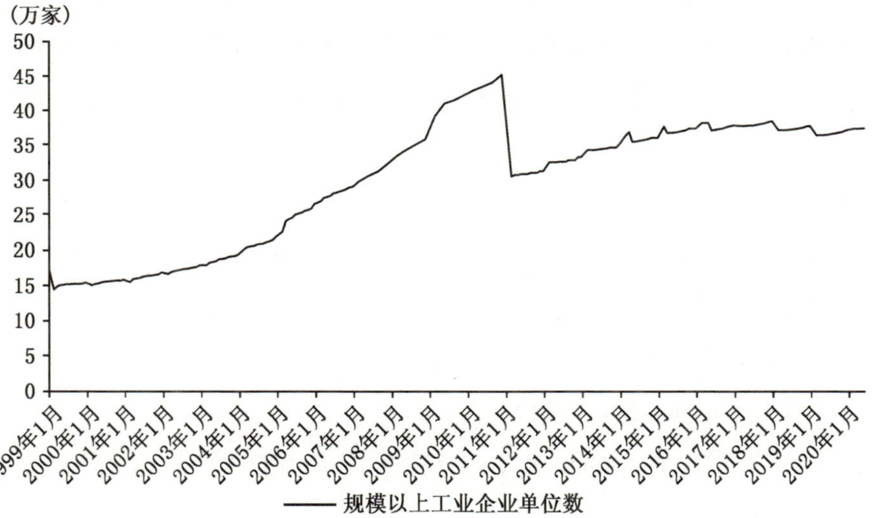

图2.1　规模以上工业企业数在稳步提升,2011年的断档主要受标准上移影响

2.2　如何解读工业增加值

2.2.1　从总量上观察工业增加值

目前可以获取的月度工业增加值数据,有当月同比、累计同比、季调环比。目前市场和研究者采用得比较多的还是同比增速。

在中国，1 月和 2 月存在春节错位因素。如果上一年春节假期在 1 月，企业停工，而下一年春节在 2 月，那么下一年 1 月工业增加值增速将大幅冲高，2 月数据则陡然下行，进而会导致工业增加值当月同比时间序列图中出现一些明显的“尖刺”。

一个简单的处理办法是，不考虑 1 月和 2 月的当月增速，而将它们直接合并起来，用 1—2 月累计增速代替，这样就可以消除春节影响，使得整体数据走势更为平滑。事实上，自 2013 年起统计局就开始合并发布 1—2 月工业数据了。

工业增加值同比增速反映的是工业生产的快与慢，而工业生产又与经济的冷热状况密切相关。

如果工业增加值增速上升，就说明工业企业开工生产的积极性提高，背后可能反映了更旺盛的社会需求，或者至少说明企业对短期经济前景是更加看好的。当然，影响因素可能来自多方面，但工业生产的变化或多或少反映了一些值得关注的经济信号。

相较于其他经济部门，工业生产对于经济景气度会更敏感。因为企业可以根据销售情况比较灵活地调整生产计划，不会有太强的时滞。跟踪工业增加值能够比较有效地捕捉到经济短期变化。

有一个问题在于，目前我国产业结构正逐渐偏向于服务业，那么工业增加值还能在多大程度上反映我国经济形势？

的确，工业增加值占 GDP 比重一直在降低，但是目前仍然占 30％左右，还是有一定的代表性。

更重要的是，工业生产与其他产业之间有很紧密的联系。例如，其他产业所需要的原材料、机械设备大多来自工业部门，这意味着其他产业的需求好转，也将体现为工业生产的加快。而工业生产加快，又会带动其他产业特别是生产性服务业的发展，如物流运输、研发设计、商务服务等。所以说工业生产的加快，同时反映了其他产业的情况。

从数据层面来看，工业增加值增速与 GDP 增速走势也基本是保持一致的（见图 2.2）。不过 2012 年以来，工业增加值增速走弱，GDP 却保持了较强的韧性（主要是服务业起了支撑作用），这也的确说明工业增加值的信号意义有所削弱。

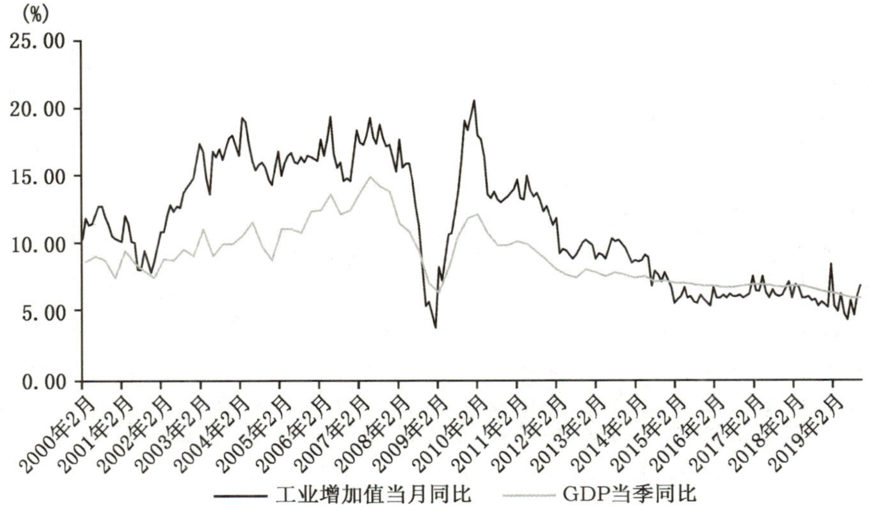

图 2.2 工业增加值同比和 GDP 同比还是具有较高的同步性

工业生产很大程度上受消费、投资、出口等下游需求影响。其中,房地产和工业生产的相关性很强,主要是因为房地产施工所涉及的工业面很广泛,包括建材、钢铁、化工、各种机械设备等。另外,地产竣工也可能会带动家电、家具等行业的生产活动加快。

在数据方面,房地产投资增速和工业增加值同比之间确实保持着较高的同步性(见图 2.3)。

但工业生产有时候也会与需求出现错位。供需关系间的动态互动过程,被人们总结为库存周期,这个周期包含四个阶段:

(1)被动去库存:需求已经复苏,但企业还未即时反应,生产不足,因此库存减少。

(2)主动补库存:企业主动加快生产,补充存货,以应对未来需求的增长。

(3)被动补库存:需求开始疲软,销量下降,企业未及时调整生产,导致库存积压。

(4)主动去库存:企业已经预见到经济的不景气,主动减少生产,带动库存下行。

四个阶段分别对应经济的复苏期、繁荣期、衰退期、萧条期。

工业增加值和工业企业产成品存货,分别描述了生产和库存状况。不过产成品存货是名义值,所以我们也简单以“工业增加值同比+PPI 同比”来指代名义工

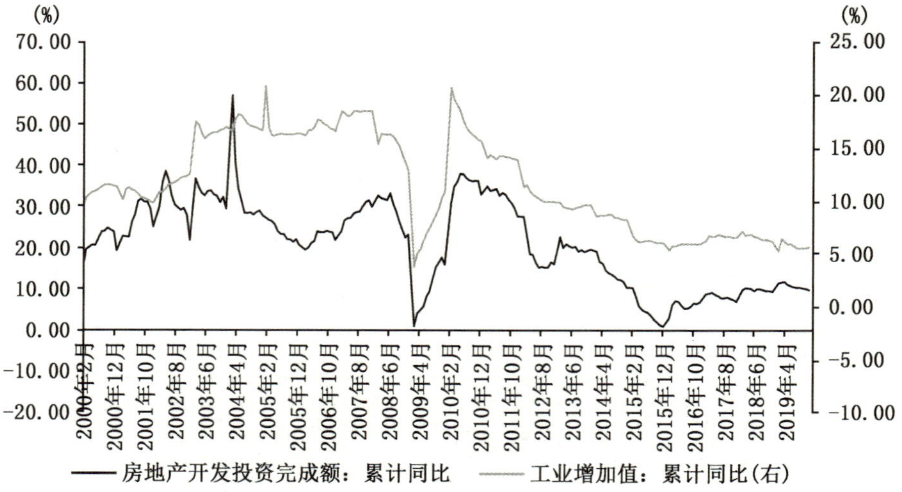

图 2.3　房地产投资和工业增加值同比走势契合度较高

业增加值增速。基于这两个指标，可以简单地刻画库存周期(见图 2.4)。比如名义工业增加值增速上行，产成品存货增速下行，意味着经济进入了被动去库存的阶段。

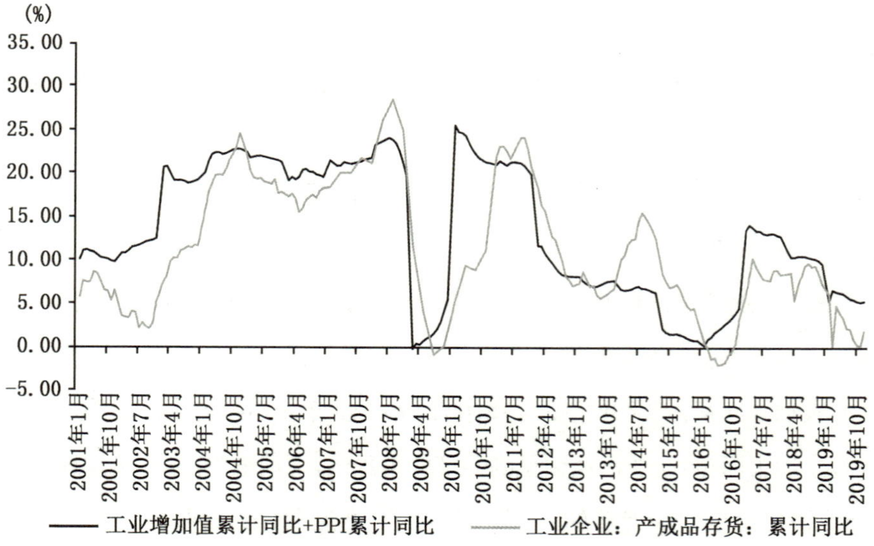

图 2.4　用工业增加值和产成品存货数据刻画的中国库存周期

可以看到自2003年以来,我国已经经历了5轮相对完整的库存周期。在下一章,我们将花更多的篇幅分析库存周期。

工业生产除了会受需求因素影响外,还可能受价格因素影响,特别是上中游原材料行业。因为价格上涨,会从价的角度提高企业盈利水平(需求好转则是影响"量")。盈利增加之后,企业有了更充裕的现金流,对未来的预期可能也会更好,进而加快工业生产(见图2.5)。

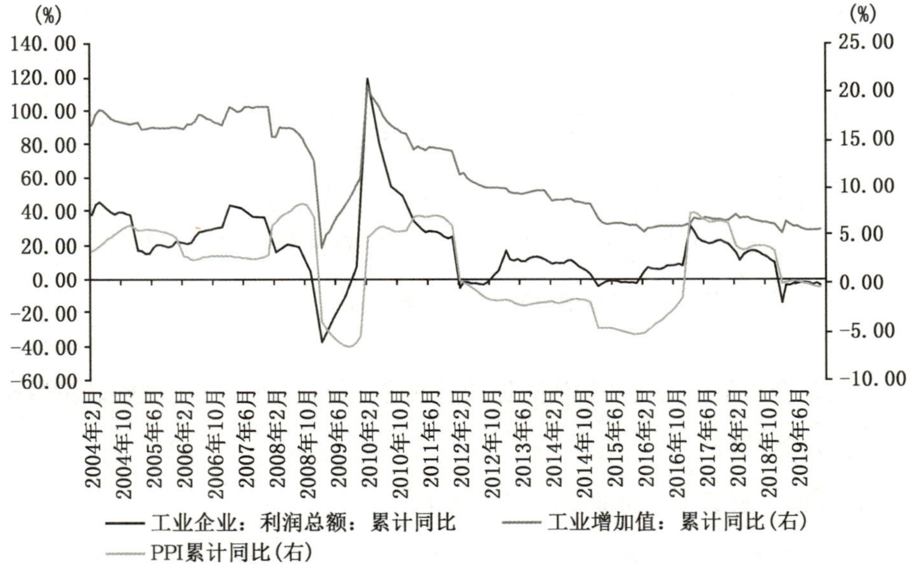

图2.5　PPI同比提升会增加企业盈利,进而带动工业生产

此外,工业生产还和流动性环境有关。当流动性宽松的时候,一方面,企业更容易融资,有利于加大生产;另一方面,也容易刺激社会需求,进而带动生产。

社会融资(简称社融)增速与工业增加值累计同比增速有较好的相关性,在部分时期有一定的领先性(见图2.6)。

2.2.2　从结构上观察工业增加值

有时,影响工业生产的因素是全局性的,几乎所有行业的增加值同比都向同一个方向调整,这种因素比较显著,往往更容易识别。但有时,不同行业间也存在分

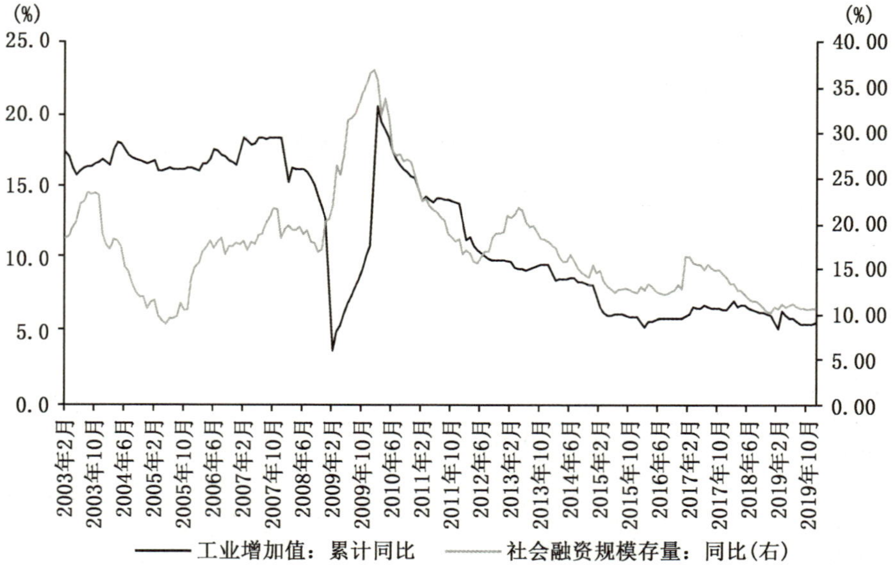

图 2.6　社融增速与工业增加值同比有一定相关性

化，这些信息会被整体工业增加值数据的升或降所掩盖，所以除了观察总量数据以外，还需要观察结构。

我们需要了解各工业行业的增加值占比。

目前统计局会同时披露 41 个工业细分行业的月度数据。但由于统计局并没有披露绝对值，年度数据的细分程度目前也只到采矿业、制造业、电力热力燃气及水生产和供应业三个门类行业，因此要通过其他途径计算占比。

我们此处主要基于投入产出表计算。投入产出表属于国民经济核算的一部分，它把生产法、收入法、支出法的 GDP 核算数据全部整合在了一张表上，有比较详细的国民经济各行业增加值数据。但由于工程量比较大，因此 5 年才编制一次，最新的一次是在 2017 年。

用投入产出表计算的问题在于，一是时间可能稍微有点早，只有 2017 年数据。二是它统计的是全部工业，而月度工业增加值只针对规模以上工业。三是投入产出表是按照产品分类统计，而工业增加值是按照部门分类统计。不过总的来说，这些误差都在可接受范围内。

2017 年投入产出表中,一共有 95 个行业属于工业,可以通过合并,将它们与工业大类行业逐一对应起来。最终计算出的各行业增加值在工业增加值中的占比见表 2.2。

表 2.2　　各工业大类行业增加值占总工业增加值比例

排名	行业(前 20 位)	占比	排名	行业(后 20 位)	占比
1	非金属矿物制品业	6.7%	21	食品制造业	2.1%
2	化学原料及化学制品制造业	6.6%	22	废弃资源综合利用业	2.0%
3	电力、热力的生产和供应业	6.4%	23	纺织服装、服饰业	1.5%
4	汽车制造业	5.8%	24	造纸及纸制品业	1.4%
5	计算机、通信和其他电子设备制造业	5.6%	25	非金属矿采选业	1.2%
6	黑色金属冶炼及压延加工业	5.0%	26	木材加工及木、竹、藤、棕、草制品业	1.2%
7	农副食品加工业	4.5%	27	皮革、毛皮、羽毛及其制品和制鞋业	1.1%
8	电气机械及器材制造业	4.2%	28	文教、工美、体育和娱乐用品制造业	1.1%
9	煤炭开采和洗选业	4.1%	29	铁路、船舶、航空航天和其他运输设备制造业	1.1%
10	金属制品业	3.8%	30	黑色金属矿采选业	1.0%
11	通用设备制造业	3.7%	31	有色金属矿采选业	0.9%
12	有色金属冶炼及压延加工业	3.5%	32	家具制造业	0.8%
13	石油、煤炭及其他燃料加工业	3.4%	33	仪器仪表制造业	0.8%
14	专用设备制造业	2.9%	34	印刷和记录媒介的复制业	0.8%
15	石油和天然气开采业	2.8%	35	化学纤维制造业	0.5%
16	医药制造业	2.7%	36	燃气生产和供应业	0.5%
17	橡胶和塑料制品业	2.6%	37	水的生产和供应业	0.4%
18	纺织业	2.4%	38	其他制造业	0.3%
19	酒、饮料和精制茶制造业	2.1%	39	开采专业及辅助性活动	0.3%
20	烟草制品业	2.1%	40	金属制品、机械和设备修理业	0.1%

可以看到,建材、化工、能源、汽车、计算机通信、钢铁煤炭等行业在我国工业结构中居于主要地位。前十大工业增加值占比合计超过 50%,对整体工业增加值增速有较大的影响力,我们往往在分析时也会更重视这些产业。

由于有 40 个左右的工业行业，单个分析无异于管中窥豹，因此，除了关注一些重要行业（比如钢铁、化工）或者是月度异常值（比如个别行业增速突然大幅提升）以外，我们还可以按照不同的行业属性，将它们按照各种维度合并分析。下面我们提示几个基本的视角。

1. 出口依赖

我国工业生产主要受内需形势影响，但有些行业受海外需求的影响也较大。我们可以将所有行业分为两组对照分析，一组是高出口依赖型，另一组是低出口依赖型，以此区分需求冲击的类别。

工业交货值占营业收入比重，可以用来判断某行业的出口依赖度。我们将该比例在 10%以上的行业定义为高出口依赖型行业，其他为低出口依赖型。根据 2019 年数据推算，共有 15 个高出口依赖型行业（见图 2.7）。这 15 个行业的增加值合计占工业比例大约为 30%，其中计算机通信、电气机械等行业规模较大。

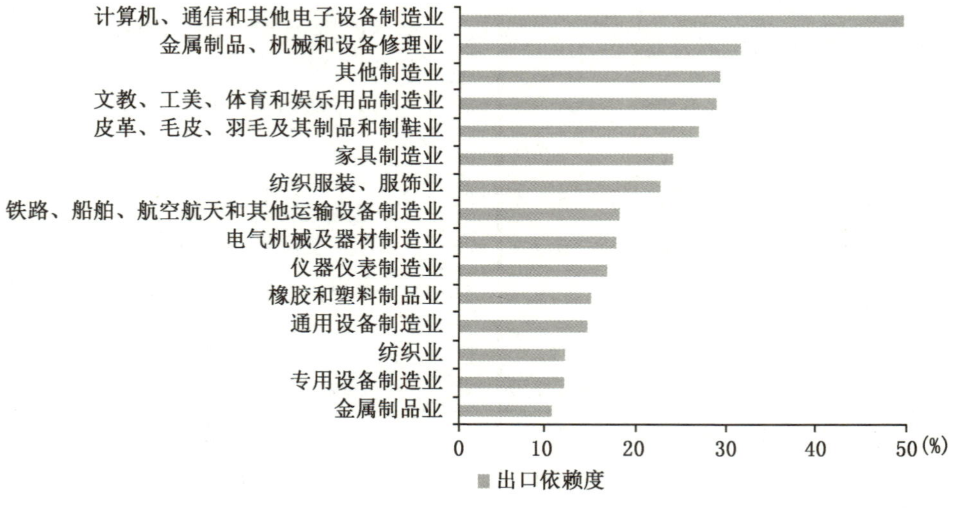

图 2.7　出口依赖度排名前 15 的行业

结合各行业增加值在组内的占比数据（同样基于 2017 年投入产出表，并假设该比例保持稳定），我们可以分别估算出高、低出口依赖组的工业增加值加权增速。

2012—2015 年，两组增速均出现趋势性下行，但值得注意的是，2016—2018 年上半年，两组增速突然出现了非常明显的分化：其中高出口依赖组的增速出现了一轮上涨(见图 2.8),低出口依赖组则变化较小,甚至有所下行。

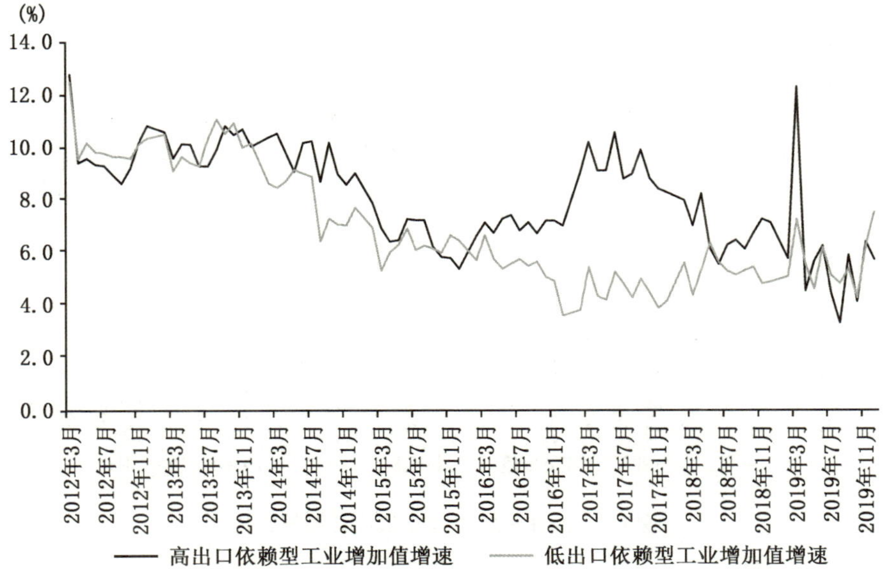

图 2.8 2016—2018 年上半年高出口依赖度行业增加值增速明显抬升

这轮分化似乎揭示了这样一个问题:2016—2018 年上半年,工业生产更多的由外需回暖支撑,内需表现平平,所以那些出口依赖度高的行业,享受到的利益也就更多。

出口交货值同比和海关出口同比均显示出,2016—2018 年上半年的出口情况在好转(见图 2.9)。这一定程度上是由全球经济回暖推动的,无论是 OECD 综合领先指标,还是摩根大通全球综合 PMI,均在同期出现了明显回升(见图 2.10)。

2. 上中下游

另一个常见的行业划分视角是上游、中游、下游。不同研究者的具体划分结果有所差别,但划分思路是一致的,即根据各个行业在产业链中的位置划分:

(1)上游行业:主要从事初级资源开采,获得最原始的工业原料。

(2)中游行业:继续加工产品,但是这些产品往往继续用于下一阶段的生产。这其中既包括加工初级资源后所形成的工业原材料,也包括未来继续用于生产活动的各种机械设备。

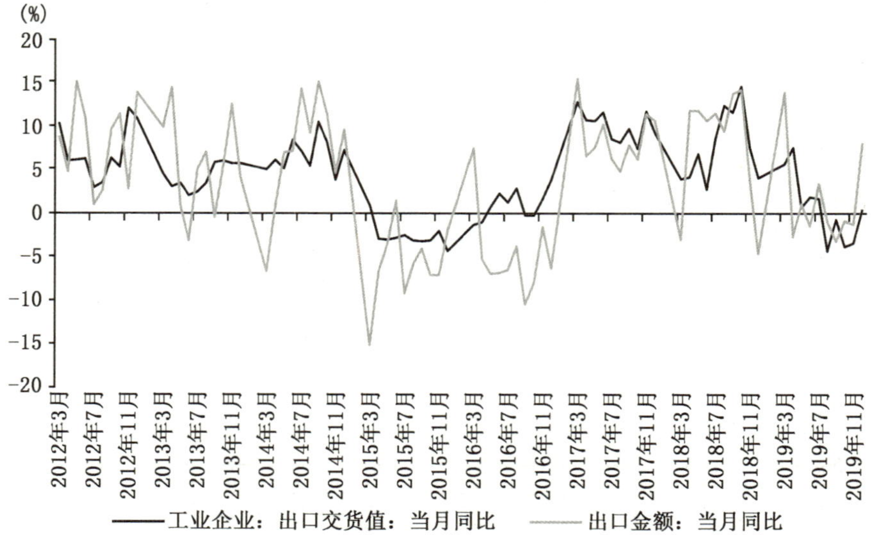

图 2.9　2016—2017 年出口出现明显好转

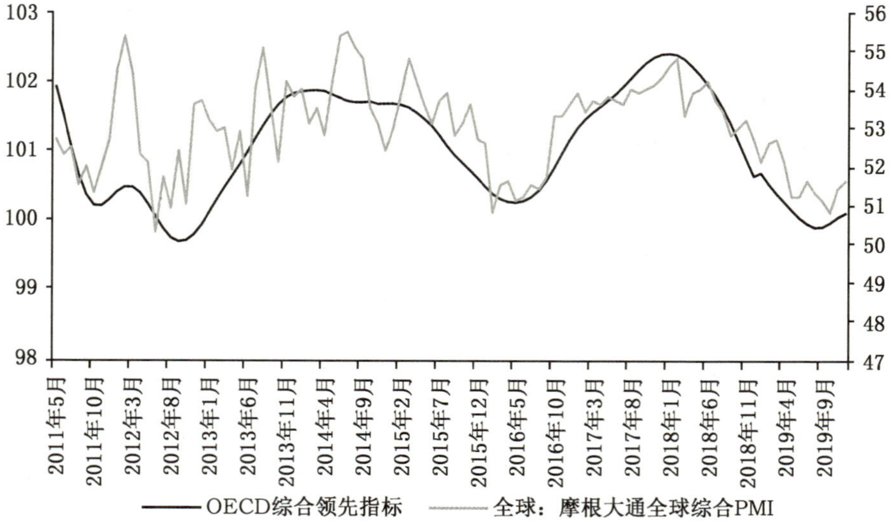

图 2.10　2016—2017 年全球经济景气度处于上行期

（3）下游行业：产品往往直接面向消费，离终端需求更接近。

如图 2.11 所示，我们按照各个工业行业的特性划分上中下游。其中，又进一步将中游分为原材料、机器设备，前者离上游行业更近，后者离下游行业更近。

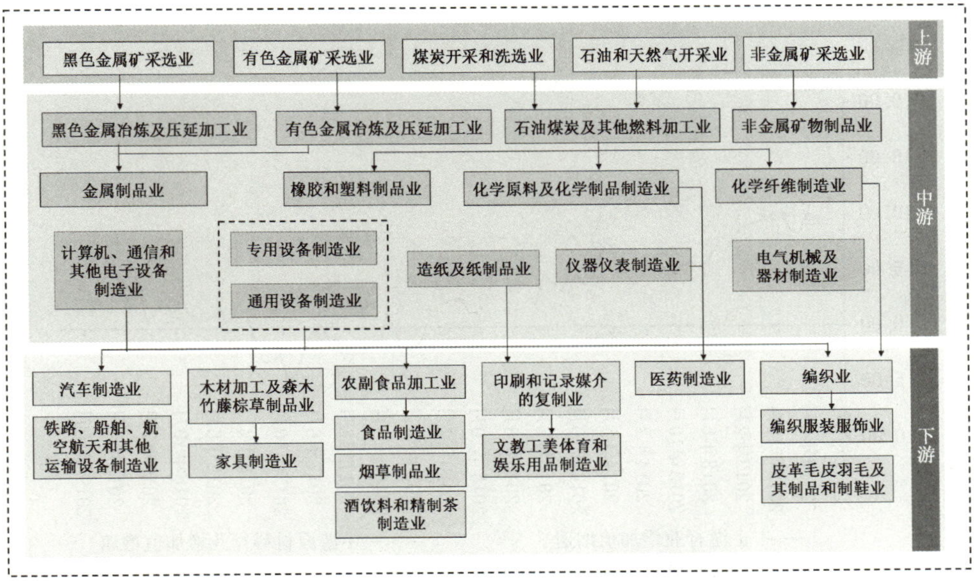

图 2.11 工业行业的上中下游划分示意图

这四类行业增加值占比分别如下:上游为 10%,中游原材料为 32.1%,中游机械设备为 20.5%,下游为 27.4%,还有约 10%的工业类别规模比较小且所处产业链位置不明确,因此我们没有纳入考量。

接下来,按照与上文类似的方法,可以计算出上中下游各自的工业增加值的加权增速。

理论上说,上中下游的增速走势应当基本保持一致,因为需求是沿着产业链条传导的。首先从最靠近终端需求的下游行业开始,基于社会需求变动调整生产计划,并很快会随之带动中游、上游加快或放慢生产。

然而,上游有时受价格的影响也很大。比如原油价格上升,可能会明显增加石油公司的利润,这就会诱导其加快工业生产。这种冲击属于供给端的冲击,它对于整个工业产业链的影响是比较复杂的。

虽然 2016 年至今,整体工业增加值增速的走势波动较小,但是内部结构却出现了很大差异。2016 到 2018 年上半年,上中下游工业分化(见图 2.12)。其中上游工业和中游原材料生产明显走弱,而中游机械设备、下游则出现了工业增加值增速的抬升。

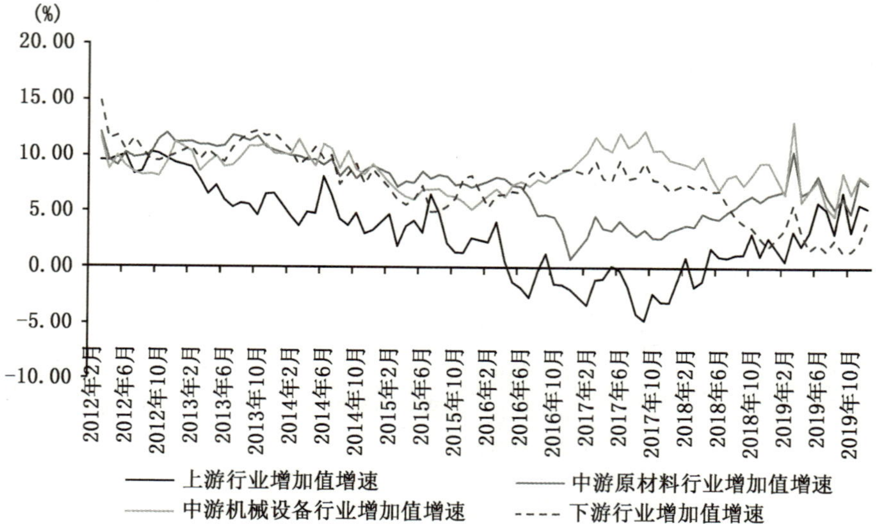

图 2.12　2016 年后上中下游行业走势严重分化

这段时期的分化，如果只从数据面板推测，大概率是因为上中下游受到的冲击各不相同。

上游行业、中游原材料行业面临的冲击，可能主要来自供给侧改革。由于环保限产、企业停工倒闭等一系列因素，工业增加值增速持续下行。（但下文中我们会结合高频数据修正这一推断。）

中游机械设备和下游行业的上升，很大程度上是受外需提振。上文中提到的高出口依赖型行业，大多属于中游机械设备或下游行业。2018 年下半年，中游机械设备和下游行业的工业增加值增速也出现了明显分化，后者迅速下跌，但是前者保持了韧性。

这反映了外需承压后国内消费与投资间的差异。下游行业离消费更近，但消费持续低迷；中游机械设备离投资更近，而在 2018 年，制造业投资增速在强势回升。

3. 新旧动能

此外，目前中国正处于新旧动能转换期，我们应当更关注与新动能相关的科技产业。

统计局近年来开始公布高技术产业、战略性新兴产业的增加值同比数据，这两类产业很大程度上代表了工业中的技术进步力量，也是我们经常能够听到的概念。

先来厘清一下它们各自的概念范畴：(1)高技术产业/高技术制造业，是指R&D投入强度相对高的制造业行业。(2)战略性新兴产业，则主要指对经济社会全局和长远发展具有重大引领带动作用的产业。

从对应的国民经济行业范围来看，战略性新兴产业所涉及的领域，要比高技术产业更广泛(但是战略性新兴产业对应行业中，往往只有行业内的部分高端活动属于战略性新兴产业)。这在统计数据上也可以反映出来，2018年末全国从事战略性新兴产业生产的规模以上工业企业数为66 214个，规模以上高技术产业企业数则只有33 573个。

总体而言，高技术产业则更适合用于描述研发强度较高、发展已较为成熟的工业类科技产业。战略性新兴产业则涉及产业面更广，也更尖端。总体而言，后者能更全面、更准确地反映中国科技创新的力量。

表2.3　　高技术产业、战略性新兴产业各自的概念范畴以及涉及领域

类　型	相关文件	定　义	涉及领域类别
高技术产业	《高技术产业(制造业)分类(2017)》	国民经济行业中R&D投入强度相对高的制造业行业	医药制造业、航空航天器及设备制造业、电子及通信设备制造业、计算机及办公设备制造业、医疗仪器设备及仪器仪表制造业、信息化学品制造业6大产业
战略性新兴产业	《战略性新兴产业分类(2018)》	以重大技术突破和重大发展需求为基础，对经济社会全局和长远发展具有重大引领带动作用，知识技术密集、物质资源消耗少、成长潜力大、综合效益好的产业	新一代信息技术产业、高端装备制造产业、新材料产业、生物产业、新能源汽车产业、新能源产业、节能环保产业、数字创意产业、相关服务业9大领域

但是这两类产业的工业增加值数据发布时间都比较短。从已发布的数据来看，高技术产业和战略性新兴产业的增加值同比增速持续高于总体工业增加值同比(见图2.13)，说明新动能表现确实优于旧动能。

不过，2019年以来两类产业的增速已经快速回落，与整体工业数据差距有所

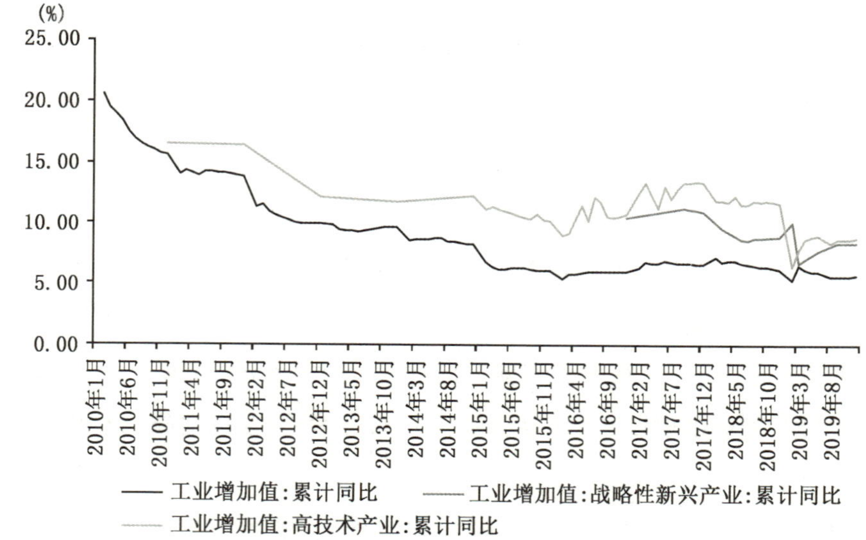

图 2.13　高技术产业、战略性新兴产业增加值增速持续高于总体工业

收窄,这主要是受中美贸易摩擦影响。计算机通信制造业和高技术产业的增加值同比走势很接近,在 2019 年,计算机通信制造业的出口出现了断崖式下落,进而带动其增加值增速下行(见图 2.14),其他高技术产业、战略性新兴产业也面临类似的问题。

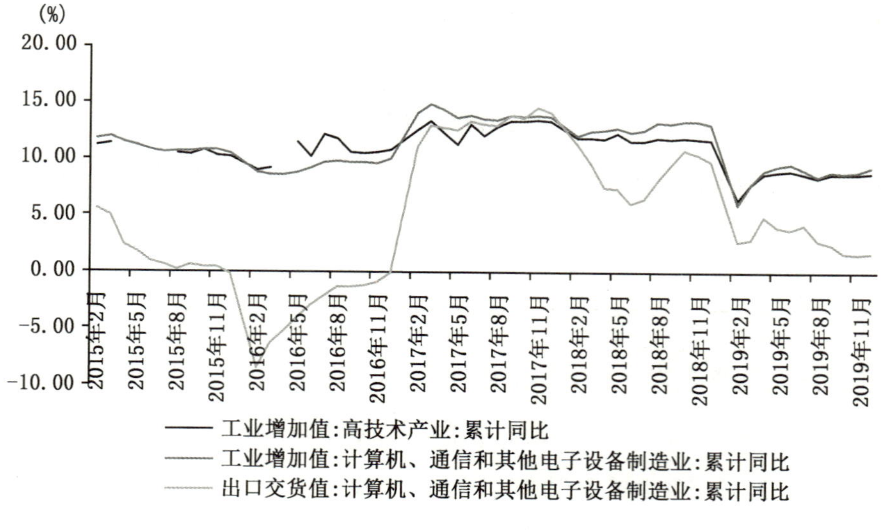

图 2.14　2019 年后计算机通信因为出口下行带动其生产放缓

2.3 如何预判工业增加值数据

工业增加值为月频数据，公布时间为下个月的12—18日，其实是相对滞后的。在实际中，我们可以借助一些其他指标对短期工业生产状况辅助判断和预测，包括各种微观的高频指标（日频、周频、旬频等）。

2.3.1 PMI生产指数

目前反映工业生产面的月度宏观数据，主要就两个，一个是工业增加值，一个是制造业PMI生产指数。PMI数据在每个月最后一天发布，及时性很高，相对于工业增加值数据早了半个月左右。

PMI生产指数是13个PMI分项指数中的一个。它反映的是制造业的产品生产量变化，而制造业是工业的主要部分。如果PMI生产指数大于50，说明工业生产活动在扩张，小于50则说明在收缩。

由于制造业PMI生产指数本质上是一个环比指标，因此可以和PMI直接对比的是工业增加值季调环比，两者走势具有一定的同步性。（也可以将PMI转化为虚拟同比，然后再与工业增加值同比对比。）

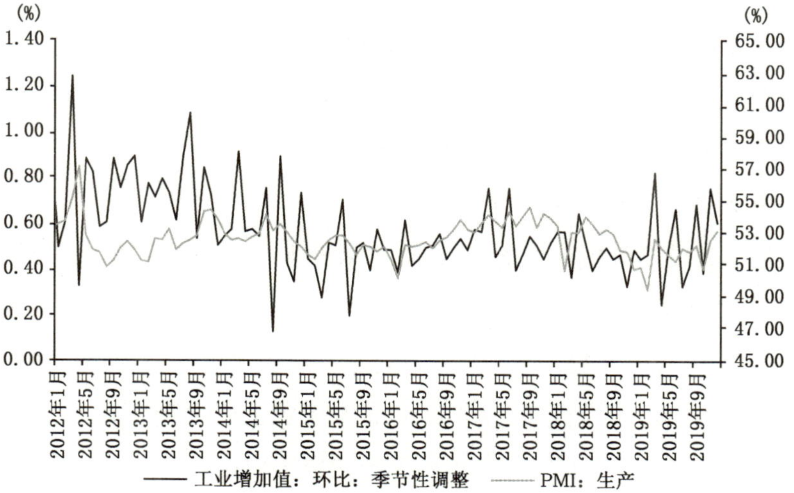

图2.15 工业增加值环比数据和PMI指数走势相关

这意味着，如果本月末发布的PMI数据上升，那么我们可以简单预判本月的工业增加值数据(在下个月发布)也会上升。

但是PMI生产指数采用的统计方法是问卷调查法。它的取值只能反映趋势，而不能反映真实的工业生产活动变化率，这一点是它和工业增加值数据的最大不同，也是导致它们之间出现走势背离的重要原因。

PMI数据备受市场关注，我们未来也有专门的报告对它进行解读。

2.3.2 相关高频指标

一些频率更高的微观数据也可以显示出工业生产状况。与工业增加值数据相关的、值得挑选的高频指标，主要来自三个方向：

(1)能够相对全面反映工业生产状况的指标，比如发电耗煤、货运量等。

(2)能够揭示重点行业生产状况的指标，比如钢铁、化工、汽车等工业生产数据等。

(3)能够反映上游价格和下游需求的指标。

第三类指标尽管不直接反映生产面，但会释放与工业生产有关的重要信号。上游原材料方面，市场一般比较关注动力煤、原油、螺纹钢、水泥等价格变动。下游需求主要关注房地产、建筑业相关数据。考虑到本章主要针对工业生产，所以这些数据我们在本章中暂不具体分析。

接下来我们将介绍第一类和第二类中那些市场经常引用的高频数据。

另外需要说明的是，在展开分析之前，往往需要对这些指标做一些基本的数据整理，将高频数据转化为低频数据。例如将日频数据累加/平均转为月频数据，然后再计算同比增速，与工业增加值同比比较。

1. 发电耗煤量和铁路货运量

在介绍具体的高频指标之前，我们首先来看看一个前几年很火的概念——克强指数，它可以为我们寻找高频指标提供一些思路。

克强指数于2010年推出，这是一个由英国《经济学人》杂志创造的用于评估中国GDP增长的指标，很大程度上其实反映的是工业生产的景气度。

它混合了三种指标，计算公式如下：工业用电量增速×40%＋中长期贷款余额增速×35%＋铁路货运量增速×25%，三个指标的权重通过简单回归计算得出的。

克强指数和工业增加值同比的走势，在 2016 年之前的相关性还是很高的，但是 2016 年后发生了明显背离(见图 2.16)，克强指数大幅提升，但是工业增加值变动不大。这似乎与我们上文中提到的 2016 年后的行业分化隐约有一些联系。

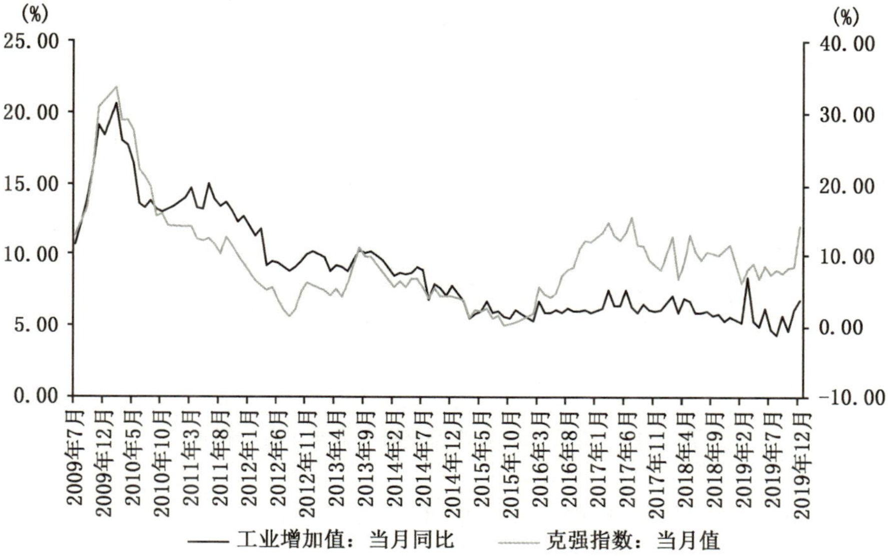

图 2.16　工业增加值和克强指数走势高度相关，但在 2016 年后相关性削弱

这种背离，在我们下文介绍其他高频指标时还会经常看到。目前暂且保留这些疑问，我们会在本章最后一节探讨这个奇怪的现象。

克强指数中的工业用电量、铁路货运量，都从侧面反映了真实的工业生产状况，我们也可以从这两个方向着手寻找高频指标。

第一，工业生产需要大量耗电。因此，工业用电量的变化率某种程度上可以作为工业生产的替代指标。

国家能源局每月会发布全国电力统计数据，其中就有工业用电量的当月同比。它和工业增加值同比之间有较强的相关性(见图 2.17)。

值得指出的是，工业用电量数据也是月频数据，且发布时间和工业增加值差不多，不具备前瞻性。

市场更常用于观察工业生产的指标是 6 大发电集团耗煤量(甚至可以说是最常用的高频观测指标了)，它是日频数据，连续性好，便于跟踪。6 大发电集团分别

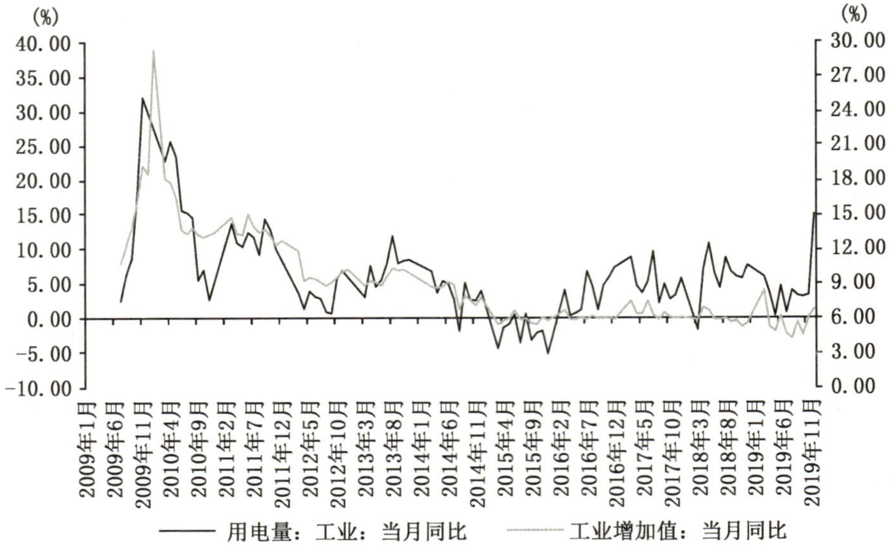

图 2.17　工业增加值和工业用电量同比走势相关

是浙电、上电、粤电、大唐、华能、国电，2020 年 3 月后由华电数据代替国电数据。具体数据通过取样 6 大集团旗下位于沿海火电厂的煤炭日耗数据而得。

需要说明的是，6 大集团的耗煤量数据自 2020 年 7 月以来已经陆续停止更新了，暂时还不清楚是短期停止更新还是长期停止更新。考虑到这个指标以前的使用频率比较高，我们这里还是重点介绍一下。

使用这一指标的逻辑在于，目前我国发电量 80％来自火电，因此可以通过大型发电集团的耗煤量粗略地代替发电数据，进而观察社会用电情况（发电量和用电量数据很接近）。

可以将发电耗煤量的日频数据加总成月度数据，然后计算同比。如果本月 6 大发电集团耗煤量同比提升，一般就预测本月工业增加值同比也将提升。

但是两者出现背离的时候也很多。以 2011—2019 年为观察区间，6 大发电集团耗煤量同比预测的成功率大概在 64％（见图 2.19）。具体来看，在各年 1—2 月、3 月、4 月的预测成功率较高，而在 5 月和 10 月的预测成功率则非常低。

发电耗煤量和工业增加值数据出现背离的原因，可能包含以下几点：

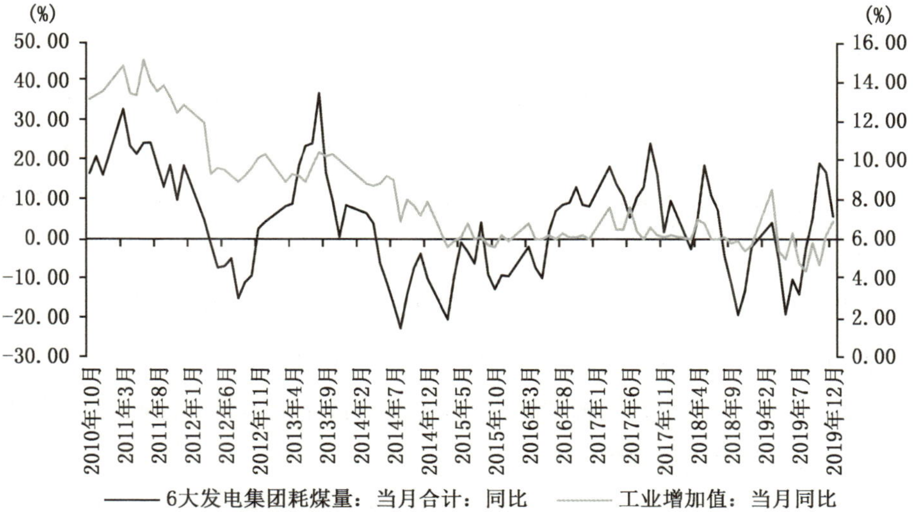

图 2.18　工业增加值和发电耗煤量同比有一定相关性

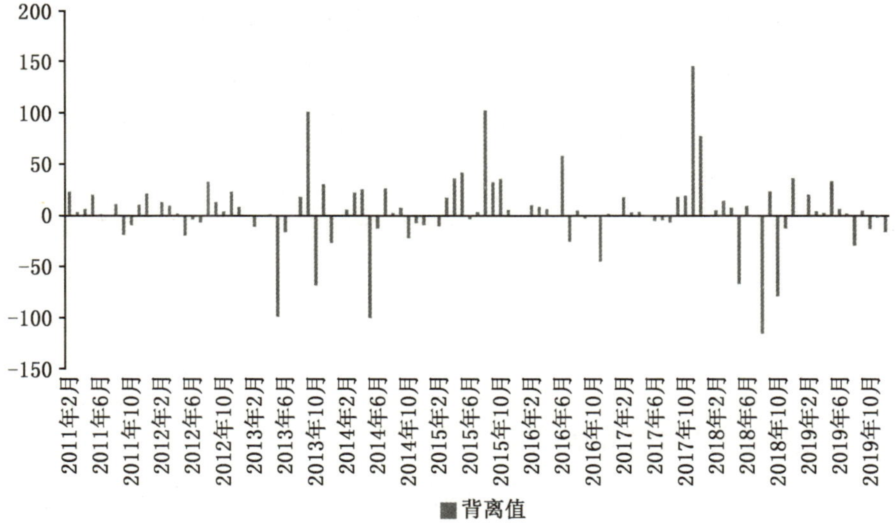

图 2.19　大发电集团耗煤量预测成功率大约为 64%

(1)工业用电数据本身就与工业生产存在背离,进而导致发电耗煤数据与工业数据背离。

(2)6 大发电集团耗煤量反映的是社会总用电量,即除了工业用电以外,还会反映第三产业用电、居民用电，它们也存在自身的波动规律。工业用电目前占比为6—7成。

(3)6大发电集团耗煤量更多反映的是东部沿海地区的用电情况。而中西部地区和东部沿海地区的产业结构、气候特征不一样，电力需求可能存在地域差距。

(4)发电耗煤量只反映了国内火电发电情况，外来电、水电、风电、核电等都不在考虑范围内。

更糟糕的是，6大电厂耗煤量这个数据在2020年年中后就停止更新了，这个在市场分析的使用频率较高的高频数据，退出了历史舞台。

第二，工业生产与货物运输关联密切，尤其是铁路货运量。因此，通过铁路货运量的变化，也可以间接判断工业生产形势。

但同样地，国家统计局披露铁路货运量数据的时间要晚于工业增加值。

市场常用大秦铁路货运量数据来替代。该数据为月度数据，由大秦铁路上市公司于每月10日前公布，在时间上领先工业增加值。

大秦铁路是连接山西大同与河北秦皇岛的国铁Ⅰ级货运专线，从历史数据看，大秦铁路货运量大体上能反映整体铁路货运量的趋势变化。与此同时，大秦线承担着“西煤东运”“北煤南调”的国家战略任务，其货运量中70%以上为煤炭，所以它其实也间接地反映了发电耗煤情况。

2016年之前，铁路货运量同比与工业增加值同比的同步性还不错，但是2016年之后也出现了相当严重的背离(见图2.20)。大秦铁路货运量数据是在2014年之后才披露的，受2016年后特殊情况影响，用它来判断的工业生产准确率其实并不高。

2. 重点行业生产状况指标

此外，我们可以挑选出一些重点行业监测，寻找与其生产相关的高频指标。

结合上文中提到的各行业增加值占比，目前可以重点关注的工业类别包括黑色金属冶炼及压延加工业、化学原料及化学制品制造业/化学纤维制造业、汽车制造业，即钢铁、汽车、化工行业，这些行业都有一些可供参考的高频数据。

首先看钢铁行业。目前市场上分析钢铁行业生产情况的高频指标一般有高炉开工率、粗钢产量。

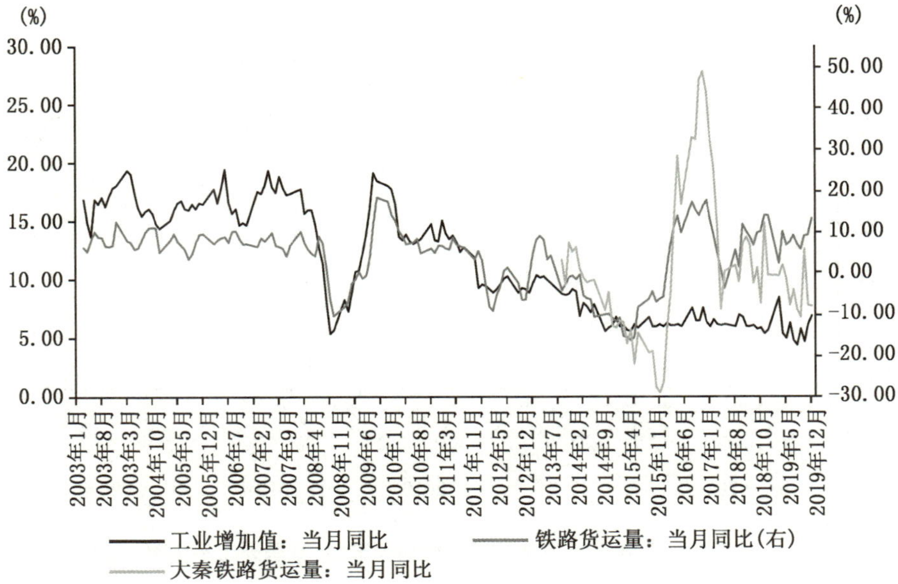

图 2.20 铁路货运量和工业增加值数据之间的同步性在 2016 年之前尚可

(1)高炉开工率=开工高炉数÷总高炉数，该指标为周频数据，由 Mysteel 网站披露。高炉开工情况来自对全国 163 家钢厂样本的调研。

自有 2015 年下半年有数据以来，高炉开工率其实是在不断走低的，然后在 2018 至今，基本维持在 60%—70%。从唐山钢厂的情况来看，2015—2017 年总高炉数变化不大，主要是开工高炉数在减少，反映的是供给侧改革和环保限产政策的影响。

另外，高炉开工率还有比较明显的季节波动特征，一般是二、三季度较高，一、四季度偏低(见图 2.21)。我们在分析这一数据时，一般会从环比的视角来看开工率是上升还是下降，直观地感受近期钢铁工业生产是加快还是放缓(见图 2.22)。但为了剔除季节性影响，也会对比上年同期的开工率。

(2)重点企业粗钢日均产量为旬度数据，由中国钢铁工业协会披露，每旬结束的 3—5 天内会披露该旬数据。统计对象为参与旬报统计的会员钢企。

但这个数据的质量不是很高，因为有时监测企业会有不上报数据的情况，这时中国钢铁工业协会只能用这些企业的历史数据带入估算。另外，中国钢铁工业协

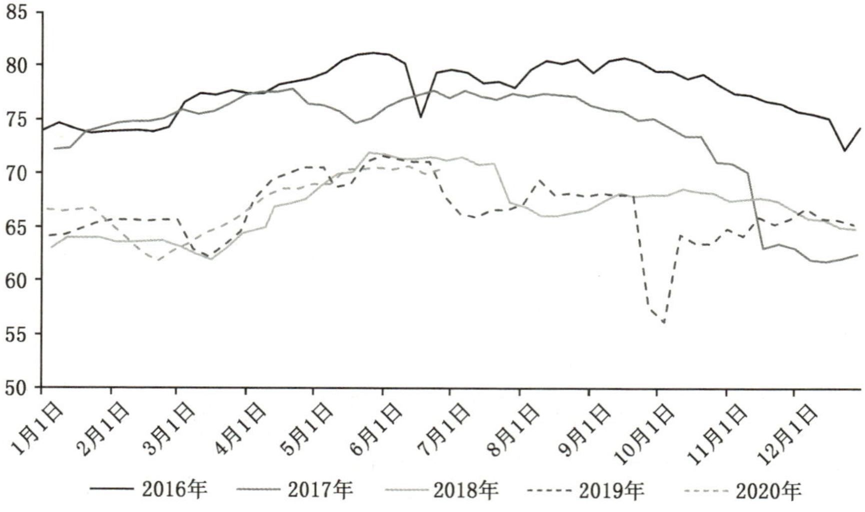

图 2.21　高炉开工率波动带有明显季节性，夏季开工率更高

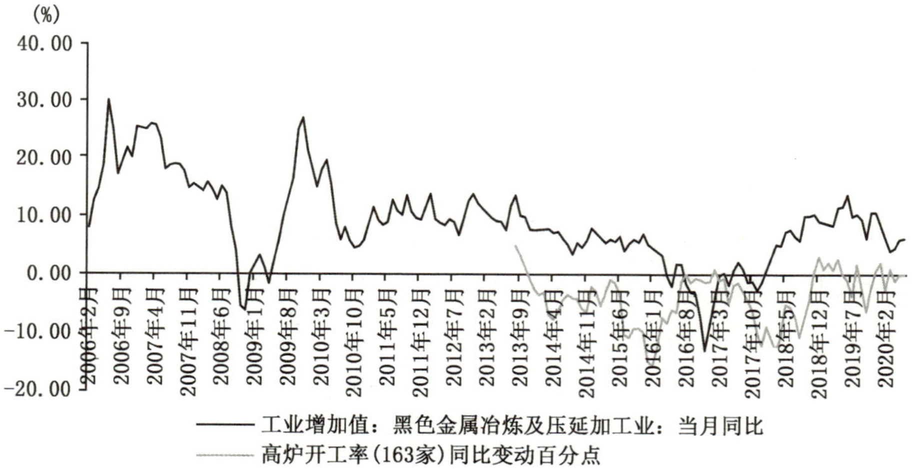

图 2.22　高炉开工率同比变动百分点和钢铁行业增加值同比在部分时间段内存在相关性

会每年统计的会员钢铁企业不一致，可能有口径不可比的问题。

将重点企业粗钢日均产量(钢铁协会口径)转换为月度同比之后，基本上可以替代发布更滞后的粗钢产量当月同比(统计局口径)(见图 2.23)。除去 2016 年，它们与黑色金属冶炼及压延加工业增加值也有较好的相关性。

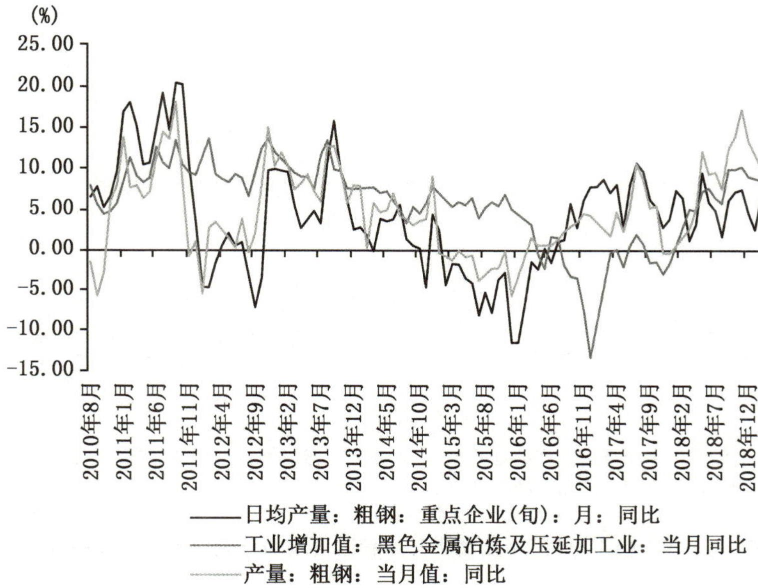

图 2.23 粗钢产量同比和钢铁行业增加值同比有较好相关性

其次看汽车制造业。汽车行业的常用跟踪指标主要包括汽车半/全钢胎开工率、汽车产量。

(1)汽车半/全钢胎开工率，由中国橡胶信息贸易网披露，二者均为周频数据，一般在每周五更新。

这两个开工率数据都和汽车轮胎生产有关，两者在细节上略微有点不一样，半钢胎主要用于轿车和大部分轻卡，全钢胎主要用于卡车和小部分轻卡，从历史走势来看两者没有太大的区别(见图 2.24)。

汽车半/全钢胎开工率，主要反映了轮胎厂商的生产情况，但是因为轮胎和下游汽车的联系比较紧密，所以也间接反映了汽车生产情况。

这两个指标的分析方法和高炉开工率差不多。如果把它们处理成月度同比变动，可以发现和汽车制造业同比也存在一定的关联度。

(2)汽车产量。目前统计局、中汽协、乘联会都会发布相关的月度数据，这三个口径的汽车产量，官方程度依次下降，但是披露时间依次提前。乘联会数据的披露时间一般在下个月上旬，汽车工业协会数据一般在下月 10 日左右，均略微领先于

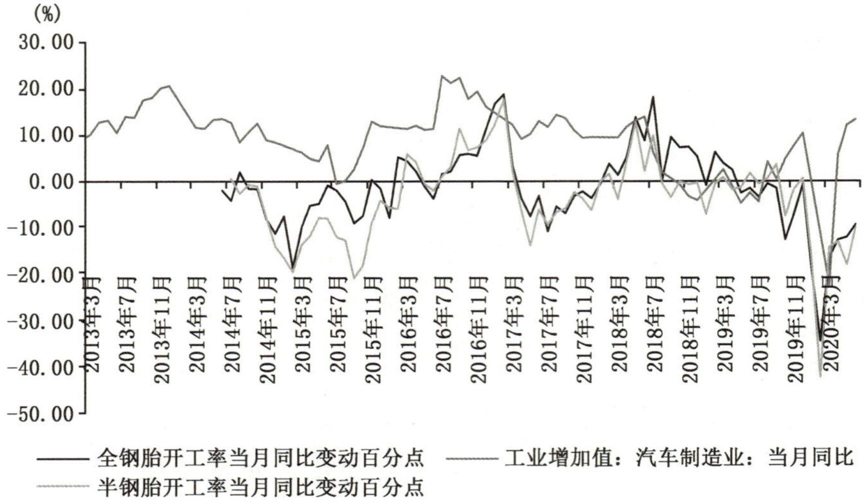

图 2.24 汽车半/全钢胎开工率变动百分点和工业增加值同比有一定关联度

工业增加值。

另外，中汽协披露的汽车数据包括乘用车和商用车，乘联会只披露乘用车数据，不过近年来乘用车占比在 80%—90%。从历史走势来看，三个不同口径下的汽车产量增速差异不是很大。

汽车产量同比与汽车制造业增加值同比基本上是高度相关的(见图 2.25)。

最后是化工行业。化工行业的跟踪指标可以采用 PTA 产业链负荷率。

我们可以简单地将 PTA(精对苯二甲酸)理解为一种重要的化工产品，它的下游延伸产品主要是涤纶(即聚酯纤维)，涤纶又属于化纤的一种。所以 PTA 产业链负荷率可以大致反映化学原料及化学制品制造业、化学纤维制造业的生产情况。

PTA 产业链负荷率为日频数据。有一点类似于汽车半/全钢胎开工率，我们可以对 PTA 产业链负荷率采用同样的数据处理和分析方法。

但这个数据的质量似乎不是很高。我们对 PTA 产业链负荷率做当月同比处理，然后对化学原料及化学制品制造业、化纤制造业的增加值同比进行简单平均，以反映化工行业整体情况，发现两个指标只有在部分时间是同步的(见图 2.26)。

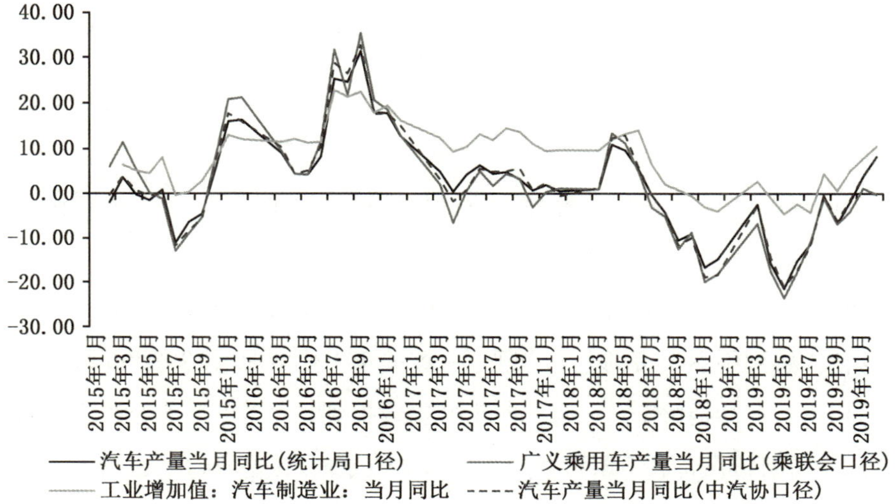

图 2.25　汽车产量同比与汽车制造业增加值同比保持高度一致

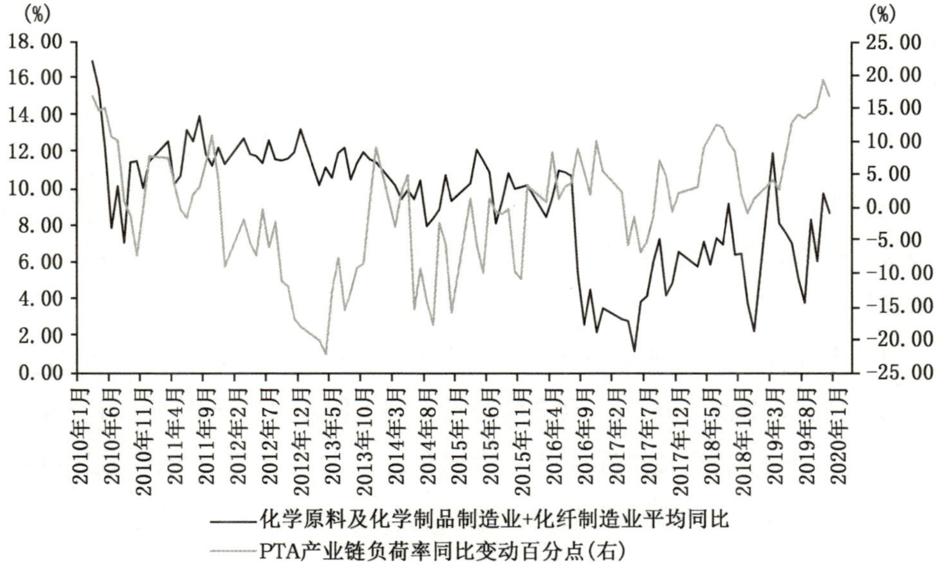

图 2.26　化工行业增加值同比和 PTA 产业链负荷率同比变动百分点的同步性不算高

2.3.3 工业增加值数据缘何与高频指标背离

根据上文的高频数据，可以看到一个比较奇怪的现象：过去那些与工业增加值有着密切联系的高频指标，近年来似乎统统出现了背离。

2016—2017年，工业用电量、发电耗煤、铁路货运量、高炉开工率同比数据均已大幅回升，这反映了工业生产在明显加快。但工业增加值同比却一直趴在6%附近，维持着一种超预期的稳态（见图2.17、图2.18和图2.20）。

这使人感到困惑。市场上也出现了一些关于工业增加值“失真”的讨论。

可以从行业结构解释这一点吗？上文中曾提到，2016年以来上游和中游原材料行业、中游机械设备和下游行业的工业增加值数据，在这段时期也出现了一些明显的趋势性分化。

有一种解释是这段时期的产业升级。上游和中游原材料往往是高能耗行业，铁路货运量也比较大，假如由于产业升级等原因，它们对工业生产的影响力下降，那么它们的生产加快，可能对整体工业增加值数据的影响比较弱。这有助于解释“发电量大、工业增加值小”之类的情况。

事实恰恰相反。实际上2016年正是上游和中游原材料在趋势性下行，直到2017年才陆续见底回升（然而2017年下半年高频数据显示工业生产其实已经开始回落），反倒是中游机械设备和下游行业的生产加快，起了对冲作用，在支撑着工业增加值（见图2.12）。

但这也说明，问题可能正是出在上游和中游原材料行业。

那么是高频数据错了，或者说高频数据受到了特殊因素干扰吗？可能性也很低。首先，几个不同类别的高频数据都共同印证了2016年后上游、中游原材料工业生产在加快。其次，统计局公布的各种工业品产量数据，也显示出生产加快的痕迹，例如煤炭、钢铁、有色、水泥等产量，在2015年下半年至2016年初就已经开启了新一轮扩张（见图2.27）。

理论上说，工业增加值剔除了价格因素，应该与产量的变动保持一致。中游机械设备和下游行业这一点就表现得很好，比如上文曾提到的汽车产业（见图2.25），以及图2.28中的通用设备制造业等。

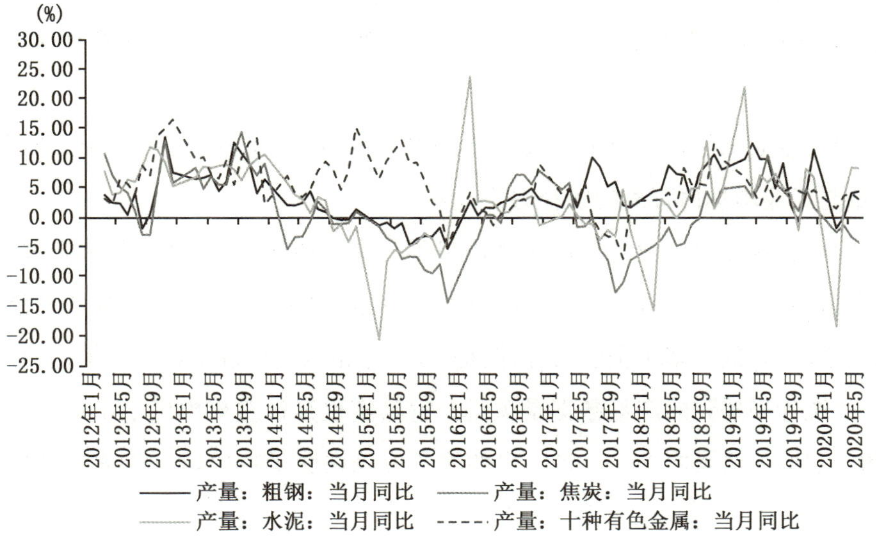

图 2.27　煤炭、钢铁、有色、水泥的产量同比都在 2016 年出现了明显提升

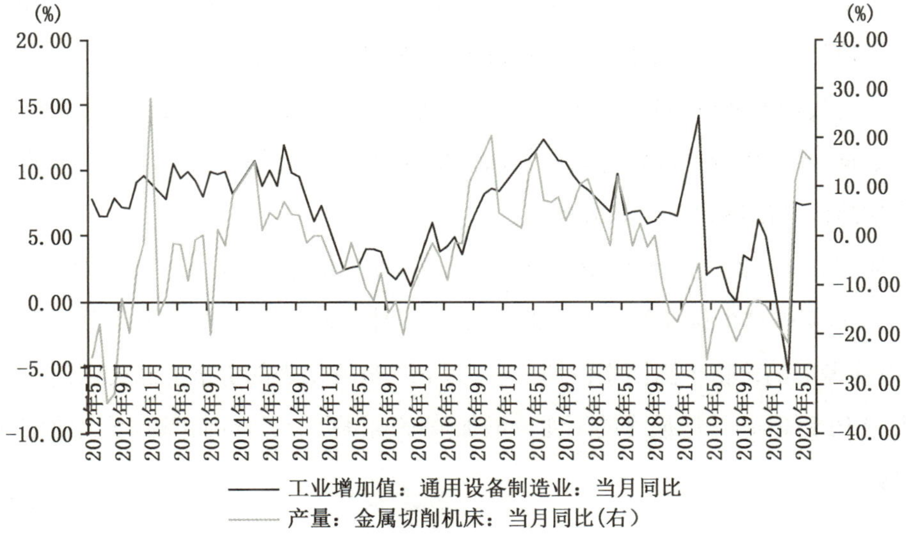

图 2.28　通用设备制造业增加值同比与金属切削机床的产量同比走势基本一致

产量数据还顺便说明了统计口径也不是关键问题。

部分观点提到，工业增加值同比只囊括了规模以上的企业，而高频数据比如发电量背后反映的是所有工业企业的信息。如果是规模以下的小企业生产加快，那么用电量等高频数据会走强，但反映不到工业增加值增速之中。的确有这种可能存在。但是：

(1)大企业仍然是主导高频数据(比如用电量)的主要力量，所以小企业因素对用电量与工业增加值背离的解释力比较弱。

(2)小企业和大企业的生产驱动逻辑不存在本质区别，要么是价格上涨，要么是需求启动，所以很难看到小企业加快生产、大企业不动的情况。除非去产能的政策限制松动，导致更多小企业出现，但是2016年也没有出现明显的政策松动。

(3)统计局提到的产量数据是关键。它其实也是针对规模以上工业企业调查的，和工业增加值是同一个口径。它的增长应该说明了规模以上工业生产的确在加快。

我们提供一种可能的解释，问题也许出在工业增加值增速的核算方法：

根据现行规则，首先得用本月工业总产值×上年增加值率推算出本月现价工业增加值，然后再用PPI缩减为不变价工业增加值，最后计算增速。理论上说，工业总产值=产量×价格，在用PPI缩减后，确实消除了价格因素。

但是我们上文也谈到了，在实际中，工业总产值是企业通过联网直报系统直接报送数据，然后由统计局汇总而成的，而PPI的核算则是另一套程序。这可能导致价格剔除没办法做到理论上那么完美。

而在2016年，上游和中游原材料行业的PPI出现了一轮历史罕见的暴涨(见图2.29)，使得这个核算差异可能被放大了，具体表现在企业报送工业总产值数据时，可能考虑的价格上涨因素没那么多，而PPI核算出来的价格上涨更剧烈。这就导致用PPI缩减时，把最终的不变价增加值缩减得更少了，进而降低了工业增加值的增速。

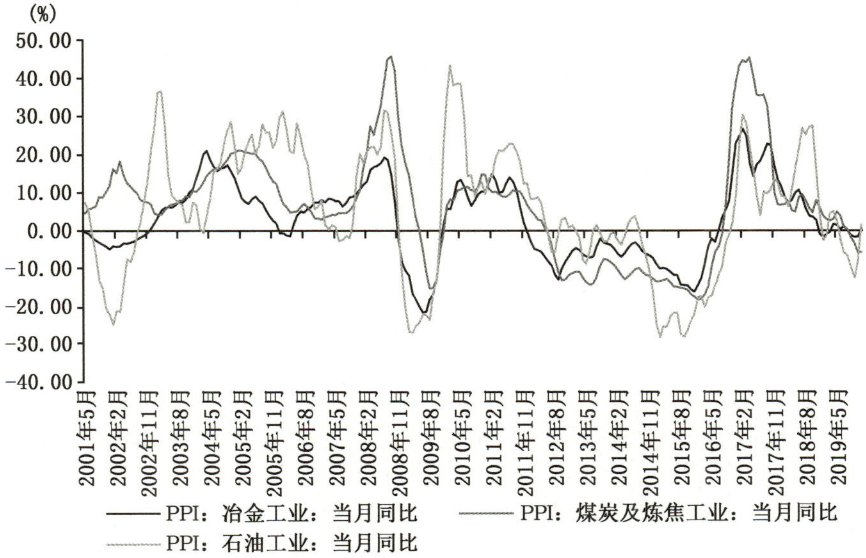

图 2.29　上游和中游原材料行业的 PPI 在 2016 年出现了一轮暴涨

第3章

工业数据分析(二)：工业企业财务数据

透过营业收入、利润、资产负债等财务数据，可以系统地把握工业企业财务变化趋势。

本章主要介绍工业企业财务数据。透过营业收入、利润、资产负债等财务数据,可以系统地把握工业企业财务变化趋势。

本章的分析从两个维度展开:一是利润表,重点是工业企业利润,它直接反映了工业企业的盈利状况,我们将从总量、行业结构、企业类型等角度解读;二是资产负债表,重点是工业企业产成品存货数据,它背后反映了供需关系变动,我们将从库存周期的角度解读。

3.1　初识工业企业财务数据

在上一章中,我们详细介绍了工业增加值。除了工业增加值,工业企业数据中,市场通常还很关注它的财务数据。图 3.1 展示了统计局披露的主要工业企业财务数据(灰底方框内)。

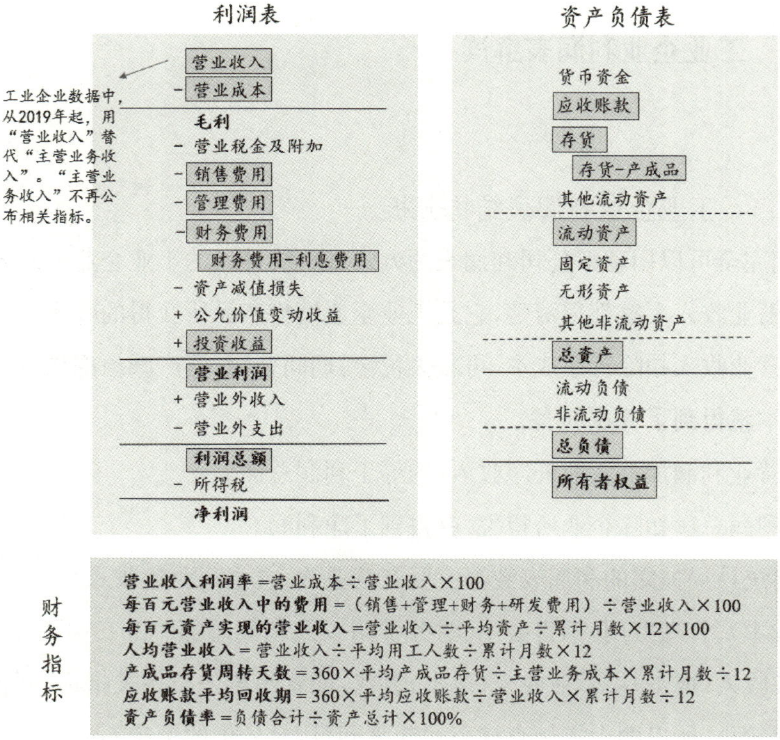

图 3.1　工业企业财务数据和企业资产负债表、利润表(简化版)的对应

这些财务数据相当于简化版的企业利润表指标、资产负债表指标和财务分析指标，除资产、负债、营收、利润等数据外，还包括利润率、存货周转天数等指标。对于了解基础会计知识的读者而言，这些指标应该不会陌生。

它们的统计方式也比较简单，企业在国家联网直报系统中，填报自己的财务数据，然后再由统计局直接汇总而成。因此这些指标的含义，和它们在会计里的概念范畴没有什么差别。由于核算流程简单，我们这里不做过多介绍。

有些工业企业财务数据，比如利润，会同时公布绝对值和同比增速。需要注意的是，它们也是一项针对规模以上工业企业的统计，所以和工业增加值一样，也会受每年规模以上企业名单变动的影响，带来口径不可比的问题。

因此，尽管统计局公布了绝对值，但如果直接用绝对值计算同比增速，会和官方调整后公布的同比存在差异。这种差异，在大多数时候很小，但在部分时间段可能会比较大，具体的我们在下文会提到。

3.2 工业企业利润表解读

3.2.1 工业企业利润表结构分析

我们完全可以用理解公司利润表的方式理解统计局的工业企业利润表数据。

(1)营业收入大家都很清楚，它是工业企业销售产品所获得的收入。

(2)营业收入扣除营业成本，再减去税金、期间费用、资产减值损失等成本费用科目，基本就得到了营业利润。

(3)营业利润加上营业外净收入，约等于利润总额。

(4)利润总额扣除企业所得税，就得到了净利润。

目前统计局披露的利润表数据主要有营业收入(主营业务收入)、营业成本(主营业务成本)、管理费用、销售费用、财务费用以及利润总额。2019 年后稍有调整，主营业务收入(成本)被营业收入(成本)替代，前者不再公布相关指标，不过因为两者差距比较小，所以两个指标直接衔接起来即可，对分析的影响不大。

此外，尽管统计局还披露了投资收益、营业利润这两个指标，但它们的披露时间都比较短,从 2018 年开始才有数据,所以我们一般不太看。

2000 年到 2018 年,营业成本占营业收入比重平均在 85%左右,“管理费用+销售费用+财务费用”占营业收入比重平均约为 8.5%。前者总体呈现出上升趋势,而后者则呈现下降趋势,它们互相形成了某种对冲关系(见图 3.2)。扣除完成本、费用,剩下的利润总额占营业收入比重(营业收入利润率)则平均约为 5.5%。

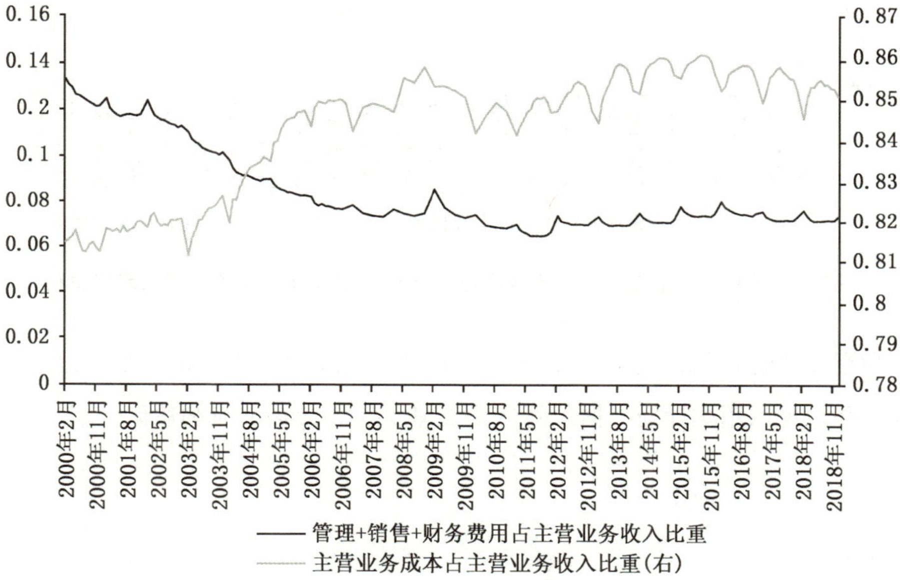

图 3.2　成本率和费用率之间有一定的对冲关系

在所有利润表数据中,市场比较关注工业企业营业收入、利润数据,其中又以利润总额同比最受市场关注,因为它比较直接地反映了工业企业盈利状况(本来判断企业盈利的最直接指标应当是净利润,但由于统计局未披露工业企业净利润数据,所以只能用利润总额来代替)。

营业收入、利润总额作为常用会计概念,还可以和 A 股的微观数据相联系,进而对投资产生比较直接的指导意义。

通过图 3.3 和图 3.4 可以看出,工业企业的营业收入、利润指标和 A 股工业类上市公司的营业收入、利润增速之间有着很好的拟合性。

统计局发布的工业企业利润指标是月度数据,相较于上市公司按季度发布的

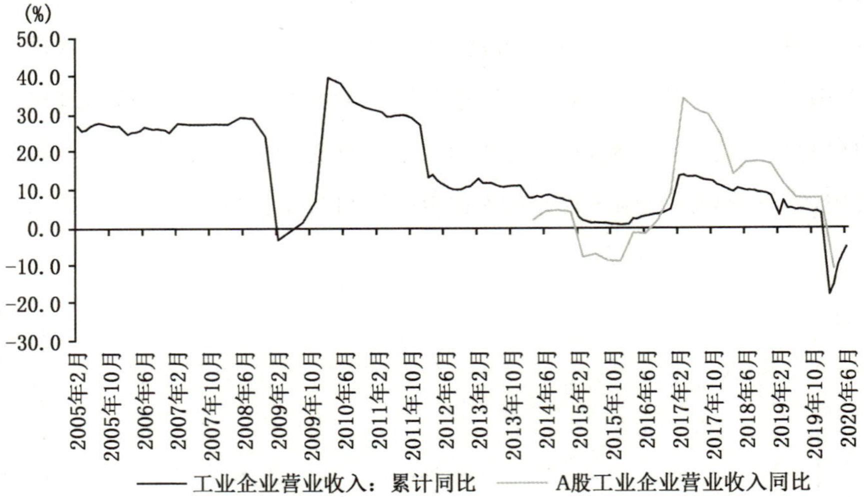

图 3.3　统计局工业企业营业收入同比与 A 股工业企业营业收入同比走势相符

财报数据，时效性更高。宏观口径下数据和 A 股数据之间的高同步性（见图 3.4），意味着我们可以用统计局数据预判 A 股工业类上市公司的盈利数据。

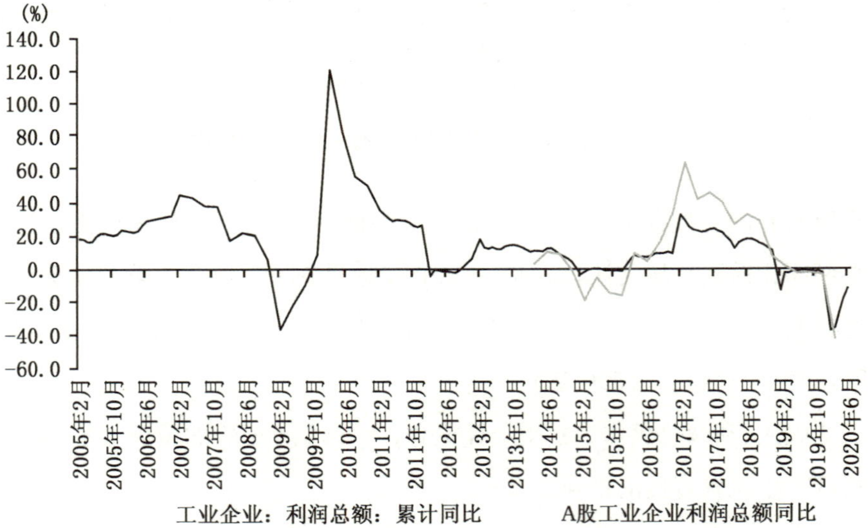

图 3.4　统计局工业企业利润总额同比与 A 股工业企业利润总额同比走势相符

例如 2020 年二季度，统计局公布的工业企业营业收入、利润累计同比明显反弹,基本上就可以提前判断工业上市公司的二季度盈利数据也会好转。而这些工业类上市公司数量占整个A股上市公司的68%,市值占57%左右,影响力不小。

我们知道,股票价格=EPS×PE。PE是市盈率,反映估值,而EPS是每股收益,反映企业盈利能力。如果将利润总额增速近似地看成EPS增速,那么分析宏观口径下的工业企业利润增速,能够帮助我们对股票市场进行定价。

3.2.2 工业企业利润数据分析

1. 如何从总量角度观察

首先探讨一个问题:工业企业营业收入和利润总额,和我们上一篇提到的工业总产值和工业增加值之间有什么联系?理解这一点,有助于我们厘清工业数据之间的内在逻辑。

第一,工业企业营业收入和工业销售产值的概念很接近,而销售产值又可以通过产销率与工业总产值相联系。

营业收入、销售产值都是和销售有关的概念。从2005—2016年的历史数据来看(工业销售产值只有年度数据,且自2016年以来已经停止披露),工业企业营业收入与工业销售产值的年度数值相当接近,例如在2016年,两者只相差0.03%。

工业销售产值和工业总产值之间最主要的区别就在于,前者是基于销售统计,而后者是基于生产统计。但这两者之间的差异也没有那么大,数据上来看,2001年以来,官方披露的产销率每年都在97%以上。历史上,工业总产值(2011年后停止披露)和工业销售产值数据结果也很接近。

一言以蔽之,尽管概念上有差异,但工业企业营业收入、工业销售产值、工业总产值在数量关系上几乎可以等价。

第二,从概念上说,工业增加值=总产值-中间投入,工业企业利润≈营收-成本,两者有点像,不过工业增加值并不等同于企业利润,甚至差得有点远。

从收入法可以看得更清楚,工业增加值=劳动者报酬+生产税净额+固定资产折旧+营业盈余,它的概念比企业利润要广得多,不仅包括营业盈余(有点接近于企业营业利润的概念,但不完全一致),还包括职工工资福利、生产税、折旧等。而企业利润实际上只包含了企业所分配的利益。

但是，工业增加值的同比和工业企业营收同比、利润总额同比之间存在比较强的逻辑关联。

我们在第 2 章中，谈到了月度工业增加值的核算方法，它等于本月总产值×上年度增加值率，相当于控制住了增加值率这个变量，而在计算工业增加值增速时，又利用 PPI 指标剔除了价格因素。所以理论上而言，工业增加值同比是一个很纯粹的、只反映总产量(或者说实际总产值)变动的指标。

又因为工业总产值基本等于工业企业营业收入，所以某种意义上说，工业增加值同比，可以直接看作剔除了价格因素的工业企业营业收入同比。

这也是为什么工业增加值同比+PPI 同比(还原了价格因素)和工业企业营业收入同比的拟合效果非常好，形态几乎一致(见图 3.5)，甚至比拟合利润同比效果还好的原因。

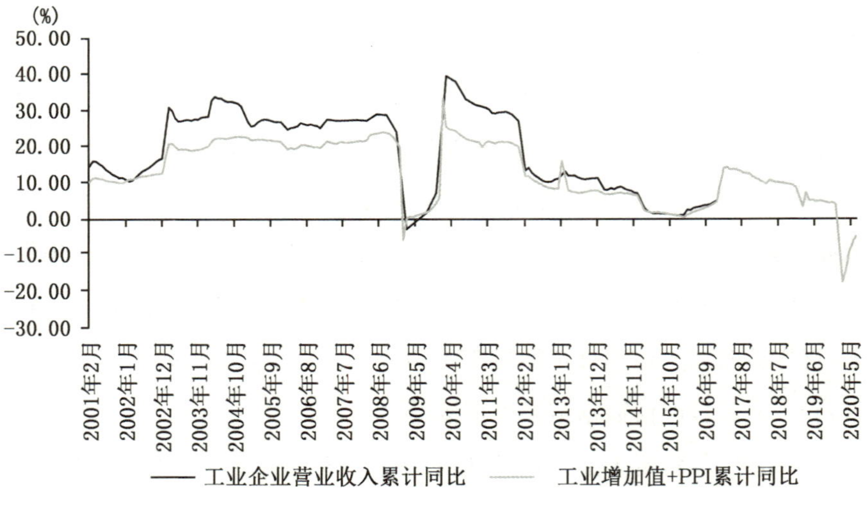

图 3.5 工业企业营业收入同比和工业增加值+PPI 同比走势吻合

工业企业利润=营业收入×利润率。营业收入又等于量×价，所以我们最终可以把工业企业利润变动的原因，拆分为三个部分：量、价、利润率。

一是产量的变动，可以通过工业增加值同比观察。

二是价格的变动，可以通过 PPI 同比观察。

三是利润率的变动，可以通过营业收入利润率同比观察。

工业企业利润变化基本就是由这三个因素共同决定的。我们可以把每期的利润总额同比增速,拆分为工业增加值同比+PPI同比+营业收入利润率同比。图3.6展示了这一拆分结果。

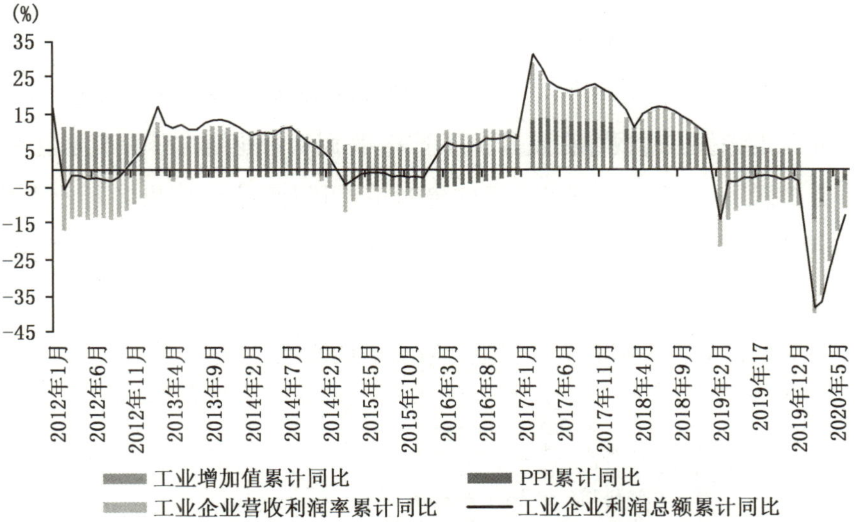

图3.6　工业企业利润同比可拆分为工业增加值、PPI及营业收入利润率的同比

换言之,如果我们要分析工业企业利润,无非也就是从这三个角度入手,看看这三个变量的变动趋势如何,并继续深挖它们背后的影响因素。

从理论上讲,量和价在大多数时候应该没有什么分歧,因为它们总是共同受下游需求的影响。下游需求一旦启动,大概率会同时带动量价回升。

但如果冲击来自供给端,那么量和价有时可能会发生背离。比如2016供给侧结构性改革后产能出清,PPI同比快速提升,但企业利润的修复主要是依靠这轮涨价,量没太大变动。再比如,2020年一季度受新冠肺炎疫情影响,量出现了很明显的缩减,但是PPI同比的变动并不大。

利润率的波动主要受价格影响。比如2016—2017年PPI同比大幅上涨,同时带动了工业企业利润率上升。更准确地说,是原材料涨价带动了上游和中游原材料行业的利润率提升,这段时期的工业企业利润回升的支撑力量基本是这些行业。

总体而言,2012年后量(工业增加值)相对平稳,而价(PPI)以及利润率则处于较大的波动中。因此,工业企业利润的变化也主要受后两者驱动。

不过要说明的是,利润增长的可持续性最终仍然取决于需求好不好,如果只是单一地受供给冲击下的价格上涨影响,工业企业利润增速回升,那么这种回升往往难以持续。

2. 如何从行业角度观察

不同行业对应的需求不同,价格变动对它们的影响程度也不同,所以不同行业的利润同比走势很多时候存在差异。接下来,我们从行业结构分析工业企业利润。

官方披露了各行业的利润总额的绝对值,可以直接计算出各行业占比。拿2019年数据来看,在41个子行业中,前20大行业占比合计约为85%(见图3.7)。其中规模最大的行业包括汽车、电子信息、电气机械、建材、化工、钢铁等,它们的利润变动会对整体的工业利润变动产生比较显著的影响。

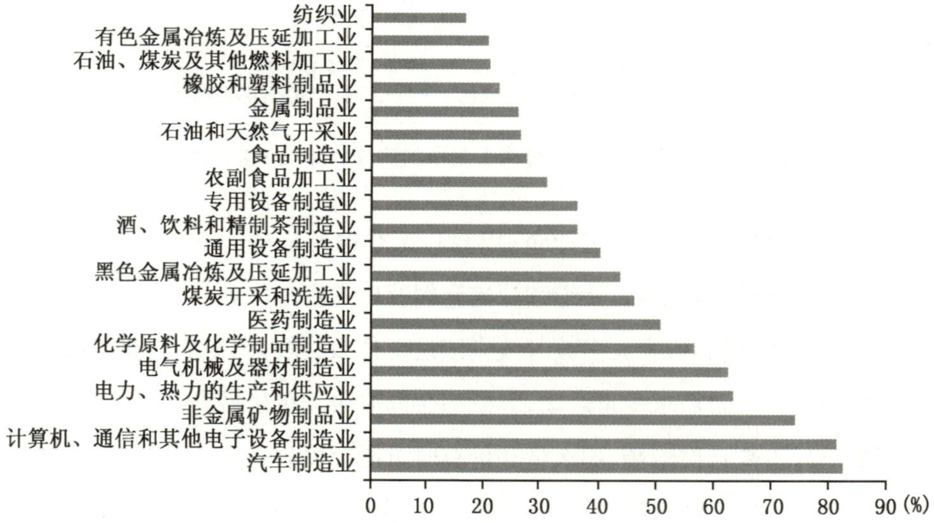

图 3.7 2019年前20大工业行业利润总额占比

同样,可以参照和工业增加值类似的处理方法,对行业按照不同属性归类与合并(见第2章)。

我们这里主要从比较重要的上中下游视角展开分析,并沿用上一章提到的上游、中游原材料、中游机械设备、下游的行业分类方法。

一个比较关键的问题是:哪类行业主宰了工业企业利润的变化?

要回答这个问题,需要将工业企业利润累计同比按照上中下游进行相对精确的拆分(可以通过各行业利润的动态占比×各自累计值的同比拆分,不过由于并非官方公布的同比,在2017—2019年存在较大误差),拆分的结果如图3.8所示。

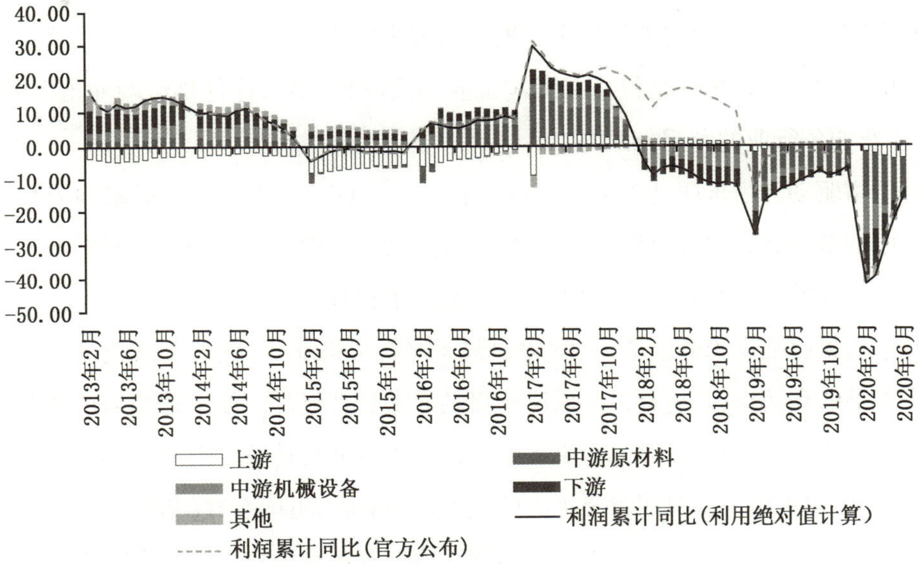

图3.8 工业企业利润同比可拆分为上中下游利润同比

分阶段来看上中下游的同比变动特征。自2013年以来:

(1)2013—2014年,总体利润增速持续下行,下游行业的利润同比走弱是主导。而上游、中游利润同比均出现了微弱的好转。

(2)2015—2016年,总体利润增速见底回升。见底,主要是因为上游行业利润陷入深度负增长。回升,最主要的支撑力量来自上游以及中游原材料行业,相较之下其他行业没有很明显的改善。

(3)2017—2018年,总体利润增速快速下行。问题主要出在中下游行业同比的快速下滑,尤其是中游原材料(这一时期受到了统计因素干扰)。

(4)2019年,利润增速微弱回升,中下游均有利润好转迹象,但中游原材料更明显。

(5)2020 年,新冠肺炎疫情使得工业利润增速砸出深坑,而后向上修复。上游和中游原材料都修复得比较慢,中游机械设备和下游倒是修复得比较快,尤其是中游机械设备。

综上,不同时期工业企业利润变动的主导行业可能不一样。但掐头去尾来看,中游原材料行业的变动,可能是一条比较明晰的主线,它很大程度上决定了工业企业利润同比的形态,这可能和这个时期价格成为主要变量有关。

既然这一时期主要是价格在影响工业利润增长,那么这种供给端冲击下的涨价,会影响各行业的利润分配吗?

价格驱动和需求驱动工业利润的逻辑不太一样。如果是终端需求强势启动,那么中下游会首先响应,量价齐升,利润增厚,然后再向其他中游、上游传导——此时所有行业的情况都有所好转,整个工业利润蛋糕都在做大。

但如果面临供给侧改革,上游和中游原材料价格涨价,理论上来说,可能会侵蚀中下游的利润空间,这具体又取决于终端需求是否强劲。如果终端需求强劲,那么价格或许可以继续向下传递,中下游可以将成本继续转嫁给消费者;如果需求比较差,那么中下游或许只能承受更高的成本,盈利能力可能会被削弱。

我们先来观察 2016—2017 年供给侧结构性改革时期的价格变化特征:

代表工业上游、中游原材料价格的 PPIRM 同比、PPI 生产资料同比明显大涨。

代表工业下游价格的 PPI 生活资料同比、代表消费价格的 CPI 非食品同比也有一些涨幅,但涨幅相对有限(PPI 生活资料当月同比从 2015 年末的－0.4%涨至 2016 年末的 0.8%,CPI 非食品项当月同比则从 1.1%涨至 2%)。它们与 PPIRM 同比、PPI 生产资料同比之间形成了剪刀差(见图 3.9)。

尽管从历史数据看,工业下游行业的价格弹性一直比较弱,但这一次的反弹力度比以往更弱,也说明了终端需求比以往更低迷。

上游、中游原材料涨价更快,而下游涨价偏慢,说明下游没能完全把成本继续转嫁出去,那么下游的盈利空间可能会被压缩,营业收入利润率应该走弱。

分别计算各行业的营业收入利润率变动百分点,可以发现,在 2015 年末至 2017 年年中这个 PPI 上涨最猛烈的时段,上游采掘业、中游原材料行业的营业收入利润率上涨比较明显,尤其是采矿业、石油、钢铁、化工,中游机械设备变化微弱,

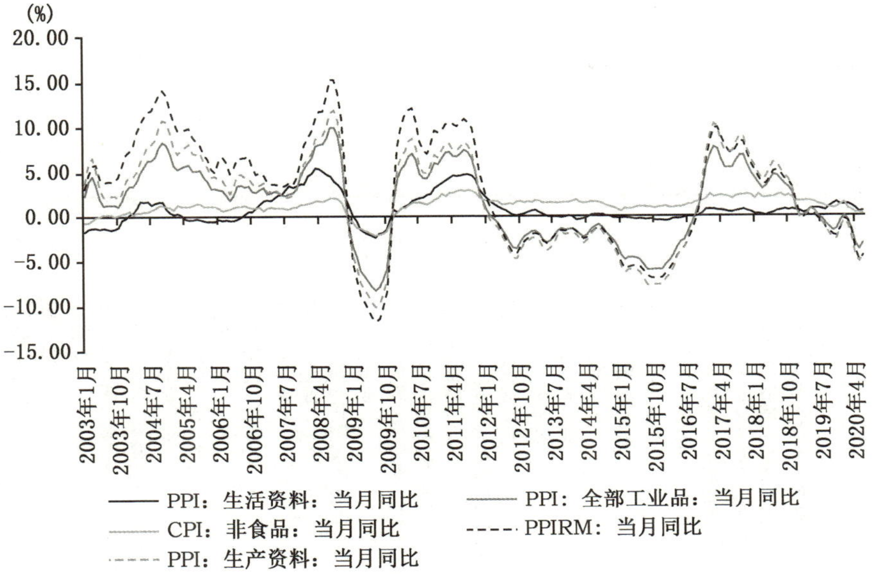

图 3.9 PPIRM、PPI 生产资料的波动要明显大于 PPI 生活资料和 CPI 非食品项

而下游中则有较多行业出现了下滑(见图 3.10)。

这意味下游行业,在面临原材料涨价、同时需求又没那么好的时候,盈利能力的确有所弱化,利润空间遭到了上游、中游原材料行业的侵蚀。

当然,侵蚀效应并没有那么显著。我们用整体法分别计算出上中下游的营业收入利润率,可以看到,相较于上游、中游原材料而言,中游机械设备和下游的营业收入利润率一直变动幅度都很小,除了年内的季节性波动外,各年的利润率差别不是很大(见图 3.11)。原因可能有两个:

一是原材料成本在下游产品价格中所占的比重可能没有那么高,所以原材料上涨,对下游行业价格、利润率的影响都没有那么大。

二是下游行业(主要面向消费)和上游、中游原材料行业的联系可能没有那么紧密,中游原材料涨价的影响可能更多地传递到了非工业行业(如建筑业等)。

3. 如何从企业类型角度观察

还有一种常见的观察工业企业利润的角度,即企业经济类型(或者说是企业登记注册类型)。

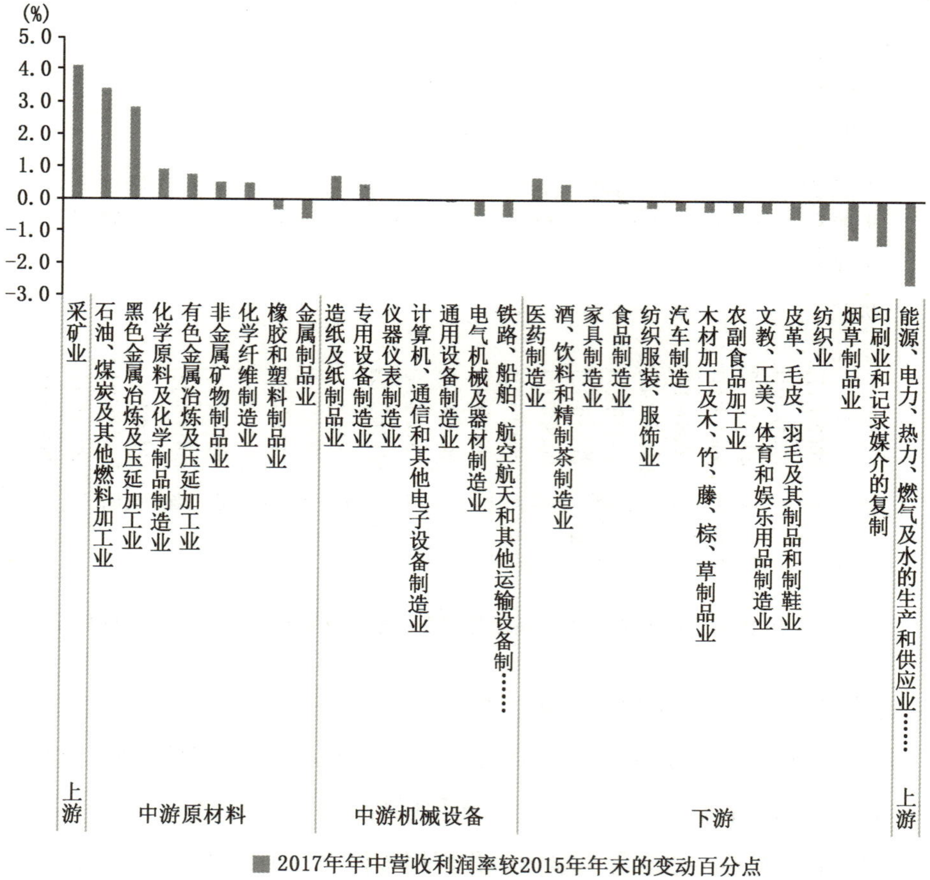

图 3.10　2015 年年末到 2017 年年中，上中下游各行业的营业收入利润率变动情况

由于企业经济类型分类口径多而杂乱，概念上有时也存在一些交叉重叠，有时会引起误解。这里我们先来简单梳理一下它们之间的关系。

根据 2011 年版《关于划分企业登记注册类型的规定》，目前的企业登记注册类型包括国有企业、集体企业、股份合作企业、联营企业、有限责任公司、股份有限公司、私营企业、其他企业等内资企业，还有外商和港澳台商投资企业，一共 9 类。

年度的工业财务数据统计，包括以上 9 个类型，它们互不重合。如果将这 9 个类别的企业数加总，得到的数据和官方公布的总数是一致的。

在 9 大类企业中，国有、集体、股份合作、联营工业企业都有一定的社会制度属性，现在的数量已经比较少，它们 4 个再加上“其他工业企业”，占比合计只有 1.4%

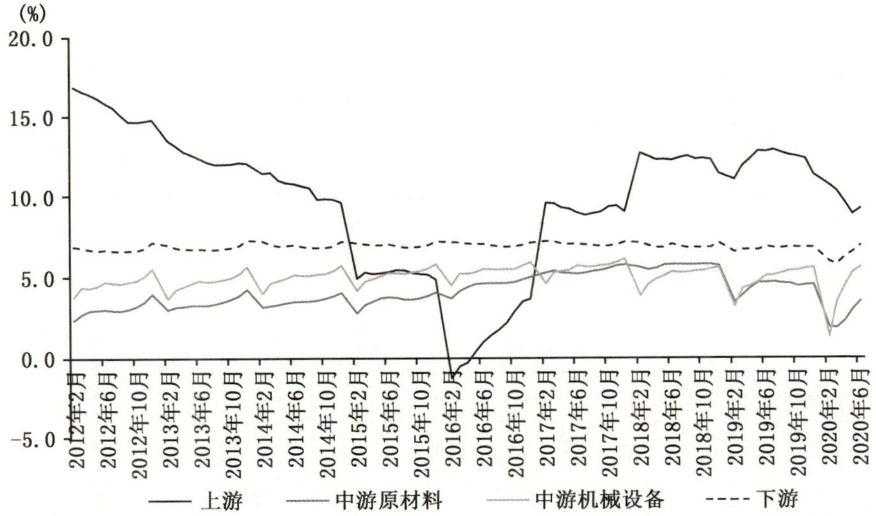

图 3.11　下游行业的营业收入利润率除了季节性波动外,各年度的变化很微弱

左右。剩下来的还有有限责任公司、股份有限公司、私营企业、外商和港澳台商投资企业,它们的企业数占比分别约为 24.6%、3.2%、58.3%、6%。

这四类企业的关系比较让人困惑,从定义来看,私营企业只是强调自然人投资设立或控股,外商和港澳台商投资企业只是强调由境外资本投资,这并不妨碍它们成为有限责任公司或者股份有限公司。按理来说,它们之间应该存在交叉关系。

在实际中,统计局会依据《企业登记注册类型对照表》,将企业在工商总局的登记类型,转换为统计局的登记注册分类。从表 3.1 中可以看到,尽管同样是在工商总局登记的有限责任公司/股份有限公司,但由于股权性质差异,有一些会被统计局归为私营企业,有些归为外商投资企业,剩下的一些才会被真正纳入"有限责任公司/股份有限公司"。所以也没有出现重复计算问题。

表 3.1　　《企业登记注册类型对照表》中的部分内容

企业（机构）类型代码表（工商总局）		1998年《关于划分企业登记注册类型的规定》		
1000	**内资公司**			
1100	有限责任公司			
1110	有限责任公司(国有独资)	151	国有独资公司	→ 有限责任公司
1120	有限责任公司(外商投资企业投资)			
1121	有限责任公司(外商投资企业合资)	330	外资企业	→ 外商投资企业
1122	有限责任公司(外商投资企业与内资合资)	310	中外合资经营企业	→ 有限责任公司
1123	有限责任公司(外商投资企业法人独资)	330	外资企业	→ 有限责任公司
1130	有限责任公司(自然人投资或控股)	159	其他有限责任公司	→ 有限责任公司
1140	有限责任公司(国有控股)	159	其他有限责任公司	→ 有限责任公司
1150	一人有限责任公司			
1151	有限责任公司(自然人独资)	173	私营有限责任公司	→ 私营企业
1152	有限责任公司(法人独资)	173	私营有限责任公司	→ 私营企业
1190	其他有限责任公司	159	其他有限责任公司	→ 有限责任公司
1200	股份有限公司			
1210	股份有限公司(上市)			
1211	股份有限公司(上市、外商投资企业投资)	340	外商投资股份有限公司	→ 外商投资企业
1212	股份有限公司(上市、自然人投资或控股)	174	私营股份有限公司	→ 私营企业
1213	股份有限公司(上市、国有控股)	160	股份有限公司	→ 股份有限公司
1219	其他股份有限公司(上市)	160	股份有限公司	→ 股份有限公司
1220	股份有限公司(非上市)			
1221	股份有限公司(非上市、外商投资企业投资)	340	外商投资股份有限公司	→ 外商投资企业
1222	股份有限公司(非上市、自然人投资或控股)	174	私营股份有限公司	→ 私营企业
1223	股份有限公司(非上市、国有控股)	160	股份有限公司	→ 股份有限公司
1229	其他股份有限公司(非上市)	160	股份有限公司	→ 股份有限公司

再来看月度的工业财务数据。目前月度数据披露的企业经济类型，主要是 4 类，分别是国有控股企业、股份制企业、外商及港澳台商投资企业、私营企业。本来还有集体企业，但因为它占营业收入比重相当低，2019 年起取消发布了。

这 4 类企业的单位数，加总起来大于工业企业总数，很明显概念存在交叉。实际上，月度的工业企业单位数，其实是等于国有企业（不是国有控股）＋股份制企业＋外商港澳台商投资企业＋其他企业，而不是这 4 类企业加总。

那么这 4 类企业概念又该怎么理解，怎么与上文提到的 9 类企业对应？

（1）国有控股企业比较好理解，很明显它代表了国有经济。

（2）外商及港澳台商投资企业也好理解，它代表的是外资经济。

（3）股份制企业是一个容易弄混的概念，从数量关系上看，它实际上＝股份合作企业＋联营企业＋有限责任企业＋股份有限公司＋私营企业。并且它同时包括国有和非国有的部分（国有控股企业即是从其中衍生出来的），范围相当宽泛，占规模以上工业单位数比例高达 84％左右。总的来看，它其实更接近“内资企业”的概念,适合与外资企业对比。

(4)私营企业是股份制企业中的一种,它比较接近于我们经常谈到的民营企业,市场大多数时候也是把它们放在一起谈论。但严谨地说,民营企业在法律上还没有明确的概念界定,在通常的语境下可以将它理解为一种非公有制经济(非国有、非国家控股企业)。而私营企业则特指那些自然人持股设立或控股的企业,范围要小于民营企业。私营企业适合与国有控股企业对比。

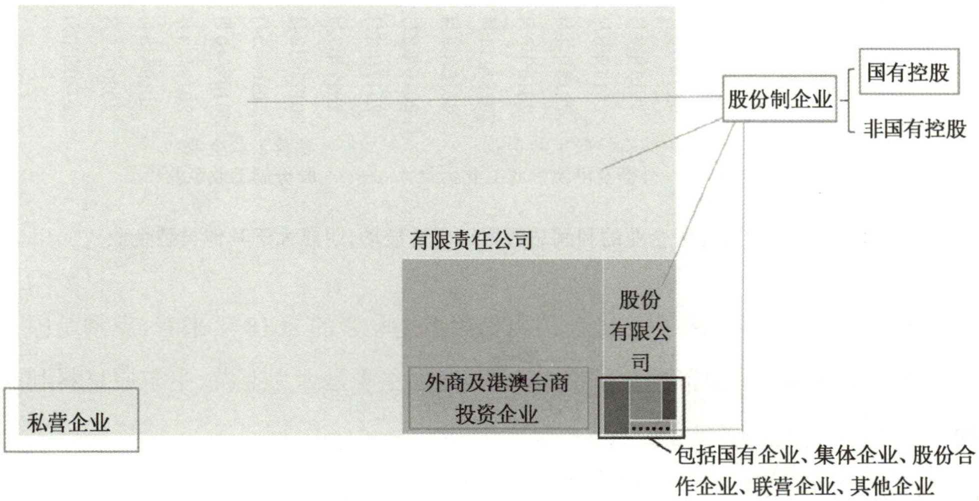

图 3.12 年度工业财务数据中的 9 大类企业与月度工业财务数据中的 4 大类企业的对应关系

从四大类型企业各自的利润同比走势来看,变动方向还是比较一致的。不过,国有控股工业企业的波动率明显要更大(见图 3.13)。在 2017 年,国有控股企业的利润同比显著高于私营企业,有部分观点将这一点当成“国进民退”的论据之一。

但这其实是因为国有控股企业集中在上游开采、中游原材料等领域,而上文也提到过,这些领域由于供给侧结构性改革后,价格处于高位,在 2017 年的景气度相当高,再加上国有控股企业数量相对较少(只有私营企业的十分之一不到),弹性更高,所以利润同比在这一时期的表现会明显好于其他类型的企业。

另外,国有控股企业和私营企业面临的融资约束不太一样。在信用收紧的情况下,私营企业面临的融资难、融资贵问题会更严峻,理论上这应该会造成私营企

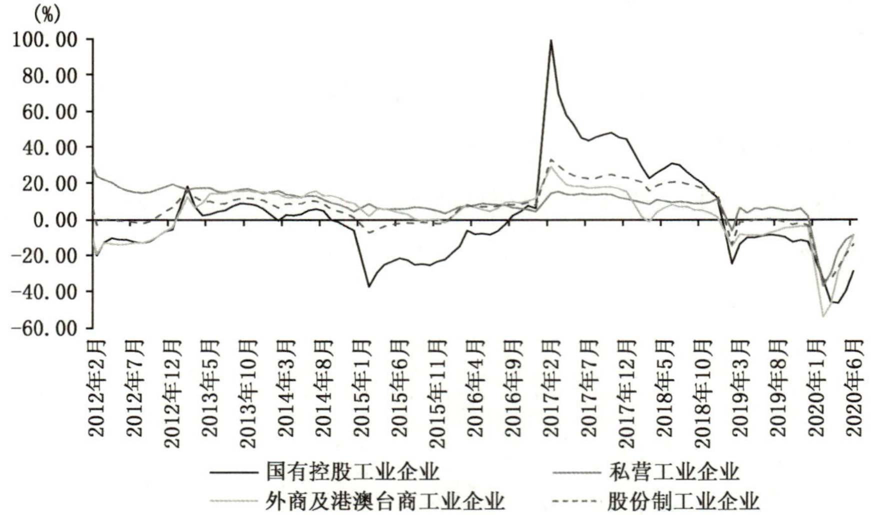

图 3.13　国有控股企业的利润总额累计同比波动，明显大于其他类型企业

业的盈利状况弱于国有控股企业。但以信用迅速收紧的 2018 年来看，反倒是国有控股工业企业的利润总额同比下滑得更快，这也主要是因为上游、中游原材料利润同比下滑。

因此，总的来说，国有控股企业和私营企业的差异大多数时候未必是企业性质差异带来的，而是上中下游行业差异带来的。

4. 再议 2018 年的数据分歧

最后，分析一个曾经争议较大的问题：2018 年，用工业企业利润总额累计值算出来的同比（－11.8%），明显小于官方公布的同比（＋10.3%）（见图 3.14）。当然，不只是利润总额，利润表、资产负债表其他指标也出现了类似的情况，这是为什么？

我们可以排除统计局人为调高同比数据的可能性。有一个简单的证据：A 股工业上市公司营业收入同比和利润同比，在这段时间也还保持在较高水平，和官方公布的同比走势还是比较吻合的（见图 3.2 和图 3.3）。

和行业有关吗？行业结构上似乎看不出什么端倪，因为除了烟草业、水电燃气供应业等个别行业以外，几乎所有行业的累计值同比都明显小于官方公布的累计

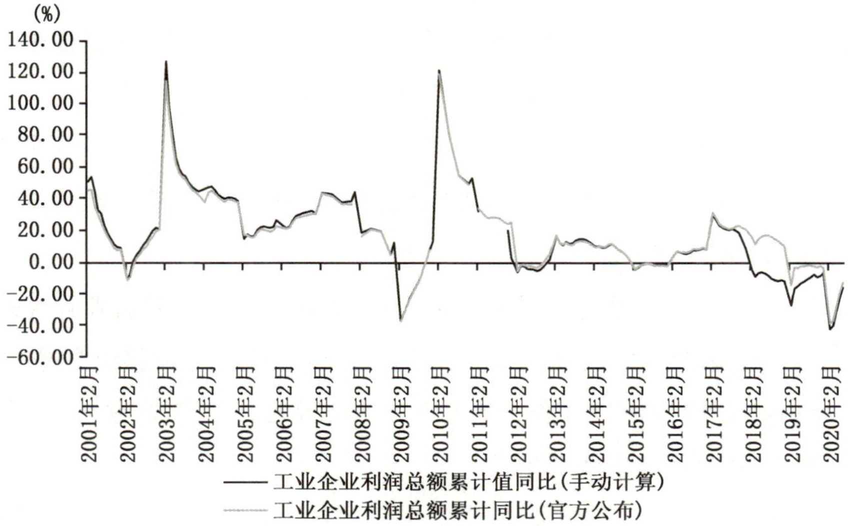

图3.14　2018年用累计值计算的同比与官方公布的累计同比明显分化

同比。

问题可能还是出在统计口径的调整上,面对公众质疑,统计局也给出了四点相关解释:

(1)规模以上企业统计数量发生了变化。

(2)加强统计执法,清理了不符合规模以上工业统计要求的企业。

(3)“营改增”政策实施后,剥离了非工业生产经营活动业务数据。

(4)对企业集团(公司)跨地区、跨行业重复计算进行了剔重。

第(1)点、第(2)点解释,都是在讲规模以上企业样本缩小的问题。也有部分市场观点从这个角度出发解释,认为这反映了供给侧结构性改革和去产能的结果。规模以上企业样本数量减少,所以用累计值算出来的同比要小于官方同比。同时由于行业集中度在不断提升,形成了所谓的“幸存者效应”,留在样本内的、经营质量好的大企业,利润表现也会更好。

的确,2018年规模以上工业企业数量相较于2017年减少了6 929家(降1.8%),样本量有所减少。

但问题在于,过去的20年间,其实出现了好几次同等级别的规模以上企业数量锐减，比如在 2014 年 4 月曾减少 1.4 万家，2015 年 3 月曾减少 9 151 家，2016 年 5 月曾减少 1.1 万家，这三个时间点尽管用累计值算出来的同比也是低于官方同比，但差距全都在 1 个百分点内，没有出现像 2018 年一样的巨大裂口。

第(3)点的解释力度可能也不是很大，毕竟工业企业非主营业务收入占营业收入比重很低，历年来只有 2%－3%，就算剔除掉其中的非工业生产经营活动营业收入，带来的影响应该也没有那么大。

目前来看，第(4)点可能是更主要的原因，即剔除跨地区、跨行业计算的重复值。但这一点比较难证实，也很难证伪。有两个证据或许能够间接说明这一点：

一是国家统计局的剔重工作开始于 2017 年四季度，而这正好也是累计值同比与官方累计同比分化的开始时间。

二是在所有经济类型的企业中，国企是唯一没有出现显著数据分化的类别(尽管它在 2018 年的规模以上企业数样本缩减比例和其他类型几无差别)(见图 3.15)。这可能和它作为国企，数据报送质量相对更好有关，所以统计局的剔重工作对它影响较小。

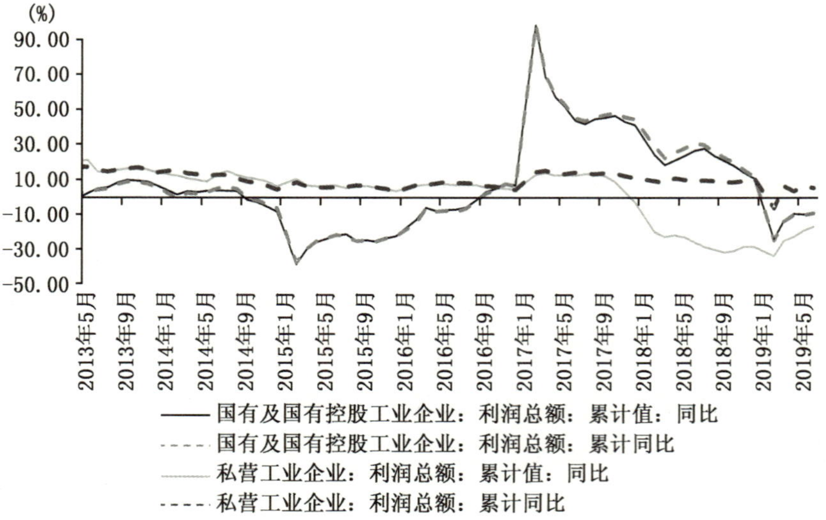

图 3.15　国企的利润同比没有出现数据变异，私企则非常明显

3.3　工业企业资产负债表数据解读

3.3.1　工业企业资产负债表结构分析

统计局公布的资产负债表数据主要有以下一些:(1)资产端包括流动资产、应收账款、存货、产成品存货、总资产;(2)总负债和所有者权益。

首先来观察资产负债率的变动,它显示了工业企业的杠杆情况。注意,上文提到了,2017－2018 年工业财务数据出现了比较严重的统计异常,而官方公布的资产负债率其实是用累计值计算出来的,没有剔除掉异常因素。因此,如果我们直接用官方公布的资产负债率,可能会出现误读。

要观察真实的企业资产负债率,需要用官方同比先推算出 2017 年以后的总资产、总负债累计值,然后再计算资产负债率。虽然由于规模以上口径变动的原因,计算结果仍然存在一定误差,但误差在可接受范围内(我们在本文中提到的其他财务比率,除非有特别说明,否则都按照相同方法调整)。

可以看到,21 世纪以来,除了在 2002－2004 年、2008 年进行了微弱的加杠杆以外,工业企业一直处于去杠杆进程中(见图 3.16)。

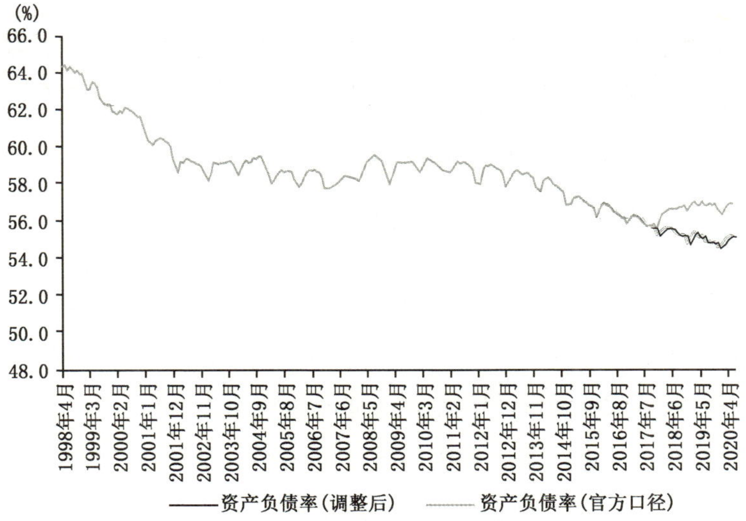

图 3.16　调整前后的工业企业资产负债率对比

2017 年后，官方公布的资产负债率出现明显反弹，然而这是一次统计调整带来的“虚假”反弹。通过计算调整后的资产负债率，可以发现企业整体仍然在去杠杆。

分企业类型来看，国企和私企杠杆存在显著分化。

国有控股企业的资产负债率在 2008 年后进入上升状态，在 2016 年后进入下降状态，这主要是因为 2008 年后基建、地产需求强劲，国有控股企业主要对应的上游和中游原材料行业大幅加杠杆，而在 2016 年供给侧结构性改革后则转为去杠杆。

相应地，私营企业资产负债率自 2006 年以来，一直在持续下滑，但到了 2018 年后有所回升。考虑到 2018 年后的经济金融环境，私企可能并不是在主动加杠杆，而是在融资环境恶化的情况下被动加杠杆（见图 3.17）。

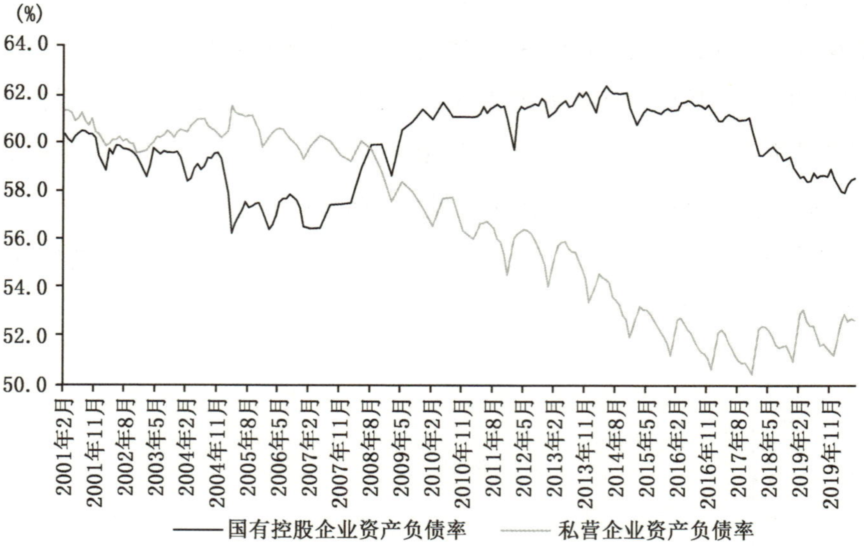

图 3.17　21 世纪以来的国企、私企资产负债率对比

再来看资产端。工业企业资产同比会略微滞后于营业收入同比（见图 3.18）。这主要是因为当企业营业收入好转的时候，现金、企业应收账款会增多，补充存货的意愿也在增强，导致流动资产增加，进而带动资产同比提升。

资产结构中，流动资产占比从 21 世纪初的 40%，提升到了当前的 50%左右，总体来看资产流动性有所增强（见图 3.19）。

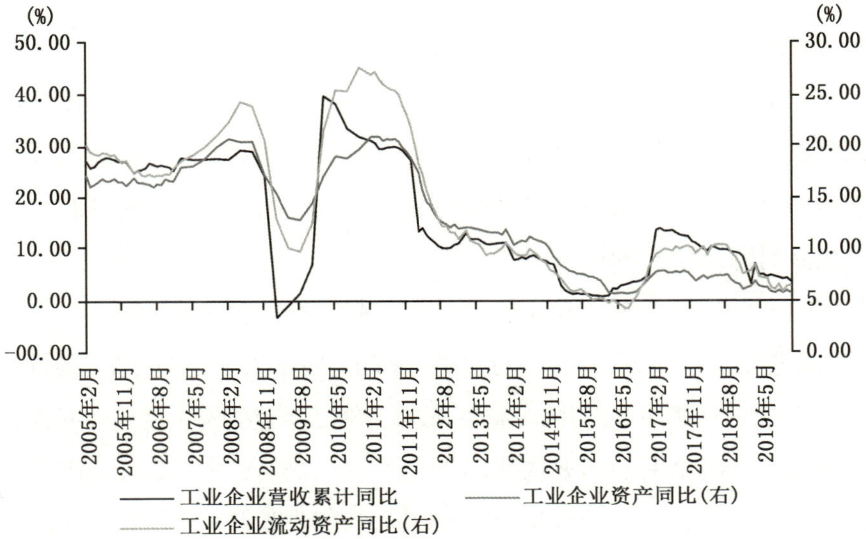

图3.18　工业企业流动资产同比、总资产同比略滞后于营业收入同比

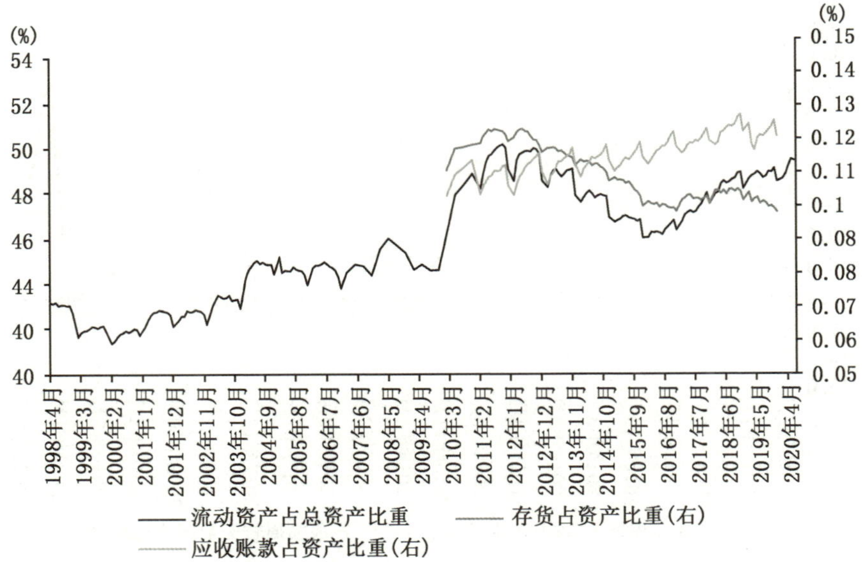

图3.19　工业企业资产的流动性在增强

其中,流动资产占总资产比重在2009后出现一次大幅提升,2012年后又逐渐滑落,这个波动主要由存货变动贡献。而2015年后触底回升,则更多由应收账款支撑。

可以继续观察与存货和应收账款相关的两个指标：

一是存货周转天数，不过官方披露的主要是产成品周转天数。企业存货通常包括原材料、在产品、半成品、产成品、商品以及周转材料等，而产成品存货，其实就是已经生产完了、但还留在仓库里没有卖出去的产品，也就是市场常说的“库存”。

产成品周转天数＝360×平均产成品存货÷主营业务成本×累计月数÷12。产成品周转天数越少，反映工业企业库存周转越快，产品卖得越顺利。

二是应收账款平均回收期，它等于360×平均应收账款÷营业收入×累计月数÷12，应收账款收回期越短，说明赊账越少，收账迅速，企业的资金使用效率越高。

同样的，这两个指标也需要调整，否则也会得出错误结论。如果采用官方数据计算同比，在2017年之后，产成品周转天数同比、应收账款平均回收期同比均出现了明显上行。而从调整后数据来看，两者均没有出现异常，而是平缓抬升（见图3.20和图3.21）。

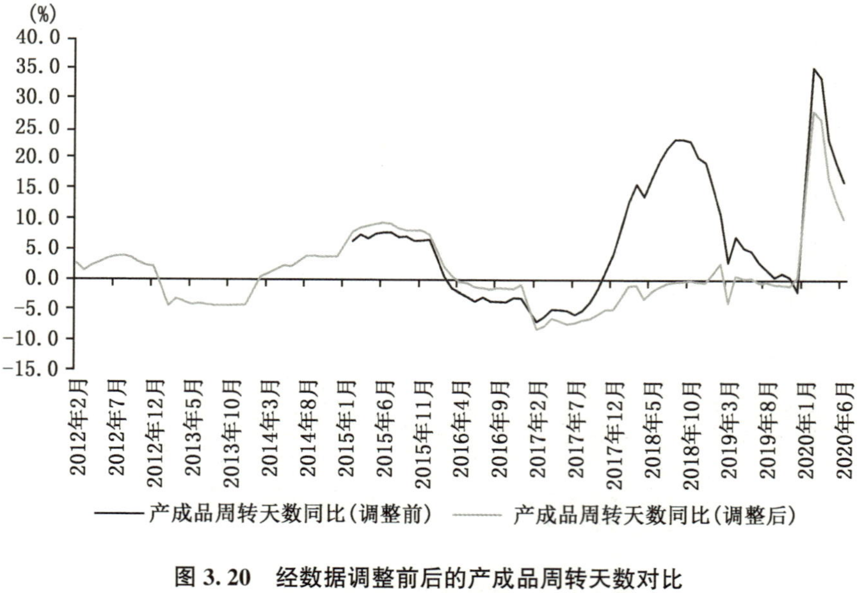

图3.20　经数据调整前后的产成品周转天数对比

2020年一季度，两个指标再次出现了跳升，无论是调整前还是调整后，都显示了这一现象。产成品周转天数的跳升主要受新冠肺炎疫情影响，企业库存被动积

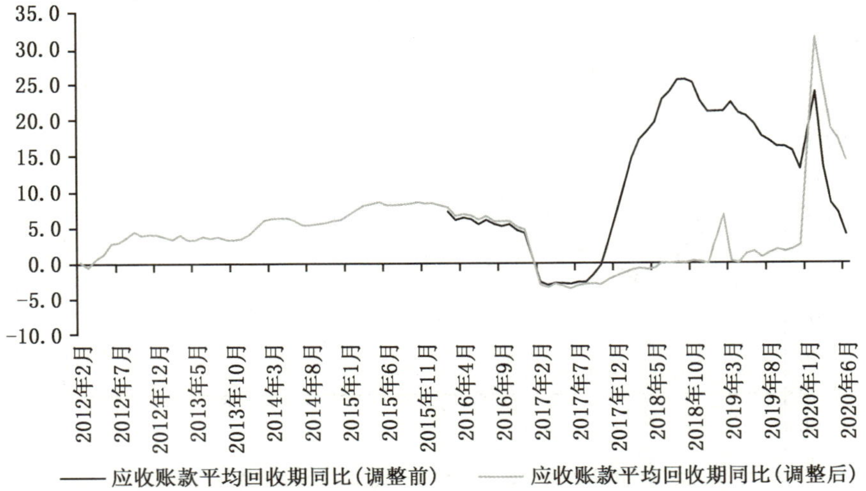

图 3.21　经数据调整前后的应收账款平均回收期对比

压,几乎无法周转。应收账款平均回收期的跳升,一方面是因为企业业务无法开展,营业收入快速下滑,另一方面是因为疫情冲击下,企业普遍收不到款,所以应收账款处于高位。

3.3.2 工业企业产成品存货数据分析

1. 产成品存货与库存周期

产成品存货数据是工业企业资产负债表中最受市场关注的数据。

工业企业的产成品存货,或者说库存状况,背后反映的是供需力量的对抗。如果需求弱于生产,产品卖不出去,那么库存就会不断积压,具体表现为产成品存货同比走高。相反,如果需求强于生产,库存去化往往就会比较快。

随着经济增长和企业规模扩张,产成品存货的绝对值本来就在不断增长,所以它没什么太大的分析价值。我们一般观察的是产成品存货的同比,而不是绝对值。

需要注意的是,产成品存货是用金额来度量的,所以它的同比也涵盖了价格因素,不能完全准确地反映出真实库存数量的变动。比如,当产品价格下行的时候,可能从价格渠道带动产成品存货增速下行,这就使得真实库存的增速可能被低估。

历史走势显示,产成品存货同比和PPI同比有着比较强的正相关性,PPI同比会稍微领先一些(见图 3.22)。计价因素部分地解释了库存与价格之间的同向变动关系。

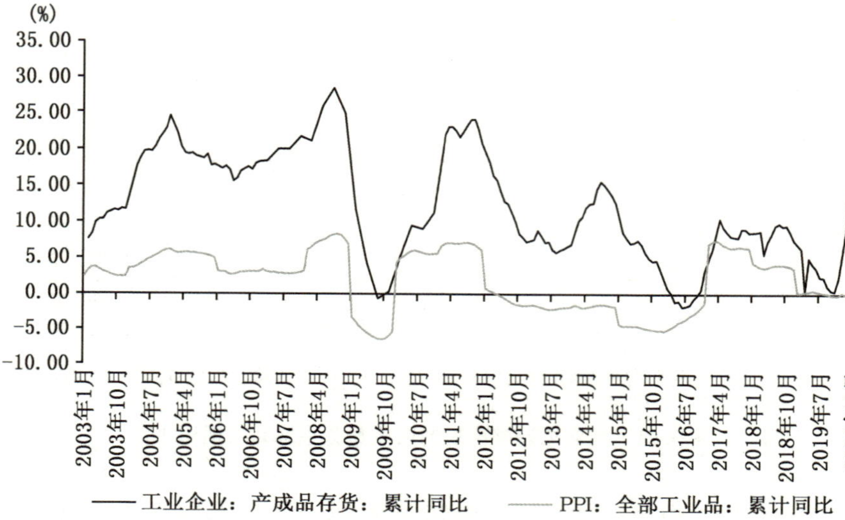

图 3.22 包含了价格因素的产成品存货同比变动

事实上,工业企业产成品存货数据是度量库存周期最核心的指标。库存周期是一个市场上颇为流行的讲法,我们向读者简单介绍这一概念。

从历史来看,经济总是在周期性地波动,尽管不是简单的重复,但仍然呈现出一些规律性。

根据不同的驱动因素,目前被总结出来的经济周期分好几种,有技术周期、产业周期、房地产周期、金融周期、资本开支周期等,并分别被冠以不同的名称,比如康波周期、库兹涅茨周期、朱格拉周期等。

而库存周期,正如其字面意义所表示的那样,它是对企业库存周期性波动的一种描述。这种大约 40 个月的经济短周期波动,最早由经济学家约瑟夫·基钦在 1923 年提出,因此也被称作基钦周期。

上文曾说到,企业库存是供需力量对比的结果。相对于需求变化而言,供给的变化往往存在时滞,这就会导致库存水平出现周期性的波动。

所以说,所谓的“库存周期”,本质上其实是提供了一种简洁的切入角度,刻画供给与需求在短期内不断互动和调整的过程。

需要说明的是,存货变动对GDP变动的贡献其实很小,它和GDP同比走势的相关性(见图3.23),更多地说明了库存周期是经济周期的响应结果(或者说滞后表现),而不是成因。所以说有观点认为库存周期会对经济周期起支撑作用,从逻辑上来说其实是颠倒了因果关系。

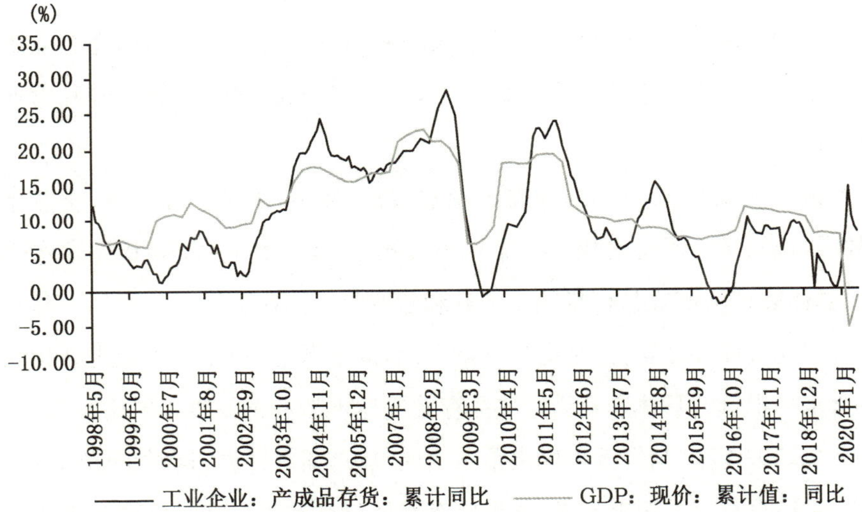

图3.23 库存周期变动略滞后于经济周期的变动

针对库存周期,最好是抱以这样的态度:把它当作一种直观的、经验性的线索。比如,如果库存水平已经接近历史底部,我们可以基于这个信号,推测经济周期可能即将见底反弹。但这是一种经验性的猜测,而不是逻辑性的判断。至于是否真的如此,显然还需要更多的经济指标交叉验证。

库存周期该怎么度量?一般来说,它需要由两个指标界定:一个是库存指标,市场上普遍采用的是工业企业产成品存货同比;另一个是生产指标或需求指标。

目前缺乏一个比较合适的需求指标。部分研究会采用PPI同比、PMI新订单等作为需求的替代指标,但它们都有比较明显的缺陷,比如PPI同比不包含“量”的信息,且实际上受供需两端影响。PMI新订单则在统计方式方面和产成品存货有较大差异。

生产指标方面,可以采用工业企业营业收入同比作为替代指标。上文也提到了,它基本上等于工业增加值同比+PPI同比,同时包含了产量、价格信息,与同样是名义值的产成品存货可以保持一致。

工业企业产成品存货同比走势,决定了经济是处于补库存还是去库存阶段,而工业企业营业收入同比走势,则决定了库存行为是主动还是被动的。

两两组合下,一轮完整的库存周期一般包括四个阶段:

(1)主动补库存:经济繁荣,需求进入旺盛期,产品销路较好,因此企业更大力度地加快生产,库存水平持续提升。具体表现为产成品存货同比上升和营业收入同比提升。

(2)被动补库存:经济走过繁荣的顶点,迈向衰退,需求已经下滑,企业生产也随之放缓,但需求下滑得更快。产品更不好卖了,积压在仓库,导致库存水平继续提升。具体表现为产成品存货同比上升和营业收入同比下滑。

(3)主动去库存:经济由衰退进入萧条期,需求低迷,企业的生产也开始大幅收缩,库存水平走低。具体表现为产成品存货同比下滑和营业收入同比下滑。

(4)被动去库存:当经济再度由萧条迈向复苏,需求回温,这时企业的生产也随之重启,但还没有完全跟上需求,导致库存水平仍在被动下降。具体表现为产成品存货同比下滑和营业收入同比提升。

2. 中国历史库存周期分析

自2000年5月以来,中国已经相对规律地经历了大约6轮库存周期,目前尚处于第6轮中。每一轮周期又包含了上文说的"主动补库存－被动补库存－主动去库存－被动去库存"4个阶段。

我们将中国历史上的库存周期展示在图3.24中。

从中国历史库存周期的轮动中,可以解读出这样一些信息:

(1)库存周期(即产成品存货同比)的经验底部大概在0%附近,历史最低点为－1.9%。

(2)前5轮周期的持续时长有所不同。最短的是第一轮,共27个月,最长的是第四轮,共45个月。平均大概是37.2个月,和基钦研究发现的40个月比较接近。当下正在经历的第六轮周期,时间跨度则相对更长。

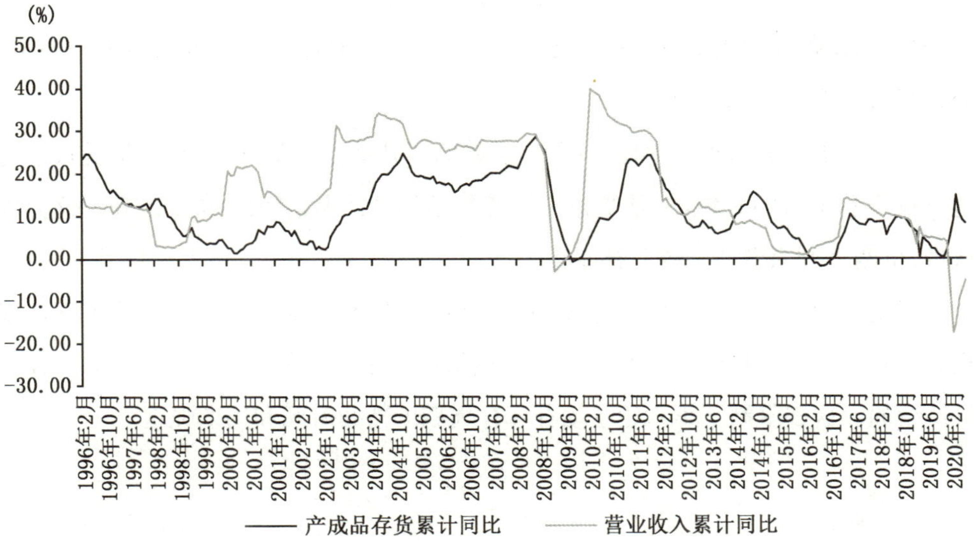

图 3.24 营业收入同比+产成品存货同比刻画的中国库存周期

(3)每轮周期的强度(曲线斜率)也不同。其中第一轮的反弹强度最小,第四轮的反弹强度最大。而后第五轮、第六轮的反弹强度都比较弱,并且第六轮还出现了周期顶部平坦化的特征。

(4)每轮库存周期中,四阶段占比各有不同。综合来看,被动去库存时间最短,且变化不大。近年来主动补库存的时长正在逐渐变短,而被动补库存的时长在增长,同时在第五轮、第六轮周期中,主动去库存的时间跨度也开始明显拉长。

这说明,库存周期虽会重演,但不会简单重复。无论是持续时长、周期强度、四阶段各自占比,乃至曲线的形状,都会因为周期驱动因素的不同而存在差异。

总体而言,有强需求作为支撑的库存周期,表现会更好。比如 2002 年加入世贸组织后外需极为旺盛,再加上房地产高景气度,使得第二轮库存周期相当强劲,补库时间持久,特别是主动补库存阶段,长达 19 个月。甚至到了最后去库存阶段时,库存水平降得也不多,很快又进入了第三轮补库存周期。

2008 年金融危机后,尽管货币大放水和四万亿元刺激政策见效快,第四轮周期反弹力度大,但实际上这种需求难以持续,所以主动补库存持续期很短,随后经济进入了漫长的被动补库存和主动去库存阶段。

到了第五轮、第六轮，中国经济正处于一个更大的经济下行周期中，需求始终较为疲软，使得库存周期反弹强度不大，并且主动补库存持续期也已经大幅缩窄，分别只有 8 个月和 10 个月。

对于当下的第六轮库存周期而言，初始的回升动力主要有两个：一是受益于房地产投资和出口的好转，二是受益于供给侧结构性改革后 PPI 同比提升。这分别从量、价两个方面带动了企业补库存。

但是房地产和出口的回升总体而言比较温和，来自需求的支撑力量还不是很充分，消费、制造业投资等都在走弱。而供给冲击下的价格上涨，也是偏短期且不可持续的。这都限制了第六轮主动补库存周期的持续时间和周期强度。

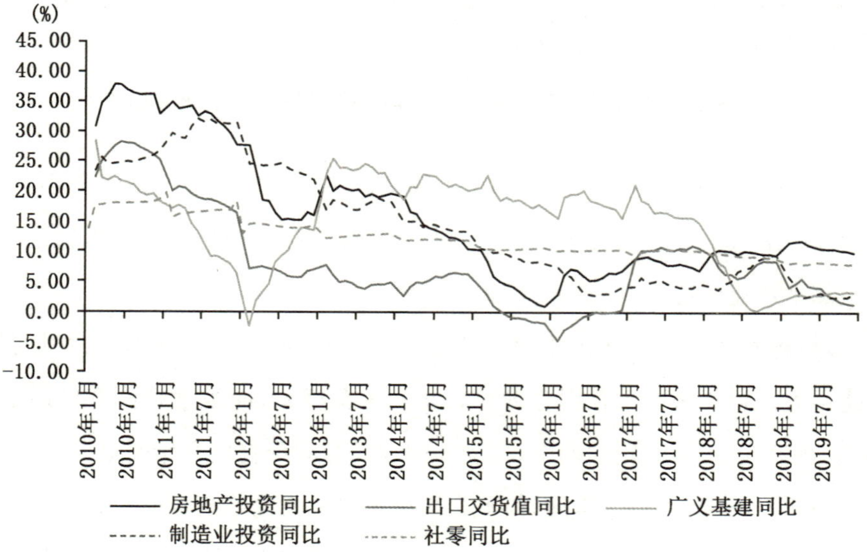

图 3.25　五大主要需求中，2016 年以来主要是房地产和出口有所回升，其他需求相对低迷

另外，第六轮周期中还出现了特殊的“顶部平坦化”现象，即 2017—2018 年间产成品存货同比长期维持在 7%—9%区间内小幅波动。

我们猜测这可能与供给侧结构性改革有关。供给侧结构性改革以前，企业补库存会相对自由地上升到一个峰值，然后再滑落，然而 2016 年后生产受到供给侧结构性改革的约束，企业补库存也面临着天花板，库存水平只能徘徊在一个比较平坦的上限附近。

2019 年四季度,库存水平已经基本触及至 0%左右的经验底部,当时市场上也出现了新一轮库存周期即将开启的声音。

然而,尽管 2020 年库存水平的确向上反弹了,背后推手却并不是经济复苏,而是新冠疫情。新冠疫情让这轮本就不那么"常规"的库存周期,再度发生了变形。

在 2020 年一季度的防疫措施下,企业停产停工,生产能力受限,再加上物理隔离,总需求也在快速收缩,导致库存被动积压。经济从 2019 年年底的主动去库存,直接切换到一个类似于被动补库存的状态。

不过,随着中国疫情防控顺利,企业陆续复工,需求好转,库存又在逐渐去化,但目前仍然处于 8.3%的相对高位(截至 2020 年 6 月)。

3. 行业库存周期的分化

接下来,我们观察各个行业的库存周期状况。

如果不考虑新冠肺炎疫情冲击,只看 2019 年年底各行业所处的库存周期位置,那么当时绝大部分行业都处于被动补库存和主动去库存阶段(见表 3.2)。

表 3.2　　截至 2019 年年底,各行业所处的库存周期位置

	工业行业	库存变动方向	营收变动方向	库存周期位置
上游	煤炭开采和洗选业	↑	↓	被动补库存
	石油和天然气开采业	没有明确波动方向	↓	似有被动补库存迹象
	黑色金属矿采选业	↓	↓	主动去库存
	有色金属矿采选业	↑	↓	被动补库存
	非金属矿采选业	↑	↓	被动补库存
中游原材料	非金属矿物制品业	↓	↓	主动补库存
	黑色金属冶炼及压延加工业	↓	↓	主动补库存
	有色金属冶炼及压延加工业	↓	↓	主动去库存
	金属制品业	↓	↓	主动补库存
	石油、煤炭及其他燃料加工业	↓	年末微弱反弹	似有被动去库存迹象
	化学原料及化学制品制造业	↓	↓	主动去库存
	化学纤维制造业	↓	↓	主动去库存
	橡胶和塑料制品业	年末微弱反弹	没有明确波动方向	似有主动补库存迹象

续表

	工业行业	库存变动方向	营收变动方向	库存周期位置
中游机械设备	通用设备制造业	↓	↓	主动去库存
	专用设备制造业	↓	↓	主动去库存
	铁路、船舶、航空航天和其他运输设备制造业	↓	↓	主动去库存
	电子机械及器材制造业	↑	微弱反弹	似有主动补库存迹象
	计算机、通信和其他电子设备制造业	↓	↓	主动去库存
	仪器仪表制造业	↑	↓	主动去库存
	造纸及纸制品业	↓	↓	被动补库存
下游	农副食品加工业	↑	↓	被动补库存
	食品制造业	↓	↓	主动去库存
	烟草制品业	↑	↓	被动补库存
	纺织业	↓	↓	主动去库存
	纺织服装、服饰业	↓	↓	主动去库存
	皮革、毛皮、羽毛及其制品和制鞋业	↑	↓	主动去库存
	木材加工及木、竹、藤、棕、草制品业	↑	↓	被动补库存
	家具制造业	↑	微弱反弹 后年末下滑	似有主动补库存迹象
	印刷业和记录媒介的复制	↑	↓	被动补库存
	文教、工美、体育和娱乐用品制造业	没有明确波动方向	↓	似有主动去库存迹象
	医药制造业	↓	↓	主动去库存
	汽车制造业	年末大幅反弹	↑	似有主动补库存迹象

上游行业以被动补库存为主，中游行业以主动去库存为主，下游行业则被动补库存和主动去库存皆有。这说明上中下游行业均处在一个需求较为疲软的阶段。

不过，也有很多行业库存去化比较彻底，2019 年正在接近或已经突破了历史经验底部，特别是中下游行业，比如电气机械、汽车、造纸、食品、家具等。这意味着一旦需求启动，这些行业库存周期的反弹就会比较明显。

有个别行业在 2019 年四季度似乎出现了主动补库存的迹象，比如汽车制造业以及与它相关的橡胶和塑料制品业。

历史上,汽车销量同比明显领先于汽车制造业库存同比,而2019年汽车销量开始见底回升(见图3.26),需求回暖大概率是这次汽车制造业主动补库存的动力。正如上文所说,汽车库存已经到达历史最低位,所以这次的反弹力度也比较大。但是到了2020年,主动补库存行情就被疫情中断了。

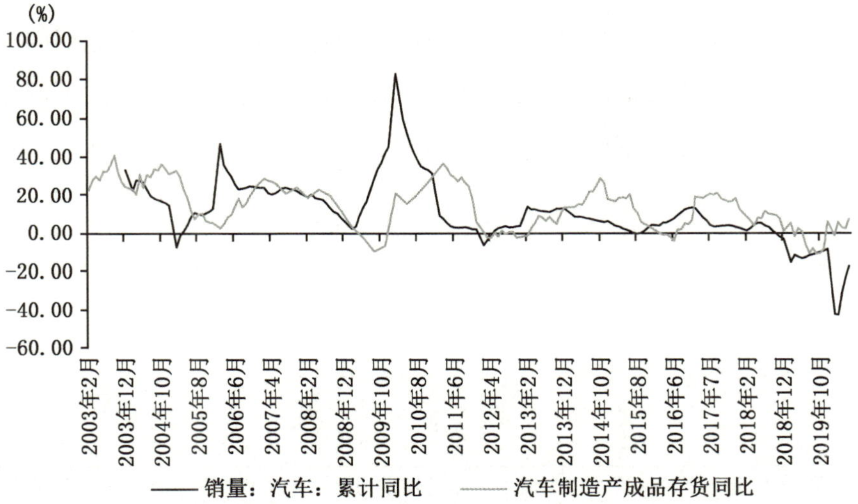

图3.26 汽车销量领先于汽车制造业产成品存货,并且在2019年出现缓慢回温

部分行业如家具制造业、电气机械等也在2019年年末出现了主动补库存迹象,它们也是库存突破了历史底部的行业。

在2020年新冠肺炎疫情发生之后,各行业目前又处于什么情况呢?

随着疫情防控到位,各行业的库存同比在走过了2020年的一季度高点后,基本都开始下行。但各行业库存去化速度有所不同。

其中中游原材料行业既是疫情期间库存积压最严重的行业,也是疫情防控到位后去化速度最快的行业,比如化工、非金属矿、钢铁、金属制品等。

这主要是因为它们对应的下游需求更多地来自工业需求,只要下游企业不复工,它们的库存就完全没办法消化。

而随着疫情冲击逐渐消解,企业复工后工业生产反弹,同时房地产行业为了弥补疫情造成的工期延误，加快了施工进度，再加上基建加速启动，短期内各行各业对原材料需求都比较大，因而带动了中游原材料行业库存的加速去化。

同理，中游机械设备也主要面向工业需求，库存也积压得比较严重。但它的去化速度却没有中游原材料那么快。毕竟企业刚刚遭受了一波疫情冲击，元气不足，对经济的预期还比较差，购买机器设备、扩大产能的意愿不是很强烈，所以中游机械设备的需求端相对低迷。

对于下游行业来说，因为多少有一些刚性消费需求在支撑，所以它们的库存积压幅度相对较小。而疫情冲击了居民资产负债表，消费需求偏弱，因此下游行业后续的库存去化速度也比较慢。

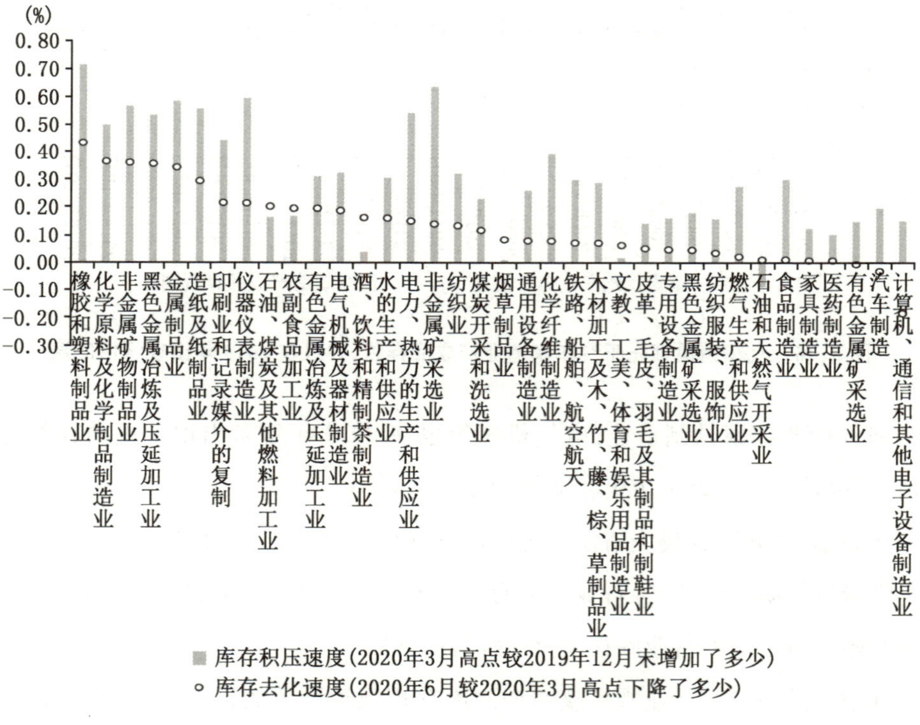

图 3.27　各行业在疫情期间的库存积压速度以及疫情防控到位后的库存去化速度

在所有工业行业中，有两个行业比较特殊，一个是计算机通信，一个是医药。

这两个行业的产成品存货同比，并没有像其他行业一样，在 3 月到达峰值后就回落，而是在高位延续了一段时间，甚至继续向上(见图 3.28、图 3.29)。与此相对应的,是它们的营业收入同比也在反弹。

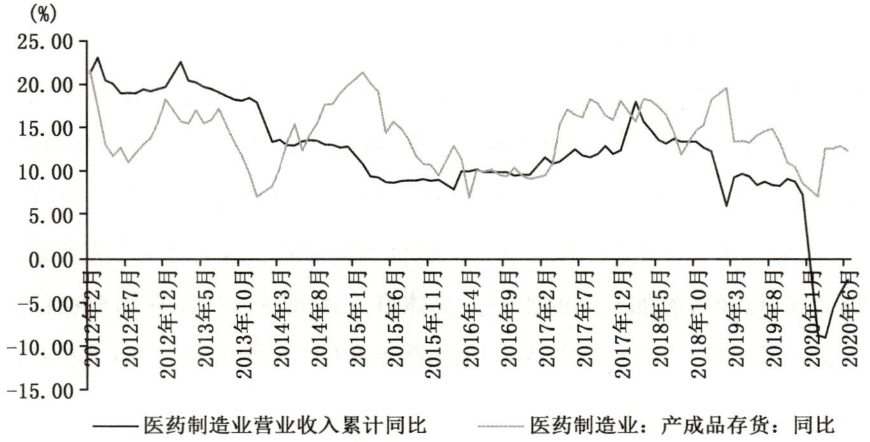

图 3.28 医药制造业的库存周期

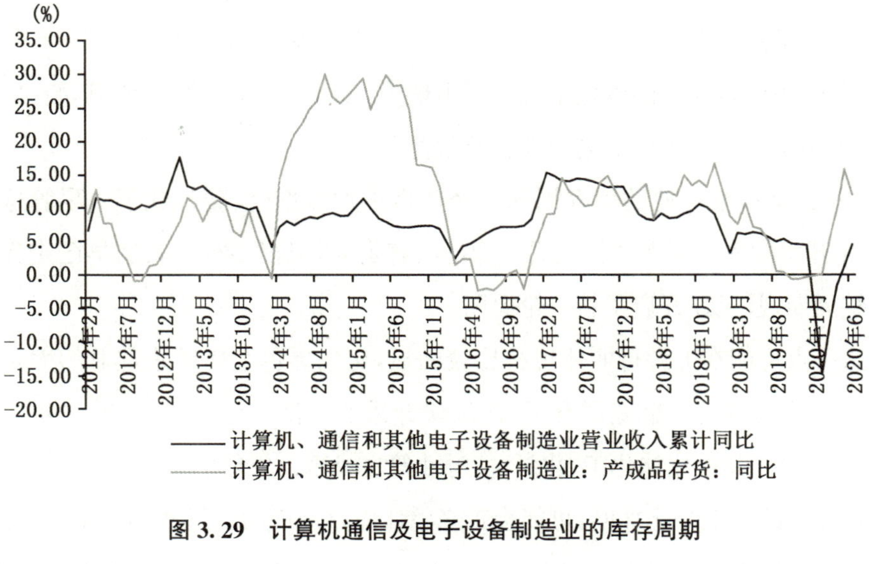

图 3.29 计算机通信及电子设备制造业的库存周期

这意味着,它们反而进入了主动补库存的状态,而不是因为产品卖不出去导致库存积压。这也比较好理解,因为医药制造业、计算机通信业和海外防疫需求高度相关,前者受益于直接的医疗防护,后者则受益于线上办公需求的增加。

假如把疫情当作一场纯粹的外生冲击,也就是说疫情只带来了短期的、一次性的影响，那么可以假定，疫情冲击结束后，生产和需求会反弹至疫前水平，原来被动积压的库存逐渐去化，库存水平也会先向疫前水平(也就是2019年年末水平)收敛，然后再回归到原来的周期轨道。

总的来说，目前各行业的最新库存水平(2020年6月)仍然普遍高于疫情前水平(2019年四季度)，这意味着各行业“复位”可能还需要一段时间。其中，中游原材料可能会率先回归疫情前水平，而其他行业大概率会更慢，尤其是下游行业。

但“疫情一次性冲击”其实是一个不够合理的假设。实际上，疫情会通过损坏资产负债表，给经济施加长期的影响。具体可能体现在：(1)库存周期在低位的时间可能会延长。(2)下一轮新的库存周期的反弹力度可能更弱。(3)主动补库存的持续期更短。

此外，不同行业对应的需求也不同，疫情冲击对终端需求的影响是有差别的，这使得行业间库存周期分化、错位的现象可能会更明显。与消费、出口和制造业投资相关的行业(主要是中游机械设备和下游)，库存周期开启的难度加大，而与地产、基建相关的行业(主要是中游原材料)，库存周期更有希望开启。

其实，不同行业间的分化早就已经出现了。从图3.30中可以看到，自2016年以来，上中下游库存周期的同步性已经很差了。

并且，有一些行业的库存周期已经变得更加短期化、碎片化了。尽管这轮从2016年开始的库存周期整体上看好像还没有走完，但很多行业其实早已走完了一轮完整周期，甚至还开启了新一轮周期。

这一点可能在上游行业体现得比较明显，比如黑色金属矿采选业的库存早在2018年二季度就已经触底回升了，而煤炭开采业和洗选业则是在2019年二季度(见图3.31)。其他比如化工、化纤、能源业等也呈现出类似的特征。

行业间的周期分化加剧，可能会带来整体库存周期的变形和不确定性，这将导致整体库存周期判断起来更有难度。所以对于库存周期的使用，需要更加谨慎。

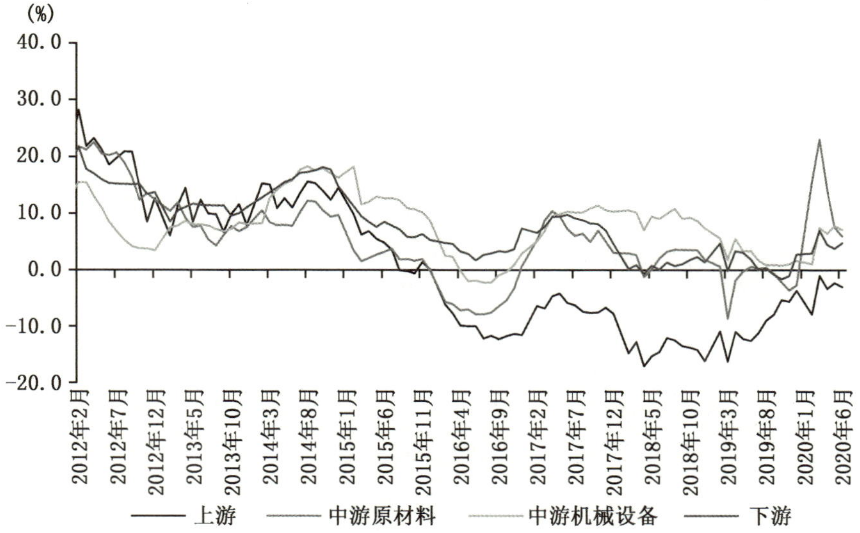

图 3.30　上中下游行业的库存周期在 2016 年后的同步性大大减弱

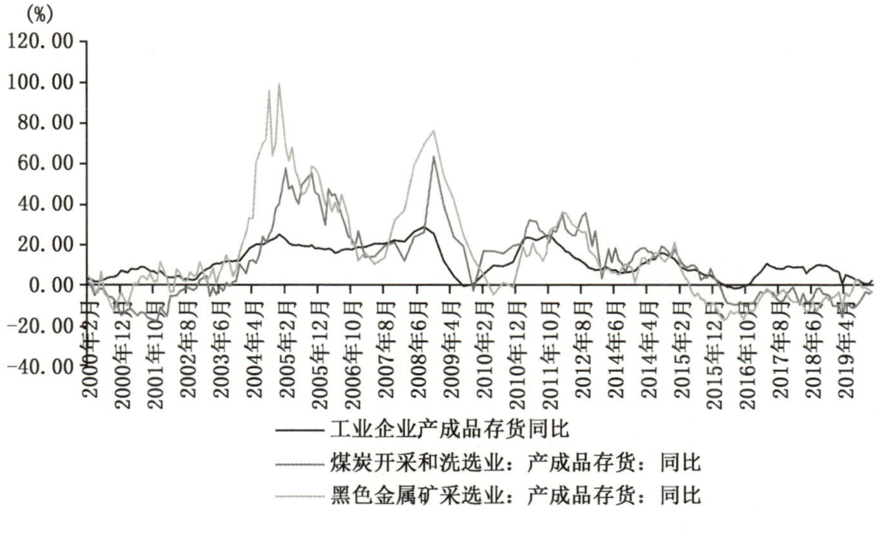

图 3.31　煤炭、钢铁等部分工业行业的库存周期已经变得更碎片化了

第4章

固定资产投资分析

过去很长一段时间内，不断扩张的投资驱动中国经济的高速发展，至今这种痕迹依然没有褪去。在本章中，我们将目光聚焦于固定资产投资这一指标本身。

过去很长一段时间内，不断扩张的投资驱动中国经济的高速发展，至今这种痕迹依然没有褪去。另外，在拉动经济增长的三驾马车中，投资对政策变化、经济形势的反应最为敏感，因此也是最受市场关注的经济变量。

在本章中，我们将暂不涉及基建投资、房地产投资以及制造业投资等重要分项的具体分析，而将目光聚焦于固定资产投资这一指标本身。

首先，我们梳理了固定资产投资的统计制度。其次介绍了如何从不同维度观察固定资产投资。最后，我们分析了固定资产投资统计制度从“形象进度法”转为“财务支出法”的影响，并对比了固定资产投资完成额、固定资产投资资金来源和固定资本形成总额这三个常被混淆的概念。

4.1 固定资产投资统计制度

何为固定资产投资？首先需要弄明白什么是固定资产。在会计上，固定资产指的是企业为了生产经营而持有的、使用寿命超过1年的非货币性资产，典型的如厂房、机器设备、运输工具等。

而固定资产投资，就是指建造和购置这些固定资产的经济活动。比如一家钢企想要扩大产能，就需要购置更多机器设备，这就形成了固定资产投资。

在宏观领域，最常用的指标是“固定资产投资完成额”，它是用货币表现的、建造和购置固定资产活动的工作量。即使是一个建设进度只完成了60%的厂房，已经投入的各项费用和资金成本也都要计入固定资产投资完成额。

全社会固定资产投资完成额是最广义的固定资产投资指标，其包括两个部分：一是农村住户固定资产投资；二是固定资产投资（不含农户），等于城镇固定资产投资＋农村非农户投资，农村非农户投资主要是指各种农村企事业单位投资。

2011年后，固定资产投资（不含农户），取代城镇固定资产投资，成为新口径，它也是目前我国宏观领域最常见的月度固定资产投资数据。

4.1.1 全社会固定资产投资核算方法

我们先来看全社会固定资产投资的核算过程，它具体又可以分为4类固定资产投资的统计(见图 4.1)。

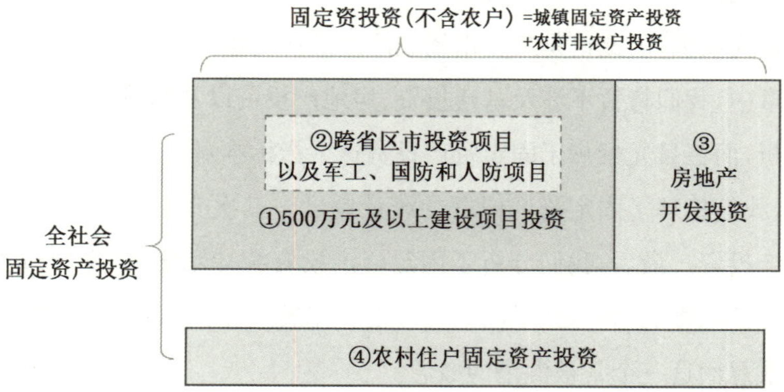

图 4.1 全社会固定资产投资可以分为四个部分核算

第一,500 万元及以上建设项目。

根据最新的投资统计制度,这部分项目采用全面调查方式搜集数据,调查对象是有对应项目的法人或单位。被调查企业通过联网直报系统,直接向统计机构报送投资数据。在各级统计机构审核、验收后,最后国家统计局汇总,计算出宏观意义上的固定资产投资数据以及各分项数据。

至于固定资产投资完成额具体该如何计算,由于核算方法近年来出现了重大改变,目前正处于形象进度法向财务支出法的过渡阶段,因此这一部分比较复杂。本文最后将有一个章节专门讨论,这里就不展开了。

第二,跨省(区、市)投资项目以及军工、国防和人防项目。

这些项目其实属于上文提到的 500 万元及以上建设项目,但是因为项目类型比较特殊,所以单独统计。

对于跨省(区、市)固定资产投资项目,采用全面调查方式搜集数据。国家统计局向有关部委布置基层统计报表,铁路、电力、水利等项目由各主管部门负责统计,单独列出,相关部委在规定时间向国家统计局报送数据。

军工、国防和人防建设项目,不填报基层表,统一由中央军委后勤保障部报送综合数据。

第三,房地产开发投资。

对于房地产开发投资项目，首先是要统一确定纳入一套表范围的调查单位库（调查单位库按月或者按季度调整）。对于纳入该库的房地产开发经营单位，直接通过联网直报平台向统计局报送投资数据。

统计结果分级审核、汇总，国家统计局汇总计算全国房地产开发投资数据，省、市、县各级统计机构按照权限在线汇总辖区内的房地产开发投资数据。

针对房地产开发投资项目，有几个问题需要说明：

一是房地产投资的调查对象，包括调查库内的所有房地产开发经营单位，并且涵盖了调查单位的所有项目，没有以计划投资额是否达到或者超过500万元为条件筛选。

二是非房地产开发企业的房地产投资活动，不计入房地产开发投资。比如由项目建设单位（如城市建设公司等，并不是房地产开发企业）开发的保障房，不计入房地产开发投资数据。

第四，农村住户固定资产投资。

农村住户固定资产投资，采用抽样调查法统计。从国家统计局制定的《农村住户固定资产投资抽样调查方案》看，这项调查应该是按季度进行的，但目前仅公布年度数据。

农村住户固定资产投资统计标准为1 000元以上，使用年限为2年及以上。与固定资产投资（非农户）的500万元门槛相比，农村住户固定资产投资的标准要低很多。

农村住户固定资产投资的调查对象，和国家统计局组织的住户收支与生活状况调查中的农村住户相同。两个调查样本抽选以省为总体，在评估县级调查网点代表性的基础上，采用分层、多阶段随机抽样方法抽选调查住宅，确定调查户。

确定好调查户后，调查人员到调查村直接访问。由于采用的是抽样调查法，需要根据原始调查数据推算出农户固定资产投资情况。推算思路简化一下就是：先计算出调查户的人均投资额，然后再乘以全省（区、市）乡村总人口得到总农户投资额。不过在这个过程中，会将建房投资和非建房投资区别开，分别推算。

在各省、自治区、直辖市统计部门推算出辖区内的农村住户固定资产投资、建房投资后，由各统计调查总队，通过国家统计局内网邮箱报送。其中，季报直接报送(累计)推算数据和数据评估报告,而年报除此之外还需同时上报基层调查数据。

农村住户投资占比很低,2017年仅占全社会固定资产投资的1.5%,并且该数据是按年公布,时效性也比较差,所以市场一般对它不太关注。

针对全社会固定资产投资四个组成部分的统计方法,我们用表4.1概括一下它们的统计特点,以方便对比。

表4.1　　全社会固定资产投资四个组成部分的对比

		组成部分	频率	统计原则	统计起点	调查方法	报送方式
全社会固定资产投资	固定资产投资(不含农户)	跨省(区、市)投资项目以及军工、国防和人防项目	月度(1月除外)	—	500万元及以上	全面调查	各部委向国家统计局报送跨省(区、市)投资项目;中央军委后勤保障部向国家统计局报送军工、国防和人防项目
		房地产开发投资	月度(1月除外)	法人所在地原则	全部房地产开发经营单位所有的房地产开发项目	全面调查	调查单位在统计联网直报平台填报数据
		500万元及以上建设项目投资	月度(1月除外)	项目所在地原则(小微企业按照法人所在地原则)	500万元及以上	全面调查	此前是由下往上层层报送,现已调整为调查单位在统计联网直报平台填报数据
	农村住户固定资产投资	农村住户固定资产投资	季度,但目前只公布年度数据	—	1 000元以上,使用年限为2年及以上	抽样调查	各级统计调查大队推算出结果,通过国家统计局内网邮箱上报

4.1.2　固定资产投资价格指数核算方法

介绍完了固定资产投资之后,我们再来看固定资产投资价格指数的核算。

固定资产投资完成额是名义值,为了剔除价格变动因素,国家统计局也组织了固定资产投资价格指数调查。它所涉及的价格是构成固定资产投资额实体的实际购进价格或结算价格,调查内容主要有三部分:

一是建筑材料。包括构成当年建筑工程实体的钢材、木材、水泥、地方建筑材料、电料、化工材料等。

二是劳动力价格(单位工资)和各种施工机械的使用价格。

三是设备工器具购置和其他费用的价格。

向谁调查?这项调查在建筑、安装和装饰施工企业内抽选调查对象,调查对象的产值之和(建设项目投资额之和)力争占本地区施工产值的50%以上。被选作调查对象的单位，按照国家统计局调查方案要求再确定有代表性的调查项目。

怎么调查？建筑安装工程和设备工器具价格（机械工业产品出厂价格）使用重点调查方法，其他费用价格调查采用典型调查方法。

各调查单位确定好调查项目的各类价格后，在规定时间内上报给省级统计部门，省级统计机构整理好本地区资料后再以报表形式上报给国家统计局。国家统计局汇总数据后，编制固定资产投资价格指数。

需要注意固定资产投资价格指数的权重确定方式，建筑安装工程、设备工器具、其他费用这三者的权重，是前三年对应项的均值，以减缓政策、投资结构、技术突变所带来的影响。

从历史数据来看，三类费用价格中建筑安装工程价格指数的振幅最大（见图4.2），这是因为钢铁、水泥等建筑材料的价格波动总是很剧烈，固定资产投资价格指数也主要由建筑安装工程价格指数主导（建筑安装工程费用占比在60%—70%）。

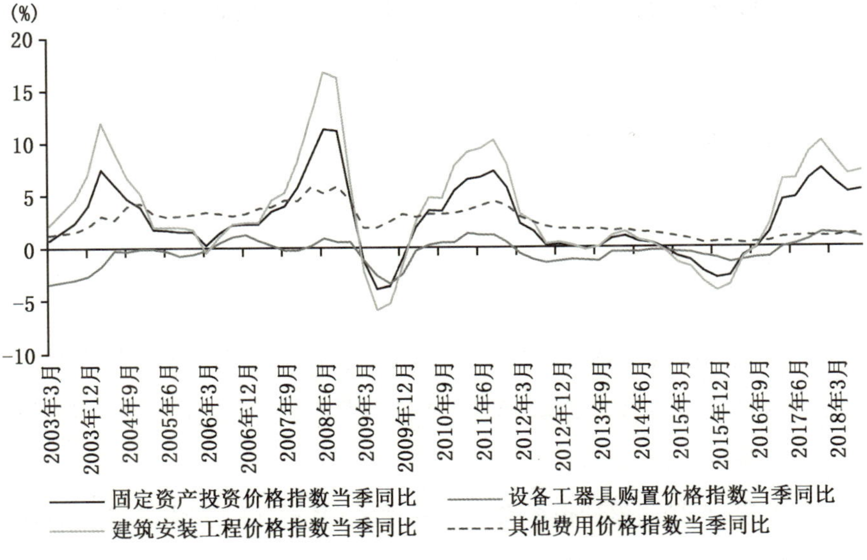

图4.2　固定资产投资价格指数中，建安工程价格指数波动性最大

另外，固定资产投资价格指数波动有很明显的周期规律，并且和PPI同比的变动周期基本上是一致的（见图4.3）。所以PPI某种程度上也可以看成固定资产投

资价格指数的替代指标。由于固定资产投资价格指数在2020年已经停止公布了，因此我们也可以暂且用PPI来代替固定资产投资价格指数。

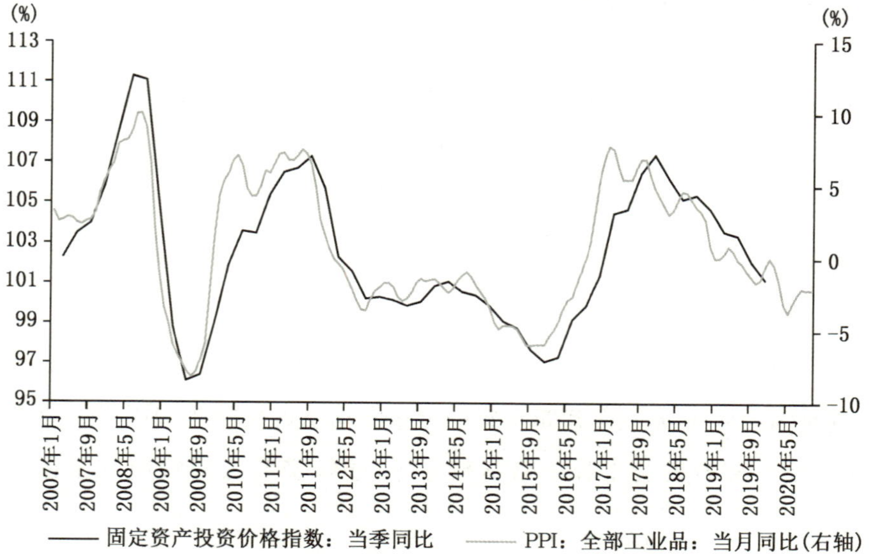

图4.3　PPI同比和固定资产投资价格指数同比的波动相关性很高

4.2　固定资产投资解读

4.2.1　总量分析

月度的固定资产投资完成额有个特点，即它目前只有累计值的核算体系，没有当月数据。这可能是因为固定资产建设项目工期比较长，在实际统计中不便将工作量或者投资额分摊到每个月。

从理论上说，直接用累计值推算出当月值、当月同比的方法是存在问题的，这可能会放大当月数据的核算误差。但是因为累计值包含的历史遗留信息太多，如果我们想更纯粹地分析某一个月的情况，就只能用累计数据推算出当月数据，而没有其他更好的办法。

基于累计值计算出的固定资产投资的当月值，在年内有很强的季节性规律(见

图 4.4)。一般季末会出现阶段性高点,尤其是在 6 月、9 月,这很可能和信贷投放节奏有关,即银行在季末的信贷冲量行为带动了投资数据走强,这一点也可以从固定资产投资资金来源在 6 月、9 月大幅提升得到侧面印证。此外,夏季施工旺季可能是造成 6 月峰值的另一个原因。

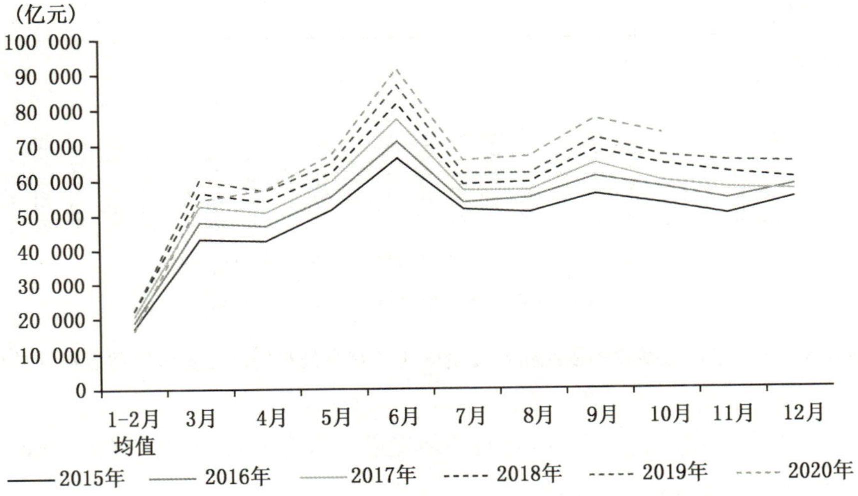

图 4.4 固定资产投资的年内分布有比较明显的季节性

再来看同比增速。和很多其他经济数据一样,用固定资产投资累计值计算的同比和官方公布的累计同比有时也存在出入(见图 4.5)。21 世纪以来差异最大的时点主要出现在 2003—2004 年、2011 年以及 2018 年至今。如果去掉这几个时点,那么手动计算同比和官方公布同比基本无差别。

2003—2004 年的数据差异主要是因为固定资产投资的统计范围从"基本建设、更新改造和国有其他投资"变成了"城镇固定资产投资"。

2011 年主要是因为统计限额从 50 万元提高到了 500 万元,并且统计范围从"城镇固定资产投资"变成了"固定资产投资(不含农户)",即增加了农村非农户投资部分。

2018 年后则很显然和固定资产投资统计制度从形象进度法转向财务支出法以及地方统计数据挤水分有关。

注意,既然用累计值计算累计同比会存在问题,那么用累计值推算当月值、当

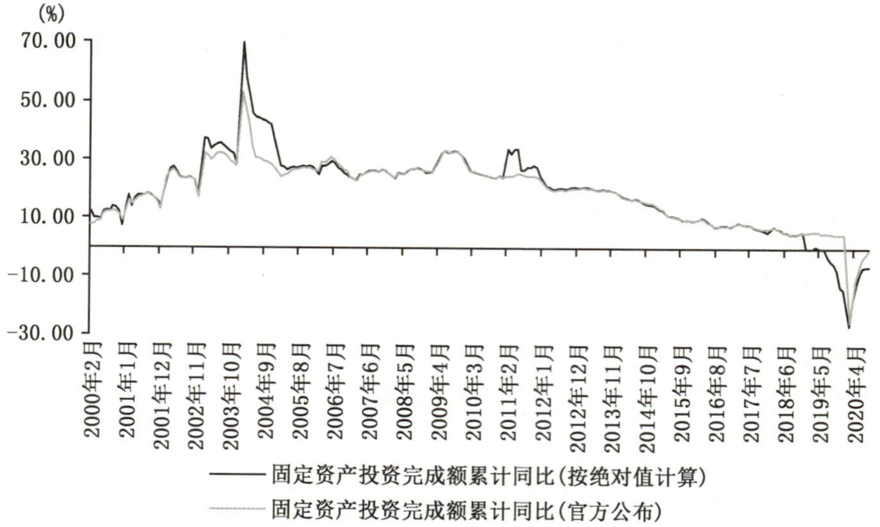

图 4.5　根据累计值推算的固定资产投资同比和官方公布同比在部分时间点存在差异

月同比，自然也会出问题。所以，我们必须先通过官方公布的累计同比，倒推出“正确的”累计值，再去计算当月同比。

固定资产投资累计同比是名义同比，那么它受价格变动的影响大吗？结论是：在大部分情况下，量的影响都要大于价的影响，但是 2017 年以来，价的影响明显提升，甚至超过了量的影响。在当时固定资产投资增速下滑的大背景下，假如没有价格作为支撑，那么固定资产投资的实际表现还要更差。

固定资产投资价格的变动，很大程度上取决于建筑材料价格的变动。2017 年后，受供给侧结构性改革提振，钢铁、水泥等建筑材料价格迎来了一轮暴涨，所以固定资产投资价格指数的表现才如此强势。

固定资产投资增速的上升或下降，主要和经济景气度以及融资环境有关。一般来说，当经济迈向繁荣、融资环境宽松时，企业投资的意愿可能会走强，推动固定资产投资增速上升。

但是固定资产投资本身是一个过于庞大和笼统的指标，它里面包含了很多驱动逻辑相异的要素，所以最好是将它拆开分析，才可以看得更清楚一些（见图 4.6）。

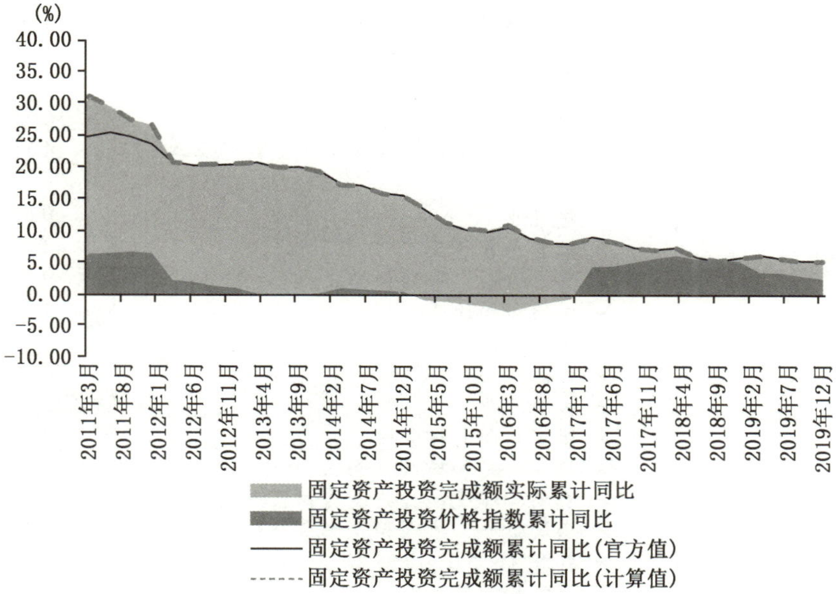

图 4.6　固定资产投资同比增速的量价拆分

4.2.2　结构分析

1. 按行业划分:房地产+基建+制造业投资+?

统计局每月会对外发布各行业的固定资产投资数据,行业划分标准即是我们所熟知的国民经济行业分类。按行业分类的投资数据非常全面,基本上每个大类行业的固定资产投资数据都披露了。

但在实际分析固定资产投资时,我们并不会每个行业都涉及,通常更关注的是基建投资、房地产投资、制造业投资三个主要分项。2004 年至今,这三大项占固定资产投资的比重平均接近 75%,其中基建投资约占 25%,房地产投资约占 20%,制造业投资约占 30%。

这三个分项和各行业固定资产投资的对应关系如图 4.7 所示:

第一,广义/全口径基础设施建设投资,实际上由交通运输仓储和邮政业、电力燃气及水的生产和供应业、水利环境和公共设施管理业 3 个行业的投资额构成。

第二,制造业投资,它比较容易理解,实际就是由 31 个制造业行业的固定资产

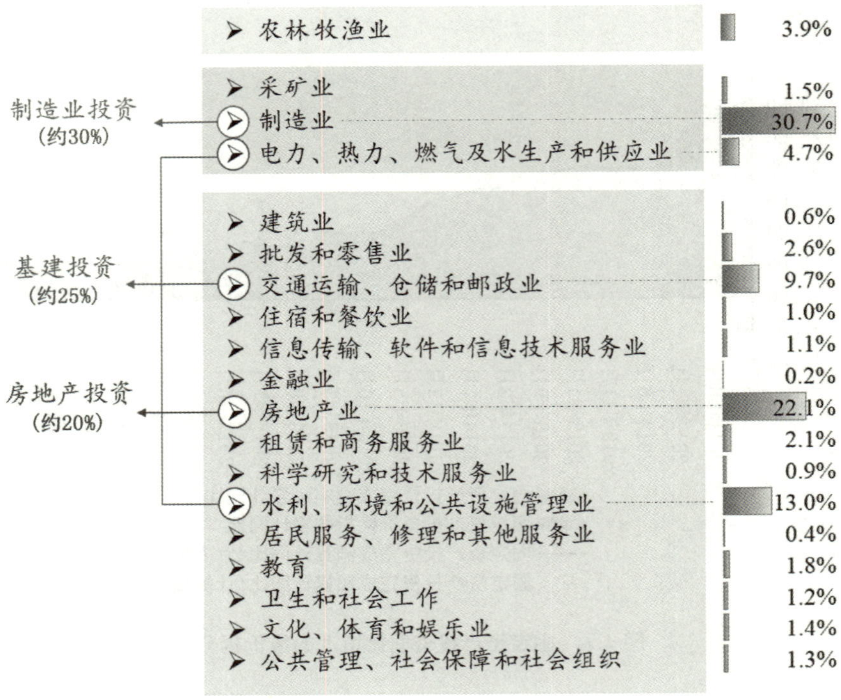

图 4.7　分行业固定资产投资占比(2017 年数据)

投资加总而成。

第三,房地产投资,更确切的叫法是房地产开发投资完成额,尽管它看上去是独立统计、单独公布,但它也属于固定资产投资的一部分。

值得注意的是,在分行业数据中,有一项是“房地产业固定资产投资”,它和“房地产开发投资”是什么关系?

从 2017 年数据来看,房地产开发投资完成额是 10.98 亿元,而房地产业固定资产投资额是 13.97 亿元,前者是后者的 80%左右。

这主要是因为房地产业包括了房地产开发经营、物业管理、房地产中介服务、房地产租赁经营和其他房地产业 5 个子行业,而只有房地产开发经营业的固定资产投资,才和房地产开发投资直接相关。从年度数据来看(有更细分的行业小类数据),房地产开发经营业的固定资产投资额和房地产开发投资之间存在 5%左右的数值差异,但这个差异已经很微弱了,我们这里可以粗略地认为它们是相等的。

这三项尽管都属于固定资产投资，但影响因素互不相同，比如基建投资和非标监管、地方债务监管关系密切，房地产投资则受货币政策、地产政策调控的影响较大，而制造业投资要考虑需求预期、设备更新周期等。

由于这三项比较复杂，因此需要单独考察，我们对它们的具体分析将作为固定资产分析系列的重中之重，留在后续的章节中。

剩下25%的固定资产投资，比较细碎地分布在其他各个行业中。占比稍微高一点的行业有：农林牧渔业（3.9%）、批发与零售业（2.6%）、租赁与商务服务业（2.1%），其他行业的投资占比均不到2%。这也就是我们不关注除了三大项以外行业的原因。

在这种情况下，我们可以将固定资产投资分为基建投资、房地产投资、制造业投资以及剩余行业构成的"其他类投资"。假设我们预测了前三者各自的同比增速，一个简单的经验就是用它们的增速分别乘以25%、20%、30%，并加总起来，再把"其他类投资"的历史数据考虑进去，就可以粗略地模拟出整体的固定资产投资增速走势。

2. 按建设性质划分：新建、扩建、改建如何区分

固定资产投资依据建设性质，一般分为新建、扩建、改建（改建+技术改造）三类，一个项目只能有一种建设性质。

假如一家水泥企业A刚刚创办，建了厂房，造了一条水泥生产线，这属于新建固定资产投资。已有企事业投资的项目，一般不属于新建项目。

经营了一段时间后，企业A效益不错，为了扩大产能，又增建了几个厂房，添置了几条水泥生产线，这属于扩建固定资产投资。但如果新增的固定资产价值，超过原有固定资产原值3倍以上，就算作新建而不是扩建。

如果企业A后续想用先进技术替代落后技术（比如工艺改革、环保改造等），或是为了适应市场变化生产别的产品，继而改造和更新了原有的水泥生产线，这种就属于改建/技改固定资产投资。

从历年情况来看，新建固定资产投资是主体，近几年占比都超过50%，并且呈现出上升的趋势（见图4.8）。扩建固定资产投资占比则已经萎缩至11%左右，改建/技改固定资产投资占比比较稳定，大约为14%。

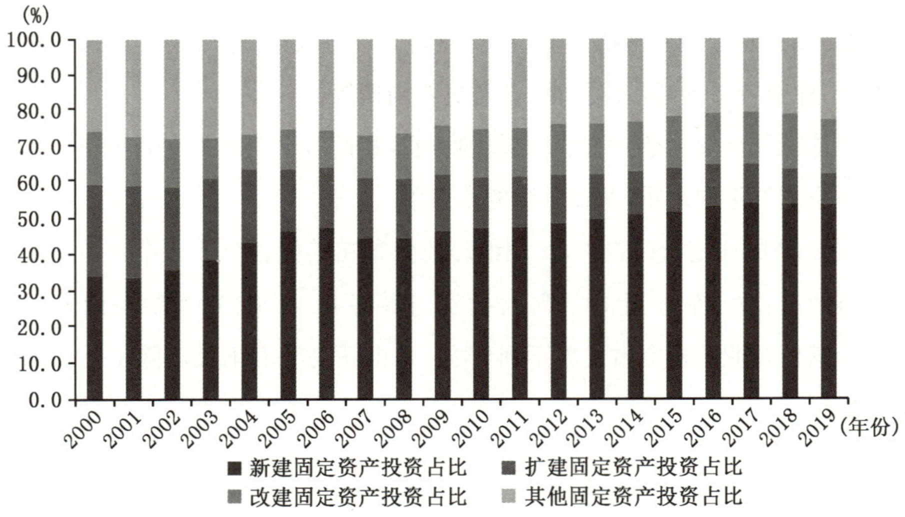

图 4.8　新建项目是固定资产投资的主体

按照统计局的分类，除了新建、扩建、改建项目以外，还有单纯建造生活设施、迁建、恢复、单纯购置等建设项目类别，这些剩下的项目大概占固定资产投资的20％，统计局没有披露它们的数据，我们一般也不关注。

3. 按构成划分：固定资产投资包括哪些费用

固定资产投资按费用构成，可以分为建筑安装工程、设备工器具购置和其他费用（这种划分方法使用得较为广泛，尤其是在分析房地产开发投资时）。

建筑安装工程包括建筑工程和安装工程。建筑工程指各种房屋、建筑物的建造工程所发生的费用支出，这部分投资额必须兴工动料，通过施工活动才能实现。安装工程指各种设备、装备在安装过程中发生的费用支出，不包括被安装设备的本身价值。

设备工器具购置，是报告期内购置或自制的，达到固定资产标准的设备、工具、器具的价值。其中，设备指各种生产设备、传导设备、动力设备、运输设备等，工具、器具指具有独立用途的各种生产用具、工作工具和仪器，如压延工具、实验测量用的各种仪器等。一般来说，设备费用会高于工器具费用。

其他费用指的是除上述两者以外的、应当分摊计入固定资产投资项目的费用（不指经营中财务上的其他费用)，一般包括土地取得费用、前期工程费用、施工工作费用等。特别地，对于房地产企业而言，土地购置费是其他费用中最主要的部分。

目前，建筑安装工程费用是固定资产投资的主体，占比约为 70%(见图 4.9)。设备工器具购置费用和其他费用的占比分别约为 16%和 14%。

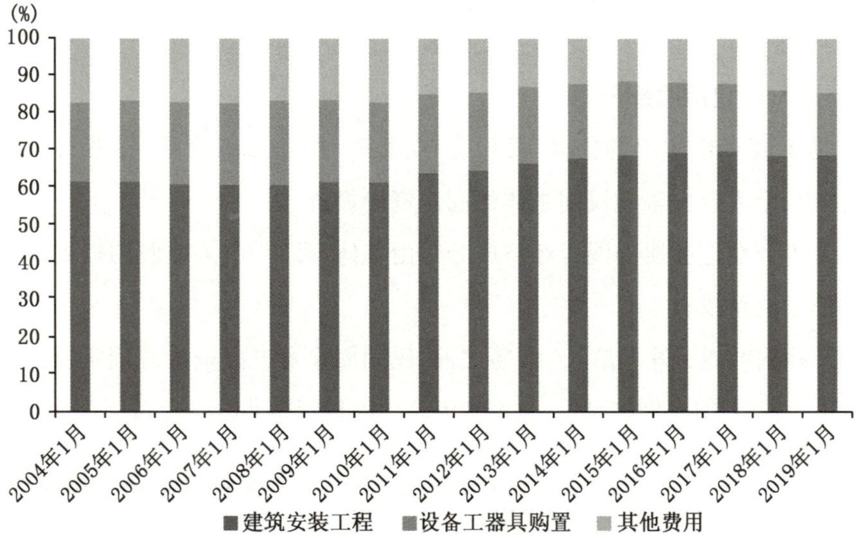

图 4.9　近几年建筑安装工程费用占比在 70%左右

4. 按登记注册类型划分：民间固定资产投资是什么

目前基本的企业登记注册类型包括国有企业、集体企业、股份合作企业、联营企业、有限责任公司、股份有限公司、私营企业、其他企业等内资企业，还有外商和港澳台商投资企业，一共 9 类。(对这 9 类企业更具体的解读可以参考第 3 章。)

而总的固定资产投资额，就等于这 9 类企业的投资额＋个体经营户投资额。统计局每个月都会公布各类主体的固定资产投资额累计同比。

按照控股类型，这些企业又可以分为国有控股、集体控股、私人控股、港澳台商及外商控股、其他控股类型等。

这里特别需要注意的是，各级政府机关、各级直属事业单位、各级机关所属事业单位等也会产生固定资产投资，这些机构全部填作国有单位(这也是为什么国有企业投资额占总固定资产投资额比重会在 20%以上的原因)。

此外，2012 年一季度后统计局还会按月对外公布“民间固定资产投资完成额”，包括规模、增速、比重、分地区和分行业的情况等，目前数据已回溯至 2005 年，这个指标往往更受市场关注。

那么，什么是民间固定资产投资？从官方定义来看，民间固定资产投资是指“具有集体、私营、个人性质的内资企事业单位以及由其控股（包括绝对控股和相对控股）的企业单位，在中国境内建造或购置固定资产的投资”。

具体而言，包括两部分：

一是工商登记注册的集体、股份合作、私营独资、私营合伙、私营有限责任公司、个体户、个人合伙等纯民间主体的固定资产投资。

二是工商登记注册的混合经济成分中由集体、私营、个人控股的投资主体单位的全部固定资产投资。

用排除法可能更好理解：2012 年之前，民间固定资产投资＝总固定资产投资－国有及国有控股单位的投资额－外商和港澳台商投资企业的投资额。

剔除这几项之后即为民间固定资产投资。

国有控股企业
非国有控股企业

港澳台及外商独资企业
港澳台商及外商控股企业
其他港澳台商及外商投资企业

按登记注册类型划分		占固定资产投资比重
国有企业		22.1%
集体企业		1.2%
股份合作企业		0.2%
联营企业	国有联营企业	0.1%
	集体联营企业	
	国有与集体联营企业	
	其他联营企业	
有限责任公司	国有独资公司	33.2%
	其他有限责任公司	
股份有限公司		2.7%
私营企业		32.5%
其他企业		3.8%
港澳台商及外商投资企业	港澳台商及外商投资企业-合资	3.9%
	港澳台商及外商投资企业-合作	
	港澳台商及外商投资企业-独资	
	港澳台商及外商投资企业-股份有限公司	
	港澳台商及外商投资企业-其他	
个体经营	个体经营-个体户	0.4%
	个体经营-个人合伙	

图 4.10　按登记注册类型划分的固定资产投资和民间固定资产投资之间的关系

2012 年之后做了一点细微的调整，把“外商和港澳台商投资企业”这一项剔除，改成了“外商和港澳台商独资、控股企业”（所以民间固定资产投资的统计口径比 2012 年之前要稍微更宽泛一些），其他没有变化。

就统计范围而言，民间固定资产投资有几个点需要提醒一下：

第一，民间固定资产投资仍然包括了少量的公有制经济成分，比如集体企业等，但这些类型企业的投资占比已经不到5%了。

第二，私营企业特指那些自然人持股设立或控股的企业，它的投资只占民间固定资产投资的50%左右，两者不是一个概念。

第三，如果某企业是由集体、私人绝对控股或者相对控股的，即使企业的其他股东是国企和外资，这个企业的全部固定资产投资都算作民间固定资产投资。

第四，民间固定资产投资近几年占总固定资产投资比重稳定在60%左右。

第五，非民间固定资产投资中，并非都是国有及国有控股企业投资，还有外商和港澳台商独资、控股企业投资。不过国企投资仍是主导，外资成分占非民间投资比重不到10%。

总体而言，民间固定资产投资可以用来反映民营企业的投资状况，适合与国有及国有控股单位投资对比（见图4.11）。

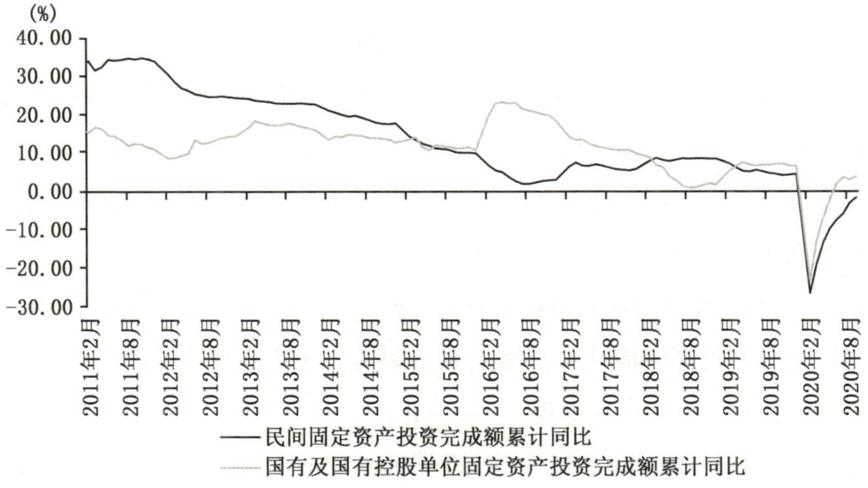

图4.11 民间固定资产投资和国有及国有控股单位投资增速对比

4.3　固定资产投资相关问题探讨

4.3.1　形象进度法VS财务支出法

中华人民共和国成立后，固定资产投资统计制度借鉴苏联模式，多年以来，除了投资门槛提高、统计范围扩大等小范围改动外，统计对象和统计方法都没有大的变化，一直是以项目为统计对象、采用形象进度法统计。

在形象进度法统计下，项目投资额直接和工程施工进度挂钩。这样做的好处在于，项目进展如何，一栋楼盖了多少层，投资额可以比较直观地将其反映出来。

形象进度法的核算思路简化一下就是：投资完成额＝实际工作量×预算单价。实际工作量反映了项目建设进度，所以从另一个角度来看，投资完成额＝项目完成进度×总计划投资额。

而项目形象进度的确认，主要依据是建设方、监理方、施工方三方确认的工程结算单或进度单，报送投资额数据时也是以此作为凭证。

与此同时，过去统计部门采取的是"国家→省→市→县（区）→乡（镇）"层层布置报表填报任务和"乡（镇）→县（区）→市→省→国家"层层上报数据的搜集方式。

现在看来，这种"层层上报＋形象进度法"的统计方式，使得过去固定资产投资的核算存在很多问题：

第一，工程进度单等项目进度依据，由项目建设施工单位，也就是乙方提供，但是填报固定资产投资的是甲方，这就导致如果乙方无法按月及时出具相关单据，甲方的投资数据填报就会存在困难。

第二，评估项目的完成进度本身多少带有一定的主观性，地方政府出于政绩考核的需要，倾向于多报数据，这也导致固定资产投资增速总是偏高，而且持续快于统计更为客观的建筑业产值增速，也明显快于GDP增速（见图4.12）。

第三，这种层层上报的数据可核实性较低。一方面在政绩考核压力下，投资计划往往是上级向下级摊派的，省级和以下的统计部门并没有很强的动力核算数据的真实性。另一方面，原始数据生产过程中的各种主观性，也使得后来的核算缺乏

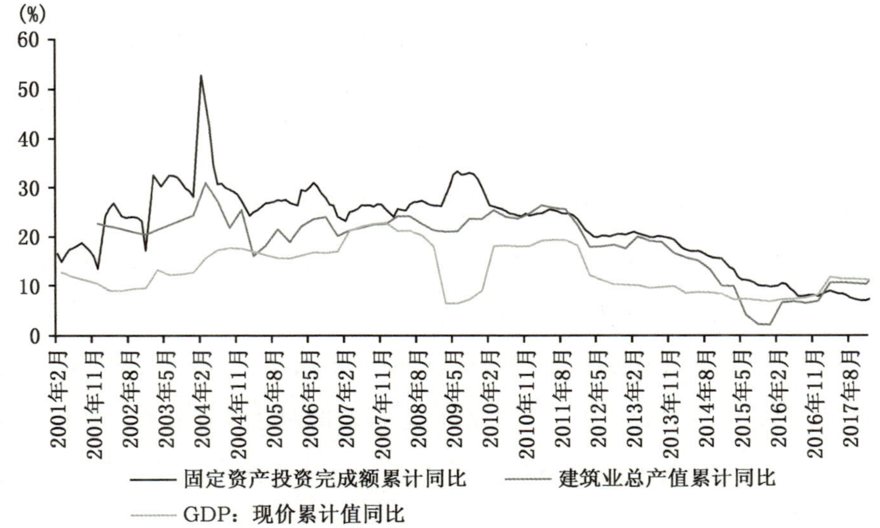

图 4.12　固定资产投资增速明显高于建筑业产值增速、GDP 现价增速

意义。

第四，统计工作量巨大。根据国家统计局数据，2017 年固定资产投资统计的项目有 88.9 万个（见图 4.13），基层统计工作量巨大，而层层上报的方式，无疑又放大了统计部门总的工作量。

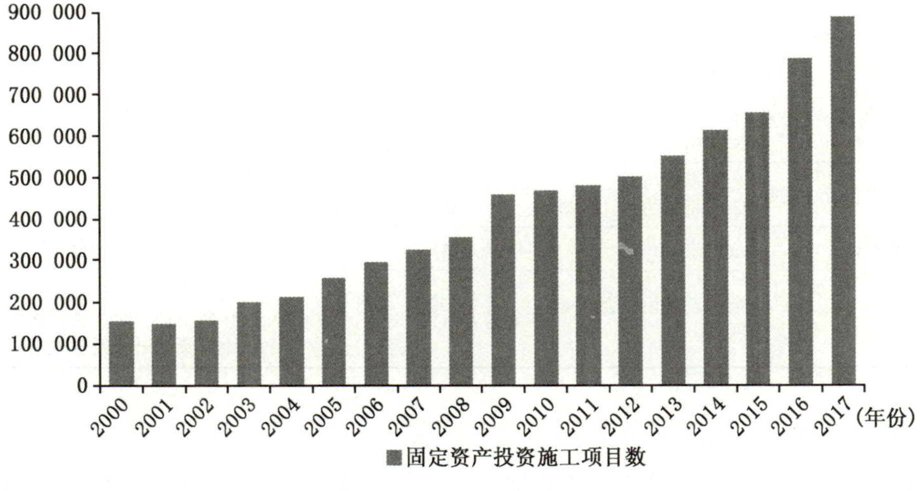

图 4.13　2017 年固定资产投资统计项目有 88.9 万个，工作量巨大

近年来，固定资产投资核算方式出现了比较大的调整：

一是统计流程调整。500万元及以上项目数据的采集，从原来的层层上报，转为各调查企业直接在联网直报平台报送，减少了中间环节，也削弱了各级地方统计部门出于政绩考核的干预。

目前这项工作基本收尾，根据最新的固定资产投资统计报表制度，500万元及以上项目的投资情况（不包括农户投资、军工、国防项目）均通过联网直报平台报送。

二是统计方法调整，由形象进度法逐渐过渡为财务支出法。2013年后，中国开始在晋城、无锡、黔东南和西安四地试点“财务支出法”。随后，2015年在天津、北京、黑龙江等17个省市自治区以“双轨”运行新旧两套统计制度。2017年将河北、山西、甘肃定为先行先试区，同时选择其余17个省市的全部或者部分市县作为试点地区，推行统计制度从“形象进度法”转向“财务支出法”。

财务支出法与形象进度法相比，最主要的变动在于：核算的基础数据从项目实际工作量变成了财务数据，只有完成会计核算的固定资产投资项目，才计入固定资产投资完成额。

更具体而言，财务支出法下的固定资产投资完成额＝在建工程＋购置不需安装的设备工器具－购置旧设备及工器具＋土地使用权＋其他资产。

表4.2　　财务支出法下固定资产投资涉及的会计科目

指标名称	数据来源	计算方法	对应会计科目
在建工程	余额表	本年借方累计	在建工程
购置不需安装的设备、工器具	余额表或与固定资产账户相关的会计资料	根据明细科目本年借方累计或相关会计分录借方发生额加总填报	固定资产
购置旧设备及工器具	余额表或与固定资产账户相关的会计资料	根据明细科目本年借方累计或相关会计分录借方发生额加总填报	固定资产
土地使用权	余额表	本年借方累计	无形资产—土地使用权
其他资产	余额表及相关会计资料	本年借方累计	无形资产—采矿权 生物资产—生产性生物资产 生物资产—公益性生物资产

由形象进度法转为财务支出法，会对固定资产投资额产生什么影响？一方面，可能会导致投资实际完成到统计数据体现之间出现时滞，因为建筑工程等项目通常存在垫资、赊销等情况，这些实际已经完成的投资需要通过会计核算才能计入，

而此前形象进度法中只要投资完成即可纳入。

另一方面，这会导致相同项目的投资完成额，比形象进度法统计得要小。因为财务支出法以会计报表为基础，主观成分要少一点。

数据也可以说明这一点。比如在2017年先行先试财务支出法的山西省，2017年用固定资产投资完成额直接计算的同比为－58.7%，投资额规模明显缩水。

总的来看，统计流程改为联网直报、统计方法转轨为财务支出法，再加上2017年后统计监管趋严，挤水分力度加大，都慢慢改正了固定资产投资虚高的问题。

目前财务支出法改革进展到哪了？根据最新的固定资产投资统计报表制度，500万元及以上固定资产投资项目又分为500万—5 000万元以及5 000万元以上两种类型的项目来填报：

500万—5 000万元投资项目，一般按财务支出法计量填报投资额，但如果单位无法获取会计资料，也可按照工程结算单或进度单等填报（即采用形象进度法）。

5 000万元及以上投资项目，则主要按形象进度法计量填报，部分财务规范的调查单位，可依据会计报表中的相关科目填报。

所以，目前固定资产投资实行的应当说是一种形象进度法、财务支出法并行的统计方案，项目单位可以在两种方案中选择一种填报，但是要在整个项目期间保持填报方案一致。

4.3.2　固定资产投资完成额VS固定资产投资资金来源

上文中，我们已经对固定资产投资完成额做了充分介绍，有一个指标和它高度相关，也比较受市场关注：固定资产投资资金来源。

固定资产投资资金来源，又称本年实际到位资金，属于到位资金的一部分。它是指在报告期内收到的、用于固定资产投资的各种货币资金。而到位资金，除了固定资产投资资金来源外，还有上年末结余资金，指的是以前年份资金来源中没有形成投资额而结余的资金。

简单来说，固定资产投资完成额是在讲“花了多少钱”，而固定资产投资资金来源是在讲“钱是哪里来的”。

只要收到了相关货币资金，就可以计入固定资产投资资金来源。但只有形成固定资产("财务支出法"下还需要通过会计核算),才能计入固定资产投资完成额。

由于上年末结余资金的存在,固定资产投资完成额和资金来源规模并不一致。一些年份固定资产投资完成额大于资金来源,如 1997—2003 年、2017 年;一些年份固定资产投资完成额小于资金来源,如 2004—2016 年。

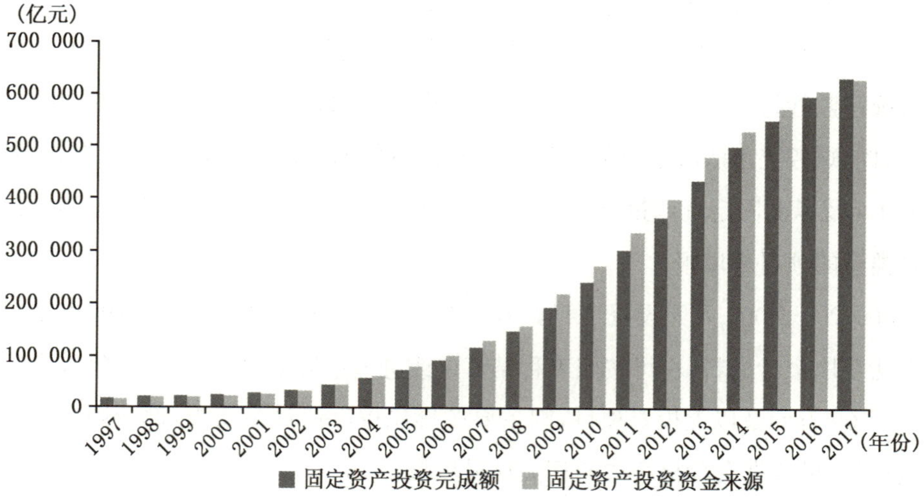

图 4.14 固定资产投资完成额与资金来源并不完全一致

固定资产投资资金来源包括国家预算资金、国内贷款、债券、利用外资、自筹资金和其他资金六种。由于在实际分析中容易弄混,因此我们将国家统计局对各项资金的归类整理如表 4.3 所示。

表 4.3 固定资产投资资金来源各分项组成

资金来源	组 成
国家预算资金	一般预算、政府性基金预算、国有资本经营预算和社保基金预算
国内贷款	项目单位向银行及非银行金融机构借入用于固定资产投资的各种国内借款。包括银行利用自有资金及吸收存款发放的贷款、上级主管部门拨入的国内贷款、国家专项贷款,地方财政专项资金安排的贷款、国内储备贷款、周转贷款等
债券	企业或金融机构为筹集用于固定资产投资的资金向投资者出具的承诺按一定发行条件还本付息的债务凭证,包括金融债券和企业债券
利用外资	报告期内收到的境外资金,包括对外借款、外商直接投资、外商其他投资,但不包括我国自有外汇资金。各类外资按报告期的外汇牌价(中间价)折成人民币计算

续表

资金来源	组　成
自筹资金	报告期内筹集的用于项目建设和购置的资金，包括自有资金、股东投入资金和借入资金，但不包括各类财政性资金、从各类金融机构借入资金和国外资金
其他资金	报告期内收到的除上述各种资金以外的资金，包括社会集资、个人资金、无偿捐赠的资金及其他单位拨入的资金等

这里需要稍做说明的是，2006 年开始，国家统计局将"债券"这一项合并进了"其他资金"，不再单独公布"债券"数据，所以其余五项之和等于总的固定资产投资资金来源。

从结构上看，国家预算资金占比稳定在 5%－7%，国内贷款占比逐年递减，而自筹资金占比持续扩大（见图 4.15）。利用外资的占比逐年递减，1996 年高达 13.9%，但到了 2017 年只有 0.35%了。其他资金占比相对稳定，在 15%左右。

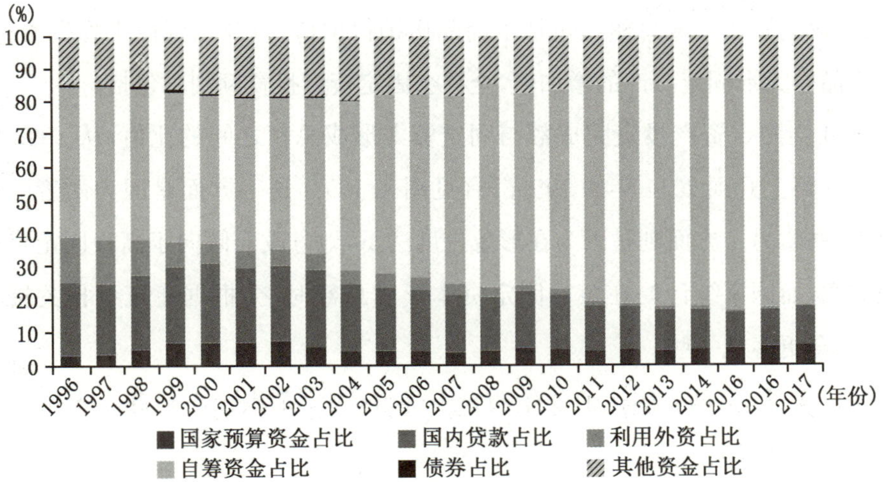

图 4.15　自筹资金是固定资产投资资金来源的主体

在分析基建投资时，基于资金来源的预测方法被市场广泛采用，在之后的章节中我们会详细展开分析。

4.3.3 固定资产投资完成额 VS 固定资本形成总额

还有一个指标和固定资产投资完成额长得很相似：固定资本形成总额。这个指标我们在第一章中介绍过。

在支出法下，GDP 可以分为最终消费支出、资本形成总额、货物与服务进出口。而资本形成总额又包括固定资本形成总额、存货增加两部分。其中固定资本形成总额与全社会固定资产投资容易被混为一谈。

固定资本形成总额指的是常住单位在一定时期内获得的固定资产减去处置的固定资产的价值总额，可分为有形和无形两部分。它主要是基于全社会固定资产投资额计算出来的，但同时也做了一些调整。所以两者仍然存在一些差异：

(1)全社会固定资产投资额包括土地购置费、旧建筑物购置费和旧设备购置费；固定资本形成总额则不包括这些费用。

(2)全社会固定资产投资完成额中的非农户项目部分，除房地产开发企业所开发的地产项目没有规模限制外，其余项目都在 500 万元及以上；资本形成总额核算时则没有以 500 万元作为门槛，包含所有规模的项目。

(3)固定资本形成总额还包括了商品房销售增值，以及培育性生物资源、知识产权产品等无形固定资产的增加值，全社会固定资产投资额则不包括。

全社会固定资产投资完成额与固定资本形成总额之间的比值，从 1993 年的 99.8%一路上升到 2016 年的 195.5%(见图 4.16)。这一方面是因为两者的统计口径不一样，另一方面则是因为在形象进度法下，地方政府倾向于高报固定资产投资完成额，而国家统计局在核算固定资本形成总额时，会根据建筑业相关指标调整，所以会更客观一些。

2017 年之后，两者的比值开始明显下降，这与大范围试点财务支出法以及地方统计挤水分有关。

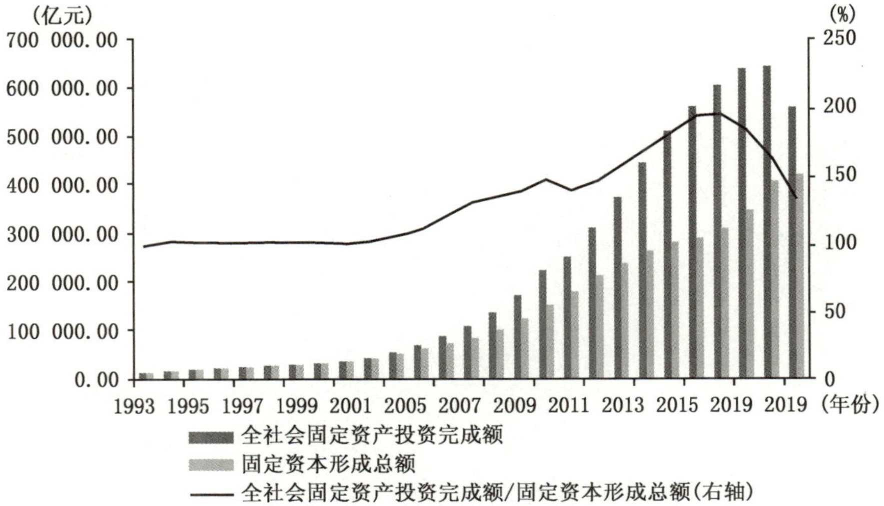

图 4.16 全社会固定资产投资和资本形成总额之间的差距

第5章

基建分析

在过去的几十年间，基建投资与城镇化浪潮交相辉映，以极快的速度扩张。同时，在经济不景气时，基建也是政府稳增长的关键抓手，庇护着中国经济大局。

中国是当之无愧的“基建狂魔”，在过去的几十年间，基建投资与城镇化浪潮交相辉映，以极快的速度扩张。同时，在经济不景气时，基建也是政府稳增长的关键抓手，庇护着中国经济大局。在对基建投资的分析过程中，我们将感受到很明显的“中国特色”。

在本章中，我们首先探讨了基建投资的口径与内涵，剖析了广义基建、狭义基建、新基建等概念。

然后，我们沿着基建项目的“审批—融资—施工”这条逻辑线，提出了观测基建投资的三个维度——政府意愿、资金来源、项目建设，并深入分析了其中涉及的指标。

最后，我们简单梳理了基建投融资的历史演变过程，以帮助读者更好地理解当前基建投资面临的困境。

5.1　基建投资的口径与内涵

5.1.1　广义基建和狭义基建

基础设施建设投资（下文简称“基建投资”）是一个衍生概念，它其实是固定资产投资的一部分。

市场上目前普遍采用的基建投资数据分为广义（全口径）和狭义（窄口径）两类。

广义基建投资，实际上是由 Wind 自行统计的三个行业固定资产投资数据的加总：(1)交通运输、仓储和邮政业；(2)水利、环境和公共设施管理业；(3)电力、热力、燃气及水的生产和供应业。三者合计约占整个固定资产投资的 25%。

这里要特别说明的是，官方认定的基建投资口径和 Wind 口径稍有不同。具体而言，主要是少了仓储业，增加了信息传输、软件和信息技术服务业中的 2 个子行业（见表 5.1）。

表 5.1　　官方口径和 Wind 口径的基建范围有所不同

行业大类	行业小类	Wind口径	官方口径
电力、热力、燃气及水的生产和供应业	电力、热力生产和供应业	√	√
	燃气生产和供应业	√	√
	水的生产和供应业	√	√
交通运输、仓储和邮政业	铁路运输业	√	√
	道路运输业	√	√
	水上运输业	√	√
	航空运输业	√	√
	管道运输业	√	√
	多式联运和运输代理业	√	√
	装卸搬运	√	√
	邮政业	√	√
	仓储业	√	
信息传输、软件和信息技术服务业	电信、广播电视和卫星传输服务		√
	互联网和相关服务		√
	软件和信息技术服务业		
水利、环境和公共设施管理业	水利管理业	√	√
	生态保护和环境治理业	√	√
	公共设施管理业	√	√

→ 固定资产投资（不含电力）

而狭义基建投资，即“基础设施投资（不含电力）”，才是统计局真正公布的基建投资数据，所以它也是跟着官方口径走的。

尽管它看上去就是广义基建投资剔除了（3）这一项，但如果我们只把（1）和（2）加起来，会发现它并不完全等于狭义基建投资数据，原因就在于统计局口径和 Wind 口径之间存在差别。不过仓储业以及信息传输、软件和信息技术服务业的投资额占比并不算高，因此这个差别实际上很小。

按照市场惯例，Wind 口径下的广义基建投资和统计局口径下的狭义基建投资都可以用，但两者的差别使用者需要注意。

为方便讨论，我们这里暂且就以广义基建投资为准。

交通运输、仓储和邮政业，水利、环境和公共设施管理业，电力、热力、燃气及水的生产和供应业，三者在广义基建投资中的占比分别约为 35%、17%、48%。

继续往下细分，广义基建投资又以公共设施管理业（39%），道路运输业（23%），电力、热力生产和供应业（13%）三个子行业为主，三者合计占整个广义基建投资的 75%。另外水利管理业（5.8%）、铁路运输业（4.6%）这两项也占有一定比例。

当然，只讨论数据可能还是不够直观，我们再来仔细看这几个行业的投资额分别代表什么。

第一，公共设施管理业。其中最重要的是市政设施管理业，其投资额大概占整个公共设施管理业的 2/3。所谓的市政设施，其实就是我们平时所见到的排水系统、路灯、道路、桥梁、隧道、广场等。

它们属于比较典型的政府主导投资的基建项目，往往也是由相关政府部门向统计局报送投资数据。地方政府部门在报送数据时，行业划分是跟着项目（而不是投资主体）走的。比如某地政府报送污水管网工程投资数据，那么该笔投资额的国民经济行业划分就是“公共设施管理业”，而不是政府所属行业。

第二，道路运输业。包括城市公共交通运输、公路旅客运输、道路货物运输、道路运输辅助活动，四者占比分别是 18%、33%、25%、24%。

道路运输业的侧重点是“运输”。一块是城市公共交通运输，包括公交系统、出租车系统、轨道交通等，其中轨道交通投资占 76%左右。另一块是公路旅客运输和道路货物运输，它们的固定资产投资主要是购置各种车辆。

另外还有道路运输辅助活动，其中公路管理与养护的投资额（主要就是修公路）占比高达 71%。注意，这里的“公路”和上文公共设施管理业中的“道路”不同，后者指的是城市内道路，归住房和城乡建设部管。而前者主要指城市以外的道路，包括各种高速公路、国省道公路、县乡道路等，一般归交通运输部及其公路局管。修公路和修城市道路所产生的投资额，一个属于道路运输业，一个属于公共设施管理业。

第三，电力、热力生产和供应业。电力生产业投资占比约为 65%，它的投资额主要来自各种电站的建设。电力生产又包括火电、水电、核电、风电、太阳能等，一个比较明显的趋势是火电、水电投资占比在持续下滑，而 2012 年后太阳能发电的投资额占比快速上行，2017 年末已达 34%，在所有电力生产业中占比最高，这体现了光伏行业在这几年间的快速发展。

此外，电力供应业投资占比约为 24%，投资项目主要是各种电网工程。热力生产和供应业投资额占比约为 11%，投资项目主要是锅炉等热力生产装置、供热管网等。

第四，水利管理业。最主要包括各种防洪排涝工程设施、水资源调配工程的建设投资，比如我们所熟知的三峡水利工程和南水北调工程。每年中央都会安排相应的水利投资计划，通过财政拨款的方式支持相关工程建设。

第五，铁路运输业。其投资额主要包括修建铁路、购置火车车辆、建造火车站等。和水利管理业一样，中央也会每年安排一定的财政资金用于铁路投资建设。

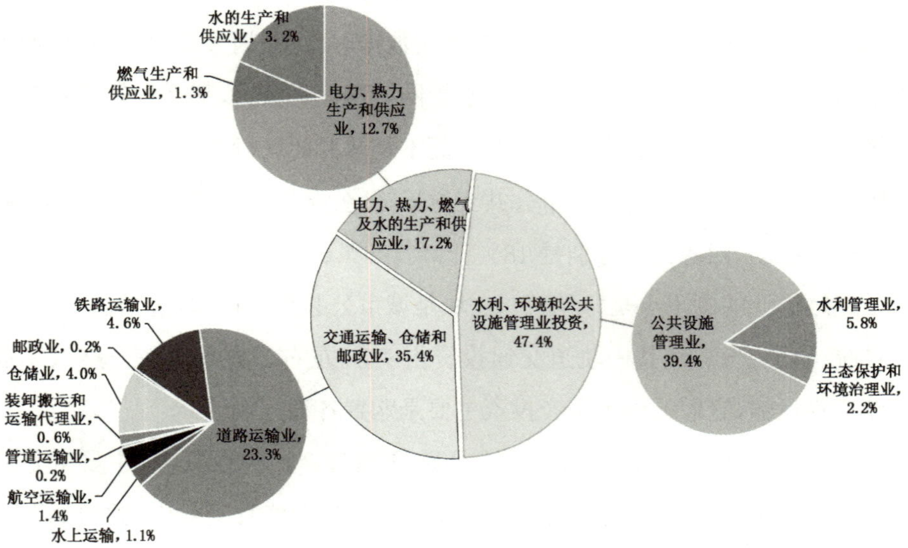

图 5.1　广义基建投资中各分项占比

5.1.2　新基建

“新基建”这个概念最早在 2018 年中央经济工作会议上被官方提出，但是当时的界定很模糊，只是找了一些与它的内涵比较贴近的领域，比如人工智能、工业互联网、物联网等。

不过由此也可以看出，新基建这个概念在一开始就带有比较明显的数字化、科技化特征，这也是它和旧基建最大的不同。

2020 年后，新基建突然火遍全国，成为被官方推崇、资本市场追捧的热点概念。新基建之所以受欢迎，是因为它有鲜明的时代背景。在新冠肺炎疫情的冲击下，政府仍然需要加码投资来对冲中国的经济下行压力，但走传统基建刺激的老路可能会重蹈覆辙，再次给中国经济留下后遗症。而发展所谓的新基建，对未来经济效率的提升帮助更大（与科技创新挂钩），所付出的代价则更小（项目运作更市场化，降低政府财政压力）。

2020年4月，发改委首次明确了新基建的定义和范围。主要包括三类，一是信息基础设施，比如5G、物联网、人工智能等。二是融合基础设施，这里的融合是指新技术和传统基建的融合，具体的比如智能交通系统、智慧能源系统等。三是创新基础设施，即用于支持科技创新的基础设施，比如大科学装置、科教基础设施等。

不过，目前市场上更流行的划分方法，是将新基建划分为5G基建、特高压、城际高速铁路和城市轨道交通、新能源汽车充电桩、大数据中心、人工智能、工业互联网七大领域（这种提法实际上来自2019年3月的一次央视新闻报道），这一方法对于新基建的细分领域界定更明确，对市场投资的指导意义也更强。

但是这些领域内的投资该如何划分国民经济行业、具体的投资规模有多大，都还没有专门的统计解释和官方统计数据。

这7大领域所涉及的基建行业主要有：电信、广播电视和卫星传输服务业（5G）、电力生产与供应业（特高压、新能源充电桩）、道路运输业和铁路运输业（城际高速铁路和城市轨道交通）。另外，工业互联网、人工智能、大数据中心这3个领域比较模糊，或许可以部分地计入互联网和相关服务业，但可能也涉及制造业、科学研究和技术服务业等非基建行业。

再从投资规模来看，市场对2020年新基建7大领域投资规模的估算，普遍在1万亿－2.5万亿元，只有广义基建投资的5%－15%，而且其中投资规模占大头的仍然是偏传统基建类型的城际铁路和城市轨交。

就现阶段而言，新基建更多的是决定基建的发展方向，而不是体量，目前对经济的直接拉动作用也比较有限。

5.2　观测基建投资的三个维度

基建项目一般需要经历申报和审批、融资、施工、运营等几个阶段。申报和审批环节往往和政府意愿有关，融资环节和基建的资金来源有关，施工环节则直接反映在基建投资上，投资建设完成之后，基建项目就进入了长达十几年的运营环节。

我们对于基建投资的观测，可以围绕着基建项目在投入运营前的各个环节来开展。

5.2.1　政府意愿

政府意愿是基建投资的初始驱动力。

电力、热力、燃气及水的生产和供应业，交通运输、仓储和邮政业，水利、环境和公共设施管理业三大基建行业的民间固定资产投资占比，分别只有 38.2%、20.3%、22.6%，明显低于其他国民经济行业（见图 5.2）。主导这 3 个行业投资额的主要是政府部门和国企，而政府、国企的投资行为都和政府意愿高度相关。如果政府意愿不强，基建投资少了发起人，也就很难有扩张的空间。

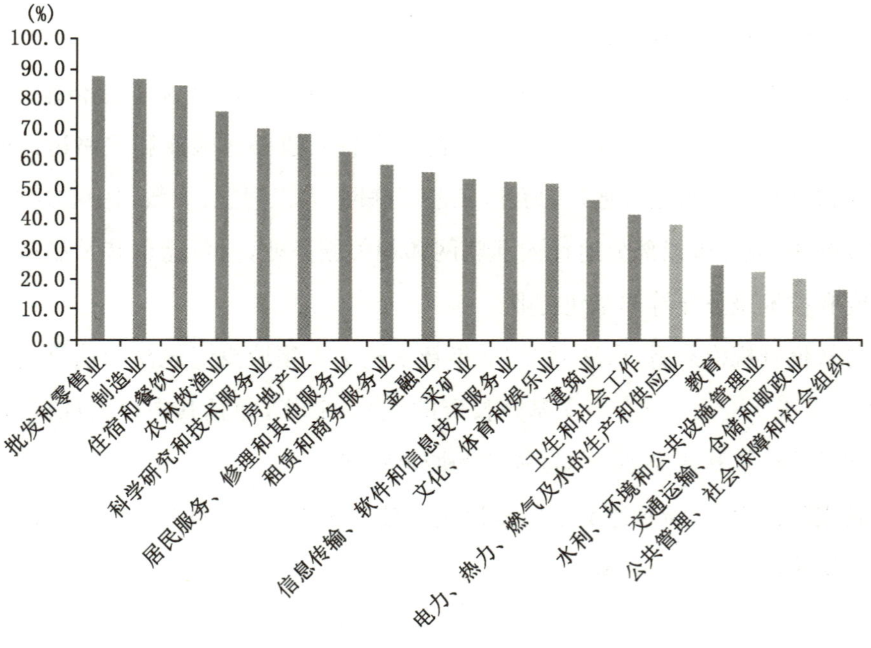

图 5.2　基建行业的民间固定资产投资占比较低，主要由政府和国企主导

为什么与政府意愿挂钩？这是由基建项目的特性决定的。基建项目一般是初期投资金额大、收益率偏低且回收期长，但又有利于国计民生，能够造福百姓的项目，因此政府往往是基建项目的主要发起者。另外，基建投资能有效带动经济增长和居民就业，尤其是在经济不景气的时期，“用基建托底”几乎成了朝野共识，政府有很强烈的冲动扩大基建投资。

那么如何观察政府意愿？最关键的是要密切关注年内重大会议以及关键的政策文件，并透过相关措辞，把握财政政策的主基调以及稳增长的重要性。财政政策越积极，稳增长的地位越高，基建投资扩张的可能性就越大。

第一，两会及政府工作报告。两会即每年召开的全国人民代表大会和中国人民政治协商会议，召开时间一般是每年 3 月(2020 年受新冠肺炎疫情影响推迟到了 5 月)，持续时间一般在两周左右。我们最主要关注的是两会期间发布的政府工作报告，它的涉及面非常广，其中也对全年财政政策定调。

第二，中共中央政治局会议。中共中央每个月月底都会召开一次政治局会议，但是只有 4 月、7 月、10 月、12 月的会议以经济为主题。在这几次会议上，一般是先总结各季度经济工作，分析当前经济形势，然后制定下一阶段的宏观政策。其中 7 月底的会议会对下半年经济政策走向起到关键性的指导作用，尤为重要。

第三，中央经济工作会议。每年年底举行，会议一般持续 3 天左右。这是规格最高的经济会议，任务一般是总结当年经济工作成绩，并制定来年宏观经济发展规划，是判断第二年宏观经济政策最权威的风向标。中共中央政治局会议和中央经济工作会议对外发布的新闻稿一般字数比较精简，解读起来有一定难度，需要观察措辞细微的边际变化，有时甚至要“咬文嚼字”。

我们简单以政府工作报告为例来看历史上各年的财政政策基调。

1997—1998 年，政府工作报告中的关于财政政策的描述是“适度从紧”，重心在于化解财政困难、减少赤字以及控制债务规模。但是 1998 年下半年后，亚洲金融危机对国内经济影响加深，同时又爆发了特大洪涝灾害，因此财政政策基调已经转为“积极”，这一点在 1998 年中央经济工作会议的表述中可以看到。

1999 年的政府工作报告延续了 1998 年下半年的政策基调，提出要继续“实施积极的财政政策”，而在整个 1999—2003 年间，财政政策基调一直是积极的。

到了 2004 年，尽管提出“继续实施积极的财政政策”，但同时也提出了“要适当控制固定资产投资规模，坚决遏制部分行业和地区盲目投资、低水平重复建设"，这相当于是一个引子，随后的2005—2008年，财政政策基调从"积极"转为"稳健"。并且一直在减少财政赤字和建设国债发行规模。

2008年下半年开始，国际金融危机的压力传导至国内，因此2009年后财政政策再度转为"积极"，并明确提出要"大规模增加政府投资"。而2010—2012年尽管延续了积极财政政策，但用词明显更为克制，比如2010年报告中提出要"把握好政策实施的力度、节奏和重点"，2011—2012年下调赤字率。

而自2013年开始，经济下行压力再度加大，财政政策延续并且强化了"积极"基调，首先是调高了赤字规模，然后在2015—2020年的政府工作报告中，采用了"积极的财政政策要加大力度""积极的财政政策要更加积极有为"之类的措辞。

另外，这几年的财政政策也强调要"增效、提效"。我们理解这一方面可能是要求提高财政资金的使用效率，加强财政政策向实体经济的传导，对效果的关注要高于对总量的关注。另一方面可能是更强调财政支出的方向性，即要向创新驱动、"三农"、民生等领域倾斜。后者可能意味着传统的基建投资被部分地挤占。

表5.2　　1997年以来各年政府工作报告中关于财政政策的表述

	政府工作报告中与财政政策有关的表述
1997	继续实行适度从紧的财政货币政策。目前国家财政特别是中央财政仍然比较困难。要千方百计增收节支，逐步减少财政赤字，控制债务规模。
1998	继续实行适度从紧的财政政策。严肃财经纪律，努力增收节支，控制债务规模，压缩财政赤字。
1999	实施积极的财政政策。这是特定条件下采取的特定政策，从中、长期来说，仍然要坚持财政收支基本平衡的原则，实行适度从紧的财政政策，严格控制并逐步缩小财政赤字。
2000	今年继续实行积极财政政策。
2001	近期要继续实施积极的财政政策。
2002	要继续实施积极的财政政策。保持国债投资的必要规模，带动固定资产投资较快增长。
2003	继续实施积极的财政政策。保持投资较快增长。
2004	要坚持扩大内需的方针，继续实施积极的财政政策。适当控制固定资产投资规模，坚决遏制部分行业和地区盲目投资、低水平重复建设。

续表

	政府工作报告中与财政政策有关的表述
2005	鉴于目前投资规模已经很大、社会资金增加较多，有必要也有条件由扩张性的积极财政政策转向松紧适度的稳健财政政策。今年要适当减少财政赤字，适当减少长期建设国债发行规模。
2006	继续实施稳健的财政政策，继续适当减少长期建设国债发行规模和财政赤字。保持固定资产投资适当规模，坚持有保有压，优化投资结构，防止投资过快增长。
2007	继续实行稳健的财政政策。适当减少财政赤字和长期建设国债规模，政府预算支出和政府投资要优化结构、突出重点，合理安排中央财政超收收入。
2008	继续实行稳健的财政政策，要保持财政政策的连续性和稳定性，充分发挥财政促进结构调整和协调发展的重要作用，增加对薄弱环节、改善民生、深化改革等方面的支出；同时，进一步减少财政赤字和长期建设国债。
2009	实施积极的财政政策。大规模增加政府投资，实施总共4万亿元的两年投资计划。
2010	继续实施积极的财政政策。根据新形势新情况不断提高政策的针对性和灵活性，把握好政策实施的力度、节奏和重点。
2011	继续实施积极的财政政策。保持适当的财政赤字和国债规模。今年拟安排财政赤字9 000亿元，赤字规模比上年预算减少1 500亿元，赤字率下降到2%左右。
2012	继续实施积极的财政政策。保持适度的财政赤字和国债规模。赤字率下降到1.5%左右。
2013	继续实施积极的财政政策。适当增加财政赤字和国债规模。今年拟安排财政赤字1.2万亿元，比去年预算增加4 000亿元。
2014	继续实施积极的财政政策。今年拟安排财政赤字13 500亿元，比上年增加1 500亿元。
2015	积极的财政政策要加力增效。赤字率从去年的2.1%提高到2.3%。
2016	积极的财政政策要加大力度。赤字率提高到3%。
2017	财政政策要更加积极有效。今年赤字率拟按3%安排。财政预算安排要突出重点、有保有压，加大力度补短板、惠民生。
2018	积极的财政政策取向不变，要聚力增效。今年赤字率拟按2.6%安排，比去年预算低0.4个百分点，提高财政支出的公共性、普惠性，加大对三大攻坚战的支持，更多向创新驱动、“三农”、民生等领域倾斜。
2019	积极的财政政策要加力提效。今年赤字率拟按2.8%安排，比去年预算高0.2个百分点。
2020	积极的财政政策要更加积极有为。今年赤字率拟按3.6%以上安排，财政赤字规模比去年增加1万亿元，同时发行1万亿元抗疫特别国债。要大力优化财政支出结构，基本民生支出只增不减，重点领域支出要切实保障。

通过财政政策在历史上的这几次转变，可以很明显地发现，经济周期是关键因素，一旦遇到经济下行压力，财政政策往往更偏积极，而一旦经济过热或财政面临

压力，财政政策会转为适度从紧或者稳健。

同时政治周期也是很重要的影响因素，每一轮政府换届，一般都会对财政政策基调做一定调整。

历史上，财政政策周期和基建投资增速变动一直有着比较强的相关性。不过这几年情况更特殊一些，尽管财政政策一直很积极，但基建投资却趋于下行，两者似乎并不相称。这是因为在中央防风险、严控地方债务的考量下，基建投资的资金可得性出现了问题，造成了地方政府“有心无力”的局面。

因此，只从财政政策的视角来看待基建投资其实是不够完整的，货币政策、金融监管政策、地方债务监管政策，也都会对基建投资产生很大影响。但这些问题较为复杂，我们在下文中再详细讨论。

当然，对政策会议的解读属于定性层面的分析，我们还可以参考两类数据定量分析：一是发改委项目批复数据，二是地方政府重大项目计划投资额，它们也在某种程度上和政府意愿相关。这两类数据是市场在分析时经常引用的数据，不过实际拟合效果比较有限。

(1)发改委基建项目的批复数据，可以在发改委官网上公开的批复文件找到(文件标号为“发改基础×××号”)。2019 年发改委累计批复基建项目接近 60 个，涉及金额超 1.5 万亿元，2020 年 1—10 月发改委累计批复基建项目仅 1 万亿元左右，低于 2019 年(但实际上 2020 年的基建投资表现要明显好于 2019 年，所以说这种方法其实并不准确)。

(2)地方政府重大项目计划，一般会由各地政府在年内陆续推出。从已发布重大项目计划的部分省、市、自治区来看，2020 年计划投资额基本上都高于 2019 年(见图 5.3)。

5.2.2　资金来源

接下来要分析基建投资，必须深入考虑融资环节，也就是资金来源问题。

我们把交通运输、仓储和邮政业，水利、环境和公共设施管理业，电力、热力、燃气及水的生产和供应业三个行业的固定资产投资资金来源加总，可以得到基建资金来源。

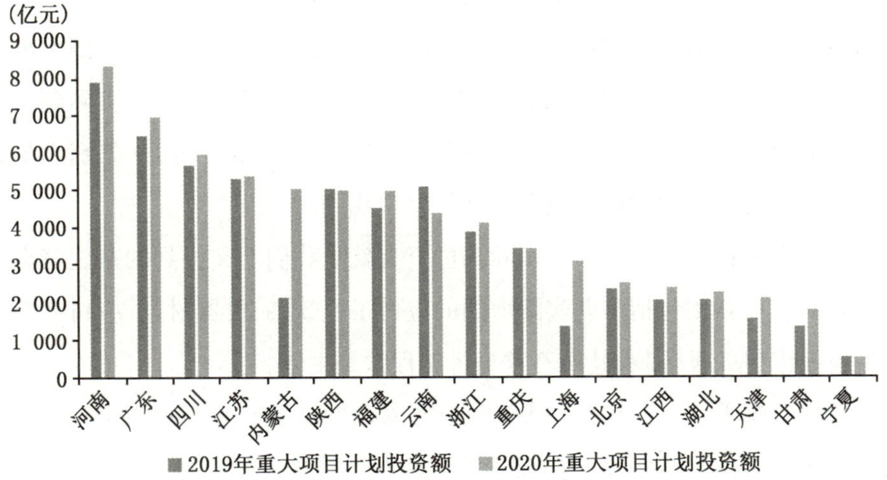

图 5.3 部分省市 2019 年和 2020 年重大项目计划投资额对比

需要注意的一点是,“基建资金来源”到“基建投资完成额”之间还存在一些距离。在 2015 年之前,这两者在绝对量方面的差距不到 5%,且增速基本保持一致,所以之前市场也经常通过资金来源预测基建投资额,效果较好。但是在 2015 年及之后,两者差异明显增大,基建投资完成额的表现要强于基建资金来源(见图 5.4)。

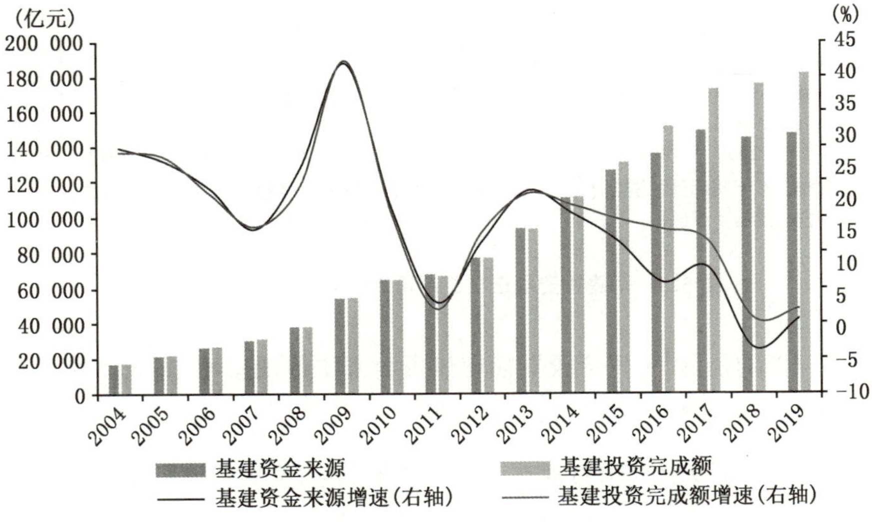

图 5.4 近几年地基建投资完成额表现要明显强于基建资金来源

为什么会出现这个现象？如果说是因为近几年固定投资完成额的核算方法从形象进度法改成了财务支出法，那么投资完成额的表现应该更差才对（挤了水分）。

从宏观数据间的钩稽逻辑来看，基建投资的“天花板”等于本年实际到位资金（今年融到的钱）＋上年末结余资金（去年剩下的钱）＋新增应付款（欠别人的钱），这三个数据都可以在固定资产投资统计年鉴中找到。

有两点需要说明：第一，本年实际到位资金就是我们上文提到的基建资金来源数据；第二，应付款则包括本期实际增加的应付工程款、应付器材款、应付工资等一系列应付而未付的投资款，其中乙方垫付工程款是主体。

从历史数据看，2015 年之后基建投资不断向“天花板”逼近（见图 5.5）。除了利用本年实际到位资金以外，还透支了结余资金，并且应付款的规模也有所增大。如果仅从基建的角度来看，这或许意味着稳增长和防风险之间的冲突——基建投资下不来，但又面临着融资约束，只好通过拖欠乙方工程款的方式解决。

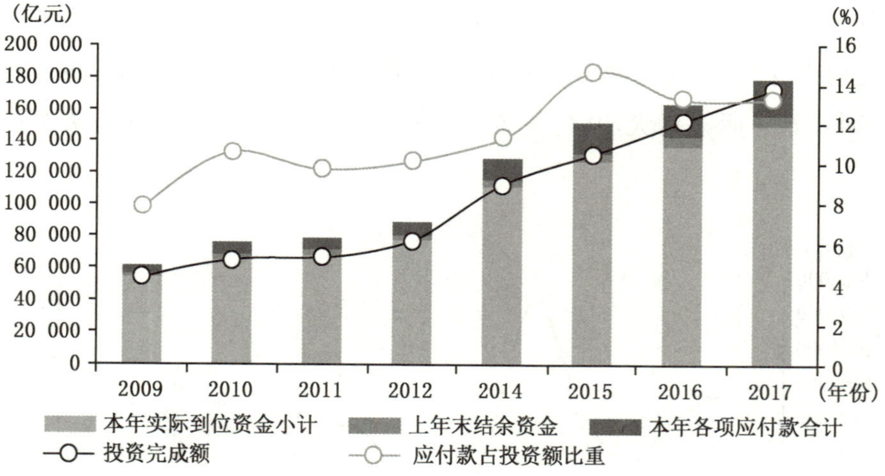

图 5.5　基建投资额正在逐渐逼近资金来源的“天花板”

值得注意的是，固定资产投资额超过资金来源的现象，并非只出现在基建行业，而是在各行各业都出现了，除了房地产业。

而对于那些更市场化的行业比如制造业来说，有必要顶着资金压力更大规模地扩张产能吗？似乎并没有理由，经济还没有恢复到这么强劲的阶段。所以我们猜测这其中可能还是存在一些暂不明确的统计因素(比如金融创新),导致资金来源规模被系统性地低估了。

因此,在分析基建投资的时候,注意不要简单地将基建资金来源和投资规模等同。事实上,过去将两者等同的思路本身就缺乏逻辑基础,更多只是一个经验判断,因为各行业的固定资产投资额和本年实际到位资金(即资金来源数据)总是存在差异,只是基建行业的差异相对较小罢了(见图 5.6)。

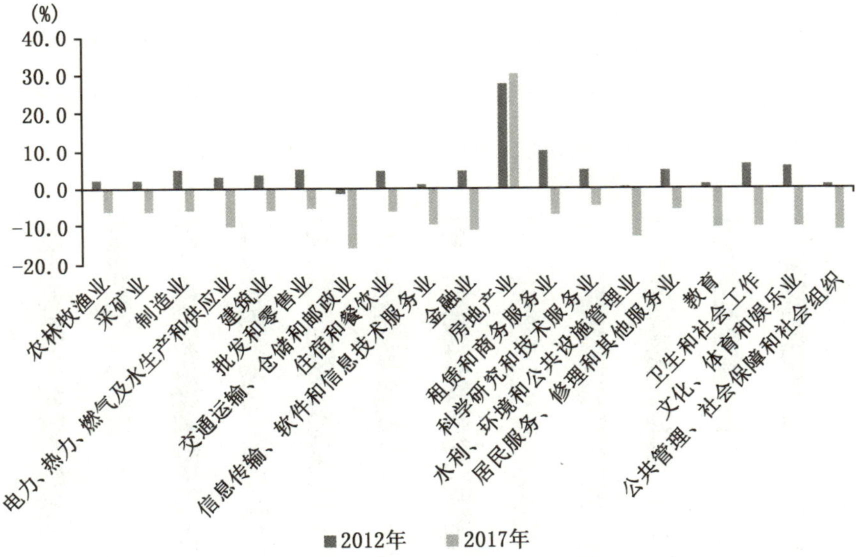

图 5.6　2012 和 2017 年各行业资金来源和投资额的差额占投资额的比重

一个基建项目需要哪些钱?一般来说,它需要先筹集 20%—30%的项目资本金,这笔资金属于非债务性资金,也就是说投资人之后不能抽回这笔资金,不能拿固定本息(但在实际中可能出现明股实债的安排)。

如果这个基建项目属于公益性项目,那么可以不需要资本金,但在具体实践中,公益和非公益项目的界定不是那么清晰,很多时候都是一并采用了资本金制度。

资本金的出资人可能是政府、城投平台,也可能是其他企事业单位,如果采用 PPP 模式,可能三者兼有。理论上说,这笔钱应该根据“穿透”原则判断它的资金来源,比如来自城投/企业,而城投/企业的钱又来自贷款或债券,就应该按照贷款或者债券记录,但在企业填报时未必会遵守这种原则,实际中可能不加区分地全部算作自筹资金。

除了项目资本金以外，剩下来还有70%—80%的投资款，这些投资款大部分是通过银行贷款筹集的，另外也可能有财政资金、企事业单位自有资金、非标融资等参与。

具体来看，基建投资的资金来源按照统计局分类可以分为5类：国家预算资金、国内贷款、自筹资金、利用外资、其他资金。

截至2017年，国家预算资金、国内贷款、自筹资金、利用外资、其他资金五类资金来源的占比分别为16.1%、15.6%、0.3%、58.6%、9.4%。从主要趋势来看，国家预算资金、自筹资金占比在不断提升，而国内贷款的比例则在逐渐下行（见图5.7）。利用外资这一项占比很低，所以我们一般也不太关注。

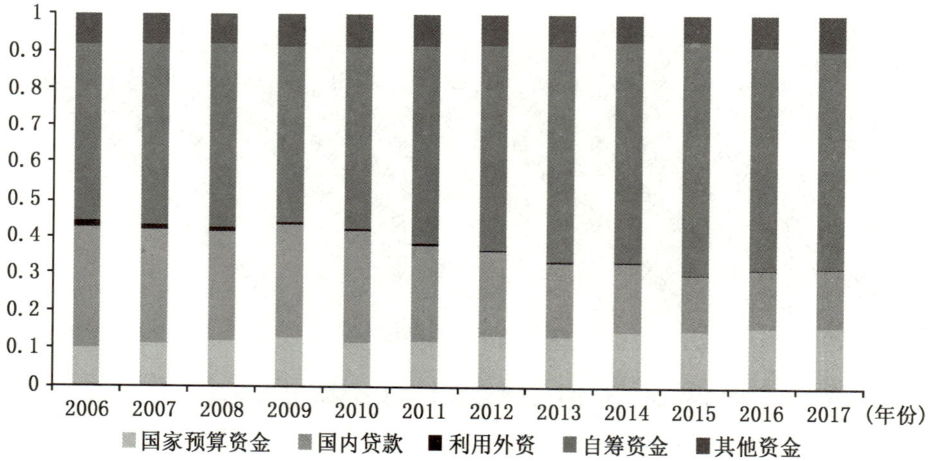

图5.7　基建投资的5大资金来源占比变动

尽管市场经常根据统计局的这一分类来分析基建资金来源，但实际上其中有很多细节问题值得探究。

第一，国家预算资金，简单来说就是财政预算中用于基建投资的部分，代表着最为“纯粹”的政府资金。

需要说明的是，这一项在2011年前后进行了改动。之前这一项叫作“国家预算内资金”，但自2011年起，各级财政的所有资金均纳入预算管理，我国已不存在预算外资金的概念。而由于已经没有预算外资金，因此这一项也改称为“国家预算资金”，包括中央预算资金和地方预算资金。旧的“国家预算内资金”的内容和现在中央预算资金的内容基本一致 。

国家财政预算一共有四本账：一般公共预算、政府性基金预算、国有资本经营预算、社会保障基金预算（之后我们专门讲财政四本账，这里不具体展开）

在这四本账中，最为重要的是一般公共预算和政府性基金预算。目前似乎有很多观点认为，只有一般公共预算应当纳入国家预算资金，政府性基金应算作自筹资金。但从统计局官方的指标解释来看，这四本账中“用于固定资产投资的资金全部作为国家预算资金填报”，按照这一定义，目前政府性基金应当也属于国家预算资金中的一部分。

第二，国内贷款。根据统计局定义，国内贷款是指项目单位向银行及非银机构借入的用于固定资产投资的各种国内借款（注意，包括非银机构）。并且统计局还特别说明，通过银行理财产品和信托产品筹集的资金也作为国内贷款统计。

所以理论上说，银行贷款、非标应该都归在了国内贷款这一项中。

那么这里存在一个疑问：为何国内贷款占基建资金来源比重只有15%左右？毕竟银行贷款是我国目前最重要的融资渠道。每年新增的社会融资规模中，有60%—70%都来自银行中长期贷款。而对于大多数基建项目而言，除了资本金以外，银行贷款是最主要的项目款来源。

企业在实际中可能出于财务、工商手续方面的考虑，把部分银行贷款算作自筹资金，所以国内贷款在基建资金来源的占比可能被低估了。

第三，自筹资金。按照现在的统计局定义，自筹资金包括企事业单位自有资金、股东投入资金和借入资金三类。其中企事业单位自有资金、股东投入资金属于权益性资金（内源融资＋外源股权融资），而借入资金则属于债务性资金（外源债权融资）。

企事业单位自有资金主要包括企业未分配利润、盈余公积、发行股票融资等。

股东投入资金，也就是项目单位向股东融入的资金。但如果股东的钱来自金融机构贷款、财政资金、债券、外资，那么不计入这一项。

借入资金，指从其他单位（不包括股东）筹集的资金，同样要剔除掉银行贷款、债券、外资和财政。

自筹资金构成的最后一次披露在2005年，但当时的口径和分类与现在有很大不同，其中企事业单位自筹资金占比61%，中央自筹占比4%，地方自筹（省市县）占比35%，可以看出，有大量财政预算外资金算进了自筹资金。

假如按照统计局的说法，2011年后，所有的财政资金都算进了国家预算资金，那么按道理自筹资金的占比应该会下降才对，但是2005年基建资金来源中的自筹资金占比约为47.6%，而2017年却已经提升到了58.6%，其中企事业单位自有资金占自筹资金比重还下滑了。那么多出来的这部分自筹资金是什么？如果不是银行贷款、不是非标、不是债券、不是股票、不是财政资金，似乎很难再有其他大规模的资金来源了。

因此，自筹资金被高估了。正如上文中所分析的，可能很多本来属于国内贷款的部分，被算作了自筹资金。

第四，其他资金，包括社会集资、个人资金、无偿捐赠的资金及其他单位拨入的资金等。另外，2006年后国家统计局将“债券”这项资金来源归入其他资金。固定资产投资统计年鉴中则保留了“债券”这一项（年鉴中的“债券”+“其他资金”=统计局数据库中的“其他资金”）。

2017年，基建资金来源中的债券融资只有0.17万亿元（为何债券融资规模这么低，也是一个比较大的疑问），在“其他资金”这一项中的占比大约为12.1%。

总而言之，国家预算资金、国内贷款、自筹资金、其他资金等资金来源在实际统计过程中可能存在这样或那样的问题，依照它们来确定基建投融资规模可能会带来理解上的偏差。

我们不妨直接根据当前主流的基建资金渠道来分析，但其中只有财政资金部分是可以相对准确讨论的，其他资金渠道投向基建的情况都比较模糊。

第一，一般公共财政。

一般公共财政支出中与基建相关性较高的支出是四个类别：节能环保、交通运输、城乡社区支出以及农林水事务支出。这四类支出在支出预算中的占比近年来稳定在27.5%左右。

当然，这些类别中也不是所有支出都和基建有关，比如城乡社区支出中，和基建有关的主要是城乡社区公共设施，占比为45%－50%。所以实际的基建支出占

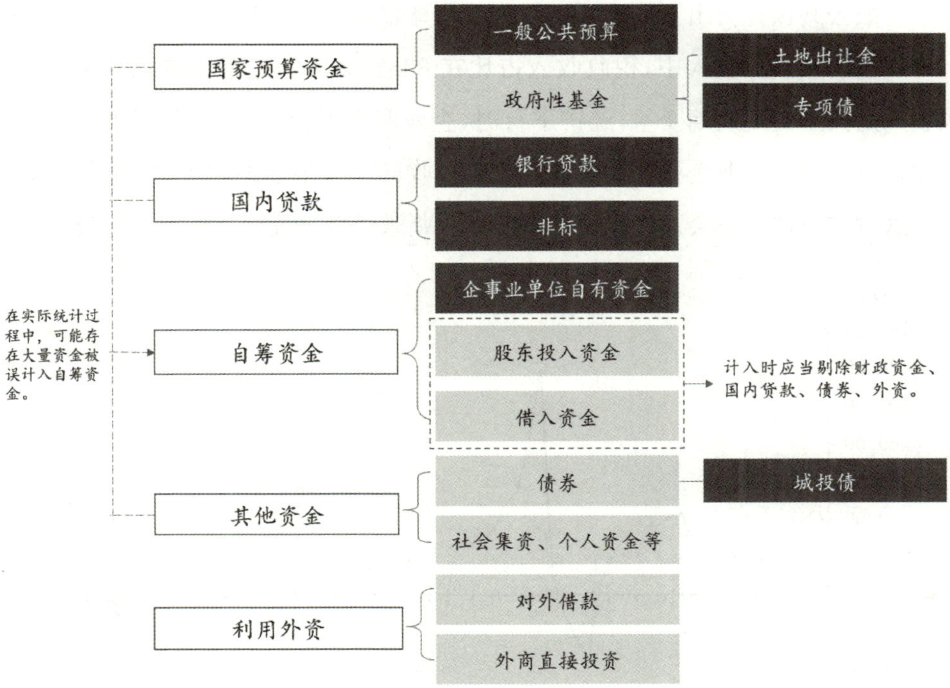

图 5.8　统计局的各项资金来源与基建主要资金渠道的理论对应关系

比还要再打个折扣。2019 年，与基建投资比较接近的支出细项为 2.3 万亿元左右，占一般公共财政支出的 10%左右(见图 5.9)。

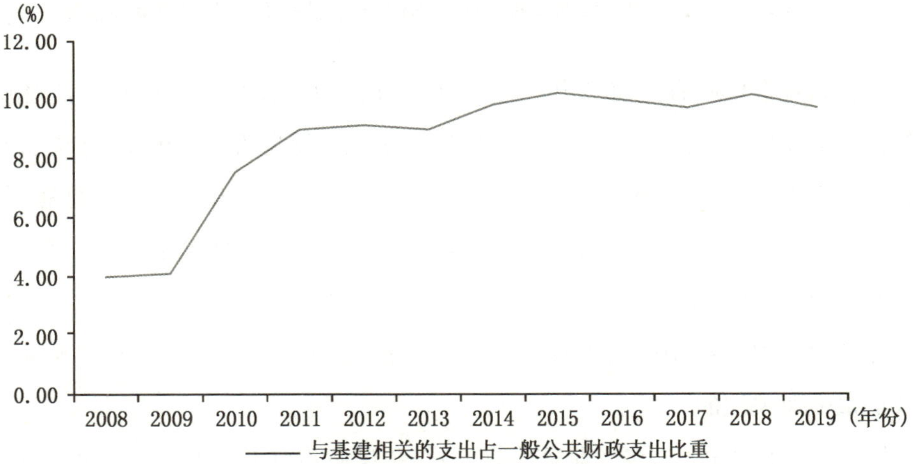

图 5.9　与基建相关的支出占一般公共财政支出的比重近年来稳定在 10%左右

一般公共预算支出又取决于一般公共预算收入和实际赤字。

一般公共预算收入中，税收收入占比在80%－90%，是最主要的影响项。税收收入是典型的顺周期变量，经济下行时，企业利润增速下行，税收增速也会同步放缓，历史上看，工业企业利润总额同比和税收同比有很强的相关性（见图5.10）。而且这时政府往往还会通过减税降费的方法刺激经济，可能会进一步冲击税收。

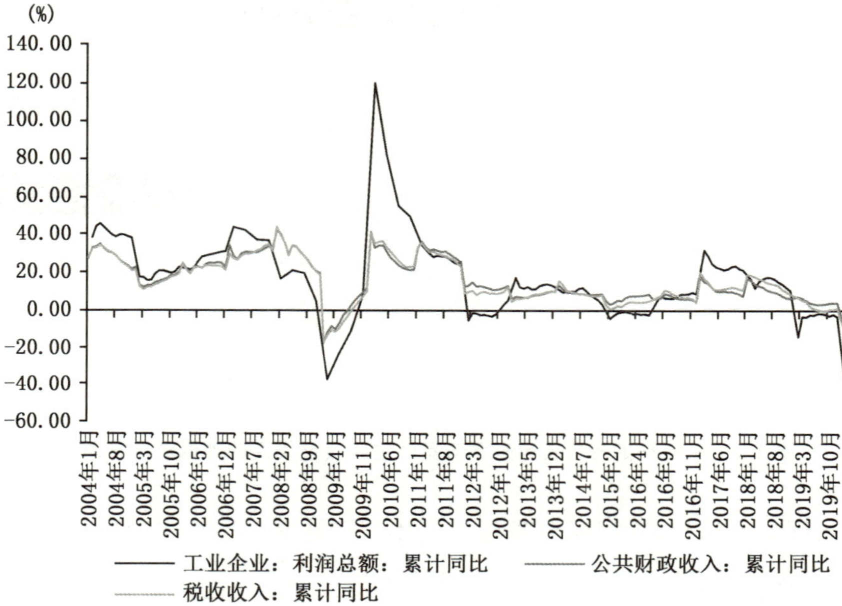

图5.10 公共财政收入增速和税收收入增速，与企业利润增速的同步性较高

赤字目标会由政府提前给出。比如2020年政府工作报告中就提到，"财政赤字规模比去年增加1万亿元"，也就是3.76万亿元。越高的赤字规模，反映了越强的积极财政意愿。（不过需要注意的是，政府工作报告中给出的赤字指的是"财政赤字"，和上文提到的"实际赤字"有所差别，差别主要在于结转结余及调入资金。）

第二，政府性基金。

先从收入端来看，国有土地使用权出让金收入、地方政府专项债务收入这两项是我们最需要关注的。

国有土地使用权出让金（即卖地收入）是我国政府性基金收入的最重要来源，自2011年以来一直保持在70%以上。2019年全国政府性基金收入决算数为8.45

万亿元，其中国有土地使用权出让金收入为7.07万亿元，占比高达84%（见表5.3）。很显然，房地产的景气度直接决定了土地出让收入和政府性基金收入的规模变化。

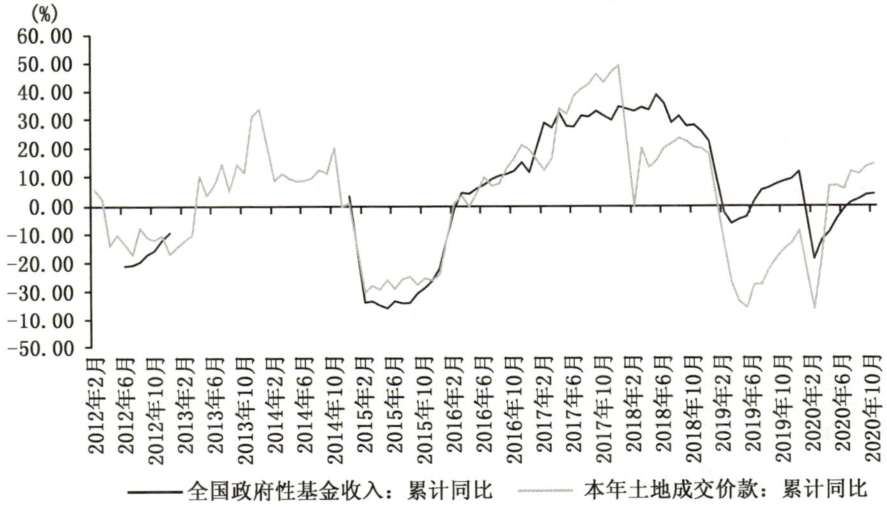

图5.11　全国政府性基金收入增速与土地成交价款增速的相关性较高

表5.3　　2019年政府性基金收入决算表

项　目	预算数（亿元）	决算数（亿元）	决算数为预算数的比例（%）
一、农网还贷资金收入	214.85	229.53	106.8
二、铁路建设基金收入	560	541.26	96.7
三、民航发展基金收入	478	429.35	89.8
四、海南省高等级公路车辆通行附加费收入	26.33	24.83	94.3
五、港口建设费收入	243.01	237.02	97.5
六、旅游发展基金收入	15.81	15.72	99.4
七、国家电影事业发展专项资金收入	33.07	30.23	91.4
八、国有土地使用权出让金收入	64 767.37	70 679.31	109.1
九、国有土地收益基金收入	2 092.76	1 764.41	84.3
十、农业土地开发资金收入	256.41	185.07	72.2

续表

项　目	预算数（亿元）	决算数（亿元）	决算数为预算数的比例(%)
十一、中央水库移民扶持基金收入	263	277.85	105.6
十二、中央特别国债经营基金财务收入	632.48	633.26	100.1
十三、彩票公益金收入	1 395.33	1 166.02	83.6
十四、城市基础设施配套费收入	2 770.31	2 747.43	99.2
十五、地方水库移民扶持基金收入	56.98	55.2	96.9
十六、国家重大水利工程建设基金收入	229.73	219.15	95.4
十七、车辆通行费收入	1 498.89	1 434.11	95.7
十八、核电站乏燃料处理处置基金收入	23.44	23.97	102.3
十九、可再生能源电价附加收入	835	868.11	104
二十、船舶油污损害赔偿基金收入	1.58	1.66	105.1
二十一、废弃电器电子产品处理基金收入	30	27.82	92.7
二十二、彩票发行和销售机构业务费收入	257.1	212.23	82.5
二十三、污水处理费收入	597.18	602.62	100.9
二十四、其他政府性基金收入	669	2 111.56	315.6
全国政府性基金收入	77 947.7	84 517.72	108.4
地方政府专项债务收入	21 500	21 500	100
上年结转收入	358.24	360.4	100.6

另外，专项债发行所形成的地方政府专项债务收入，也纳入政府性基金管理，2019 年专项债务规模为 2.15 万亿元。它和政府性基金收入、上年结转收入三项一起，构成了政府性基金总收入。

再来看支出端，由于政府性基金的特点是“以收定支、不列赤字、专款专用”，因此政府性基金支出中最重要的也是两项：国有土地使用权出让金收入安排的支出、地方政府专项债券安排的支出。

问题在于，这两项中分别用于基建投资的规模有多大？

（1）国有土地使用权出让金收入安排的支出。由于近年来相关部门未曾对外披露过土地出让收支的细分科目，因此我们暂且以 2015 年全国土地出让收支情况为准考察。2015 年全国土地出让支出 33 727.78 亿元，其中占大头的支出项主要是征地拆迁补偿、补助被征地农民(53%)，以及“土地前期开发支出”(19%)，剩下来的直接与基建相关的支出项只有“城市建设”(11%)、“农业农村支出”(8%)，并且基建支出可能只占其中的一部分(见图 5.12)。

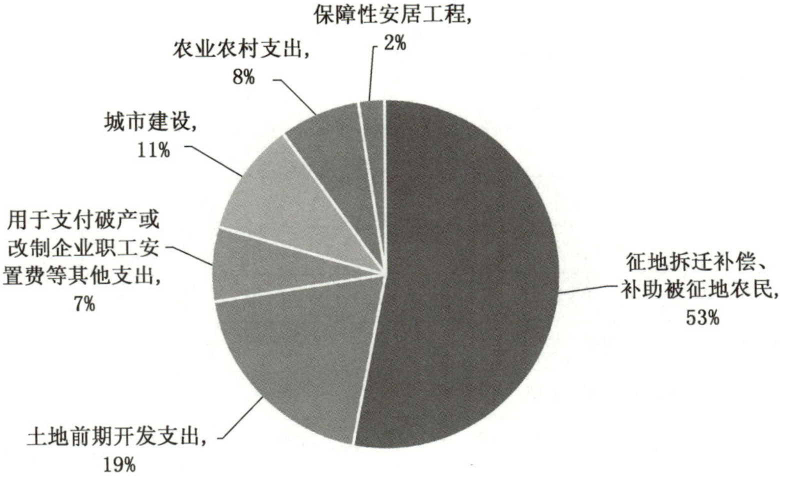

图 5.12 在土地出让支出中，征地拆迁补偿、补助被征地农民是主要支出项

综合来看，在国有土地使用权出让金收入安排的支出中，用于基建的部分不到 20%，假如一直保持这个比例，那么 2019 年估计这部分资金贡献的基建投资额为 1 万亿—1.5 万亿元。

(2)专项债。地方专项债按照用途可分为新增专项债和置换专项债，只有前者能为基建投资提供增量资金。同时专项债按照品种又可以划分为普通专项债和项目收益专项债，目前比较主流的项目收益专项债包括土地储备专项债、棚改专项债、收费公路专项债等。

从 2017—2019 年发行情况来看，大部分专项债募集的资金用于土地储备和棚改领域。例如 2019 年共发行了约 2.15 万亿元新增专项债(见表 5.4)，其中棚改专项债大约占 34%，土储专项债占比大约为 32%，在剩下来的专项债中，与基建相关的主要是收费公路专项债、城乡基础设施专项债券、生态环保专项债、轨交专项债等，加起来大约在 25%。

表 5.4　　2019 年政府性基金支出决算表

项　目	预算数（亿元）	决算数（亿元）	决算数为预算数的比例(%)
一、农网还贷资金支出	226.29	218.58	96.6
二、铁路建设基金支出	573.8	554.9	96.7
三、民航发展基金支出	545.77	405.31	74.3
四、海南省高等级公路车辆通行附加费安排的支出	25.34	42.84	169.1
五、港口建设费安排的支出	242.98	212.25	87.4
六、旅游发展基金支出	16.43	16.62	101.2
七、国家电影事业发展专项资金安排的支出	32.34	27.54	85.2
八、国有土地使用权出让金收入安排的支出	62 349.29	74 366.08	119.3
九、国有土地收益基金安排的支出	2 090.03	1 350.89	64.6
十、农业土地开发资金安排的支出	256.41	86.16	33.6
十一、中央水库移民扶持基金支出	300.91	286.64	95.3
十二、中央特别国债经营基金财务支出	632.92	632.92	100
十三、彩票公益金安排的支出	1 546.03	1 248.68	80.8
十四、城市基础设施配套费安排的支出	2 767.42	1 819.01	65.7
十五、地方水库移民扶持基金支出	56.98	30.56	53.6
十六、国家重大水利工程建设基金安排的支出	233.94	257.25	110
十七、车辆通行费安排的支出	1 455.35	2 950.05	202.7
十八、核电站乏燃料处理处置基金支出	30	8.15	27.2
十九、可再生能源电价附加收入安排的支出	866.1	858.95	99.2
二十、船舶油污损害赔偿基金支出	2.04	0.17	8.3
二十一、废弃电器电子产品处理基金支出	38.6	34.84	90.3
二十二、彩票发行和销售机构业务费安排的支出	277.98	175.07	63
二十三、污水处理费安排的支出	596.94	552.02	92.5
二十四、其他政府性基金支出	501.35	5 512.29	
二十五、地方政府专项债券安排的支出	21 500		
二十六、地方政府专项债券付息支出	2 610.42		
二十七、地方政府专项债券发行费用支出	26.06		

续表

项　目	预算数（亿元）	决算数（亿元）	决算数为预算数的比例(%)
全国政府性基金支出	99 801.72	91 647.77	91.8
政府性基金预算调出资金	4.23	4.23	100
收入大于支出	14 730.35		

2020 年 1—10 月，已发行新增专项债约为 3.55 万亿元，在政策的引导和限制下，没有土地储备专项债发行，棚改专项债只有 13%，而投向基建领域的专项债超过 70%。无论是整体规模，还是投向结构，专项债对基建投资的支撑力度都明显超过了 2019 年。

除了国有土地使用权出让金收入安排的支出、地方政府专项债券安排的支出之外，政府性基金支出中还有一些其他包含基建支出的项目，比如铁路建设基金支出、城市基础设施配套费安排的支出等，但是规模相对较小。

第三，银行贷款。

银行贷款中有多少流向了基建？目前暂时没有比较准确的数字，但可以简单估算。根据中国人民银行发布的《2010 年金融机构贷款投向统计报告》，主要金融机构（当时银行为绝对主导）基础设施行业本外币中长期贷款新增了 1.65 万亿元，占当年全部新增本外币贷款的 20%左右。

考虑到 2010 年后政策对银行信贷投向基建领域的限制，这个比例可能进一步下滑了，假如按 15%来算，那么 2019 年新增贷款中投向基建领域的规模约为 2.5 万亿元。

另外，如果我们要跟踪基建领域的贷款变动，可以考虑采用央行按季发布的基础设施贷款需求指数。比如 2018—2019 年基建被压制了，基建贷款需求指数也表现较弱。而 2020 年由于基建动力较充足，贷款需求指数出现了冲高迹象（见图 5.13）。

第四，非标。

非标中有多少流向了基建？我们就简单以信托贷款和委托贷款两项来看，新增信托项目金额中投向基础产业的比例，2013 年后受政策限制不断下滑，不过 2019 年以来又略有回升，目前占比大概在 13%。

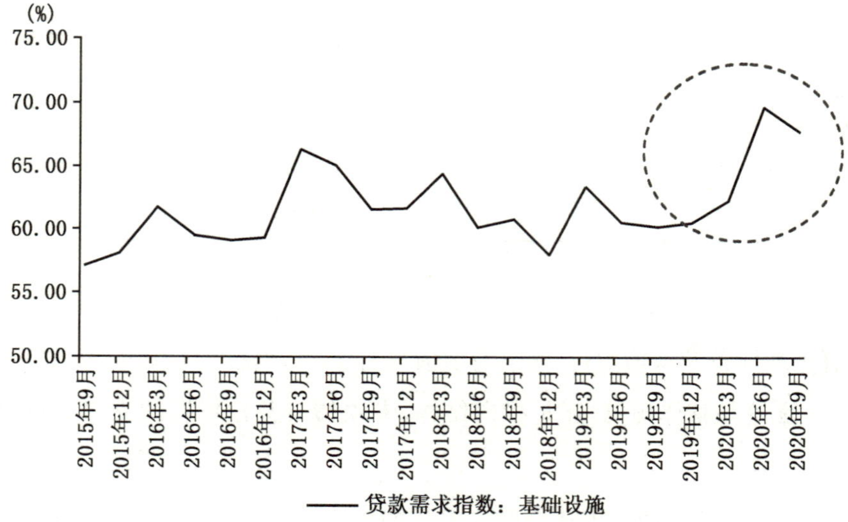

图 5.13　2020 年基建贷款需求指数跳升

委托贷款目前没有明确的投向行业数据，可以简单假定它与新增信托项目金额中投向基础产业的比例相同，也是 13%。

社会融资规模中会披露新增的信托贷款和委托贷款数据，不过自 2018 年以来，这两项持续为负（见图 5.14）。

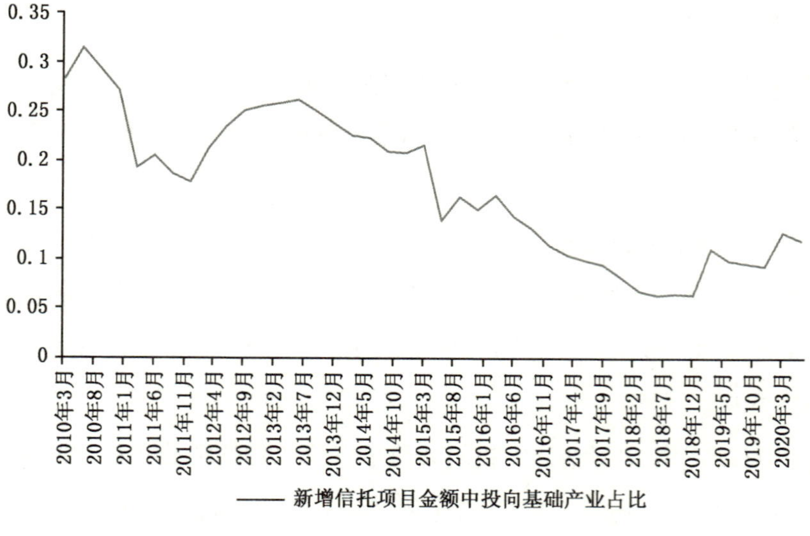

图 5.14　新增信托项目金额中投向基础产业比重自 2013 年后处于下行趋势

第五，债券。

债券中最重要的就是城投债了，也即城投公司发行的债券，它受融资环境、城投监管政策的影响很大，波动比较大。2019 年全年城投债净融资额为 1.17 万亿元，2020 年 1—10 月则大幅提升至 1.56 万亿元，明显较 2019 年增加（不过城投债募集的资金并非所有都直接用于当年基建投资）（见图 5.15）。

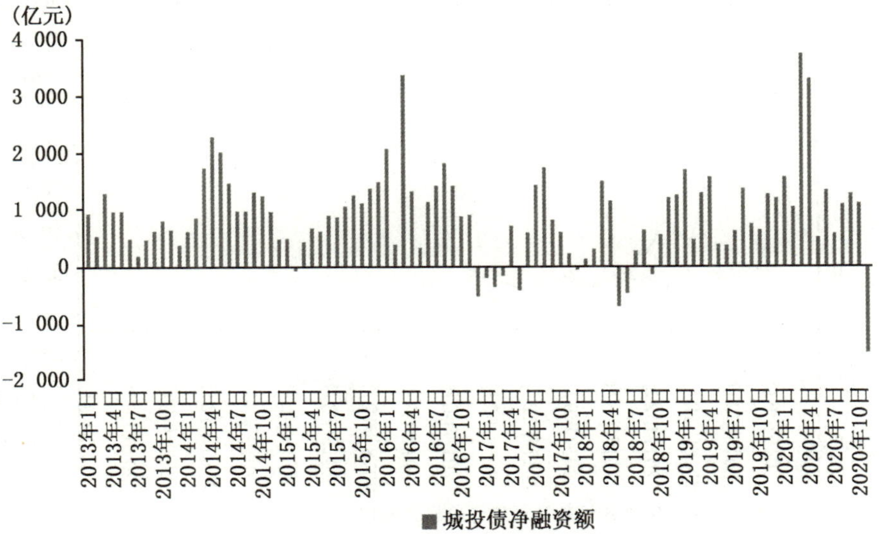

图 5.15　2020 年城投债净融资额明显增长

除了城投债之外，铁道债、发改委专项债以及基建行业内企业发行的信用债等，都可能成为基建的债券资金来源。

5.2.3　项目建设

无论是政府意愿还是从资金来源角度，都很难及时地跟踪基建投资的短期变动，而随着基建项目进入建设阶段，投资额逐步落地，有一些指标可以从侧面刻画出基建投资的变动。在这里我们介绍几个市场分析中的常见指标：

第一，建筑业上市公司新签订单额。这相当于是从乙方视角（建设施工方）来看待甲方的投资规模。

基建施工领域的集中度比较高，很多基建项目都是由中国建筑、中国铁建、中国交建、中国中铁等大型央企承包。通过观察这些上市公司的新签订单情况，可以辅助判断基建投资状况。比如中国建筑每个月会披露经营情况简报，其中就有基建分项业务的新签订单数据。

这些公司的新签基建订单数据和宏观层面的基建投资同比，没有明显的领先滞后关系，但在方向上有不错的一致性（见图 5.16）。比如 2017 年之后，基建投资进入下行周期，这些公司的订单表现也比较差，而 2020 年它们则共同出现好转。

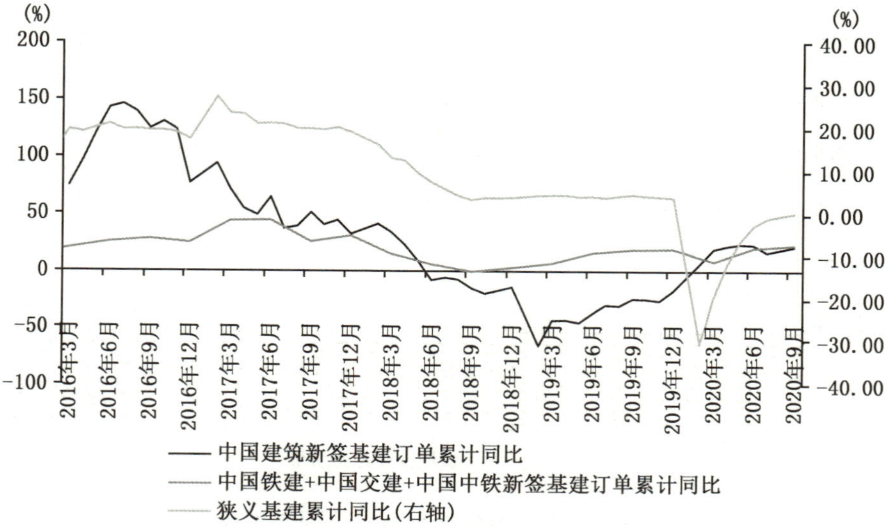

图 5.16　基建上市公司订单与基建投资有一定相关性

不过上市公司新签基建订单数据的披露一般都晚于统计局数据，如果想要更及时地跟踪，需要动态汇总这些公司在公告中披露的新签重大项目。

第二，建筑业 PMI。采用建筑业 PMI 的原理比较好理解：基建投资加快的同时，用 PMI 表征的建筑业景气度也会提升，而建筑业 PMI 数据发布早于基建投资，可以用来预判后者，这也是一种经常被市场采纳的方法。

然而，最大的问题在于，建筑业 PMI 不仅反映了基建相关活动，还反映了与房地产投资相关的房建活动。所以只有在地产投资相对稳定或者方向明确的情况下，才比较适合拿建筑业 PMI 来讨论基建投资。从历史数据来看，这两者有一定的相关性（见图 5.17）。

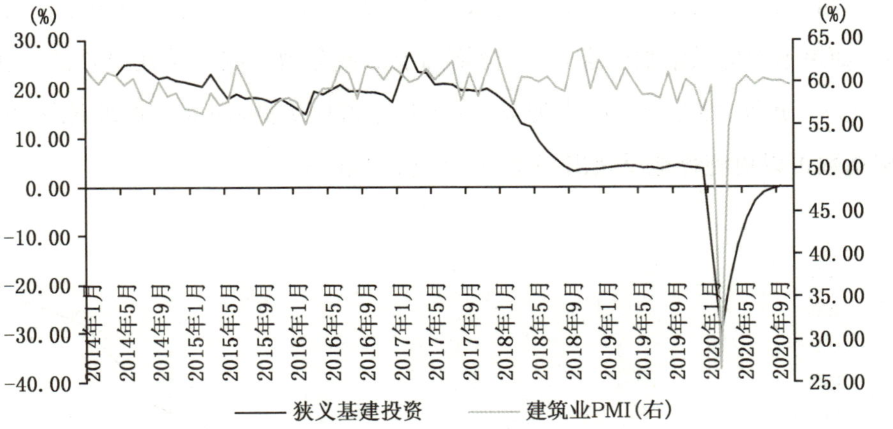

图 5.17 建筑业 PMI 和基建投资相关性在 2018 后表现较差

第三,挖掘机销量。基建是挖掘机的主要下游产业,很多基建项目在施工阶段都需要挖掘机作业,典型项目比如公路、轨交等。因此基建施工、投资的加快,往往也会伴随着挖掘机销量的提升。

但从数据表现来看,挖掘机销量的回升往往滞后于基建投资增速,因为只有当基建投资增速提高到一定程度,调动了市场的乐观预期之后,企业才会加量购置挖掘机,因此使得销量数据的反映也相对滞后(见图 5.18)。

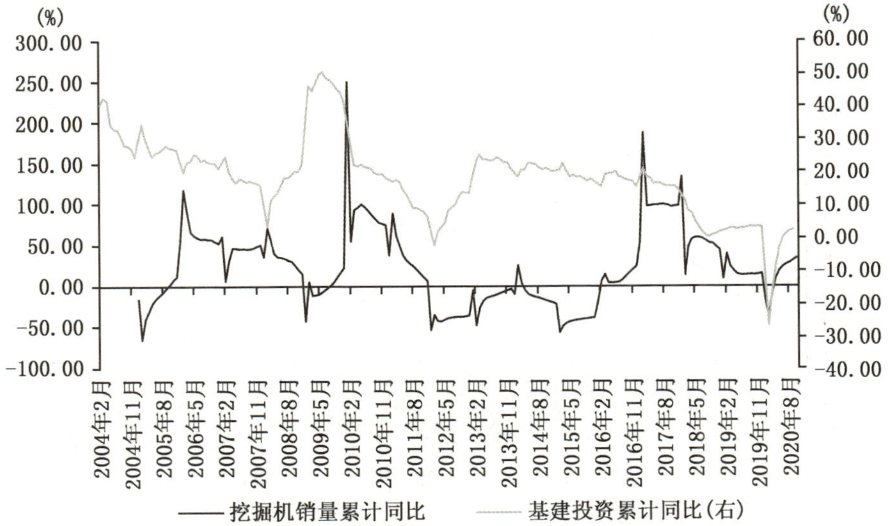

图 5.18 挖掘机销量增速略滞后于基建投资增速

第四，水泥价格指数。建筑业是水泥的主要下游，其中基建大约占水泥需求的1/3。如果不考虑供给端因素，水泥价格的上涨部分地反映了基建投资的加快(见图5.19)。此外，西北地区的水泥需求中，基建占比更高，因此用西北地区的水泥价格指数可以更纯粹地反映出基建相关信息(见图5.20)。

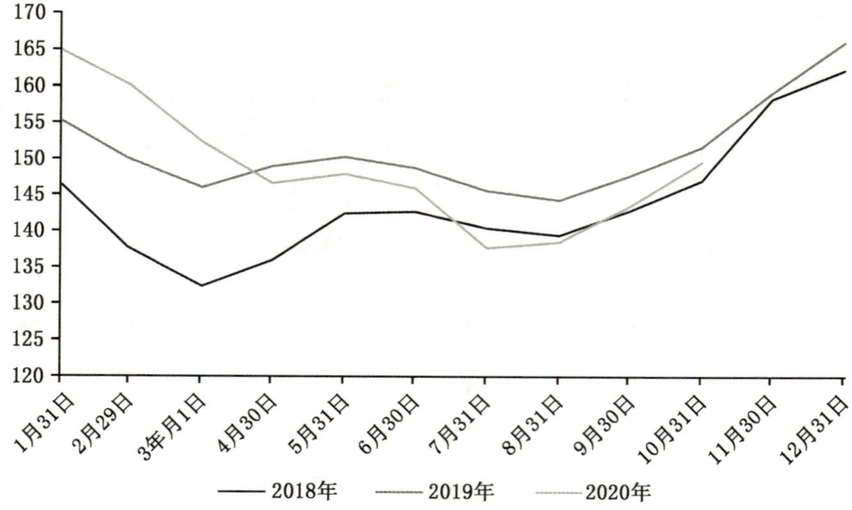

图5.19　全国水泥价格指数季节走势

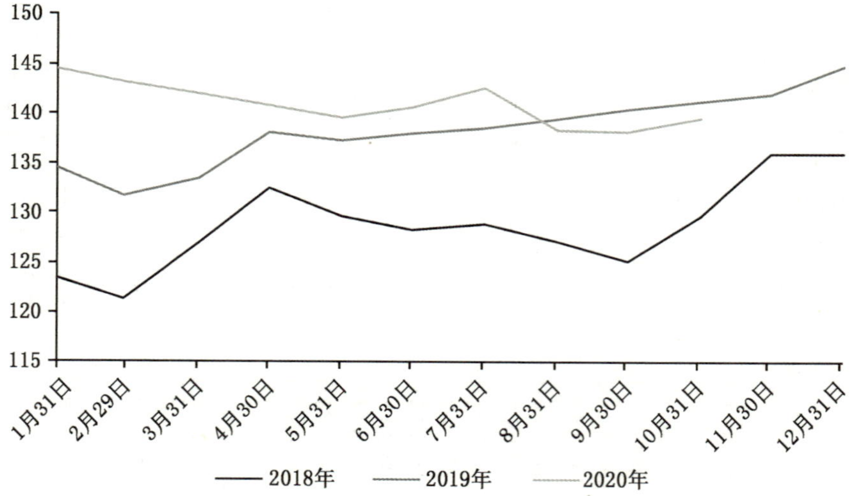

图5.20　西北水泥价格指数季节走势

有时,供给因素也会对水泥价格产生很大影响,在分析时要注意甄别。比如2018年受环保整治、错峰限产等供给影响,水泥价格一路走强,但是基建投资却受制于资金问题持续走低。

第五,螺纹钢价格。螺纹钢也是基建施工中的常用材料,所以用螺纹钢价格来判断基建投资的逻辑,和水泥价格是一样的(见图5.21)。不过螺纹钢需求中的地产占比会更高一些,所以当水泥价格和螺纹钢价格走势背离时,一方面可能和产业自身逻辑有关,另一方面可能反映了基建和地产走势的背离。同样,螺纹钢价格受供给端因素影响也比较大。

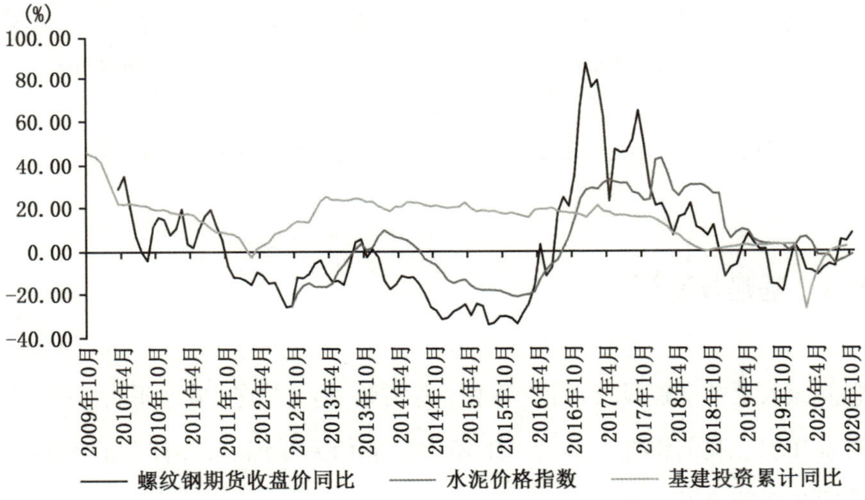

图5.21 水泥价格增速、螺纹钢价格增速与基建投资增速的关系

第六,石油沥青的表观消费量、装置开工率。石油沥青有70%左右用于道路施工,公路、市政道路的建设加快会显著拉动沥青消费量。历史数据来看,石油沥青的消费、生产与基建投资增速有不错的相关性(见图5.22)。

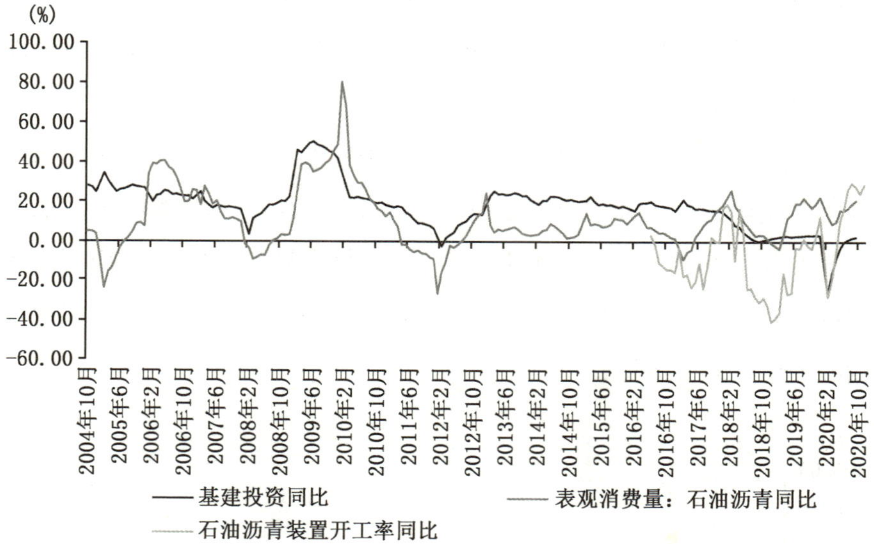

图 5.22 石油沥青表观消费量、开工率与基建投资有较好的相关性

5.3 基建投融资史

想要深入了解基建投资，需要具备一些财政、地方债务、城投平台、项目融资相关的背景知识。我们将在本章简单地串讲一下相关知识点，并按照时间顺序回顾一下我国基建的投融资历史。

5.3.1 1994—2009：基建狂潮

中华人民共和国成立后很长一段时间，我国的投融资体制一直是高度集中的，尤其是在基础设施建设领域，几乎完全由中央政府主导，地方缺乏自主权，社会资本更是被排除在外。

改革开放之后，中央权力逐渐下放到地方，地方政府的投资自主权扩大。在这个阶段，地方政府有很强烈的扩基建的冲动，一是因为 20 世纪 80 年代后，经济绩效成为地方官员考核和晋升的主要准绳，地方政府都追求做大 GDP，二是在重启的城镇化进程下，基础设施有加快建设的客观要求。

1994年实行分税制改革，地方财权大幅上收，同时在旧《预算法》约束下，地方政府又被严禁举债，导致地方政府财力有限，不足以支撑基础设施建设需要消耗的巨大资金规模。

缺钱怎么办？事后来看，两条道路成了各地方政府的必选项：

第一条道路，组建城投公司（也叫地方融资平台），以这些城投公司为媒介变相举借债务。这时的城投公司，其实就是地方政府的影子。

刚开始的时候，城投公司规模还不是很大，真正起步主要在亚洲金融危机爆发之后。1998年国家开发银行与芜湖建投“打捆贷款”的试点合作大获成功，随后“芜湖模式”以及和芜湖建投类似的城投公司在全国各地推广开来。尽管在21世纪初也有一些相应的监管政策出台，但城投公司的债务一直在稳步扩张，这时城投融资的主要方式还是传统的银行贷款。

2008年金融危机后，城投平台迎来了真正的爆发期。为了对冲经济下行压力，大量基建项目上马，中央也明显放松了对城投平台的管控。例如2009年3月央行和银监会联合发文，支持有条件的地方政府组建投融资平台，发行企业债、中期票据等融资工具，拓宽中央政府投资项目的配套资金融资渠道。

政策鼓动下，城投公司数量猛增。根据《2010中国区域金融运行报告》，截至2010年年末，全国共有地方政府融资平台1万余家，较2008年年末增长25%以上。地方融资平台的债务规模也大幅扩张，除了传统的银行贷款外，城投债也出现明显放量。

第二条道路，土地财政。政府靠抵押或出让土地的方式拓宽财源，不断地修道路、建广场，完善城市基础设施建设，吸引人口流入，这反过来又推动了周边土地升值。接下来，无论是高价卖地还是继续抵押土地获得更大融资，这条“融资—建设—融资”的链条都可以继续滚动下去。

在2002年“土地招拍挂”制度正式建立后，土地一级市场和二级市场逐步规范并完善起来，为土地财政提供了坚实的制度基础。很快，土地收入在地方政府财政中的比重越来越高，部分地区甚至超过50%。

土地财政还可以和地方融资平台结合起来操作。地方政府通过划拨土地资产，组建地方融资平台，地方融资平台再用土地向银行抵押获得贷款，贷款资金用于基建领域，然后开启上文所说的循环，保障地方政府实现基建快速扩张。

一边是利用城投公司充当政府融资代理人，大肆举债筹资；一边是越来越成熟的土地财政，这两大路径为地方基建提供了充足的资金。

到这里为止，如果地方政府想做一个基建项目，就可以由政府作为业主，城投平台作为融资方拿银行贷款，然后找建筑商承建，根据项目施工进度打款（当然那时候建筑业的垫资建设、工程款延付问题屡禁不止，已经成为行业通病）。这是传统的建设模式，涉及的利益主体不算多。

而在世纪之交前后，社会资本也开始不断布局基建领域。尤其是在2004年国务院颁布《关于投资体制改革的决定》之后（首次官宣社会资本可以进入基建领域），BOT、BT等玩法开始越来越多地流行起来。

BOT（Build-operate-transfer，建设—经营—移交）模式是什么？举个典型的例子，某地方政府想造一条高速公路，于是找一家企业A对某高速公路进行总承包，企业A设立项目公司，负责全权搞定高速公路项目的融资、建设、维护问题，并在特许经营协议规定的期限内，由项目公司经营这条高速公路，比如通过高速公路收费等方式，回收投资并赚取利润，一般经营期限是20—30年。等到特许经营期满了之后，项目公司把这条高速公路有偿或者无偿地还给地方政府。

BT（Build-Transfer，建设—移交）模式其实是BOT模式的变种，砍掉了其中的“O”（运营环节）。换句话说，企业A组建的项目公司在搞定了这条公路的融资建设之后，不再干涉之后的运营问题，而是直接把它移交给了政府（或者说由政府回购了这个项目），然后政府按照初始协议，把项目总投资额＋利润付费给企业A。

无论是BOT还是BT，社会资本的加入，对于政府而言都是一件好事。项目公司或者说企业A全权负责了基建项目的融资问题，而政府是在项目完工后才付钱，进而延缓了付费时点。并且付费的方法有很多，可以和企业商议着分期付款，也可以用税收优惠或者土地使用权等方式替代，很大程度上缓解了政府的短期资金压力。

不过，虽然BT和BOT听上去差不多，但在性质上有很大差别。在BT模式中，基础设施一旦建成，就跳过了运营阶段，直接移交给了政府管理，相关的一切风险也转移给了政府。

那不妨这么思考:其实政府就是借企业A之手向银行融资,项目建设完成后,政府向企业A还本付息,企业A再向银行还本付息。所以本质上而言,BT模式就是政府利用社会资本变相融资的一种手段。BT模式中政府最后对项目的回购款,应该看作一笔政府债务。

而在BOT中,企业A需要好好运营建成的项目,用经营性现金流覆盖其投资成本,市场化色彩要明显浓于BT模式。不管是企业A运营效果较好、最后无偿把项目还给政府,还是企业A特许期内运营收益不达标,政府补一点钱给企业A,政府的资金压力都明显更小。

当然,这里也可以看出来,只有那些可能产生一定运营收益的项目,才能用BOT模式建设,其他现金流较差的纯公益性或偏公益性项目(大多数基建项目其实都属于这种),BT模式或者政府直接投资的模式比较多。

关于BT模式还存在很多问题,被诟病最多的就是它的运作规范存在问题。有相当多的BT工程没有实行公开招投标,而是在私下里由企业和政府谈成,这就会产生熟人承包、腐败、投资额虚高等问题。

而且,反正BT最后是由政府埋单,预算软约束问题很严重,导致项目融资成本居高不下。有些企业在和政府签回购协议的时候,还会要求附上政府的担保函,然后再拿担保函做增信,获得更多的银行贷款,这无形中又带来了更多政府隐性债务,但这都是后话了。

在1994—2010年间,由于地方政府投资意愿强,同时地方债务监管相对宽松,因此基建不太担心资金问题,尤其是在2008年金融危机之后,为了对冲经济下行,财政刺激和信用宽松共振,基建投资迎来了短暂的爆发期。

5.3.2 2010—2013:危机初现

基建投资的高增长,使得中国经济并没有在2008年金融危机后陷入衰退,反而创下了新一轮的繁荣。

但随着缺乏约束的地方融资平台不断扩张,以及监管缺位的项目融资模式被滥用,最终导致地方政府债务在十几年间迅速膨胀。

地方政府债务的急剧扩张引起了中央警觉。2010—2013年间,政府先后出台了一系列监管文件来限制地方债务，尤其是约束城投平台，比如国发〔2010〕19 号文、财预〔2010〕412 号文等（见表 5.5）。这些政策文件主要包括以下几个关键点：

一方面是清理地方融资平台，核实和处置地方融资平台存量债务，并推动地方融资平台向市场化方向转型，2011 年迎来地方融资平台退出的高峰期。

另一方面是摁住城投的资金来源。一是银行贷款，2010－2013 年间，银监会每年都会发布相关监管工作通知，要求银行加强新发放的融资平台贷款管理，严格新增贷款条件，控制贷款投向。二是城投债，发改委 2881 号文规范了城投债的发行条件，进而控制了城投债新增规模。

表 5.5　　2010—2013 年间针对地方融资的限制性政策文件

<table>
<tr><th>时　间</th><th>文　件</th><th>主要内容</th></tr>
<tr><td>2010 年 6 月</td><td>《关于加强地方政府融资平台公司管理有关问题的通知》（国发〔2010〕19 号）</td><td rowspan="2">(1)抓紧清理核实并妥善处理融资平台公司债务：银行业金融机构要坚持按照“逐包打开、逐笔核对、重新评估、整改保全”的原则全面清理，确保信贷资产安全。(2)对融资平台公司进行清理规范。(3)加强对融资平台公司的融资管理和银行业金融机构等的信贷管理。(4)坚决制止地方政府违规担保承诺行为。</td></tr>
<tr><td>2010 年 7 月</td><td>《关于贯彻国务院关于加强地方政府融资平台公司管理有关问题的通知相关事项的通知》（财预〔2010〕412 号）</td></tr>
<tr><td>2010 年 11 月</td><td>《关于进一步规范地方政府投融资平台公司发行债券行为有关问题》（发改办财金〔2010〕2881 号）</td><td>凡是申请发行企业债券的投融资平台公司，其偿债资金来源 70%以上（含 70%）必须来自公司自身收益。投融资平台公司所在地政府负债水平超过 100%，其发行企业债券的申请将不予受理。</td></tr>
<tr><td>2010 年 12 月</td><td>《中国银监会关于加强融资平台贷款风险管理的指导意见》（银监发〔2010〕110 号）</td><td>(1)严格落实贷款“三查”制度，审慎发放和管理融资平台贷款。(2)准确进行融资平台贷款风险分类，真实反映和评价贷款风险状况。(3)加强对融资平台贷款的监管。</td></tr>
<tr><td>2011 年 3 月</td><td>《中国银监会关于切实做好 2011 年地方政府融资平台贷款风险监管工作的通知》（银监发〔2011〕34 号）</td><td>(1)按照“逐包打开、逐笔核对、重新评估、整改保全”十六字方针，以降旧控新为目标，进一步做好地方政府融资平台贷款风险监管工作。</td></tr>
<tr><td>2012 年 3 月</td><td>《中国银监会关于加强 2012 年地方政府融资平台贷款风险监管的指导意见》（银监发〔2012〕12 号）</td><td>遵循“政策不变、深化整改、审慎退出、重在增信”的总体思路，以缓释风险为目标，以降旧控新为重点，以现金及覆盖率为抓手，继续推进融资平台贷款风险化解工作。</td></tr>
</table>

续表

时　间	文　件	主要内容
2012年12月	《关于制止地方政府违法违规融资行为的通知》(财预〔2012〕463号)	(1)切实规范地方政府以回购方式(BT)举借政府性债务行为。(2)加强对融资平台公司注资行为管理,地方政府不得将储备土地作为资产注入融资平台公司。(3)进一步规范融资平台公司融资行为。(4)坚决制止地方政府违规担保承诺行为。
2013年4月	《中国银监会关于加强2013年地方政府融资平台贷款风险监管的指导意见》(银监发〔2013〕10号)	遵循"总量控制、分类管理、区别对待、逐步化解"的总体原则,以控制总量、优化结构、隔离风险、明晰职责为重点,继续推进地方政府融资平台贷款风险管控。

由于银行信贷受到了政策严格约束,因此这段时期城投平台的融资压力确实明显增大,基建投资也遭到了压制。但是为了让前期的基建项目续上资金,避免大面积烂尾,城投公司也在积极寻找其他融资办法。

非标融资就是其中一种。首先是银信合作,由银行理财资金对接信托计划,然后再通过信托计划放款给城投公司。2010年后银信合作也开始面临严格限制。

2012年后券商、基金全面放开资管业务,接棒信托,成为城投平台新的非标融资渠道。银行也很快转向了与证券公司以及基金公司的合作,并且连同此前的信托一起共同形成了更复杂的业务模式逃避监管,为城投和基建输送弹药。

一种方式是通过银证信、银基信合作,引进券商或基金作为新的过桥机构打掩护,进而避开银信合作的约束。例如A银行委托B券商成立资管计划,并将理财资金注入该计划中,B券商继续将这笔资金委托给C信托并设立信托计划,最终将资金发放给D城投企业。通过复杂的嵌套,钱给到了城投企业,但实际出资人A银行隐藏起来了。

因此,总体而言,城投公司的几个主要融资工具中,银行贷款、城投债在这段时期被限制住了,但是非标融资却发展了起来。

除了有针对性地限制地方债务、约束融资平台之外,2010—2013年间,中央还专门对政府债务规模进行了摸底调查。

2013年审计署发布的政府性债务审计结果显示,截至2013年6月底,地方政府负有偿还责任的债务 10.9 万亿元(其中投向基建的支出占 60%以上)、负有担保责任的债务 2.7 万亿元、可能承担一定救助责任的债务 4.3 万亿元,三者合计 17.9 万亿元(见表 5.6)。

表 5.6 地方政府性债务资金来源中,银行贷款、BT、债券、非标都有较大比重

债权人类别	政府负有偿还责任的债务(万亿元)	政府或有债务(万亿元)	
		政府负有担保责任的债务	政府可能承担一定救助责任的债务
银行贷款	55 252.45	19 085.18	26 849.76
BT	12 146.30	465.05	2 152.16
发行债券	11 658.67	1 673.58	5 124.66
其中:地方政府债券	6 146.28	489.74	0.00
企业债券	4 590.09	808.62	3 428.66
中期票据	575.44	344.82	1 019.88
短期融资券	123.53	9.13	222.64
应付未付款项	7 781.90	90.98	701.89
信托融资	7 620.33	2 527.33	4 104.67
其他单位和个人借款	6 679.41	552.79	1 159.39
垫资施工、延期付款	3 269.21	12.71	476.67
证券、保险业和其他金融机构融资	2 000.29	309.93	1 055.91
国债、外债等财政转贷	1 326.21	1 707.52	0.00
融资租赁	751.17	193.05	1 374.72
集资	373.23	37.65	393.89
合计	108 859.17	26 655.77	43 393.72

从举债主体来看,以融资平台公司、政府部门和机构为主,分别占政府负有偿还责任债务的 37.4%、28.4%。

从债务资金来源看,以银行贷款、BT、发行债券(主要是城投债和试点中的地方政府债券)三大途径为主,分别占政府负有偿还责任债务的 50.8%、11.2%和 10.7%。

5.3.3　2014—2016：除旧布新

拨开地方债务的迷雾后，监管也真正拉开了序幕。2014 年 9 月国务院发布《关于加强地方政府性债务管理的意见》，也就是著名的 43 号文，这部文件建立了比较系统性的地方债务监管政策框架，此后很多关于地方债务管理的政策文件都延续了 43 号文的理念。

这部文件对地方政府融资方式的调整思路可以用一句话来概括：修明渠、堵暗道。

先来看"堵暗道"，主要是堵城投的暗道，城投公司不得再以企业之名，行政府融资之实。但在 2015—2017 年间，政策似乎在不断地纠结和徘徊。

2015 年中国经济下行压力增大，政策天平开始向稳增长倾斜，对城投的监管有所放松。同时地方债务置换启动，部分地缓解了债务压力，这也意味着原本的城投的融资约束边际弱化。

例如 2015 年国务院下发《关于妥善解决地方政府融资平台公司在建项目后续融资问题意见的通知》，对 2014 年 43 号文进行了补充，提出要支持融资平台在建项目的存量融资需求，银行不得盲目抽贷、压贷、停贷，保证存量项目顺利推进，对城投放宽监管。同时，这段时期城投非标、城投债的规模也在扩大。

说完了"堵暗道"，再从"修明渠"来看。一是允许地方政府通过发行债券的方式筹资。二是鼓励和推广 PPP（Public-Private Partnership，政府和社会资本合作）模式，撬动社会资本参与基建项目建设。

我们先来看地方政府债券。经过前几年的多次试点后，地方政府债券已经有了一定的运作基础。2015 年新《预算法》正式实施，再配合 2015 年地方政府债券发行管理办法、预算管理办法的出台，地方政府债券体系基本确立。

地方政府债券包括一般债券和专项债券两个品种，其中一般债券是为没收益的公益性项目发行的，专项债券是为有收益的公益性项目发行的。前者的收支、还本付息纳入一般公共预算管理，后者则纳入政府性基金预算管理。

将地方政府债券纳入预算管理，就是把地方政府债务摆在了明面上，增强了透明度，而不是藏在城投公司或者其他看不见的地方。

另外，一般债券和专项债券规模都有限额管理约束，全国的新增地方政府债务额度有多少，先由国务院确定，财政部再根据各省情况把这个额度分配下去。也就是说，总的债务盘子是提前确定好的，风险完全在中央可控范围之内。

而用低息的地方政府债券置换高息的存量地方债务，能够有效地降低地方债务压力。比如在2015年，发行了地方政府债券置换存量债务3.2万亿元，降低利息负担约2 000亿元，有效减轻了地方政府偿债压力。如果不置换这些即将到期的存量地方债务，那么在中央严控地方融资的情况下，就要用地方收入偿还，这实际上就等于地方强行去杠杆了，会给本来就处于下行周期的经济雪上加霜。

尽管地方政府债券部分地解决了地方融资问题，但是在经济下行压力加大的情况下，稳增长的诉求依然存在，而限额管理明显束缚住了地方债务扩张的手脚，这也使得地方政府有很强的冲动寻找其他融资方式。

于是另一条“明渠”——PPP模式——承担起了这个任务，并在2014—2017年间开启了迅猛增长之路。

43号文下发后，财政部、发改委等部门很快就密集出台了大量相关政策支持PPP模式的推广，并且成立了专门的PPP中心，集中管理和披露PPP项目。

什么是PPP？广义上来说，所有政府和资本合作的项目都属于PPP项目，我们上文所提到的BOT模式也是PPP具体运作模式中的一种，而且是数量最多的一种，占PPP比重在70%—80%，政府认可的模式除了BOT以外，还有BOO、BOOT、TOT等（注意，没有BT），但限于篇幅，我们这里就不一一介绍了。

不过，相较于原来传统BOT模式中政府与社会资本之间的垂直关系（政府授权企业建造、经营），2015年以来所推崇的PPP模式更强调两者的全程合作、利益共享和风险分担，比如PPP中的项目公司SPV一般是由政府、社会资本共同出资成立的。

为什么要搞PPP？一是化解地方债务问题，在政府和社会资本方共同出资项目资本金时，政府的资金比例必须低于50%，而项目资本金一般只占项目总投资的20%—25%，这就意味着政府可以撬动杠杆，花小钱、办大事。二是引入社会资本参与，让专业的人做专业的事，可以提高项目建设和运营效率。另外，政策把整个合作模式界定清楚并放在台面上，也有助于规避更多的隐性风险。

虽然PPP的想法是美好的，但是在现实中，PPP的相关法律规范还没有完全跟上，很多地方政府还停留在过去的项目投融资思维惯性上，导致PPP很快走向了“异化”之路，各种创新玩法层出不穷。

一种典型的玩法就是明股实债(也称名股实债)，比如一个公路PPP项目，政府和企业各出资一部分成立项目公司，本来资本金应该是股权资金，但地方政府私下和企业A签订股份回购协议，承诺之后以一定价格回购企业A对项目公司的全部股份，那么这时的社会资本表面上看是股东，实际上获得的却是债权性质的回报。通过回购操作，社会资本的风险小了很多，参与热情就比较高。

另外也可以通过结构化产品设计实现明股实债。比如在项目资本金中，引入私募基金进行股权投资，由城投公司充当劣后级LP，由银行理财资金充当优先级LP，并对优先级LP提供保本保息承诺，确保其足额收到投资本息(见图5.23)。所以该模式中的银行理财资金本质上成为一种债权性资金，但是被包装成了股权投资。

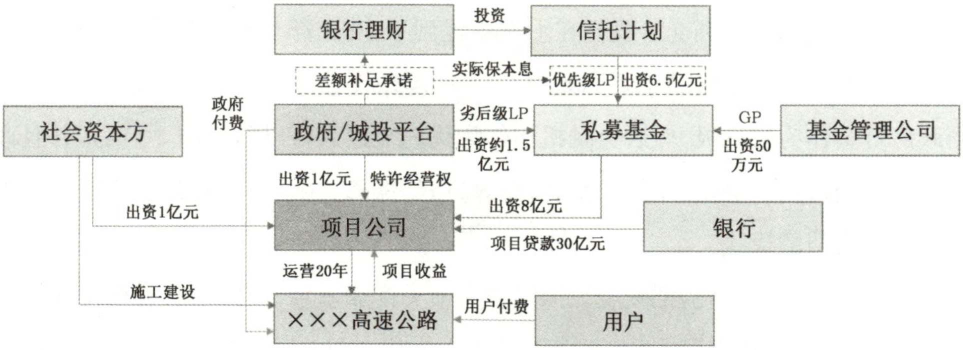

图5.23 PPP明股实债示意图

之所以这么做，是因为一个PPP项目的资本金动辄几亿元甚至几十亿元，如果全由政府财政拨款或者企业自有资金覆盖，显然会带来不小的压力。但是通过明股实债的包装，调动金融机构的参与积极性，在PPP资本金层面就开始加杠杆，那么资金筹集将不再是一个问题。

正是这种将资本金债务化的方法，使得PPP项目在2015—2017年间开展得如火如荼。但是，这一做法明显存在政策合规风险，并且很容易又演化为政府兜底行为，进而加剧地方政府隐性债务风险。再从金融机构的角度来看，通过各种资管产品将资金输送到建设运营周期长达十几年的 PPP 项目中，带来了资金错配问题，并且交易链条的过度复杂化，很容易导致系统性金融风险的积聚，这也是后来监管机构要限制明股实债的原因。

既然说到了 PPP，这里顺带再提两个相关问题：

一是这段时期政府购买服务的盛行。由于政策不是那么清晰，市场对政府购买服务和 PPP 之间的界定比较模糊，当时一种比较流行的观点认为，政府购买服务项目其实和政府付费 PPP 项目差不多。

而相对于 PPP 项目而言，政府购买服务项目不需要进行物有所值、财政承受能力论证，不受 PPP 相关支出不超过前一年度一般公共支出 10%的红线限制，无论是流程、限制都更少，所以有很多项目干脆直接用政府购买服务的方法做，而不走正常的 PPP 流程。而一旦缺乏了必要的论证和审核的流程，政府购买服务往往就在暗地里又沦为地方政府违规举债融资的方式。

二是产业基金的崛起。我们在上文中提到了 PPP 资本金的“明股实债”模式，其中产业基金就是参与的主要力量之一。就具有政府背景的产业基金而言，一般由政府资金作为劣后级，然后金融机构作为优先级进入(杠杆在 5—10 倍)，并且政府可能会通过回购协议、差额补足、对赌等方式，保障金融机构回报，把产业基金安排成明股实债的模式。

对于金融机构来说，把资金投向明股实债类产业基金，在同样获得固定收益的同时，可以节省信贷额度空间，而对于融资方来说，可以借势加杠杆满足项目融资需求。所以明股实债安排在产业基金中很流行。这些产业基金可能还会形成各种子基金，再把资金投向基础设施项目。

总而言之，这段时期基建融资的方式更为多样化，基建投资也保持了较快增速，但同时又加剧了地方债务的扩张。

5.3.4　2017－2020：监管余波

随着稳增长效果逐步显现，中国经济复苏趋势显著，中央对防风险的重视程度再度提高，2017 年启动了新一轮地方债务监管，并且这一轮监管的决心非常坚定。

2017 年 5 月财政部等六部委联合发布《关于进一步规范地方政府举债融资行为的通知》(50 号文)，这部文件实际上延续了 43 号文的内容和精神，主要是对地方政府不当的举债行为纠偏。

一是把 PPP、产业基金的发展拉回正轨，叫停明股实债类项目。二是再次明确禁止地方政府为城投公司提供隐性担保，切断两者联系，同时强调地方政府债券是地方政府举债的唯一合规途径。

首先是 PPP 监管力度明显加大。2017 年 11 月 92 号文对 PPP 项目的规范运作提出了较严格的要求，并且集中开展了清库工作，包括明股实债类、采用 BT 建设的项目，未按规定转型的融资平台公司作为社会资本方的项目等，都予以清退。2018 年 4 月 54 号文则进一步要求加强项目的规范管理，将存在问题的示范项目也踢出了项目库。

同时资管新规生效后，也对结构化产品提出了穿透式监管的要求，这也使得 PPP 资本金明股实债的方式无从藏匿。

政策的调整，给 PPP 的迅猛发展踩下了刹车。有不少地方政府和金融机构直接暂停了 PPP 工作。自 2017 年下半年开始，处于识别、准备、采购阶段的 PPP 项目数明显减少，并且处于持续低迷期(见图 5.24)。

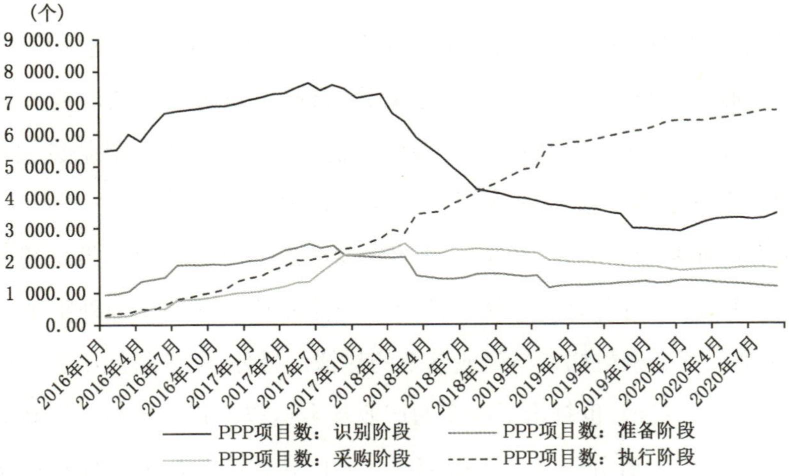

图 5.24 2017 年末至 2018 年集中清库行动后，PPP 项目数大量减少

这也很好理解，第一，如果明股实债的方式被禁止，那么资本金的筹集就会困难得多。第二，如果要完全规范地来做 PPP 项目，那么社会资本的参与热情就没那么高了(PPP 流程多、成本高)。第三，PPP 还没有成熟的法律规范，打擦边球又容易碰到监管红线，机构索性不做或者少做以防范合规风险。

在 PPP 被限制了之后，政企合作也曾探索出一些新的模式，比如曾在 2018 年盛行的“EPC＋F”模式。

原本的 EPC 就是总承包模式，由地方政府或者城投平台选择企业 A 提供项目的设计、采购、施工建设一条龙服务。政府方发包给企业后，根据工程进度打款给建设企业(不让建设企业垫资)，项目竣工后再移交给政府。

而一些地方政府尝试着将 EPC 与 F(融资)结合起来，也就是让承包商也负责或者协助解决筹资问题，等到项目竣工后，地方政府/城投公司再偿还债务。

由于这种模式走的是政府投资项目的流程，手续比 PPP 简便得多。同时 EPC 模式已经发展得相当成熟，政企双方都有充足的经验，而附加的融资问题，由于有隐含的政府信用背书，也比较好解决。因此，“EPC＋F”曾一度取代了受限的 PPP，成为应用较广泛的基建项目运作模式。

但我们应该可以发现，它本质上和 BT 模式非常类似，也存在由企业先垫资，然后政府再偿还的问题，可能会进一步诱发地方债务风险。2019 年 4 月《政府投资条例》颁布后，“EPC＋F”这条路也基本被堵死。

同时上文中曾提到的政府购买服务模式、产业基金也都被限制住了。

先看政府购买服务。2017 年 87 号文的出台，重新明确了政府购买服务的可行范围，并列出了负面清单，如铁路、公路、机场、通信、水电煤气等基建领域不得列入政府购买服务范畴，倒逼这些项目用正规的 PPP 模式来做。

再来看产业基金。2017 年 50 号文明确要求地方政府不得以借贷资金出资设立各类投资基金，不得对有限合伙制基金等任何股权投资方式额外附加条款变相举债，直接削弱了金融机构参与产业基金的热情。另外，资管新规中关于资管产品嵌套、分级要求的规定，也打击了原有的产业基金运作模式。比如资管新规要求权益类产品的优先/劣后分级比例不得超过 1∶1，导致产业基金的杠杆比例大幅降低(原来一般是 1∶4)。

除了 PPP、政府购买服务、产业基金以外，城投平台的融资状况也在快速恶化。在金融监管趋严的大背景下，中央通过一套政策组合拳，掐断了各类金融机构给城投输送弹药的暗道，城投平台融资的三大主要途径——银行贷款、非标、城投债，几乎全部熄火。

在严监管、去杠杆、紧信用的大背景下，银行信贷投向城投要慎之又慎。

2017 年末央行资管新规征求意见稿发布后，委托贷款、信托贷款等非标融资被严控，新增规模出现断崖式下滑，并且持续为负（见图 5.25），城投领域的非标融资自然也受到了巨大冲击。

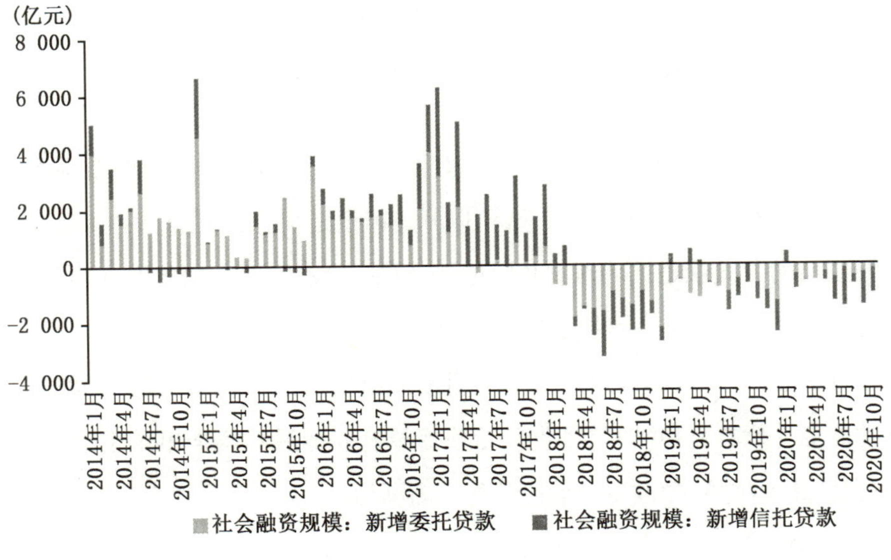

图 5.25　2018 年后新增非标融资规模大减

2018 年 2 月发改委下发的 194 号文则对城投债进行了严格规范，要求城投债申报时应主动公开声明不承担政府融资职能，严禁城投债申报时接受地方政府为其市场化融资行为提供担保或承担偿债责任，并强调纯公益性项目不得作为募投项目申报企业债券。同时，随着无风险利率走高、金融去杠杆、信用利差上升，城投债面临的市场环境也不好，许多城投企业的发债难度持续上升。

可以看到，2017—2018 年城投债净融资较 2016 年大幅滑落，2019 年净融资额尽管有所回升，但仍不及 2016 年水平（见图 5.26）。

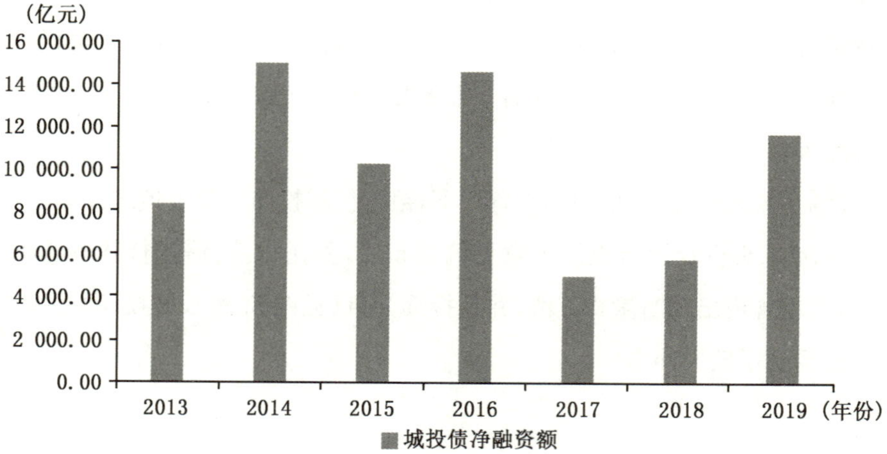

图 5.26　2017—2018 年城投债净融资陷入低谷

尽管监管这么严厉,中央的本意只是限制地方政府违规融资、防范债务风险,但同时也仍然存在着稳增长的需求,所以开正门也是很有必要的。

开正门的方式就是推动地方政府债券,包括一般债券、专项债券在内的地方政府债券被确立为唯一的、合法的地方举债融资渠道。

根据 2017 年财政部 89 号文,中央明确提出发展项目收益与融资自求平衡的地方政府专项债券品种(即项目收益专项债券),并随后陆续推出了土地储备专项债、收费公路专项债、棚改专项债等品种。渐渐地,专项债成为地方融资的新抓手,也备受市场重视。

在 2019 年 6 月之前,专项债不能作为基建项目资本金,而只能作为项目补充融资。而在 2019 年 6 月之后,专项债被允许作为符合条件的重大项目资本金,比重可在 20%左右,对基建投资的撬动效果明显更强了。

2018 年、2019 年两年安排的新增专项债额度分别为 1.35 万亿元、2.15 万亿元,这已经算是一笔不小的资金了,对基建投资的提振效果本来应该很明显才对。但是,正如我们所看到的,2018 年和 2019 年的广义基建投资增速反而掉到了 1.8%和 3.3%,和过去动辄两位数的基建投资增速来比,实在是太低。

一个最根本的原因就在于,过去驱动基建高增长的融资渠道(如产业基金、

PPP、非标等)已经被严重削弱了,而专项债规模的扩大,至多只是部分对冲了这些融资渠道的收缩。

另外我们在上文中也提到了,2018—2019 年间专项债大部分投向的其实是土地储备和棚改领域,投向基建的比例大概只有 2 成。

2020 年受新冠肺炎疫情影响,经济稳增长的压力增大,我国财政政策明显比往年更积极。具体体现在:财政赤字同比增加了 1 万亿元、地方专项债多增了 1.6 万亿元(并且政策引导专项债更多地投向基建领域而非土地储备、棚改领域,同时将专项债可用于资本金的比例从 20%提高到了 25%)、多发行了 1 万亿元特别国债(7 000 亿元特别国债用于基建项目,且可以用作项目资本金)。

于是市场对于基建的预期都打得很满,很多观点预测全年基建投资增速将回升至 10%以上,但是实际上 1—10 月广义/狭义基建增速分别只有 3%/0.7%。

是什么导致了基建增速不及预期?

一方面,其他资金渠道在继续收缩。尽管稳增长压力颇大,但中央保持了定力,没有重走老路,放松对地方债务风险的管控,非标、产业基金、PPP 等渠道仍处于监管的余波中,没有明显的好转迹象。

并且 2020 年由于经济下行压力较大,从税收渠道冲击了一般公共财政收入,因此 1—10 月全国一般公共财政收入同比为—5.5%,赤字的扩大很大程度上只是弥补了财政收入的缺口。

1—10 月一般公共财政支出仅为—0.6%,并且受疫情影响,更多的财政支出向社会保障和就业、卫生健康等保民生领域倾斜,与基建相关的支出项(如城乡社区事务、交通运输等)则明显下行(见图 5.27)。

另一方面,承载了市场期盼的专项债却表现平平。

这其中的问题在于,专项债要求收益自平衡,而很多地区为了尽快抢资金,前期项目论证工作不到位,上报了很多"掺水"的项目,优质项目的储备相对不足,导致在资金就位后,很多专项债项目不够成熟,迟迟无法落地,大量的专项债资金短期也只能闲置在账上,未得到充分利用。

同时,2020 年下半年,专项债资金被允许用于补充中小银行资本金、投向棚改领域,这也对投向基建的资金形成了一定分流。

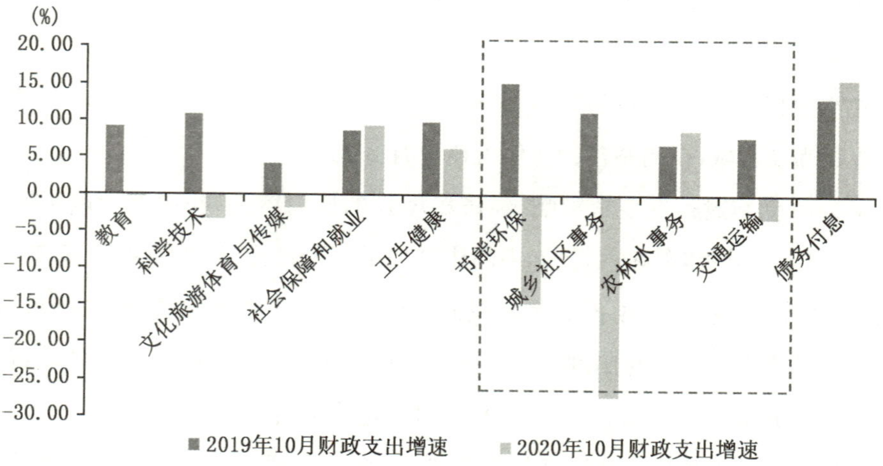

图 5.27　2020 年与基建相关的一般公共财政支出明显滑落

总的来说,2020 年基建面临的资金困境可以用一句话概括:一部分钱融不到,一部分钱花不了。因此,2020 年的基建投资仍然表现羸弱。

第6章

房地产投资分析

地产和基建是中国经济周期最主要的驱动力量之一，通过对房地产开发投资数据的深度分析，能够更好地把握房地产的周期性波动。

房地产开发投资数据非常重要，是固定资产投资的三大分项之一（另外两个是基建投资和制造业投资）。

房地产开发投资对中国经济的影响是比较大的。即使不考虑房地产投资对钢铁、建筑建材、有色金属、煤炭等产业链的直接或间接的带动，2020 年年底房地产投资的绝对金额也有 14.1 万亿元，占整个固定资产投资的 28%左右，其规模本身就不是一个小数。

房地产开发投资企稳前一般都有一个拿地的过程。在房企拿地的过程当中，房企的资金开始向政府部门转移，当政府有钱了之后，就可以扩大基建投资。

而且，土地是政府开展基建投资的抵押品，政府通过设立地方城投，用土地抵押换取融资，撬动基建增长。

当土地价格上涨的时候，可以显著地化解地方融资约束，抵押品值钱，对项目本身现金流的要求就下来了，贷款就更容易放出来，基建投资增速也就更高了。

当基建投资增速高了，经济会跟着繁荣起来，抵押品价值（土地）就更高了，于是可以形成促进经济增长的正反馈。

这就是金融加速器原理，可以说，地产与基建穿的是“连裆裤”，而地产和基建是中国经济周期最主要的驱动力量之一，其重要性不言而喻。因此，通过对房地产开发投资数据的深度分析，把握好房地产周期性波动，是非常重要的。

每个月的中上旬，统计局都会有专门的链接披露房地产投资的情况，里面既包括房地产投资信息，也包括房地产销售、待售、房企到位资金和国房景气指数（见图 6.1）。

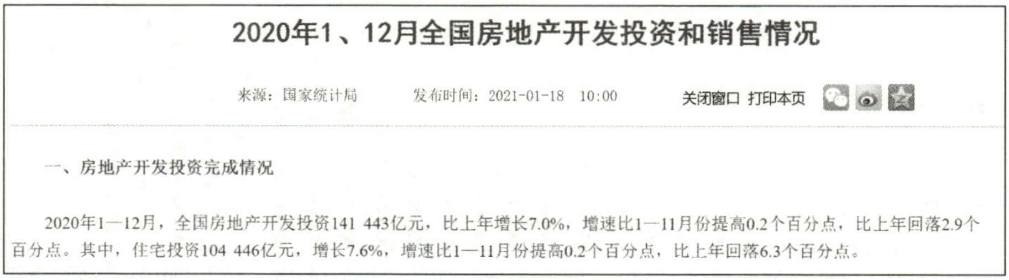
2020年1、12月全国房地产开发投资和销售情况

来源：国家统计局　　发布时间：2021-01-18　10:00　　关闭窗口 打印本页

一、房地产开发投资完成情况

2020年1—12月，全国房地产开发投资141 443亿元，比上年增长7.0%，增速比1—11月份提高0.2个百分点，比上年回落2.9个百分点。其中，住宅投资104 446亿元，增长7.6%，增速比1—11月份提高0.2个百分点，比上年回落6.3个百分点。

图 6.1　每月中上旬统计局网站会专门刊登房地产投资和销售情况

6.1　房地产开发投资的构成

要做好数据的分析，先要明确数据的定义。

房地产开发投资指各种登记注册类型的房地产开发法人单位统一开发的包括统代建、拆迁还建的住宅、厂房、仓库、商场、写字楼、办公楼等房屋建筑物，配套的服务设施，土地开发工程和土地购置的投资。

看起来很乱，不太好理解，我们把关键信息提取出来。

(1)“各种登记注册类型的房地产开发法人单位统一开发的”中的关键信息是房地产开发法人单位，这意味着非房地产开发企业的房地产投资活动，是不会计入房地产开发投资口径当中的。

有个问题经常会被投资者问及：老旧小区改造，计不计入房地产开发投资？

如果项目的实施主体是城建公司，或者是与政府关系紧密的城投，而不是开发商，老旧小区改造就应该算到基建投资，而不算到房地产开发投资。

(2)房地产开发投资不只是针对住宅，还有厂房、仓库、商场、写字楼、办公楼等。

从数据来看，2020 年住宅完成的投资额高达 10.4 万亿元，整个房地产开发投资完成额是 14.1 万亿元，住宅完成的投资额是绝对的主角(见图 6.2)。

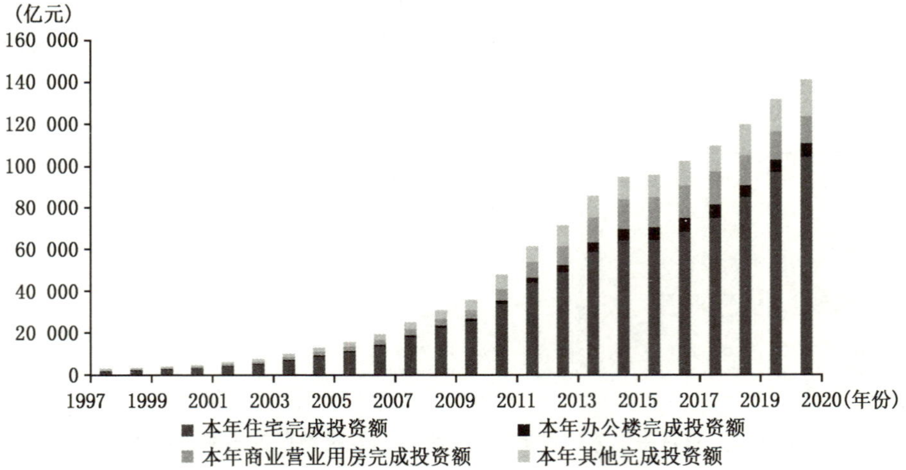

图 6.2　住宅完成投资额占比最高

要想分析好房地产开发投资的趋势，最重要的是分析好住宅市场。

(3)房地产开发投资的活动包括开发房屋建筑物、配套的服务设施，以及土地开发工程和土地购置的投资。

这句话已经反映出了房地产开发投资的几个重要构成，这也是后面需要重点解释和展开的。房地产开发投资包括了建筑工程投资、安装工程投资、设备工器具购置投资和其他费用投资四个部分。

先来看看这四个部分的占比情况。

2020 年年底，建筑工程投资是 8.2 万亿元，安装工程是 5 849 亿元，设备工器具购置是 1 443 亿元，其他费用是 5.2 万亿元。

从这个数量级上就能看出来，房地产开发投资主要是建筑工程投资和其他费用贡献的，尤其是建筑工程投资，占比接近 60%，是房地产开发投资的主导项(见图 6.3)。

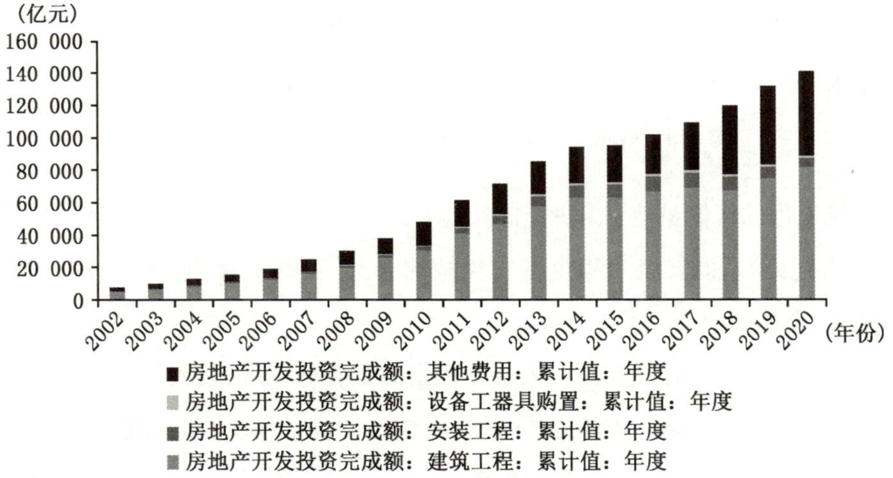

图 6.3 房地产开发投资的构成

我们来看一下各项的定义。

建筑工程，指各种房屋、建筑物的建造工程，又称建筑工作量。需要注明的是，建筑工程这部分的投资额必须兴工动料，通过施工活动才能实现。

根据这个定义，建筑工程投资在房地产投资中对实体是有直接帮助的分项。

因为建筑工程活动不但直接与房屋建造密切相关，而且必须兴工动料才能纳入统计，所以，建筑工程与房地产施工同比数据的走势是比较接近的(见图 6.4)，同时，建筑工程也与钢材等建材价格正相关性(见图 6.5)。

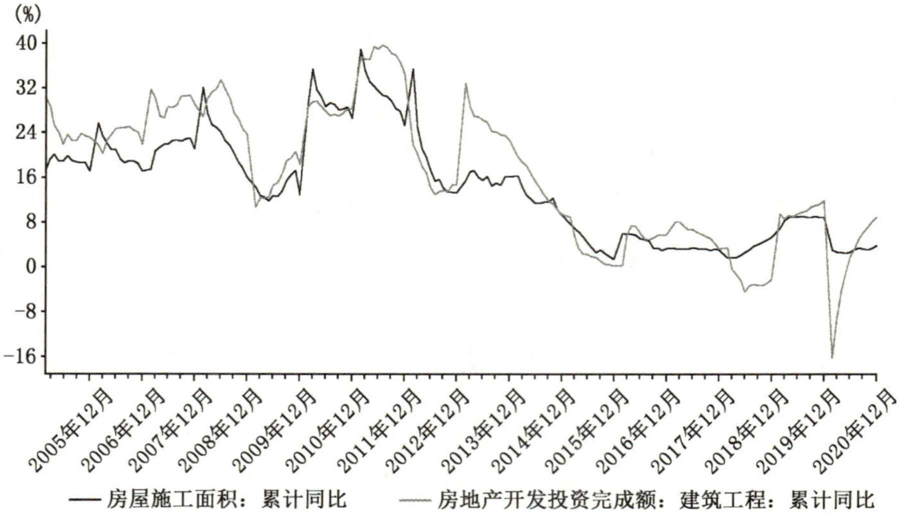

数据来源：Wind。

图 6.4　建筑工程投资与房地产施工同比走得比较接近

安装工程的规模虽然看起来比较小(不到 6 000 亿元)，远无法与建筑工程相比(8.2 万亿元)。但安装工程也有它独特的含义，建筑工程和安装工程有时候会合起来看，合称为建安工程。

先看一下安装工程的定义。安装工程指的是各种设备、装置的安装工程，又称安装工作量。当房子盖得差不多了，才会考虑各种设备和装置的安装。

也就是说，安装工程是到了房地产竣工环节才会考虑的问题，是滞后于建筑工程的，所以，安装工程的增速与房地产竣工面积的增速走势相关性比较高(见图 6.6)。正因为如此，安装工程与建筑工程的走势有时候会出现背离，安装工程属于建筑工程较为后端的环节。

设备工具器具购置，指报告期内购置或自制的，达到固定资产标准的设备、工具、器具的价值。这个占比太小，基本上可以忽略不计，不用太过关注。

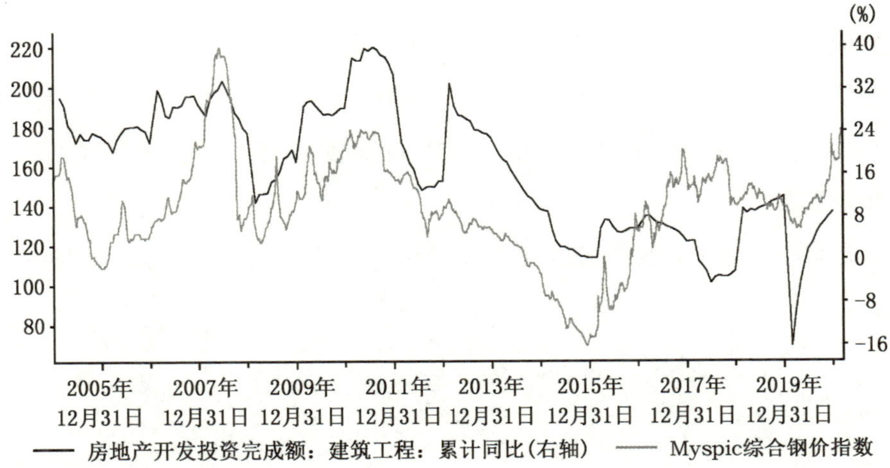

数据来源：Wind。

图 6.5　建筑工程投资与钢价走得也比较接近

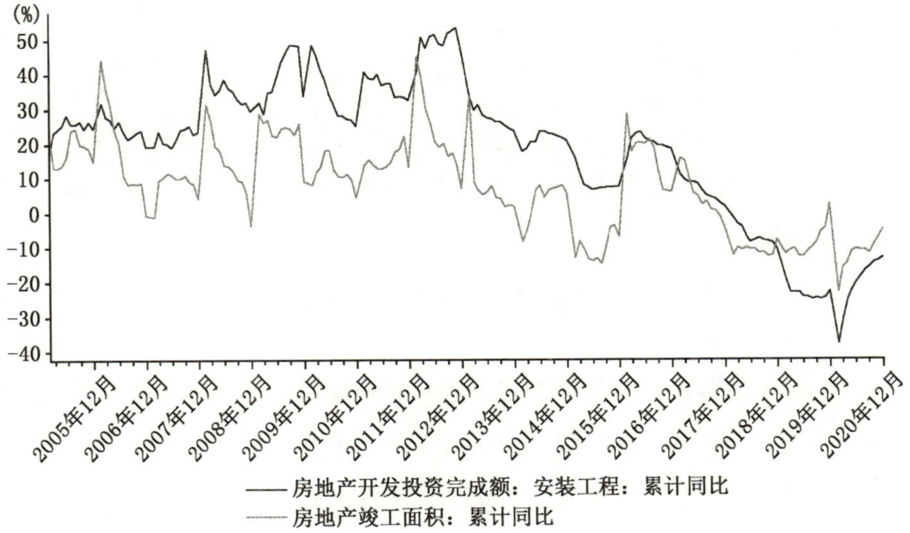

数据来源：Wind。

图 6.6　安装工程与房地产竣工走势比较接近

房地产开发投资分项里，除了建筑工程投资，最需要关注的是其他费用，这块金额不小，占房地产投资的 20%—30%。

按统计局的定义，其他费用指的是“在固定资产建造和购置过程中发生的，除建筑安装工程和设备、工器具购置投资完成额以外的费用”。

随后统计局罗列了一大堆组成部分。我们可以把它化繁为简，其他费用中占比最大的就是土地购置费，占了70％－80％的比重，基本上可以把其他费用等同为土地购置费。

从趋势上来看，土地购置费和其他费用的同比增速也几乎是一样的（见图6.7）。

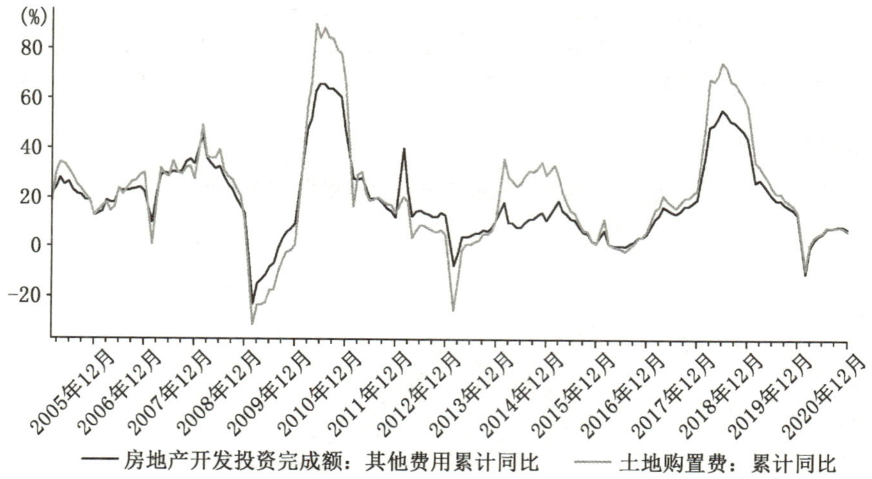

数据来源：Wind。

图6.7　土地购置费和其他费用同比增速几乎一致

统计局对土地购置费的解释是：“土地购置费按当期的实际发生额计入投资，土地购置费为分期付款的，应分期计入房地产开发投资。”

这里的关键信息是：(1)实际发生额；(2)分期计入。

正是由于这两点，土地购置与土地成交价款之间才有了本质的区别。

土地成交价款是按合同上的数字来统计的，比如开发商去某地方买地，如果合同上注明的土地成交金额是1亿元，计入土地成交价款里就是1亿元。

但是，土地购置费可以分期计入，统计的是实际发生额。

财政部发过一个文，规定“市县国土资源管理部门与土地受让人在土地出让合同中依法约定的分期缴纳全部土地出让价款的期限原则上不超过一年”。

也就是说，这 1 亿元的土地成交价款未来可以一年分期付完。

在当下，这个 1 亿元计入土地成交价款，但只有在未来一年实际支付的时候，才会计入土地购置费。

因此，土地成交价款与土地购置费不是正相关关系，滞后 1 年的土地成交价款和土地购置费才是正相关关系(见图 6.8)。土地购置费反映的不是当下拿地的状况，而是过去拿地的状况。

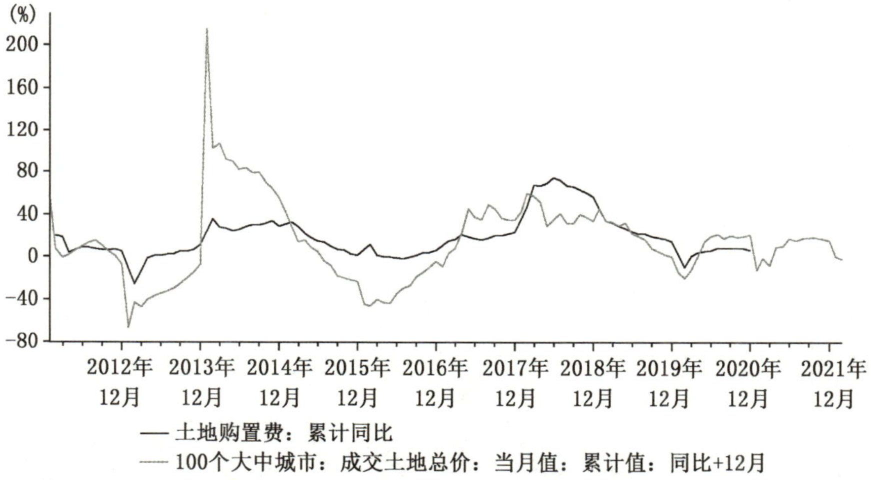

数据来源：Wind。

图 6.8　土地购置费滞后土地成交价款一年

利用这种相关性和滞后性，可以通过 100 个城市的成交土地总价数据预测未来一年的土地购置增速。

土地购置是房地产开发投资最大的干扰项。为什么这么说呢?

我们之所以要分析房地产开发投资增速，是为了分析房地产对宏观经济的影响，并帮助我们理解宏观经济周期性波动，进而为我们的投资决策服务。

但是，土地购置不是直接的建筑安装活动，不会对钢材、水泥、煤炭、有色等商品产生直接的需求拉动。除此之外，土地购置也是一个滞后指标，它更多反映的是过去一年的土地供给面积和土地价格。

一个不能直接反映实际需求且滞后的指标，却又是房地产开发投资的主要组成部分，它自然会对投研人员通过房地产开发投资数据判断宏观经济周期产生不小的干扰。

例如，2018 年在金融去杠杆和贸易摩擦的冲击之下，经济下行压力比较大，利率债全年是牛市，股票因为风险偏好问题和股票质押问题全年下跌压力较大。

但如果看房地产开发投资数据，似乎不能支持宏观经济有下行压力的论断，至少房地产开发投资没有拖累。2018 年全年的房地产开发投资在 10%左右的水平波动，运行中枢要比 2017 年的高一些(见图 6.9)。

数据来源：Wind。

图 6.9　2018 年房地产开发投资运行中枢高于 2017 年

但是仔细拆解房地产开发投资的各个分项，就会发现 2018 年房地产投资数据存在质量问题。

因为 2018 年房地产开发投资中，其他分项同比(基本上是土地购置费)高达 45%—55%，而建筑工程同比是负增长。

土地购置费与土地成交面积和土地购置价格高度相关，而且还要考虑到有一部分是上一年的土地成交价款陆续体现在 2018 年的土地购置费当中的。

2018年房地产开发投资高增长体现的是土地购置费的贡献,只能说明2017年因为棚户区改造货币化安置和房企通过非标融资大幅购地,推高了地价,产生了较高的土地购置费,然后陆续体现在2018年(见图6.10)。

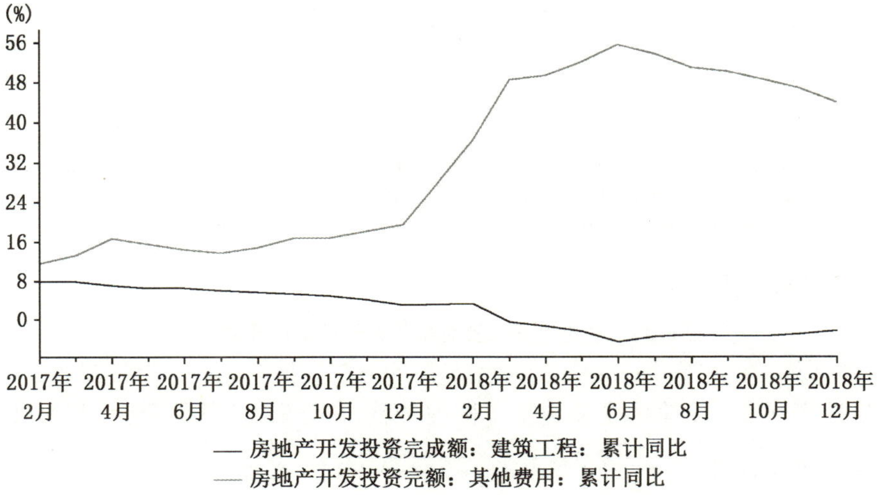

数据来源:Wind。

图6.10 2018年房地产开发投资主要是靠土地购置费支撑

与宏观经济增长本身并没有太多关系,而与宏观经济关联度较高的建筑工程投资,却是负增长,并处于持续下行的趋势之中。

6.2 房地产开发资金来源

要分析房地产开发投资,就绕不开房地产开发资金来源的分析。房企如果没有钱,就不可能支撑得房地产开发投资。而且从房地产开发资金来源的定义来看,房地产开发到位资金是指房地产开发企业实际拨入的、用于房地产开发的各种货币资金。

换句话说,用于开发投资部分的资金会被计入房地产开发资金来源,但这并不是房地产开发全部资金来源的概念。

从房地产开发资金来源和房地产开发投资的相关性来看,房地产开发资金来源在一定程度上要领先房地产开发投资(见图6.11)。

数据来源：Wind。

图 6.11　房地产开发资金来源领先房地产开发投资

房地产开发资金来源主要包括了国内贷款、自筹资金、其他资金、利用外资以及各项应付款合计。

从数据来看，截至 2020 年年底，房地产开发资金来源是 19.3 万亿元，其中国内贷款 2.67 万亿元、自筹资金 6.34 万亿元、其他资金 10.3 万亿元、利用外资 192 亿元、各项应付款合计 4.78 万亿元（见图 6.12）。除了利用外资的数值偏低、占比小以外，其他几个分项对房地产开发资金来源均有举足轻重的作用。

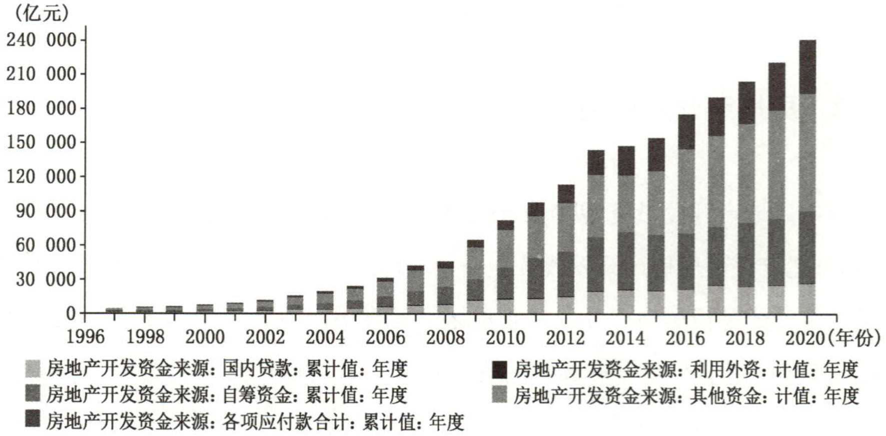

数据来源：Wind。

图 6.12　房地产开发资金来源的分项构成

先来看国内贷款。

国内贷款不仅包括银行贷款，还包括了非银贷款，不过绝对金额占比大的还是银行贷款。2019 年以后，具体的银行贷款和非银行贷款金额就没有披露过了，看 2018 年年底的数据，银行贷款 1.9 万亿元，而非银贷款才 4 978 亿元，不在一个量级上。

银行贷款具体包括银行给房企的开发贷款和并购贷款，非银贷款主要指的是信托、券商资管、基金等机构给房企的非标融资。

但如果非银贷款指的是非标融资，那这么点数量显然与房企真实的非标融资额是对不上的。2018 年年底流向房地产的资金信托余额是 2.7 万亿元，显然要比这里的非银贷款 4 000 亿元大多了。

显然，房地产开发资金来源里，包括非标融资的不仅仅只有非银贷款。

房地产开发资金来源的自筹资金分项也包括非标融资。

从定义上看，自筹资金是指在报告期内筹集的用于项目建设和购置的资金，包括自有资金、股东投入资金和借入资金。

这里的关键是股东投入资金和借入资金。

因为房企通过贷款拿地有严格的监管限制，部分房企被排除在银行贷款的白名单之外，再加上部分房企出于美化财务报表的考虑，会通过明股实债的方式借入资金，会计上记的是股权，但未来几年要连本带息地回购，本质上是债权，明股实债融资也是算入非标的。所以，股东投入资金不一定是真的股权资金，有可能只是债权资金在会计上包装成了股权。

随着 2016 年中央政府“房住不炒”的提出，2017—2018 年金融去杠杆和 2019—2020 年房企融资强监管等一系列措施出台，自筹资金占整个房地产资金来源的比重出现了快速下滑（见图 6.13）。

自筹资金中除了房企自有资金以外，也有房企自己筹集的、借入的资金，因此，通过信用债、资产证券化等方式获得的资金计入自筹资金。

如果是房企自己在股票市场上获得的 IPO、定增融资，或者是房企自己的未分配利润用于房地产开发投资活动，也会体现在自筹资金项上。

房企贷款被约束，房企非标融资也被强压，因此，房企对销售环节的依赖度越

数据来源：Wind。

图 6.13　房地产开发资金来源中自筹资金占比持续下降

来越高了，房地产销售环节的资金体现在房地产资金来源中的什么口径呢？主要体现在其他资金项上，但考虑自筹资金里有未分配利润，也有部分会体现在自筹资金项上。

先来看一下其他资金的定义。其他资金主要包括定金及预收款、个人按揭贷款和其他到位资金。从数据来看，截至 2020 年年底，定金及预收款加上个人按揭贷款的金额为 9.6 万亿元，而其他资金的总额为 10.3 万亿元，很明显，这个其他资金项主要就是由房地产销售构成的，靠的是买房人的定金和个人按揭。

最近这几年，房企融资被限制得很死，所以房地产销售、房企内生性增长成为各个房企的生命线。从数据来看，其他资金占房地产资金来源比重逐步上升，截至 2021 年 2 月，其他资金占房地产资金来源比重已经高达 56%（见图 6.14）。

房企是看重规模考核的，自己慢、别人快，压力就会很大。在房企外部融资紧的时候，为了多拿地，多上点规模，只能趁着房地产形势好的时候，加快房地产销售，实行快周转策略。

快周转还有一个好处，那就是可以提高楼盘的存货周转率，减少货币资金占用量，提升资金使用效率。毕竟当外部融资紧的时候，每一分钱都会变得珍贵，只能加快内部资金流转速度，发挥好资金使用效能，让自有资金在单位时间内收益最大

数据来源：Wind。

图6.14 房地产开发资金来源中其他资金的占比持续上升

化了。

具体来看，实行快周转战略的房企会将部分工作前置，快速拿地，抓紧开工，让项目符合预售条件，然后抓紧销售。

部分城市因为一手房限价，会比周边二手房便宜20％－30％，所以项目不愁卖，回笼资金后继续拿地，抓紧开工让新的项目再度符合预售条件，然后继续抓紧销售……

在房企高周转战略驱动下，房地产开发资金来源高度依赖房地产销售，如果房地产销售开始放缓，对房地产投资的冲击就非常剧烈。

最后一项就是各项应付款了。

各项应付款是本年项目建设和购置中应付未付的投资款，主要指应付工程款。

从定义来看，各项应付款主要是房企占用上下游的款项，或者是有些工地房企还没验收，压了一些款项没付给施工单位。

最近比较火的是房地产供应链ABS。所谓的房地产供应链ABS，是保理公司通过受让房企供应商的应收账款（比如供应商给房企盖了房子但房企还没付钱），把应收账款作为基础资产，打包为资产支持专项计划，让投资者购买，这样就把应收账款盘活了。

当应收账款到期，会由房企向资产支持专项计划付款，兑付投资者的本金收益。

房企为什么要这么做呢？一个重要的考量是出表，因为“三道红线”控制了房企有息负债增速，而供应链 ABS 是让供应商融资，可以帮房企隐藏有息负债，优化净负债率等财务指标。

从数据来看，在“三道红线”监管措施出台之后，各项应付款的累计同比增速和占房地产开发资金来源的比重确实出现了快速的上升（见图 6.15）。

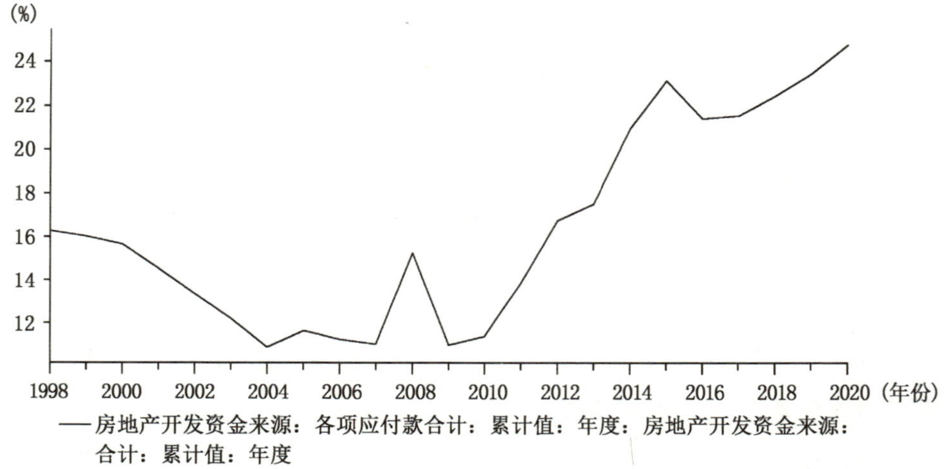

数据来源：Wind。

图 6.15　房地产开发资金来源中各项应付款占比持续上升

除了美化报表的考量外，各项应付款占比快速提升也是源于房企外部融资环境确实是越来越紧了，导致付款周期变长，另外 2020 年还有新冠肺炎疫情的影响，工地开工受影响，这也影响了付款周期。

写到这里，可以给房地产开发资金来源做一个小结了。读者可以直接看图 6.16。

房地产开发流程大体上分为拿地、开工、预售、竣工等几个环节，不同的融资渠道对开发商不同阶段的影响是不一样的。

拿地的时候，因为要交土地出让金，地价越来越高，尤其是对中小房企来说，如果自己的钱不够，又有规模弯道超车的诉求，可能就需要靠信托、私募、基金通过

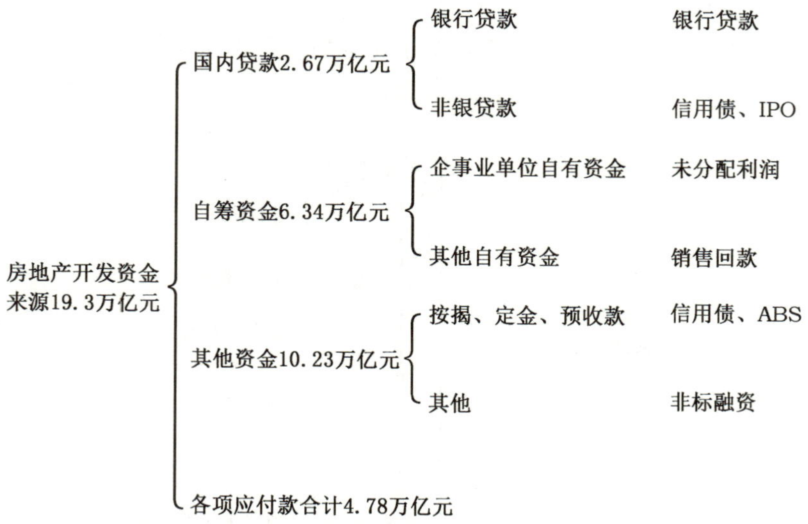

数据来源：Wind。

图6.16 房地产开发资金来源一览(数据截止日在2020年年底)

“明股实债”的方式获取非标融资缴纳土地出让金。

2017年以后，随着金融强监管和“房住不炒”等政策要求下，“明股实债”的融资方式受到严厉监管，没有了通过非标融资缴纳土地出让金的能力，中小房企再难与大房企抗衡。

拿了地以后，开发商首先要获得“四证”，“四证”齐全以后在银行白名单里的房企可以找银行要贷款，当然也可以找信托公司获得非标融资，还可以在项目建设阶段，递延支付材料款和建设工程款项，随后通过供应链ABS让负债出表，并缓解建设单位资金压力，让工期能够正常运转。

等施工到符合预售条件以后，就要靠房地产销售发挥作用了。如果房子卖得好，资金就可以快速回笼，支撑下一个工期，让项目从施工走向竣工阶段。

预售的好处是让房企可以实现资金较快速度的周转，提高单位资金的使用效率，但缺陷也是显而易见的，因为在客户购房到房产证拿到前，客户没办法监督房企项目的质量，房子交付质量低于预期，购房人权益受损是预售制最大的问题。

到了竣工阶段，由于客户在预售阶段交的是定金，还有购房尾款，购房尾款要等银行给客户按揭贷款后才能缴纳，考虑到有时间差，房企如果缺钱可以把购房尾款资产证券化，提前获得融资，等客户交了尾款后房企再做偿付。

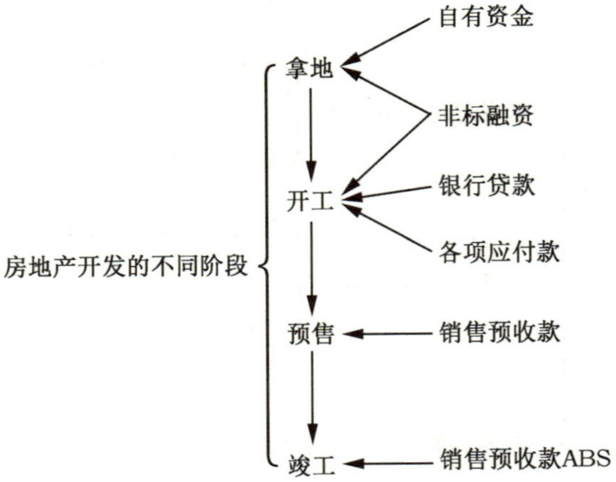

数据来源：Wind。

图 6.17 房地产开发不同阶段的融资工具

那么，房地产融资政策收紧会如何影响房地产开发投资的行为呢？

房企的外部融资收紧后，开发商对内源融资的需求会加大(靠房地产销售)。

对房企来说，一方面，只要全社会购房热情还在，房地产开发商就会加速项目周转，通过加速开工让项目符合预售条件。从这个角度来说，房地产融资收紧不一定会很快冲击到房地产开发投资，前提是全社会购房需求没有明显下降，开发商对房地产销售的预期没有变糟糕。

另一方面，由于房地产融资政策收紧，房企预期到未来流动性紧张，在拿地环节肯定会放缓节奏，因此这个对远端的新开工和房地产开发投资也有冲击。

除了拿地到预售环节的开工以外，还需要考虑从预售到竣工的施工环节。

房企偏重规模扩张，在快周转策略驱使下，新开工和竣工之间出现了较大的背离，不过房企从维护自身声誉的角度考虑会向客户交付房子，新开工和竣工之间的背离意味着后续房地产施工环节不太可能出现明显的下降。

但这个前提仍然取决于房地产销售和房地产融资收紧政策的强弱，如果房企的资金链出现了较大的问题，停工和缓建的规模就会大幅上升，最终压制了房地产施工。

因此，这个问题得一分为二来看：

如果房地产融资收紧对房企资金链没有产生明显的冲击，而且房地产销售市场还是景气的，房企就会通过加快项目周转顶住外部融资收紧的压力，从而短期房地产施工还有可能往上走，新开工与竣工的背离较大。只要资金链没有断裂，施工环节就能有安全垫。但未来随着购地增速下降和房地产新开工下降，房地产开发投资还是会受到冲击。

如果房地产融资收得比较猛，或者房地产销售也下降了，房企在资金链压力下就会暂缓开工，因为反正房地产销售不好，即使开工了，到了预售环节，房子也不一定卖得出去。资金链如果过于紧张，从新开工到竣工环节的停工和缓建规模也会上升，这个时候房地产开发投资下降的压力就会比较大。

在快周转策略的驱动下，近几年房地产销售占房地产开发资金来源的比重已经高达56%，可以说房地产销售状况成了维持房企资金链安全的生命线。

近几年来，新开工增长得快但迟迟不竣工，恰恰反映的是从施工到竣工环节因资金不够充裕，停工缓建的规模上升，资金来源过于依赖预售。新开工增长能独树一帜，是因为房企不得不加快周转卖房子、赶预售。

房地产竣工与新开工持续背离（见图6.18），也有竣工统计口径上的问题。

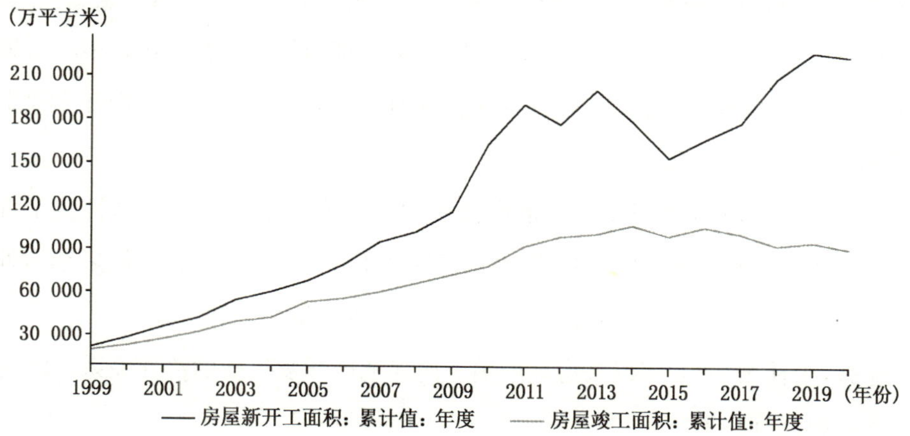

数据来源：Wind。

图6.18　房地产新开工与房地产竣工有较大的裂口

房地产新开工的数据填报相对容易，根据新获得的施工许可证面积填报即可，准确性较高。但竣工数据相比于新开工数据，容易被低估，有些项目在竣工的时候，数据填报人员早已不在工地，也就没人填数据了。

6.3 从房地产销售到房地产开发投资

过去分析师在做宏观周期分析的时候，有一个经验规律，看到房地产销售企稳了，就认为宏观经济过几个月就稳了。这里很重要的一个原因是房地产销售能滞后传导到房地产开发投资。

房地产销售上来以后，房企的库存得到了去化，房企对未来房价上涨的信心有了改善，所以房企更愿意拿地、补库存，进而传导到新开工、房地产开发投资和房地产施工、竣工等各个环节。

相反，当房地产销售下行的时候，房企的库存卖不出去，房企对未来信心也不足，房企会暂缓拿地，进而导致新开工低迷，然后低迷的房地产新开工会冲击到房地产开发投资、施工、竣工等各个环节。

从房地产销售经验上看，房地产销售要领先房地产开发投资 3—6 个月。

比如，2008 年 12 月房地产销售同比－19.7％见底，2009 年 2 月房地产开发投资同比 1％见底，随后持续反弹。2012 年 2 月房地产销售同比－14％见底，然后房地产开发投资在 2012 年 7 月同比 15.4％见底，随后开始回暖。2015 年的房地产周期要长一些，同比在 2 月－16.3％见底，但到了 2015 年 12 月房地产开发投资增速降为 1％后方才见底。

但 2016 年以后，我们发现房地产销售和房地产开发投资的关系钝化了许多（见图 6.19），房地产销售在 2016 年 4 月就见到了 36.5％的最高点，但后续房地产开发投资不仅没有下来，反而持续几年的运行中枢都是往上的。

那么，为什么 2016 年以来房地产销售向房地产开发投资的传导关系减弱呢？

核心原因有三个：

（1）2015 年后的房地产限贷、限购放松和货币政策双降给了 2016 年全年房地产较高的景气度，导致房地产库存明显去化后，房企有较强的补库存需求，延长了

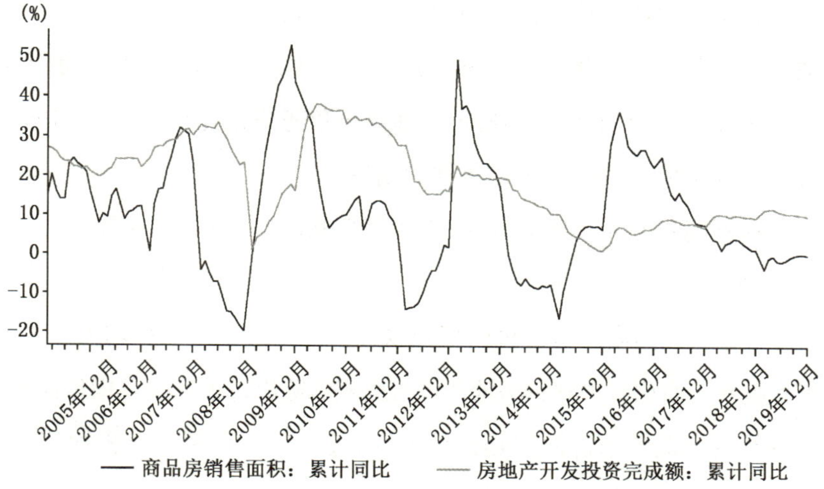

数据来源：Wind。

图 6.19 房地产销售领先房地产开发投资，但 2016 年后二者关系发生了钝化

土地市场的繁荣周期。

从数据上看，土地购置费的高增长持续贯穿 2017 年和 2018 年，土地购置费支撑了房地产开发投资（参考前文的案例），这让房地产开发投资向下的拐点大幅延后（见图 6.20）。

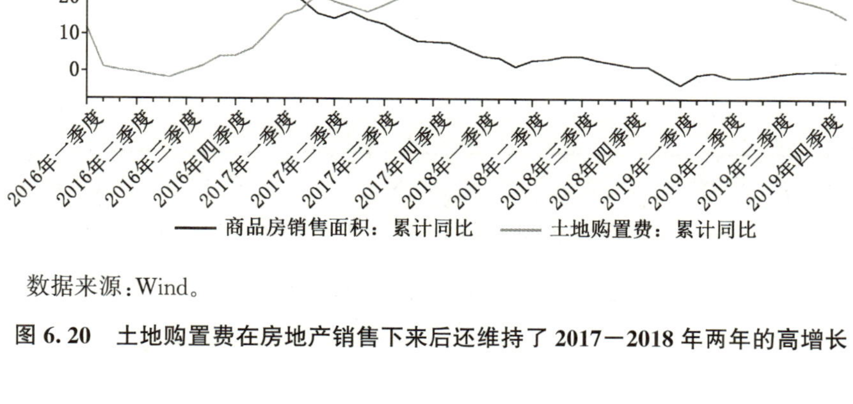

数据来源：Wind。

图 6.20 土地购置费在房地产销售下来后还维持了 2017—2018 年两年的高增长

既然说到了房地产库存，这里就顺便讲一下房地产库存的测算。

房地产库存分为狭义和广义两种。狭义的房地产库存指房地产待售面积，就是建好后没卖掉的房子；而广义的房地产库存不仅考虑建好后没卖掉的那部分，而且需要考虑已开工但还没达到预售条件的期房。

考虑库存不能只看库存绝对规模，因为销售状况好，绝对库存规模高一点也没关系，反正都能卖出去，衡量库存高低合适的指标是库存销售比。

狭义库存销售比为商品房待售面积除以过去三个月销售面积均值，广义库存销售比为累积新开工面积减去累积房地产销售面积后除以过去三个月销售面积均值。

统计局给的房地产销售面积是累计值，而过去三个月销售面积均值指的是当月值，可以通过本月的累计值减去上个月的累计值得到当月值，然后对当月值做三个月的移动平均。

有的测算还会把累积新开工面积减去累积房地产销售面积后的差乘以一个系数(0.8 或 0.9)，这是考虑到新开工面积中有一部分是不可销售的，比如车位、人防设施、机房以及开发商合理自持等。

从测算结果看，狭义库存销售比确实是挺低的，但广义库存销售比似乎不低，从 2018 年以后，广义库存销售比呈现出的是上升趋势，与狭义库存销售比的走势是背离的(见图 6.21)。

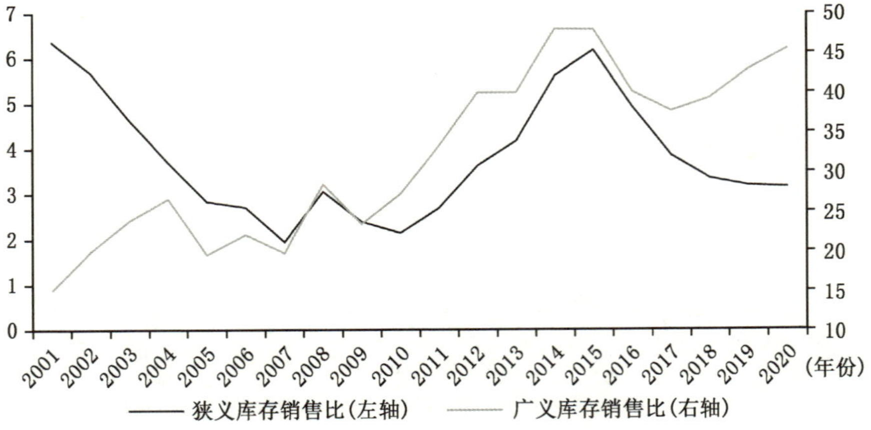

图 6.21 房地产狭义库存和广义库存

出现这种背离的主要原因是在快周转策略下，房企将房地产销售的压力前置了。

房企快周转策略的链条是拿地—开工—预售—施工—竣工。狭义库存考虑的是竣工后没卖出去的那部分，但广义库存考虑了开工到预售这部分的压力。从这个角度看，房企现在面临的真实库存压力其实并不小。

(2)快周转对房企来说，可以快速上规模，在多数房企都选择快周转策略的时候，房企融资环境却不算宽松，这导致房企的施工周期延长，竣工周期延后，因为房企要把有限的资金都聚焦在自身规模扩张上。

从数据来看，2017 年和 2018 年维持了两年的土地购置费高增长，到了 2019 年，土地购置费高增长才转化为建筑工程投资的高增长，毕竟预售出去的项目，总得向购房客户交付，施工周期可以被延后，但不会消失。只有资金真紧到房企受不了了，才会有大面积停工。

(3)近年来的房地产销售改善，尤其是三四线城市的房地产销售改善，与棚改货币化安置关系度较高。三四线城市刚需力量不强(人口向核心城市流出)，棚改刺激和龙头房企在当地拼规模使得当地居民更关注改善型需求(很多知名房企可能是首次布局三四线城市)。

因此，近几年房地产开发投资 144 平方米以上的房子增速比 90 平方米以下的房子要高得多(见图 6.22)。改善型需求更喜欢精装修过的房子，房子的质量要求提高后，施工周期自然也会延长一些。

简而言之，房地产开发投资增速与房地产销售增速的关系出现钝化的主要原因是：(1)快周转策略下房企较强的购地需求；(2)融资紧和房企规模导向导致施工周期被延后；(3)迎合改善型需求，提高了房子施工的质量。

考虑到近年来房地产新开工和竣工的裂口不断扩张，可以明确的是，只要房企资金链不出现大问题，施工环节对经济周期的支撑就肯定是有持续性的。

这也是 2019 年、2020 年房地产投资增速能维持较高的增长，对经济周期能有较强支撑的核心原因。

而且比较明确的是，施工周期迟早会转化为竣工周期，施工周期利好的是钢铁、水泥、有色、煤炭等周期板块，竣工周期利好的是玻璃、家具家电、钛白粉、涂料

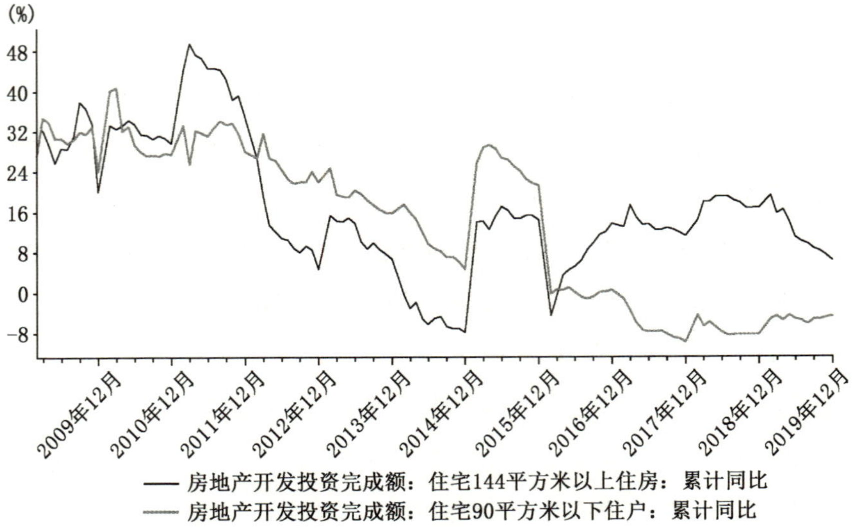

数据来源：Wind。

图 6.22 144 平方米以上的房地产投资增速近年来要明显高于 90 平方米以下的

等板块(见图 6.23)。

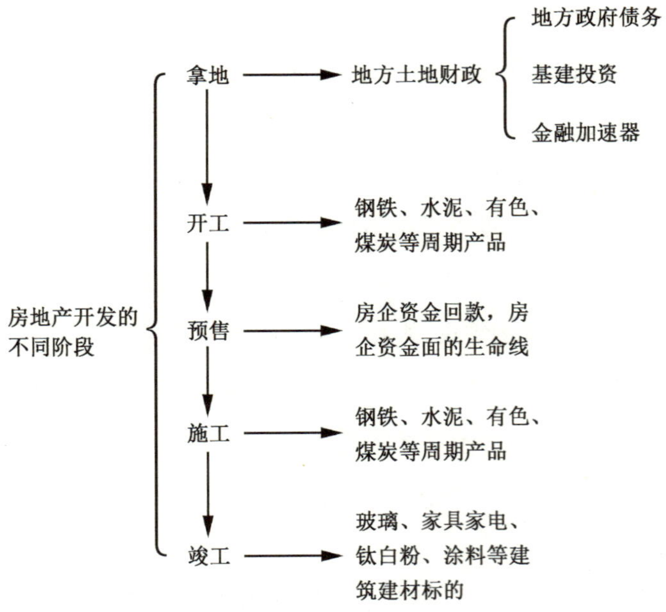

图 6.23 房地产开发投资对应的不同周期

快周转策略之能维持下去，核心靠的是房地产销售，只要房子卖得好，就能快速回笼资金，支撑下一步拿地。

2016 年年底的中央经济工作会议首次提出“房子是用来住的，不是用来炒的”，随后房地产调控升级，房地产销售同比增速开始持续回落。

但实际上，房地产销售端的景气度并没有真正下降过。2017 年和 2018 年棚户区改造货币化安置刺激了三四线城市房地产，2019 年和 2020 年相对宽松的流动性环境也支撑了部分热点城市的房地产市场景气度。从国房景气指数来看，2016 年以后，房地产景气度是持续维持在高位的(见图 6.24)。

数据来源：Wind。

图 6.24 国房景气指数持续维持在高位

简而言之，房地产销售环节的景气度在持续地支撑着房企快周转策略，房地产开发资金来源比重中与房地产销售相关的部分在持续上升，尽管房企融资收紧影响了房企施工进度，让房地产建筑工程投资景气度延长，但还没有冲击到房地产开发投资的根本。

既然房地产销售如此重要，那么问题来了，如何前瞻性地判断房地产销售呢？

需要说明的是，地产在供给端是相对刚性的。

因为地方在发展经济的过程中，会优先把土地以相对较低的价格补贴给生产部门，通过大面积地建设开发区，供生产型企业配套使用。

但土地的总量是有限的，既要严守 18 亿亩的耕地红线，还要把土地给生产部门，用于居住的土地供应自然就少了。

从数据来看，2017 年国有建设用地的审批面积为 20.37 万公顷，其中住宅用地的审批面积为 3.85 万公顷，占比仅为 18.9%，而与工业和基建相关的工矿仓储用地和交通运输用地审批面积为 9.38 万公顷，占比高达 46%。

可见，大多数建设用地确实都给了工业和基建相关的领域，而住房用地的供给相对不足，导致土地价格双轨制。

从数据来看，2019 年 100 个大中城市土地成交价格住宅用地楼面均价是 5 532 元/平方米，而工业用地的楼面均价仅为 328 元/平方米（见图 6.25）。2008 年到 2019 年间，住宅用地楼面均价涨了 5 倍左右（和房价涨幅差不多），工业用地楼面成交均价 2008 年是 308 元/平方米，和 2019 年比，几乎没有什么变化。

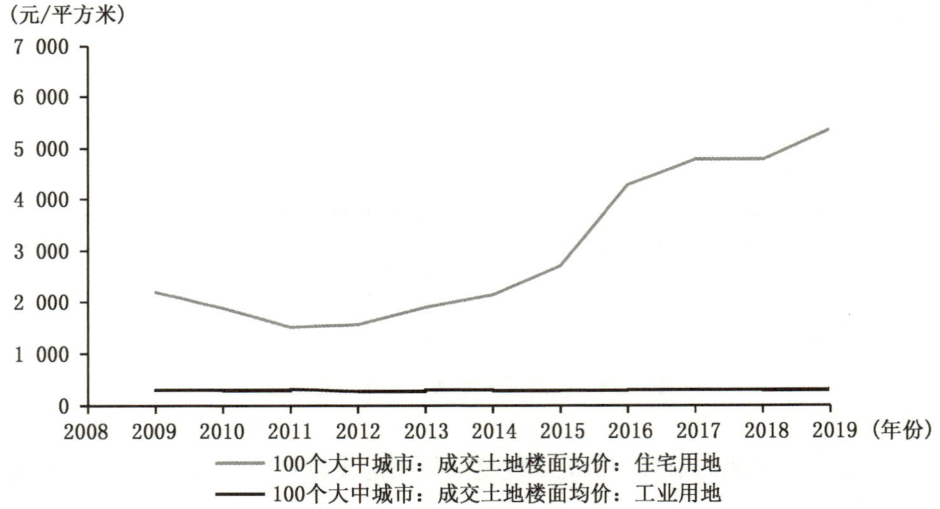

图 6.25　住宅用地成交均价远高于工业用地

阶梯状的土地制度意味着住房市场的供给是相对刚性的，一个供给相对刚性的市场，边际定价能力基本要看需求端。

住房需求的刺激无非来自两方面：

(1)政策刺激。2016 年年底，在中央提出“房住不炒”之前，有时候在经济下行压力之下，政策上可能需要房地产托底经济，于是会通过放松限贷、限购和落户政策，刺激刚需和改善型需求入场（见表 6.2）。

表 6.2　　2014—2015 年房地产放松政策梳理

文件名	发布时间	具体规定
《中国人民银行、中国银行业监督管理委员会关于进一步做好住房金融服务工作的通知》	2014 年 9 月 29 日	(1)对于贷款购买首套普通自住房的家庭,贷款最低首付款比例为 30%,贷款利率下限为贷款基准利率的 0.7 倍,具体由银行业金融机构根据风险情况自主确定。 (2)对拥有 1 套住房并已结清相应购房贷款的家庭,为改善居住条件再次申请贷款购买普通商品住房,银行业金融机构执行首套房贷款政策。 (3)在已取消或未实施"限购"措施的城市,对拥有 2 套及以上住房并已结清相应购房贷款的家庭,又申请贷款购买住房,银行业金融机构应根据借款人偿付能力、信用状况等因素审慎把握并具体确定首付款比例和贷款利率水平。
《中国人民银行、住房和城乡建设部、中国银行业监督管理委员会关于个人住房贷款政策有关问题的通知》	2015 年 3 月 30 日	(1)对拥有 1 套住房且相应购房贷款未结清的居民家庭,为改善居住条件再次申请商业性个人住房贷款购买普通自住房,最低首付款比例调整为不低于 40%。 (2)缴存职工家庭使用住房公积金委托贷款购买首套普通自住房,最低首付款比例为 20%。 (3)对拥有 1 套住房并已结清相应购房贷款的缴存职工家庭,为改善居住条件再次申请住房公积金委托贷款购买普通自住房,最低首付款比例为 30%。
《财政部、国家税务总局下发〈关于调整个人住房转让营业税政策的通知〉》	2015 年 3 月 30 日	(1)个人将购买不足 2 年的住房对外销售的,全额征收营业税。 (2)个人将购买 2 年以上(含 2 年)的非普通住房对外销售的,按照其销售收入减去购买房屋的价款后的差额征收营业税。 (3)个人将购买 2 年以上(含 2 年)的普通住房对外销售的,免征营业税。
《中国人民银行、中国银行业监督管理委员会关于进一步完善差别化住房信贷政策有关问题的通知》	2015 年 9 月 30 日	(1)在不实施"限购"措施的城市,对居民家庭首次购买普通住房的商业性个人住房贷款,最低首付款比例调整为不低于 25%。 (2)中国人民银行、银监会各派出机构应按照"分类指导,因地施策"的原则,加强与地方政府的沟通,根据辖内不同城市情况,在国家统一信贷政策的基础上,指导各省级市场利率定价自律机制结合当地实际情况自主确定辖内商业性个人住房贷款的最低首付款比例。
《住房和建乡建设部、财政部、中国人民银行关于切实提高住房公积金使用效率的通知》	2015 年 9 月 29 日(10 月 8 日推行)	(1)全面推行异地贷款业务。 (2)要求提高实际贷款额度,2015 年 8 月末住房公积金资金运用低于 85%的设区城市,要综合考虑当地房价水平、贷款需求和借款人还款能力,提高住房公积金个人住房贷款实际额度等。

续表

文件名	发布时间	具体规定
《住房公积金管理条例(修订送审稿)》	2015年11月20日	(1)住房公积金的提取条件拟放宽,职工自住住房租金、自住住房物业费等将来均有望使用公积金支付。 (2)公积金缴存基数不得低于职工工作地所在设区城市上一年度单位就业人员平均工资的60%,不得高于平均工资的3倍,单位和职工缴存比例上限不高于12%,下限不低于5%。

在供给刚性的前提下,需求端的刺激肯定会给价格带来较大的上涨弹性,在房价上涨预期下,刚需和改善型需求都会提前入场(也会混杂一些投机性需求)。

(2)货币刺激。在货币宽松的阶段,供给稀缺的标的更容易被过剩的流动性所追逐。如何衡量流动性是否过剩呢?一个简单的办法就是看M2与名义GDP的差值,M2和名义GDP差值为正、缺口大的年份,房价上涨压力一般都不小。

为了配合实行“房住不炒”的政策,央行开始强调“货币供应量要与名义GDP增速相一致”,这背后实际上就是不希望过剩的流动性从实体部门析出,导致房地产价格进一步上涨。

无论是2008年次贷危机后中国4万亿元措施放出了巨量流动性、2012年下半年加码了稳增长、2015年下半年放松房地产和货币政策双降,还是2020年一季度为了对冲新冠肺炎疫情投放了较大的货币流动性,都对应了M2与名义GDP缺口走阔,而M2与名义GDP缺口走阔之后的半年,均出现了房地产市场的繁荣(见图6.26)。

除了货币的量以外,还可以通过货币的价格“利率”观测房地产销售的拐点。

国债收益率是市面上大多数金融产品定价的“锚”,当国债收益率低的时候,往往全社会的无风险回报率就处于低位。这个时候全社会有避险需求的资金会找可以“替代”无风险资产的风险资产。

具有“替代”无风险资产的风险资产往往有一个共同的特性,那就是供给稀缺,因为供给稀缺的产品在需求扩张的时候才有足够的弹性,所以,在利率处于低位的时候,房地产的景气度往往能够起来,尤其是一线城市的房地产。

就经验来看,10年国债收益率在3.3%以下的时候,往往隐含着新的一轮房地

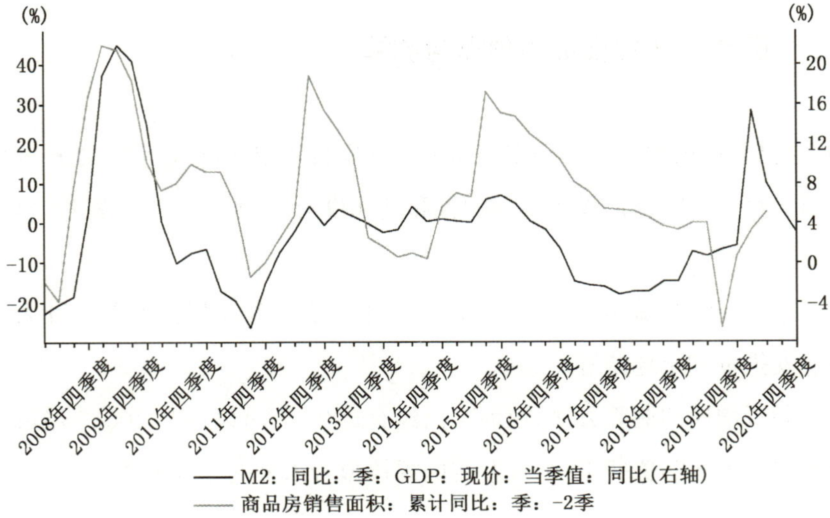

数据来源：Wind。

图 6.26　M2 与名义 GDP 差值大致能领先房地产销售两个季度

产的景气周期(有滞后)，4%以上的时候要关注房地产下行的拐点(同样有滞后)(见图 6.27)。

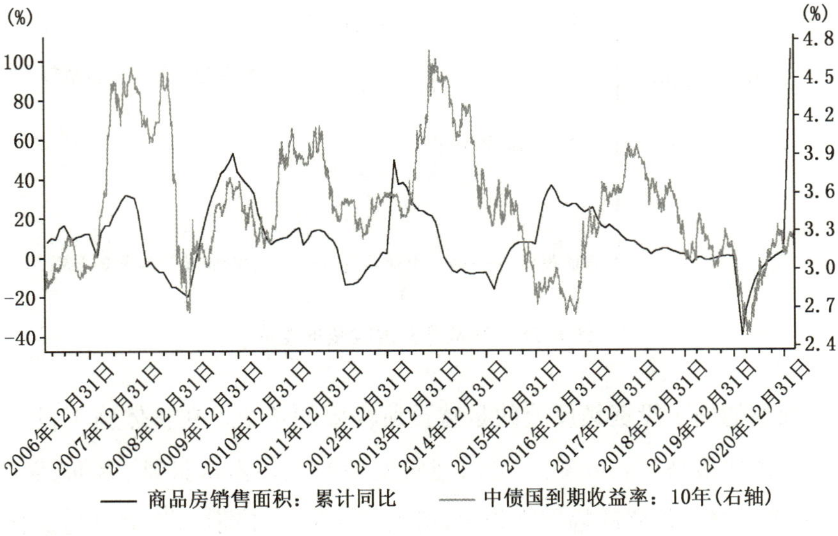

数据来源：Wind。

图 6.27　10 年国债收益率和房地产周期

6.4 房地产开发投资的预测与测算

前文提到过，根据统计局公布的房地产开发投资定义，可以将房地产开发投资分为建筑工程、安装工程、设备工具购置和其他投资（主要是土地购置费）这四个细项目。

前三个口径都与盖房子有关，最后一个和买地有关，因此，可以一分为二地把它分为建安投资和土地购置。

土地购置增速的测算方法，在前文已经有过介绍，可以通过 100 个城市的土地成交价款领先土地购置费 12 个月左右的规律拟合未来的土地购置费，这里不再赘述。

关键是建安投资的测算，建安投资应为当前的施工面积乘以单位面积施工投资金额。

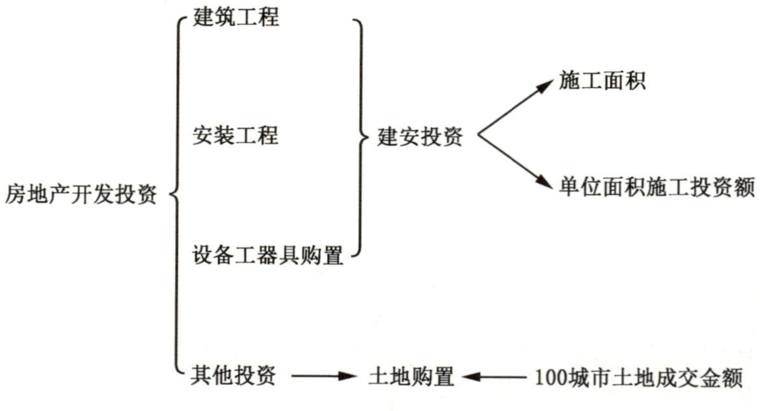

图 6.28 房地产开发投资的组成

单位面积的施工投资额反映的是建设所需要的资金。在整体施工投资中，建筑安装成本占比最高，为 60%－70%，建筑安装的主要需求桩基、钢筋、混凝土与钢铁、水泥等原材料价格涨幅高度相关，可以看一下 PPI 同比，做大致的拟合。

随着供给侧结构性改革（去库存、去产能）的推进，2016－2020 年钢铁、水泥价格均出现了较为明显的上涨，这也导致单位面积施工投资金额出现了明显上涨。

从这个角度看，单位面积施工投资金额的上涨也是房地产开发投资 2016－2020 年持续保持韧性的原因之一（见图 6.29）。

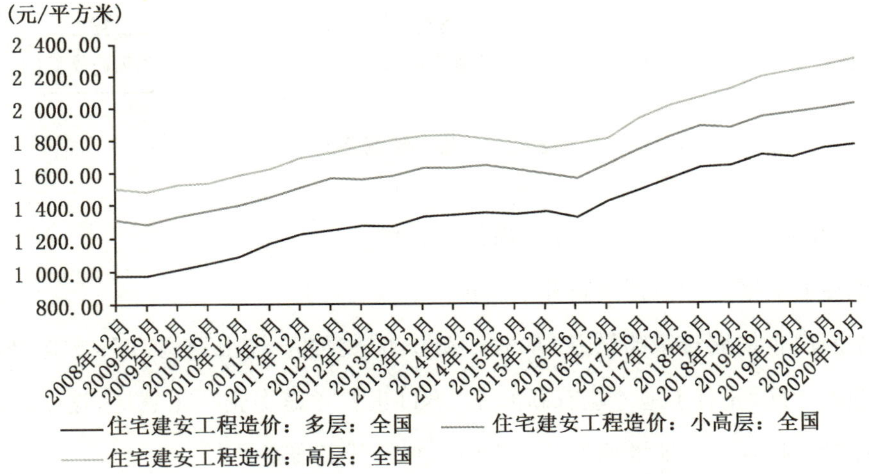

数据来源：Wind。

图 6.29 建安工程造价近年来快速上行

施工面积指的是报告期内施工的房屋建筑面积，包括本期新开工面积和上年开发跨入本期继续施工的房屋面积、上期已停建在本期复工的房屋面积以及本期施工后又停缓建的房屋建筑面积。

我们可以把施工看成一个蓄水池。

蓄水池的流量入口是：本期新开工、上期的施工、本期复工、本期停工；流量出口是：上期的竣工、上期停建但本期没有复工的部分。

于是可以建立一个基本等式：本期施工＝本期新开工＋（上期施工－上期竣工）－（本期停工－本期复工－上期停工）

继续简化，可以得到：本期施工＝本期新开工＋上期末施工－本期净停工

上期末施工是已知的数，对本期施工预测的关键就是预测本期新开工和本期净停工。

比如要预测 2019 年的施工面积，2018 年的施工面积是已知的，关键是要找出

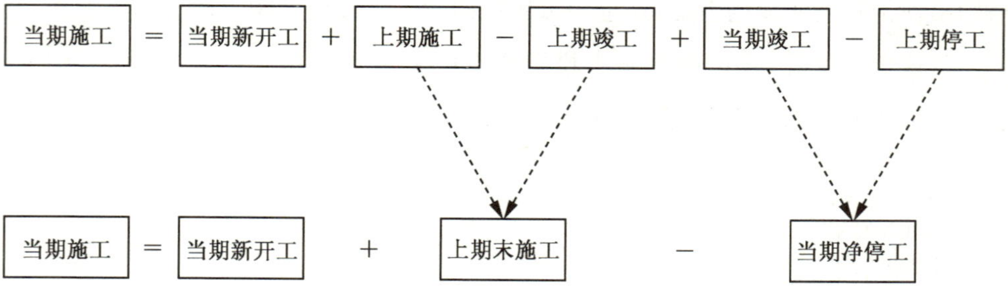

图 6.30　施工预测路径

2019 年的新开工面积和 2019 年的净停工面积。

现在的关键是如何预测新开工面积。

按照房企快周转策略链条"拿地—新开工—预售—施工—竣工",拿地是新开工的领先指标,先有了地才能有新开工(不过也要考虑房企开工意愿,这个很难用数据衡量),找到了拿地增速就可以提前预判新开工增速了。

从数据上看,100 个城市土地成交面积大致领先房地产新开工两个季度的时间(见图 6.31)。换句话说,知道过去半年的土地成交增速,就可以推测出未来半年的房地产新开工增速。

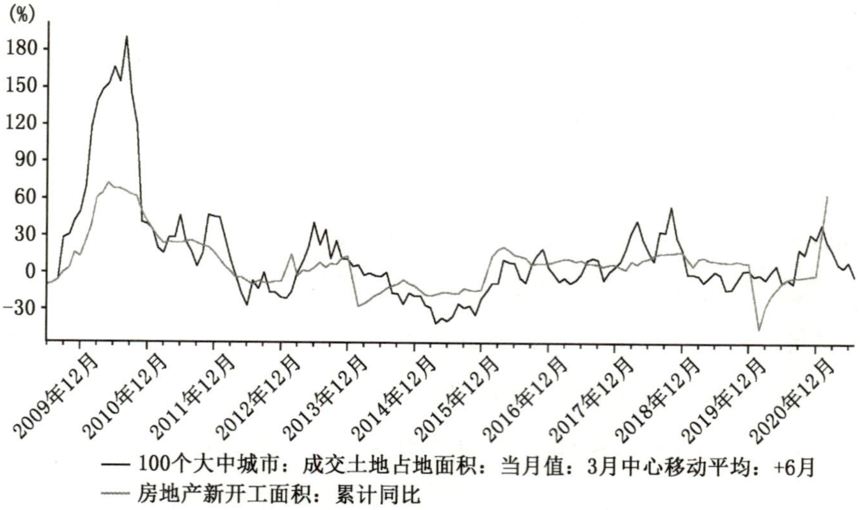

数据来源:Wind。

图 6.31　100 城市土地成交面积领先房地产新开工半年左右的时间

现在还剩下最后一个问题:净停工面积该怎么测算?

净停工面积是过去年份已经实现了开工,但后来因种种原因未能持续施工的项目。

要算2020年净停工面积,可以采用2019年施工面积减去2019年的竣工面积,得到2019年依旧在开工的面积,然后加上2020年新开工的面积,这个是理论上2020年的施工面积。它与实际的施工面积有差距,这个差距就是停工面积。把它减去2020年真实的施工面积,就是2020年停工面积了。

比如2019年施工面积是89.4亿平方米,竣工面积是9.6亿平方米,2020年新开工面积是22.4亿平方米,那么2020年理论上还在施工的面积是102.2亿平方米(89.4－9.6＋22.4),但2020年实际的施工面积是96.7亿平方米,所以有9.6亿平方米(102.2－96.7)的工地是停掉的状态。

净停工面积快速上升给房地产开发投资的预测造成了较大的困扰(见图6.32)。

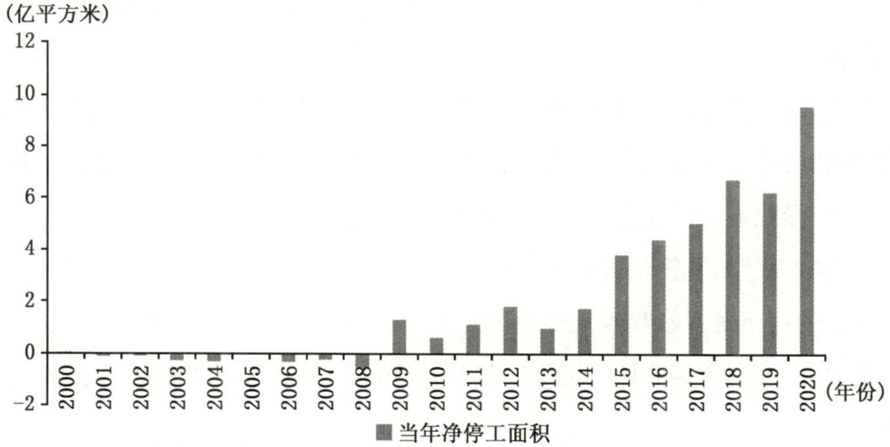

图6.32 净停工面积近年来快速上升

过去,净停工面积不大,基本可以忽略不计,这样测算房地产开发投资就可以直接通过土地购置和房地产施工面积完成,房地产施工面积又可以通过房地产新开工面积找到,而房地产新开工面积可以通过土地成交面积提前预判。

但是净停工面积占比越来越高以后,上述预测方法就不再可行了。因为净停工干扰了新开工对施工面积的预测关系(见图 6.33)。

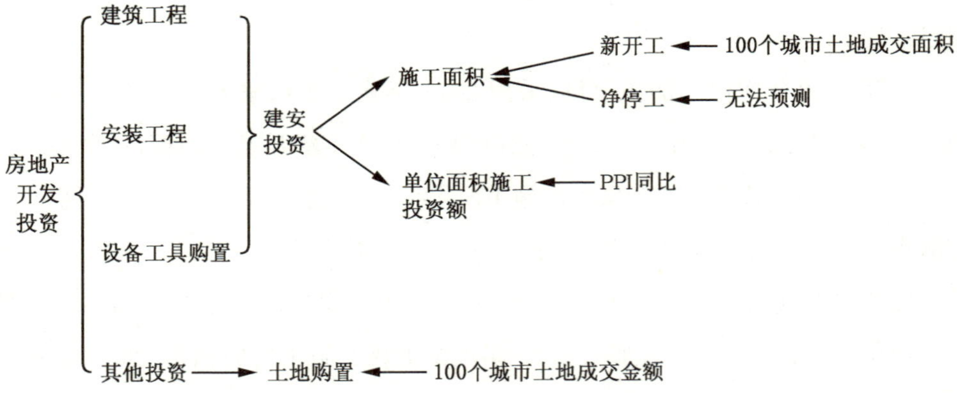

图 6.33　房地产开发投资预测逻辑图谱

为什么净停工面积会出现较快的上升呢?

主要还是因为近几年房企资金面不断收紧,存量资源都用来拼规模,把有限的金融和资金资源前置到拿地－开工－预售环节,去拼规模,拖了后端的施工－竣工环节的进度。

而且,随着资金面收紧,房企集中度不断上升,部分中小房企由于资金周转不畅,选择暂时停工,控制资金流出,也有中小房企实在没钱了,只能卖项目,退出房地产行业,导致近几年净停工规模不断上升。

"三条红线"的监管新规改变了房地产行业。

过去的房企融资收紧政策多数都是从金融机构的角度限制的,比如控制房企贷款集中度、控制房企非标融资等,但"三条红线"①是从房企本身的有息负债增速角度限制的。

开发商将根据其突破"红线"规则的数量被分类,根据分类结果,这些企业的债务增长将相应地受到限制。

如果"三条红线"都触碰了,则不得新增有息负债;如果碰到两条线,则负债年

① "三条红线"是:(1)房企剔除预收款后的资产负债率不得大于 70%;(2)房企的净负债率不得大于 100%;(3)房企的"现金短债比"小于 1。

增速不得超过5%;如果碰到一条线,则负债年增速不得超过10%;如果三条线都未碰到,则负债年增速不得超过15%。

按这样的监管规则,房企再难弯道超车了,“三条红线”限制了房企非理性拿地的可能性,强制地限制了房企无序的规模扩张。

对房企本身来说,外部融资的上限被约束,依靠房地产销售本身获取资金支持越来越重要。

第7章

制造业投资分析

制造业投资一边连接社会总供给，影响产能投放和工业生产，一边又连接社会总需求，是固定资产投资最重要的分项之一，并与地产、出口、消费等其他终端需求息息相关。

制造业投资一边连接社会总供给，影响产能投放和工业生产，一边又连接社会总需求，是固定资产投资最重要的分项之一，并与地产、出口、消费等其他终端需求息息相关，要完整、全面地理解它并非易事。

在本章中，我们首先从企业盈利预期、产能利用水平、盈利和融资状况这三个视角，归纳了制造业投资的总量分析框架。其次，我们从四个维度拆解了制造业投资，以更好地看清它的结构。最后，我们基于上述思路，简要地分析回顾了近年来制造业投资中所发生的新变化。

7.1　观测制造业投资的三个视角

制造业投资，指的是制造业企业开展的固定资产投资活动，它占整体固定资产投资规模的比例约为 1/3，是最重要的分项之一。由于在固定资产投资分析中，我们已经详细说明过相关核算方法，因此本文不再赘述。

制造业投资的特殊性在于，民间投资比例接近九成，几乎是所有国民经济行业中最高的(见图 7.1)。而以民企为主体的市场结构，决定了制造业超高的市场化程度。

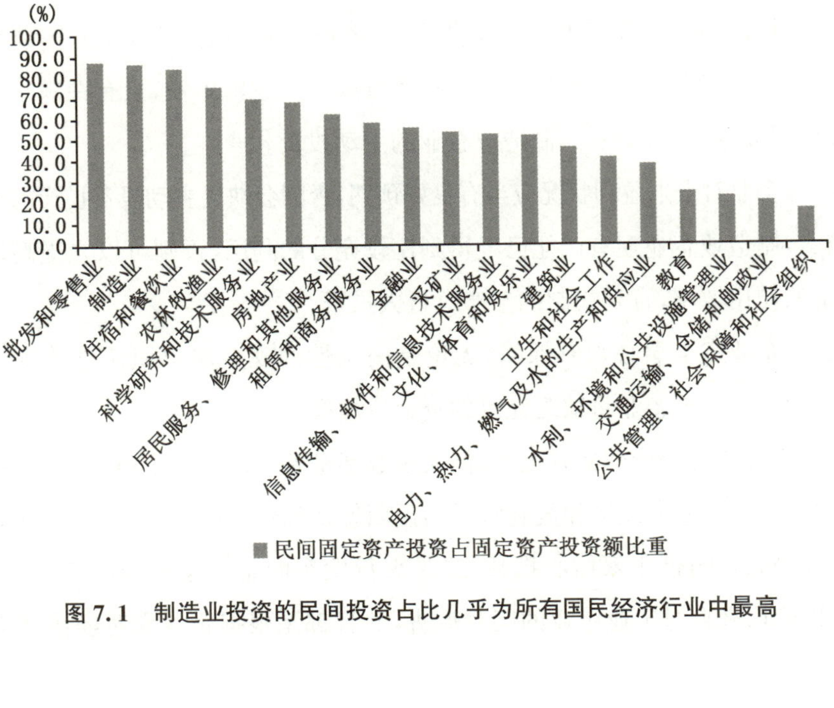

图 7.1　制造业投资的民间投资占比几乎为所有国民经济行业中最高

对于一个市场化主体来说，主动投资固定资产很谨慎。理论上说，只有投资回报率提升，并且预期未来回报率仍将维持在高位的时候，企业才有比较强的动力投资扩产。这一点可以得到历史数据证明，制造业上市公司的资本开支大约滞后 ROE 修复 1 年(见图 7.2)。

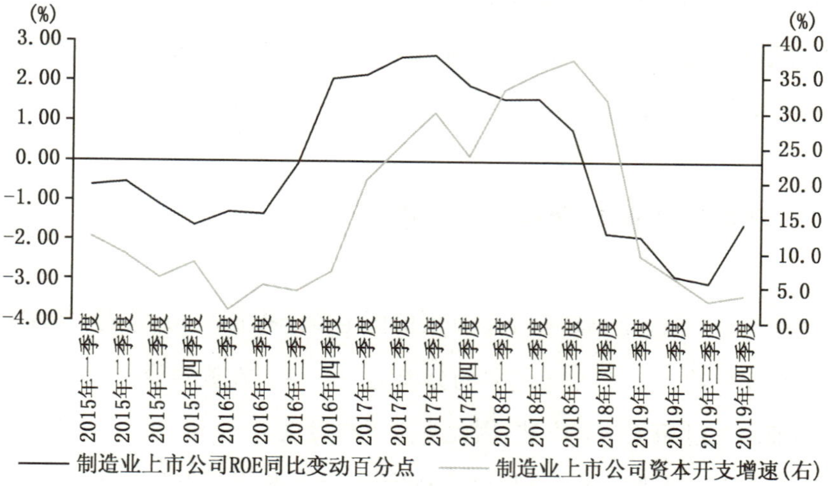

图 7.2 制造业上市公司资本开支增速约滞后 ROE 修复 1 年

根据杜邦分析法，我们可以继续将 ROE 拆成盈利预期(净利率)、产能利用率(资产周转率)、融资状况(资产负债率)三个维度。从逻辑出发，只有在满足这三方面条件的时候，我们才会看到制造业企业的主动投资。

第一，企业对未来盈利状况应当有良好预期，否则会缺乏主动投资扩产的意愿。

第二，制造业企业现有产能已经得到比较充分的利用，否则可以先提高现有厂房、设备的使用效率，直到快制约生产时再去投资。

第三，企业资金端必须有保障(无论是内源性的现金流累积还是外源性的股权、债权融资)，否则企业将缺乏充足的资金追加投资。

制造业投资的分析框架有很多，但大多数都是基于以上三个角度展开的。

那么，企业对未来经济和盈利状况的预期怎么观察？可以参考两个指标，一是国家统计局颁布的企业家信心指数，二是央行发布的企业家宏观经济热度指数。这两个指标均来自对工业企业的问卷调查，并且都是根据企业家对经济环境的定性判断编制而成，指数上升/下降代表有更多的企业家认为宏观经济在变好/变差。

尽管它们的统计方法(与 PMI 类似)和制造业投资有较大不同，但是从历史数据表现来看，它们对制造业投资的变动趋势有一定的领先性，拐点位置大约比制造业投资早了 1 年(见图 7.3)。

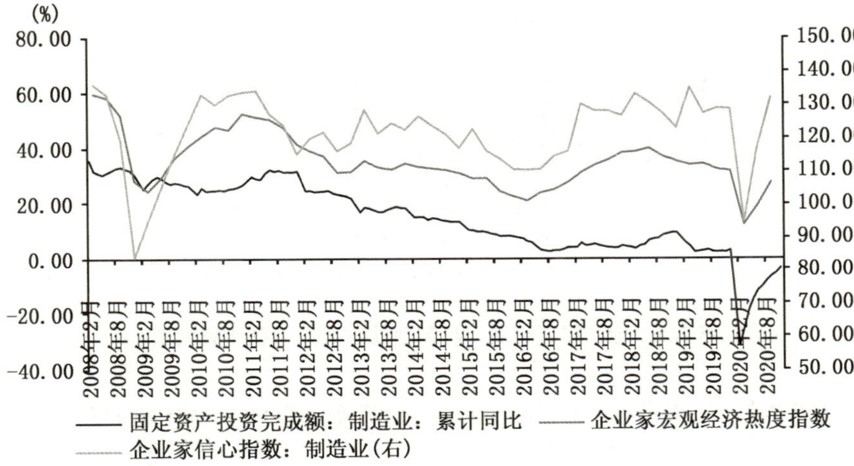

图 7.3　制造业投资增速约滞后企业家信心指数、企业家宏观经济热度指数 1 年

此外，企业盈利预期向好，大多数时候源于经济需求回暖。因此我们也可以直接观察地产、基建、出口、消费等经济变量，如果这些数据出现了明显好转，制造业投资大概率就将跟随回升。

其中地产投资、出口和制造业投资的相关性要更高一些(见图 7.4)，基建投资和消费相对较弱。原因在于消费属于慢变量，走势较为平坦，对制造业投资的影响不显著。而基建投资有时因为承担逆周期调节的任务，反而和顺周期的制造业投资走势呈现反向变动。相较之下，地产投资和出口一直是我国经济中的两个关键线索，并且由它们传导至制造业投资的逻辑要更通畅。

企业产能利用状况怎么看？先来看第一组数据，我们可以用央行公布的 5 000 户工业企业景气指数(同样是基于问卷调查计算出的扩散指数)中的设备能力利用水平、固定资产投资情况两个子项，分别指代企业产能利用率和投资状况，PMI 生产指数则可以用来表征生产状况。

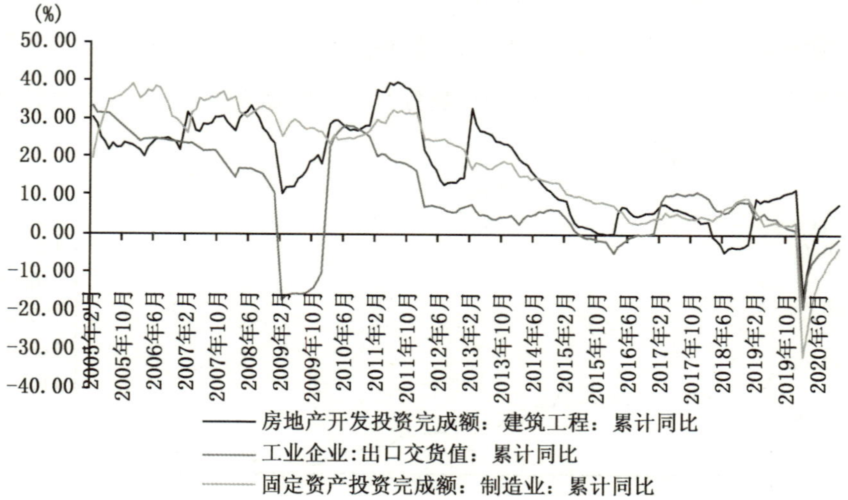

图 7.4　地产投资和出口与制造业投资的关联比较紧密

从这组数据看，生产、产能利用、投资的走势变动总体上是比较同步的，但生产的见顶回落更早一些，比如 2009 年年末和 2017 年年末 PMI 生产下行拐点出现，而设备利用能力和投资的下行拐点则滞后了 6—12 个月(见图 7.5)。

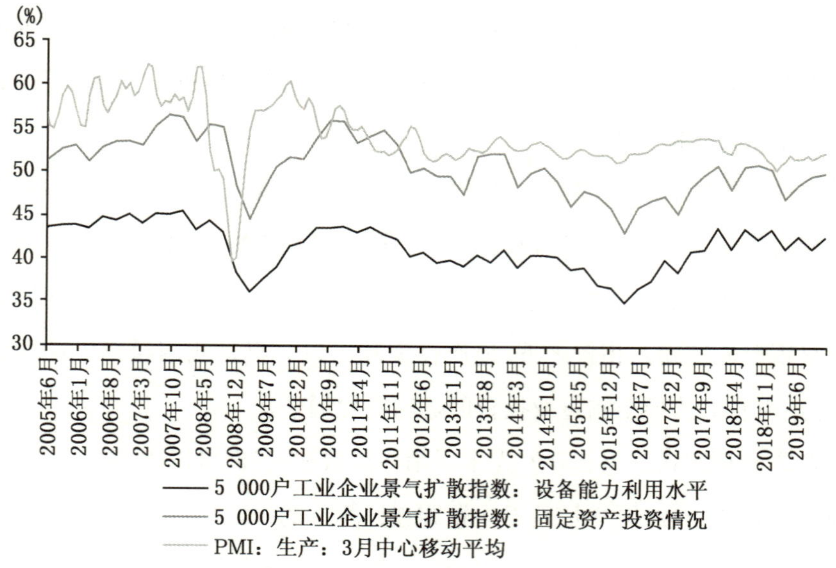

图 7.5　工业企业固定资产投资和设备能力利用水平的回落时点要滞后于 PMI

再来看另一组数据。我们可以用工业用电量或者工业企业营业收入反映工业生产情况(不直接采用工业增加值的原因是它在2013年后存在失真现象,走势过于平坦,我们曾提示过这一点),然后再将它和国家统计局颁布的工业产能利用率、制造业投资对比。三者的变动趋势有助于我们更好地理解产能利用率和制造业投资的关系。

工业生产决定了产能利用率的分子,制造业投资决定了分母。产能利用率如何变动,取决于这两者的动态调整(见图7.6)。

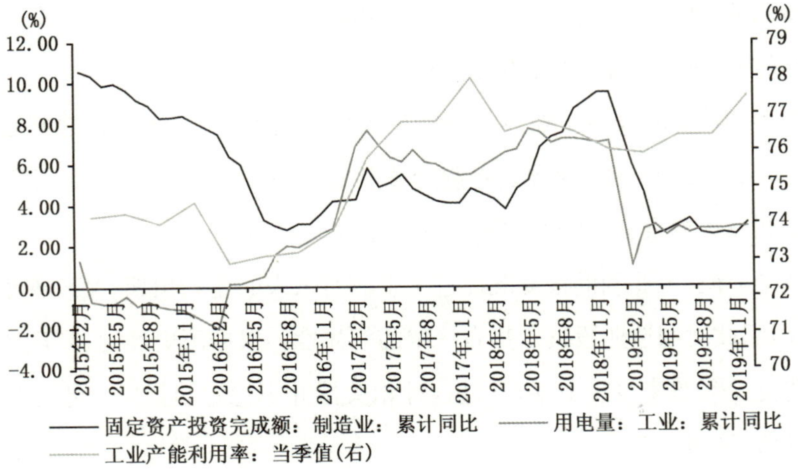

图7.6 工业用电量、制造业投资的动态调整决定了产能利用率的变化

一方面,产能利用率的提升说明生产在加快,经济需求正在好转,这也正是制造业投资回升的基础,例如在2016年,随着工业生产回暖,产能利用率、制造业投资依次见底回升。

另一方面,制造业投资加快将带来产能扩张,通过做大分母,也可能使得当期产能利用率下滑,例如2018年,工业生产和制造业投资同时回暖,但是工业生产在下半年走弱,而制造业投资则一直在强势上升,导致产能利用率逐渐回落。

制造业企业的资金状况怎么观察?国家统计局公布的制造业投资资金来源情况中,国家预算资金、国内贷款、利用外资、自筹资金、其他资金占比分别为0.4%、6.6%、0.6%、89.5%、2.8%(2017年数据),其中自筹资金占相当大的比重,国内贷款也占有一定比例。

自筹资金大部分来自企事业单位自有资金。尽管我们无法获取到整体的制造业投资中企事业单位自有资金的占比情况，但是个别行业的统计年鉴中曾披露过这一数据，例如2016年电子信息产业企事业单位自有资金占自筹资金比重约为30.7%，在所有资金来源中的占比为26.7%。由于电子信息产业和整体制造业的资金结构比较接近，因此我们判定整体制造业中的企事业自有资金占比在25%—30%。

但除了企事业单位自有资金外，自筹资金其他部分可能被严重高估了，部分贷款可能被算入自筹资金，我们在第4章中曾提示过这一点。

总体而言，我们要观察制造业的资金状况，最主要就是观察企事业自有资金(其中又以企业利润为主)和国内贷款两项。

近几年制造业利润占工业企业利润的比例接近九成，两者变化趋势也较为一致，由于国家统计局2014年才公布制造业利润增速，因此我们用时间序列更长的工业企业利润数据表征制造业利润的变化趋势。

从理论上说，工业利润修复既促进了企业对未来的盈利预期，又改善了企业的资金状况，因此对制造业投资走势有一定的领先性。根据历史经验，利润改善大致领先制造业投资增速回升1年，不过这种相关性并不稳定，且2012年之后两者走势存在背离(见图7.7)。

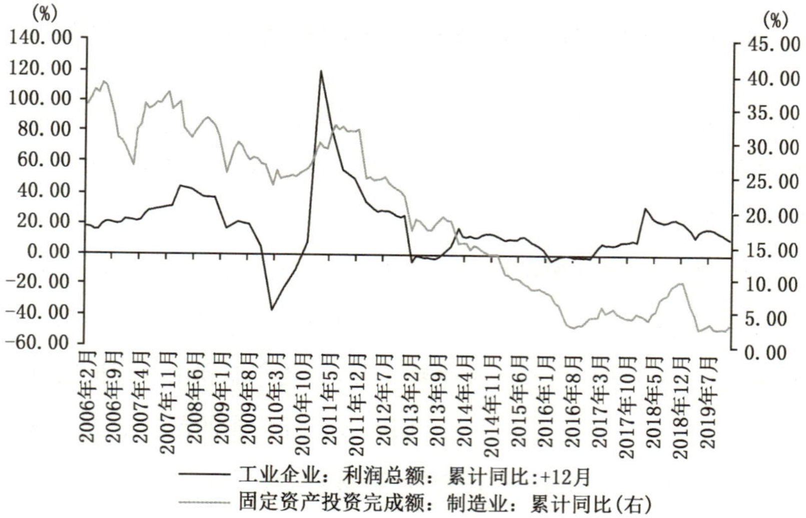

图7.7　制造业投资增速滞后工业企业利润约1年，但这种相关性并不稳定

导致背离出现的原因有很多，一是工业企业利润可能受下游需求影响，也可能受价格变动影响，而后者对制造业投资的影响路径更复杂；二是产能利用状况的不同，会影响制造业投资的反弹强度，2009 年刺激后的产能过剩局面以及 2016 年后的产能行政干预，是制造业投资与利润脱钩的大背景；三是企业利润只是资金来源的一部分，最终投资规模不仅取决于利润，还受当时融资环境的综合影响。

因此，尽管我们可以经验性地将工业企业利润视作制造业投资的前瞻指标之一，但如果只简单地根据企业盈利预测制造业投资，可能会形成误判。

再来看国内贷款。首先可以直接参考社融数据，滞后 18 个月的社融存量同比增速与制造业投资增速有不错的相关性（见图 7.8），但是如此长的滞后期一定程度上削弱了社融增速的参考价值。

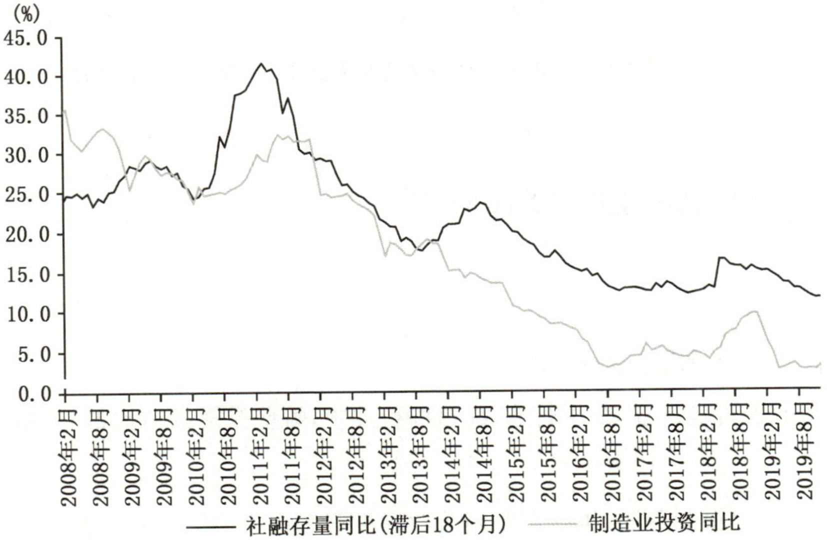

图 7.8 滞后 18 个月的社融存量同比与制造业投资相关性较好

其次可以参考制造业贷款需求指数。它是由央行编制的、反映银行家对制造业贷款需求情况判断的扩散指数，全国共调查各类银行机构 3 000 家左右，当该指数上升时，意味着有更多的银行家认为制造业贷款需求在增长。

从历史数据看，制造业贷款需求指数与制造业固定资产投资走势也存在一定相关性（但这种相关性同样不够稳定）（见图 7.9）。另外需说明的是，2020 年一季度制造业投资大幅下滑，制造业贷款需求却快速冲高，原因在于这时的贷款需求更多指向补充企业流动性和保障资金链，而非投资扩产。

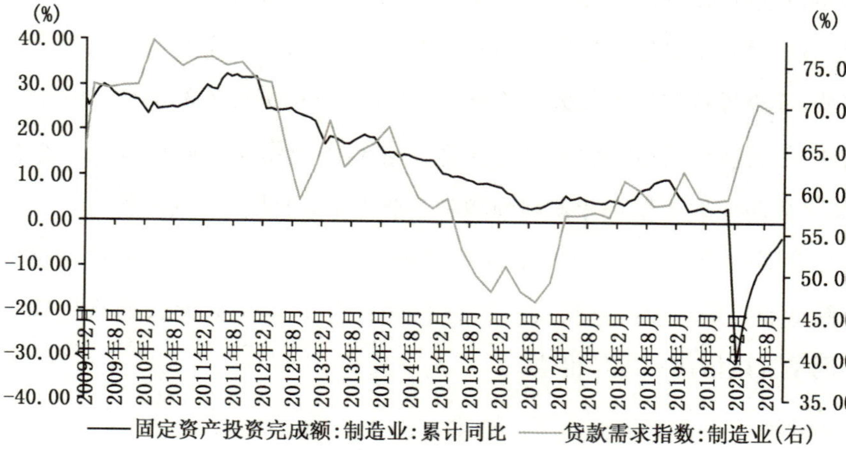

图 7.9　制造业贷款需求指数与制造业投资波动具有一定的相关性

7.2　拆解制造业投资的四个维度

7.2.1　由哪些行业驱动

制造业投资包含 31 个子行业，在这些行业中，哪些投资额占比最高、最值得我们关注？

第一，原材料制造业、机械设备制造业的投资额规模位居前列。截至 2017 年，非金属矿物制品业、化学原料及化学制品制造业的投资额占比最高，分别为 8.8%和 7.2%，接下来是电气机械、通用设备、汽车、计算机通信、专用设备制造业等，它们的投资额占比在 6.5%—7%不等。仅这 7 大行业的固定资产投资规模，就达到了整个制造业投资的 49.5%。

第二，近年来制造业投资的行业结构有所优化，传统高污染高能耗产业（如非金属矿物制品业、化学原料及化学制品制造业、有色金属冶炼、黑色金属冶炼等行业）的 2017 年投资占比明显低于 2012 年（见图 7.10）。而中高端制造业以及部分消费制造业的投资占比则有所提升，如计算机通信制造业、医药制造业等。

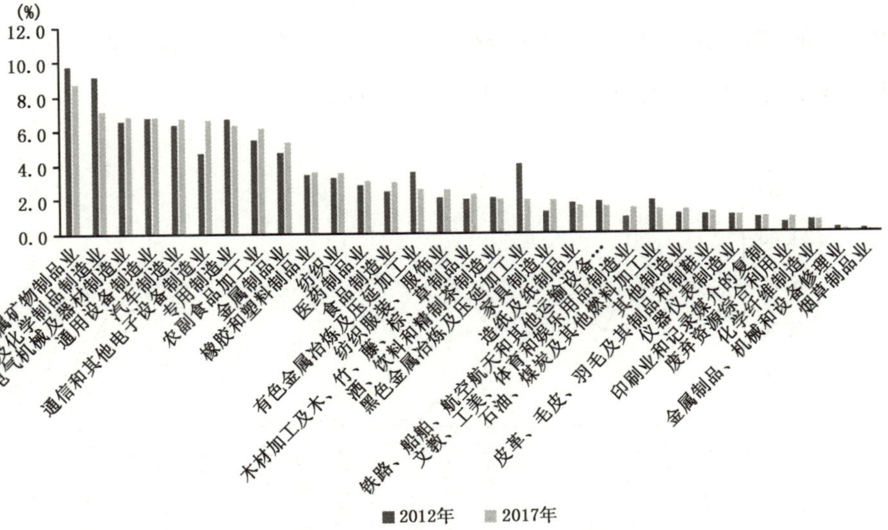

图 7.10　2012 年和 2017 年各制造业行业的投资占比对比

我们再进一步将所有行业简化为上中下游（剔除了其他制造业、废弃资源综合利用业以及金属制品、机械和设备修理业 3 个子行业），具体划分方法与第二章中的产业链划分方法一致。

由于制造业不包含上游采矿业，因此我们仅分出了中游原材料、中游机械设备和下游消费品。这三者在制造业投资中的占比分别为 31.5%、30.9%、35.1%。

从产业链逻辑看，固定资产投资和工业生产存在共通之处：如果需求回暖，理论上就应当先从最靠近终端需求的下游开始加快生产、补库存、投资扩产，然后再逐渐向中游机械设备、原材料制造业的投资增速传导。

不过，中游原材料、中游机械设备、下游消费制造业面向的需求项并不一致，中游原材料制造业（如钢铁、水泥等）比较靠近地产和基建投资；下游消费与社零的相关性更高；中游机械设备则对应多类需求，同时有地产、基建、出口，甚至包括了其他制造业投资。当不同需求的变化存在差异时，上中下游的投资也可能会各自走出独立趋势。

从现实来看，情况还要复杂得多。尤其是在 2016 年以来，三者走势出现了明显背离：中游机械设备投资自 2016 年下半年开始率先回暖，2017 年回调，2018 年继续上行。中游原材料投资增速于 2016—2017 年止跌企稳，且一直在 0%的低位附近徘徊，然后到 2018 年出现一轮明显回升。下游消费品投资则在 2016—2017 年持续下滑，然后同样在 2018 年出现了小幅回升。

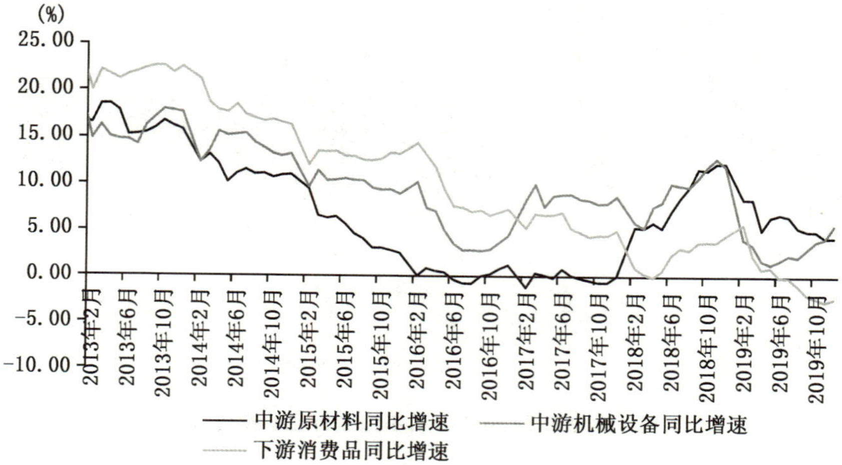

图 7.11　2016 年后制造业投资内部出现了严重的行业分化现象

再来看上中下游行业对制造业投资增速的拉动点数。2015 年及之前，中游原材料对制造业投资的支撑在不断减弱，而中游机械设备、下游消费品则相对稳定。

到了 2016—2017 年，中游原材料对制造业投资增速几乎没有形成贡献，全由中游机械设备、下游消费品来支撑，两者拉动点数大约各占一半。

而在 2018 年，中游原材料投资明显回暖，成为支撑制造业投资回升最重要的力量(不过中游机械设备、下游消费也有一定贡献)。

2019 年后，中游机械设备、下游消费品投资的快速收窄，带动制造业投资增速断崖式下滑，中游原材料投资增速则保持了韧性。

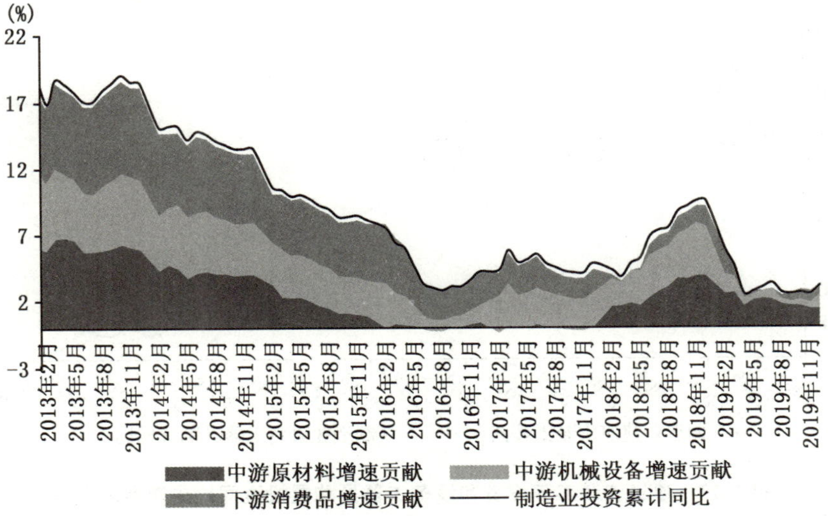

图 7.12 各类行业对制造业投资增速的拉动点数变化

这段时期制造业投资严重的行业分化问题将在最后一节详细的分析。

7.2.2 厂房及设备投资

作为固定资产投资的分项之一，制造业投资也可以被拆解为建筑安装工程、设备工器具购置以及其他费用。对于制造业投资而言，建筑安装工程可以简单理解为造厂房，而设备工器具购置投资指的是买设备。

截至 2017 年年底，制造业建筑安装工程投资占比约为 57%，设备工器具购置投资占比约为 38%，两者都是制造业投资中的重要内容(而对于基建、地产投资来说，设备工器具购置没那么重要)。剩下还有一些其他费用，占比为 5%，我们一般不必关注。

建筑安装工程和设备工器具购置的同比走势比较相近，大趋势都是在持续下行，但细节上有些不同(见图 7.13)。值得注意的是，对于设备工器具购置投资而言，似乎每隔 2 年都会规律性地出现一次增速反弹。

需要注意的是，建筑安装工程和设备工器具购置投资都只有年数据，不便进一步展开分析，我们可以找一些替代指标来进行更高频的观察。

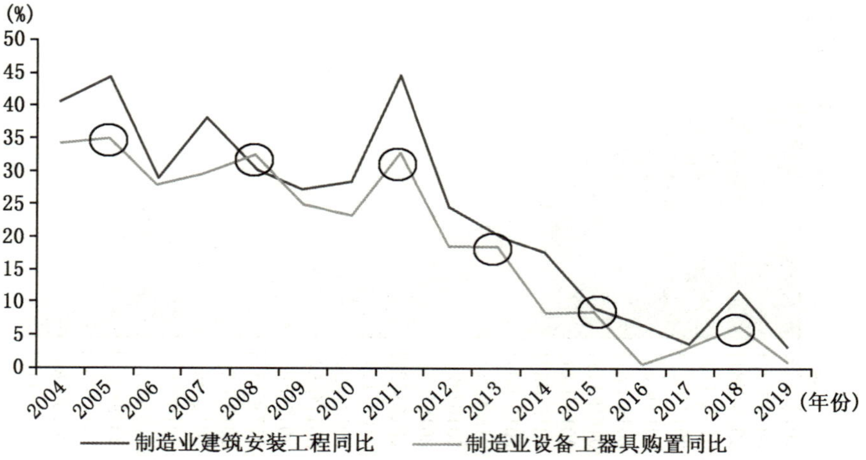

图 7.13 建筑安装工程投资和设备工器具购置投资同比走势有所差异

与制造业的建筑安装工程投资对等的经济概念应当是厂房仓库施工面积/价值，但由于缺乏施工数据，我们可以暂且用建筑业厂房仓库竣工面积近似替代，它的历史走势与制造业建筑安装工程投资有不错的相关性（见图 7.14）。

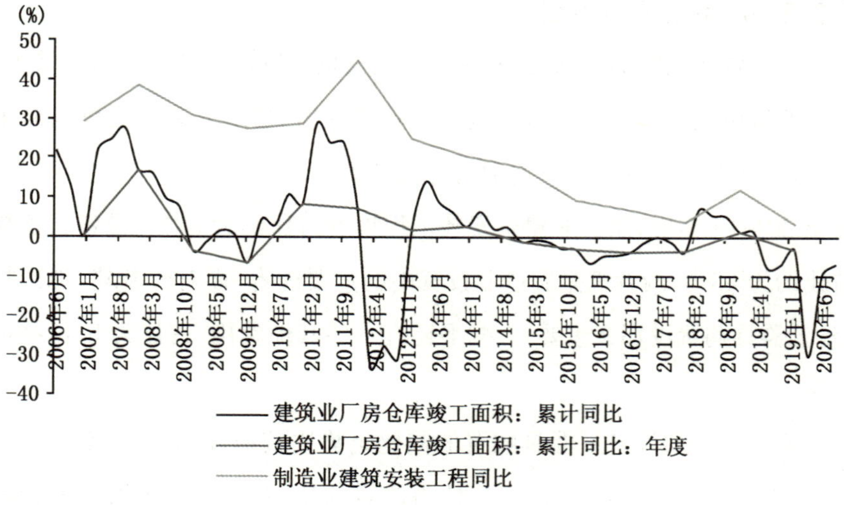

图 7.14 建筑业厂房仓库竣工面积同比与制造业建筑安装工程投资同比有较好的相关性

从季频的厂房仓库面积竣工同比看，大约从 2016 年二季度开始，制造业的厂房建设活动就已经逐渐回暖了，但力度较为微弱，在2016—2017年间同比增速始终未能转为正值。

制造业设备工器具投资，理论上可以用一些常见的机器设备产量近似替代，比如金属切削机床、金属冶炼设备产量等，但从实际效果来看，拟合效果比较一般（见图7.15）。哪怕是匹配程度更高的非金属矿物制品业投资和水泥专用设备产量，走势背离的情况也很多（见图7.16），这反映出制造业投资数据本身可能存在一定的统计失真问题。

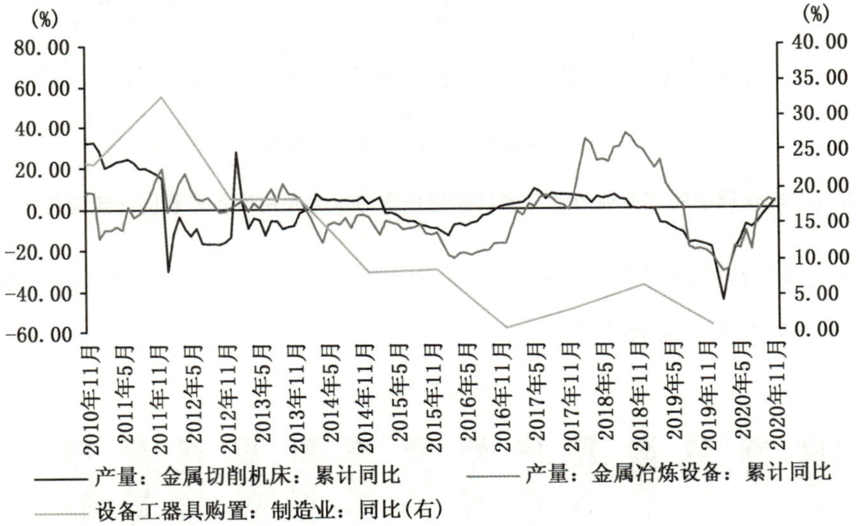

图7.15 制造业设备工器具购置投资和相关机器设备产量同比走势差异较大

7.2.3 主动和被动投资

制造业投资可以分为主动投资和被动投资。主动投资多是企业看好未来市场而新建或者扩建项目，需要满足我们在上文提到的盈利预期好转、产能存在缺口、融资修复等条件。而被动投资多是企业现有设备影响了生产但又不看好未来市场，或者达不到新的环保标准等，从而被动对现有厂房、设备等进行改建或者技术升级。

2006年至今，制造业的主动投资占比在逐渐缩小，被动投资占比则明显扩张，

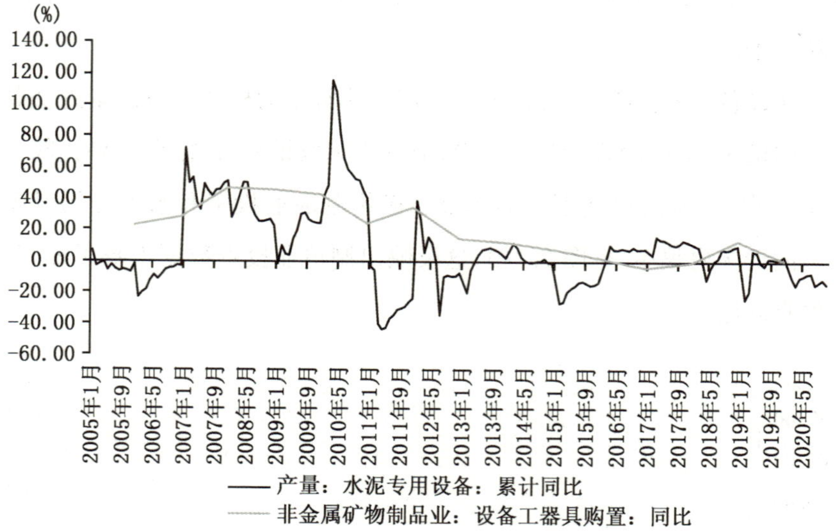

图 7.16　非金属矿物制品业设备工器具购置投资与水泥专用设备产量同比走势差异较大

到了 2019 年，被动投资占比已经上升至 34.1%，主动投资占比为 61.9%（剩下还有 4%的其他投资）（见图 7.17）。

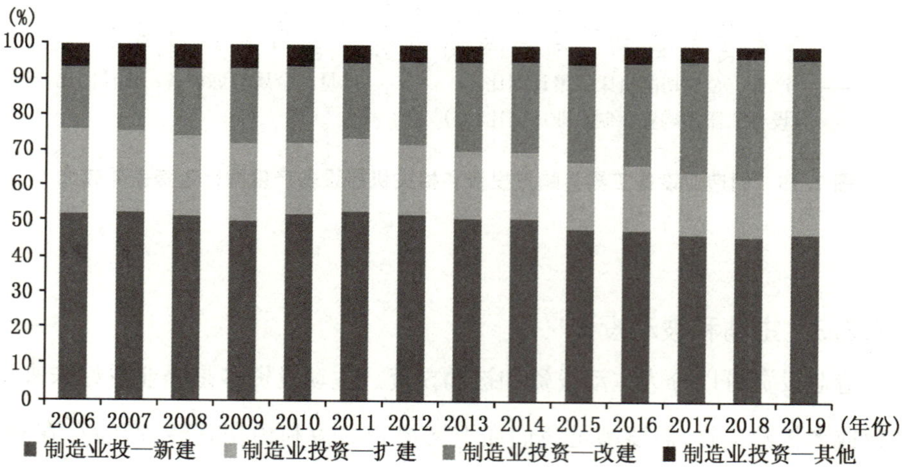

图 7.17　改建投资在制造业投资的比例越来越大

2011 年以来，尽管被动投资和主动投资增速都趋于下行，但被动投资增速多数时间下要高于主动投资，原因在于被动投资的刚性特征更显著（设备老化后不得不改造或更新换代)，在经济状况较差的情况下，表现要好于对基本面和企业盈利更敏感的主动投资。

另外，主动投资和被动投资在持续性上有着很大不同。主动投资通常增速回升的时间较长(见图 7.18)。比如 2010—2011 年，当时制造业新建与改建项目的增速反弹力度非常大，因此这轮制造业投资回暖持续了 17 个月，此后增速还在高位运行了 7 个月才明显回落。

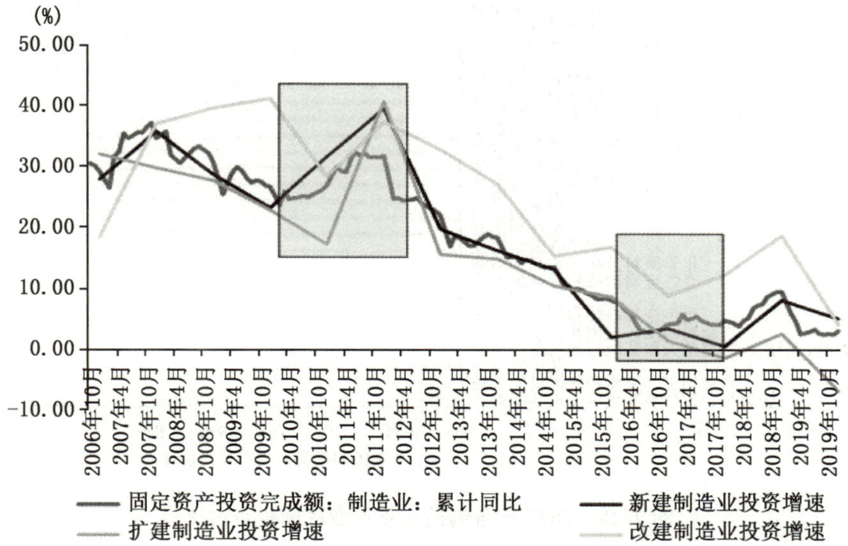

图 7.18 主动投资的持续时间一般会长于被动投资

而被动投资持续时间一般比较短。2016—2017 年制造业投资短暂企稳是个典型的例子，尽管改建投资增速有所回升，但新建和扩建投资并没有起来，因此这轮制造业投资回暖最终只持续了 7 个月，反弹力度也很弱。

7.2.4 民企和国企投资

制造业投资中，民间投资占比约为 87%，非民间投资占比为 13%。这里需要说明的是，民间投资并非完全是我们所理解的民企投资，还包括少量的公有制经济成分，比如集体企业等。非民间投资也并非完全是国企投资，还包括外企投资，其中国有控股制造业投资占非民间制造业投资的 60%—65%。

再来看具体行业，除了烟草制造业的民间投资占比只有18.6%以外，其他行业均超过了60%（见图7.19）。其中原材料、机械设备制造业的民间投资占比相对偏低，如计算机通信、石油、运输设备、钢铁等产业的民间投资占比都在80%以下（2017年数据）。

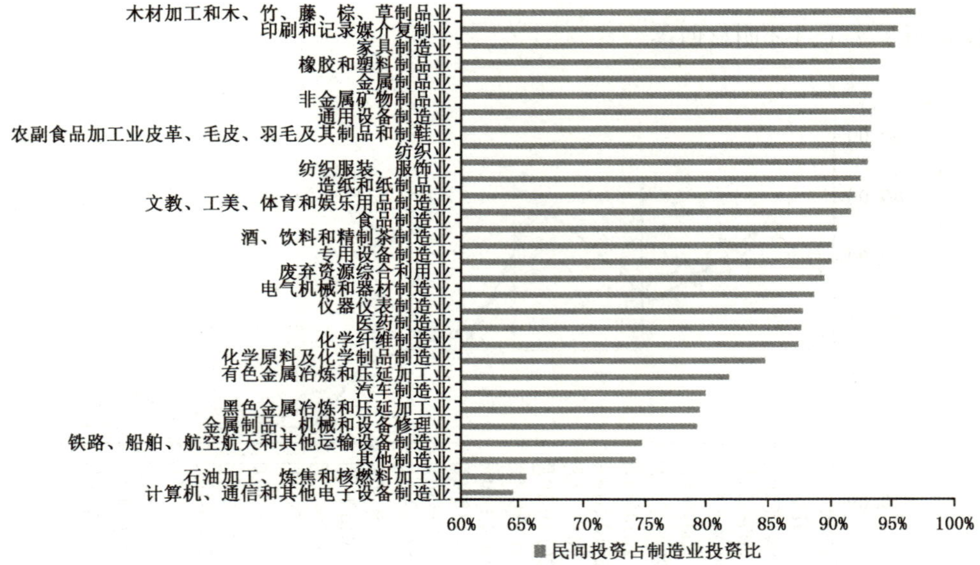

图7.19 2017年各制造业子行业民间投资占比

近年来，民间投资和非民间投资走势存在较为明显的分化（见图7.20）。例如非民间制造业投资增速于2016年初快速上升，并且全年都维持在高位，而民间制造业投资直到2018年二季度才开始企稳回升。

启动时点之间有2年多的时间差，可能由两方面原因导致：

一是行业差异，非民间投资占比更高的行业如石油加工冶炼业、黑色金属加工冶炼业，均在2016年出现了投资增速的回升，而非民间投资占比较低的行业则大多在2018年才开始回升，因此所有制分化可能只是行业分化的另一种表现形式。

二是民企面临的资金约束要显著强于国企，在不看好未来需求的情况下，民间制造业企业对资本开支更为谨慎，合理的策略是优先利用已有产能，等到产能制约生产的时候再选择投资扩产，因此投资增速的回升要更为滞后。

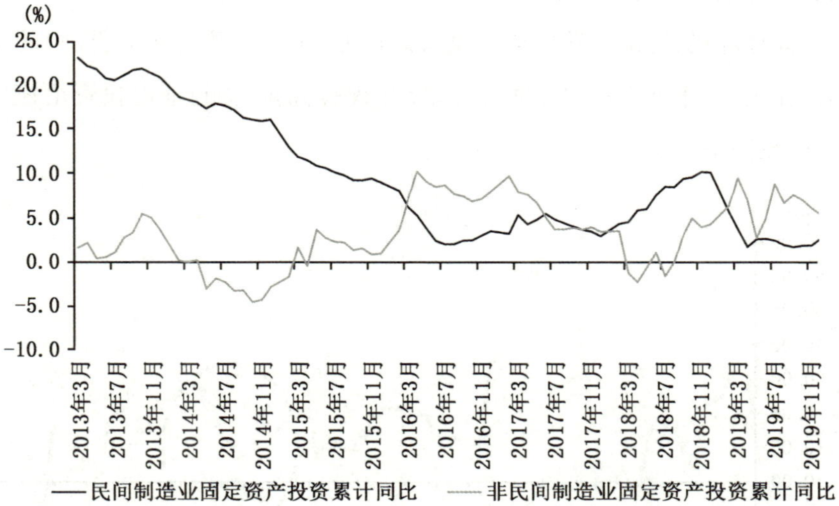

图 7.20 近年来民间投资和非民间投资走势存在明显分化

7.3 制造业投资回顾

7.3.1 制造业投资正在发生哪些新变化

由于近年来制造业投资的走势波动相对较大,且存在一些“不寻常”的现象,因此我们来简单回顾一下这段时期制造业投资的变化过程。

2012—2016 年,中国实体经济需求趋弱,无论是出口、消费还是地产投资均在下行,产能利用率也在不断走低。因为看不到需求回暖,所以制造业投资意愿也比较低迷。这段时期制造业投资整体处于下行趋势,尽管其间经历了一些阶段性反弹(比如 2013 年 7—10 月),但反弹持续期非常短。

2016 年 8 月,制造业投资累计增速在触底 2.8%后出现小幅回升,这一次微弱的回升持续了大约半年。这一是因为供给侧结构性改革后,PPI 同比强势回升,带动了制造业企业利润修复,改善了企业盈利预期和内源融资状况;二是因为房地产投资和出口回暖,需求有所提振。

这次反弹最强势的行业是中游机械设备，主要和全球经济复苏带动出口好转有关。例如计算机、通信和其他电子设备制造业（出口依赖度相对更高）的出口交货值同比在2016年下半年快速回升，2017年保持高位，该行业的投资增速也同步出现反弹（见图7.21）。

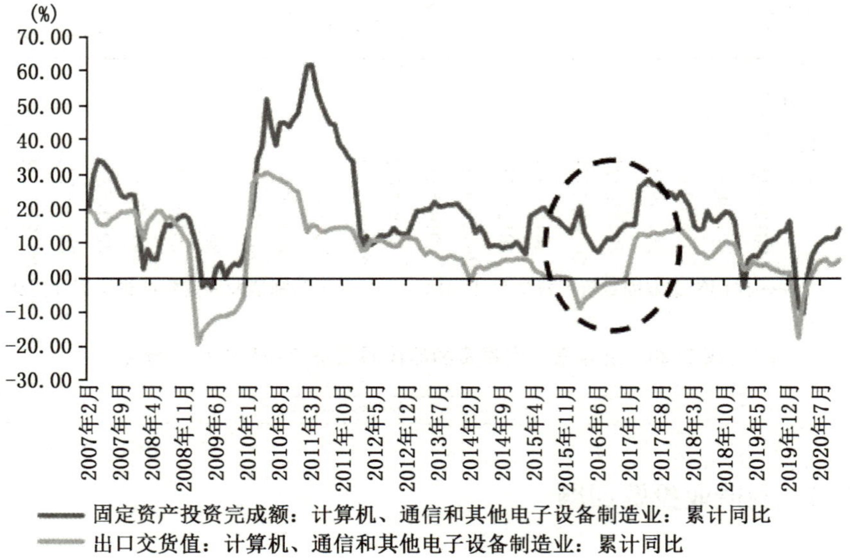

图7.21　2016年计算机、通信和其他电子设备制造业的出口交货值同比回升，投资同比也跟随回升

2017年3月至2018年初，经济动能再次放缓，PPI同比和工业企业利润总额见顶回落（但仍处于相对高位），同时出口和房地产投资等需求开始弱化，导致制造业投资增速转为平缓下行（见图7.22）。

总的来看，2016—2017年中国经济仍处于大的下行周期，需求始终较为疲软，因此制造业投资反弹力度很弱、持续时间也很短。此外，偏低的产能利用率使得企业更愿意优先利用现有产能，也制约了制造业投资的反弹空间。

值得注意的是，中游原材料制造业本来是这段时期直接受益于PPI回升、盈利修复最快的行业，但是我们上文也提及，它在2016—2017年间的增速始终徘徊在低位，对制造投资增速的贡献其实很小，这也是这段时期制造业投资回升力度较弱的重要原因之一。

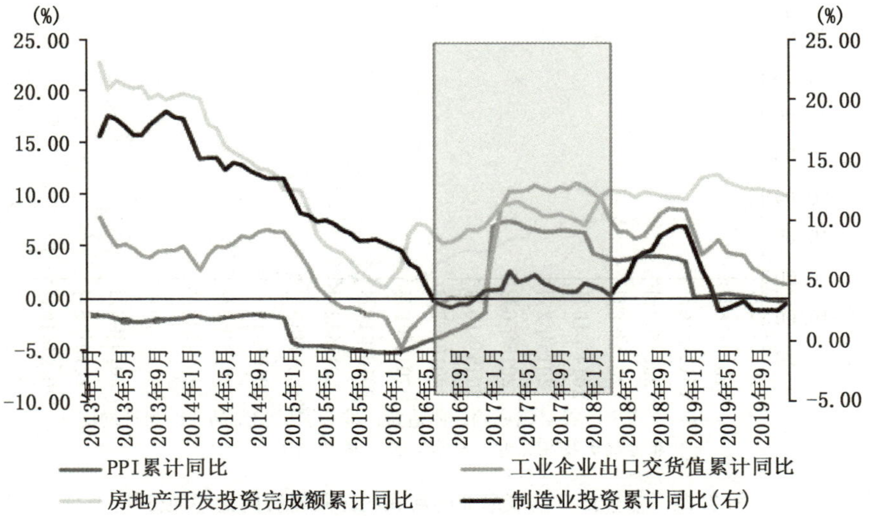

图 7.22　2017 年地产投资、出口、PPI 增速放缓，带动制造业投资下行

中游原材料中投资规模最大的化学原料及化学制品制造业、非金属矿物制品业的利润增速在 2016—2017 年大幅抬升，但是投资增速被明显压制在 0%附近（见图 7.23 和图 7.24），即便是利润到投资存在传导时滞，也很难完全解释这一点。

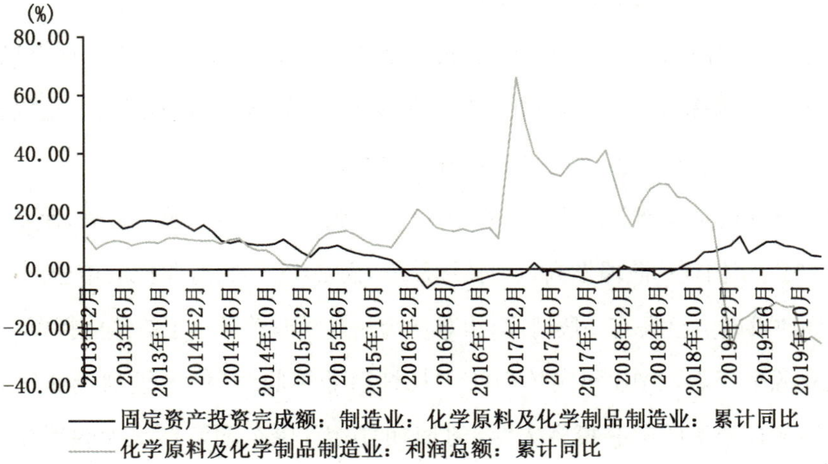

图 7.23　化学原料及化学制品制造业的利润同比和投资同比明显分化

这或许和这段时期较为严格的产能管控政策有关，中游原材料制造业领域新

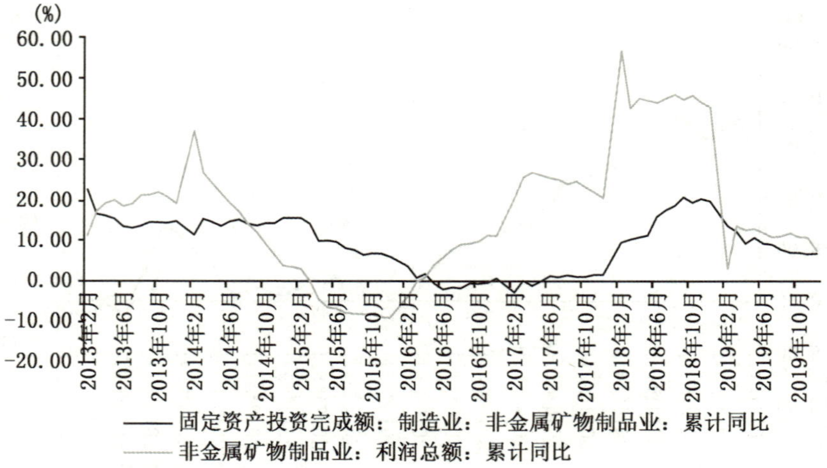

图 7.24 非金属矿物制品业的利润同比和投资同比明显分化

进入的企业较少，同时现有企业的投资扩产规模也遭到了持续限制（比如只能通过产能置换的方式新增产能）。

制造业投资增速在 2018 年 3 月到达阶段性底部 3.8%后一路攀升，全年增速回升至 9.5%，创下 2014 年以来年度新高，成为 2018 年表现最亮眼的需求变量，也是宏观经济得以平稳收官的重要支撑。

但是 2018 年中国经济面临内忧外患，各方对未来需求整体持悲观态度，尤其是在中美贸易摩擦对出口产业链冲击存在较大不确定性的情况下，企业盈利预期并不强，主动新建和扩建产能并非企业的理性策略。

资金条件也不支持制造业企业在 2018 年扩张投资。从内源融资看，制造业利润增速自 2017 年初到达阶段性高点后持续放缓，而 2018 年制造业投资增速回升时点，距离利润改善时点已经有一段时间，很难认为是利润改善驱动了制造业投资。

从外源融资看，2018 年实体经济去杠杆后非标收缩，低评级制造业民企来说发行信用债还要面临部分投资人“一刀切”的压力，民企融资环境大幅恶化。同时信贷状况也较为一般，制造业贷款需求指数于 2018 年一季度见顶后连续两个季度下滑，四季度微弱反弹，但距离高点仍有差距。

制造业上市公司货币资金同比增速处于低位，也说明 2018 年企业流动性并不充裕(见图 7.25)。

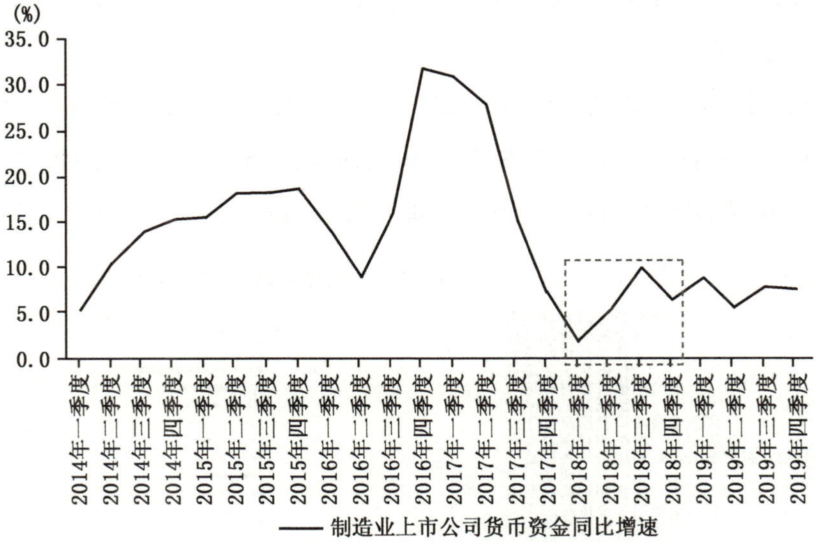

图 7.25　2018 年制造业上市公司货币资金同比增速处于低位

可能有两个原因促成了 2018 年制造业投资回暖。

一是设备老化制约到生产,上一轮制造业投资回暖始于 2010 年初,景气周期持续了 2 年,其间购置了大量机械设备,而在经历了 8 年左右的折旧期后,部分制造业行业可能面临着设备更新需求。

二是在环保整治压力下,一些高污染产业(如水泥、化工等)为满足新标准,不得不改造升级已有厂房设备。而在企业前两年积累了较多利润盈余的情况下,这些需求于 2018 年集中释放。这可能也是中游原材料制造业成为 2018 年投资回升主力的原因。

2019 年,我国制造业投资未能延续 2018 年的高景气度。年初制造业投资累计增速遭遇断崖式下滑,从 2018 年末的 9.5%一路跌至 2019 年 4 月的 2.5%的历史低点,此后一直在底部区域徘徊,成为 2019 年宏观经济的重要拖累项。

这背后有多重原因交织。首先和 2018 年以来的设备更新周期结束有关,企业被动投资缺乏后续动力,并迅速滑落。

其次是受中美贸易摩擦、全球经济疲软影响,出口严重受挫,进而拖累了相关制造业部门投资。在2019年所有终端需求中，地产韧性延续，基建微弱回升，消费作为慢变量变化不显著，明显恶化的需求只有出口，2019年制造业投资增速与出口增速同步骤降。

对出口依赖度比较高的制造业（图7.26中白柱），2019的工业生产受影响程度相对更大，计算机、通信、家具制造、纺织业、机械设备等典型的出口依赖型行业，2019年工业增加值增速较2018年均出现了大幅下降。

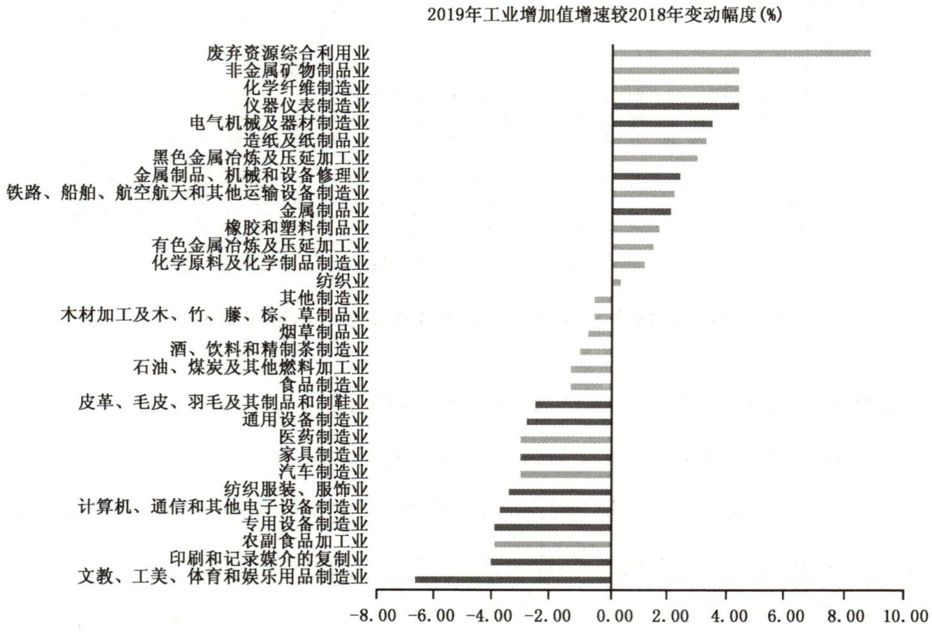

图7.26　2019年出口依赖度较高的行业工业生产受影响更大

生产活动的低迷使得出口依赖部门的投资积极性大幅减弱，从2018年的两位数滑落至2019年的不足2%（见图7.27），下行幅度明显大过非出口依赖部门，这也意味着2019年制造业投资很大程度上是被出口所拖累。

最后是资金约束。从内源融资看，工业企业利润增速已经进入下行通道，从2017年的21%，一路下滑至2018年的10.3%以及2019年的－3.3%。

从外源融资看，尽管自2018年以来中央出台了多项政策加大对民企融资的支持力度，但成效并不显著。从社融、债券发行、贷款需求指数等多项数据看，制造业

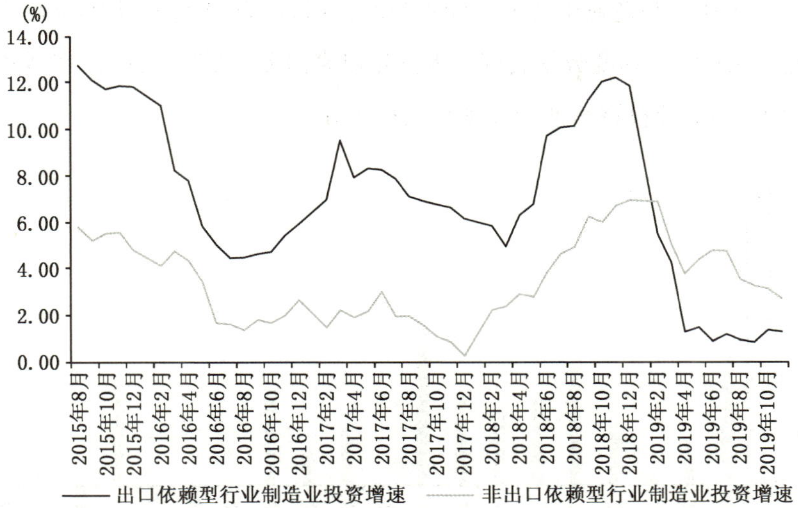

图 7.27 2019 年出口依赖型行业的投资增速降幅更明显

的融资条件比较一般。以债券为例，2019 年民企债券净融资除 4 月有所好转外，基本均为负数，且还在处于下行趋势(相较之下国企债券净融资的表现并不差)，反映了民企在债券市场的融资乏力(见图 7.28)。

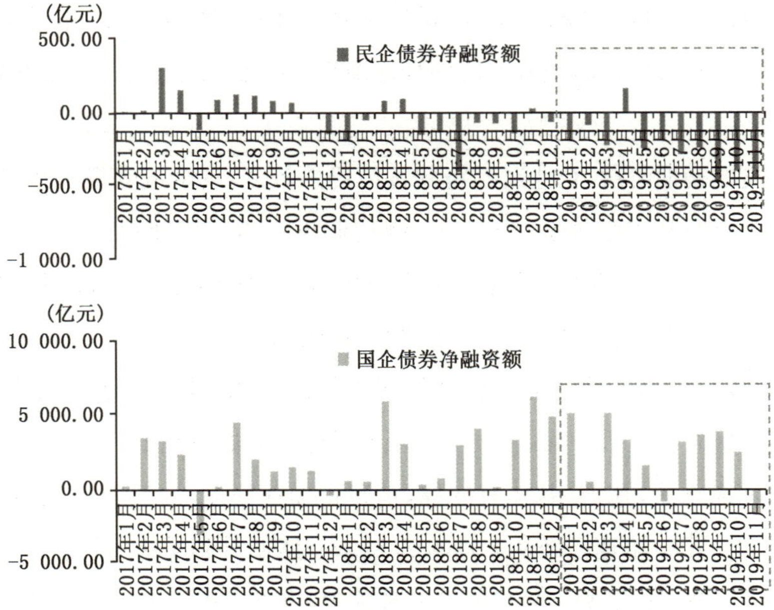

图 7.28 2019 年民企债券融资情况继续恶化，且明显弱于国企

上市公司作为制造业中实力比较强劲的公司，自2018年以来筹资性现金流一直在恶化，2019年二季度数据表现为近五年以来最差(见图7.29)。在融资条件恶化的情况下，制造业投资增速的表现自然也不佳。

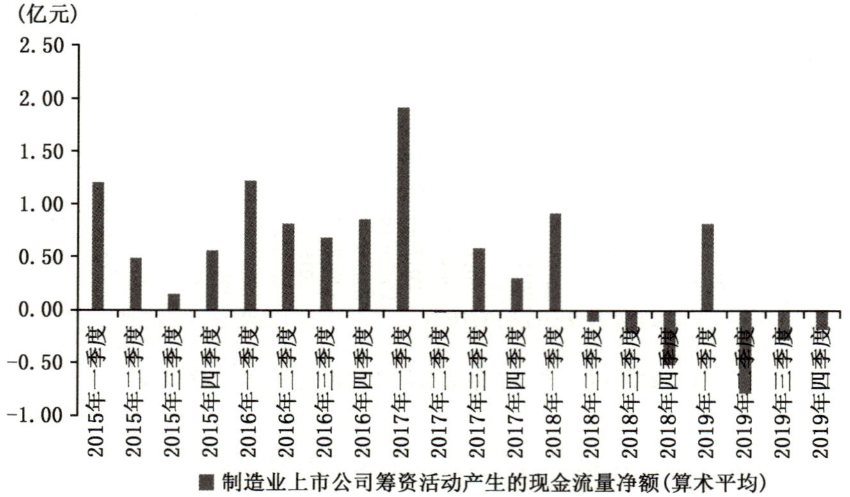

图7.29　2019年制造业上市公司筹资现金流表现较差

2020年一季度受疫情影响，制造业投资跌入冰点，2月累计增速只有－31.5%，为历史最低值，随着疫情形势逐渐得到控制，企业投资活动开始渐渐恢复。

在恢复的初期阶段，企业对经济的忧虑仍然较多，现金流受损也比较严重，因此制造业投资回升速率偏慢，4－7月，制造业投资当月增速仅从－6.7%回升至－3.1%。但是自8月以来，制造业投资的修复速度加快，尤其是11月的当月增速上冲至12.2%，已经超过了2019年的水平(见图7.30)。

这主要是因为制造业企业对经济的预期在好转。截止到2020年9月，制造业企业家信心指数已经回升至131.86，已经算是近年来的较高值。

从各项需求看，地产、基建有支撑，消费正加速修复，出口的表现则相当亮眼(见图7.31)。出口增速已经从7月的7.2%，一路回升到了11月的21.1%，从近几个月集装箱短缺以及海运价格暴涨的现象中，也可以窥见出口的火爆程度。

出口高增背后的原因在于，为应对疫情，发达国家出台了大量货币财政刺激政

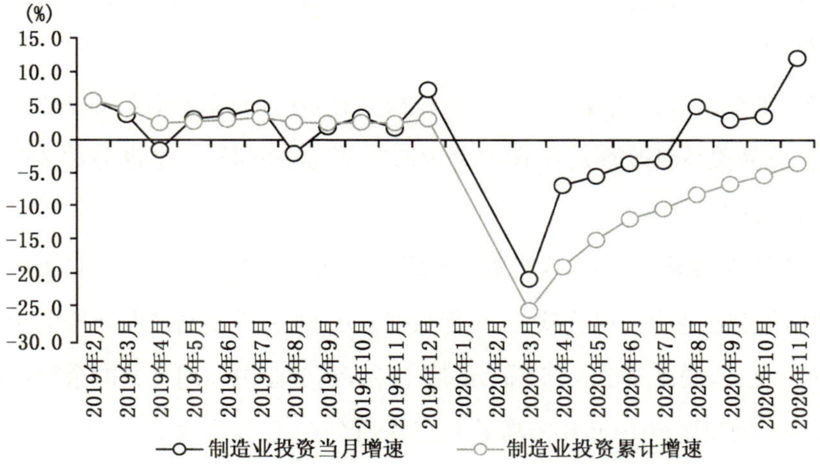

图 7.30　2020 年 8 月后制造业投资加速回升

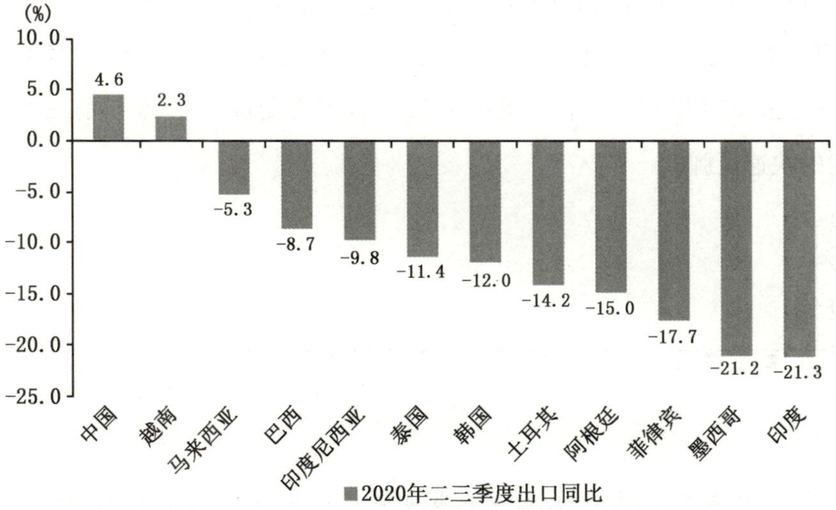

图 7.31　中国的二三季度出口在全球新兴市场国家中表现亮眼

策，促使居民消费加速修复，但同时海外疫情又让许多国家的生产放缓甚至停滞，这就使得出口订单不断向防疫形势较好、生产恢复最快的中国集中。

而当出口订单集中到中国后，一些外贸企业出现了产能不足的问题，部分企业的订单生产甚至已经排到 2021 年年中之后。面对如此强劲的需求，企业自然会提高产能利用率，并通过扩大产能或技改提升生产率的方式加速消化订单，以保证利润最大化。

此外，现在出口领域还出现了一些积极变化，比如拜登接任特朗普（当时市场预期中美贸易关系将改善）、15 国签署 RECP 等，这些利好消息也会对制造业企业的信心有所提振。

再从贷款的角度看，制造业投资也有回升基础。2020 年政府工作报告中明确提出“大幅增加制造业中长期贷款”。央行数据显示，前三季度制造业新增的中长期贷款为 9 675 亿元，同比多增 6 362 亿元。9 月末，制造业中长期贷款的余额同比增长 30.5%，这一增速比 2019 年年末高了 15.7 个百分点，已经连续 11 个月上升。

同时，在宽松的货币政策下贷款利率也有所下行，尤其是针对中小微企业的贷款利率，这也刺激了制造业企业的投融资活动。

分行业来看，中游原材料的投资增速恢复状况最好，如钢铁、有色、橡胶塑料、石油、煤炭等行业的 2020 年 11 月投资增速均已较为靠近 2019 年 12 月的疫情前水平，并且大多回升至 0%附近（见图 7.32），这主要受益于 2020 年前三季度地产和基建的快速反弹。

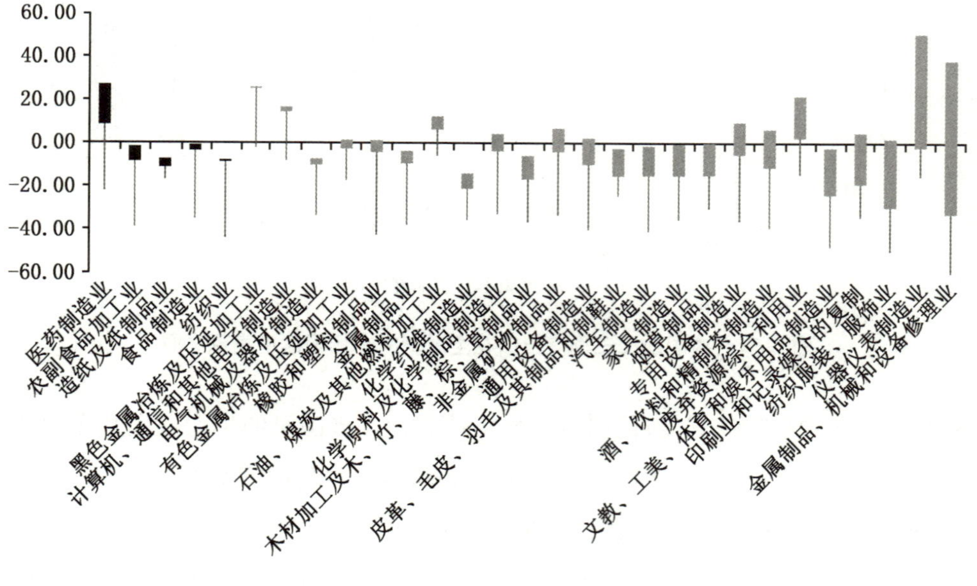

图 7.32 疫情前后各制造业子行业的投资增速变化情况

中游机械设备投资增速的恢复状况也不错，例如计算机、通信、电气机械制造业等也已比较接近疫情前水平，尤其是计算机、通信的投资增速在2020年11月已经回归至14.5%的高位，这很显然与出口强势有关。

下游消费制造业投资增速则普遍表现较差，大多为深度负值，并且距离2019年12月水平还有一定距离，这也符合消费受冲击影响较持久、回升速度最慢的特点。但有几个行业是例外：一是医药制造业、纺织业，这两个行业与防疫物资挂钩，在疫情带动下，投资增速回升非常快；二是农副产品制造业、食品制造业，投资增速也较疫情前有所回升，这可能和去年猪肉价格暴涨刺激产能投放有关。

往后看，制造业投资增速将在2020年年底和2021年上半年继续回升，有两方面因素带动：

一是出口高景气度可能将延续，毕竟全球大放水后流动性充裕，宽松政策短期内很难退出，市场预期财政刺激，加之2020年年底或者2021年年初，发达国家就可能大面积接种疫苗，国际贸易总量在扩大，外需环境不会差。而发展中国家大面积接种疫苗要滞后于发达国家，出口订单从中国转移走也是个缓慢的渐进过程，海外供需缺口还会持续拉动中国的出口。

二是2020年疫情控制住之后，生产恢复得很快，2020年1—11月工业增加值累计同比已经回升至2.3%，但制造业投资回升得还不算很快，1—11月增速只有−3.5%，导致产能利用逐渐紧张（至少与出口相关的局部产业存在这一问题）。2020年9月产能利用率达76.7%，比较接近78%这一历史高值，后续若产能进一步制约生产，可能会促使企业加大投资。

7.3.2　再议制造业投资数据

当谈到制造业投资的时候，我们惯用的数据一般都是国家统计局发布的“固定资产投资—制造业—累计同比”。但是通过上文的分析可以发现，这个数据的周期波动特征很弱，尤其是在2012年之后。

该数据与其他宏观变量之间的联系也并不紧密，比如和工业企业利润、社融等关键变量之间的走势时而出现背离，或是有过长的数据滞后期，导致分析起来如同隔靴搔痒。另外，在近年来制造业投资的变动趋势中，也发生了一些反直觉的现象，如 2018 年的逆势回升。

一方面，我们当然需要基于制造业投资的独特性，梳理出一份自洽的逻辑，来对这些现象做出统一解释。另一方面，可能也需要考虑到该数据是否存在统计失真问题，如果存在失真问题，依据该数据指导投资就可能会产生一些偏误。

至少有两方面原因可能降低了“固定资产投资—制造业”这一数据的参考价值：

一是该数据中包含了将近 50%以上的建筑安装工程费用，而建筑安装工程费用增速自 2011 年以来出现了系统性的下降(除了 2018 年外)，这可能整体上削弱了制造业投资数据的周期波动特征。

二是制造业投资隶属于固定资产投资，因此固定资产投资数据质量偏低的问题自然也会反映在制造业投资上。而近年来固定资产投资统计制度调整、地方统计数据挤水分等因素，也或多或少对制造业投资数据产生了影响。

由于我们实际更关心的是制造业投资的周期波动，因此不妨参考一些中微观层面的、波动更显著的数据来对制造业投资进行辅助判断。有两个数据的参考价值较高：一个是金属切削机床产量，另一个是通用、专用设备制造业的工业增加值。

当制造业投资扩张时，企业将花更多的钱购置设备，而这必然将带动通用设备和专用设备的工业生产。同时，作为在制造业中应用非常广泛的金属切削机床，其产量大概率也将回升。可以看到，这两个指标的同比走势比较同步，并且都具有更显著的周期波动性(见图 7.33)。

再将这两个指标与其他宏观经济数据对比，例如 PMI、工业企业利润、5 000 户工业企业固定资产投资景气扩散指数等，也可以发现它们之间有着较好的相关性(见图 7.34 和图 7.35)。因此，不妨在未来多参考这些中微观数据，将它们也纳入制造业投资的分析框架。

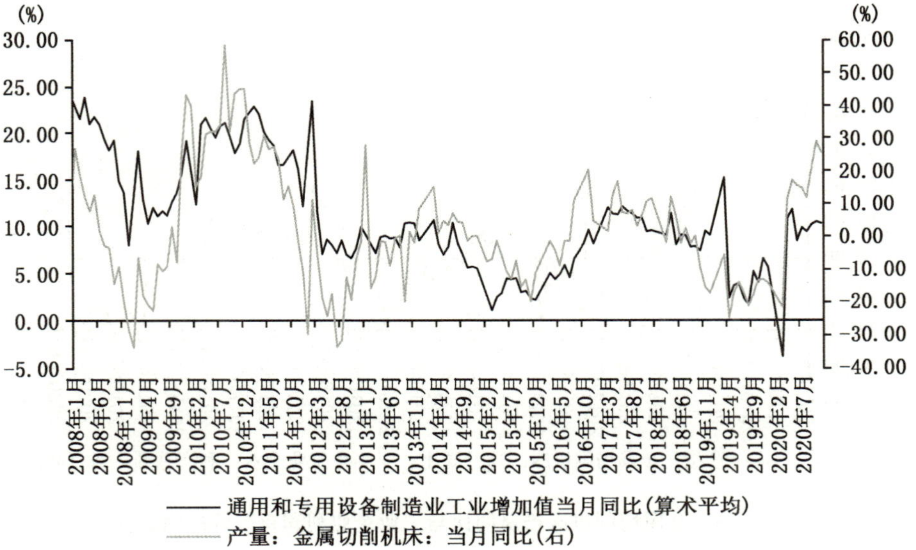

图 7.33 金属切削机床产量、通用和专用设备制造业的工业增加值有着更明显的数据波动特征

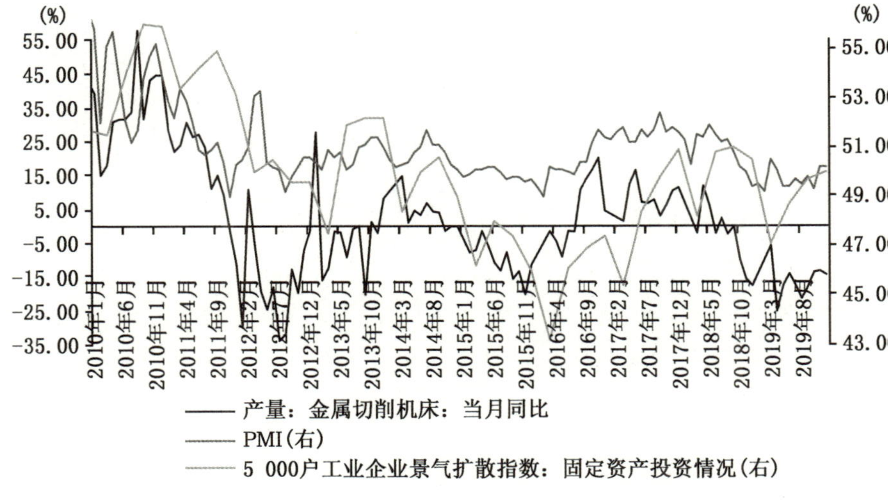

图 7.34 金属切削机床产量同比与 PMI、5 000 户工业企业固定资产投资景气扩散指数有较好的相关性

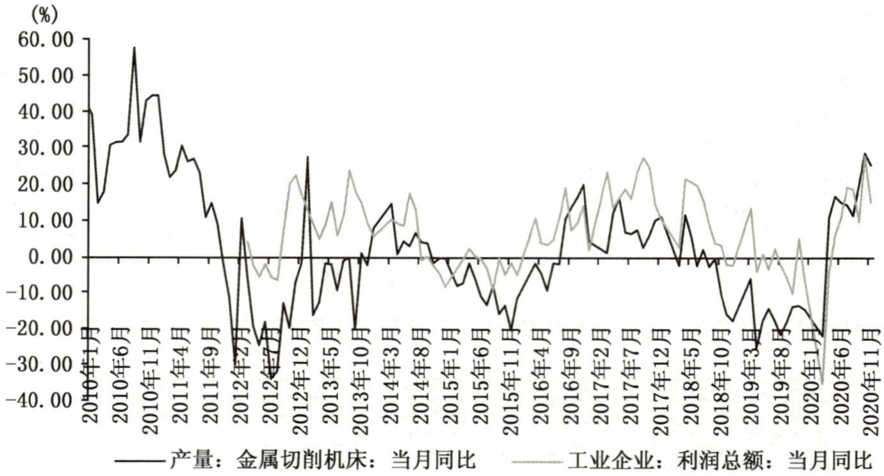

图 7.35 金属切削机床产量同比与工业企业利润有较好的相关性

第8章

消费分析

消费是保持经济平稳运行的“压舱石”，其重要性不言而喻，尤其是在我国强调内循环的当下，消费状况的变化更值得我们关注。

消费是保持经济平稳运行的“压舱石”，其重要性不言而喻，尤其是在我国强调内循环的当下，消费状况的变化更值得我们关注。

社会消费品零售总额是市场观察中国消费状况的最常见指标，本章将为读者详细介绍它的核算过程、分析方法以及常见误区。

从核算过程看，社会消费品零售总额分为限额以上核算和限额以下核算两部分，其中限额以上核算数据质量相对较高。

从分析方法看，可以分为总量分析和结构分析，其中汽车类零售额、石油及制品类零售额是我们关注和分析的重点。

结合其他宏观消费指标，可以判定中国消费状况的确正趋于低迷，但并没有近年来持续下滑的社会消费品零售数据显示的这么差。

最后，以 2020 年 8 月社会消费品零售数据为例说明具体该如何解读社会消费品零售数据。

8.1 社会消费品零售总额概述

8.1.1 社会消费品零售总额是什么

社会消费品零售总额(下文简称“社零”)，一般在每个月 14—15 日发布月度数据，是当前市场观察中国消费状况最关键的指标之一。

先来看统计局对社零的明确定义：企业(单位)通过交易售给个人、社会集团，非生产、非经营用的实物商品金额，以及提供餐饮服务所取得的收入金额。

其实从这个定义就可以发现，在解读社零数据时，有几个需要注意的问题：

第一，它的统计对象是企业/单位。即看企业/单位卖了多少，而不是消费者买了多少。

第二，既然社零是从卖方视角出发，那很多时候就不好区分是谁来买，所以社零涉及的消费者既包括个人，也包括社会集团(政府、企事业单位等)，范围相当广。

第三，统计的消费品主要是实物商品和餐饮服务，还有很多服务消费未纳入。

正是因为在统计方法、统计范围上的特殊性，社零数据和其他宏观消费数据有时候会出现背离。

目前可以获得的宏观消费数据，除了社零以外，还有两个：一是住户调查下的“人均居民消费支出”，二是 GDP 支出法下的“最终消费支出”。

社零考察的是企业/单位卖了多少，住户调查口径考察的是住户买了多少，两者的统计视角不同。

而 GDP 口径是推算数据，主要基于住户调查资料计算，但有时候也会参考企业销售数据，买卖方视角并存。

这个差别其实并不是很关键，毕竟买方支付金额和卖方售出金额，只是一枚硬币的正反面。仅从这个角度看，社零的数据质量会相对高一些，毕竟由企业端报送业务数据，比一个个调查消费者更靠谱。

真正更需要关注的是三个指标在消费主体、消费内容方面的区别（见表 8.1）。

表 8.1　　三大宏观消费指标之间的差别

	社会消费品零售总额	住户调查—人均居民消费支出	GDP—最终消费支出
定　义	企业或单位通过交易售给个人和社会集团的非生产、非经营用的实物商品金额，以及提供餐饮服务所取得的收入金额	居民用于满足家庭日常生活消费需要的全部支出，既包括现金消费支出，也包括实物消费支出	常住单位为了直接满足个人或公共消费需求而对货物和服务的支出总额，不包括非常住单位在本国经济领土内的消费支出
调查对象	企业单位（卖方视角）	消费者（买方视角）	根据现有资料推算（主要是买方视角）
核算方法	限额以下单位直接联网填报，对限额以下单位进行抽样调查	对住户进行抽样调查	居民消费支出以住户调查中的居民消费支出资料为基础，结合其他统计资料计算，政府消费支出主要依据财政支出资料计算
消费主体	居民、社会集团（包括政府、企事业单位等）	居民	居民、政府
消费内容	实物商品（涵盖一些在 GDP 核算中可能会被纳入投资的商品，比如建筑及装潢材料）、餐饮服务	实物商品、服务消费	实物商品、服务消费（比住户调查的范围要多出金融中介服务、保险服务等）

续表

	社会消费品零售总额	住户调查—人均居民消费支出	GDP—最终消费支出
数据发布频率	月额	季频	年频
数据发布形式	总量	人均	总量

从消费主体看,社零的统计范围最宽泛,包括了居民和所有社会集团消费。而住户调查口径只统计了居民消费,GDP 口径包括政府消费和居民消费。

但从消费内容看,社零又是最窄的,它只涵盖了实物商品消费和餐饮服务消费。而 GDP 口径、住户调查口径既涵盖了商品消费,又包括了各种服务性消费。

由于住户调查口径是季频数据,GDP 口径是年频数据,时效性都不够好,因此在短期分析中,市场更喜欢看社零这一月频数据。

8.1.2 社会消费品零售总额怎么核算

根据社零定义可知,它的核算围绕企业/单位展开。纳入社零核算范围的企业/单位主要包括两类:

第一类是批发业、零售业、住宿业与餐饮业中的企业和个体户。

第二类是其他行业法人单位附营的相关产业活动单位。这个概念稍微需要解释下:比如某 A 工业企业同时经营一个工厂和一个超市,那么虽然 A 不属于批发零售业,但这个超市可以算作批发和零售业产业活动单位,纳入社零核算范围。

这些核算主体,又可以分为限额以上单位和限额以下单位。

所谓"限额以上",和工业数据中的"规模以上"其实是一个意思,都是指主营业务收入超过某一规模,只不过"限额以上"概念更常用在批发零售、住宿餐饮业。

另外,不同行业的"限额以上"划分门槛也有些区别:批发业为 2 000 万元,零售业为 500 万元,住宿和餐饮业为 200 万元。

针对限额以上和限额以下单位,社零的核算方式有所不同。

(1)限额以上单位实施全面调查。

其中,限额以上企业可以通过联网直报系统,直接向国家统计局报送商品销售数据。批发和零售业企业根据《批发和零售业统计报表制度》中的 E204-1 表每月报送数据，住宿和餐饮业企业按照《住宿和餐饮业统计报表制度》中的 S204-1 表每月报送数据。

批发和零售业商品销售和库存

表　　号：E 2 0 4 - 1 表
组织机构代码□□□□□□□□□-□　　制定机关：国家统计局
统一社会信用代码 □□□□□□□□□□□□□□□□□□　　文　　号：国统字(2015)95 号
单位详细名称：　　20　年　月　　有效期至：2 0 1 7 年 1 月

商品分类	计量单位	代码	商品销售额				零售额			
			本年		上年同期		本年		上年同期	
			本月	1-本月	本月	1-本月	本月	1-本月	本月	1-本月
甲	乙	丙	1	2	3	4	5	6	7	8
一、总计	千元	01								
其中：通过公共网络实现的商品销售	千元	02								
二、总计（按商品类值分）	—	—								

补充资料：
期末商品库存额
本年(本月)(61)________千元
上年同期(62)________千元

单位负责人：　　统计负责人：　　填表人：　　联系电话：　　报出日期：20　年　月　日

说明：1.统计范围：辖区内限额以上批发和零售业法人单位。

图 8.1　批发和零售业限额以上企业填写的商品销售/零售表格(E204-1 表)节选

另外还有少量的限额以上个体户和产业活动单位，它们主要由地方统计局负责调查搜集原始数据，然后逐级上报给国家统计局。

国家统计局直接汇总这些限额以上数据，得到限额以上的社会消费品零售数据。

由于限额以上社零主要通过联网填报，核算流程很简单，也很清晰，是社零统计中数据质量最高的一部分。

(2)限额以下单位采用的是“抽样调查＋推算”的核算方式，流程相对比较复杂，但统计方法至少是科学的，读者一般也不必深究。

考虑到限额以下社零占比目前高达 60%左右，有兴趣的读者也可以简单了解下它的具体核算方式。核算流程列示在图 8.2 中。

简单来说，第一步是抽样。通过分层抽样的方法，抽取出样本地区(调查全国哪些县/区)和样本单位(调查哪些限额以下企业/个体户)。

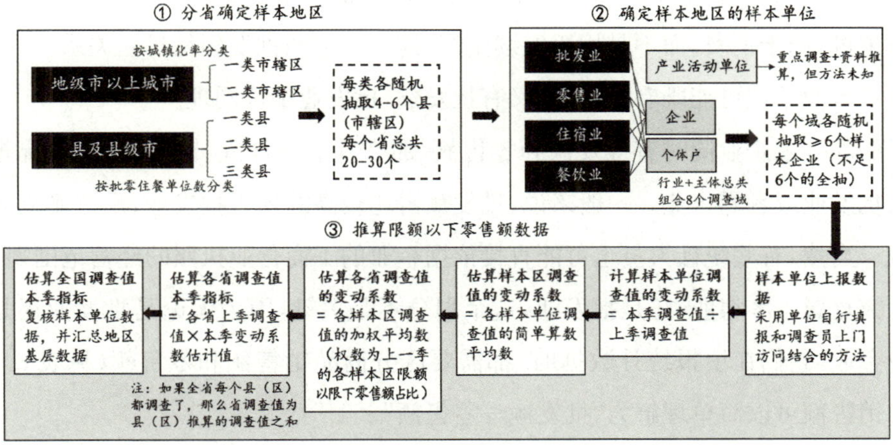

图 8.2　限额以下社零的抽样＋推算流程

经过这个步骤，统计局把限额以下单位数量从几千万家缩小到了 10 万家样本单位左右，比较合理地控制住了统计工作量。

第二步是搜集数据和推算。通过单位自行填报或者调查员上门调查的方式，获得样本单位的本期、上期零售额数据，计算变动系数，接着一步步推算出各县/区和省的变动系数，再估算出各省本期的限额以下社零数据，再将省数据汇总至国家统计局。

比较遗憾的是，上述是季度限额以下社零的核算流程（目前只有季度调查），而月度限额以下社零的核算并未公布。在笔者查阅的资料中，月度数据仅提到“以季度抽样数据为基础，结合行政记录等资料估算”，但具体的月度数据怎么推算、参考哪些资料，还不是很清楚。

既然谈到核算方法，最后有几个常见问题顺便说明一下：

第一，社零的核算主体，既有零售业单位，也有批发业单位（暂不考虑住宿与餐饮业）。

按理来说，名字都是社会消费品“零售额”了，为什么还包含批发业？

这里，我们首先要区分批发额和零售额。按统计局解释，批发额和零售额的划分标准主要在于售出商品的用途，而不是我们通常所理解的“量大就是批发、量小就是零售”，或者“to B 是批发，to C 是零售”。

批发额指“售给国民经济各行业用于生产、经营用的商品金额”。

零售额则指“售给个人用于生活消费和社会集团用于公共消费的商品金额”，简单来说，用于消费，而不是用于继续生产、经营。它和批发额是对立关系。

零售业单位可能既有零售额，又有批发额，批发业单位同理。

假如一家企业同时有批发额和零售额，那么基层统计人员可能会看情况把它划入批发业或者零售业。一般来说，批发额占比较高的划入批发业，反之则划入零售业。当然，有些统计人员也可能直接依据企业的工商营业执照的经营范围划分。

究竟属于零售业，还是批发业，这个划分不是关键，因为无论是批发业还是零售业企业，它们在填报统计数据时，都需要区分商品销售额和零售额（见表 8.1），商品销售额可以简单理解为“批发额＋零售额”。

而只有零售额会被纳入社零统计范围，它也最贴合“消费”这个经济概念。

2003－2009 年，统计局公布过限额以上批零企业的批发额数据，2012－2016 年发布过重点零售企业的商品销售额数据，但这些数据现在都已经停止公布了。

目前还保留的批发业与零售业零售额，对应的其实就是社零分项中的商品零售总额（注意不是“商品销售额”）。

这其中，真正比较棘手的问题在于批发额和零售额的划分。尽管两者的概念区分是比较清楚的，但在实际统计工作中不一定能真的落实到位，企业在填报过程中，有时很难避免主观性。从这个角度看，社零的数据质量又不是那么高。

举例而言，超市卖给理发店的剪刀、毛巾，理论上来说都算作批发额（因为它用作生产经营），但在实际中其实很难与零售额做区分。

第二，社零的核算主体是企业/单位，是按照企业/单位主营活动所在地来统计的，这可能会导致什么问题？

比如一家开在上海的淘宝服装店，它的服装零售额都统计在上海社零中，但是来买衣服的消费者可能来自全国各地。所以这部分上海社零，显然不能真实反映上海地区的消费状况。

再比如，一家法人企业的销售网点/连锁店遍布全国，但是它的主要经营地在北京，那么这家企业在全国的零售额，都统一算作北京的社零。

因此，各地区的社零，并不能直接地反映这一地区的消费状况。尤其是在网络购物发达的今天，这一问题就更明显了。用一个地区的社零规模或者人均社零反映该地区的消费水平，可能会产生误导。

与其说各地区的社零反映的是该地区的消费状况，不如说社零反映的是这个地方的商业发达程度。一个地方的社零规模越大，说明有越多的店铺、商场、餐馆、酒店等业态在该地聚集。当然，这种聚集也和区域消费水平相关，但不完全等同。

8.2 如何解读社会消费品零售总额

社零数据往往会和工业增加值、固定资产投资等宏观经济数据一起公布。尽管社零数据可能有这样或那样的问题，但毫无疑问它也是市场目前关注的焦点之一。对社零数据的解读，可以从总量和结构两个视角出发。

8.2.1 总量分析

月度社零数据既有绝对值数据，也有同环比数据。首先看社零绝对值，统计局会同时公布当月值和累计值，这两个值可以直接换算。

另外，与工业数据一样，为了消除春节错位因素带来的影响，1 月和 2 月的社零数据一起调查、合并公布，没有各自的当月值，只有 1—2 月的累计值。

观察社零绝对值的年内变动趋势，可以发现一般四季度＞三季度＞一季度＞二季度，下半年的情况要好于上半年(见图 8.3)。

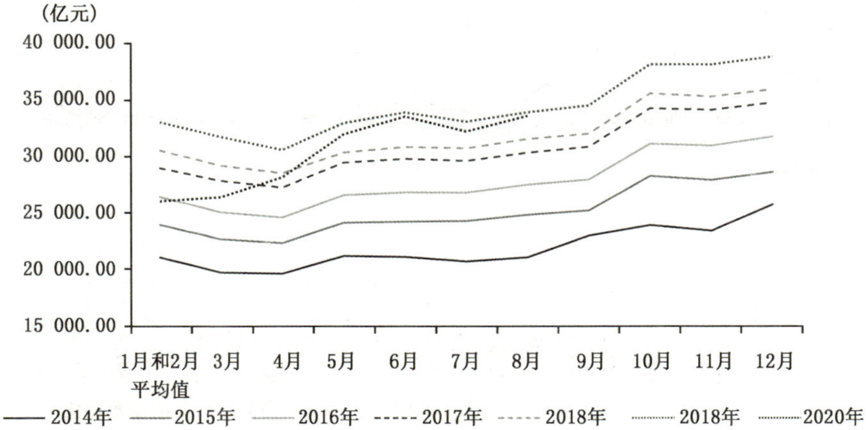

图 8.3 社零绝对值的年内分布规律大致为四季度＞三季度＞一季度＞二季度

这一方面可能和人们的收入节奏有关，一般人均可支配收入会在二三四季度逐渐增长，尤其是 12 月至次年 1 月年终奖下发后，可能会大幅促进消费。

另一方面可能和人们的储蓄消费习惯有关，一般上半年人们会过得相对拮据一些，攒些钱等到下半年消费。

另外，还有假期因素干扰，比如“十一”假期、春节假期，都是比较重要的消费窗口，所在月社零规模都有冲高的迹象。

2020 年受新冠肺炎疫情影响，一季度的社零绝对值表现明显弱于往年，并且在二季度疫情告一段落后，也并没有出现所谓的“报复性消费”，各月社零都没有超过 2019 年的规模。

我们一般不关注绝对值，更关注同比。社零数据既披露名义同比，也披露实际同比。

和工业增加值同比一样，社零实际同比也是用价格缩减法，将名义值缩减为实际值，然后再计算同比。用来缩减的价格指数是商品零售价格指数，即 RPI(注意不是 CPI，CPI 还包括了大量服务价格)。我们直接用社零实际同比＋RPI 同比，就可以相当好地拟合社零名义同比的走势。

当 RPI 同比出现较大波动时，比如 2007－2011 年，名义同比和实际同比走势会出现背离(见图 8.4)。而如果 RPI 同比保持平稳，那么两者的走势差别基本不大。

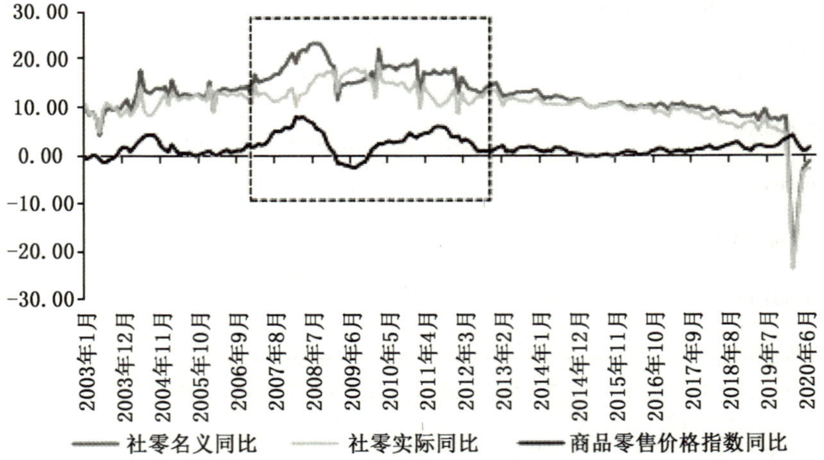

图 8.4　RPI 波动较大时，社零名义同比和实际同比会有所背离

如果两者走势不出现明显差异，大多数时候市场会直接看名义同比，因为名义同比下还有很多分项，可以用来做结构分析。

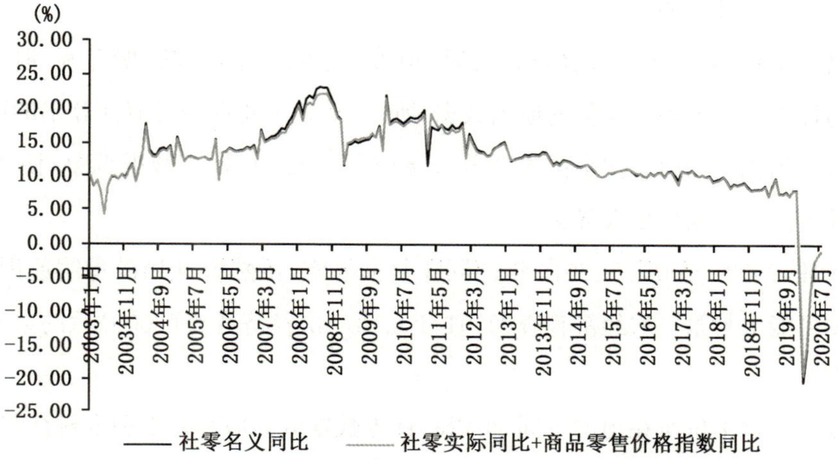

图 8.5 社零实际同比＋RPI 同比能够比较好地拟合社零名义同比

就名义同比而言，用社零绝对值计算同比，大多数时候和官方公布的同比一致，但在部分时间段会存在差异。自 21 世纪以来，差异主要出现在 2003－2006 年、2010 年、2015 年及 2018 年(见图 8.6)。

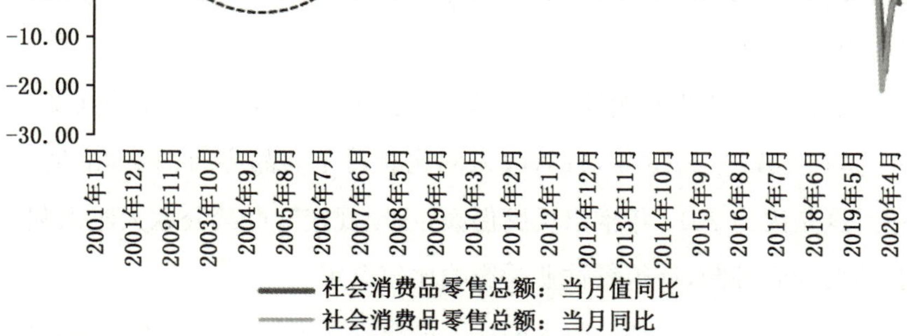

图 8.6 21 世纪以来，社零官方同比和名义值计算同比出现了 4 次明显背离

根据统计局的解释，2015 年、2018 年的数据异常主要来自统计修订。我们现在看到的名义值都是未经过调整修订的原始值，但官方发布的同比数据都是基于调整后的数据计算的。

具体来看，第三次经济普查结束后，2013 年、2014 年社零数据上调，但是我们看到的社零绝对值还是偏低的原始数据，所以 2015 年社零名义值计算出的同比会高于官方同比。而第三次全国农业普查结束后，2017 年社零数据调整，使得 2018 年的社零同比数据也出现异常。

同理，2003—2006 年、2010 年的同比数据异常，虽然统计局没指明原因，但我们猜测可能也与第一次经济普查（2004 年）、第二次经济普查（2008）后的数据修订工作有关。

按照经营单位所在地的不同，可以将社零数据分为城镇社零和乡村社零。

自 2010 年以来，城镇和乡村社零各自所占的比例相当稳定，城镇占 85%—87%，乡村占 13%—15%。正如我们上文所说，地区社零不一定能反映各地区的消费状况，城乡社零也不一定能真实地反映城乡消费状况，这一点需要注意。

再从城乡社零增速来看，近年来城镇社零、乡村社零增速都在放缓，但后者一直略高于前者，这和汽车、石油及制品类表现较差，对城镇社零的拖累比较大有关，我们下文还会继续讨论这一点。

总的来说，城镇社零和乡村社零的同比变动走势接近一致（见图 8.7），我们一般也不从城乡角度分析。

按照消费类型的不同，可以将社零分为商品零售和餐饮收入。

这两类社零所占比重也比较固定，其中商品零售占比为 89%—90%，餐饮收入占比为 10%—11%。

从同比看，商品零售和餐饮收入有两个比较明显的走势背离时期（见图 8.8）。

一个是在 2012—2013 年，餐饮收入同比相对于商品零售而言，出现了更大幅度的下行，这是因为 2012 年推出反腐倡廉“八项规定”，严禁公款大吃大喝、挥霍浪费，公款消费受到抑制，使得餐饮业受影响比较严重。

另一个是在 2020 年，餐饮收入同比下滑幅度更大。这主要是因为防疫隔离措施下，居民出行受限，集聚性活动减少，因此线下餐馆、酒店等生意非常差，而实物

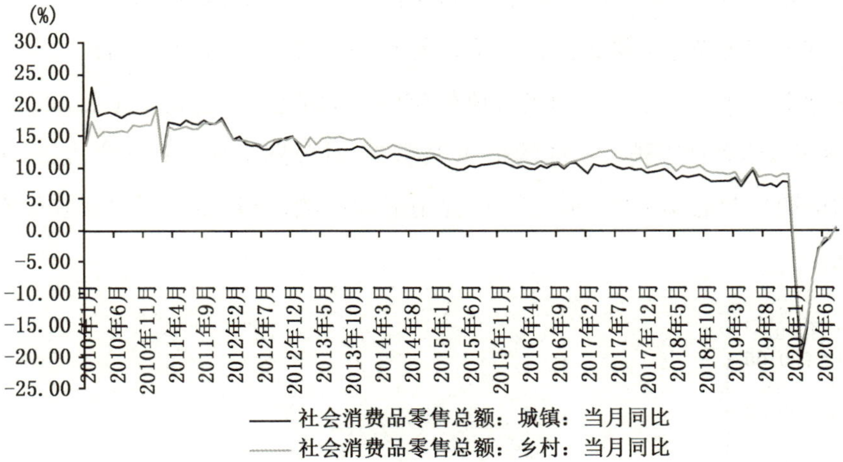

图 8.7　城镇社零和乡村社零的同比走势一致性较高

商品多少还可以通过一些渠道(比如网购)销售出去,所以表现不至于那么差。

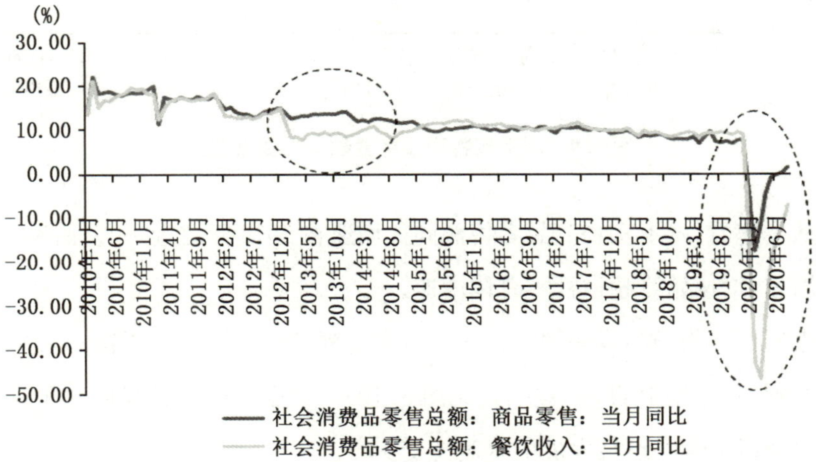

图 8.8　商品零售同比和餐饮收入同比有两次比较大的背离时期

按照消费渠道的不同,社零可以分为线下零售额和线上零售额。

2015 年后,统计局公布“网上零售额”这一指标,它指的是通过网络交易平台(既可以是自建平台,也可以是第三方平台)所形成的零售额,包括实物商品、虚拟商品和服务类商品三类。

不过,因为社零是一个只包括实物商品零售和餐饮收入的指标,所以只有实物商品的网上零售额才会被纳入社零统计范围,非实物不纳入社零统计。

从网上实物商品零售额的当月值的年内变动情况看,也是下半年高于上半年(见图 8.9),但和社零稍有不同的是,6 月和 11 月分别出现了一次高点,这可能是受国内电商平台的"6·18"和"双 11"促销活动影响,导致线上零售额在短期内急剧增加。

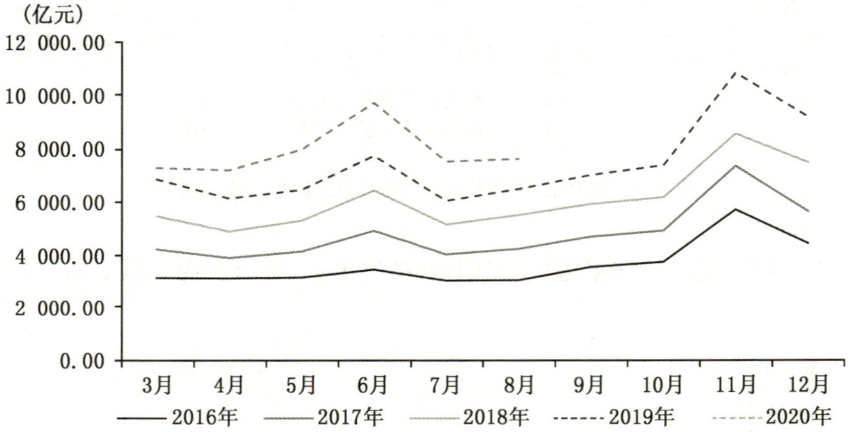

图 8.9 网上实物商品零售额年内变动趋势

再从增速看,网上实物商品零售额同比增速在 2019 年之前一直保持着 20%以上的高增速,增速始终超过社零总体增速。

这也使得实物商品零售额占社零比重在不断走高,从 2015 年初的 8.3%左右,一路提升到 2020 年中的 25%左右(见图 8.10)。数据比较符合我们对于这几年来网络电商和线上购物迅猛发展的直观感受。

按照核算主体的不同,社零可以分为限额以上、限额以下社零数据。

首先说明一下,和工业数据一样,每年限额以上单位样本都会产生变化,因此官方公布的同比,是基于可比样本调整后的同比。如果直接用限额以上社零绝对值计算同比,就会受限额以上单位的样本调整问题的影响。

2013 年后有一个比较奇怪的现象:限额以上社零同比增速持续低于总社零同比增速(见图 8.11),限额以上社零占总社零的比重明显走低(见图 8.12)。这似乎

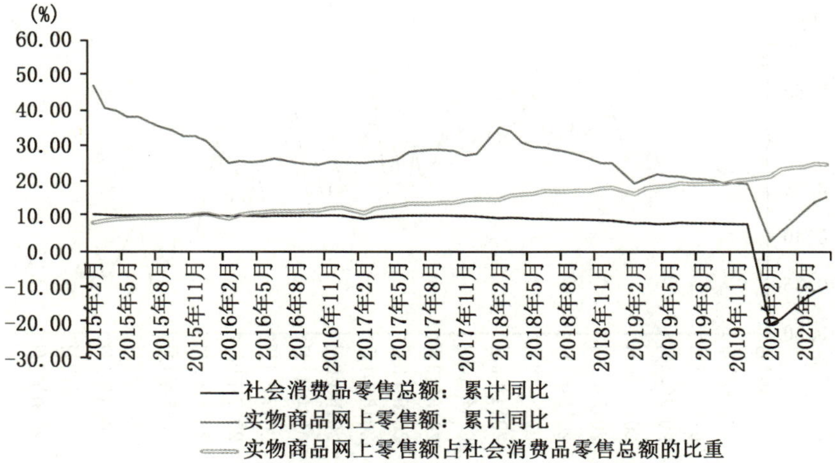

图 8.10　网上实物商品零售额增长相对较快，占社零比重也在不断走高

说明，限额以上企业（意味着更大的企业）的销售情况，竟然持续比限额以下企业表现差。

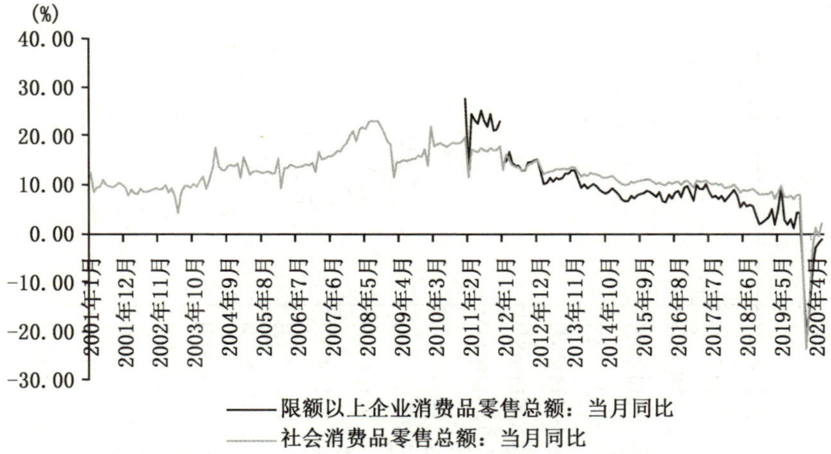

图 8.11　限额以上社零同比增速持续低于总社零同比增速

这其中最主要的原因在于，近年来表现不佳的汽车类、石油及制品类社零，对限额以上和限额以下社零的拖累程度不同。

如果我们在限额以上社零中扣除掉这两个类别，那么调整后的限额以上增速

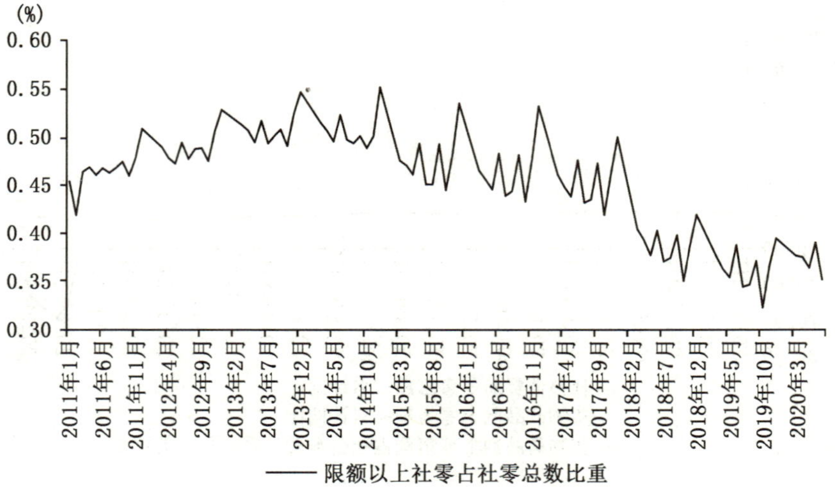

图 8.12　限额以上社零占总社零比重不断下滑

和总体社零增速的差距将大大缩小(见图 8.13)。

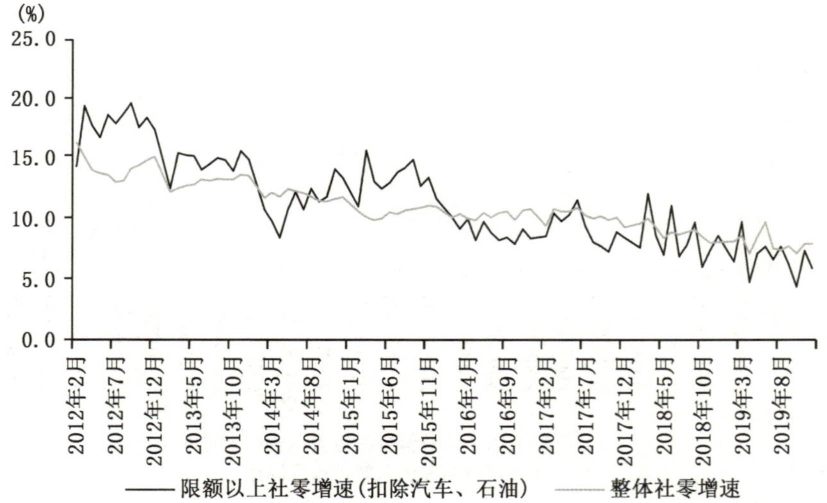

图 8.13　扣除掉汽车和石油及制品类后,限额以上社零增速和整体社零增速走势差距更小

汽车、石油及制品是社零中影响力和波动率最大的两个类别,尤其是汽车。而提供此类消费品的企业,大多是限额以上单位。

因此,汽车类、石油及制品类对限额以上社零的影响力非常大(关于这一点在下一节会有更清晰的说明)，但是对整体社零的影响力相对有限。在这两类商品消费阶段性走弱的情况下，会造成限额以上社零同比降幅大于总体社零同比。

8.2.2 结构分析

社零包括商品零售和餐饮收入，商品零售又包括限额以上、限额以下商品零售。其中限额以上商品零售额(即 Wind 数据库中的"限额以上批发和零售业零售额")有更详细的分类数据，各个分项的数据比较受市场关注，是我们对社零展开结构分析的基础。

不过，限额以上商品零售额占社零的比重不算很高，2012 年以来平均在 40% 左右，解释力有限。

限额以上商品零售额一共有 16 类细分项目。就以 2019 年数据而言，占比最高的是汽车类(28.4%)，其次是粮油食品、饮料烟酒类(14.8%)，石油及制品类(14.5%)，服装鞋帽、针纺织品类(9.8%)(见图 8.14)。其他 12 类商品的占比都相对比较低。

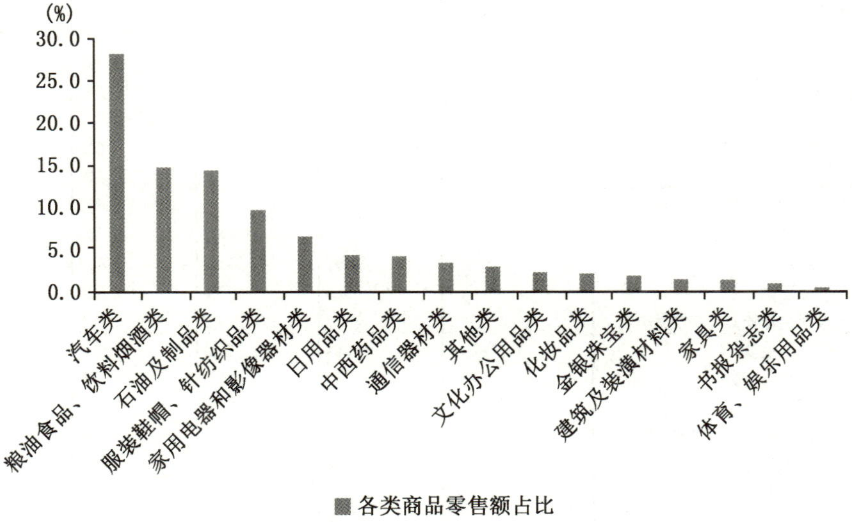

图 8.14 2019 年各商品类别的零售额占限额以上社零的比重

这里顺便提醒一下，在统计局发布的每月社零数据新闻稿中，披露口径和上图中展示的项目有点不同。

一方面，粮油食品、饮料烟酒类拆分成为粮油食品、饮料、烟酒 3 个子项目披露，另一方面，没有披露占比最小的书报杂志及体育、娱乐用品 2 个项目，同时也没有披露“其他类”。所以最终在新闻稿中，披露的只有 15 个细分项目，而不是 16 个，并且这 15 个细分项目绝对量加总小于限额以上商品零售额。

统计局数据库中可以获取到新闻稿中没有公布的类别，包括粮油食品、饮料烟酒类，书报杂志类，体育、娱乐用品类，还有其他类的数据。不过 2020 年后其他类，粮油食品、饮料烟酒类的数据已经停止公布了，我们现在只能看到粮油食品、饮料和烟酒 3 个子项目的最新数据(见表 8.2)。

表 8.2　　　　统计局发布的 2020 年 8 月社零新闻稿节选

指　标	8月		1—8月	
	绝对量（亿元）	同比增长（%）	绝对量（亿元）	同比增长（%）
社会消费品零售总额	33 571	0.5	238 029	-8.6
其中：除汽车以外的消费品零售额	30 158	-0.6	215 139	-8.6
其中：限额以上单位消费品零售额	12 136	4.4	85 317	-7.0
其中：实物商品网上零售额	-	-	58 651	15.8
按经营地分				
城镇	29 273	0.5	206 643	-8.7
乡村	4 298	0.7	31 386	-8.3
按消费类型分				
餐饮收入	3 619	-7.0	21 510	-26.6
其中：限额以上单位餐饮收入	796	-3.5	4 628	-23.8
商品零售	29 951	1.5	216 519	-6.3
其中：限额以上单位商品零售	11 340	5.1	80 689	-5.8
粮油、食品类	1 181	4.2	9 734	11.0
饮料类	199	12.9	1 410	10.9
烟酒类	306	3.1	2 304	-1.3
服装鞋帽、针纺织品类	967	4.2	6 936	-15.0
化妆品类	284	19.0	1 996	3.2
金银珠宝类	235	15.3	1 389	-15.6
日用品类	574	11.4	3 982	6.3
家用电器和音像器材类	716	4.3	5 131	-9.0
中西药品类	428	6.2	3 359	5.8
文化办公用品类	291	9.4	2 062	2.5
家具类	139	-4.2	929	-11.4
通信器材类	482	25.1	3 296	8.9
石油及制品类	1 481	-14.5	10 702	-17.3
汽车类	3 413	11.8	22 890	-8.8
建筑及装潢材料类	152	-2.9	1 005	-8.7

这里我们暂时就先以 16 类商品作为划分口径。

为了方便分析，直接将限额以上商品零售额增速拆分为 5 个部分，包括汽车类，粮油食品、饮料烟酒类，石油及制品类，服装鞋帽、针纺织品类 4 类主要商品，以及作为一个整体的 12 类其他商品。

粮油食品、饮料烟酒类与服装鞋帽、针纺织品类的占比很高，但它们各自的波动不算太大。

12 类其他商品的整体波动也相对较稳定。

而汽车、石油及制品这两类商品，则同时具备占比高、波动大的特点，是决定整体社零走势的最关键变量。

从图 8.15 中可以看出，限额以上商品零售额增速的波动形态，基本上就是由汽车、石油及制品两类商品的增速走势所塑造的。所以，我们最关注这两类。

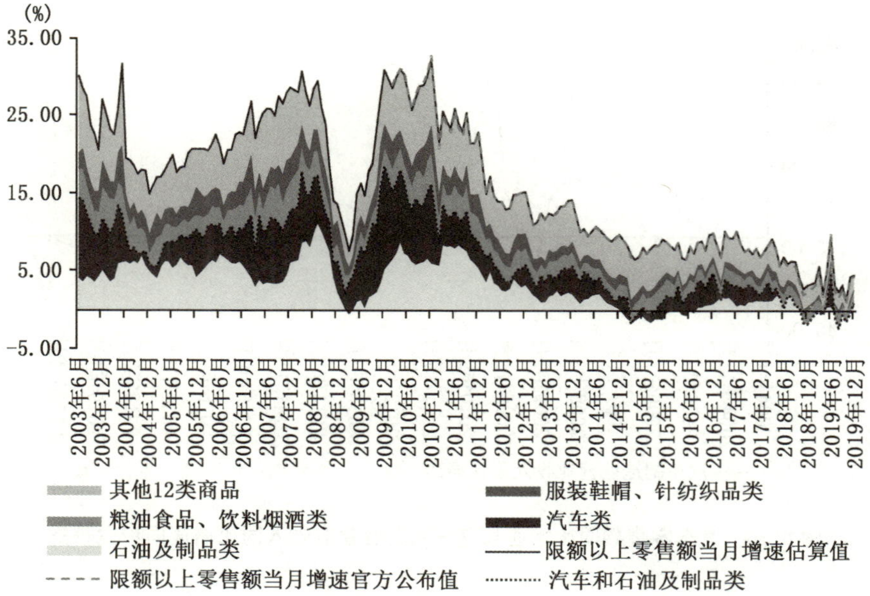

图 8.15 限额以上社零增速的形态，主要由汽车和石油及制品类商品零售额的增速塑造

这是一件好事，它意味着我们对社零的分析，可以简化为对汽车和石油及制品的分析。但也是一件坏事，因为这说明社零总量数据高度偏向于上述两类商品，因此所显示的消费信息并不全面。

1. 汽车类零售额

消费和生产关系密切，再加上社零本来就是以企业销售数据为基础统计的，所以我们可以将汽车零售额同比与汽车制造业营业收入同比结合起来看。

当然，两者的差异也很明显：

一是汽车制造业营业收入数据来自汽车生产商，属于工业数据；而汽车零售额数据则更多地来自汽车经销商，如汽车 4S 店等，属于批发与零售业数据（尽管也可能会纳入汽车制造业中的产业活动单位）。

二是汽车制造业营业收入数据，不区分是卖给了谁，有什么用途，但是汽车零售额在统计时，只统计那些非生产经营用的汽车。

但从最终的数据结果看，汽车零售额同比增速和汽车制造业营业收入同比还是有着比较高的同步性（见图 8.16）。

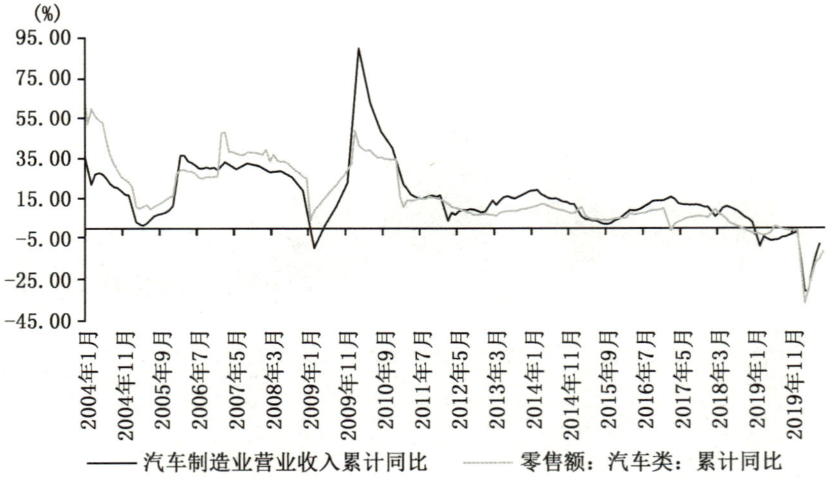

图 8.16　汽车零售额同比增速和汽车制造业营业收入同比增速同步性较高

既然两者走势比较接近，那么不妨把汽车生产和消费放在一起分析。

第 3 章曾提到，工业企业营业收入由工业增加值（量）和 PPI（价）两个变量决定，汽车制造业营收也是如此。而汽车营业收入变动，几乎完全由工业增加值同比变动贡献，价格变动的影响力较小，所以我们更关注量方面的变化。

一方面，汽车工业增加值同比和整体工业增加值同比近年来都在趋势性下行，这和宏观经济基本面承压、需求相对低迷有关。

另一方面，汽车行业的增加值同比，较之整体的工业增加值同比具有更明显的周期性，其中一个重要的影响因素就是汽车产业政策（见图 8.17）。

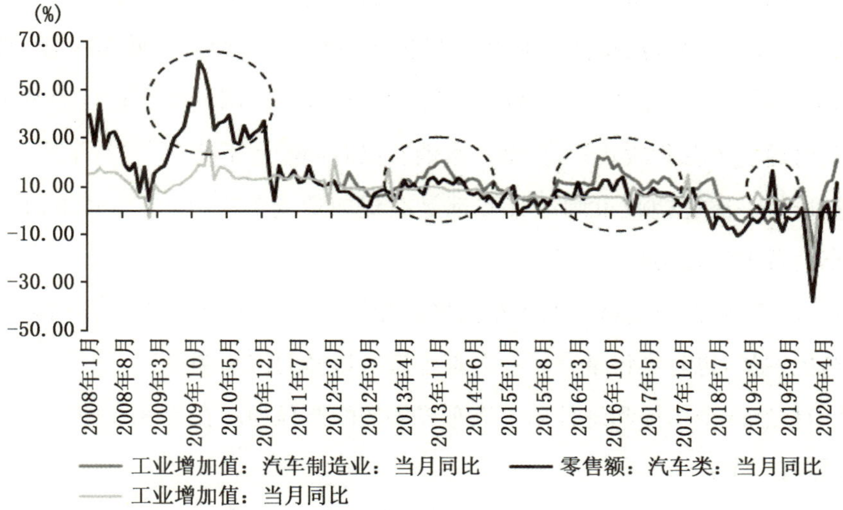

图 8.17　汽车产业政策的出台，一定程度上带来了汽车消费的周期性波动

比如 2009 年，1.6 升及以下小排量乘用车的车辆购置税由原来的 10%降至 5%，相当显著地刺激了汽车消费，然后随着 2010 年、2011 年购置税逐步恢复至 7.5%和 10%，又导致汽车消费增速的快速下行。

2013—2014 年也有一轮小周期，但这段时期没有特别的汽车消费刺激政策出台。汽车生产/消费的同比提升，更多是由于汽车库存周期触底（2012 年 12 月汽车产成品存货同比跌至－1.75%）和终端需求好转（人均可支配收入回升）。

2015—2018 年又重复了一轮和 2009—2011 年相同的政策操作。2015 年 10 月到 2016 年年末汽车购置税降至 5%，2017 年、2018 年政策退坡，购置税恢复至 7.5%、10%。这也促成了汽车消费的新一轮周期，但这一次汽车消费的反弹力度明显弱于 2009 年。

2019 年 6 月汽车零售数据的跳升，主要是因为多个省市提前于 2019 年 7 月执行国六排放标准，其中包括广东、山东等汽车销售大省。国五标准的轻型汽车不得在这些地区销售和上牌。为了清理国五汽车库存，经销商在 6 月加大了促销力度。

2020 年新冠肺炎疫情冲击下，各地政府为了稳定经济，因地制宜地陆续出台了一系列鼓励政策，包括现金补贴、增加牌照指标、以旧换新等。另外，在 4 月发改委等 11 部门也联合发布了汽车消费支持政策，推动汽车消费逐渐恢复。

某种意义上而言，汽车消费刺激政策和基建政策、地产调控政策一样，都是稳经济的重要抓手。例如 2009 年、2015 年、2020 年都是中国经济下行压力增大的时间点，政府通过出台刺激政策，拉动汽车消费以对冲经济下行。

不过，每一次短期政策刺激其实都是在提前透支需求，所以当政策力度消减时，汽车消费增速也会随之下降。

另外，还有两个市场常用的汽车消费观测指标，一个是乘联会口径的乘用车销量(既有批发量，也有零售量)，另一个是中汽协口径的汽车销量。

我们将这两个指标和统计局—汽车零售额的差异列示在表 8.3 中。它们最主要的差异有三个：

(1)统计局汽车类零售额是一个同时包含了量、价的数据，即卖了多少钱，而乘联会、中汽协口径下的汽车销量，是只纯粹反映“量”的数据，即卖了多少辆车。

(2)统计局汽车类零售额是由调查单位联网直报，搜集的是终端零售数据。而乘联会数据是由各会员单位搜集销量数据，然后汇报至乘联会(意味着精确性会打折扣)，它既有零售也有批发口径，我们这里选择的是零售口径。中汽协数据则统计的是车企卖给经销商的销量数据，而非终端销售数据，它更贴近批发的概念。

(3)乘联会口径覆盖的汽车类型最少，只有乘用车。中汽协口径除了乘用车以外，还有商用车。而统计局口径覆盖的汽车类型最广，基本上有四个轮子的都算，并且还包括了汽车底盘和汽车配件等的零售额。

表 8.3　　统计局、乘联会、中汽协发布的汽车销售三大指标对比

统计要素	统计局汽车类零售额	乘联会口径汽车零售量	中汽协口径汽车销量
统计机构	官方统计机构	乘联会是由国内 139 家汽车生产商联合成立的社会团体，并非官方机构	中汽协属于行业自律组织，接受民政部和国资委的业务指导和监督管理。经政府部门授权，依法统计行业数据

续表

统计要素	统计局汽车类零售额	乘联会口径汽车零售量	中汽协口径汽车销量
公布时间	每月 14—15 日	月频数据每月 8 日左右，此外还有周频数据	每月 11 日左右
数据形式	零售额	零售量	批发量
调查范围	主营业务收入大于 500 万元以上的企业	乘联会的 139 家会员单位	汽车整车制造企业
调查方法	由动力装置驱动，具有四个或以上车轮的非轨道无架线的车辆及其零配件，包括汽车、汽车底盘和汽车配件等	狭义乘用车(轿车、MPV、SUV)、广义乘用车(狭义＋微型客户)，仅含国内零售量	乘用车(轿车、MPV、SUV、交叉型)、商用车(客车、货车)，包括国内制造和 CKD(全球件组装)，不包括进口整车
涉及车型	各调查单位联网直报	各会员单位搜集销量数据，汇报至乘联会，并非4S店等终端销售机构的数据直接汇报	填报工业报表，只要卖给了经销商，就可计入

这些差异主要影响的是绝对值规模，我们更关注的是同比。事实上乘联会、中汽协口径下的两个数据同比走势很接近，它们和统计局汽车类零售额同比的走势相关性很高(见图 8.18)。

另外，乘联会口径下的汽车销量还有周度高频数据。因此，尽管乘联会口径汽车销量数据有一些缺陷，比如不是官方数据、覆盖车型有限等，但是因为数据时效性好，所以是市场最常用来分析汽车消费趋势、预测汽车零售额的指标。

2015—2020 年，用乘联会数据预测统计局汽车零售数据，成功率大约在 65％。

2. 石油及制品类零售额

石油及制品零售额也是一个波动比较大的社零分项。但它的波动主要由价格带来，而不是由量的变化带来。

石油及制品零售额不披露实际同比，也没有完全对应的价格指数。要理解它的量价关系，有两种办法：

一种方法是分析对应的工业数据。石油及制品类零售额同比与石油冶炼和化工行业的营收同比高度相关(和上文提到的汽车销售/生产逻辑上是一样的)(见图 8.19)。而在工业数据分析中我们曾提过，石油冶炼和化工行业的营业收入同比基

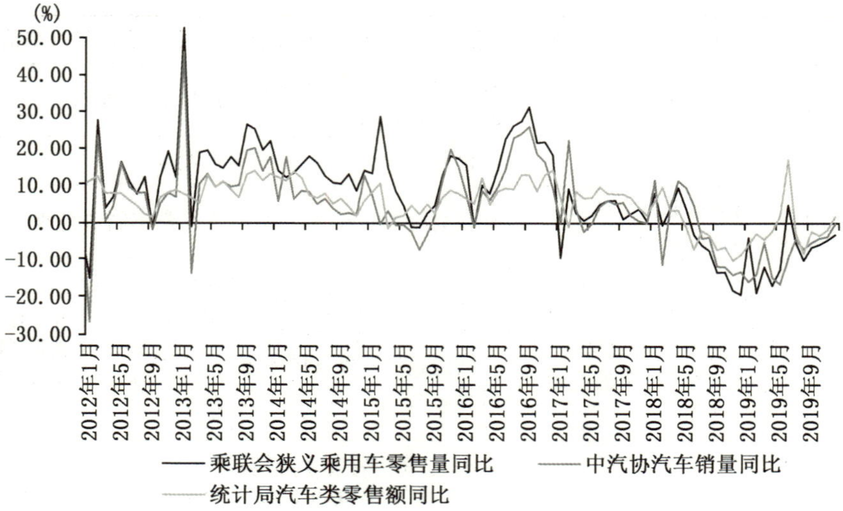

图 8.18 乘联会、中汽协、统计局汽车销售三大指标的同步性总体较好

本都是由 PPI 同比推动的。

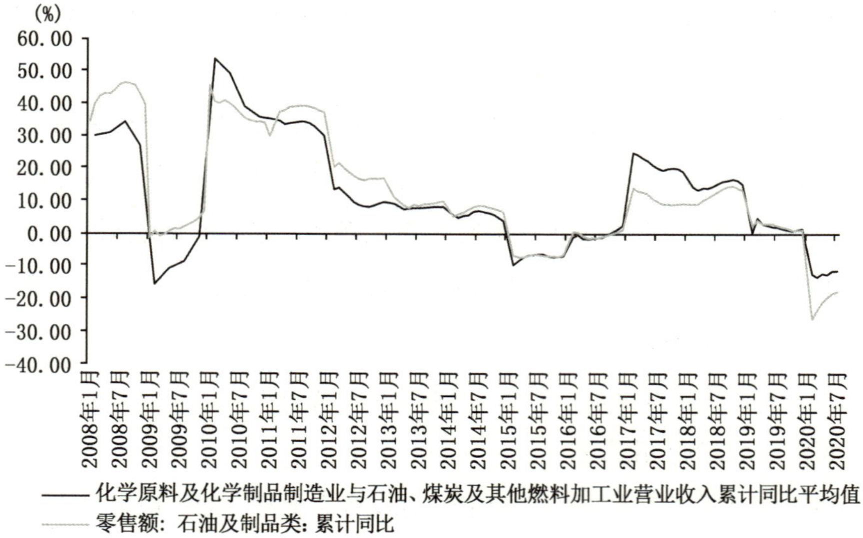

图 8.19 石油及制品类零售额同比与石油冶炼和化工行业的营业收入同比走势很接近

另一种方法是直接看相关的价格指数，比如商品零售价格指数中的燃料项、中国物流指数中心发布的石油及制品价格指数，它们和石油及制品零售额的名义同比走势相关性很强(见图 8.20)。

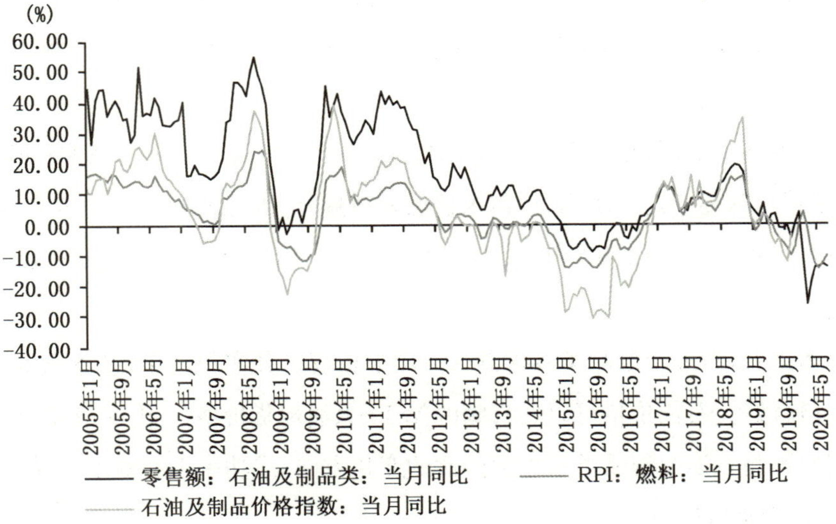

图 8.20　石油及制品类零售额同比与相关价格指数的走势大致趋同

上述价格指数又和原油价格同比变动密切相关(见图 8.21)。

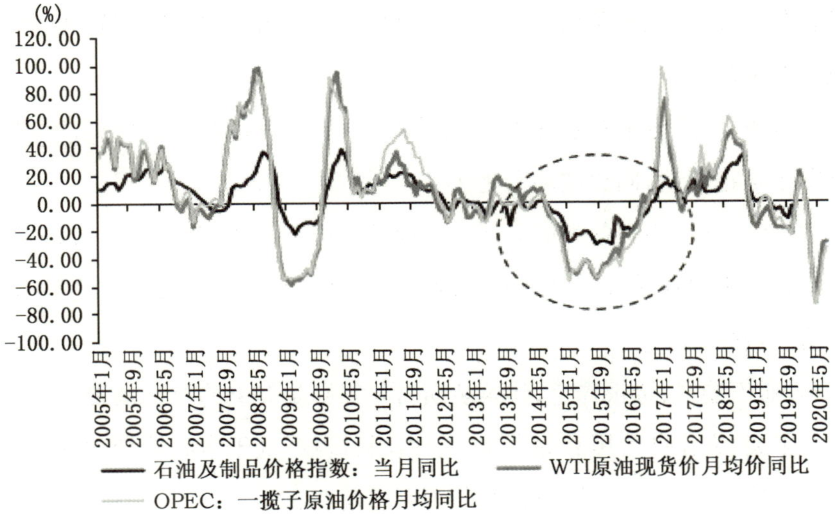

图 8.21　石油及制品类相关价格指数和原油价格同比变动趋势一致

原油价格一方面受供给端影响非常大。典型事件如 2014 年下半年 OPEC 为了打压美国页岩油，开动价格战，开始增产石油，导致全球石油市场供过于求，石油价格快速跳水，直到 2016 年年末 OPEC 又达成了新一轮减产协议，才止住了石油下跌趋势。而这一轮油价暴跌，也正是我国 2015 年石油及制品类零售额名义同比跌破 0%的关键原因。

另一方面，原油价格与全球经济需求的关联也非常紧密。比如 2008 年金融危机后，尽管全球逐渐走出阴影，但需求仍然相对疲软，因此油价上涨力度有限，同比持续下行了很久。2018 下半年及之后的油价同比下跌，也主要受全球经济增速放缓影响。

总体来看，石油及制品类零售额这一项分析起来其实很简单，基本只需要跟踪石油价格就好。石油价格可以看日频的 WTI 原油现货价格。用 WTI 原油现货月均价同比预测石油及制品类零售额同比的变化方向，成功率也在 65%左右。

3. 其他商品类别

除了汽车类和石油及制品类以外，还有其他 14 类商品。

市场上习惯于把这些商品分为两类分析：一类是必选消费品，另一类是可选消费品。前者比较接近于我们所说的“刚需”，而后者则属于可买可不买的商品范畴(当然这都是针对大众视角而言)。不过具体到哪些商品该属于必选/可选消费，市场观点存在分歧。

进一步来看，必选消费意味着无论经济好坏，消费者都需要购买，所以它的周期性会弱于可选消费，同比波动会更小。

用 2002—2019 年间各类商品同比增速的标准差量化其波动性，可以发现日用品、食品饮料、中西药品等商品的波动性都相对较小(见图 8.22)，这些都是比较典型的必选消费品。

汽车、通信器材、金银珠宝、建筑装潢材料等则是典型的可选消费品，同比波动较大。而服装、文化办公用品等商品，属性比较模糊，处于中间地带，所以有机构把它们归为必选消费，也有机构把它们归为可选消费。

另外，还有个比较违背直觉的商品类别：化妆品。理论上来说它应该属于可选消费(一般市场也是这么归类的)，波动性会比较大，但它竟然是社零中波动性较小的分项之一。

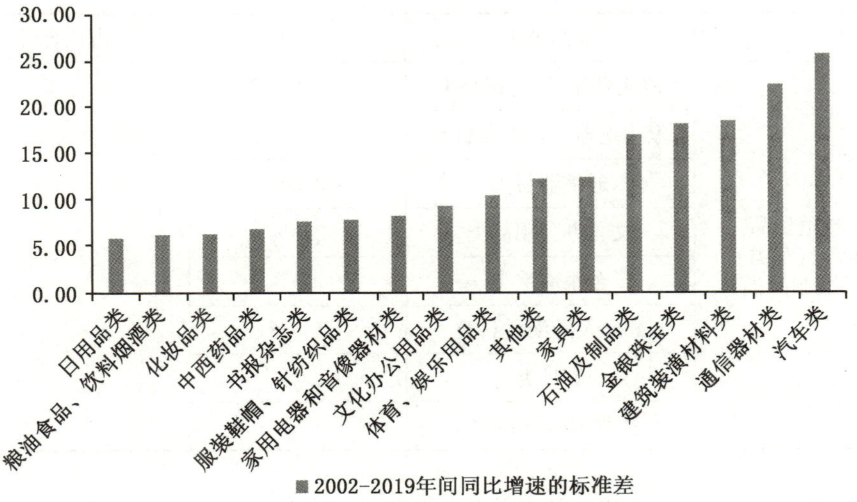

图 8.22 各类商品零售额 2002—2019 年间同比增速的标准差

不过,如果了解统计局的定义,可能就不会对这一点感到惊讶——因为“化妆品”的定义范围其实相当宽泛,洗面奶、洗发露、沐浴露等全都属于化妆品,而这些其实都是家中常备产品。但化妆品在限额以上商品零售额中的占比不是很高(2%),所以归为哪一类,其实影响不会很大。

参考各商品类别的波动性,我们最后对必选消费、可选消费(不含汽车类、石油及制品类)的分类如表 8.4 所示。其中,前者占限额以上商品零售额比重大概在 26.6%,后者大概占 27.5%。

表 8.4 必选消费品和可选消费品(剔除汽车、石油及制品类)的分类

	商品类别	占比	占比合计
必选消费品	粮油食品、饮料烟酒	14.8%	26.6%
	日用品	4.4%	
	中西药品	4.3%	
	化妆品类	2.2%	
	书报杂志类	1.0%	

续表

	商品类别	占比	占比合计
可选消费品（不含汽车类、石油及制品类）	服装鞋帽、针纺织品类	9.8%	27.5%
	家用电器和音像器材类	6.6%	
	通信器材类	3.5%	
	文化办公用品类	2.3%	
	金银珠宝类	1.9%	
	建筑及装潢材料类	1.5%	
	家具类	1.4%	
	体育、娱乐用品类	0.5%	

2012年后，中国经济增速换挡，可选消费、必选消费增速均处于下行通道。

可选消费（剔除汽车、石油及制品）与必选消费的同比变动趋势其实并没有明显差异，不过在经济下行压力比较大的时候，可选消费的降幅的确也更大。比如2018—2019年经济承压期，可选消费和必选消费之间的裂口在逐渐走阔（见图8.23）。

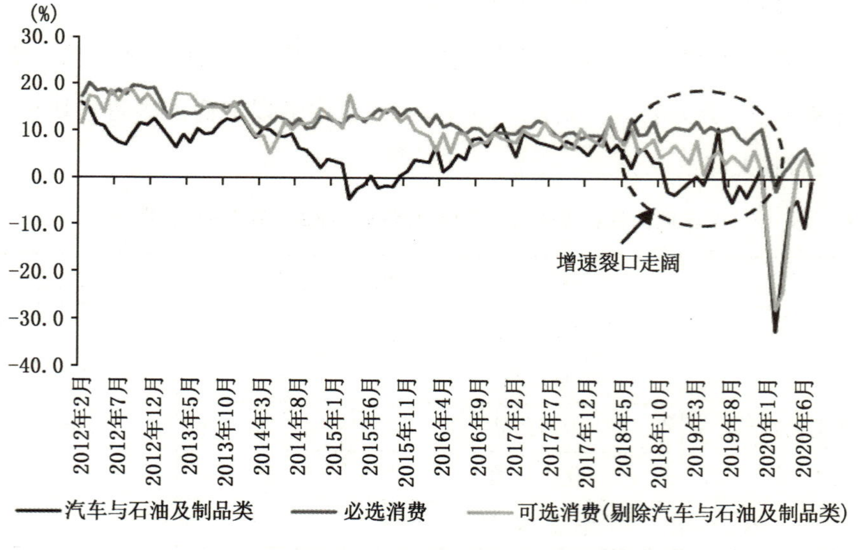

图8.23　2018—2019年可选消费与必选消费增速裂口扩大

2012年以来真正表现最差的还是我们上文中提到的汽车与石油及制品类，这个合并项的同比持续低于必选消费品和其他可选消费品，并且多次向下突破0%，给限额以上社零增速造成了很大拖累。

也正是因为如此，汽车与石油及制品类占限上商品零售额比重，从50%一路下滑到了38%左右，而必选消费、其他可选消费占比均有所提升(见图8.24)。

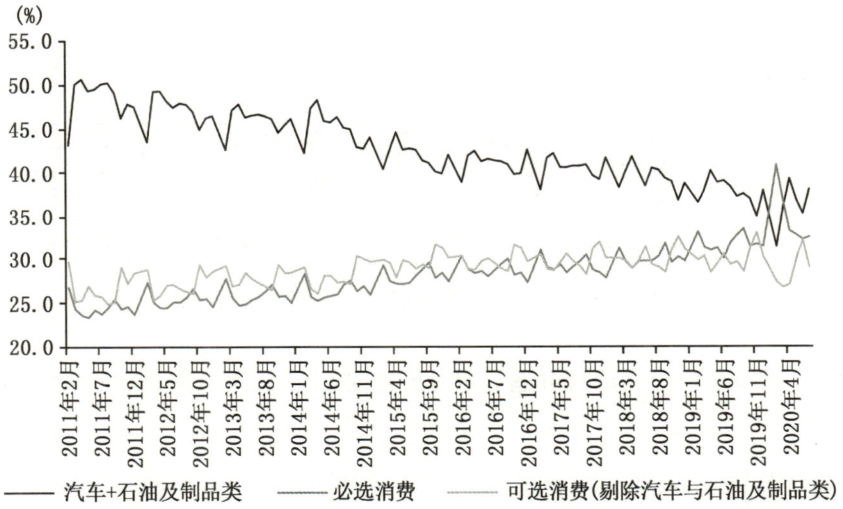

图8.24 汽车与石油及制品零售额占比下滑，其他可选消费品和必选消费品占比均上升

必选消费品在2015年后的同比走势都比较平坦，不过2020年新冠肺炎疫情冲击后，各商品走势出现分化(见图8.25)。

(1)化妆品、日用品受疫情冲击较大，但是反弹非常迅速，目前两者的同比基本已经回到疫情前水平。

(2)中西药品零售额同比受疫情影响较小，仅是短暂的小幅回落，但很快又转为回升，这和疫情期间居民购买医药用品、储备防疫物资密切相关。

(3)粮油食品类零售额同比在2020年一季度不降反升，主要还是受食品类RPI继续冲高带动，即由价格驱动。随着价格高位不再，二季度食品类零售额同比也逐渐回落。

各类可选消费品2015年以来的同比变动也比较一致，总体来看逐渐趋缓下

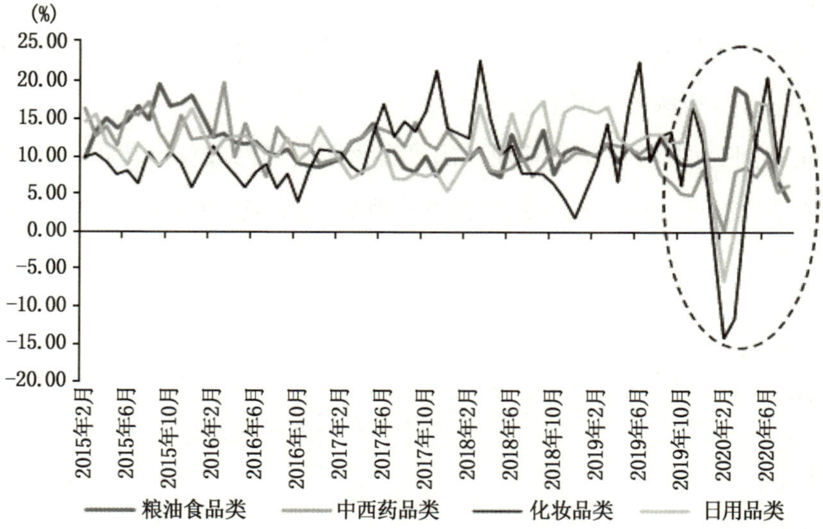

图 8.25　疫情冲击下，必选消费品走势出现分化

行。2020 年新冠肺炎疫情对可选消费品的冲击明显更为严重，从一些重点商品的表现来看：

（1）服装鞋帽、针纺织品类在 2020 年 3 月的同比一度下探到－34.8%。直到 8 月增速才回归正区间。

（2）家具类、建筑装潢材料类、家用电器和音响器材类这三类商品受疫情冲击也比较大，在 2020 年一季度的降幅一度达 30%以上。

值得一提的是，这三类商品一般会被认为与地产走势相关，往往比较受市场关注。

逻辑上它们和地产的确存在联系：地产好转可能会带动建筑装潢材料的销售，也可能会带动后期居民购置家具、家电的需求。

但从数据走势看，2014 年之后这些商品零售额的同比和地产投资的相关性已经大大削弱了，和地产销售、地产价格之间的相关性也不强（见图 8.26）。

（3）通信器材是所有可选消费中表现最亮眼的一类，2020 年一季度同比降幅相对较小，随后很快又反弹至高位（见图 8.27），这大概率受益于疫情时代的线上办公需求猛增。

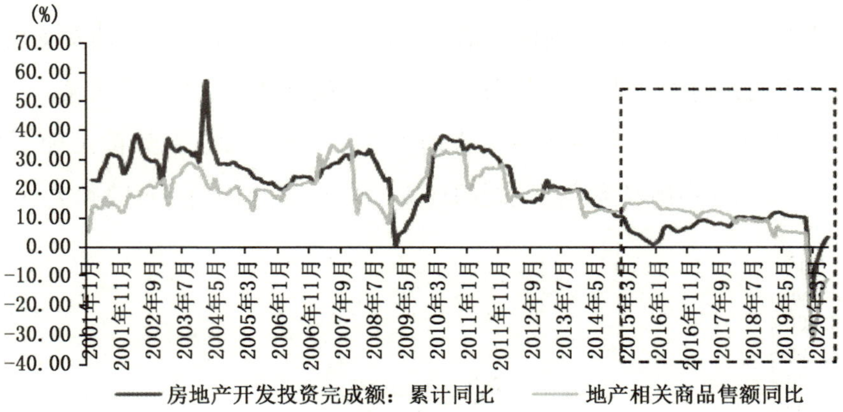

图 8.26 地产相关商品和地产投资的相关性在 2014 年后已经大幅削弱

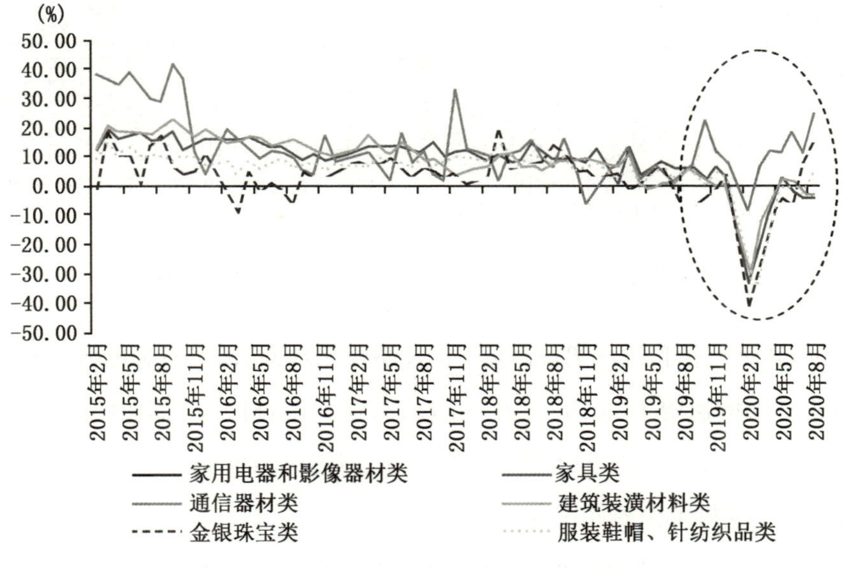

图 8.27 除了通信器材以外，其他的可选消费品受疫情冲击影响都比较大

8.2.3 如何看待近几年的实际消费状况

读者大概已经注意到了这一现象：自 2012 年以来，社零增速在持续下台阶。这其中，汽车与石油及制品的拖累的确是一个重要因素，但不止如此，其他可选消

费品的零售额同比也在缓慢下行。

结合第 1 章中提到的其他两大消费指标，GDP 口径下的最终消费支出、住户调查口径下的人均居民消费支出，我们可以更客观地评估中国消费状况。

从同比增速看，三个指标在大方向上变动比较一致，趋势都是朝下（见图 8.28）。这说明在中国经济承压趋缓的现实状况下，整体的消费形势确实不太好。

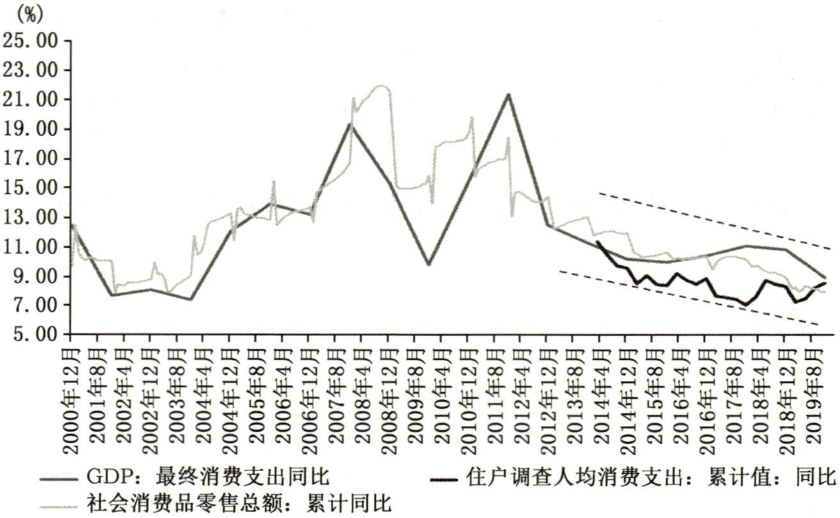

图 8.28　各行业 2002—2019 年间同比增速的标准差

不过 GDP 口径和住户调查口径下的消费支出增速，韧性相对更强一些。GDP 最终消费支出增速曾于 2016—2017 年反弹，住户调查口径人均消费支出增速于 2018 年反弹。而社零增速的下滑态势更明显，持续时间也更长。

那么中国实际的消费状况究竟如何？

如果我们同时认可这三个消费指标的数据质量，并且不考虑核算方法带来的误差因素，那么这三个指标间的走势背离，主要就是由它们之间的统计范围差异所带来的。

两个最主要的差异：一是消费主体，二是消费内容。

先来看消费主体。社零的统计范围是最宽的，同时统计了居民和社会集团消费。而住户调查口径下的人均居民消费支出只统计了居民消费，GDP 口径下的最终消费支出只统计了居民和政府消费，因此我们首先要搞清楚社会集团消费在社零中的占比。

由于并没有公布居民和社会集团的社零分项数据，因此我们只能做比较粗糙的推算。

先来看其他两个指标，GDP最终消费支出中包括政府消费支出（30%）和居民消费支出（70%），2019年GDP最终消费支出为55.1万亿元，居民最终消费支出为38.6万亿元。

再用住户调查中的人均消费支出×平均总人口，就可以大致估算出居民消费支出的总量数据。2019年这个数据为30.1万亿元，比GDP口径下的最终消费支出要更小。

这一方面是因为住户调查口径下的人均居民消费支出的统计类别，要比GDP口径下的最终消费支出少了“金融中介服务”“保险服务”这两项，所以数据量会偏低。

另一方面，住户调查样本中，高收入户的样本代表性较差，再加上其他样本的少报漏报现象，所以住户调查显示的消费支出往往偏低，GDP会参考更多的数据资料计算。

此外，用人均数据×人口，直接与总量数据对比，可能因为过于简化，也会带来误差。

我们暂时先选择GDP口径下的最终消费支出。它同时包括货物消费和服务消费。2018年三季度以来，统计局按季公布货物和服务消费的占比，其中货物消费占比大约稳定在50%。由此可推算出，2019年GDP口径下的最终货物消费支出约为19.3万亿元。

假如用该数据直接代替社零口径下的商品零售额中的居民消费部分，那么可以大致得到2019年居民商品零售额占社零口径下的商品零售额的比重约为52.9%。历史上这个估算比例平均在51%左右。

除了商品零售额外，社零还有餐饮收入。但是没有很好的指标估算居民和社会集团的餐饮消费占比。不过餐饮收入占社零比重只有10%，影响不大，我们就简单假定居民餐饮消费占比为50%，和商品零售额占比一样。

这么来看，居民消费和社会集团消费在社零中大约各占一半。

当然，由于社零和GDP的统计方案不一样，这显然不是一个精确的结论。但我们至少可以肯定社会集团消费在社零中的占比不会太小。

而所谓的“社会集团消费”，很难说到底有多少真正属于消费性质，又有多少属于投资性质（正如我们上文所说，填写报表的企业其实很难分清楚卖出去的这些商品是否用作生产经营）。

假如社零中掺杂了比较多的投资品，那么社零增速的下行可能也和近年来投资的走弱有关。

再来看消费内容方面的差异。社零是范围最窄的，只有商品零售和餐饮服务，那么有多少服务消费是社零未包含的呢？

2019年，GDP—居民最终服务消费支出约为19.1万亿元，而社零中的餐饮收入为4.7万亿元，简单假定社零的餐饮收入中50%由居民带来，那么大约还有16.8万亿元的居民服务消费没有纳入社零，占2019年社零比重约40%。

所以也有一种可能是：中国消费正更多地向服务消费形态转化。例如旅游、休闲娱乐等居民服务性消费支出在逐步扩张（与之相对应的是中国第三产业对GDP贡献率持续增长），但这种扩张并没有在社零数据中反映出来。

综上，三大消费指标均显示出，近年来中国消费状况较为低迷。这一点完全可以从最简单的角度理解：伴随着中国经济承压趋缓，人均可支配收入增速下行，消费增速自然也受到了压制。

但中国实际消费状况可能并没有社零表现得这么差。一是社零统计掺杂了较多社会集团消费，二是社零统计中又缺少了大量服务消费，三是社零过度偏向汽车、石油及制品类，这些因素都可能使得社零增速的下滑趋势更为明显。

8.3 案例分析：2020年8月社零数据

第2章其实是给了一个分析框架，按照这个框架，读者可以比较全面、系统地解读社零数据，接下来我们来讲这个框架在实践中怎么运用。

假如回到2020年9月15日，一份刚出炉的8月社零数据放在我们面前，具体

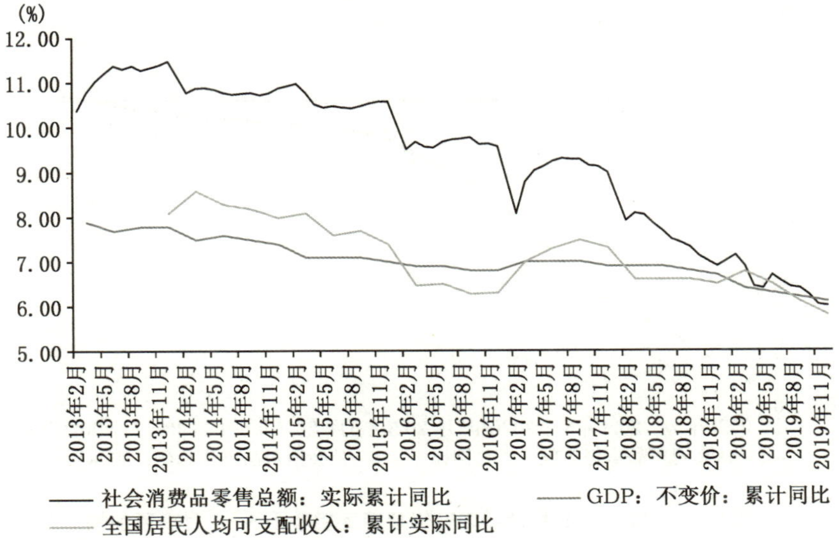

图 8.29 2013 年后 GDP 实际同比、人均可支配收入同比、社零实际同比均下行

该怎么分析？

首先肯定是看社零增速。

8 月社零当月同比为 0.5%，是 2020 年的首次转正，基本符合 Wind 一致预期(0.57%)。

同时，8 月社零同比较前值高了 1.6 个百分点，季调环比达 1.25%，为年内最高，显示出消费延续了疫后修复趋势，并且相较于 5—7 月数据而言，斜率没有再继续放缓(见图 8.30)。

而社零实际同比和名义同比的变动趋势几乎没有差别，可以排除价格因素影响，说明是“真修复”而不是“假修复”。

所以，消费稳步向好，修复略有加速，释放的信号相对积极，但也没有明显超预期。这是我们对 8 月社零数据的初步印象。

接着我们可以把社零的几个大类分项快速扫描一遍，看是否有异常值。

第一，限额以上消费品零售额同比增速为 4.4%，增长了 2.2 个百分点，表现要好于社零整体增速(0.5%，+1.6 个百分点)。

直观上考虑，这可能反映了疫情冲击过后，规模更小的限额以下批零、餐饮企

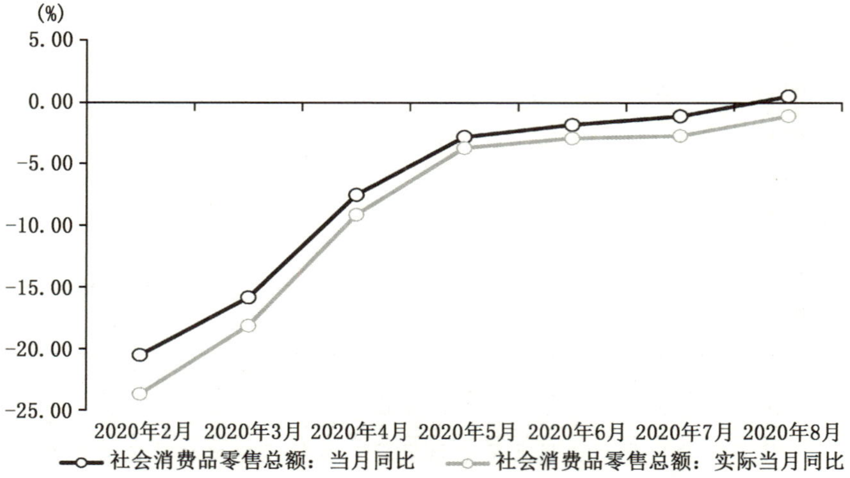

图 8.30 2020 年 8 月社零增速修复速度相较于 5—7 月有所加快

业，生存普遍要更艰难一些。

不过第 2 章提到，限额以上社零的走势，严重受汽车与石油及制品类商品走势的支配。所以，这会不会是这些商品的零售状况好转，带动了限额以上数据相对走强？下文将看到，这两类商品的零售增速在 8 月都是走弱的，所以这一点不成立。

第二，商品零售和餐饮收入同比回升至 1.5%和－7%，分别增长了 1.3 和 4 个百分点。

这释放了两点信息。一方面，餐饮为代表的服务消费，受疫情冲击比较严重，当前依然落在负区间，表现弱于商品消费。但另一方面，餐饮服务消费自 6 月以来有加快修复的迹象，和商品消费之间的增速差在缓慢收敛(见图 8.31)。

第三，网上商品和服务零售额 1—8 月累计同比从 9%升至 9.5%，其中网上实物商品零售额累计同比从 15.7%提升到 15.8%，增速依旧较高，且在继续提升，但斜率明显放缓。这也导致实物商品网上零售额占社会消费品零售总额的比重在 8 月有所滑落。

合理的解释是，线下消费活动正在不断好转，对线上消费产生了一定的替代效应。这和餐饮消费(也主要是线下)加速复苏的逻辑是相同的。

总结一下，社零的几个大类分项看过之后，值得关注的信息有两个：

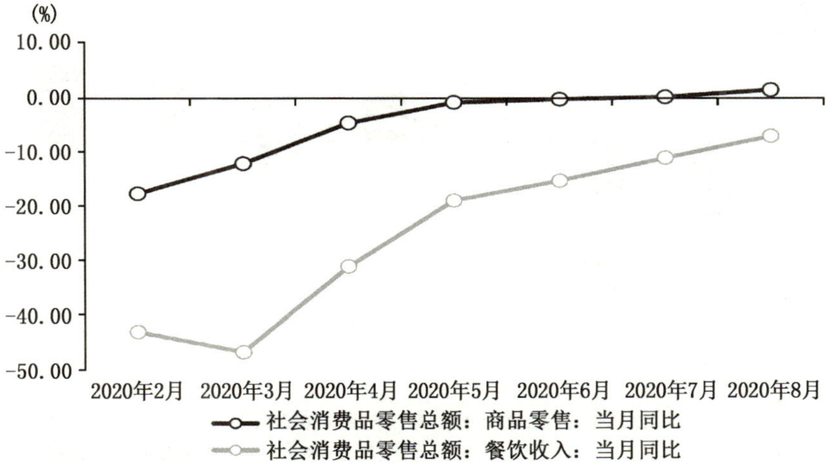

图 8.31　商品零售和餐饮收入增速的差距在逐渐缩窄

一是餐饮和线下消费的确受疫情冲击很严重，但最近出现了修复加快的痕迹。将这一点继续拓展，可以猜测在中国疫情防控得力的情况下，包括餐饮在内的线下场景消费和服务消费可能已经在好转的路上，8 月服务业 PMI 的大幅走强，也可以印证这一点。

二是限额以下社零恢复速度较慢，小微企业的处境可能仍然比较艰难。

接下来的重点工作是通过拆分商品零售的细项，分析社零增长的质量。

8 月限额以上商品零售同比增速为 5.1%，较前值提升 2.1 个百分点。参考第 2 章方法，将 2020 年前 8 个月的限额以上商品零售增速分解为 5 个部分：汽车类，石油及制品类，粮油食品、饮料烟酒类，服装鞋帽、针纺织品类，其他 12 商品类。

汽车零售依然是 2020 年决定社零走势最重要的变量。受各地汽车消费刺激政策提振，它的增速在该年快速好转，是社零回升的重要动力。

但到了 8 月，汽车零售同比略降 0.5 个百分点(但仍处于高位 11.8%)，并不是这次限额以上商品零售增速回升的原因。

石油制品类零售在今年一直是拖累项。尽管随着 2—4 月复产复工，石油及制品类零售增速有所好转，但受今年油价持续低迷影响，在 4—8 月，始终稳定在 —13%到—14%的低位。

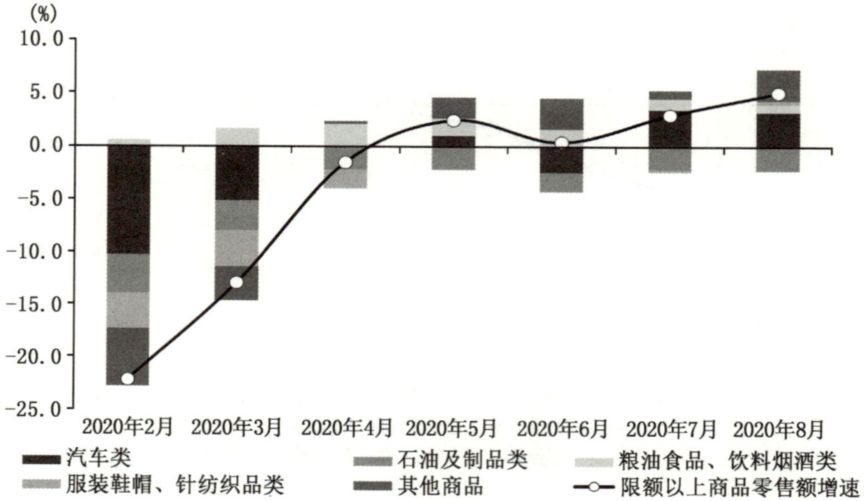

图 8.32 各商品零售对限额以上商品零售增速的拉动作用拆分

其他 12 类商品的回升(+2.2 个百分点),其实是 8 月限额以上商品零售增速回升(+2.1 个百分点)的最主要因素,值得进一步关注。

我们把粮油食品、饮料烟酒类,服装鞋帽、针纺织品类商品与其他 12 类商品一同纳入考量,并将它们继续分为必选消费和可选消费两个部分。

总体来看,可选消费在 8 月份有了很明显的好转,整体表现要优于必选消费。

先来看必选消费。8 月粮油食品、饮料烟酒类零售额同比增速收窄 2 个百分点,对限额以上商品零售增速略有拖累,这主要是猪肉价格涨幅回落,带动食品 RPI 同比增速下跌所致。

除了粮油食品、烟酒饮料类零售额以外,中西药品、日用品、化妆品等其他必选消费,对限额以上商品零售增速的拉动都有所提升,但作用也都相对有限。

再看可选消费。8 月通信器材类零售表现非常强劲,同比增速从 11.3%提升至 25.1%,对限额以上商品零售增速的拉动点数从 0.36 提升至 0.84 个百分点。这也再次印证了疫情时期线上办公需求的高增。

而服装鞋帽、针纺织品类,家用电器和音像器材类和文化办公用品类 3 类商品的同比增速,提升幅度也比较大,分别为 6.7、6.5、8.9 个百分点,对社零增速的拉动作用明显。

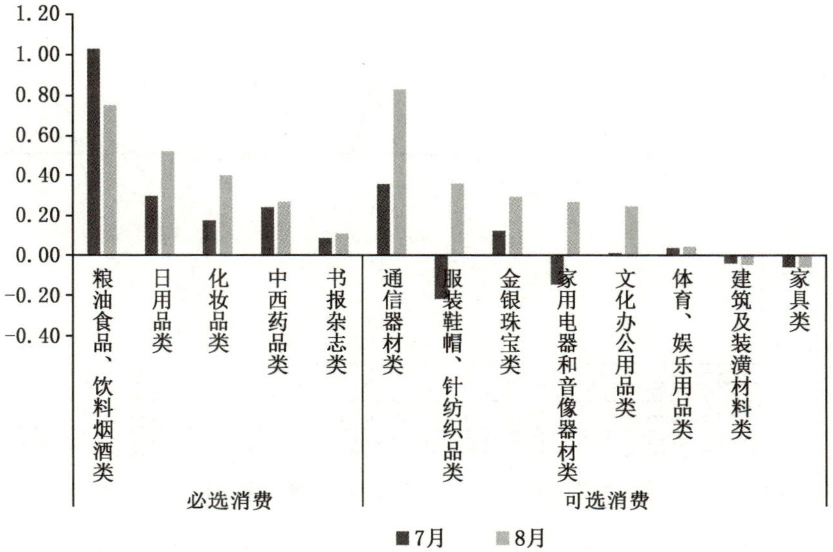

图 8.33　可选消费和必选消费各类商品对限上商品零售增速的拉动点数变化

通过上述数据，我们可以得出大致结论：尽管 8 月限额以上商品零售增速提高 2.1 个百分点，要弱于 7 月（2.6 个百分点），但数据质量要明显要好于 7 月。

因为，7 月数据基本上是汽车零售一枝独秀，其他商品零售表现都较差，但 8 月数据则是汽车消费稳健和可选消费回升的组合，这更能反映一种普遍的消费回温迹象。再加上我们上文提到的服务消费也在好转，释放的信号就更积极了。

在解释 8 月社零后，接下来可以进一步预判 9 月社零数据。不过社零数据缺乏可靠的前瞻性指标，只能通过拆解分项来粗略判断。

从汽车消费看，乘联会高频数据显示 9 月汽车消费继续好转（见图 8.34），这意味着 9 月汽车零售额同比增速大概率将提升。

同时，目前疫情防控很到位，对大众生活出行的冲击已经在渐渐消解，服务和线下消费将继续修复，例如餐饮收入，以及比较依赖线下消费场景的服装、家电类零售等，可能会在 9 月延续回升趋势。

汽车消费与餐饮和线下消费预计将是支撑 9 月社零回升的两股重要力量。

与此同时，高频数据显示 9 月猪肉价格同比已经转入下行通道，WTI 原油价格、黄金价格同比也均略有下跌，可能会带动食品饮料类、石油及制品类、金银珠宝

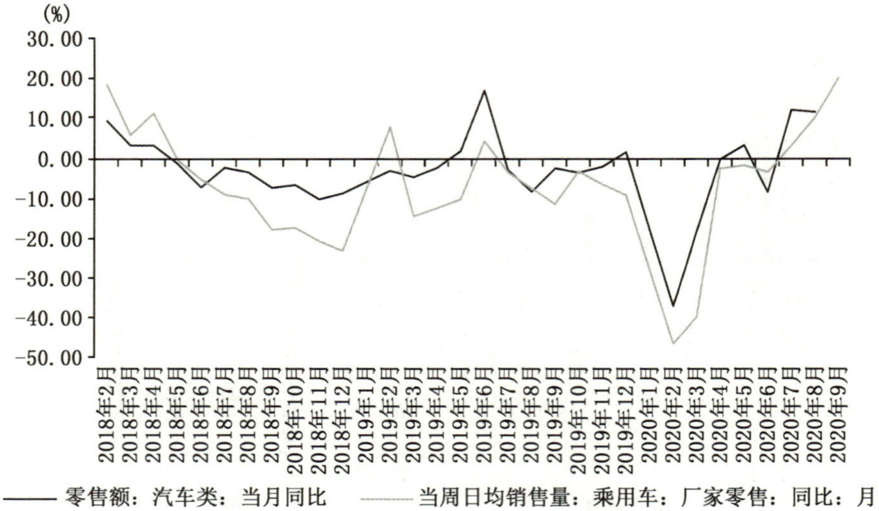

图 8.34　根据乘联会高频数据，预计 9 月汽车零售额同比将提升

类零售额同比走弱。此外，通信器材类零售同比增速在今年 8 月已经到达了 25% 的高点，由于去年 9—10 月通信器材类零售走强，高基数影响下，今年 9—10 月增速可能也会阶段性走弱。这些因素会对社零回升造成拖累。

综上，9 月社零数据大概率出现的情况是：继续回升（消费修复的节奏并不会断），但回升斜率可能会持平或有所放缓。

第9章

进出口分析

进出口像是一面镜子,它深刻地映照出世界经济与国家经济之间的双向联系。本章从海关进出口数据入手,带领读者分析进出口数据。

在全球化时代,各国经济早已休戚与共,几乎没有国家能够孤立存在,这也让宏观分析的视野从封闭经济迈向开放经济领域。

进出口像是一面镜子,它深刻地映照出世界经济与国家经济之间的双向联系。也正是因为这种联系的复杂性,进出口数据往往也是宏观分析中的难点。

本章将从海关进出口数据入手,带领读者一步步剖析进出口的细节,包括进出口数据的核算流程、解读方法、预测指标等,并在最后以一个案例的形式说明具体该如何解读进出口数据。

9.1 进出口数据介绍

进出口数据的类别很多,海关按月发布的货物进出口数据是目前市场最关心的进出口数据。本章也主要围绕着海关数据展开介绍。

有一个最基本的问题:究竟什么样的活动才算进出口?

根据海关的统计原则,进出口的判定大体上需要满足两个条件:

一是“货物跨境”,即货物必须进出关境。

我国关境是指除了港澳台以外的所有经济领土(顺带说一句,我国进出口统计不包括港澳台地区)。假如一些货物贸易虽然发生了,实际上并未出入我国关境,比如离岸的转手买卖,那么海关不会将它们统计在进出口中。

二是“改变境内物质资源储备存量”。

简单来说,有一些货物虽然入境了,但只是暂时停留,比如转运货物、暂时进出口货物等,最终还是得运往境外,并不会改变境内的物质资源总量,那么也不会被海关算入进出口。

满足这两个条件,基本上就可以被海关统计为进口或出口了。当然,这只是海关的统计原则,我国其他统计机构可能与此不同,并由此造成了不同进出口数据的统计差异,这一点在下文中会再提到。

再来看海关货物进出口数据的统计流程。

目前我国货物进出关境都需要通过海关。一般来说,进出口货物在通过海关时,收发货人要向海关申报单据,即报关单。报关单上列明了货物的各种基础信息，比如货物数量、总价、产地、目的地等。

海关接受申报并审核通过后，报关单上的数据会直接导入海关数据库，并成为海关进出口核算的基础资料。

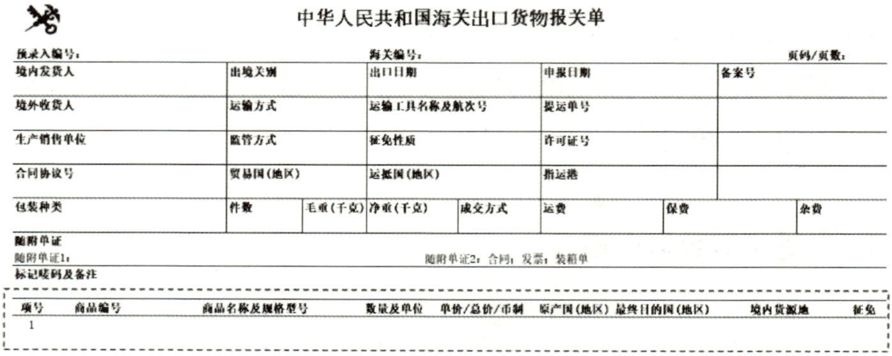
中华人民共和国海关出口货物报关单

预录入编号：　海关编号：　页码/页数：

境内发货人	出境关别		出口日期		申报日期		备案号	
境外收货人	运输方式		运输工具名称及航次号		提运单号			
生产销售单位	监管方式		征免性质		许可证号			
合同协议号	贸易国(地区)		运抵国(地区)		指运港			
包装种类	件数	毛重(千克)	净重(千克)	成交方式	运费	保费	杂费	

随附单证

随附单证1：　随附单证2：合同；发票；装箱单

标记唛码及备注

项号	商品编号	商品名称及规格型号	数量及单位	单价/总价/币制	原产国(地区)	最终目的国(地区)	境内货源地	征免
1								

图 9.1　出口货物报关单示例(部分)，涵盖了过关货物的各类基础信息

然后，海关会挑选出符合统计条件的报关数据，基于这些数据，直接核算进出口数据及其分项数据。

由于海关进出口数据并不需要推算环节，并且基础资料来源清晰，因此总体而言数据质量比较高。但也正是因为数据比较“原始”，所以单月波动也更大。

目前海关进出口数据的披露方式，主要是快讯和月报。

其中快讯为初步的汇总数据，月报则是修订后的正式数据，这两类数据都可以在海关总署的官网上获取。

根据《2020 年中国海关统计数据公布时间表》，快讯的发布时间是每月的 7 日或是 13 日、14 日，月报的发布时间为每月的 23 日。

由于商业分析讲究的是及时性，因此在快讯数据出炉的时候，市场对进出口的分析往往就已经开始了。

9.2 进出口数据解读

9.2.1 总量分析

刚拿到一份海关进出口数据时，我们首先会发现，它有两种计价方式：一种是美元，一种是人民币。

长期以来，美元是我国进出口数据主要的计价币种。因为目前在全球贸易中，美元是更通用的计价货币，对于中国来说也不例外，以美元计价、申报的货物报关记录，在我国进出口贸易中的占比在80%以上(2013年数据)。

不过2013年之后，为了与国内其他经济数据相衔接，用人民币计价的月度进出口数据也开始发布了。

目前，无论进出口商用哪国货币申报货物进出口，海关都要用申报时的适用汇率，逐单折算汇率，统计出人民币、美元两种计价方式下的货物金额，然后再分别汇总进出口数据。

容易造成困扰的是，人民币计价和美元计价的进出口增速往往存在差异(见图9.2)。有时这种差距相当大，甚至会干扰我们的基本判断。比如2018年5月，美元计价的出口增速为11.9%，而人民币计价下的出口增速竟然只有2.5%。

这背后反映的其实是汇率的剧烈波动。

当美元快速贬值、人民币升值的时候，美元计价的进出口数据可能会对应更低的、以人民币计价的进出口数据。

假如从去年到今年，美元兑人民币汇率从1∶7跌到了1∶6，那么同样是100美元的货物出口额，去年和今年分别对应700元和600元人民币，美元计价的出口增速是0，人民币计价的出口增速则是−14%。

那么，该基于哪种计价方式分析呢？

我们一般参考美元计价数据。因为它更贴近货物报关时的原始数据(目前多数进出口货物还是用美元申报)，受汇率因素的影响更小，相对更客观。下文中如果没有特殊说明，一般我们也都是采用美元计价的进出口数据。

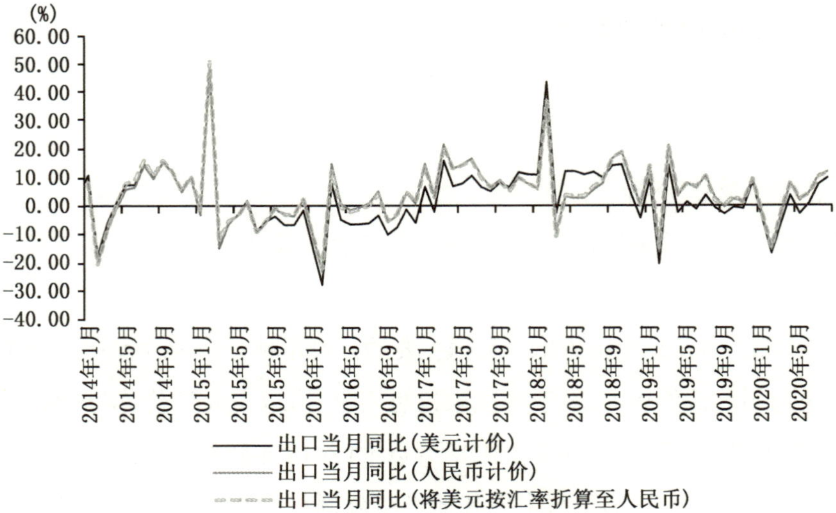

图 9.2　人民币、美元计价的出口增速走势存在差异，但可以用汇率互相折算

不过，美元计价和人民币计价数据，其实很容易换算。用美元计价的出口同比和上个月美元兑人民币平均汇率的同比，可以很好地拟合人民币计价的出口同比。

紧接着，无论是美元计价还是人民币计价，我们都将看到 4 类进出口数据：进出口金额（出口＋进口）、进口金额、出口金额、贸易差额（出口－进口）。

进出口金额反映的是一个国家的对外贸易总量。一种典型的做法是用进出口金额除以 GDP，来度量该国的对外依赖度，并与其他经济体对比。

但在做短期分析时，我们一般不会把进出口合起来看，而是分成出口、进口两个层面来看，尤其是出口，它非常受市场关注。

观察出口和进口的当月同比增速，可以发现它们都有很明显的波动性，尤其是在一季度（见图 9.3）。进出口同比在一季度的高波动，主要受春节错位因素影响，这一点和中国其他经济数据并无二致。

春节对出口的影响，稍微更复杂一些，它包括两部分效应，一部分是春节休假（以及节后缓慢复工）效应，另一部分是节前集中“抢出口”效应。

图 9.4 按照春节假期的先后顺序，简单归纳了进出口在 2001－2019 年的 1－3 月单月增速规律。

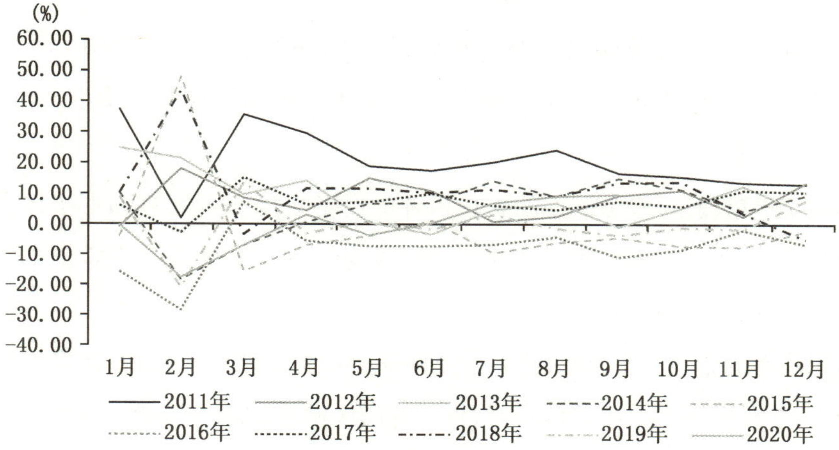

图 9.3 出口同比增速的波动性比较大,尤其是在一季度

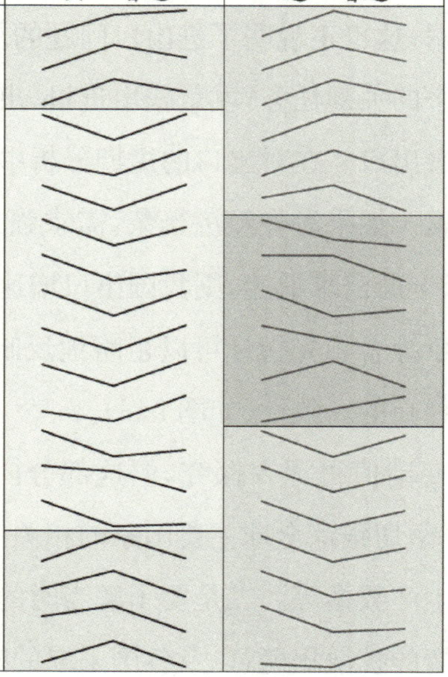

年 份	春节开始时点	1-3月单月出口增速	1-3月单月进口增速
2004年	**1月22日**		
2012年	**1月23日**		
2001年	**1月24日**		
2009年	**1月26日**		
2017年	**1月28日**		
2006年	**1月29日**		
2003年	**2月1日**		
2014年	**2月1日**		
2011年	**2月3日**		
2019年	**2月5日**		
2008年	**2月7日**		
2016年	**2月7日**		
2005年	**2月9日**		
2013年	**2月9日**		
2002年	**2月12日**		
2010年	**2月14日**		
2018年	**2月16日**		
2007年	**2月18日**		
2015年	**2月19日**		

图 9.4 春节的时间点不同,对一季度进出口当月同比增速的影响效果也不同

假如春节假期主要落在 2 月上旬,那么出口企业将主要在 1 月中下旬“抢出口”,带动 1 月出口增速上行,2 月则受休假因素影响,出口增速出现低点。

但假如春节假期发生在 2 月份的下半月，那么 2 月一方面受上中旬的“抢出口”因素提振，一方面又被中下旬的休假因素拖累，两种效应的共同作用下，情况就比较复杂。从历史规律看，这种时候一般 2 月出口增速将成为一季度高点，比如 2015 年、2018 年。

而对于进口而言，春节假期的影响相对更直接。春节落在 1 月时，1 月进口增速成为低点，落在 2 月时，则 2 月进口增速成为低点。不过当春节落在 2 月上旬时，进口增速的走势也比较多变。

要剔除春节错位因素，要么直接观察海关公布的季调后同比，要么将 1—2 月，甚至是 1—3 月的进出口绝对值合并，再计算同比增速，以此代替单月增速。

事实上，2020 年后海关也已经不再单独发布 1 月和 2 月进出口同比数据，而改为合并发布 1—2 月数据。但是 3 月同比增速仍然可能受到春节效应的影响，这一点需注意。

当然，除了一季度以外，进出口同比增速在其他月份的波动，也明显要大于其他经济数据，这也正说明了进出口问题的复杂性。

接下来的关键任务，就是找出进口、出口在短期内发生总量变化的可能原因。

首先看出口。在对出口的短期分析中，我们最关注外需的变化，它是影响出口的基本因素。如果海外经济繁荣，需求强劲，那么我国出口增速大概率也将走强；反之，如果全球需求低迷，则我国出口增速可能降低。

OECD 综合领先指标可以粗略地反映全球经济状况，我国出口同比和其周期波动有着很高的一致性(如图 9.5)。

外需变动值得深入探究，但这部分内容太过庞杂，无法展开细讲。但总的来说，一是要密切跟踪全球主要国家的相关经济指标，比如欧美国家的 PMI、就业、消费、投资、生产数据等。二是要了解当时的国际重要时事，比如了解 2020 年全球新冠肺炎疫情的扩散程度，以及各国采取的防疫措施等。

汇率是影响出口的另一个重要因素。一般认为，人民币贬值会降低我国产品在国际上的相对价格，提高产品竞争力，进而促进出口。相反地，人民币升值则会抑制出口。

从现实数据看，人民币汇率和中国出口增速之间的关系比较微妙：从大趋势

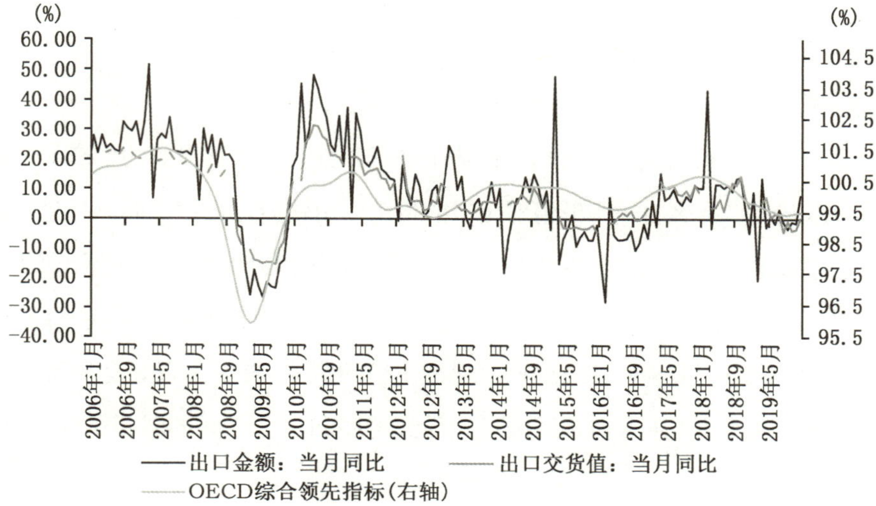

图 9.5　OECD 综合领先指数和出口同比走势相关性明显

看，它们的确呈现出某种负相关关系（见图 9.6）；但在短期内，这种关联并不明显，也不稳定。

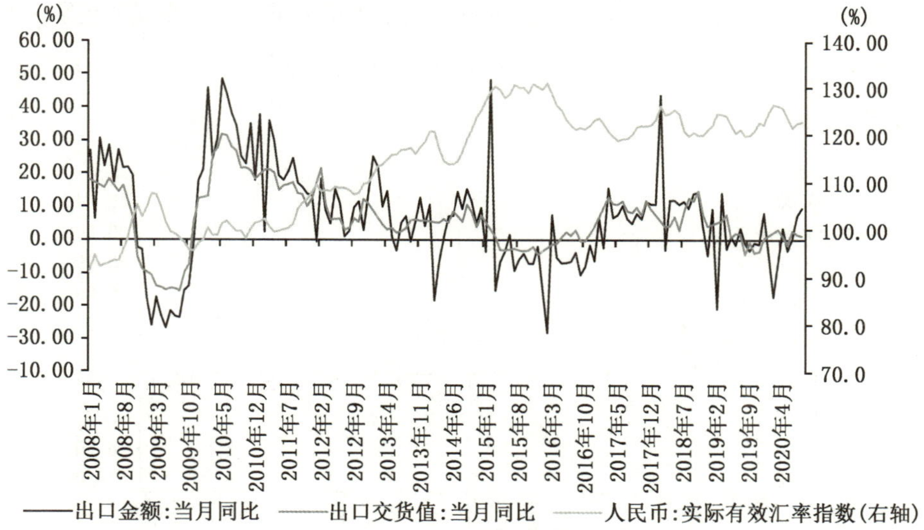

图 9.6　汇率和出口之间存在较弱的负相关关系

有几个因素削弱了这种联系：

一是我国加工贸易的大量存在将进口和出口绑定在了一起。加工贸易企业同时进口中间品、出口产成品，人民币贬值，既提高了出口产品的竞争力，但也抬高了企业进口成本，因此企业不一定会选择增大出口量。

二是出口商的供给或海外进口商的需求缺乏弹性。如果出口商的增产能力被政策、融资环境制约，那么人民币贬值对出口的带动作用就会打折扣。而海外进口商因为订单已签或是短期难以找到替代品，也不会因为人民币升贬值就很快做出反应。

三是汇率和出口之间的双向影响关系。出口增大带来的贸易顺差，可能会造成人民币的升值压力，这和人民币贬值促进出口的现象，看上去正好是相反的。

除了上述因素外，还有很多原因可能导致汇率和出口之间的弱相关性，我们这里不一一列举。

在实务中，我们尽量采用简单的原则判断：汇率对出口的影响在短期内不会快速显现，中期可以考虑人民币贬值/升值对出口的改善/抑制作用（进口也是同理，且汇率与进口的相关性更弱，下文不再赘述）。

再来看进口。进口正好是出口的反面，如果一国进口增速走高，往往就说明该国经济强势、内需旺盛，要通过进口更多的商品满足本国需求。反之则说明内需走软。

数据上可以看到，我国进口增速的波动周期和名义 GDP 增速基本上一致（见图 9.7）。

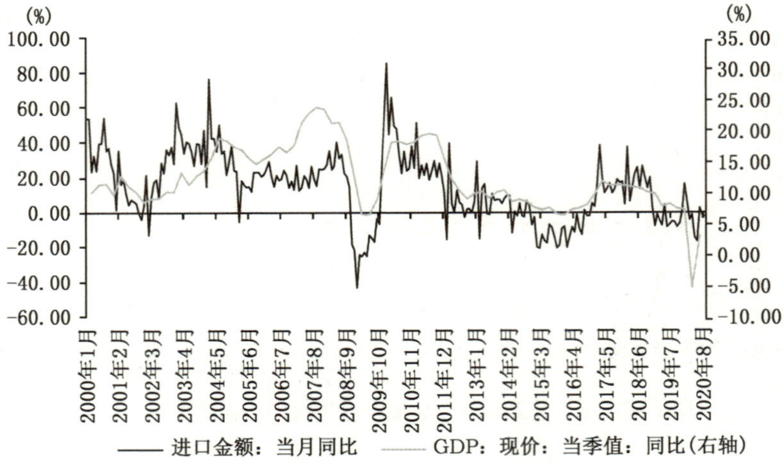

图 9.7　进口同比和名义 GDP 同比有较好的相关性

至于国内需求的变动，其实就是分析我国消费、投资等其他经济指标。

与此同时，进口增速受进口商品价格变动的影响很大。

进口增速是名义同比，其中包含价格因素。我们可以通过海关发布的“对外贸易指数”分析进口变动的量价关系。

对外贸易指数包括3类：价值指数、价格指数、数量指数。

进口价值指数其实就代表了进口金额增速。进口价值指数在2014年前是以美元为计价货币统计，所以和美元标价的进口金额增速保持一致，2014年后改用人民币，和人民币标价的进口金额增速保持一致。

进口价值指数又约等于进口数量指数＋进口价格指数。因此，我们可以将进口金额的变动，拆分为量、价两部分。

可以看出，进口商品的价格变动对进口金额造成影响较大（见图9.8）。而出口增速受价格变动的影响要更小一些（见图9.9）。

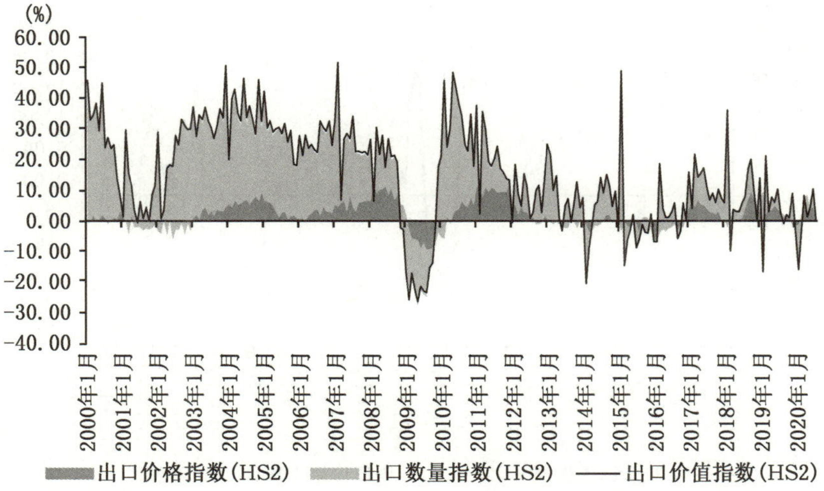

图9.8 出口价值指数的量价拆分结果

在中国的进口商品中，大宗资源品占比较高，比如原油、铁矿石等，都是我国主要进口商品。这些大宗商品的价格变动往往比较剧烈，而且影响广泛，容易带动其他进口商品价格波动，所以它们的价格变化和进口价格指数的波动有着很高的相关性（见图9.10）。

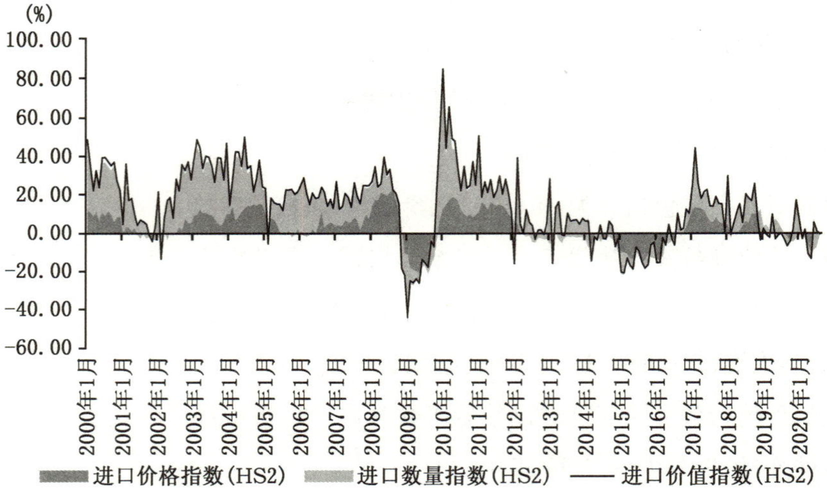

图 9.9　进口价值指数的量价拆分结果

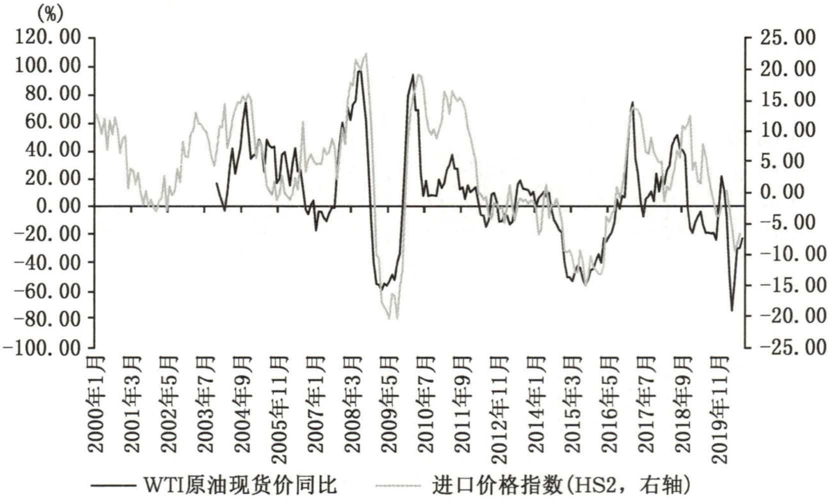

图 9.10　原油价格同比和进口价格指数强相关

2015 年，中国进口金额同比大幅下滑，最主要的拖累因素就是价格，而源头在于这一时期原油、铁矿石等进口商品的价格出现暴跌。

当然，除了国内国际需求、人民币升贬值、大宗商品价格变动等因素以外，导致我国进出口变动的因素还有很多，包括但不限于进出口政策、国际关系（贸易摩擦)、产业结构、厂商意愿等。

至于这些因素影响有多大,是在短期还是在中长期对进出口产生影响,还需要具体问题具体分析。

另外,关于进口增速和出口增速,有个数据特征不难发现,即这两者的中长期走势历来高度相关。这一点又该怎么理解?

一个非常重要的原因在于,伴随着全球价值链的扩散,各国经济早已休戚与共,进口和出口之间往往也是相互影响。

如果将视野拓宽,就可以发现不仅是中国如此,美国、日本、欧盟等国,进口和出口的同比走势也都很接近(见图 9.11)。并且,全球各国的进出口增速几乎都绑定在相同的周期节奏上。

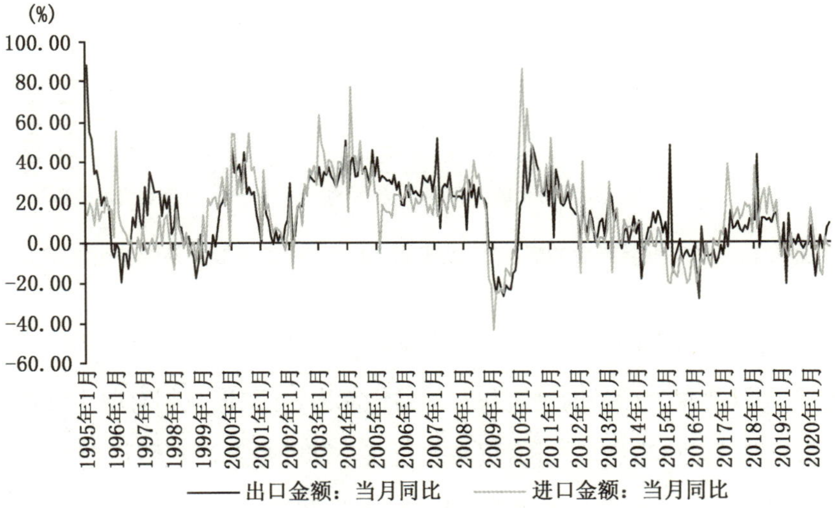

图 9.11 中国进口和出口同比走势周期性基本保持一致

比如 2008 年以来,全球经济下行,中国也难独善其身。外需低迷会影响中国的出口,并将逐步向投资、消费传导,影响中国经济增长,这种负面冲击,最终又会反映在疲软的内需和走弱的进口上。

最后看贸易差额,它关系到我国的外部均衡问题,对人民币汇率也会带来较大影响。所以在它产生异动时,市场也会比较关注。

贸易差额等于出口－进口,基数较小,因此贸易差额的同比增速很容易出现巨幅波动。我们在分析时，一般更关注贸易差额的绝对值变动。

当贸易差额大于0时就是所谓的顺差，小于0则为逆差。

从图9.12中可以看出，我国多年来一直处于货物贸易顺差之中。一方面，这与我国兴盛的加工贸易密不可分：加工贸易的形式注定了出口货物的价值要高于进口货物（毕竟中国要赚取加工费），而这部分价值增值对贸易差额有着很高比例的贡献。

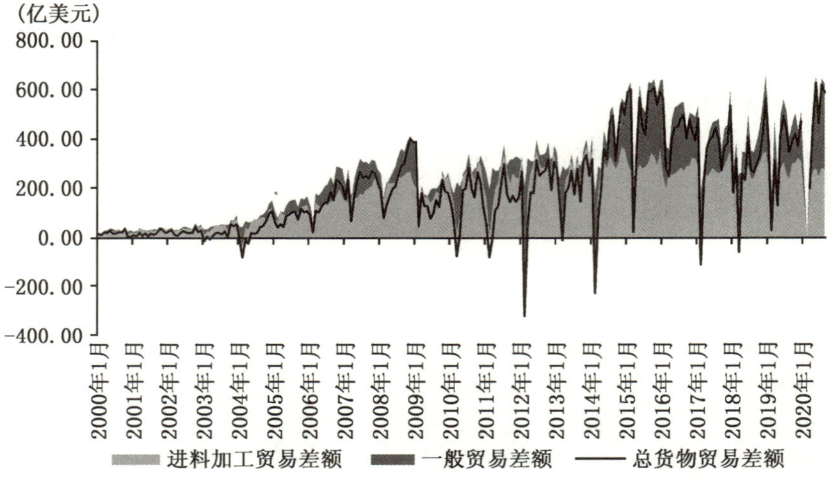

图9.12 加工贸易产生的顺差较大，但自2014年以来一般贸易顺差也在扩大

另一方面，这也说明我国出口商品在国际上的竞争力仍然较强，但内需的扩张速度，暂时还没能跟上产品的制造和对外供给能力，导致进口相对弱于出口。

短期来看，和进口、出口一样，贸易差额在一季度也会出现明显异动，2月或者3月往往是年内低点，甚至出现短暂的逆差，比如2017年2月和2018年3月，贸易差额分别为－109亿美元和－58亿美元。

产生这种现象的原因，主要在于春节因素对进口和出口的影响效果不同。这一点我们在上文已经提及。

除去这种特殊因素，贸易顺差在短期内的扩大或缩小，取决于出口和进口力量的相对变化。我们这里主要讨论顺差扩大这种情况，其他情况可以同理类推。

如果出口和进口同时扩张，而出口扩张速度快于进口，那么顺差就会扩大，这种情况说明内需还不够旺，但经济整体而言运行得还不错。

但有时,出口和进口同时萎缩,而由于进口萎缩速度更快(说明我国经济下行压力较大,需求低迷),那么此时贸易顺差也会扩大。这属于典型的"衰退式顺差",我国在2015年、2019年都曾面临过这种情况。

就顺差持续扩大所造成的影响而言,市场一般比较关注以下几个方面:

第一,贸易顺差(其实相当于"净出口"的概念)扩大,可以带动GDP增长。

第二,贸易顺差扩大可能会给人民币造成升值压力。

第三,长期顺差带来的外汇占款,将促使基础货币被动投放,如果央行不加以干预,就可能会诱发通货膨胀升温。

9.2.2 结构分析

在考察了进出口的总量分析之后,我们接下来拆分进出口的结构。

1. 商品类别

商品类别是观察进出口最重要的结构视角。

中国有哪些重要的进出口商品?它们近年来的表现如何?在回答这些问题之前,我们需要先了解一下进出口商品的分类方式。

目前,我国海关统计的进出口货物全都遵循HS编码分类。HS编码是一种国际通行的贸易商品编码制度,目前全球贸易总量90%以上的货物都采用该编码方式。

HS通过国际统一的6位数编码,规范了商品分类。其中编码的1—2位对应的是"章"这一级的分类,3—4位对应的是"目",5—6位对应的是"子目"。最后,不同国家会根据本国进出口货物的实际情况,继续增设后几位数来确定具体商品,我国目前增设到了10位编码,其中前8位是最主要的商品编码。

这种编码方式其实很好理解。以"电饭锅"这一商品为例,它在我国海关对应的编码为"85166030",该编码的具体含义如图9.13所示。

根据2020年海关最新的商品名录,目前我国一共有98章、8 558个8位数商品编号。

我们当然不需要掌握这些具体的商品编码,但是懂了这种编码的逻辑,可以更充分地理解海关发布的进出口商品分类数据,以及不同分类之间的关联,因为它们都是基于微观的HS商品编码统计出来的。

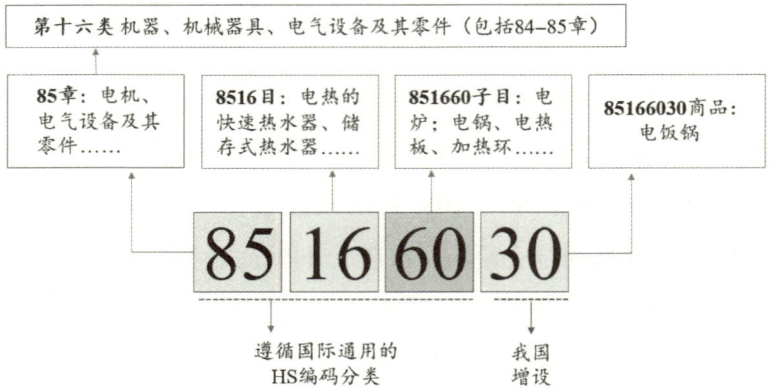

图 9.13　8 位数 HS 编码格式示意图

目前海关进出口统计月报中涉及商品分类的数据，主要有 3 种：

第一种分类法，是按照 HS 编码分类下的“类、章”统计。

比如都以编码“01”打头的商品，就都归为“第 1 章：活动物”统计。同时也会被归为“第一类：活动物；动物产品”（“类”比“章”更高一级，第一类包括第 1—5 章）。

按照这种分类方法，2019 年各类商品在进出口中的占比如表 9.1 所示。

表 9.1　　按照 HS 类、章分类的 2019 年进出口金额分类结果

<table>
<tr><th></th><th>按类划分（前 10）</th><th>占比</th><th>按章划分（前 10）</th><th>占比</th></tr>
<tr><td rowspan="15">出口</td><td rowspan="2">第十六类 机器、机械器具……</td><td rowspan="2">43.6%</td><td>85 章电机、电气设备及其零件……</td><td>26.9%</td></tr>
<tr><td>84 章核反应堆、锅炉、机械器具及零件</td><td>16.7%</td></tr>
<tr><td rowspan="2">第十一类 纺织原料及纺织制品</td><td rowspan="2">10.4%</td><td>61 章针织或钩编的服装及衣着附件</td><td>2.9%</td></tr>
<tr><td>62 章非针织或非钩编的服装及衣着附件</td><td>2.7%</td></tr>
<tr><td>第十五类 贱金属及其制品</td><td>7.3%</td><td>73 章钢铁制品</td><td>28%</td></tr>
<tr><td rowspan="2">第二十类 杂项制品</td><td rowspan="2">7.2%</td><td>94 章家具；寝具……</td><td>4.0%</td></tr>
<tr><td>95 章玩具、游戏品、运动用品</td><td>2.5%</td></tr>
<tr><td>第六类 化学工业及其相关工业的产品</td><td>5.2%</td><td></td><td></td></tr>
<tr><td>第十七类 车辆、航空器、船舶……</td><td>4.5%</td><td>87 章车辆及其零件、附件……</td><td>3.0%</td></tr>
<tr><td>第七类 塑料、橡胶及其制品</td><td>4.3%</td><td>39 章塑料及其制品</td><td>3.4%</td></tr>
<tr><td>第十八类 光学、照相、电影……</td><td>3.2%</td><td>90 章光学、照相、电影……</td><td>2.9%</td></tr>
<tr><td>第十二类 鞋、帽、伞……</td><td>2.6%</td><td></td><td></td></tr>
<tr><td>第十三类 石料、石膏、水泥、石棉</td><td>2.2%</td><td></td><td></td></tr>
</table>

续表

	按类划分(前10)	占比	按章划分(前10)	占比
进口	第十六类 机器、机械器具……	33.2%	85章电机、电气设备及其零件……	24.0%
			84章核反应堆、锅炉、机械器具及零件	9.2%
	第五类 矿产品	25.1%	27章矿物燃料、矿物油……	16.7%
			26章矿砂、矿渣及矿灰	8.0%
	第六类 化学工业及其相关工业的产品	7.5%	29章有机化学品	2.8%
	第十八类 光学、照相、电影……	5.0%	90章光学、照相、电影……	4.8%
	第十七类 车辆、航空器、船舶……	4.7%	87章车辆及其零件、附件……	3.6%
	第十五类 贱金属及其制品	4.7%	74章铜及其制品	2.0%
	第七类 塑料、橡胶及其制品	4.2%	39章塑料及其制品	3.4%
	第二类 植物产品	3.0%		
	第十四类 珍珠、宝石、贵金属……	2.9%	71章珍珠、宝石、贵金属……	2.9%
	第一类 活动物;动物产品	2.0%		

从表9.1中可以看出,无论是出口还是进口,机器设备类都是占比最高的,并且份额远超其他商品。

另外,我国出口以工业品为主。服装、家具、玩具等轻工业品,以及钢铁、汽车、化工等重工业品都各自占有一定比例。

而进口中,除了工业品以外,矿产品等资源品的占比也很大,动植物产品等农产品也有一定份额。

第二种分类法,按照SITC编码分类下的"类、章"统计。

SITC编码(联合国编制)可以理解为HS编码(世界海关组织编制)的初始版,它们可以互相进行编码转换。

SITC分类和HS分类的重合度较高,两者选其一分析即可。由于我国目前是以HS编码为主,因此我们一般也不太关注SITC分类,这里暂且跳过。

第三种分类法,按照所谓的"重要商品"统计。这也是我们最关注的商品分类方式。

由于进口和出口的商品构成有差异,因此海关针对进口、出口分别披露了不同的重要商品。比如进口重要商品中披露了大豆,但是出口重要商品中并没有。

另外,快讯数据和月报数据中,重要商品的分类也有所不同。

月报数据中的主要商品分类要更细致、更全面，但是快讯数据发布时间要更早。如果要对比这些商品的 HS 编码范围，就可以参考海关官网发布的“海关统计快讯进/出口重点商品表”和“海关统计月报进/出口主要商品表”。

我们一般分析的是发布时间更早的快讯数据。注意，每年快讯数据所包含的重点商品也会调整，比如 2019 年公布了 29 个重点商品的数据，2020 年则调整成了 28 个。

这些重点商品，明显比 HS“类、章”分类要更直观，不过它们大部分也都是重新合并项。比如“机床”这一项，实际上包括了 HS 编码前四位是 8456－8465 的 10 个目别。

除了这些重点商品外，每个月的快讯/月报还会披露另外 3 个更大的商品类别：农产品、机电产品和高新技术产品，它们是范围更广的合并项。需要注意的是，它们和部分重点商品存在范围上的交叉，同时，机电产品和高新技术产品之间也存在范围重叠。

出口方面，占比较高的重点商品主要包括：

(1)自动数据处理设备及部件(通俗点说就是电脑)、手持无线电话机及零件(手机)、集成电路等科技型产品。

(2)服装、纺织制品、鞋、家具、灯具、箱包等轻工业制品。

(3)钢材、汽车零配件、塑料制品、成品油等重工业制品。

比较亮眼的是，电脑、手机、集成电路等科技产品的出口份额较多，高新技术产品出口份额也达到了 29%。但在这些产品中，中国很多时候只是参与了简单的加工组装环节，然后再对外出口，技术含量其实没那么高。

进口方面，占比较高的商品包括：

(1)集成电路、医药品、汽车及汽车底盘等技术含量较高的产品。

(2)原油、铁矿石、天然气、铜矿石等资源品。

(3)大豆等农产品。

其中，光是集成电路和原油这两项就占了进口的 26%左右。集成电路进口占比非常高，原因在于中国在芯片方面技术还不够成熟，明显依赖海外。另外，中国作为全球第一大石油消费国，原油进口比例也很高。

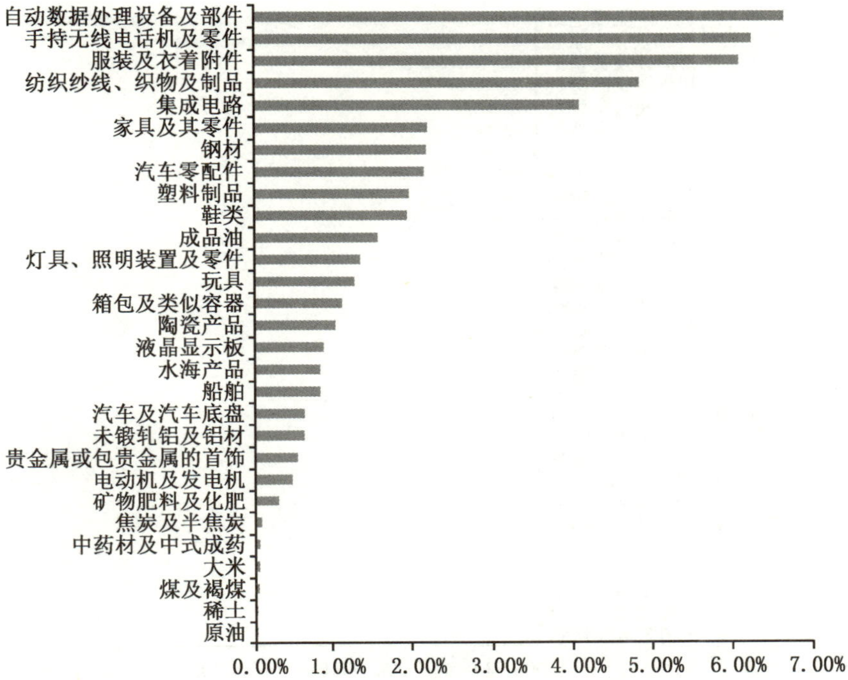

图 9.14 2019 年重点商品中,电脑、手机、服装等商品出口金额占比较高

一般我们在做短期分析的时候,可以计算各重点商品对进口、出口增速的拉动点数,看看主要是哪些商品在带动,哪些商品在拖累,然后再归纳出背后的经济线索。但是因为进出口覆盖的商品实在太多,所以这些重点商品也只能解释一部分的进出口变化。

以 2020 年出口为例,可以用各商品出口金额的累计同比×上年同期占比,计算出各商品对出口的拉动点数。

从表 9.2 的结果可以看出,支撑 2020 年出口增速的商品,主要是纺织纱线、织物及制品,自动数据处理设备,医疗仪器及器械,集成电路,塑料制品等。而服装、鞋靴、钢材、汽车零配件等则是主要拖累项。

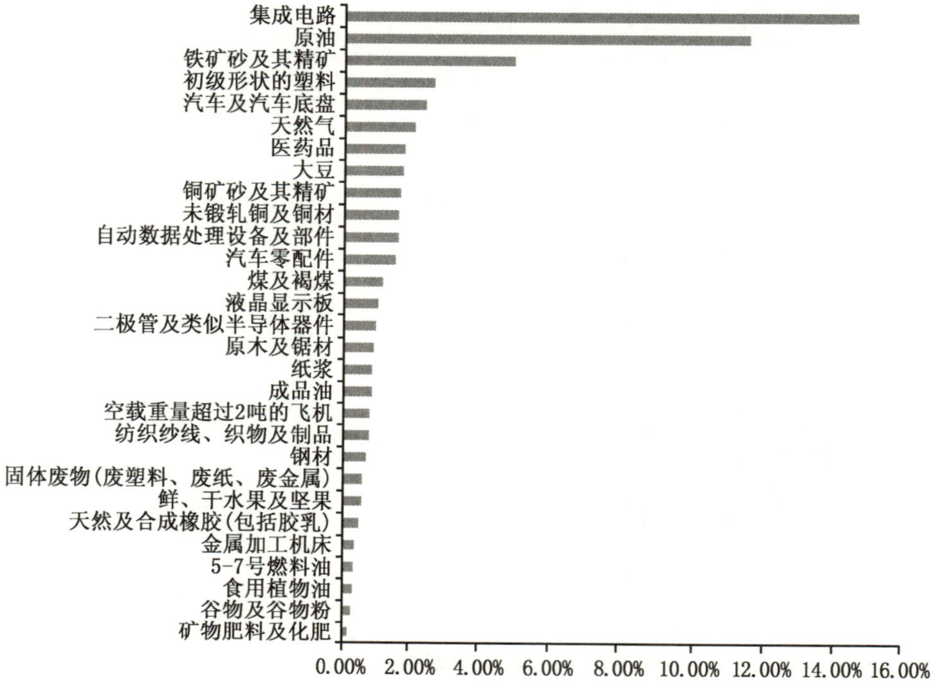

图 9.15　2019 年重点商品中，集成电路、原油、铁矿石等商品进口金额占比较高

表 9.2　　2020 年各重点商品对出口累计增速的拉动点数

	1-2月	3月	4月	5月	6月	7月	8月	9月
纺织纱线、织物及制品	-1.2	-0.8	0.2	1.1	1.5	1.6	1.7	1.6
自动数据处理设备及零部件	-2.5	-2.1	-0.8	-0.1	0.0	0.2	0.4	0.6
集成电路	0.4	0.4	0.4	0.5	0.4	0.5	0.5	0.5
塑料制品	-0.5	-0.3	-0.1	0.0	0.1	0.2	0.3	0.4
家用电器	-0.6	-0.4	-0.2	-0.1	0.0	0.1	0.2	0.3
医疗仪器及器械	0.0	0.0	0.1	0.2	0.2	0.3	0.2	0.2
灯具、照明装置及零件	-0.3	-0.3	-0.2	-0.1	-0.1	0.0	0.0	0.1
通用机械设备	-0.2	-0.1	0.0	0.0	0.0	0.0	0.0	0.1
家具机器零件	-0.6	-0.5	-0.4	-0.4	-0.3	-0.1	0.0	0.0
中药材及中式成药	0.0	0.0	0.0	0.0	0.0	0.0	0.0	0.0
稀土	0.0	0.0	0.0	0.0	0.0	0.0	0.0	0.0
粮食	0.0	0.0	0.0	0.0	0.0	0.0	0.0	0.0
音视频设备及零件	-0.5	-0.4	-0.3	-0.3	-0.3	-0.2	-0.1	0.0
玩具	-0.3	-0.2	-0.2	-0.2	-0.1	-0.1	0.0	0.0
肥料	-0.2	-0.1	-0.1	-0.1	-0.1	-0.1	-0.1	-0.1
陶瓷产品	-0.4	-0.3	-0.2	-0.2	-0.2	-0.1	-0.1	-0.1
汽车（包括底盘）	0.0	-0.1	0.0	-0.1	-0.1	-0.1	-0.1	-0.1
水海产品	-0.2	-0.2	-0.2	-0.2	-0.1	-0.1	-0.1	-0.1
船舶	-0.3	-0.3	-0.2	-0.2	-0.2	-0.1	-0.1	-0.1
未锻轧铝及铝材	-0.2	-0.1	-0.1	-0.1	-0.1	-0.1	-0.1	-0.1
液晶显示板	-0.2	-0.2	-0.2	-0.2	-0.2	-0.2	-0.1	-0.1
手机	-0.9	-0.7	-0.5	-0.4	-0.1	0.1	0.2	-0.1
箱包及类似容器	-0.2	-0.2	-0.3	-0.4	-0.4	-0.3	-0.3	-0.3
汽车零配件	-0.4	-0.3	-0.3	-0.5	-0.5	-0.5	-0.4	-0.3
成品油	0.4	0.3	0.1	-0.1	-0.3	-0.4	-0.4	-0.4
鞋靴	-0.5	-0.4	-0.5	-0.6	-0.6	-0.6	-0.5	-0.5
钢材	-0.8	-0.5	-0.4	-0.5	-0.5	-0.5	-0.5	-0.5
服装及衣着附件	-1.4	-1.2	-1.2	-1.3	-1.1	-1.0	-0.8	-0.6
*农产品	-0.4	-0.2	-0.1	-0.1	-0.1	-0.1	-0.1	-0.1
*机电产品	-11.4	-9.1	-5.5	-4.5	-3.4	-1.8	-0.6	0.3
*高新技术产品	0.0	-4.2	-2.0	-1.0	-0.6	0.2	0.6	0.7
出口累计同比	-17.2	-13.3	-9	-7.7	-6.2	-4.1	-2.3	-0.8

这很显然与疫情冲击有关。由于海外疫情持续扩散，因此包括口罩在内的纺织纱线、织物及制品，塑料制品和医疗仪器及器械等防疫物资的出口都表现很好，同时疫情催生的线上办公需求，也带动了电脑等设备的出口。

相反，由于海外居民资产负债表受冲击，服装、鞋靴的出口有所下滑。同时随着海外工业制造和建筑活动放缓，我国钢材、汽车零配件等商品的出口也比较疲软。

进口也可以采用同样的方法分析。

2020 年，支撑进口增速的主要是集成电路、肉类、铁矿石等。集成电路的进口表现这么好，与上文提到的电脑出口高增密不可分。而肉类进口，主要是为了弥补国内猪肉供给的相对短缺。铁矿石进口可能和疫情后国内工业生产活动快速回暖以及 2020 年铁矿石价格大涨有关。

拖累进口增速的则主要是原油、飞机等。原油进口表现非常差，主要是因为2020年油价较之2019年明显走弱，进而压制了原油进口金额的名义同比。飞机进口的恶化，与我国航空业受疫情明显冲击有关。

表 9.3　　2020 年各重点商品对进口累计增速的拉动点数

	1-2月	3月	4月	5月	6月	7月	8月	9月
集成电路	0.7	1.5	1.6	1.6	1.8	1.8	1.8	2.1
肉类（包含杂碎）	0.8	1.0	0.9	0.9	0.8	0.8	0.8	0.7
未锻轧铜及铜材	0.1	0.1	0.0	0.0	0.2	0.3	0.4	0.5
铁矿砂及精矿	0.8	0.5	0.6	0.4	0.5	0.5	0.4	0.5
粮食	0.0	0.0	-0.1	0.1	0.3	0.3	0.3	0.4
自动数据处理设备及零部件	-0.2	0.0	0.1	0.0	0.1	0.1	0.1	0.2
大豆	0.1	0.0	-0.1	0.0	0.2	0.2	0.2	0.2
美容化妆品及洗护用品	0.1	0.0	0.1	0.1	0.2	0.2	0.2	0.2
医药材及药品	0.1	0.2	0.1	0.1	0.1	0.1	0.1	0.1
钢材	-0.1	-0.1	-0.1	0.0	0.0	0.1	0.1	0.1
食用植物油	0.0	0.0	0.0	0.0	0.0	0.0	0.0	0.1
天然及合成橡胶（包括胶乳）	0.0	0.0	0.0	0.0	0.0	0.0	0.0	0.0
鲜、干水果及坚果	0.0	0.0	0.0	0.1	0.1	0.0	0.0	0.0
医疗仪器及器械	0.0	0.0	0.0	0.0	0.0	0.0	0.0	0.0
二极管及类似半导体器件	-0.2	-0.1	-0.1	-0.1	-0.1	0.0	0.0	0.0
铜矿砂及精矿	0.0	0.0	0.0	-0.1	-0.1	-0.1	-0.1	0.0
肥料	-0.1	-0.1	-0.1	-0.1	-0.1	-0.1	-0.1	0.0
汽车零配件	-0.2	-0.2	-0.2	-0.3	-0.2	-0.1	-0.1	0.0
机床	-0.2	-0.1	-0.1	-0.1	-0.1	-0.1	-0.1	-0.1
纺织纱线、织物及制品	0.1	0.1	0.0	-0.1	-0.1	-0.1	-0.1	-0.1
纸浆	-0.1	-0.1	-0.1	-0.1	-0.1	-0.1	-0.1	-0.1
初级形状的塑料	-0.4	-0.4	-0.4	-0.4	-0.3	-0.2	-0.2	-0.1
原木及锯材	-0.2	-0.2	-0.3	-0.3	-0.2	-0.2	-0.2	-0.1
液晶显示板	-0.3	-0.3	-0.3	-0.3	-0.2	-0.2	-0.2	-0.1
煤及褐煤	0.3	0.3	0.2	0.1	0.0	-0.1	-0.1	-0.2
成品油	0.0	-0.2	-0.3	-0.3	-0.2	-0.2	-0.2	-0.2
天然气	-0.4	-0.4	-0.4	-0.4	-0.4	-0.4	-0.4	-0.4
汽车（包括底盘）	-0.1	-0.2	-0.6	-0.9	-0.8	-0.7	-0.6	-0.4
空载重量超过2吨的飞机	-1.0	-1.1	-1.0	-0.9	-0.8	-0.8	-0.7	-0.6
原油	1.8	0.7	-1.3	-2.5	-2.9	-3.0	-2.9	-2.7
*农产品	0.4	0.7	0.6	0.7	1.0	1.0	0.9	1.0
*机电产品	-3.3	-1.4	-1.4	-1.9	-1.0	-0.6	-0.5	0.6
*高新技术产品	-1.7	-0.1	0.3	0.2	0.7	0.7	0.8	1.5
进口累计同比	-4	-2.9	-5.9	-8.2	-7.1	-5.7	-5.2	-3.1

2. 贸易对象

我们再来看第二个重要视角——贸易对象，也就是所谓的出口国和进口国。

在海关统计实践中，进口国是按照原产地、出口国是按照最终目的地统计的。

怎样才算原产地？假如A国的某进口商品，完全在B国生产制造，那么B国是该商品的原产地，这一点毋庸置疑。

但假如该商品的原料来自B国，加工在C国，组装在D国，包装在E国，最后被A国进口，那么哪国是原产地？哪国应该确定为进口国？

在全球价值链分工的当下,这是很常见的问题。

这种情况下,只有最后完成货物"实质性改变"的国家,才是原产地。而根据我国海关的原则,"实质性改变"的基本确认标准有两种:一是税则归类改变(其实就是 HS 编码前 4 位变动),二是加工增值部分所占新产品总值的比例已超过 30%。

比如,从 C 国到 D 国,货物税则归类改变了,但是到了 E 国没变,那么该进口商品的原产地就还是 D 国。当然,实际情况可能更复杂,海关也有一些其他的判断原则,我们这里不详谈。

最终目的地也分两种情况。一种是 A 国直接出口到 B 国,不需要通过第三国转运,这时 B 国就是最终目的地。

另一种情况是 A 国货物先到 C 国中转,然后再运往 B 国(A 国公司已明确)。此时哪怕是在 C 国发生了商业交易,比如先把货卖给了 C 国贸易公司,最终目的地仍然应该记为 B 国。如果 A 公司不明确目的地,就只能按照尽可能预知的最后运往国统计。

但在现实中,很难把所有出口商品都准确地对应到最终目的地。

当然,这些问题都是进出口商需要操心的,他们要对货物原产地、最终目的地做出判断,然后在报关单上填写相关信息,供海关统计参考。

但通过分析这些概念,可以说明另一个经常使研究者费解的问题:为什么我国对其他国家的出口,不等于其他国家对我国的进口?

理论上,这是一个不言而喻的对称关系,两个数据应该相等。但从现实来看并非如此,例如历史上我国统计的对美国出口,明显小于美国统计的对中国进口(见图 9.16)。

如何解释双边贸易统计数据的不吻合?

正如我们上面所提到的,原产地、最终目的地的确认相对较为复杂,导致各国对于进口国、出口国的认定,其实并不是对称的。

举个例子,一批中国货物从上海走,在到达越南后,由越南企业简单包装,最后再销往美国。中国企业在出口报关的时候,可能并不确定货物最终目的地是美国,可能会报作对越南的出口。但美国按照原产地原则,会认定出口国是中国。

中国内地、中国香港、美国之间的转口贸易活动是更典型的案例,中国内地出

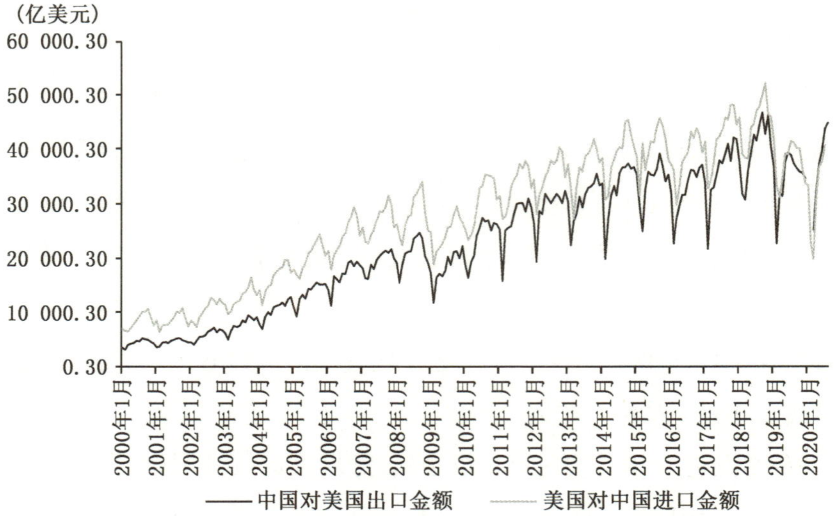

图 9.16 历史上中对美出口金额,要高于美对中进口金额

口货物经中国香港转运至美国,由此产生的统计差异(中方出口计为中国香港,美方进口计为中国内地),可能是导致中国对美出口小于美国对华进口的关键原因。

除此之外,还有其他一些可能的影响因素:

一是统计主体不同,多少会带来一些差异。不过中美针对货物进出口数据的统计原则,都是参考联合国标准制定的,所以这个差异可能比我们想象的要小。

二是计价因素。中国对美出口用的是离岸价,美国对华进口用的是到岸价。到岸价更高(多了运输和保险费用),所以这也会导致中国统计的出口额低于美方统计的进口额。

三是汇率折算差异、货物过关时间差异等。

搞清楚这个问题之后,我们再来简要观察我国的主要贸易对象以及它们在近几年的变化。

从出口方面来看,中国最主要的五大出口国家(地区)分别是:欧盟、美国、东盟、中国香港、日本,2019 年这 5 者占比合计高达 65%(见图 9.17)。

对这 5 个国家(地区)的出口占中国总出口金额比重,多年来一直比较稳定,但是其中也存在一些细微的变化:

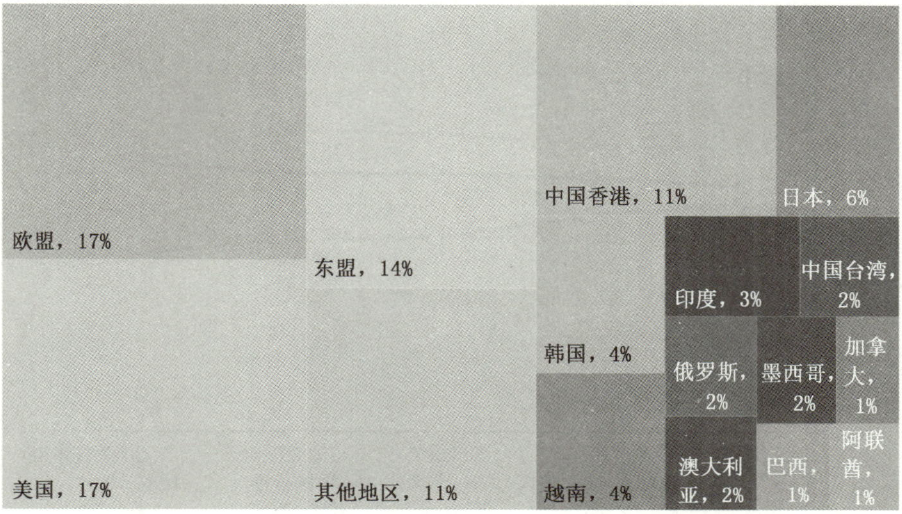

图 9.17　2019 年各国(地区)在中国出口中的份额占比

第一,对美出口占比在 2019 年快速下滑,很大程度上是受中美贸易摩擦影响。反之,对欧盟的出口份额则有所提升,这也使得欧盟在 2019 年取代美国,成为中国第一大出口地区。

第二,2013 年内地对中国香港出口绝对值达到顶峰,随后逐渐萎缩,对中国香港出口占比也在持续下滑。可能有两个原因,一是 2014 年后,中国整体出口形势恶化,拖累了中国香港转口贸易;二是内地设立了各种自贸区,对中国香港起了替代效应。

第三,2010 年中国—东盟自贸区正式启动后,中国对东盟出口占比在逐年提升,目前东盟已经成为中国第三大出口对象。

我们再将出口增速按照几个主要国家/地区进行拆分。尽管对美、欧、日、中国香港、东盟的出口只能解释一部分,但是基本能够拟合出口增速的变动趋势(见图 9.18)。

2018 年,我国出口增速表现很好,对美、欧、东盟、中国香港的出口都起了比较强的支撑作用。

值得注意的是,尽管中美贸易摩擦在 2018 年 4 月开始,但对美出口还未受到

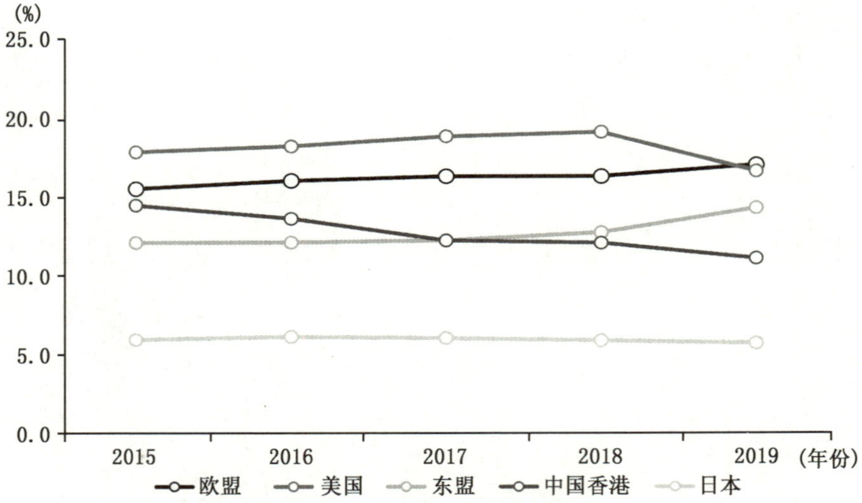

图 9.18　近五年中国各主要出口地区的份额变动

明显冲击，原因在于出口商为了避免后期关税加征的影响，提前备货以“抢出口”，反而支撑了这段时期的出口增速，直到 11 月“抢出口”效应才逐渐式微。

而在 2019 年，对不同国家的出口开始分化。其中，中美贸易摩擦效应显现，对美出口和对中国香港出口的拉动作用共同转负（对中国香港出口中，有很大一部分是转口贸易至美国）。而对欧盟、东盟出口的拉动作用为正，尤其是对东盟出口表现很好，一定程度上对冲了对美出口的下滑。

到了 2020 年，形势又比较复杂。首先在一季度，中国对这几个国家的出口表现都很差，主要原因是中国在疫情影响下停产停工，没办法正常交货，出口面临着罕见的供给约束。

随后几个月中国疫情逐渐缓解，海外疫情却开始不断扩散。但由于各国疫情状况、防疫措施、疫后经济政策不同，因此需求的恢复程度也有所不同，导致中国对各国出口状况差异很大。目前来看，对美出口、对东盟出口，起了明显的支撑作用，而对欧盟出口则有所拖累。

但是有两个数据细节可以注意一下：

一是中国海关统计的对美出口在 2020 年明显超过了美国统计的对中进口（见图 9.20），而在历史上这种情况相当罕见。如果从美方统计数据看，美对中进口

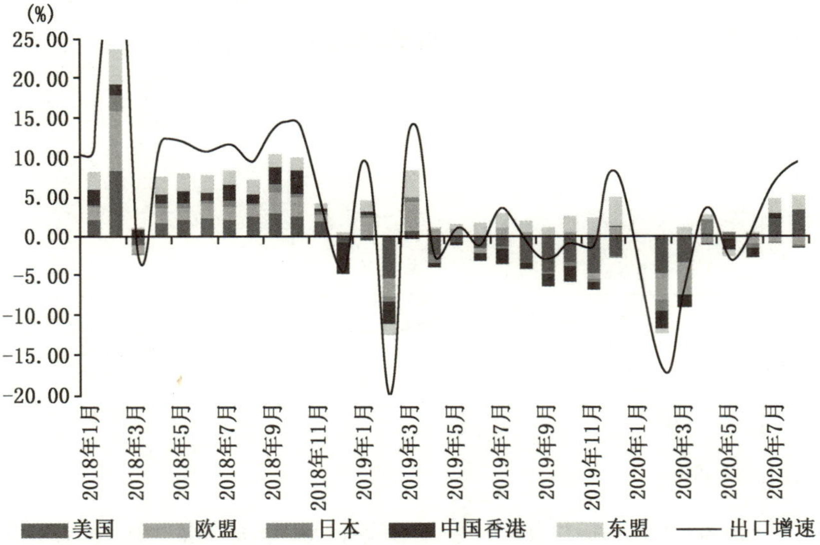

图 9.19 2018—2020 年出口增速以及对各国(地区)进口的拉动点数

(也就是中国对美国的出口)同比表现其实没有那么好。

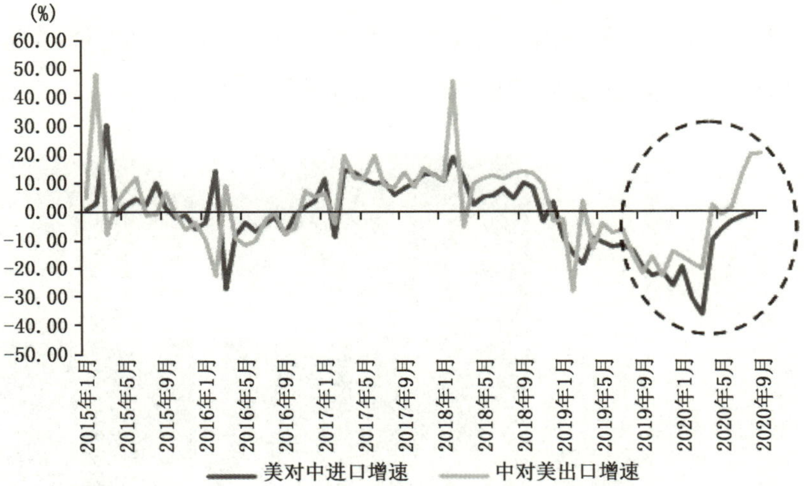

图 9.20 2020 年中国统计的对美出口增速要明显高于美国统计的对华进口增速

二是自 2020 年 2 月之后,海关统计的对欧盟进出口数据实际上剔除了英国,所以如果直接用当月值计算当月同比,会造成数据的明显低估。如果我们在 2020 年把对英国出口数据加入对欧盟出口数据，或者把2019年对欧盟出口数据中的英国部分剔除，那么计算出来的2020年对欧盟出口增速，表现其实还不错（见图9.21）。

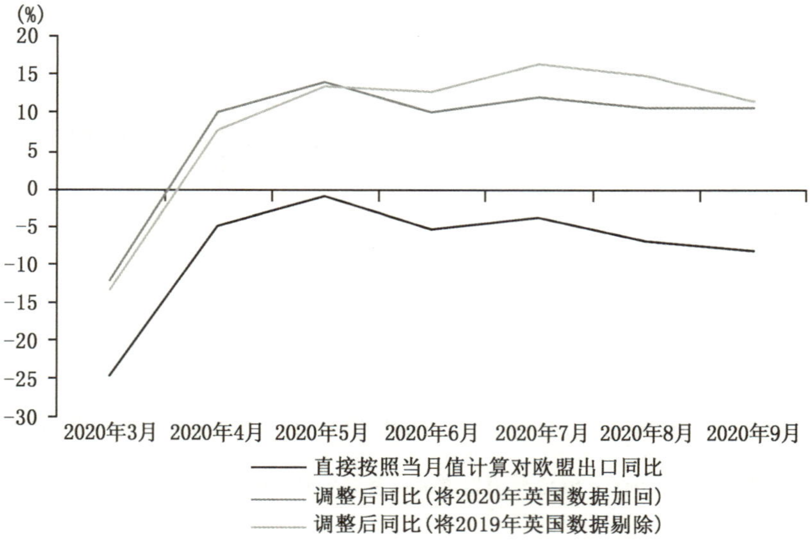

图9.21 对英国数据剔除因素调整后，对欧盟出口同比已经回升至10%以上

再来看进口，2019年中国最主要的五大进口国家（地区）分别是：东盟、欧盟、韩国、中国台湾、日本，这5者占比合计为52%（见图9.22）。

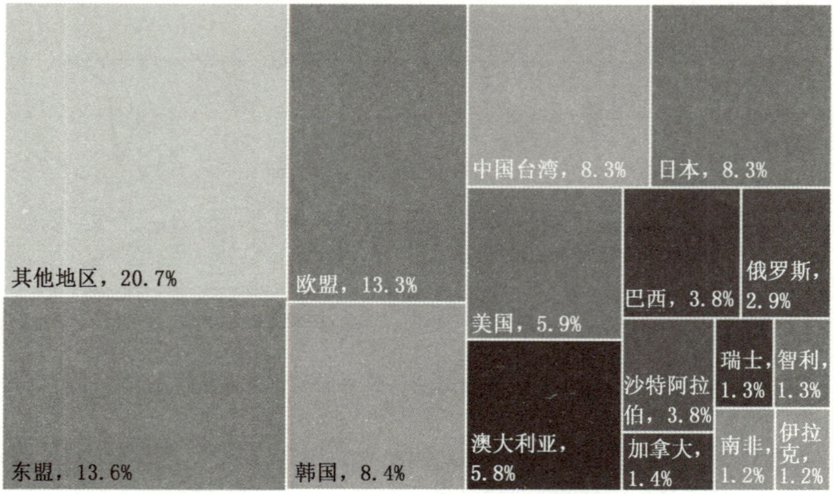

图9.22 2019年各国(地区)在中国进口中的份额占比

欧盟、东盟在我国的进口占比近年来持续保持在一二位，并且提升较快，尤其是东盟（见图 9.23）。而韩国、中国台湾、日本、美国的占比则呈现下行状态。特别是对美进口占比，在 2018—2019 年明显跌落。

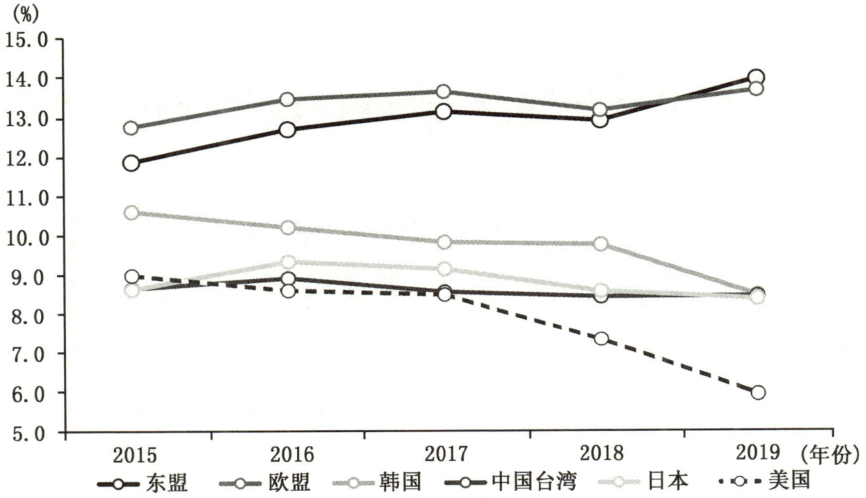

图 9.23　近五年中国各主要进口地区的份额变动

将进口增速按国别（地区）拆分来看：

2018 年进口增速维持高位，对欧盟、中国台湾、韩国、东盟进口比较均匀地起着拉动作用（见图 9.24）。2019 年进口增速大幅下滑，对美国、韩国进口是关键的拖累项。2020 年，中国进口增速同样维持低位，其中对欧盟进口则是主要拖累项（尤其是在 4—5 月）。

3. 贸易方式

我国海关进出口统计中一共有 19 种不同的贸易方式，但最关键的是两种：一般贸易和加工贸易。其他的贸易方式规模都比较小，我们往往也不太关注。

一般贸易指有进出口权的企业单边进口或者出口货物，是最普通的一种贸易形式。

加工贸易相对复杂一些，它是加工外来的原材料、零部件，然后再对外出口的一种贸易形式，主要包括来料加工装配贸易、进料加工贸易两种。

来料加工装配贸易是由外商提供原材料、零件，甚至是机械设备，然后在国内

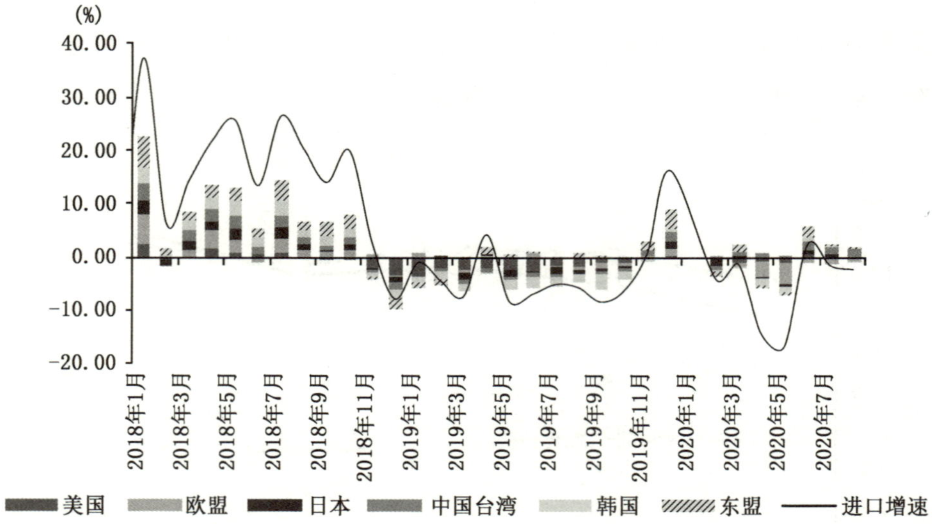

图 9.24 2018—2020 年进口增速以及对各国(地区)进口的拉动点数

加工装配,最后将成品交付给同一外商。

进料加工贸易是中国企业自己拿外汇进口原料、零件,加工后再对外出口。它和来料加工装配贸易的最主要区别在于,一个是自己买原料(买卖关系),一个是外商给原料(委托关系)。

来料加工装配贸易的特殊性更强。因为原料、产成品的所有权一直在外商手中,中国只是加工。但是海关统计仍然把它理解为货物贸易活动,并同时记录原料进口额和产品出口额。

改革开放后,加工贸易在中国崛起,客观上看,这是中国积极融入全球价值链的一个缩影,也是过去几十年中国经济增长的重要动力,它给中国创造了大量就业机会、政府税收,也引入了外资和技术。

但 21 世纪以来,加工贸易占比在逐渐萎缩,而一般贸易占我国进出口比重则逐渐上行(见图 9.25)。这个趋势在 2008 年金融危机以来变得越来越明显。

目前,一般贸易、进料加工贸易占比分别为 60%、20%左右,而来料加工装配贸易占比已经不到 5%。

加工贸易的萎缩主要有三方面原因:

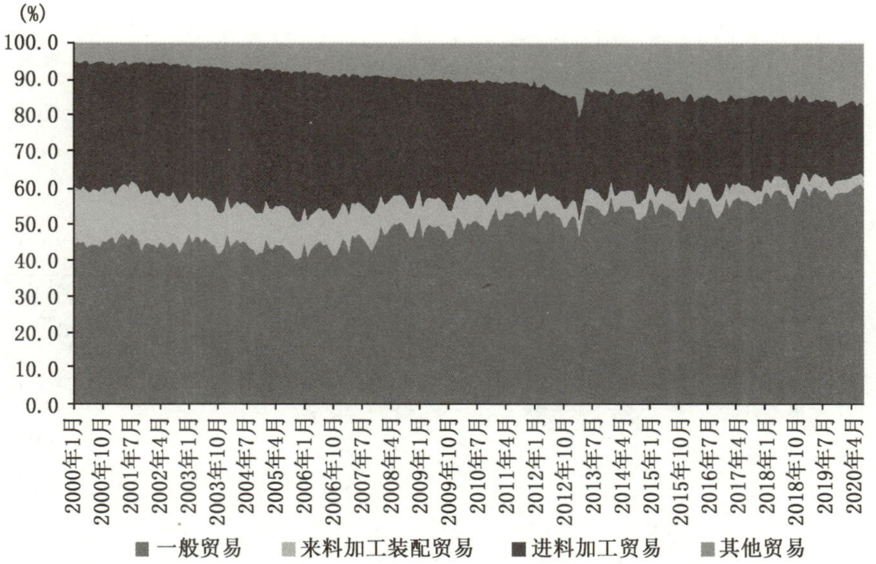

图 9.25 一般贸易出口占比在不断提升,加工贸易出口占比在逐渐萎缩

第一,中国自主创新、自主制造能力在快速提升,产业在转型升级。有很多之前做加工贸易起步的小企业,在积累了资金、消化了技术之后,从单纯的代加工,向自主研发制造转化,贸易方式也从加工贸易逐步向一般贸易切换。

第二,全球产业转移。随着我国劳动力不再那么廉价,加工贸易的利润空间快速压缩,全球产业链正逐步转移至人力成本更低的东南亚地区,这也导致我国加工贸易占比不断下滑。

第三,加工贸易容易导致顺差过大,因此相关优惠政策有所收紧,比如在 2007 年政府集中调低了加工贸易产品的出口退税率。

除了一般贸易和加工贸易之外,还有其他一些特殊的贸易方式,它们的占比也在逐步扩大。

对比 2000 年和 2019 年,占比扩大较快的主要是"海关特殊监管区域物流货物""保税仓库进出境货物",还有"其他贸易方式"(包括市场采购货物、边民互市进出口商品及通过邮件、B 类快件渠道进出境的跨境电商包裹等)(见图 9.26)。

前两者和中国重要保税区、保税仓库的快速发展有关,后者可能和近年来兴起

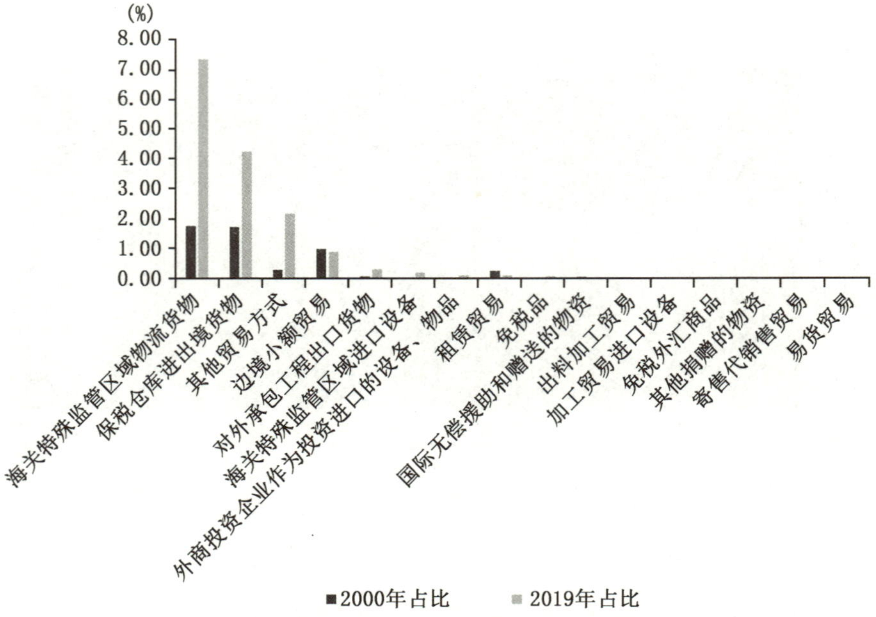

图 9.26　海关特殊监管区域物流货物、保税仓库进出境货物、其他贸易方式等出口占比扩大

的跨境电商有关。

9.2.3　进出口预测

进出口的影响变量多而复杂，要预测进出口不是一件容易的事（进出口是分析师最常预测错误的宏观经济数据之一）。本章主要介绍一些市面上比较流行的预测指标。

第一，PMI 新出口订单指数/进口指数。

PMI 有新出口订单和进口两个分项，发布时间早于海关进出口数据。通过 PMI 读数预判进口和出口是市场上最常用的方法。

PMI 本质上是一个环比数据，我们可以将 PMI 新出口订单指数转化为虚拟同比，然后再与出口当月同比比较。进口同理。

可以发现，在中期趋势上两者比较接近（见图 9.27），但是 PMI 同比很难捕捉到出口增速的短期波动特征。而且 2020 年以来，PMI 新出口订单显示的信号，似乎比出口同比要悲观得多，这也在一定程度上造成了 2020 年上半年市场对于出口形势的集体误判。

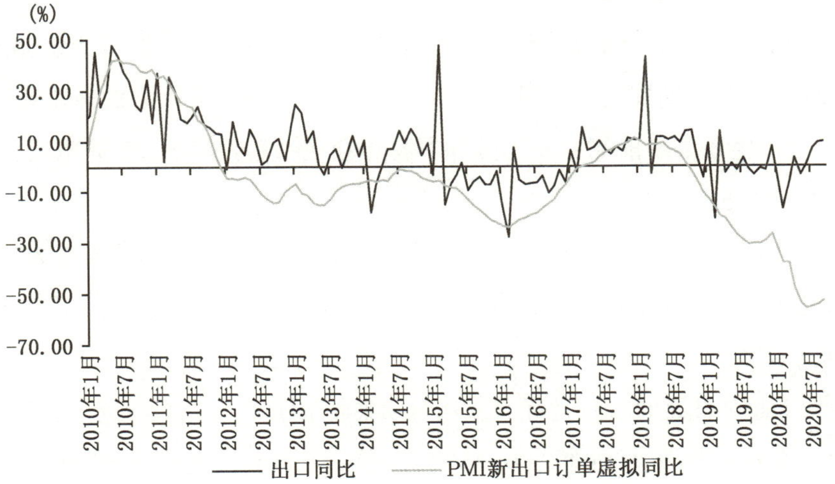

图 9.27 PMI 新出口订单虚拟同比和海关出口同比的中期趋势一致,但在 2020 年走势分化

在具体预测时,可以用 PMI 新出口订单指数/进口指数的变化简单预判进出口的环比走势。但 PMI 和海关进出口数据的统计原理完全不一样,所以最多是判断变动方向,没法定量预测。

哪怕只是预判方向,准确率也不算太高。2005 年以来,PMI 新出口订单指数预判出口环比增速的成功率为 58%。PMI 进口指数预判进口环比增速的成功率则有 66%,相对更高一些。

预测方法:首先考虑到出口/进口环比的季节波动特征,计算过去几年各月环比波动的平均值。然后参考 PMI 新出口订单指数/进口指数的读数,并综合考虑国内外经济形势调整该环比平均值,并最后通过环比连乘的方式推算同比。

第二,波罗的海干散货指数(BDI),它是日频数据。

要理解 BDI 这个指标,首先要知道什么是“干散货”。航运业可以粗略地分为集装箱运输、干散货运输、油轮运输三类。

其中,油轮运输主要用于液体货物,比如石油、液化天然气。

干散货运输主要用于各种大宗资源品,比如铁矿石、煤炭、水泥等。

集装箱运输则主要用于各种工业制成品、终端产品,比如各种机电产品。

而所谓的“波罗的海干散货指数”，就是由波罗的海航交所(位于伦敦，是全球最主要的航运市场)编制的、反映全球干散货船航线运价的一种加权价格指数。

为什么是干散货？因为干散货主要是各种工业原料，它的需求变化能够最快响应全球经济的周期性变动。当全球经济向好时，一般对资源品的需求将率先回升(工业生产链条的最前端)，相关国际贸易也会更兴盛，带动干散货船运费上涨，进而促使BDI提升。

因此，BDI的预测角度和我们总量分析中提到的OECD综合领先指数差不多，都是通过观察外需的变化间接判断出口的下一步走势。只不过BDI作为高频数据，更便于跟踪。

逻辑上是如此，但比较遗憾的是，从短期来看BDI月同比对我国出口同比变动方向的预测成功率，只有50%左右(见图9.28)。所以它只能作为判断全球经济景气度的一个简易指标，不是很适合直接用于预测出口。

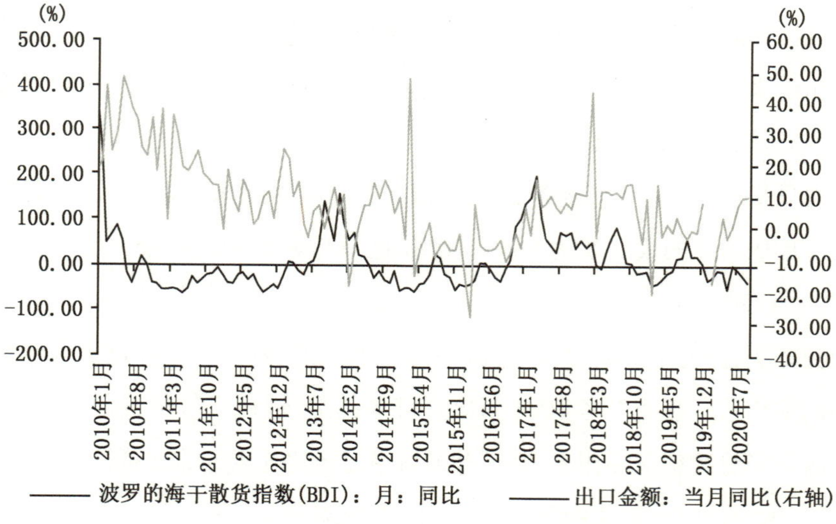

图9.28　波罗的海干散货指数同比和海关出口同比走势相关性较弱

第三，中国出口集装箱运价指数(CCFI)以及进口集装箱运价指数(CICFI)。它们是周频数据。

CCFI/CICFI由上海航运交易所编制，也是通过进出口集装箱的运输价格变动，侧面反映进出口的景气度。其中，CCFI 以 1998 年 1 月 1 日为基期，CICFI 以 2014 年 11 月 28 日为基期，基期指数都是 1 000 点。

同样，CCFI 对出口的预测效果也比较一般，成功率只有 51%左右（见图 9.29），CICFI 对进口的预测效果就更差了（见图 9.30）。

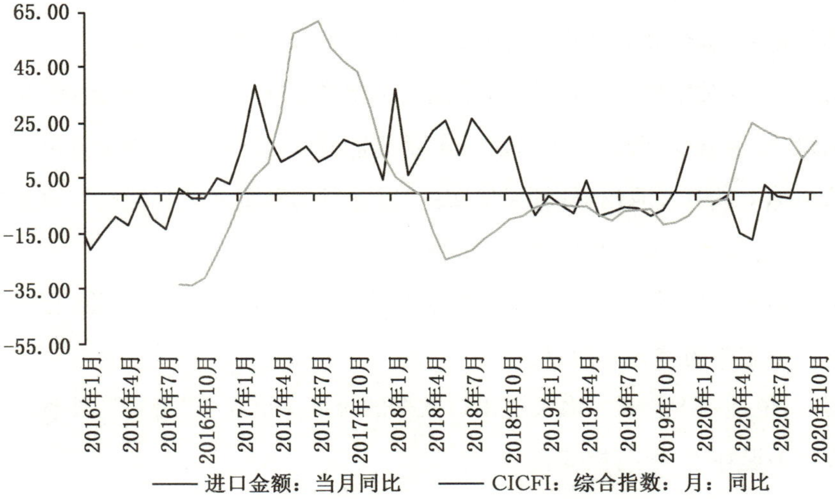

图 9.29 CICFI 同比和进口同比走势相关性不高

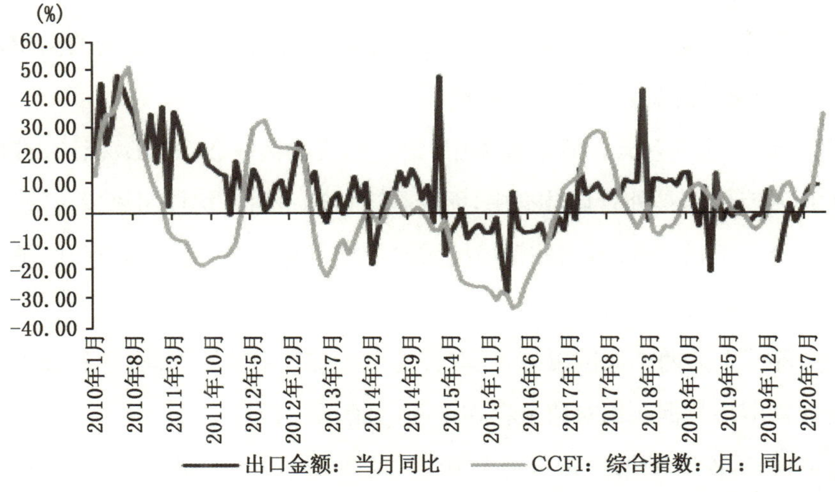

图 9.30 CCFI 同比和出口同比走势相关性一般

9.2.4 其他进出口数据

除了海关货物进出口数据以外，还有一些其他类型的进出口数据，容易让人混淆。本节对这些进出口数据之间的关系进行了简单梳理。

2015 年后，国家外汇管理局（以下简称“外管局”）也会按月发布国际货物与服务贸易数据，数据公布时间在下月的月末，要晚于海关进出口数据。

另外，它的数据格式比较特殊，采用的是借贷方的形式。简单理解，贷方实际就是出口（货物减少、资金流入），借方实际就是进口（货物增加、资金流出）。

从名称上就可以看出，外管局发布的“国际货物和服务贸易数据”，既包括了货物贸易项，又包括了海关数据中没有的服务贸易项。

从货物贸易项看，外管局数据以海关货物进出口数据作为源数据，但是做了一些调整。最主要的差异有两点：

第一，统计范围差异。海关进出口数据的统计关键在于“跨境”，外管局贸易数据的统计关键在于“所有权变更”。

因此，跨境了、但所有权没变更的贸易活动，最典型的比如来料加工（进口料件和出口成品的所有权都属于境外企业），海关会统计为货物贸易，但外管局不统计货物贸易，而是把加工费算进服务贸易。

而没跨境、但是所有权变更了的贸易活动，比如我们上文中提到的离岸转手买卖，海关不会统计，但是外管局会统计。

第二，计价原则差异。海关数据中，出口用货物离岸价（FOB）统计，进口用到岸价（CIF）统计，但是外管局数据中，无论是进口还是出口均按照离岸价统计。

离岸价小于到岸价，所以外管局披露的货物贸易借方（进口）数据，会更明显地小于海关进口数据。

当然除了上述两个原因以外，还有其他一些统计细节的不同，导致海关数据和外管局货物贸易数据在绝对值上存在差距（见图 9.31）。

总体而言，两者的增速走势非常接近（见图 9.32）。如果只考虑货物贸易，我们看时间序列更长的海关数据就够了。

除了货物贸易项外，外管局数据还有服务贸易项。

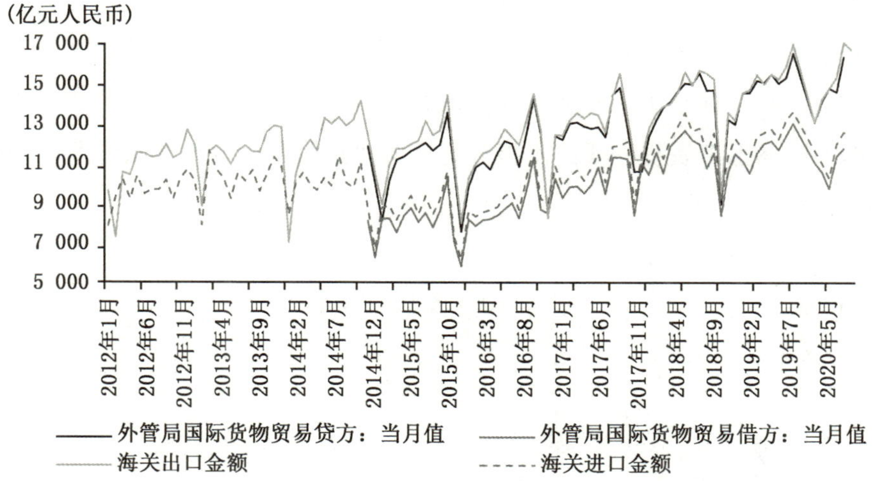

图 9.31　外管局统计货物进出口数据要小于海关数据

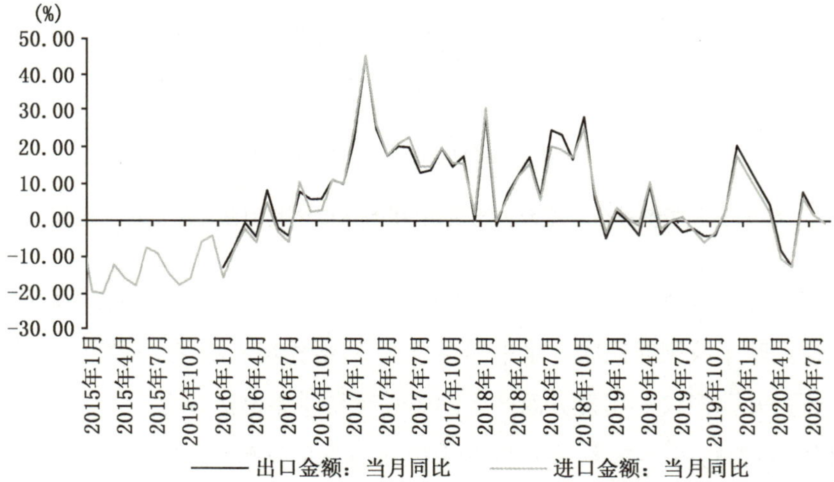

图 9.32　外管局货物进口增速和海关进口增速基本一致

服务贸易的统计方法和流程相对更复杂。不过因为服务贸易的占比较小，在全部出口中占比约为10%，在进口中占比约为20%，也不是本章讨论的重点，所以我们就不继续展开说明了。有兴趣的读者可以参阅联合国等编制的《国际服务贸易统计手册》。

关于服务贸易，有几个简单的事实可以了解一下：

第一，服务贸易一共包括12个分项。

其中，进口中最主要的分项是“旅行”，2015年至今占比平均为52%，不过2020年受疫情影响，目前已快速滑落至30%左右。

出口中，各服务贸易分项占比相对更平均，“其他商业服务”（如研发、咨询等）占比最高，约为28%。

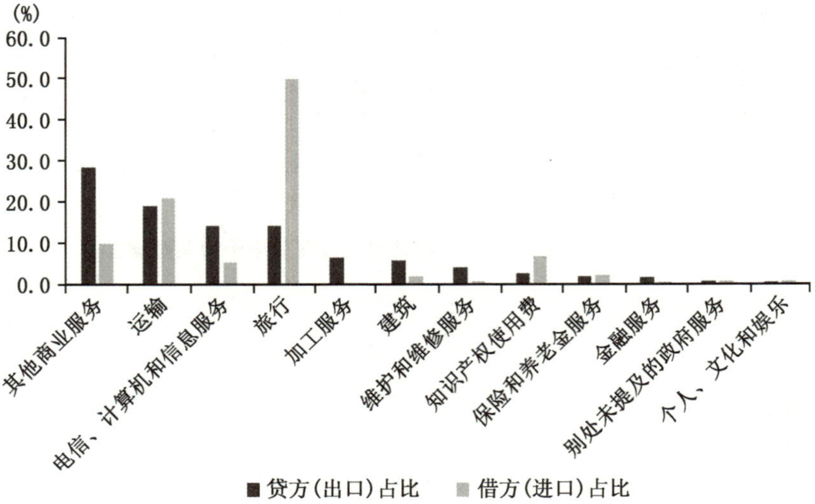

图9.33　服务进口中旅行占比最高，服务出口中其他商业服务占比最高

第二，我国服务贸易正持续处于逆差之中，最主要的逆差项是旅行（见图9.34），这反映了我国居民收入水平提高背景下，居民境外留学、旅游的盛行。与此同时，运输、知识产权使用费方面产生的服务贸易逆差也比较大。

另外，外管局还会按季、按年发布大家所熟知的国际收支平衡表，我们同样可以在表内的经常账户中找到“货物与服务贸易”这一项。

它的统计口径、编制方法和上文所提到的“国际货物和服务贸易”实际上是一样的。

只不过“国际货物和服务贸易”是月度数据，而国际收支平衡表为季度、年度数据。而月度数据是初步数据，国际收支平衡表中的季度、年度贸易数据，则会根据最新资料稍做修订。

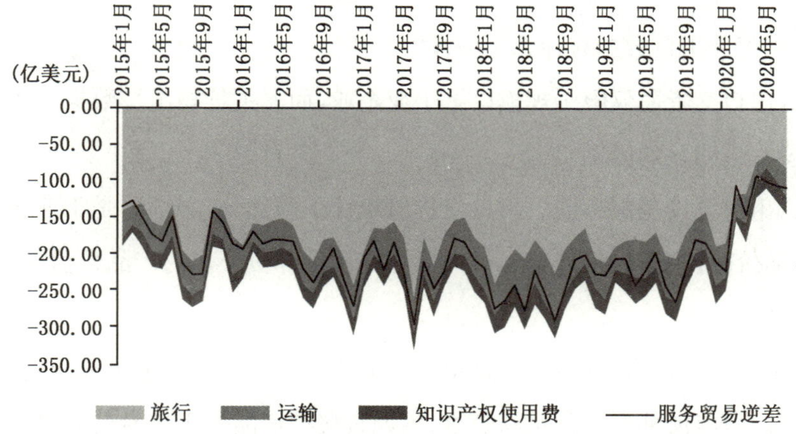

图 9.34　服务贸易逆差的主要来源是旅行项

与此同时,GDP 支出项下有年度的净出口数据,它直接取自国际收支平衡表(人民币计价)中的"经常账户－贸易与服务项－差额"。

这两个数据的数值基本上也保持一致(见图 9.35)。只有最新的 2019 年数据除外,可能是受两个数据修订时差的影响。

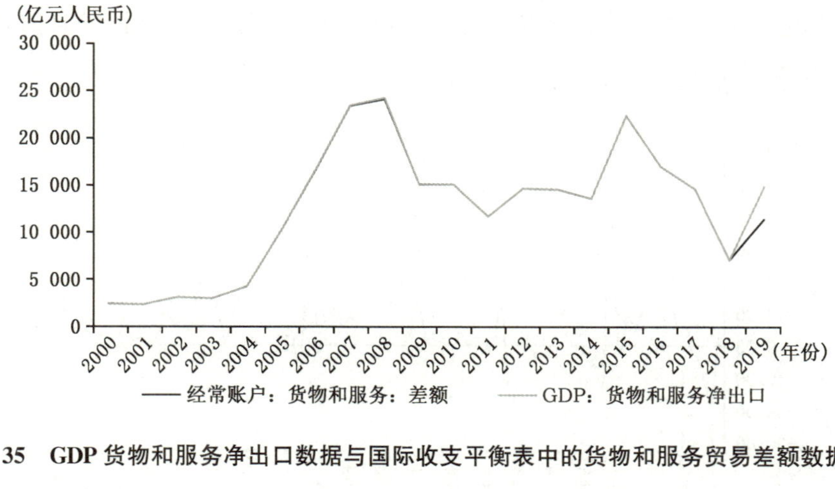

图 9.35　GDP 货物和服务净出口数据与国际收支平衡表中的货物和服务贸易差额数据一致

最后再补充说明一个比较特别的数据——工业企业出口交货值。它的数据质量也不错,也能很好地反映我国出口情况。

出口交货值实际上属于工业数据,一般和工业增加值数据一起发布(所以会晚于海关出口数据)。简单理解,出口交货值就是工业部门的出口创收。

那它和海关出口数据有什么不一样?

第一,出口交货值仅限于规模以上工业企业,而海关货物出口数据并不限制贸易主体,这是最明显的区别。

第二,出口统计范围不同。出口交货值统计了两部分,一部分是工业企业直接出口的产品价值(按出口价计算),另一部分是卖给外贸公司的产品价值(按外贸公司收购价计算)。

直接出口很好理解,外贸公司这里稍微解释一下。对于很多工业企业来说,办理出口手续、寻找海外客户都是麻烦事,不如直接把产品先卖给专门做进出口的外贸公司,然后由外贸公司处理这些产品。

外贸公司拿到这批产品后,可能会选择出口,也可能会转为内销。但无论如何,只要工业企业把货物卖给了外贸公司,这笔收入就计入出口交货值。

而对于海关出口统计来说,关键还是看跨没跨境。所以海关只统计外贸公司最后对外出口的那部分,并且是以外贸公司的出口价统计的,比出口交货值采用的外贸公司收购价要高(毕竟外贸公司要赚差价)。

数据走势上,出口交货值增速和海关出口增速有很强的相关性,并且前者比后者要更稳定,异常跳动更少(见图 9.36)。

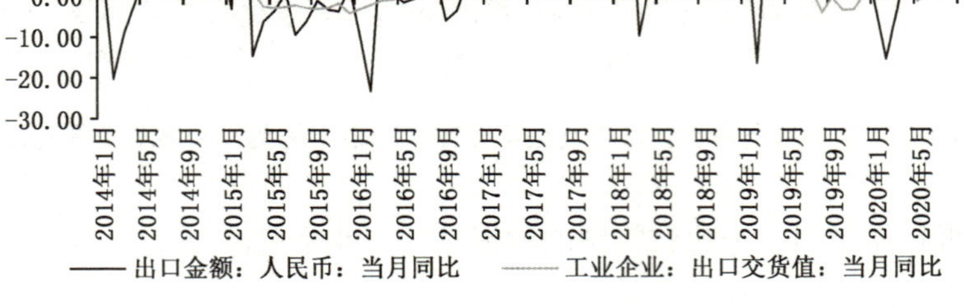

图 9.36　出口交货值同比和海关出口同比走势一致,并且前者波动性要更小

9.3 案例分析:2020 年 9 月进出口数据

我们以 2020 年 9 月海关进出口数据为例解读。

先来看出口。2020 年 9 月,以美元计价的出口同比为 9.9%,较前值提升 0.4 个百分点。以人民币计价的出口同比为 8.7%,较前值降低 2.9 个百分点。

人民币计价的出口表现明显要更差,主要是因为美元兑人民币汇率同比在 8 月大幅走弱(上文中提过,人民币计价出口同比=美元计价的出口同比+上月美元兑人民币汇率同比)。

这里我们以美元计价数据为准分析。9 月出口同比 9.9%,再度刷新年内新高,但是增速已经放缓。

分商品来看。第一,防疫物资出口增速继续走弱,但仍然处于高位。其中,纺织纱线、织物及制品出口同比从 38.9%继续下滑至 30.9%,医疗仪器及器械出口同比则从 47%下滑至 34.7%。不过,从拉动点数来看,纺织纱线、织物及制品对整体出口还是起了很关键的支撑作用(见图 9.37)。

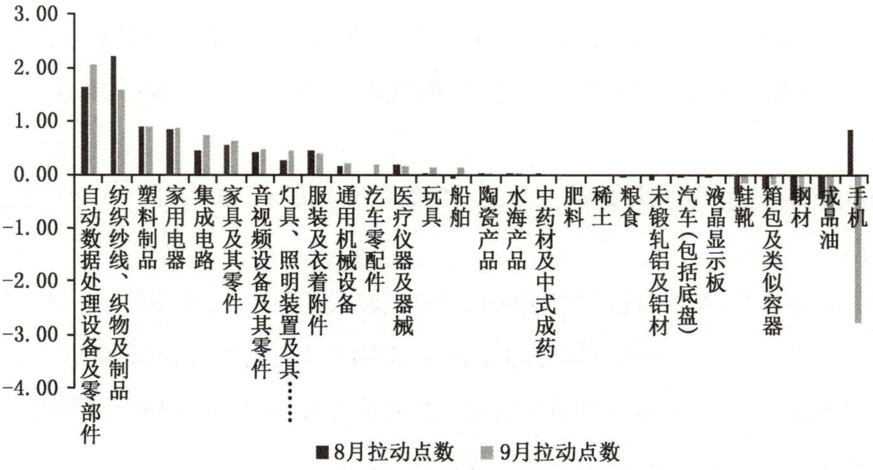

图 9.37 2020 年 8 月和 9 月各商品对出口同比的拉动点数

第二,线上办公用品出口出现分化。其中,自动数据处理设备及零部件对出口的拉动点数非常高，并且还在继续提升。

而手机出口增速则从 23.3%大幅下滑至－42.5%，导致拉动点数明显转负，拖累整体出口。原因有两个，一是在于 2019 年同期有高基数，二是可能和原本应在 9 月发布的苹果手机秋季新品推迟到 10 月有关(中国的苹果代工厂在 9 月无法出货)。手机出口的恶化，很大程度上解释了 9 月高新技术产品出口增速的下行。

在防疫物资、部分线上办公用品等比较关键的出口项走弱的情况下，我国出口增速却依旧保持着向上的动力，侧面说明外需正在经历普遍回暖。

韩国、越南等亚洲国家的出口同比，在 9 月分别大幅提升了 17.8 和 11.4 个百分点，也可以印证这一点。

随着疫情对全球经济的负面冲击逐渐消解，海外需求正在从之前的防疫物资，转向更广泛的生产、生活资料。9 月通用机械设备、家电、家具、灯饰等相关商品的出口增速均有所好转。

分国别来看。9 月对美国、东盟出口增速提升至 20.5%和 14.4%的高位，这两者构成了最主要的支撑力量，但对欧盟、日本出口增速则分别下滑至－7.8%和－2.7%，拖累整体出口(就算考虑了英国数据剔除因素，修正后的对欧盟出口增速也在走低)。

对美出口快速上行，部分原因在于 2019 年同期基数走低。而对欧盟出口同比回落，可能和 9 月欧洲疫情再起、防疫措施趋严导致经济修复放缓有关(见图 9.38)。

再来看进口。进口增速从上月的－2.1%，大幅跳升至本月的 13.2%，远超市场预期。

分商品来看，对 9 月进口增速回升贡献比较大的商品，主要有这么一些：

一是集成电路和自动数据处理设备及零部件，和电子信息产业链有关。尤其是集成电路，对进口增速的拉动作用在 9 月明显提升，这也可能和中国科技企业为了预防美国进一步制裁，加快零部件备货有关。

二是原油、铁矿石、铜矿石、初级形状的塑料等工业原料，这从侧面印证了中国生产活动在加快。

三是汽车及汽车零部件，和汽车消费、汽车制造活动有关。这也和乘联会高频

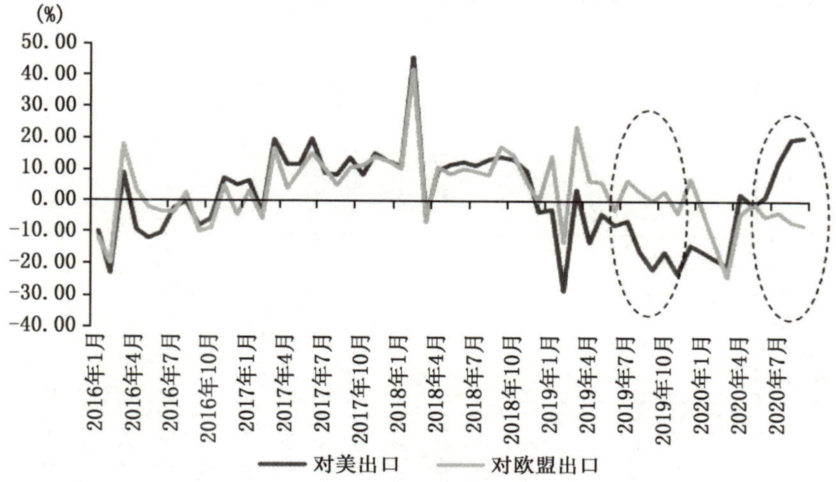

图 9.38　对美出口增速和对欧盟出口增速分化,部分原因在于基数不同

数据显示的 9 月国内汽车消费回暖迹象吻合。

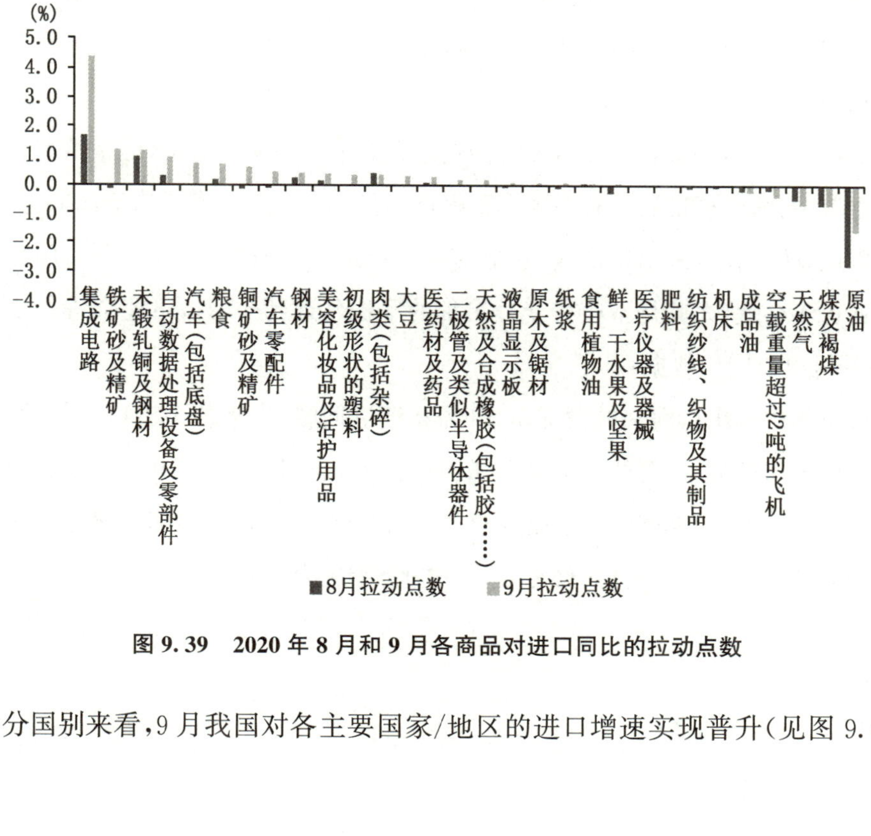

图 9.39　2020 年 8 月和 9 月各商品对进口同比的拉动点数

分国别来看,9 月我国对各主要国家/地区的进口增速实现普升(见图 9.40),

进一步说明了进口的改善来自中国自身内需的扩张。

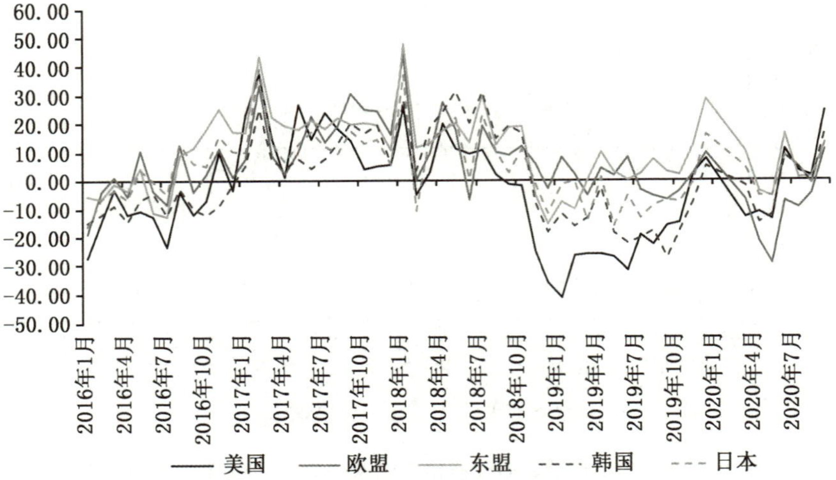

图 9.40　2020 年 9 月对各国(地区)进口增速实现普遍回升

其中,对美国进口增速反弹幅度最大,从 1.8%提升到 24.8%,这很大程度上受益于中美第一阶段贸易协议的加快履行(包括大豆等农产品、能源类产品等进口都在加快)。

展望四季度,新冠肺炎疫情可能仍然是影响出口的关键因素,但是情况正在逐渐发生改变:海外疫情还没有迎来真正拐点,而生活、生产秩序正趋于常态化。

因此,防疫物资的出口增速,还能够在高位运行一段时间,线上办公用品的出口增速也不会差(尤其是本应在 9 月出货的手机延迟到 10 月,可能会进一步推高 10 月手机出口同比数据)。

接下来中国出口面临的情况是,外需将渐进回暖,带来整个出口蛋糕的扩大,但是海外国家的复工,可能会陆续分散掉中国的出口份额。不过由于欧美消费比生产恢复得更快,短期来看仍然是需求效应占主导,中国出口增速依然有支撑。

同时,随着我国内需持续修复,进口增速预计也将保持在高位。

第10章

物价分析

经济数据可以简单分为两类：一类是与经济增长相关的数据，一类是与通货膨胀相关的数据，本章我们主要分析与通胀相关的两个指标。

经济数据可以简单分为两类：一类是与经济增长相关的数据，比如工业增加值、固定资产投资、社会消费品零售总额、进出口等；还有一类是与通货膨胀相关的数据，比如居民消费价格指数（Consumer Price Index，CPI）、工业生产者出厂价格指数（Producer Price Index for Industrial Products，PPI）、GDP 平减指数等。

经济增长相关的数据，我们在前面分析了。本章我们将目光转向通货膨胀，主要分析与通货膨胀相关的两个指标：

一是居民消费价格指数（CPI），这是我们日常最关注的一个物价指标，主要衡量的是与生活领域密切相关的商品和服务的价格走势，比如食品烟酒、交通通信、教育文化和娱乐项目等。

二是工业生产者出厂价格指数（PPI），其反映的是全部工业产品出厂价格的变化趋势，包括生产资料和生活资料两大类。

10.1 CPI 基本情况介绍

10.1.1 CPI 的统计

根据官方的定义，居民消费价格指数（CPI）是度量居民生活消费品和服务价格水平随着时间变动的相对数，综合反映居民购买的生活消费品和服务价格水平的变动情况。

CPI 数据由统计局负责统计，并在每个月的 10 日左右公布上一个月的数据。

CPI 数据的统计主要有三步：

第一步，确定一篮子商品和服务。

CPI 衡量的是特定商品和服务的价格波动，而不是市场上所有商品的价格。至于一篮子商品里面包括什么则是由统计局研究确定的。

一般统计局会划定一个时期，选择一部分居民作为调查采访对象，然后在这个时期里，以样本居民消费的商品和服务为基准，从中选取对居民生活影响比较大的、有代表性的商品和服务作为之后的“一篮子”商品和服务。

同时，统计局会确定相关的场所比如超市、农贸市场、互联网电商等作为价格的采集点，并且直接派人到这些调查网点采集原数据（比如商品的价格等）。

目前，我国的“CPI 篮子”涵盖了食品烟酒、衣着、居住、生活用品及服务、交通通信、教育文化娱乐、医疗保健、其他用品及服务 8 大类、268 个基本分类的商品与服务价格（见图 10.1）。

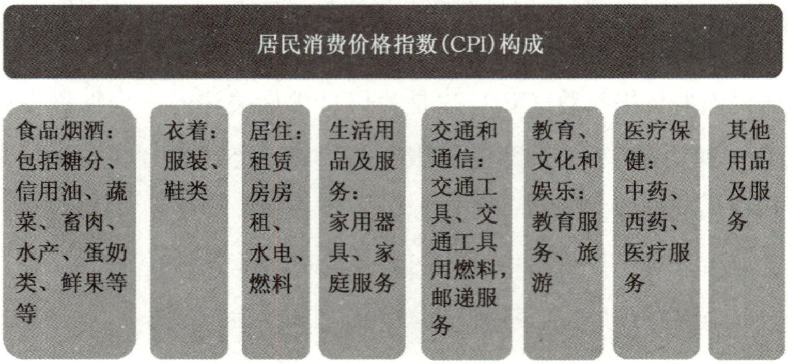

资料来源：统计局。

图 10.1　CPI 的构成

这里如果还要细说的话，还能讲很多。比如 CPI 中包括了大米等商品，但是用哪一类大米作为标准商品呢？毕竟市场上有“七河源”“金龙鱼”“福临门”等种类繁多的大米品种。

在选取时，统计局一般选取那些在同类商品中市场份额占比高，市场代表性强，商品前景比较好的商品作为样本，而且不同地区的目标商品也可以是不一样的。

如果统计局在最开始选择了“福临门”大米作为目标商品，那么之后我们说的大米价格波动，其实指的就是“福临门”大米的价格波动。

但我们不用太过于纠结这些细节，毕竟其对分析物价数据的帮助不大，这里也就是顺便一提。

第二步，确定每一类商品和服务的权重。

在确定一篮子商品后，统计局要做的就是确定各类商品的权重，其反映的是该类商品或服务的价格变动对总指数变动的影响程度。

权重是根据各种商品和服务的开支在总开支中的占比确定的（数据来源于此前的调查资料）。

比如 3 月总开支为 500 元，基期的消费量为猪肉 5 千克，医疗保健花费了 2 个小时，其中猪肉消费 50 元（10 元/千克），医疗保健消费 40 元（20 元/小时），那么猪肉的权重就是 10%，医疗保健的权重就是 8%，其他商品和服务的权重就是 82%。

如果在 4 月的时候，猪肉价格和医疗保健价格都上涨了 20%，那么根据权重计算，猪肉会带动 CPI 上行 2 个百分点（10%×20%＝2%），而医疗保健则带动 CPI 上行 1.6 个百分点（8%×20%＝1.6%）。

具体来看，4 月猪肉消费金额为 60 元，医疗保健消费金额为 48 元，其他不变，合计消费金额为 518 元。

4 月 CPI 环比为 518/500－1＝3.6%，其中猪肉带动 CPI 上涨 2 个百分点，医疗保健带动 CPI 环比上涨 1.6 个百分点，和前面直接按权重的计算结果一致。

从这个例子里我们需要认识到，权重是在变化的。

4 月猪肉（商品和服务）的环比权重是猪肉（商品和服务）3 月的消费金额在 3 月总消费金额中的占比。相应的，5 月猪肉（商品和服务）的环比权重是猪肉 4 月的消费金额在 4 月总消费金额中的占比。

类似的，2021 年 4 月猪肉（商品和服务）的同比权重是猪肉（商品和服务）2020 年 4 月的消费金额在 4 月总消费金额中的占比。

这也意味着同一商品不同月份的环比和同比权重有略微的变化，且同一月份环比和同比的权重也是不同的。

第三步，根据调查数据计算 CPI 环比、同比变动情况，并公布数据。

基于统计局相关人员对样本商品价格的采集数据，我们会计算出同比、环比等系列数据。

环比数据就是比较这个月价格相比于上个月价格的波动。比如，2021 年 4 月的环比价格指数指的就是 4 月相比于 3 月的价格变动情况。

价格环比变化＝（各类一篮子商品和服务在 4 月的价格×基期的消费量）/（各类一篮子商品和服务在 3 月的价格×基期的消费量）

这里说的基期，是统计局确定的，按照现在的规定，基期从 2000 年开始，之后每 5 年一换，而 2021 年就是新的一轮基期更换年。所以这里我们说的基期消费量是 2020 年各种商品和服务的消费量。

这里我们假设基期的消费量为猪肉(代表商品)5 千克,医疗保健(代表服务)花费了 4 个小时,2021 年 3 月猪肉的价格为 10 元每千克,医疗保健的价格 20 元每小时。那么 3 月的消费金额为 130 元。

4 月猪肉价格上涨了 20%,变为 12 元每千克,服务价格上涨了 10%,变成了 22 元每小时,基期消费量不变,即 4 月的消费金额 148 元。

由此我们计算得到价格的环比变化为:148/130－1＝13.8%。

当然,这只是一个简化版的计算过程,实际上会更加的复杂。各地区需要先计算本地区各类商品的环比价格指数,汇总得到当地的 CPI 数据。之后,各县市按照权重(权重是当地消费金额占全省的比重),计算获得省级价格指数。而全国的数据则是基于 31 个省(区、市)的数据计算得到的。

再来说同比数据。

CPI 同比指的是报告月份的价格指数与上年同期的价格指数的比值。比如 2021 年 3 月的同比价格指数＝(2021 年 3 月各类商品和服务的价格×对应商品和服务的基期消费量)/(2020 年 3 月各类商品和服务的价格×对应商品和服务的基期消费量)。

依旧是上面的例子,假设在 2020 年 3 月猪肉的价格为 8 元每千克,医疗保健的价格为 15 元每小时,去年的消费金额为 100 元。那么我们计算得到 3 月同比涨幅为 130/100－1＝30%。

除了同比和环比,还有一些指标,比如定基价格指数,指的是现在的价格相比于基期的价格上涨了多少。

值得指出的是,我们主要关注的还是同比和环比数据,很少用到其他的指标。

10.1.2 CPI 统计中值得注意的几点

在讲完 CPI 的统计后,我们有几个点需要注意:

第一,基期的轮换。

这一点我们在前面简单说了一下,这里进行详细的补充。CPI 反映的是消费者消费的一篮子商品和服务的价格变动情况。

但是这个篮子里的商品和服务不应该是固定的,比如在 20 多年前我们还会用

BP 机，但是现在 BP 机早已经退出了市场。

总的来说，由于居民收入水平的提升、消费习惯的变化、商品供需情况的变化等原因，居民消费的商品和服务也会随之发生变化。为了让一篮子商品更加具有代表性，更准确地反映居民最新的消费结构情况，统计局会定期更新一篮子商品和服务。

按照统计制度规定，我国 CPI 每五年轮换一次基期，最近的一次是 2020 年，往前分别是 2015 年和 2010 年。即在 2021—2025 年，统计局发布的 CPI 数据是以 2020 年为基期的 CPI。

表 10.1　　中国的基期更新频率不算低

国　别	大类商品数量	更新频率	国　别	大类商品数量	更新频率
美国	8	2	日本	10	5
澳大利亚	11	5	韩国	12	5
希腊	12	5	卢森堡	12	每年更新
新西兰	11	3	墨西哥	8	不固定
奥地利	12	5	荷兰	14	5
比利时	12	2	德国	12	5
加拿大	8	4	法国	12	每年更新
智利	12	10	芬兰	12	5
波兰	12	每年更新	英国	12	每年更新

资料来源：网络资料。

在这一轮基期调整中，有几项调整值得关注：

(1)新增了几类项目。根据过去 5 年居民消费商品的变化，统计局将 8 个大类，262 个基本分类调整为 8 个大类，268 个基本分类。在对部分消费项目删减、合并的基础上，增加了外卖、母婴护理服务、新能源小汽车、可穿戴智能设备、网约车费用等新兴商品和服务。

(2)权重的变化。统计局根据最新的居民消费支出数据，结合其他相关的数据，重新测算了各分类权数。

具体来看，与上轮基期(2016—2020 年)相比，食品烟酒、衣着、教育文化娱乐、其他用品及服务权数约比上轮分别下降了 1.2、1.7、0.5 和 0.4 个百分点，居住、交通通信、医疗保健权数比上轮分别上升了约 2.1、0.9 和 0.9 个百分点，生活用品及服务权数变动不大。

综合来看，按照统计局的测算，这一次的基期轮换后会对 CPI 的同比指数产生 0.03 个百分点的影响。

第二，各类商品权重的确定。

统计局本身是不公布 CPI 的 8 个大类和 268 个细分项的权重的，这需要我们自己估算。

在计算之前，我们需要知道，权重其实每个月都是在变化的。原因前面我们已经说过了，权重是该项目支出在总支出中的金额占比，即 CPI 某一项目的环比权重等于该项目上个月的金额占比，而同比权重则等于该项目一年前同期的金额占比。

因为消费金额＝消费量×商品价格，而消费量又是确定的，所以某一项目的权重可以说是由价格决定的。因为每一项商品和服务的价格是不断变化的，所以同一个项目，每个月的权重都会有略微的出入（见图 10.2）。

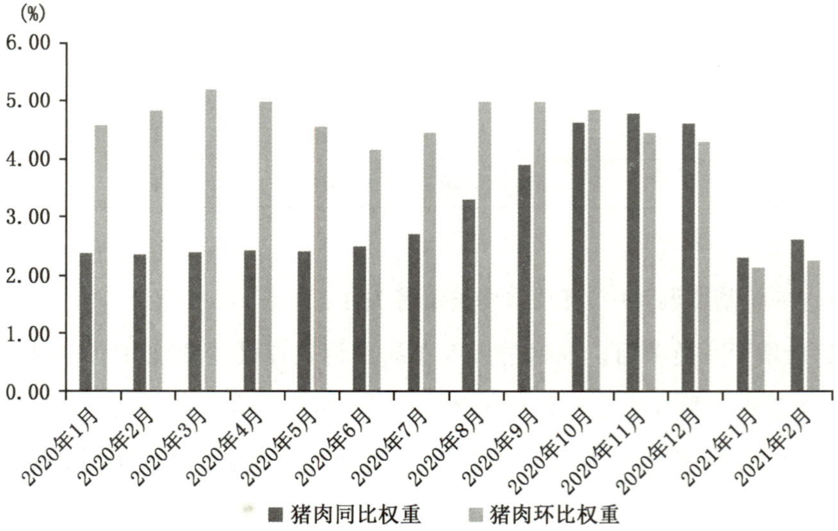

资料来源：统计局。

注：根据统计局公布的数据计算得到，计算方法在下文。

图 10.2　2020 年每个月的猪肉项目权重都会有波动

权重应该怎么计算呢?

第一种,我们通过统计局每个月发布的CPI数据来简单估算该项目的权重占比。具体公式为:项目的同比涨幅×该项目的权重=带动CPI同比上涨的幅度。

比如2020年2月食品烟酒类价格同比上涨0.3%,影响CPI(居民消费价格指数)上涨约0.09个百分点。根据该数据,我们可以算出食品烟酒类在CPI一篮子商品和服务中的权重为30%(0.09%/0.3%)。

表10.2　2020年2月CPI数据估算出来的分项权重

	同比	同比拉动	权重	环比	环比拉动	权重
食品烟酒	0.30%	0.09%	30.00%	1.20%	0.36%	30.00%
水产品	5.90%	0.11%	1.86%	8.70%	0.16%	1.84%
鲜菜	3.30%	0.08%	2.42%	1.80%	0.05%	2.78%
鲜果	3.10%	0.06%	1.94%	6.10%	0.12%	1.97%
蛋类	3.00%	0.02%	0.67%	−3.80%	−0.02%	0.53%
粮食	1.40%	0.02%	1.43%			
畜肉类	−7.30%	−0.34%	4.66%	−1.00%	−0.04%	4.00%
猪肉	−14.90%	−0.39%	2.62%	−3.10%	−0.07%	2.26%

资料来源:统计局。

这种方式的缺点在于统计局仅公布部分项目的数据(食品烟酒),并没有公布全部分项,所以我们只能够算出部分统计局公布了数据的项目,还有很大一部分遗漏。

因为权重的变化不大,在实际使用时,比较合适的做法是取当年已经公布数据的月份,使用已经计算得到的权重数据计算平均值,以平均值作为该分项在CPI中的权重。

更麻烦的其实是非食品项的权重确定。统计局公布的数据中并没有详细说明其他几类同比变化对CPI的拉动情况,因此我们无法通过上面的方式获得其他项目的权重,这意味着我们要用其他的方式计算这几项的权重。

第二种,参考全国居民人均消费支出数据估算主要分项的权重。

前面我们说了,权重就是某一项的消费金额在总消费里的占比,而全国居民人均消费支出可以认为是平均水平下的各项消费占比,因此用全国居民消费支出估算CPI各个分项的权重也具有很高的可信度。毕竟CPI的权重也是根据全国城乡居民家庭消费支出资料，结合部分其他资料确定的。

有一个小问题是，虽然全国居民消费支出结构的一级分项和CPI的一级分项是一样的，都是8类，但是二级分项就有明显的区别了（见表10.3），因此用全国居民消费数据估算一级分项是可行的，但是很难用于估算二级分项。

表10.3　　CPI项目与全国居民消费支出项目的差异

具体项目	CPI	全国居民消费支出
食品烟酒	粮食、食用油、蔬菜、畜肉（猪肉、牛肉和羊肉）、水产品、蛋类、奶类、鲜果、卷烟、酒类	食品、烟酒、饮料、饮食服务
衣着	服装、鞋类	衣类、鞋类
居住	租赁房房租、水电燃料	租赁房房租、住房维修及管理、水、电、燃料及其他、自有住房折算租金
生活用品及服务	家用器具、家庭服务	家具及室内装饰品、家用器具、家用纺织品、家庭日用杂货、个人护理用品、家庭服务
交通和通信	交通工具、交通工具用燃料、交通工具使用和维修、通信工具、通信服务、邮递服务	交通、通信
教育、文化和娱乐	教育服务、旅游	教育、文化和娱乐
医疗保健	中药、西药、医疗服务	医疗器具及药品；医疗服务
其他用品及服务		其他用品、其他服务

资料来源：统计局、中国住户调查年鉴。

最后，以第一种估算方式为核心，参考全国居民消费支出结构数据（见表10.4），我们估算出的各项CPI权重见图10.3。

表10.4　　2013—2020年间全国居民消费支出结构的变化

年份	食品烟酒	衣着	居住	生活用品及服务	交通和通信	教育、文化和娱乐	医疗保健	其他用品及服务
2013	31.21%	7.77%	22.68%	6.10%	12.31%	10.57%	6.90%	2.46%
2014	31.01%	7.59%	22.09%	6.14%	12.90%	10.60%	7.21%	2.47%
2015	30.64%	7.41%	21.76%	6.06%	13.28%	10.97%	7.41%	2.48%
2016	30.10%	7.03%	21.90%	6.10%	13.66%	11.19%	7.64%	2.37%

续表

年份	食品烟酒	衣着	居住	生活用品及服务	交通和通信	教育、文化和娱乐	医疗保健	其他用品及服务
2017	29.33%	6.76%	22.42%	6.12%	13.64%	11.39%	7.92%	2.44%
2018	28.36%	6.49%	23.40%	6.16%	13.48%	11.21%	8.49%	2.41%
2019	28.22%	6.21%	23.45%	5.94%	13.28%	11.66%	8.82%	2.43%
2020	30.16%	5.84%	24.59%	5.94%	13.02%	9.58%	8.69%	2.18%

资料来源：Wind。

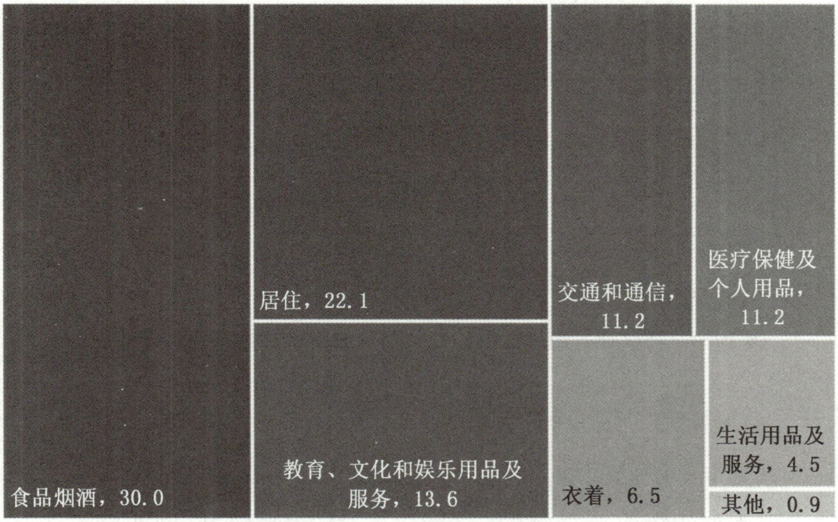

图 10.3　CPI 中的各项权重(%)

第三，翘尾因素和新涨价因素。

如果看市场对 CPI 同比数据的解读，发现他们经常会说同比的变动受去年翘尾因素的影响约为多少个百分点，新涨价因素的影响约为多少个百分点，即将 CPI 的同比拆分为翘尾因素和新涨价因素。

这里我们先来说一下环比和同比数据之间是什么关系。以 12 个月为例，2020 年 3 月价格为 100 元，之后每个月价格环比上涨 1%，到了 2021 年 3 月，价格就变成 112.68 元，价格同比上涨了 12.68%。这个 12.68%是由每个月的环比累乘，$12.68\%=(1+1\%)^{12}-1$。即年度同比数据是由过去 12 个月的环比数据累乘得到的。

然而，我们如果用 CPI 的环比数据累乘计算同比数据，会发现一个问题，就是累乘法算出来的同比数据和实际公布的同比数据有略微的区别(见图 10.4)。

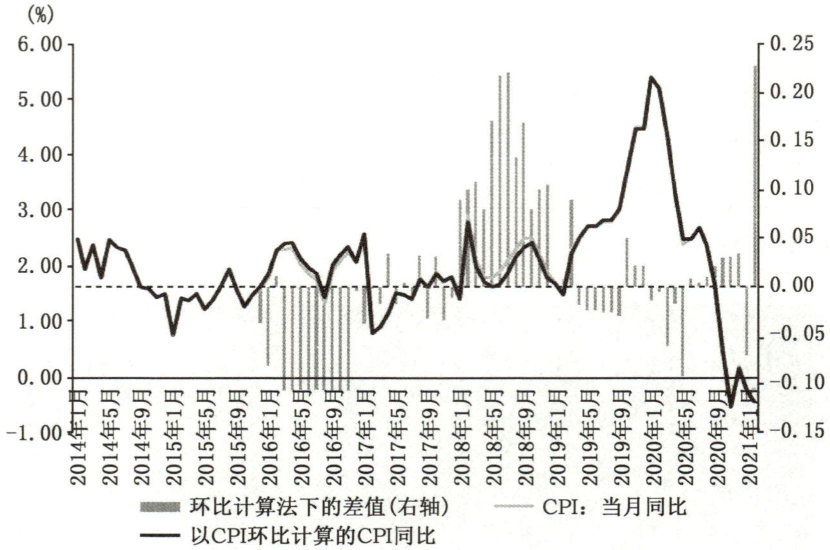

资料来源：Wind。

图 10.4 环比计算出来的同比数据与公布的公布数据有细微的差别

为什么会这样呢？有两个原因：

第一,数据准确度的问题。统计局公布的 CPI 环比数据,只保留了一位小数点,与统计局内部的数据肯定会有略微的出入,这种细微的区别在累乘之后被放大了。而且这属于技术上的问题,在实际操作时难以避免。

第二,2021 年 CPI 的基期发生了改变,按照统计局的说法,这会对 CPI 同比产生约 0.03 个百分点的影响。所以我们会看到 1、2 月的差值会高于 2019 年的平均水平。

因为环比和同比之间存在这样的关系,我们在分析同比数据时,可以将其分成两部分,一部分去年的价格变动,即翘尾因素,反映的是上一年的商品和服务的价格变化;一部分是今年的价格变动,即新涨价因素,反映的是今年商品和服务的价格变化。

比如 2021 年 2 月的 CPI 同比下降−0.2%,翘尾因素指的是 2020 年 3 月到 12 月间的价格变动,根据 2020 年 3—12 月的 CPI 环比数据,我们能够计算出翘尾因素为−2%。根据 2021 年 1 月和 2 月的 CPI 环比数据,我们计算出来的新涨价因素为1.6%。

但是会发现,我们算出来的翘尾因素和统计局公布的会有略微的差异,比如2月我们算出来的翘尾因素是−2%,但是统计局公布的翘尾因素为−1.8%。出现这一状况的原因:

一是数据精度不一致。统计局自己的数据精确度更高,在累乘后数据会和我们计算的存在一定的差别。

二是统计局可能对翘尾和新涨价因素进行了再处理,将乘法关系变为加法关系。理论上看,(1+翘尾因素)×(1+新涨价因素)−1=同比涨幅。不过从统计局公布的数据看,是翘尾因素+新涨价因素=同比涨幅。

这属于数学上的操作,我们简单做一下介绍。公式如下,翘尾因素是a,新涨价因素是b,同比涨价是c。那在重新定义之后,这就变成了加法。

$(1+a)\times(1+b)=1+c$

$(1+c)\times(1+a)/[(1+a)\times(1+b)]+(1+c)\times(1+b)/[(1+a)\times(1+b)]=1+c$

具体的翘尾因素数据,我们可以自己根据过去公布的CPI环比数据去算,也可以直接从Wind上获取。

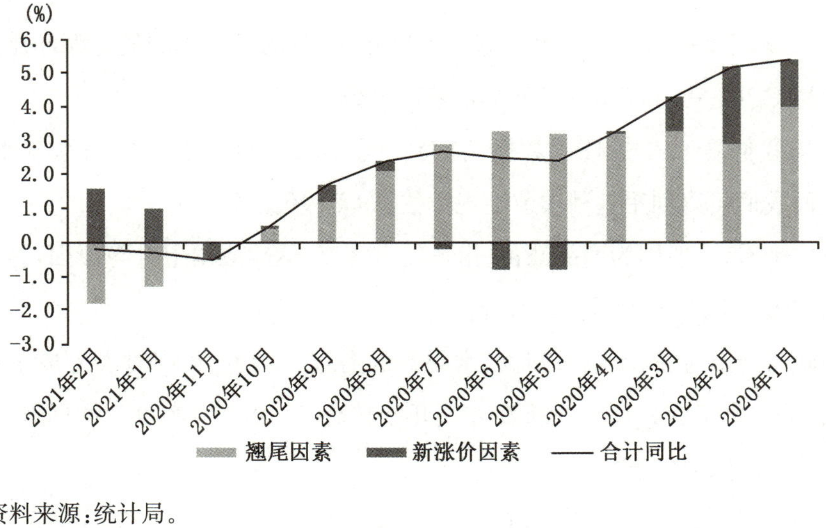

资料来源:统计局。

图10.5 翘尾因素与新涨价因素

10.2 CPI 的预测

这一部分从两个维度分析和预测 CPI。一是自下而上的视角，主要定量分析 CPI，追求的是 CPI 预测的准确性；二是自上而下的视角，主要是定性分析 CPI，要做的是宏观的角度分析 CPI 的趋势性走向。

10.2.1 自下而上

定量分析 CPI 有两种方法：第一种是环比均值法；第二种是高频数据法。

1. 环比均值法

环比均值法其实和我们上面说的翘尾因素和新涨价因素密切相关。通过前面的分析，我们已经知道了同比数据其实就是环比数据的累乘。那么以 2020 年 12 月 CPI 同比数据（站在 2020 年 12 月，12 月同比数据尚未公布）为例，我们在 2020 年 12 月的时候，已经知道了 2020 年 1 月至 2020 年 11 月每个月的环比数据，缺少的仅仅是 2020 年 12 月的环比数据。

第一步，我们先将 2020 年 1 月至 11 月这 11 个月的环比数据累乘，得到一个基数。计算得到的数值为－0.53％。

第二步，也是最重要的一步，获取 2020 年 12 月的环比预测值。而环比均值法就是使用 CPI 过去几年里的环比均值获取该数据。

如果我们看 CPI 的环比数据，就会发现，CPI 环比具有一定的季节性（见图 10.6），而我们可以利用这种季节性规律估算 CPI 环比值。

具体来看，一般因为商品涨价、市场需求旺盛、运输成本上升等原因，春节所在月份的 CPI 环比会出现明显的上行。

而随着春节过去，市场对猪肉、水果等的需求开始下滑，同时人工成本也开始下滑（春节加班工资高），另外随着天气开始转暖，蔬菜等生产也开始回升，CPI 环比会出现一波明显的下滑。

因为 3 月下滑得比较明显，到了 4 月往往会有一小波回升，之后在 5－6 月也会保持在较为平稳的状态。而 7－9 月因为暑假交通出行需求增加、雨水天气影响

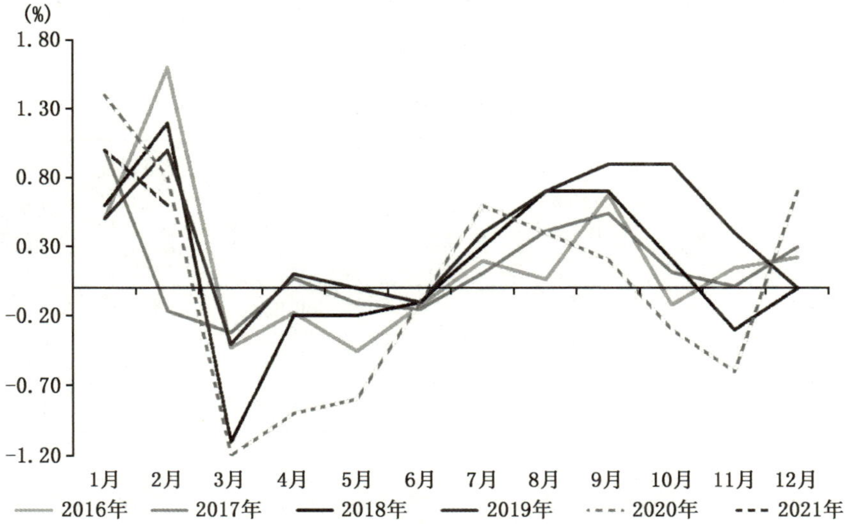

资料来源：Wind。

图 10.6　CPI 环比具有一定的季节性

蔬菜种植和运输等，CPI 往往会有一波上行的行情。

10 月、11 月从趋势上看则往往还是会回落的。12 月随着元旦、圣诞等节日的到来，加上天气寒冷，蔬菜、水果等的生产受限，CPI 环比往往会向上走。

基于这样的考虑，我们可以以此前三年、五年或者其他年份的数据基础，计算出各月的 CPI 环比均值。本文暂时选择了 2015—2019 年 5 年间的 CPI 环比数据，计算出各月的 CPI 环比均值。

这里有一点需要注意，即春节的错位效应。因为春节所在的月份是不固定的，而春节本身对 CPI 又有明显的影响，所以我们要把春节单独拿出来分析。

在 2015—2020 年的 6 年，2017 年和 2020 年的春节是在 1 月，其他四个年份里，春节都是在 2 月，那么在计算 2021 年 2 月环比均值的时候，我们应该是使用 2016、2018、2019 这三年的 2 月环比数据和 2017、2020 年这两年的 1 月的环比数据。在计算 2020 年 1 月的环比均值时，使用的是 2017 年 1 月和 2015、2016、2018、2019 年这四年的 2 月共 5 个月的环比数据。

根据历史数据，我们知道 2020 年 12 月的历史环比均值为 0.2。

第三步，确定本月环比数值后，将过去 11 个月的环比累乘数据与本月的环比均值数据相乘得到对应月份的 CPI 同比预测值。

表 10.5 **环比累乘法的计算过程**

	CPI：当月同比（%）	CPI：环比（%）	过去 11 个月的环比数据累乘（%）	过去 5 年间，同月份 CPI 环比均值（%）	按照环比均值法计算的 CPI 同比数据（%）	按实际环比计算的同比数据（%）
2020 年 1 月	5.40	1.40	3.96	1.20	5.20	5.41
2020 年 2 月	5.20	0.80	4.37	0.34	4.72	5.21
2020 年 3 月	4.30	−1.20	5.63	−0.56	5.04	4.36
2020 年 4 月	3.30	−0.90	4.26	−0.08	4.17	3.32
2020 年 5 月	2.40	−0.80	3.32	−0.19	3.12	2.49
2020 年 6 月	2.50	−0.10	2.59	−0.09	2.50	2.49
2020 年 7 月	2.70	0.60	2.08	0.26	2.35	2.70
2020 年 8 月	2.40	0.40	1.98	0.47	2.46	2.39
2020 年 9 月	1.70	0.20	1.48	0.58	2.07	1.68
2020 年 10 月	0.50	−0.30	0.77	0.16	0.93	0.47
2020 年 11 月	−0.50	−0.60	0.07	0.05	0.12	−0.53
2020 年 12 月	0.20	0.70	−0.53	0.20	−0.33	0.17
2021 年 1 月	−0.30	1.00	−1.22	0.57	−0.78	−0.23
2021 年 2 月	−0.20	0.60	−1.02	0.97	−0.14	−0.43
2021 年 3 月			0.78	−0.69	0.09	

资料来源：Wind。

按照道理，我们是可以通过这种方式连续预测几个月的同比数据，比如使用 2020 年 10 月到 2021 年 2 月环比数据（共 5 个月），叠加 2021 年 3 月到 2021 年 9 月的历史环比均值（共 7 个月），就能够得到 2021 年 9 月的 CPI 同比数据（即远月预测）。

那么按照这样的方法，2020 年 12 月的前 11 个月份累乘是−0.53%，12 月的历史环比均值为 0.2%，由此我们计算得到 12 月的同比数据为−0.33%。

但是 12 月公布的同比数据为 0.2%，高于我们的预期值。为什么呢？因为 12

月实际 CPI 的环比为 0.7%，高于历史平均水平，所以我们会看到预测结果是低于实际值的。

因此我们会发现，使用环比均值法有几点缺陷：

首先，环比均值法忽略了当月新增因素对 CPI 走势的影响，如果当年出现了非洲猪瘟，猪肉价格快速上涨，而基于历史数据的环比均值法是无法体现出这一点的。

例如，2020 年 4 月，因为疫情的原因，全球石油价格大幅下跌，NYMEX 原油在 4 月一度下滑到了 6.5 美元/桶，油价下跌带动了国内与石油相关的项目明显走低，交通工具用燃料项同比从－14.6%大跌到－20.5%。

其次，如果用这种方法进行远期预测，那么预测结果与实际情况的差距会越来越大，毕竟 CPI 环比只是具有季节性，但是在不同年份，依旧存在波动，均值与实际值依旧存在差距。

如果仅用一期的环比均值，那误差还勉强能接受，但是如果使用多期的环比均值，那么均值的误差会逐渐累积，使得估值的偏差越来越大。

最后，就是我们前面提到过的，即使是用实际的环比数据，因为数据精度的问题，在累乘之后，也会出现误差。

2. 高频数据法

高频数据法其实也可以分为两种：一种是整体法；一种是分项法。

我们先来说什么是整体法。

根据统计局口径，CPI 大致可以分为食品项和非食品项数据，其中，食品项主导了 CPI 的走势（见图 10.7 和图 10.8），而非食品项对 CPI 的影响比较小。

因此我们可以将 CPI 分为食品项和非食品项两项分析。重点来说一下食品项。

高频数据中与 CPI 食品项统计口径类似的有两类：

一是农产品批发价格 200 指数。该指数是由农业农村部发布的日频数据，其基于全国 200 余家典型农产品批发市场的各类农产品价格数据，重点体现鲜活农产品、粮油产品在流通环节的价格水平。

其具体包括小类产品指数（蔬菜指数、水果指数、畜产品指数、水产品指数、粮食指数、食油指数）、大类产品指数（菜篮子产品批发价格指数和粮油批发价格指数）和总指数（农产品批发价格 200 指数）3 个层级的指数体系。

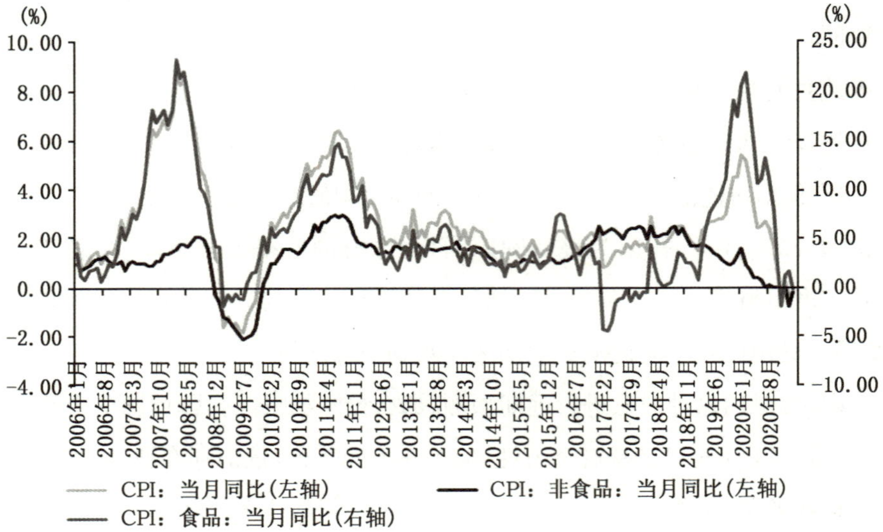

资料来源：Wind。

图 10.7 CPI 的同比走势很大程度上由食品项所主导

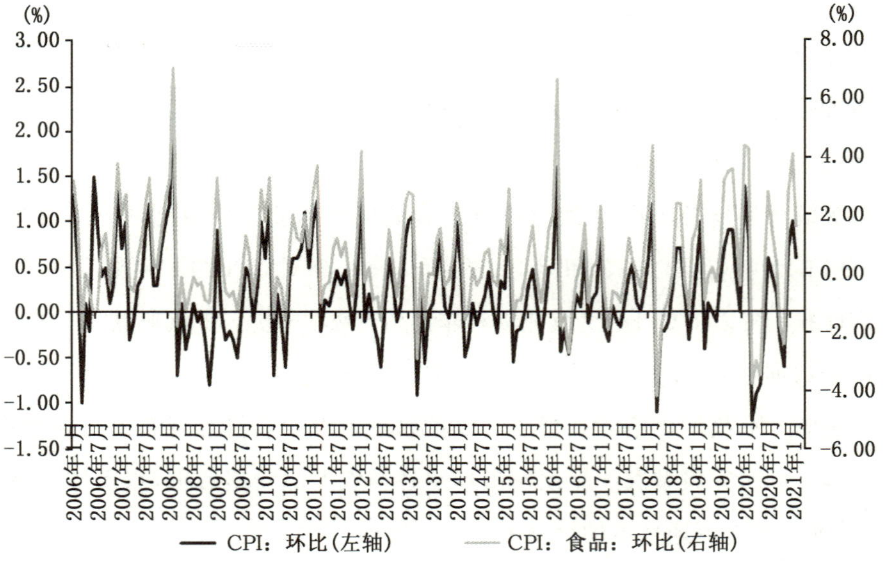

资料来源：Wind。

图 10.8 CPI 的环比走势与食品项更加相关

市场有时候也只用其中的大类产品指数，即菜篮子产品批发价格200指数，作为CPI食品项的参考。

二是食用农产品价格指数。该指数是由商务部统计并发布的周频数据，数据涵盖全国36个大中城市，包括蔬菜、水果、肉类、粮食、食用油、禽类、蛋类、水产品8类细分项。

基于过去的历史数据，我们会发现，相比于农产品批发价格200指数，CPI食品项同比和环比数据与食用农产品价格指数的同比和环比数据的相关性会更好（见图10.9和图10.10），因此我们使用食用农产品价格指数计算CPI食品项的同比和环比数据。

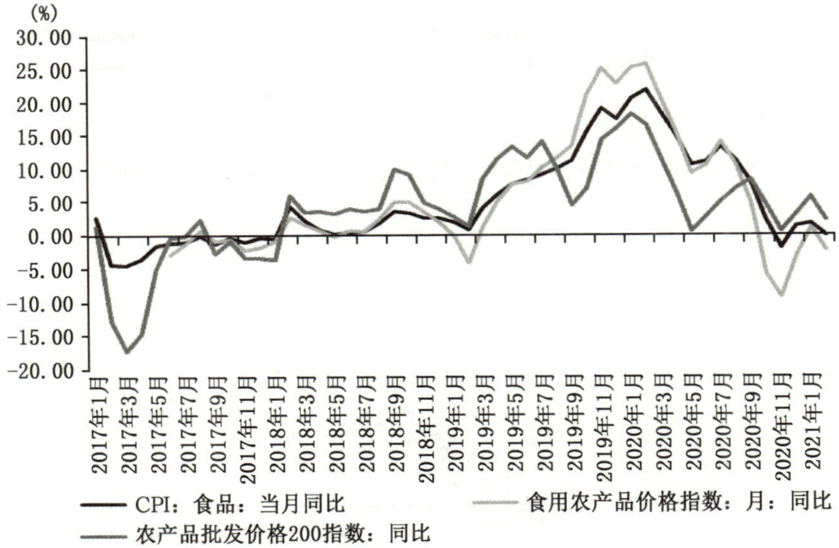

资料来源：Wind。

图10.9 食用农产品价格指数同比与CPI食品同比相关性很高

我们使用CPI食品项环比和食用农产品价格指数的环比做简单回归分析，两者回归的拟合优度为0.72（见图10.11）。而在获得回归方程之后，我们就可以通过农产品价格指数简单预测对当月的CPI环比指数。

相应地，我们可以用相同方法获得CPI食品项同比与食用农产品价格指数同比的回归方程（拟合优度达到了0.9）（见图10.12），并以此获得CPI食品项的同比

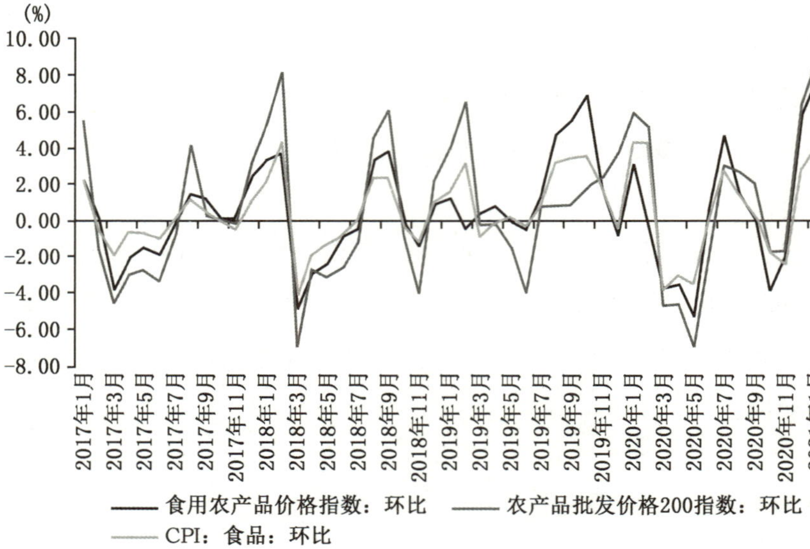

资料来源：Wind。

图 10.10　食用农产品价格指数环比与 CPI 食品环比相关性不错

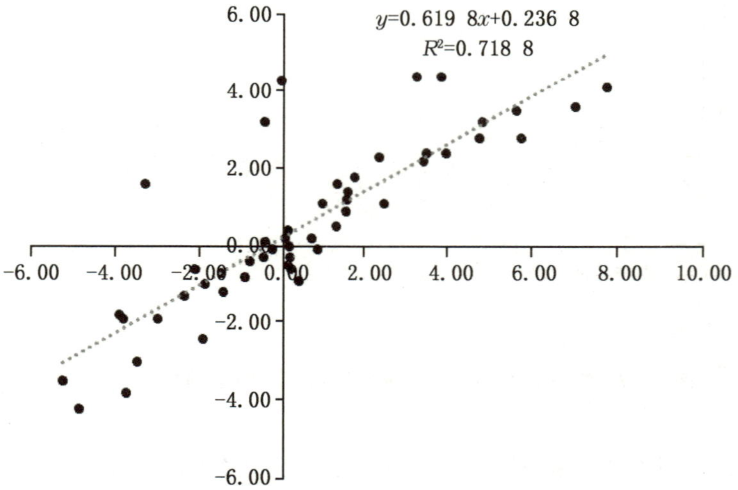

资料来源：Wind。

图 10.11　CPI 食品项环比和食用农产品价格指数环比拟合结果较好

预测值。

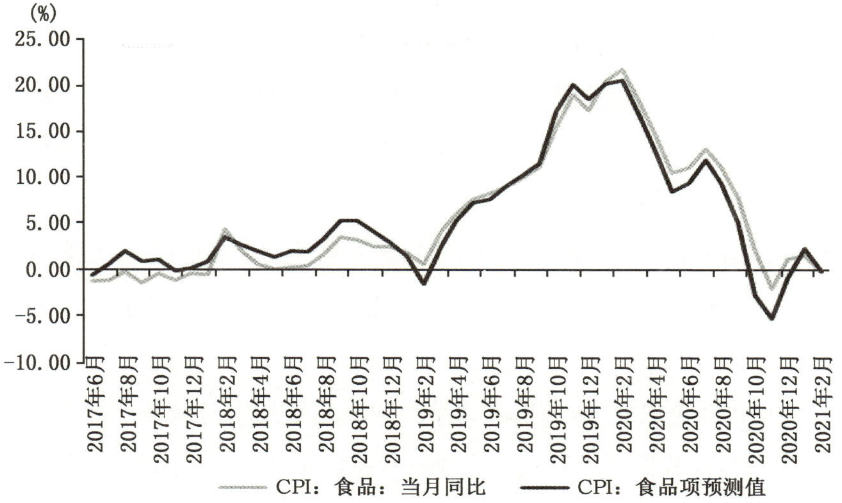

资料来源：Wind。

图 10.12　使用食用农产品价格指数同比预测 CPI 同比数据

除了直接用食用农产品价格指数同比数据预测 CPI 食品项的同比数据，还有一种方式是用环比数据和环比预测值获得 CPI 食品项的同比数据(见图 10.13)。

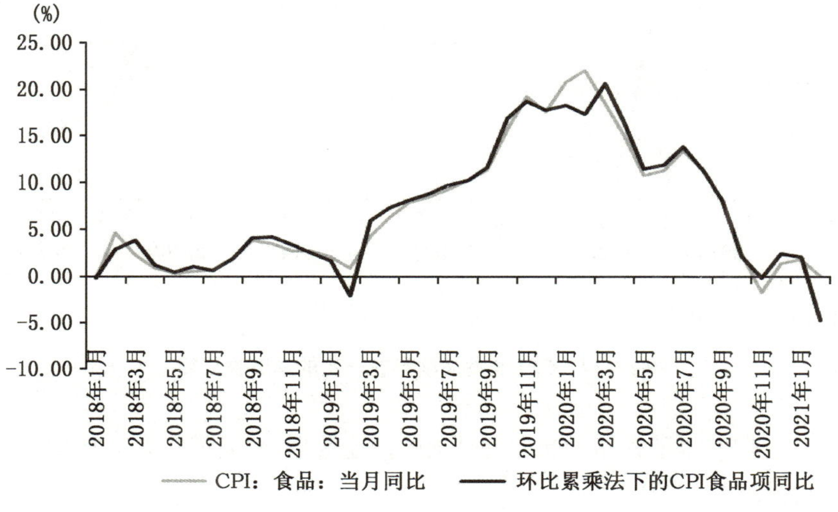

资料来源：Wind。

图 10.13　环比累乘法下的 CPI 食品项同比数据

具体做法和前面说的是一样的，先算出过去 11 个月的环比数据的累乘；再通过回归的方式，获得当月的环比预测值；最后将其相乘，获得同比数据。

从数据结果上看，通过这种方式获得 CPI 食品项的同比在精度上会更高一些。

自此，我们就获得了 CPI 食品项的同比和环比数据预期值。在这样的基础上，我们把目光放在非食品项上。

相比于食品项，因为非食品项难以找到高度相关的高频数据，这就限制了我们使用高频数据预测当期非食品项的环比（同比）走势，因此我们选择通过环比均值法拟合非食品项。

回顾历史走势可以发现，CPI 非食品项的环比数据走势具有一定的季节性规律（见图 10.14），而我们则可以基于这种季节性规律，取前三年或前几年对应月份的 CPI 环比平均值，作为当年某月的 CPI 环比，再用环比累乘法计算出同比。

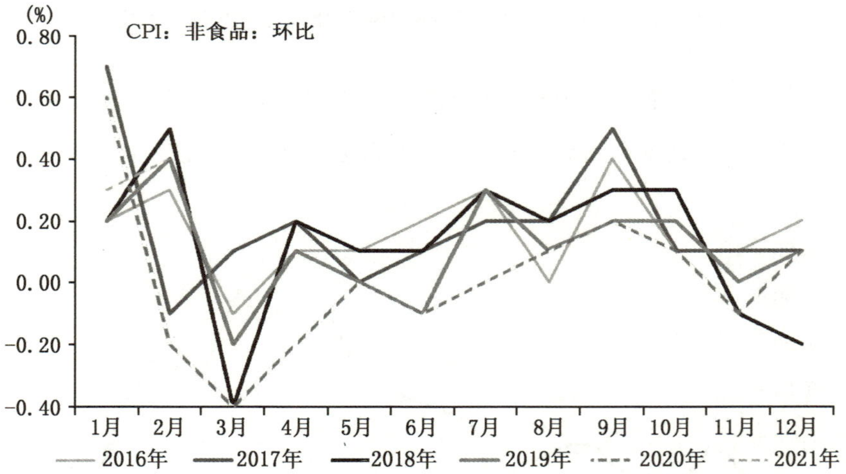

资料来源：Wind。

图 10.14　CPI 非食品项存在一定的季节性规律

至此，我们获得了食品项和非食品项的同比数据，然后就需要计算食品项和非食品项的权重。

因为统计局并没有公布食品项对 CPI 的拉动情况，我们并不能通过之前说的方式获取权重数据。

一种可行的方式是通过回归计算，食品项同比×食品项权重＋非食品项同比×非食品项权重＝CPI 同比。且食品项权重＋非食品项权重＝1。基于此我们可以通过 Excel 规划求解。根据我们的计算，2020 年食品项的权重约为 20.3%，而非食品项的权重为 79.7%。

表 10.6　　通过高频数据预测 CPI 同比走势　　单位：%

月份	CPI：当月同比	CPI：食品：当月同比	CPI：非食品：当月同比	过去 11 个月食品项环比累计	通过高频数据预计的当月环比数据	CPI 食品项同比预测值	CPI 非食品项同比预测值	过去 11 个月非食品项环比累计	CP 非食品项同比预测值	加权后 CPI 同比
2020 年 1 月	5.4	20.6	1.6	15.55	2.20	18.09	0.48	1.10	1.58	4.93
2020 年 2 月	5.2	21.9	0.9	16.89	0.21	17.13	0.13	1.31	1.43	4.62
2020 年 3 月	4.3	18.3	0.7	23.02	−2.08	20.46	−0.20	1.31	1.10	5.03
2020 年 4 月	3.3	14.8	0.4	18.47	−1.93	16.18	0.08	0.80	0.88	2.99
2020 年 5 月	2.4	10.6	0.4	14.68	−3.02	11.22	0.04	0.60	0.64	2.79
2020 年 6 月	2.5	11.1	0.3	11.00	0.65	11.73	0.04	0.70	0.74	2.97
2020 年 7 月	2.7	13.2	0.1	0.23	3.12	13.67	0.22	0.30	0.52	3.19
2020 年 8 月	2.4	11.2	0.1	9.81	1.18	11.10	0.12	0.20	0.32	2.51
2020 年 9 月	1.7	7.9	0	7.58	0.30	7.90	0.32	0.10	0.42	1.94
2020 年 10 月	0.5	2.2	0	4.26	−2.19	1.98	0.16	0.10	0.26	0.61
2020 年 11 月	−0.5	−.2	−0.1	0.57	−0.96	−0.39	0.00	0.20	0.20	0.08
2020 年 12 月	0.2	1.2	0	1.45	3.75	2.24	0.06	0.00	0.06	0.50

资料来源：Wind。

说完整体法，再来说分项法。

除了直接使用“食用农产品价格指数”等指标整体拟合 CPI 食品项数据，还有一种方法是对 CPI 食品项目中的细分项，比如蔬菜、水果、猪肉等细分项目寻找对应的高频数据来拟合。

按照统计局公布的口径，CPI 食品项主要由粮食、食用油、鲜菜、畜肉、水产品、蛋类等 8 大类食品构成。而每个指标我们在市场上都能够找到相关性较高的高频数据来与之对应，如与鲜菜对应的是由农业部每天发布的 28 种重点监测蔬菜平均批发价，与鲜果对应的则是 7 种重点监测水果的平均批发价(见表 10.7)。

表 10.7　　CPI 食品项对应指标

CPI 食品项	对应的高频数据	频率	相关性
粮食	全国原粮收购价指数:原粮综合	周频	0.67
食用油	全国油料收购指数:油料综合	周频	0.77
鲜菜	平均批发价:28 种重点监测蔬菜	日频	0.92
猪肉	平均批发价:猪肉	日频	0.99
牛肉	平均批发价:牛肉	日频	0.96
羊肉	平均批发价:羊肉	日频	0.98
水产品	4 种重点监测水产品	日频	0.60
蛋类	平均批发价:鸡蛋	日频	0.97
奶类	平均价:生鲜乳:主产区	周频	0.72
鲜果	平均批发价:7 种重点监测水果	日频	0.93

注:CPI 食品项下面公布的指标一共有 8 项,其中畜肉类包括猪肉、牛肉和羊肉三类,我们选取对应的高频数据拟合;水产品我们选取的是鲫鱼、鲤鱼、白鲢鱼和大带鱼均值计算得到的 4 种重点监测水产品数据。

资料来源:Wind。

在选定对应指标的基础上,我们选择通过回归的方式,以高频数据作为解释变量,以 CPI 食品项作为被解释变量,直接拟合高频数据和 CPI 食品环比数据。

在获得回归方程后,我们就能够得到当月的 CPI 食品项的环比数据。之后的流程和前面的整体法一样。

(1)计算出食品项过去 11 个月的累乘数据;

(2)叠加上这个月预测的环比数据,计算出当月食品项同比数据;

(3)以环比均值法计算出非食品项当月环比,并计算出同比数据;

(4)将非食品项和食品项按照权重加总计算出 CPI 同比数据。

相比于第一种方法,高频数据法考虑了当月新增因素对 CPI 走势的影响,在精度上比完全使用环比均值的方法更准确一些。

另外,高频数据除了通过环比累乘来获得 CPI 的同比数据外,也可以直接使用高频数据直接拟合 CPI 食品同比数据,直接获取 CPI 食品项的同比数据。

10.2.2　自上而下

自下而上的分析注重的是数据的精确度,是想通过分析高频数据等来对下一

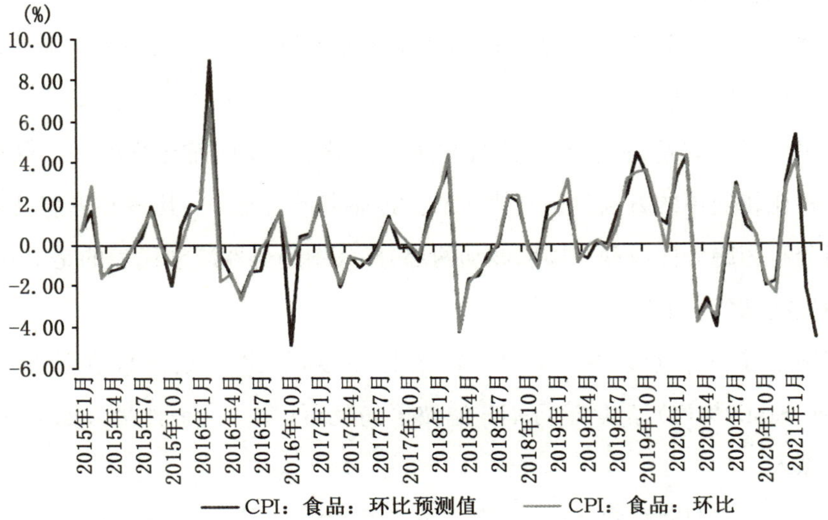

资料来源：Wind。

图 10.15 分项法下的 CPI 食品项预测结果

个月的 CPI 同比、环比数据有一个直观的预期。

而自上而下的分析着眼于从更宏观的角度分析物价的整体走势，并不着眼于精度上的刻画，描述的是趋势。

从宏观角度看，影响物价走势的因素主要有产出缺口、货币政策和输入性因素。

1. 产出缺口（经济热度）

商品的价格由供给和需求决定。在供大于求的时候，价格自然就会下滑，对应的是 CPI 的下行；反之，在供不应求的时候，价格自然会上升，对应的是 CPI 的上行。

我们可以用经济的实际产出（即实际 GDP）衡量经济的总需求情况，实际 GDP 上行得越快，则越能表明经济的需求旺盛。毕竟按照支出法，GDP 等于居民最终消费、资本形成总额和净出口的总和。

另外，经济的潜在产出是由国家的技术水平、劳动力、资本等生产要素共同决定的，我们可以认为这是经济的潜在供给。

实际 GDP 与潜在 GDP 的差表示的是 GDP 的产出缺口，简单理解就是如果实际 GDP 高于潜在 GDP，就表明目前经济运行很好，市场需求旺盛。而经济过热无疑会带动物价上涨。

反之,实际 GDP 低于潜在产出,反映的就是经济需求很差,很多企业都没有完全开工,这自然会使得物价下滑。

这里有一个问题是,怎么知道经济的潜在产出,并从而计算出经济的产出缺口。一种比较简单的方法就是利用 HP 滤波估算产出缺口,其核心思想就是把实际产出分解为趋势性波动和周期波动两部分,其中趋势性波动代表的是潜在产出,而周期性波动代表的则是产出缺口。

在确定了这一点之后,我们只需要把季度的 GDP 数据放在计量软件中(Eviews、Stata 均可),然后运行 HP 滤波语句就可以了,这是计量方面的内容,这里不再深入。

从结果上我们能够看出,产出缺口对 CPI 有着一定的领先效应。这一点我们如果结合美林时钟来看,就很贴切了。

在复苏阶段,财政和货币政策发力,带动经济运行触底回升,消费者需求回升并带动企业提高产能利用率,不过因为前期的高库存以及价格存在滞后情况,此时通货膨胀水平依旧处于下行周期。

在过热阶段,经济持续好转,消费者信心提高带动需求增加,物价水平上涨。

在滞涨阶段,经济开始下行,但是因为价格传导存在时滞,所以通货膨胀还在上行。

在衰退阶段,经济持续下行,而经济的下行也开始使得需求下滑,并带动通货膨胀下行。

这个理论刚好和我们的实证结果一致,即经济的运行会领先于物价的变化。

但这两年产出缺口和 CPI 的走势有所背离(见图 10.16)。这是因为这一轮 CPI 上行主要受到猪肉周期的驱动,因为猪瘟等原因,猪肉价格快速走高,带动 CPI 的上行幅度明显高于产出缺口的波动。而到了猪肉周期的后期,因为前期的高基数,猪肉价格的快速下行会带动 CPI 走低。

那往后来看,我们会发现,疫情过后,产出缺口是在走阔的,毕竟 2020 年四季度的 GDP 同比都上到了 6.5%,而且现在来看经济上行的趋势还是确定的,实际需求的好转,还是会带动 CPI 上行的,所以我们也看到在 2021 年 2 月的时候,核心

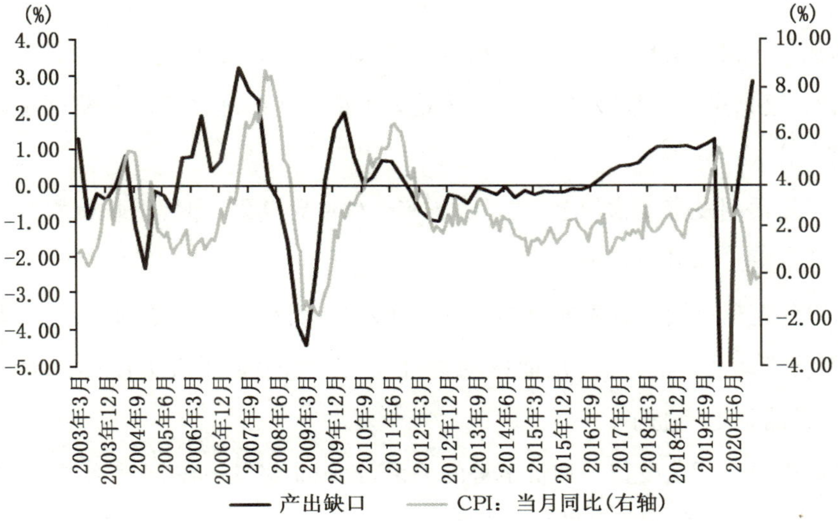

资料来源：Wind。

图 10.16　产出缺口与 CPI 同比

CPI 已经开始回升了。

2. 货币政策

通货膨胀本质上其实可以理解为是一种货币现象。一种比较理想化的场景是，一个国家在一年里的生产规模是一定的，需求也是确定的，这时候如果货币当局开始大规模印钞票，那么纸币的价格自然会快速贬值。

在国内我们可能体会不到这样的情况，毕竟央行把通货膨胀率控制在一个比较低的水平。为此我们不妨把目光投向委内瑞拉。在 10 多年前，依靠着石油，委内瑞拉的经济快速发展，委内瑞拉 2005 年的实际 GDP 同比还上涨了 10.32%。

在这样的背景下，委内瑞拉当局提出了大量发展规划，而为了配合财政支出计划，委内瑞拉货币当局开始大规模印钞，加上此后随着石油价格走低，带动委内瑞拉国内经济开始下行，最后使得物价开始快速上涨。

2018 年委内瑞拉的通货膨胀率一度达到了 65 374%，货币当局为避免面值过高，还以 1∶10 万的兑换比例，发行新的货币“主权玻利瓦尔”来替换原有的货币“强势玻利瓦尔”。

然而，这并没有改变当地的恶性通货膨胀，2019 年，委内瑞拉的通货膨胀率达到了 19 906%，而在 2021 年委内瑞拉也要开始发行 100 万面值的货币了。这 100 万玻利瓦尔大概也就相当于 50 美分，可能还买不了一杯咖啡。

当然，这只是一个很极端的例子，只是为了帮助我们理解货币超发对通货膨胀的影响。

除了货币超发带动物价上行之外，还有一种传导链条，即货币政策积极—经济加速复苏—需求回升—物价上行。

这里的逻辑是货币政策能够推动基本面修复，而基本面修复，加上人们手里有钱了，就会带动消费的回升，从而推动物价上行。如果货币政策没有带动经济回升，那这条路就走不通了。

回顾历史上货币发行与物价走势的关系，我们能够发现在 2015 年之前，M1 对 CPI 还是有一定的领先关系的(见图 10.17)。

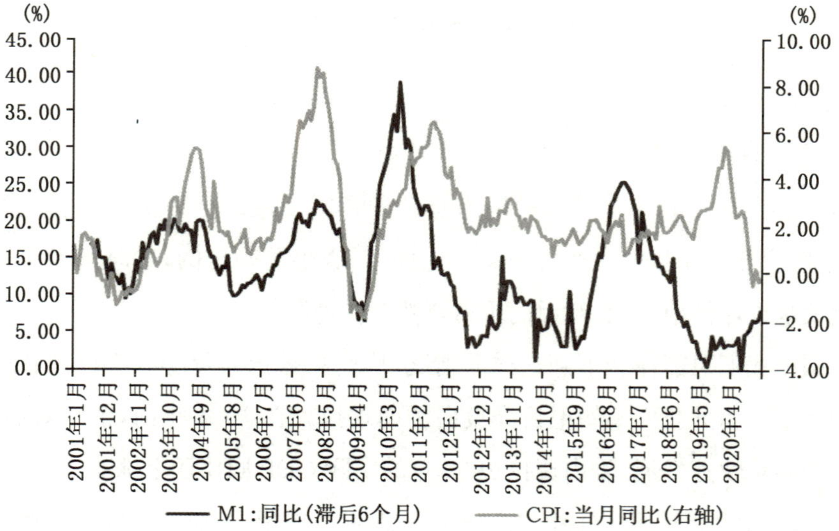

资料来源：Wind。

图 10.17　M1 同比增速和 CPI 同比存在明显的相关性

最好的例子是在 2008 年。因为 2007 年中国经济增长强劲，叠加国际大宗商品价格屡创新高，中国通货膨胀压力比较大，2008 年一季度 CPI 达到了 8%，为此央行执行了从紧的货币政策。

2008年中,金融危机爆发后,中国出台了“四万亿”计划,货币政策也从年初的“从紧”转向了“适度宽松”,在积极的财政政策和货币政策的共同配合下,国内经济开始快速修复,与此同时,我们也能够看到CPI开始快速回升。

但是,2015年之后,M1也好,M2也好,都在逐渐和CPI脱钩。这可能有以下几个原因:

第一,经济的长期下行压力。我们前面说过,货币政策要想对CPI产生影响,是需要通过基本面的。

但近年来中国经济下行压力比较大,货币政策又比较稳健,对经济的提振力度不如预期,在需求端迟迟没有改善的情况下,货币政策的宽松很难带动CPI上行。

第二,CPI无法反映资产价格的波动。

央行发行的货币除了流入实体经济,推动物价上涨外,还有很大一部分资金流入金融和房地产市场。但是房地产、股票等资产的价格波动不体现在CPI里。

比如在2015年的时候,央行的货币政策是偏宽松的,曾5次下调人民币存贷款基准利率,而M1增速在2015年也明显走高,但是因为基本面比较弱,这部分资金并没有流入实体经济,而是沉淀在金融市场和房地产市场里。

因此,我们能够看到在2015年的时候,股市表现得很好,上证指数突破了5 100点,而房地产市场的表现也不差。

需注意的是,因为这些资产的价格不体现在CPI里面,所以我们会看到CPI在那段时间表现得波澜不惊。

2020年因为疫情,全球央行都在大放水,美联储资产负债表的规模从2020年年初的4.17万亿美元快速上涨到了2020年末的7.36万亿美元。按理说美联储这么快的扩表,应该会推动通货膨胀,但是美国2020年的CPI同比涨幅虽然有所上行,但是还没有恢复到2019年年末的水平。

当然,这里很大一部分原因是美国的需求没有恢复,经济复苏乏力,在这样的情况下物价自然上不去。

但还有一部分原因是美联储发的钱其实都流入资本市场了,美国2020年股市和房地产市场表现得特别好,道琼斯指数已经超过了疫情前水平,纳斯达克指数更是相比于疫情前上涨了40%以上,在经济基本面疲软的情况下,金融市场的大幅上涨，肯定就是货币超发导致的。

而CPI无法反映资产价格波动这一点，也一直在被人诟病。

第三，货币政策主要是通过需求端影响物价的，但是供给端有时候才是CPI的主导因素，比如2019年的CPI大幅上涨很大程度上就是因为猪瘟导致猪肉供给不足，猪肉价格的波动主导了这一轮CPI的波动。

3. 输入性因素的影响

除了国内自身供需以及货币政策的原因，输入性通货膨胀也是引起国内物价上涨的一个重要因素。

比较简单的理解是，全球石油价格上涨后，国内进口石油的价格也会上涨，并带动国内成品油走高。而油价是CPI的子项目，这种上涨直接体现在CPI数据里。

从数据上我们也能够看到进口价格指数在2014年之前和CPI当月同比的走势是高度一致的(见图10.18)。比如在2007年的时候，中国的通货膨胀快速走高，一来是因为当时中国经济走势特别好，GDP实际同比从2006年三季度的12.2%一路上行到2007年二季度的15%，国内需求旺盛；二来就是因为输入性通货膨胀压力了，当时国际大宗商品涨得特别厉害，ICE布伦特原油从2007年年初的50美元左右一直上行到2008年6月的140美元，国际大宗商品和粮食价格的上涨助长了国内物价上行。

2014年之后，我们会发现进口价格指数与CPI的相关性在明显变弱。这可能和统计口径的调整相关，2014年之前进口价格指数的统计口径是以美元为计价标准的，而自2014年起开始改用人民币为标准的统计口径。

计价货币调整后，两者的相关性就减弱了，这里我们就要考虑汇率的影响了。可以看到从2014年下半年起，人民币汇率是有一波上行的(见图10.19)，而且会发现人民币汇率上行和这一波进口价格走势上行是一致的。因此，可以认为在2015—2018年，进口价格的波动很大程度上都是由于统计口径变化导致的。

比如一件商品进口价是100美元，且进口价一直没有变化，但是因为人民币汇率从6上行到了6.5，那么这件商品的对应价格就从600元上行到了650元，这会使得进口价格指数出现波动。

但是，这种因为人民币贬值导致的物价波动向下游传导可能会比较困难。毕

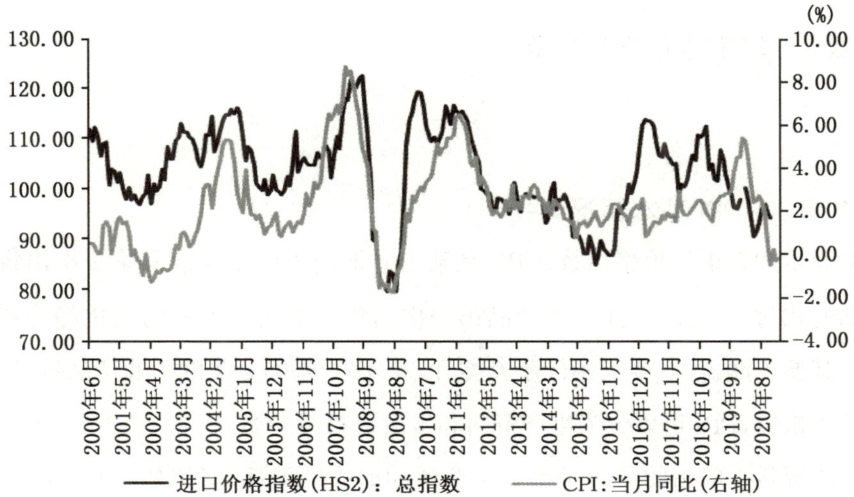

资料来源：Wind。

图 10.18 进口价格指数与 CPI 同比走势一致性高

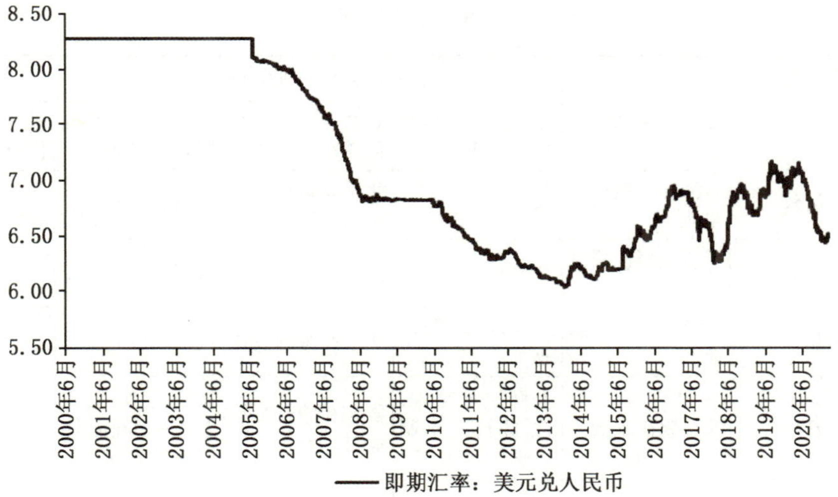

资料来源：Wind。

图 10.19 人民币汇率波动

竟在需求不强的时候，企业特别是中小企业不能随意涨价，汇率波动带来的损失可能需要企业自己损耗利润来弥补，结果就是进口企业的利润被压缩了。

10.3 PPI 的介绍与预测

10.3.1 PPI 基本情况

工业生产者出厂价格指数(PPI)是某个时期内工业企业产品第一次出售时价格变动的相对数,反映工业企业产品第一次出售时的出厂价格的变化趋势和变动幅度。其调查涵盖 40 个工业行业大类、1 300 多个基本分类的工业产品价格。

具体来看,PPI 可以分为生产资料和生活资料两大类。

生产资料一般指的是用于工业生产活动的中间消耗品(比如煤炭、原油、有色金属等),之后又分为采掘、原材料和加工业三大类。

生活资料一般是指用于人民生活的消费品(比如衣服、汽车等),具体包括食品、衣着、一般日用品和耐用消费品四类。

表 10.8　　PPI 的各项构成

大类		公布的主要行业数据				
生产资料	采掘	煤炭开采和洗选业	酒、饮料及精制茶制造业	石油、煤炭及其他燃料加工业	有色金属冶炼和压延加工业	燃气生产和供应业
	原材料	石油和天然气开采业	烟草制品业	化学原料和化学制品制造业	金属制品业	水的生产和供应业
	加工业	黑色金属矿采选业	纺织业	医药制造业	通用设备制造业	
生活资料	食品	有色金属矿采选业	纺织服装、服饰业	化学纤维制造业	汽车制造业	
	衣着	非金属矿采选业	木材加工和木、竹、藤、棕、草制品业	橡胶和塑料制品业	铁路、船舶、航空航天和其他运输设备制造业	
	一般日用品	农副食品加工业	造纸和纸制品业	非金属矿物制品业	计算机、通信和其他电子设备制造业	
	耐用消费品	食品制造业	印刷和记录媒介复制业	黑色金属冶炼和压延加工业	电力、热力生产和供应业	

资料来源:Wind。

从历史数据上看,影响 PPI 的主要是生产资料而不是生活资料(见图 10.20)。

这一点可以类比于 CPI,CPI 分为食品项和非食品项,而影响 CPI 的主要就是食品项。

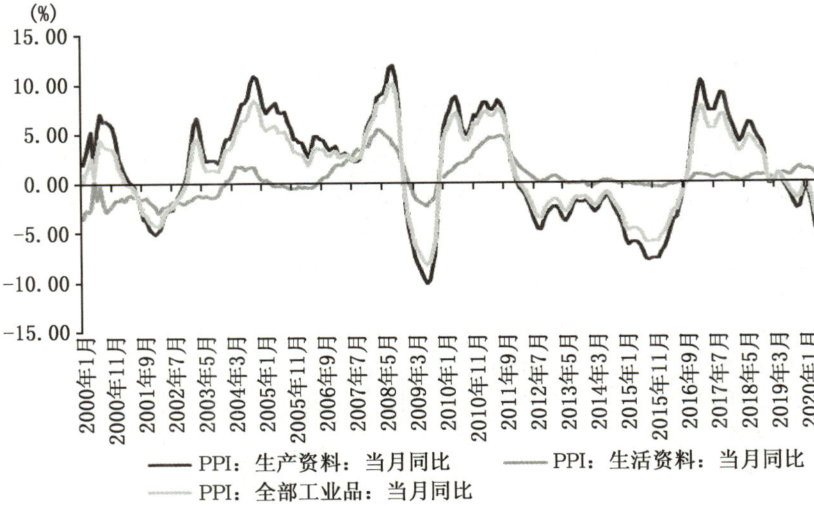

资料来源:Wind。

图 10.20　生产资料主导了 PPI 的走势

在统计上,PPI 的基础数据是由统计局按照工业行业分类,选择每个行业中的样本企业调查得到的,共涵盖了 4 万多家工业企业。在具体调查时,对于主营收入 2 000 万元以上的企业,采用重点调查法;对于主营业务收入 2 000 万元以下的企业,则采用典型调查法。

而 PPI 的权重则是依据各行业的工业销售产值确定的,其权数实行千分制度。一般是基于调查数据,先确定大类行业权数,然后将其分摊到中类行业,再将中类行业分摊到小类行业(见表 10.9)。

表 10.9　　工业生产者出厂价格指数权数计算

行　业	工业销售产值(亿元)	代表行业大类权数(‰)	大类行业中中类比重(‰)	代表行业中类权数(‰)	中类行业中小类比重(‰)	代表行业小类权数(‰)	小类行业中基本分类比重(‰)	代表基本分类权数(‰)
总计	7 750.74	1 000.00						
煤炭开采和洗选业	229.47	29.61						

续表

行业	工业销售产值(亿元)	代表行业大类权数(‰)	大类行业中中类比重(‰)	代表行业中类权数(‰)	中类行业中小类比重(‰)	代表行业小类权数(‰)	小类行业中基本分类比重(‰)	代表基本分类权数(‰)
石油和天然气开采业	154.15	19.89						
黑色金属矿采选业	16.48	2.13						
⋮								
⋮								
化学原料及化学制品制造业	544.51	70.25						
(代表中类行业合计)	523.42		1 000.00					
其中:基础化学原料制造	86.37		165.01	11.59				
肥料制造	123.61		236.16	16.59				
农药制造	13.77		26.31	1.86				
合成材料制造	186.10		355.55	24.98				
(代表小类行业合计)	79.50				1 000.00			
其中:合成橡胶制造	21.25				267.33	6.68		
(代表基本分类合计)	14.19						1 000.00	
其中:顺丁橡胶	3.19						224.81	1.50
丁苯橡胶	5.00						352.36	2.35
丁腈橡胶	6.00						422.83	2.83
合成纤维单(聚合)体的制造	46.24				581.63	14.53		
其他合成材料制造	12.01				151.04	3.77		
专用化学产品制造	44.38		84.79	5.96				
日用化学产品制造	69.19		132.19	9.29				

注:表中有的数据因四舍五入,存在细微误差。

资料来源:《中国主要统计指标诠释第二版》。

一般统计局每5年确定一次工业企业产品权数。

在确定调查样本企业、各项数据的权重之后,统计局每个月5日和20日会派人去样本工业企业调查数据,之后将数据汇总上报,并在每个月的10日左右和CPI数据一起公布,包括PPI和PPI下属分项的数据(见图10.21)。

换言之,我们最终得到的PPI数据其实是这个月5日和20日的时点数据。

最后,同比和环比数据的计算和CPI一样,这里我们就不再重复赘述了。

在了解了PPI的统计过程之后,其实PPI也有几点需要注意:

第一,CPI与PPI的关系。

从理论上看,PPI的波动应该是会向CPI传导的(见图10.22),PPI反映的是

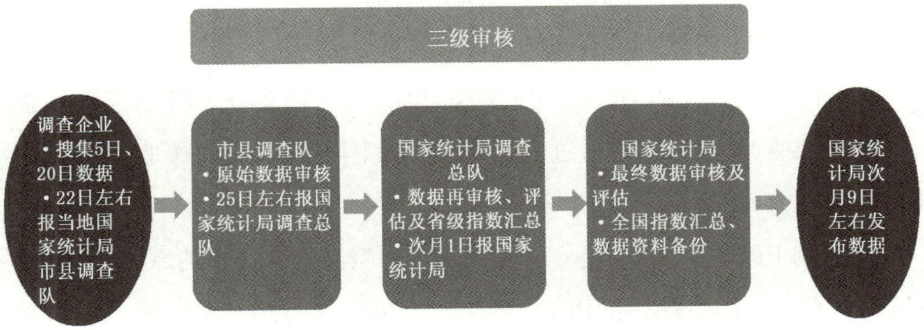

资料来源:《中国主要统计指标诠释第二版》、红塔证券。

图 10.21 统计局 PPI 数据统计流程

全部工业产品的出厂价格,而 CPI 反映的是一篮子消费品和服务的价格。理论上,价格水平的波动会先出现在生产领域,然后通过产业链逐步向下游传导,最后影响消费领域,即 PPI 会略微领先于 CPI。

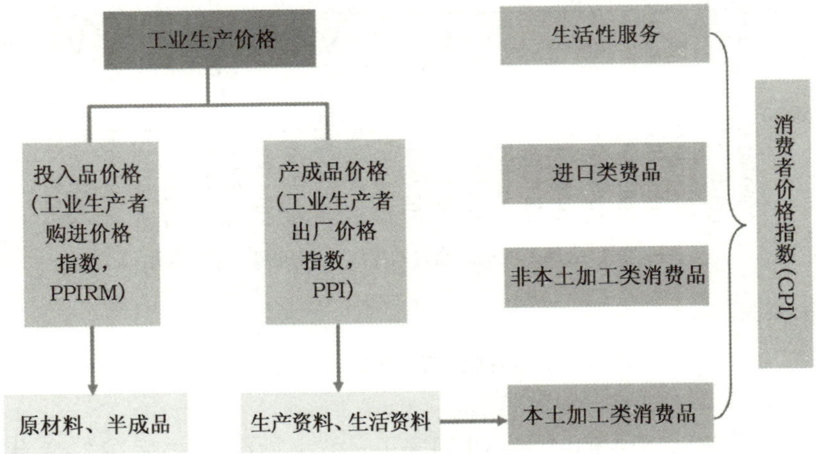

资料来源:Wind。

图 10.22 理论上 PPI 的波动会向 CPI 传导

比如食品制造业企业加工出一批面条,因为原材料价格上涨等原因,工厂会涨价批发给零售商,这就会使得 PPI 上升。批发商因为购进面条的成本上升,也会相应提高价格将商品销售给消费者,这样就带动了 CPI 的上涨。

但是从数据走势上看，我们会发现几个问题：

一来，PPI 和 CPI 之间不存在领先滞后关系。

这种同步性源于 CPI 和 PPI 之间的互相影响。PPI 影响 CPI 的渠道一是通过生活资料直接影响 CPI；二是通过生产资料影响生活资料，再间接地传导到消费品价格上。

CPI 影响 PPI 的渠道，一是 CPI 中的部分消费品是 PPI 中的原材料，比如农副产品；二是 CPI 中的消费品和 PPI 中的生产资料有着同样的原材料。在这样的情况下，日常的消费需求也会影响价格，从而传导至 PPI。

二来，这种同步关系在 2015 年之后逐渐消失了(见图 10.23)。

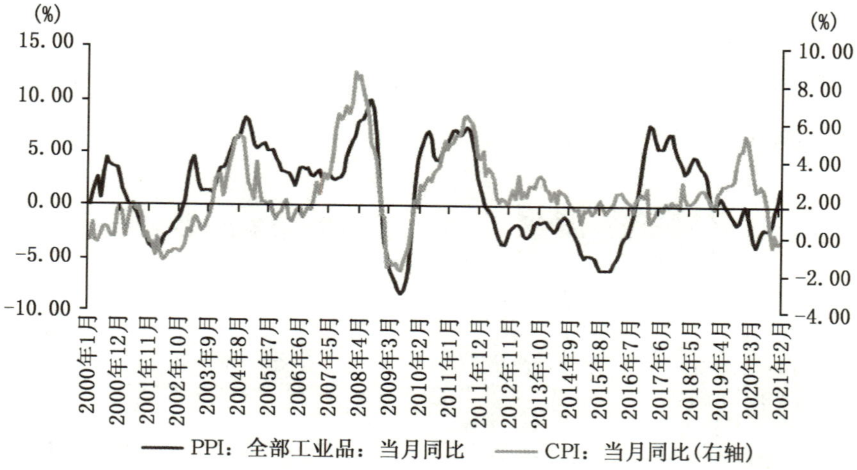

资料来源：Wind。

图 10.23　2015 之后 PPI 和 CPI 相关性减弱

可以看到在 2016 年的时候 PPI 迎来了一波上行周期，之后在 2017 年 2 月开始下行，并一直持续到了 2020 年。在 2019 年之前，CPI 表现得波澜不惊，一直到 2019 年因为猪肉周期的原因，CPI 才出现明显的波动。这种走势的错位，甚至还让 CPI 和 PPI 的走势出现了背离。

这可能是因为 2015 年之后供给端主导了 PPI 的走势，但是因为经济复苏乏力，需求不强，供给端的价格波动难以顺利向需求端传导。

这一点在前面也提到过，PPI 的走势是由生产资料主导的，而 CPI 的走势是由食品项来主导的。在生产—需求传导渠道顺畅的时候，CPI 和 PPI 走势自然会比较一致。但是在需求不旺时，生产端的价格波动难以向需求端传导，受损的就只能是企业自己了。

第二，基期轮换、权重和翘尾因素。

这两点都和 CPI 一致。每 5 年 PPI 和 CPI 会同时轮换基期，2021—2025 年的基期是 2020 年。根据统计局的口径，这一轮新基期的调查分类目录、代表规格品和调查企业均有调整，分类权数也有变化，以反映工业生产结构的最新变动。

比如在 2020 年的时候，工业生产者出厂价格统计调查涵盖 1 638 个基本分类的 20 000 多种工业产品的价格。而 2021 年，其涵盖范围就调整为 1 300 多个基本分类的工业产品价格。

权重方面，PPI 的权重其实比 CPI 更加复杂。如果仅看生活资料和生产资料的权重还好，毕竟统计局会公布生产资料对 PPI 的拉动情况，从而我们可以计算出生活资料和生产资料的权重（见图 10.24）。

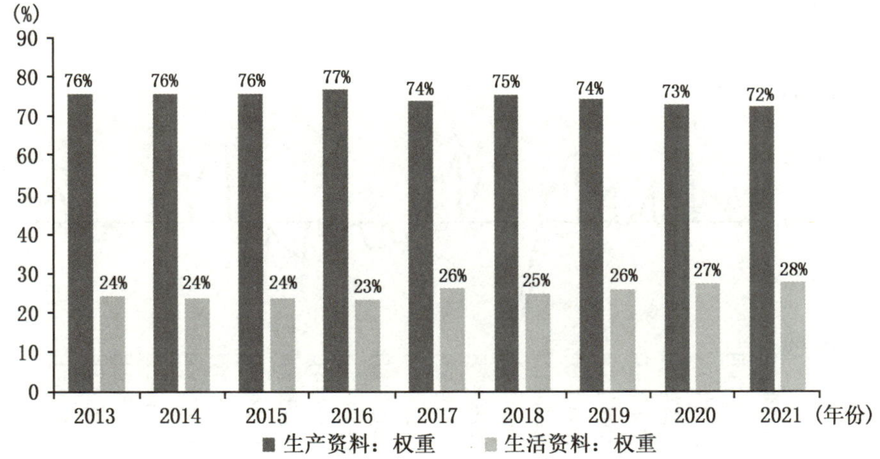

资料来源：Wind。

图 10.24 生产资料和生活资料的年度权重

比如 2021 年 2 月，工业生产者出厂价格中，生产资料价格上涨 2.3%，影响工业生产者出厂价格总水平上涨约 1.71 个百分点。生活资料价格下降 0.2%，影响工业生产者出厂价格总水平下降约 0.05 个百分点。据此，我们可以计算得到生产资料价格的权重为 74.35%，生活资料的权重为 25.65%。

需要指出的是，这个权重每个月都会有略微的出入，比如 2021 年 1 月，生产资料价格由降转涨，上涨 0.5%，影响工业生产者出厂价格总水平上涨约 0.35 个百分点，计算得到其权重为 70%，相应的，生活资料的权重则为 30%。

在这里有时候为了方便，我们会取已发布数据的均值作为该项目的权重。

进一步的分项权重就比较难以确定了。统计局的权重划分是按照行业销售产值占总产值的比重计算的，但是我们难以获得行业销售产值比重，与销售比较接近的指标是主营业务收入，我们可以用各行业的主营业务收入（营业收入）数据简单地估算 PPI 各项的权重。在这里我们就不再展开了。

翘尾因素和新涨价因素的含义和 CPI 一样，比如 2021 年 2 月，PPI 的翘尾因素影响约为 −0.1 个百分点，新涨价因素影响约为 1.8 个百分点。翘尾因素的数据我们可以自己根据历史数据计算，计算过程在前文讲过，不再重复（见图 10.25）。

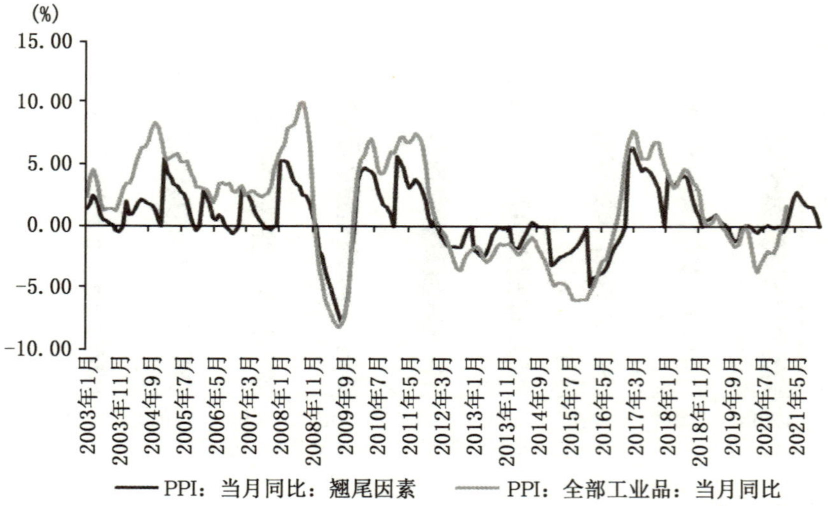

资料来源：Wind。

图 10.25　翘尾因素和 PPI 走势

10.3.2　PPI 的预测

预测 PPI 的方法和预测 CPI 的方法比较接近，从环比累乘的结果看，通过 12 期环比数据累乘得到的同比数据与公布的同比数据十分接近（见图 10.26）。

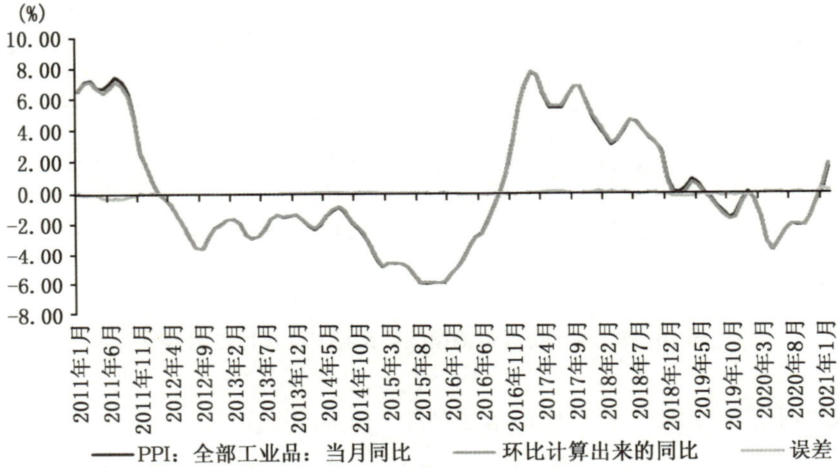

资料来源：Wind。

图 10.26　以 12 期环比数据计算得到的同比数据与公布数据误差极低

在此基础上本文使用的方式主要是基于当月前 11 期的环比累乘数据，考虑预测当月的环比数据，从而提前计算得到当月同比预测值。

那么我们现在需要考虑的就是，该怎么获取这个月 PPI 的环比预测值。

PPI 不同于 CPI，PPI 的季节性并不明显，如果我们用过去 3 年或者 5 年的环比数据均值作为本月的环比数值，就有点不太严谨了，而且准确度也不高，因此不能用环比均值的方式。

剩下的一种方式就是高频数据。毕竟高频数据考虑了这个月的新情况，而且数据也比较好获取。

目前，市场上能够找到的主要反映工业品价格走势的指标有生产资料价格指数、南华工业品指数、南华综合指数等，按照相关性排序，我们发现由商务部每周发布的生产资料价格指数与 PPI 的相关性达到了 97%（见图 10.27），在各类指标中表现最好。

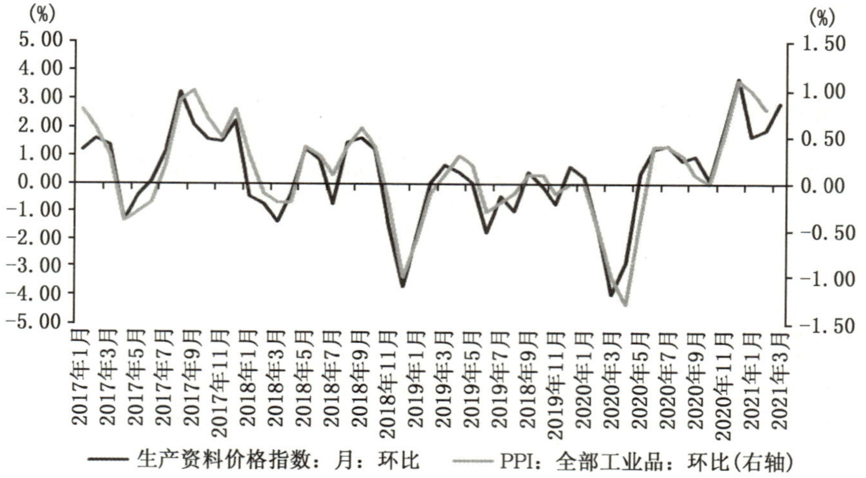

资料来源：Wind。

图 10.27　生产资料价格指数环比与 PPI 环比走势接近

因此，我们使用生产资料价格指数判断 PPI 的环比走势。

我们对 PPI 环比和生产资料价格指数进行回归处理，按照回归结果，两者回归的拟合优度为 87.7%，拟合优度很高。而在获得回归方程之后，我们就可以通过农产品价格指数简单预测当月的 CPI 环比指数(见图 10.28)。

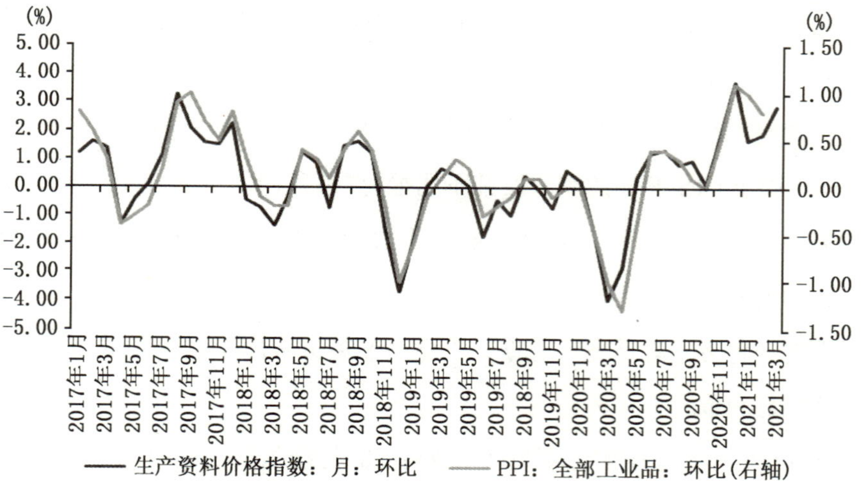

资料来源：Wind。

图 10.28　环比预测结果和实际环比走势比较接近

基于前 11 个月的环比累乘结果和通过拟合得到的当月环比预测值，我们可以计算得到 PPI 的同比预测值(见图 10.29)。

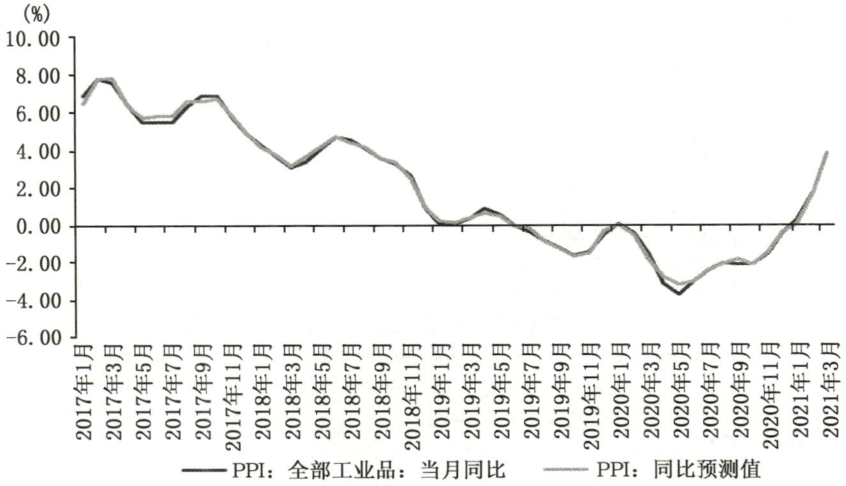

资料来源：Wind。

图 10.29 基于环比预测值累乘得到的 PPI 同比数据

10.4 CPI 与 PPI 的分析

10.4.1 CPI 数据分析

前文我们已经说了，CPI 的波动绝大部分是由 CPI 食品项贡献的，比如 2020 年 1 月 CPI 同比上涨了 15.2%，带动 CPI 上涨 4.52 个百分点，当月 CPI 同比 5.4%。所以在分析 CPI 的时候，我们还是要抓住主要矛盾，重点分析食品项，再来兼顾非食品项。

我们先来看看具体是哪几项主导了 CPI 的波动。我们使用 2015 年 1 月至 2021 年 2 月的 CPI 数据，计算各个细分项的同比标准差。可以看到猪肉、鲜果、交通工具用燃料、鲜菜、蛋类等几项的标准差明显高于其他分项(标准差越大，意味着波动率越大)(见图 10.30)。

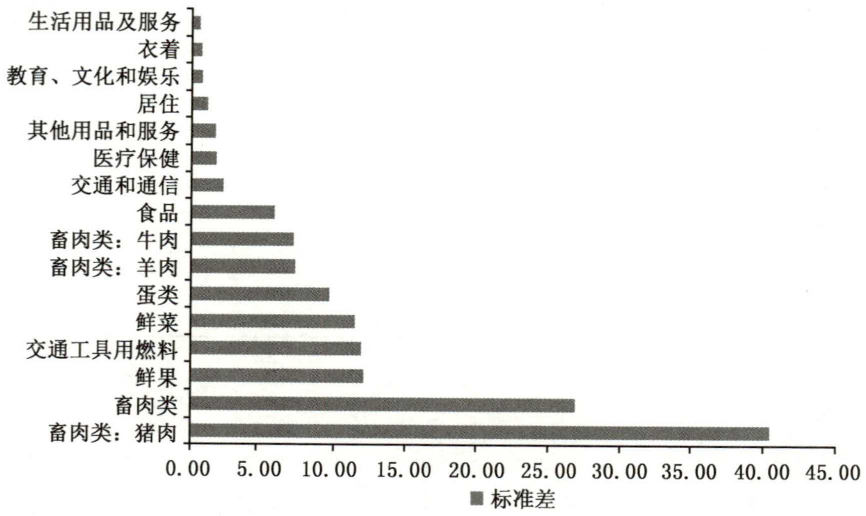

资料来源：Wind。

图 10.30　CPI 中波动比较大的项目

因此，在分析时我们主要着眼于分析这几个标准差大的项目。

第一，猪肉。

猪肉一直都是 CPI 波动的主要因素，了解了猪肉，就把握住了 CPI 波动的主要矛盾。

分析猪肉的价格，依旧是从供给和需求两端来入手的。不过猪肉的供给是很有季节性的，一般在年初的时候，猪肉需求都比较低，而到了三四季度，随着各类节假日的增多，居民会增加对猪肉的需求（见图 10.31）。

从全年来看，猪肉的消费波动也不大，在 2013—2019 年间，根据统计局的数据，除了 2018 年消费偏高以外，全国居民人均猪肉消费量都稳定在 20 千克/年。从这里我们也能够看出来，猪肉的需求是十分稳定的。

在需求稳定的情况下，主导猪肉价格波动的主要就是供给端的因素了。而因为猪瘟不确定性高、猪肉生产具有周期性（在猪价高的时候，养猪户扩大规模，并逐渐压低猪价，最后引起养猪户减小生产规模，而这又会再次推高猪价，从而进入了一个周期循环）等原因，猪肉的供给波动是很大的。

衡量猪肉的供给能力，我们最常用的指标有能繁母猪、生猪存栏和生猪出栏。

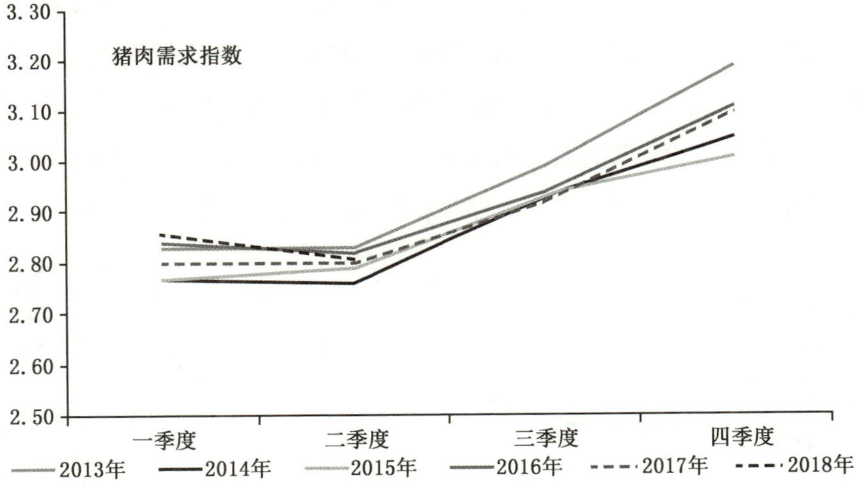

资料来源：Wind。

图 10.31　猪肉需求具有季节性

生猪出栏指的是猪肉厂商或个人把自己养的猪拿出去贩卖，反映的是即时的猪肉供给。所以我们能够看到生猪出栏同比变动与猪肉价格同比变动是负相关的，在生猪出栏同比下降的时候，猪肉价格会明显上升，反之则会下滑(见图 10.32)。

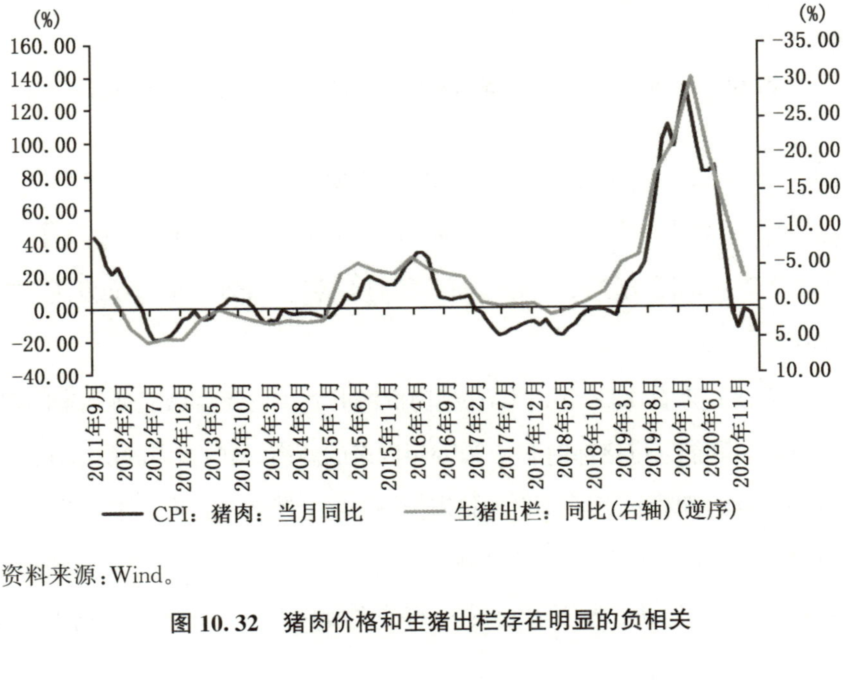

资料来源：Wind。

图 10.32　猪肉价格和生猪出栏存在明显的负相关

如果我们想预测猪肉价格的走势,那么最好的指标还是生猪存栏和能繁母猪这两个数据。前者表示现在养殖户们能够供应给市场的猪肉规模,类似于企业库存。后者代表的则是未来的猪肉供应量,毕竟能繁母猪越多,下一期就会有越多的小猪出生。

因为现在生猪的养殖周期大概在 6 个月,所以我们能够看到之后 6 个月的能繁母猪同比与 CPI 当月同比之间也存在着明显的负相关(见图 10.33)。

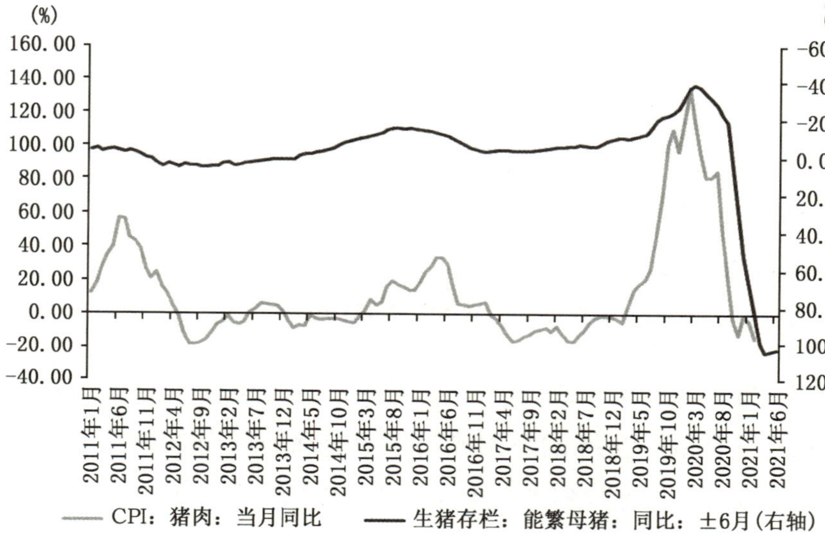

资料来源:Wind。

图 10.33 滞后 6 个月的能繁母猪同比与猪肉价格存在明显的负相关

图 10.33 中 2020 年之前的趋势不明显,主要是 2019－2020 年的猪周期使得能繁母猪的同比数值太大了导致的,比如 2020 年 12 月能繁母猪存栏 4 161 万头,相比于 2019 年年末同比增长 103%,如果我们去掉这一段时期,就会发现前期两者的相关性会更明显。

那么站在现在来看,2020 年以来,在猪肉价格上涨、国家政策支持等因素的作用下,中国生猪存栏量和能繁母猪都创下自 2016 年以来的新高,国内猪肉的供给在未来会快速修复。在这样的背景下,现在不低的猪肉价格无疑会迎来一波明显的下调。

这一点在 2021 年 2 月的 CPI 数据里面也已经有体现了,2021 年 2 月猪肉同比下滑 14.90 个百分点,带动 CPI 下滑 0.39 个百分点(CPI 同比－0.2%)。猪肉下行的趋势预计至少在之后几个月里还会持续，而猪肉的下滑压力也会压制 CPI 的上行。

第二，鲜果。

除了猪肉项，其他几项的标准差其实都差不多，我们先来说鲜果。鲜果的价格波动是很有季节性的，一般来说鲜果价格容易出现波动的时间是 4—9 月（见图 10.34），而这一段时间也是国内主要水果（如苹果、橘子、西瓜、桃子等）的上市时间。

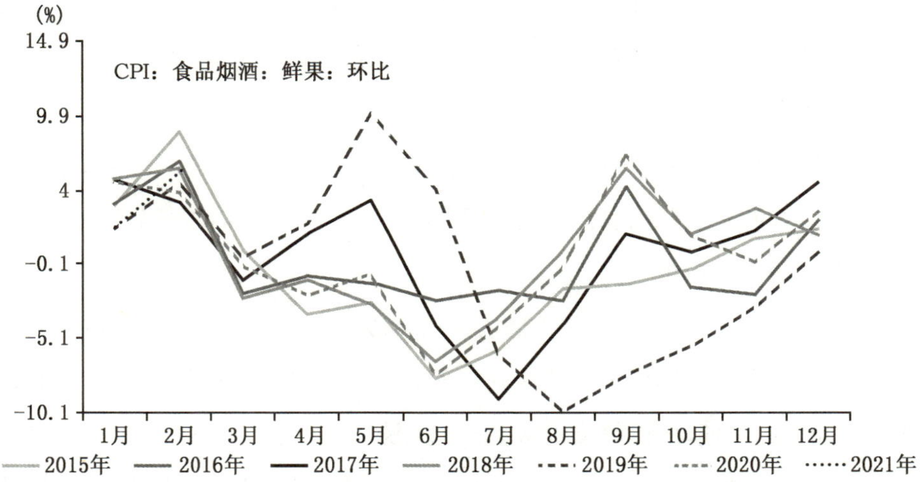

资料来源：Wind。

图 10.34　鲜果环比波动的季节性

一般主导鲜果价格波动的还是供给端。比如在 2019 年的时候，水果价格从 4 月开始出现了一轮明显的上涨。这主要是因为：一来在 2018 年的时候，因为天气等原因，山东、陕西等苹果主产地的天气比较糟糕，苹果等产量受到影响，使得这类水果的库存比较低。二来，2019 年春天在水果开花的时期，天气也比较差，这也造成了 2019 年南方水果的减产。比如年初的寒潮对海南、广东等水果产区的生产产生了明显的冲击。

在这样的情况下，水果供给端就出现了问题，我们也会看到在 2019 年的时候，鲜果同比数据明显走高。

所以，我们在分析鲜果项的时候，还是需要把目光放在供给端，看看是不是因为有天气等因素导致水果的生产受到影响。

至于短期的走势，我们直接看农业农村部每日公布的 7 种重点监测水果的平均批发价就能大致有个直观的感觉。

还有一点值得一提，在 1—2 月鲜果的环比走势往往是年内的高点，原因也很好理解，1—2 月是春节，市场需求比较旺盛，但是这个时间点，应季水果比较少，这就推动了鲜果价格走高。

在春节之后，鲜果的环比价格就会进入趋势性的下行，一直到 7—8 月，随着下半年供给的减少以及市场需求增加（节假日更多了），鲜果价格开始上行了。

第三，鲜菜。

鲜菜和水果的走势是比较像的，从环比走势上能够看到，在 1—2 月，这两者的环比都是年内的高点，原因也比较接近，那时候是春节，消费需求比较旺盛，而且大冬天的，鲜菜的生产也少一些。

春节过后，鲜菜需求下行，加上随着天气转暖，鲜菜生产逐渐恢复，鲜菜环比走弱，4—6 月，环比一般都位于负数区间。而到了 7 月、8 月、9 月，因为这个时期是洪涝灾害频发的时期，所以鲜菜价格会再次上涨。

之后，鲜菜价格会回落，一直到 11 月、12 月，随着天气转冷，春节、元旦等节假日的临近，鲜菜价格会迎来一次上涨。

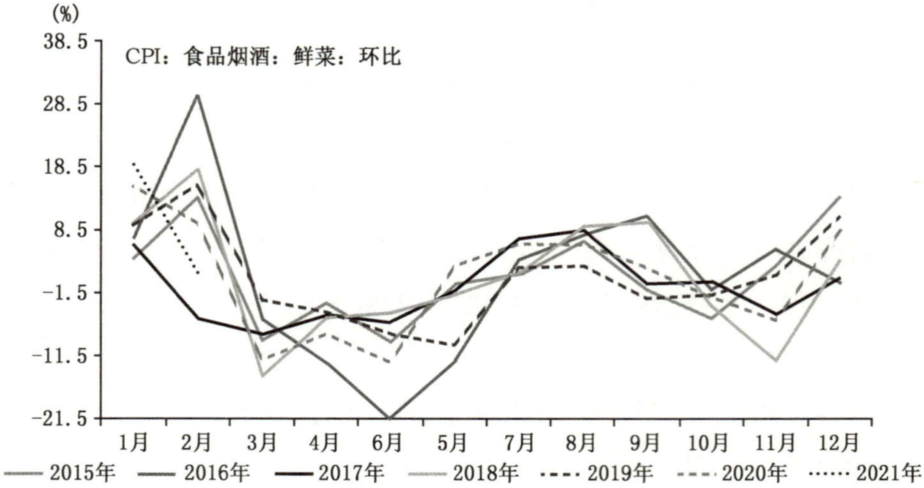

资料来源：Wind。

图 10.35 鲜菜价格环比存在季节性

和水果一样，鲜菜的生产也受到天气的影响，比如在 2016 年、2018 年夏季的时候，洪涝灾害比较严重，鲜菜的生产就受到了明显的影响，山东寿光（鲜菜重要生产地）当时因为洪涝，鲜菜明显减产，并带动鲜菜价格环比走高，2016 年和 2018 年 9 月的鲜菜价格环比走势也明显高于历史均值。

和水果不一样的是，鲜菜的生产周期很短，比如小白菜、空心菜、生菜的生长周期一般不到 1 个月，油麦菜、大白菜的生长周期不到 2 个月，所以我们会看到生产端在受到天气等外部因素的冲击后很快就会恢复。从历史数据上看，一般洪涝灾害过后，鲜菜价格会出现 1—3 个月的上涨，之后很快会开始回落。

第四，油价（交通工具用燃料）。

油价对 CPI 的影响体现在很多方面：

一来油价会直接影响交通工具用燃料价格，直观的感觉就是随着国际油价的上涨，国内成品油也会开始调价（见图 10.36）。在现有的制度下，发改委设立每桶 40 美元的下限和 130 美元的上限，之后在这个区间里，每 10 天国内成品油价格会及时根据国际油价调整。

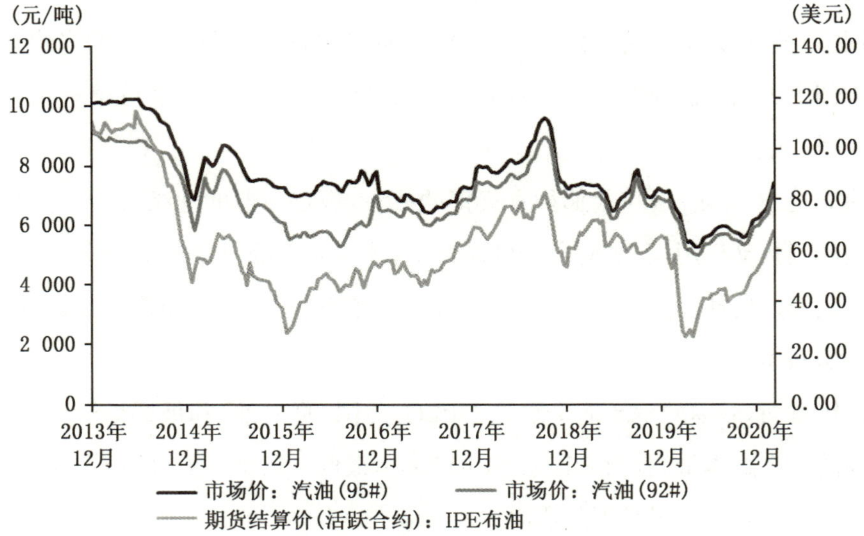

资料来源：Wind。

图 10.36　成品油价和国际油价走势一致

比如在2021年3月3日，因为前期国际油价上涨，国内成品油就将汽油每吨上调260元，柴油每吨上调250元。全国平均来看：92号汽油每升上涨0.20元；95号汽油每升上涨0.22元。而成品油的上涨自然会直接带动交通工具用燃料价格上涨。

二来影响居住项中的水电燃料价格。居住项目下的水电燃料主要是燃气费，比如管道天然气、煤气等。天然气等价格虽然与石油价格有一定相关性，但是在传导效率上会明显低于交通工具用燃料价格。

三来油价上涨会影响其他各类商品的价格，毕竟石油会涉及很多领域，比如石油价格上涨会带动物流成本上升（开车贵了），物流成本涨了之后，自然会带动其他商品价格上涨。

而油价本身则会受到供给、需求和地缘政治等因素的影响。

先来说地缘政治。不同于其他商品，石油价格除了供需，还会受到地缘政治的影响。比如在2019年10月的时候，中东地区局势比较动荡，沙特阿拉伯阿美油厂受到袭击，于是在袭击过后，油价就出现了明显的上涨。

更直观的是20世纪70年代，那时中东战争再次爆发，而阿拉伯国家为了反击西方国家对以色列的支持，宣布石油减产，同时调升油价。国际油价的飞快上涨在当时重创了美国等国家的经济，美国陷入了经济滞涨。这也是全球第一次见识到石油武器的威力。

除非是20世纪70年代那种大规模的战争，现在一般的地缘政治冲突对油价也就是起到扰动作用，需要配合着供需情况，才会对石油价格产生持久的冲击，不然往往是短期的冲击。比如2019年10月，在恐怖袭击之后，油价只是短期上涨，很快开始回落。

供给方面，原油的生产地主要是OPEC、美国（页岩油）和俄罗斯。其中，美国页岩油的生产成本最高，而OPEC的生产成本最低。供给一般可以看OPEC和俄罗斯等国家的减产协议是不是达成。

需求方面，则与全球的经济行情密切相关。石油作为重要的大宗商品，是重要的生产资料。在全球经济上行的时候，市场对石油等大宗商品的需求也会走高。反之，在全球经济下行的时候，市场对石油的需求就会比较疲软。

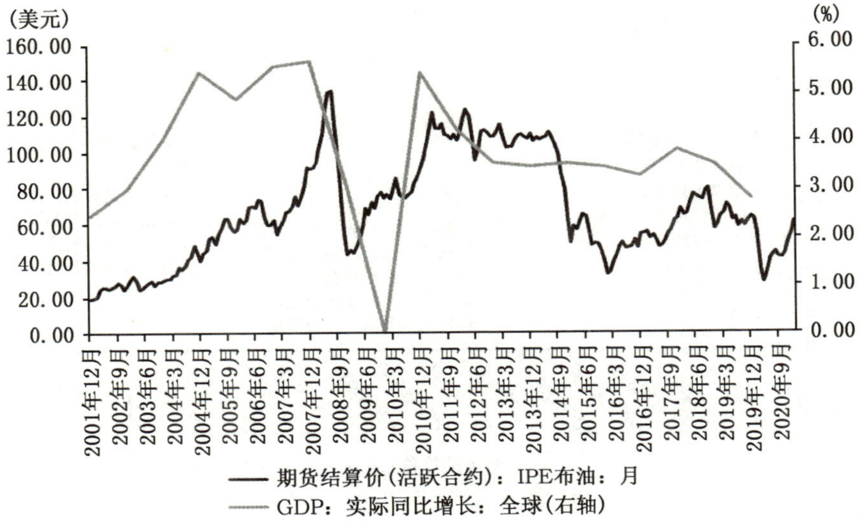

资料来源：Wind。

图 10.37 石油价格走势和全球经济走势一致

在 2020 年年初的时候，OPEC 和俄罗斯迟迟没有达成新的减产协议，并开启一轮价格战，加上疫情已经开始影响全球经济，市场对原油的需求快速下行，这就导致在 2020 年年初的时候全球石油价格快速下滑。

2020 年 4 月 OPEC 与俄罗斯达成新的减产协议，但是疫情冲击下，全球石油需求依旧疲软，油价从历史低谷回升后，一直在 40 美元左右的价格震荡。

一直到 2020 年 11 月，随着疫苗的接种，全球经济复苏预期开始逐渐变得乐观，需求端的修复加上前期央行的大放水，才推动原油价格的上行。

往后来看，全球经济修复在 2021 年上半年可以说是一个确定的事件，在经济复苏的大背景下，原油价格的表现不会太差。

第五，看完上面这些分项，对于 CPI 我们还有一点需要关注，即核心 CPI。

核心 CPI 指的是不考虑食品项和能源的 CPI 波动。前面我们说了食品项和能源(主要是石油)的价格在很大程度上主导了 CPI 的走势，这样容易让我们忽略其他方面的变化，于是提出了核心 CPI。

我国的核心 CPI 主要是扣除了“食品烟酒”中“食品”部分、“居住”中的“水电燃

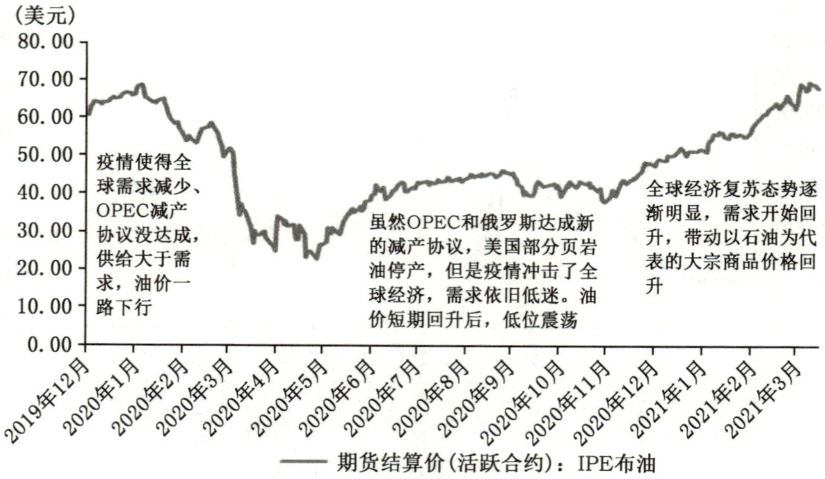

资料来源：Wind。

图 10.38 2020 年国际原油价格的走势

料”“交通和通信”中的“交通工具用燃料”这几项。

在扣除了这几项之后，核心 CPI 就能够比较好地体现我国的实际需求情况了。而我们在分析核心 CPI 的时候，也一般会从需求侧分析。

可以看到自 2018 年开始，核心 CPI 一直处在趋势性下行的节奏中(见图 10.39)，这一点和当时国内 GDP 从 2018 年年初的 6.9%一路下滑至 2019 年 12 月的 5.8%是一致的。

2020 年因为疫情，国内经济砸出了一个深坑，一季度之后虽然在政策刺激、出口旺盛等因素的共同作用下，经济开始触底回升，但是这一轮经济的回升是由生产端带动的，需求端一直表现得不好，最直观的体现就是社会消费品零售总额同比恢复得特别慢，在 2020 年年末的时候，同比也才 4.6%，远低于 2019 年 7%－8%的水平。

需求端恢复慢体现在 CPI 上就是核心 CPI 持续下行。一直到 2021 年 2 月，随着疫苗的接种，消费场景开始修复，叠加春节效应，核心 CPI 才比 1 月有所回升。

10.4.2 PPI 数据分析

在分析 PPI 数据的时候，我们主要把注意力放在生产资料上，而且往往会进一

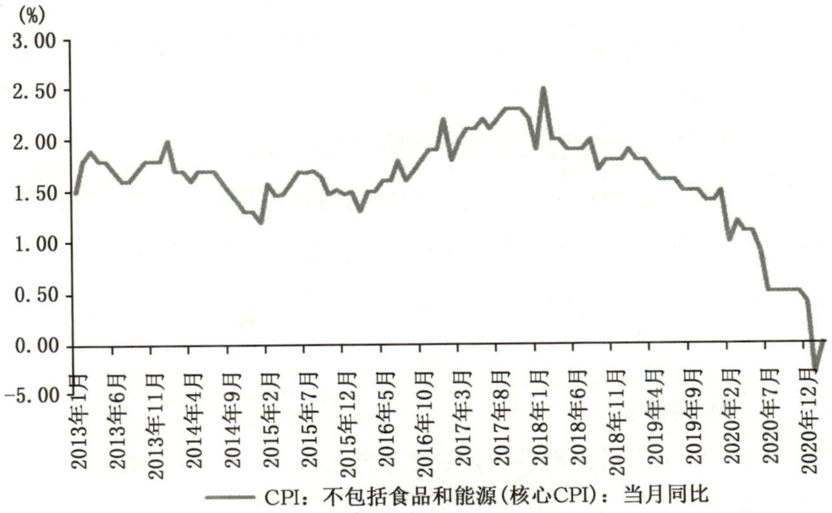

资料来源：Wind。

图 10.39　核心 CPI 在 2018 年之后，一路下行

步分析具体的行业数据。

首先，关注上游采掘和原材料行业。煤炭开采和洗选业、石油和天然气开采业、黑色金属矿采选业、有色金属矿采选业、非金属矿采选业等的走势我们一般需要结合当月的国际大宗商品价格走势分析。

比如在 2021 年，因为全球经济复苏预期乐观，石油、铜、螺纹钢等大宗商品价格走势都不差，相应的在 2 月 PPI 数据没有出的时候，我们就应该预期石油和天然气开采业出厂价格不会差，数据也证明了这一点。

2021 年 2 月 PPI 采掘环比上涨 2.8%，远高于 PPI 的环比涨幅(0.8%)，而像石油和天然气开采业的环比涨幅更是达到了 7.5%。

其次，关注中游加工业。比如石油、煤炭及其他燃料加工业，黑色金属冶炼和压延加工业，有色金属冶炼和压延加工业等。上游价格的波动会比较顺畅地传导至中游，比如在原油价格上涨之后，石油加工业的进货成本高了，自然会提高成品油的出厂价格。比如 2021 年 2 月石油、煤炭及其他燃料加工业的环比上涨达到了 4.9%，这和石油开采业的环比走势比较一致。

另外，像是黑色金属冶炼和压延加工业、有色金属冶炼和压延加工业的产成品一般是螺纹钢、铜等建材，其在一定程度上也能够反映出建筑行业(基建)的行情。

最后，关注终端消费行业和生活资料。汽车制造业等终端工业品的出厂价格以及生活资料的价格在一定程度上能够反映出消费的情况。

但是我们经常会看到在中上游行业价格明显上涨的时候，生活资料和一些终端消费行业的出厂价格走势反而是很弱的。这反映出来的就是中上游价格无法顺利向下游消费传导，表明实体经济比较弱。

10.4.3 案例分析

2019 年 10 月，全国居民消费价格(CPI)同比上涨 3.8%(前值 3%)，环比上涨 0.9%(前值 0.9%)；全国工业生产者出厂价格(PPI)同比下降 1.6%(前值 −1.2%)，环比上涨 0.1%(前值 0.1%)。

先来看 CPI 数据。

自 2019 年 2 月以来，CPI 的同比数据一直在稳步走高，从 2 月的 1.5%逐渐上行到了 10 月的 3.8%。

如果把 CPI 拆开来看，就会发现这一轮 CPI 的上涨是结构性的，主要是因为食品项或者说是因为猪肉价格上涨导致的。

2019 年 10 月，猪肉价格上涨 101.3%，影响 CPI 上涨约 2.43 个百分点。这个月 CPI 的大幅上涨，猪肉贡献了 64%。而且受到猪肉价格上涨的拉动，其他替代品比如牛肉(同比上涨 20.4%)、羊肉(同比上涨 16.1%)、禽肉类(上涨 17.3%)等都出现了普涨。

这一点在环比上体现得更为明显，10 月 CPI 环比上涨 0.9%，而畜肉类价格上涨 14.7%，影响 CPI 上涨约 0.91 个百分点，其中猪肉价格上涨 20.1%，影响 CPI 上涨约 0.79 个百分点。可以说畜肉类价格环比变动对 CPI 环比变动的贡献超过了 100%。

因此，在分析 10 月 CPI 的时候，我们需要把目光放在猪肉上。这一轮猪肉价格为什么涨得那么快呢?

第一，非洲猪瘟带来的冲击。

2018 年 8 月，非洲猪瘟传入中国，并且在中国快速蔓延。在猪瘟爆发初期，养殖户们纷纷开始加速出栏，所以我们会看到在 2018 年 10 月至 2019 年 1 月期间，猪肉价格环比反而是在下滑的，2018 年 8 月猪肉价格环比上涨 6.5%，而 2019 年 1 月猪肉价格环比反而下滑 1 个百分点。

但是与此同时，因为猪瘟，养殖户生产趋于谨慎，生猪存栏和能繁母猪两个数据同比呈现断崖式下滑（见图 10.40）。

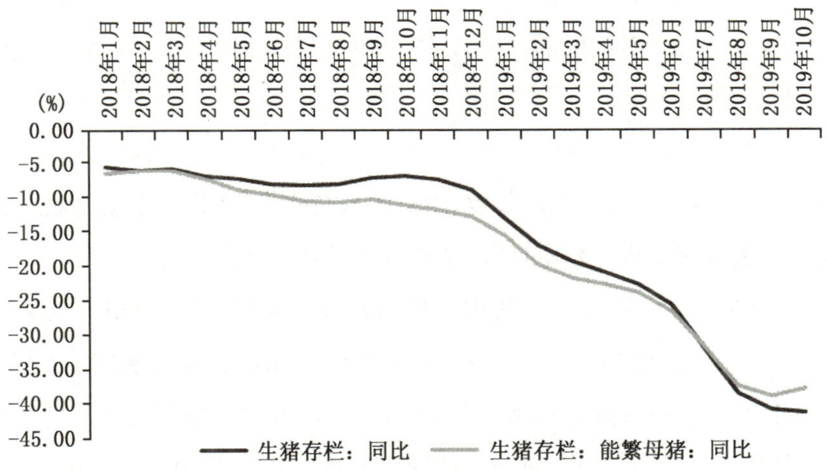

资料来源：Wind。

图 10.40　猪肉存栏和能繁母猪受猪瘟影响，快速下滑

因为猪肉供给不足，猪肉价格自 2019 年 3 月开始快速上行，CPI 项下猪肉价格同比从 3 月的 5.1%快速上涨到 2019 年 10 月的 101.3%。前期的猪肉上涨，主要是因为生猪存栏率的下滑，库存不足了。

而到了后期，能繁母猪下滑后，生猪的整个生产周期被中断了。理论上说，库存（生猪存栏）下滑了，猪肉价格上涨了，养殖企业就会扩大生产（体现在能繁母猪上）。但是在猪瘟冲击下，不仅猪肉的库存下滑，而且猪肉的生产也处于停滞状态，这就使得猪肉供给严重不足，相应的价格就会以更快的速度上涨。

第二，猪肉生产周期的影响。

其实，即使没有猪瘟，猪肉的供给也是在减少的，可以看到自 2018 年 3 月开始，能繁母猪存栏同比就已经在下滑了，不过下行的幅度特别小。只是受到了猪瘟的冲击,这个下行幅度更大了。

站在 2019 年 10 月,猪肉的供给端也出现了几个利好的信号:一是能繁母猪存栏同比下行幅度已经开始见底回升了,2019 年 10 月能繁母猪同比下行-37.9%(前值为-39%);二是生猪存栏的下行幅度也开始减缓,8 月、9 月、10 月生猪存栏同比分别为-38.64%、-40.96%、-41.37%,即生猪存栏的下行也应该快见底了。

那么站在当时来看,即使能繁母猪存栏同比等指标已经开始见底,但是从生产到出栏,至少还有 6 个月的时滞。所以在 2019 年 11 月到 2020 年第一个季度,猪肉同比还是会上行的。

在 2020 年 3 月之后,(可能会提前一些,毕竟猪肉价格这么高,养殖户们可能会加速出栏),随着猪肉生产端的修复,供需缺口会收窄,而且二季度是猪肉消费的淡季,猪肉的需求压力也比较小,所以猪肉价格预计会逐渐下滑。

而且越往后面,因为 2019 年猪肉价格高基数的原因,猪肉价格同比会出现大幅度的下滑,这又会再次主导 CPI 开始下行周期,就和这一次主导 CPI 上行一样。

看完猪肉,我们再看其他几项。2019 年 10 月,鲜菜价格同比下降 10.2%,影响 CPI 下降约 0.27 个百分点;鲜果价格同比下降 0.3%,影响 CPI 下降约 0.01 个百分点。这几项的走势没有超季节性,不用特别关注。

再来看非食品项。非食品价格同比上涨 0.9%(前值 1%),环比上涨 0.2%(前值 0.2%)。非食品项同比创下了 2016 年以来的新低。这可能是因为食品项价格的大幅上涨,使得人们开始减少在其他项目上的支出,产生了挤出效应。

另外也反映出目前的终端消费是比较弱的,这一点可以和核心 CPI 结合在一起看。2019 年 10 月,核心 CPI(不包括能源和食品)同比为 1.5%,环比为 0.1%。同比也是自 2017 年核心 CPI 开始下滑以来的新低。

非食品项 CPI 和核心 CPI 的共同走弱显示,当时经济的需求端是比较差的。

在这样的情况下,货币政策的重心可能还是在稳经济上,而不会注重控制通货膨胀。这一轮 CPI 的大幅上行,是猪肉供给端出了问题,导致猪价大幅上升,并带动 CPI 向上突破 3%,和我们一般说的经济过热、通货膨胀压力比较大是不同的,比如 2007 年就是因为需求太旺盛了,才带动 CPI 走高的。

而现在猪肉生产已经开始逐渐修复了，可以预见的是，2019 年年末至 2020 年的 CPI 大概率会走低，经济出现高通货膨胀的概率并不高。现在的问题还是在需求端，终端需求一直起不来，核心 CPI 也在下行。所以货币政策的重心更多的还是在稳经济上，不会因为 CPI 破 3%，就出现明显的收紧。

再来看 PPI 数据。

2019 年 10 月 PPI 同比下降 1.6%(前值－1.2%)，其中翘尾因素为－1.2%，环比上涨 0.1%(前值 0.1%)。

分项目来看，生产资料价格同比下降 2.6%，降幅比上月扩大 0.6 个百分点，影响工业生产者出厂价格总水平下降约 1.95 个百分点。

其中表现比较好的是农副食品加工业，环比上涨 1.8%，同比上涨 5.9%。这主要是受到成本走高的影响。

除此之外，其他几项的表现比较一般，上游行业(比如黑色金属矿采选、煤炭开采和洗选业等)价格环比都是负的。不过石油和天然气开采业的环比是在上行的，这一点和 10 月国际油价上行的走势是一致的。

同时，黑色金属冶炼和压延加工业、有色金属冶炼和压延加工业等行业的价格环比还是负的。

生活资料方面，生活资料价格同比上涨 1.4%，生活资料价格上涨的原因和 CPI 上涨的原因是一样的，都是食品项导致的，9 月 PPI 食品价格上涨 4.4%。在食品项上涨的背景下，我们需要关注的是食品项对其他生活消费的挤出。

9 月衣着价格上涨 0.6%(前值 0.9%)，衣着价格已经连续多个月下滑了，对应的是食品项同比连续多月上行。一般日用品价格上涨 0.4%(前值 0.8%)，耐用消费品价格下降 1.8%(前值－1.8%)。

展望后期的话，根据我们计算的前 11 个月的环比累乘数据，11 月的环比累乘数值高于 10 月，前期因素对 PPI 同比走势的影响下滑。

另外，年底财政政策会对经济形成一定的支持，可以看到往年年底 PPI 大概率都是上行的。所以预计 PPI 之后应该不会太差。需要关注的还是需求端，站在当时，能够看到的利好消息是不多的，所以也很难看到 PPI 强势回升。

第11章

金融数据分析

金融数据往往是经济的领先指标，逻辑上讲，实体要好起来，钱先得给到位，项目有了配套融资，才能上马，然后才能拉动经济增长。

金融数据每月 10—15 日由中国人民银行发布，这个数据很重要，是投资者关注的焦点。

一是因为数据受到统计手段和统计方法的干扰较少，相对而言比较准确。

二是金融数据往往是经济的领先指标，逻辑上讲，实体要好起来，钱先得给到位，项目有了配套融资，才能上马，然后才能拉动经济增长，正所谓“兵马未动，粮草先行”。经验来看，金融数据领先经济增长一到两个季度。

金融数据的主要内容可以分为两个部分：从金融机构的资产端来看，有社会融资规模(简称社融)与新增人民币信贷数据，大体可以反映实体的融资需求和金融机构放贷意愿；从金融机构的负债端来看，有货币供应量(M0、M1、M2)与新增人民币存款数据，大体可以反映实体经济层的流动性多寡。

本章主要分析这两部分，试图解决两个问题：第一，这些数据的统计范围包括哪些，又是如何统计的？第二，当一份金融数据摆在我们面前时，我们应该怎么分析它，又怎么通过它判断未来资产价格的走势？

11.1 社融与人民币信贷数据概览

社融数据，央行会公布两种口径：当月新增规模(增量)、存量规模数据。

比如 2021 年 1 月央行公布的社融数据是新增 5.17 万亿元、存量 289.74 万亿元，前者是当月新增值，后者是存量值。

在数据分析过程当中，主要是看新增值，因为当月的新增社融能很快揭示实体融资需求和金融扩表意愿，一般是分析当月新增值的环比和同比。

而社融存量数据主要是看社融存量的同比数据。

比如 2020 年四季度，因为疫情对经济的冲击减弱，经济陆续回归正常，货币政策也在回归常态化，不可能一直保持和疫情期间一样的宽松货币政策，所以市场都在讨论社融是不是要见顶了。

至于说见顶不见顶的标志，指的就是社融存量同比是不是见顶。从数据来看，2020 年 10 月的社融同比高达 13.7%，随后就持续下行至 2021 年 1 月的 13%，社融存量同比数据确实有见顶的可能性。

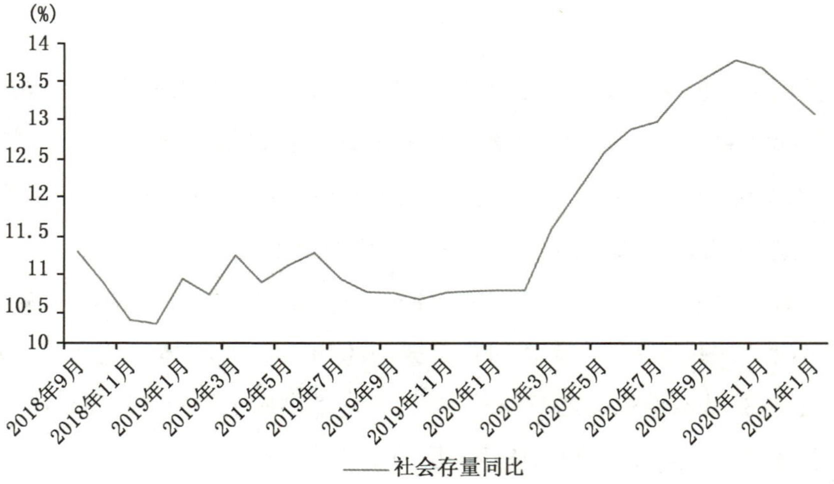

资料来源：Wind。

图 11.1 社融 2020 年四季度开始见顶

需要注意的是，当月新增规模是新的投放总量扣除到期后的净融资规模，不是总的投放量。这里有一个问题，存量债务的利息和本金要不要算在新增社融里？

举一个简单的例子说明这个问题。

假设有一个企业，借了银行 A100 万元的资金，利率 10%，第二年要偿还 110 万元给银行 A。

企业从银行 A 借了 100 万元的时候，金融对实体的支持是 100 万元，这个时候新增社融是 100 万元，存量社融也是 100 万元。

到了还钱的时候，出于多种原因，企业投资的项目没有效益，为了活下去，只能借新还旧，企业需要从银行 B 借 110 万元还给银行 A。

这个时候，企业从金融机构获得的支持是 110 万元，因为企业欠了银行 110 万元，社融存量变成了 110 万元，新增的社融是 10 万元。

也就是说，新增社融里会包括企业需要偿还的利息部分。随着债务水涨船高，利息会不断累积，占用新增社融，并推高社融存量。

还需要注意的是，新增社融非常容易受到季节性因素的影响，在做分析的时候，不仅要和上个月对比，最好也要和去年同期对比，否则容易有误判。

新增社融季节性冲量特征体现在 1 月、3 月、6 月、9 月与 11 月会有明显扩张，而在 4 月、5 月、7 月、10 月和 12 月会有明显的收缩。

看上去各个月份的季节性波动很繁杂，其实仔细看是有规律可循的。

最明显的是，1 月是新增社融最高的时候，几乎每年都如此。

因为每年年初银行会有谋求开门红、早投放早收益的考虑；对应的，12 月一般是新增社融的低点，为明年开门红储备项目，而且到了 12 月，银行的信贷额度可能也用得差不多了。

然后就是季末的时候会多放点，季末用力过猛后下个季度的初月就少放点。因为在每个季末，银行内部都有业绩指标的考核压力，监管层会看银行支持了小微企业没有。为满足考核要求，银行业务人员会在季末冲量，然后下个月项目就少了，所以社融新增就增不动了。

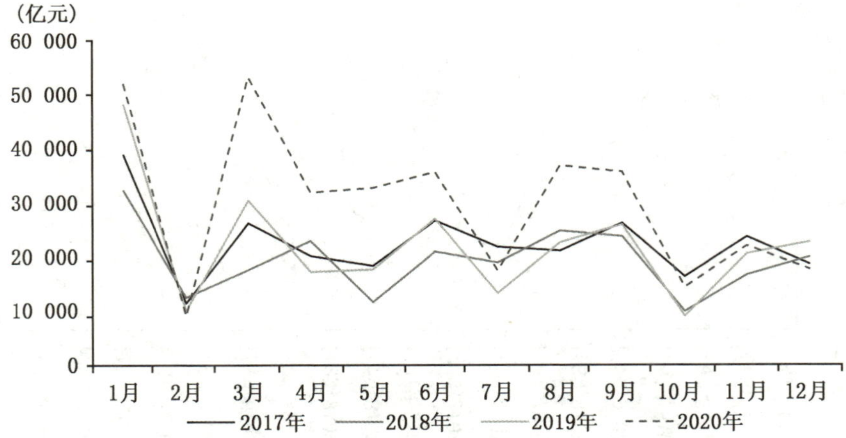

资料来源：Wind。

图 11.2　新增社融的季节性波动

新增社融的季节性规律主要源于新增人民币信贷的季节性规律，所以新增社融的季节性规律和新增人民币信贷的季节性规律是一样的。

因此，新增社融数据是有高波动性的。在分析高波动数据的时候，一定得先过滤掉季节性影响，绝不能把季节性的波动当成趋势。

在分析新增社融数据的时候，首先可以看新增社融数据与市场预期值的差距。

市场预期值一般会考虑季节性影响，因为市场预期值一般是分析师在过往年份的当月均值基础上加减、或根据对银行资产负债部门进行草根调研所得。

从债券的角度来说，若实际值低于预期值，交易盘短期会买入债券并下修对未来经济增长的判断；若高于预期，则相反。

社融数据反映的是社融对实体经济的支持，2011 年社融才开始正式统计。因为过去不需要。

2011 年以前中国金融体系主体是银行，对实体的支持主要是靠信贷，也没有什么金融创新，社融和信贷无论是新增还是总量都比较接近。

但 2011 年后，随着金融创新的加快，影子银行兴起，非标与债券融资对社融的影响力显著增强，贷款与社融的增速裂口增大，趋势也出现了分化（见图 11.3），信贷变化的信号意义下降了。

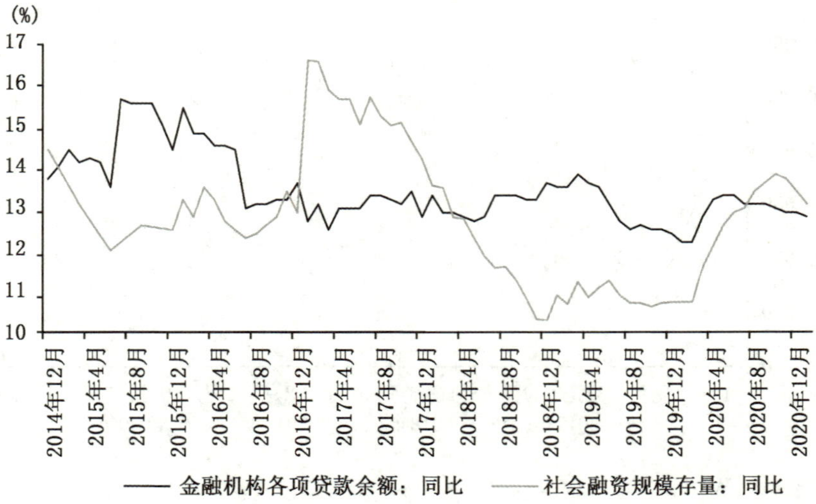

资料来源：Wind。

图 11.3　社融与信贷数据经常背离

要看金融数据对经济的影响，首要得看社融，光看贷款是不够的了。

比如 2017 年的时候，社融因为非标高增长，增速比人民币信贷增速要高，但到了 2018 年后，随着金融去杠杆影响逐步显现，人民币信贷反而成为金融的稳定器，社融因非标持续萎缩而导致增速被持续拖累。

11.2 社融的分项分析

分项分析很重要。

一方面,透过分项,我们可以了解社融与信贷增长的质量。

因为诸如短期贷款、非银贷款、票据融资等分项由于期限短,与企业部门资本开支所需要的中长期资金不匹配,很难带动实体出现持续的扩张。

有时候票据就是冲信贷额度用的,票据高增长反而意味着实体融资需求不行,银行有额度用不出去,只能靠票据。

因此,如果社融和信贷的高增长是由这些数据分项推动的,那么这种高总量并没有显著的意义。

另一方面,透过分项,我们可以了解社融与信贷高增长(或低增长)背后的驱动因素,验证我们对经济与金融环境做出的判断是否准确,也可以与监管、货币、信用、财政、国内外宏观经济环境等因素比较,从而提前预判现在融资高增长(或低增长)的趋势能否持续。

我们可以将社融分为四个大项,四个大项里有 14 个小项:

(1)表内信贷:人民币贷款、外币贷款;

(2)表外融资:未贴现银行承兑汇票、信托贷款、委托贷款;

(3)直接融资:非金融企业境内股票融资、企业债券融资;

(4)其他:保险公司赔偿、投资性房地产、小额贷款合同、贷款公司贷款、存款性金融机构资产支持证券(2018 年 7 月纳入)、贷款核销(2018 年 7 月纳入)、政府债券(含地方专项债券、地方一般债券、国债)。

政府债券是 2019 年 12 月开始纳入,但政府债券里的地方专项债券是 2018 年 9 月开始纳入的,2019 年 12 月主要是加入了地方政府一般债券和国债。

在这 14 小项中,人民币贷款、委托贷款、信托贷款、未贴现银行承兑汇票、企业债券融资和政府债券 6 项是其中单项占比较高、波动且影响较大的类别(见图 11.4)。其中,非标指的是委托贷款、信托贷款、未贴现银行承兑汇票。因此当我们分析某一个月的社融数据时,主要分析的也是这六项。

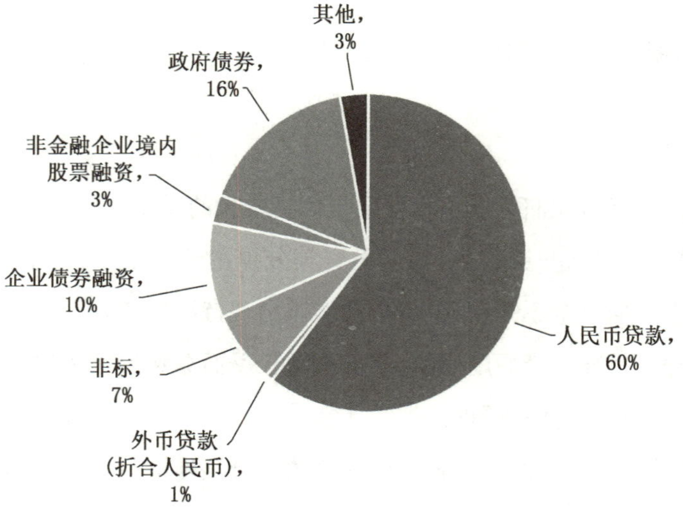

资料来源：Wind。

图 11.4 社融的各个分项占比

11.2.1 表内信贷：人民币贷款和外币贷款

人民币贷款是直接体现在银行资产负债表中且以人民币为计算单位的贷款。

社融口径下新增的人民币贷款与央行专门公布的新增人民币贷款口径不同。

因为社融体现的是金融体系对实体部门的支持情况，所以社融中的人民币贷款分项不包括非银贷款。而央行公布的新增人民币贷款没有这个统计原则，包含了非银贷款。

除这个差别外，社融口径下的新增人民币贷款和央行专门公布的新增人民币贷款有很强的一致性。

谁会找银行借钱呢？一般就是居民、企业和非银同业了。所以，新增人民币信贷可以从流向分为企业部门、居民部门和非银同业部门。本节只讨论前两个部门。

先来看企业部门的贷款数据。

企业部门贷款又可以分为三类：短期贷款、票据融资以及中长期贷款。

短期贷款是指期限在 1 年以下的贷款，常和票据融资联系在一起。因为票据融资的期限也很短，功能上很相似，基本上都是被用来补充营运资金、偿还到期负债或结算等，和企业部门的现金流关联密切。

票据融资有时候可以作为银行风险偏好和实体融资需求强弱的象征。和企业贷款相比，票据的期限更短，也可流通交易（转贴现），其背后要么有产业链中的核心企业信用背书（能开商票的一般都是有话语权的大企业），要么有银行的信用做担保（也就是银票，信用风险更低）。

因此，当我们看到银行大量增加票据融资时，一般会认为银行现在是低风险偏好的状态。

当经济不好的时候，政策会逆周期调控，往往会要求银行加大对实体的信贷支持，信贷额度也会给得比较多。

但由于这个时候经济还没好起来，因此银行怕不良贷款，企业也没什么融资需求，信贷额度一般也用不完。

票据作为低风险信贷，在这种时候往往会被银行所重视，成为他们开展业务的主要抓手，因为信贷额度用不完，下期额度有可能被收回，为了用完额度，银行不得已加大票据投放，从而造成票据融资的高增长。

我们可以通过票据利率高频的数据跟踪票据融资的情况。

票据利率一般由两个部分决定：一个是银行使用票据融资的意愿，显然银行放出去的票据融资越多，票据融资的利率越低，银行越不愿意投放票据，票据融资的利率越高；第二个是银行自身的负债成本，负债成本越高，银行的票据利率越高。

为了反映银行投放票据的情况，要过滤掉银行自身负债成本的影响。

（1）如果负债成本没动但票据利率往上，就证明银行不愿意投放票据，信贷额度更愿意给贷款，这侧面说明实体融资需求强，金融数据的质量高。

（2）如果负债成本没动但票据利率往下，就证明银行在加大投放票据，银行用不完信贷额度，实体融资需求不行，金融数据的质量低。

例如，2021 年 1 月中旬的时候，银行的负债成本（3 个月 Shibor）没怎么动，但票据利率迅速上升（见图 11.5），这说明 1 月的信贷需求很强，银行也有很强的投放意愿。

等到 2021 年 2 月，1 月金融数据出来的时候，也可以印证这一推断，票据融资下降了 1 405 亿元，而新增人民币贷款新增了 3.58 万亿元，是历史的最高值。

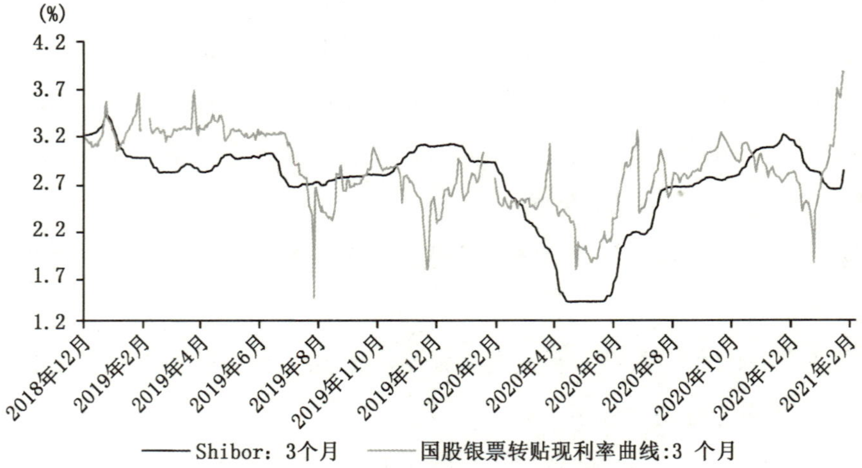

资料来源：Wind。

图 11.5　2021 年 1 月票据利率与 3 个月 Shibor 显著背离

票据融资有时也被用来套利。

一方面，票据融资的利率锚定的是 Shibor，当货币政策宽松时，票据融资利率往往会被打到比较低的水平，和银行理财、结构性存款或大额存单等高息产品之间存在比较高的利差，因此很多企业可能会用贴现后资金购买这些高息产品。

另一方面，银行为增加存款负债和信贷规模，有时也会纵容企业无真实贸易背景的套利行为。比如，企业先将货币资金用来做结构性存款，然后银行据此向企业开具银行承兑汇票，企业再把汇票向银行贴现，将货币资金置换出来。

对企业来说，它付出了贴现利率，得到了结构性存款的高利率，整个过程没有实体的贸易往来支撑。

企业短期贷款和票据融资，更多体现的是企业流动性管理的诉求，对实体本身的状况指示意义较弱，而企业中长期贷款与企业资本开支需求是相对应的。一般来说，企业中长期贷款多用来购置设备和建设工程。如果企业中长期贷款高增长，那么或者对应基建、地产投资，或者对应制造业投资。

因此，企业中长期贷款更能体现实体的资本开支需求和融资需求，相比于企业短期贷款和票据融资，企业中长期贷款的变化与实体经济增长的关联度要高得多。

在新增的企业贷款数据里，企业中长期贷款占比越高，意味着银行信贷结构越好，对实体的支持也就越强。

企业中长期贷款占比往上走的时候，也确实是对应经济复苏的时候。

从图 11.6 来看，比较典型的是 2009 年，当时为了对抗全球金融危机，集中推出了 4 万亿元的措施，中国开始了大规模基础设施建设，所以当时企业中长期贷款占比出现了大幅上升。

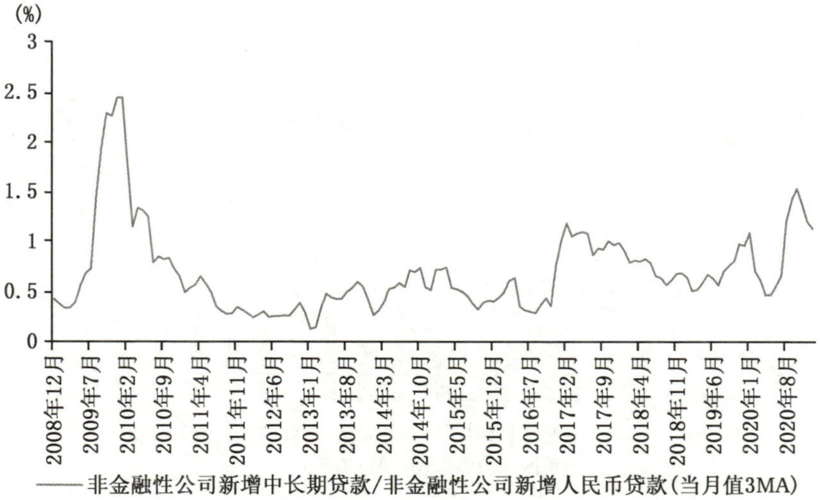

资料来源：Wind。

图 11.6 企业中长期贷款与企业信贷占比

还有一次是 2016 年三季度到 2017 年年中，当时进行了供给侧结构性改革，部分制造业企业市场份额快速上升，有了设备更新改造的需求，所以，当时企业中长期贷款与制造业设备更新的投资需求相匹配。

2020 年下半年，企业中长期贷款占比也有一波明显的回升。2020 年上半年经济受到了新冠肺炎疫情的影响，政府希望银行加大对企业的支持，但由于企业没有资本开支的融资需求，只有运营周转的融资需求，因此上半年银行投放的都是短期流动性贷款，到了下半年，中国率先从疫情中走出来，经济复苏的趋势越来越确定，企业开始有了补库存和扩大产能的融资需求，由此企业中长期贷款占比再度上升。

表外非标项中的“信托贷款”和“委托贷款”期限也相对偏长，也常被企业部门用来购置设备和建设工程，所以我们可以把这三项加总起来考察。

从历史数据看，企业中长期贷款＋委托贷款＋信托贷款的累计同比增速与10年国开债的收益率是正相关关系，而且有一定的领先作用（见图11.7）。所以，企业中长期贷款＋委托贷款＋信托贷款的累计增速是比较好的判断利率走势的指标，这应该是金融数据分析的核心意义之一。

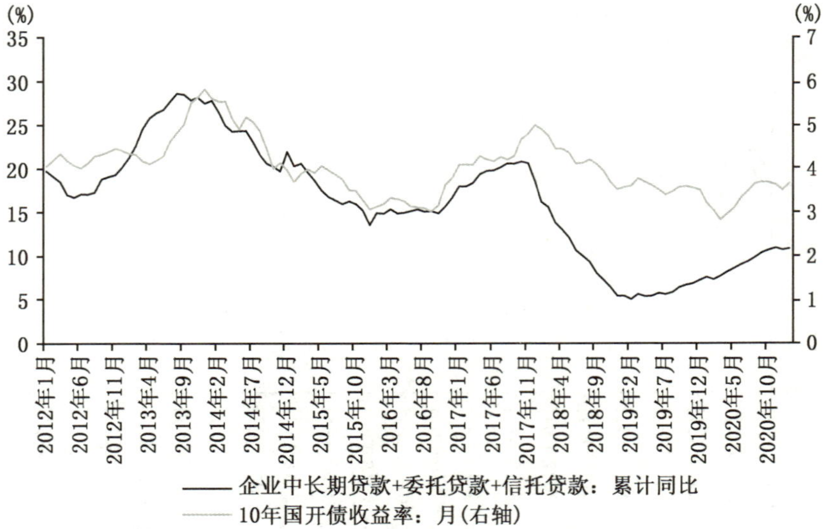

资料来源：Wind。

图11.7　企业中长期贷款＋非标累计增速对利率债收益率有领先性

看完了企业部门的信贷后，再来看居民部门的信贷分析。

居民部门贷款的拆解和企业部门很像，也是按期限分成短期贷款和中长期贷款两部分。

按照商业银行的资产负债表分类，居民短期贷款主要包括了短期个人经营性贷款（用于住房装修、私营企业主或个体工商户以自然人名义的贷款等）、信用卡透支、消费贷款（如车贷）等。

居民中长期贷款以个人住房按揭抵押贷款为主，和地产销售存在着较强的相关性（见图11.8），所以在分析这一项时，我们常与地产政策和形势相联系。

居民信贷相对来说要好分析一些，居民短期贷款对应的是大件消费，需要分期

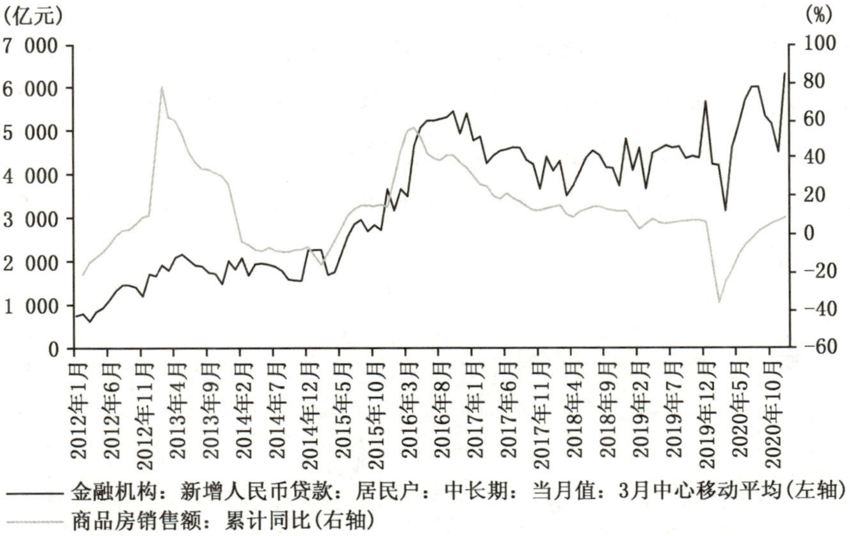

资料来源：Wind。

图 11.8　房地产销售与居民中长期贷款

支付；居民中长期贷款对应的就是购房。

这几年来，居民部门杠杆加得比较快，原因一方面是房地产相对较高的景气度，另一方面是消费金融的快速兴起。

居民短期贷款具有分散性、风险低、不良率可控的特点，而且可较为方便地用作资产证券化的底层资产，市场认可度较好，金融机构可以在配置后尽可能地加快周转。

“90 后”“00 后”对于信用卡和贷款消费的接受度明显要高一些，而且随着互联网的渗透，移动支付与信用消费绑定，年轻人可以非常容易地实现杠杆消费。

由于贷款出了银行后，银行没有办法追踪贷款的使用与流向，随着房价的上涨，首付压力越来越大，因此很多时候，短期贷款也常被个人用于凑首付加杠杆买房，这进一步强化了居民短贷的增长趋势。

看完人民币贷款后，再来看外币贷款。

外币贷款是金融机构以票据贴现、信贷、垫款等方式向非金融企业与居民发放的，以外币为计算单位的贷款。

出于可比性的考虑，央行在统计时会将其折算成人民币加总。

从使用用途上讲，外币贷款主要用于进口商品付汇或资本账户下的对外投资。考虑到国内资本账户仍然存在较强的管制，对外投资的规模要远小于进口。因此很多时候，外币贷款更多是用于进口商品的付汇。

因此，我们能看到进口金额当月同比增速与新增外币贷款规模存在明显的正相关性（见图 11.9）。

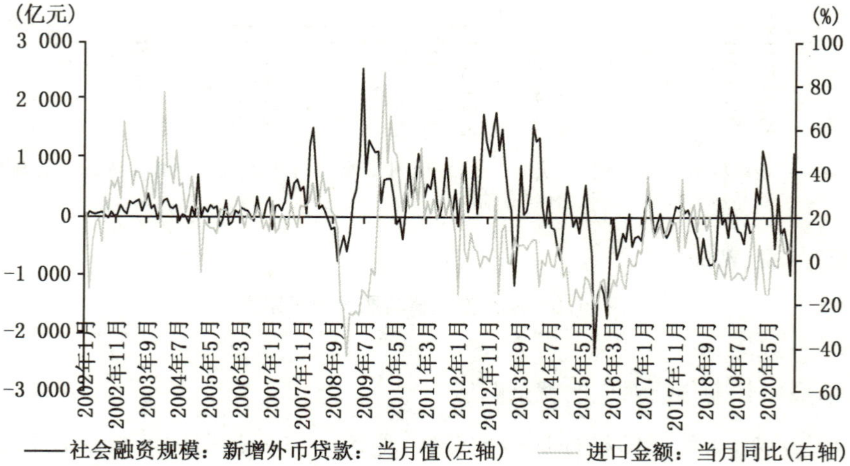

资料来源：Wind。

图 11.9　外币贷款和进口金额同比高度正相关

同时，由于贷款以外币计价，因此对非金融企业来说，最大的风险在于汇率风险，因为人民币汇率如果贬值了，企业就得用更多的人民币偿还外币贷款，企业就会少用外币贷款；相反，当人民币汇率升值预期很强的时候，企业会考虑多用外币贷款，偿还压力也没那么大（见图 11.10）。

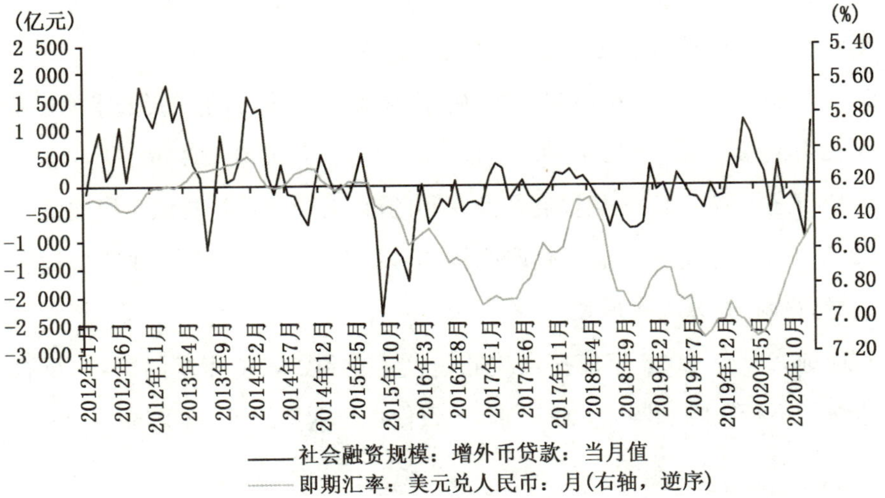

资料来源：Wind。

图 11.10　人民币汇率与外币贷款负相关

11.2.2　表外融资：信托贷款、委托贷款、未贴现银行承兑汇票

表外融资由信托贷款、委托贷款、未贴现银行承兑汇票三个分项组成。

先来看信托贷款。

在统计时，央行依据的是《理财与资金信托专项统计制度》。

根据这个制度，信托公司要按月报送各资金池月末的资产负债情况，尤其是对除回购与拆借外的贷款资产，要逐笔统计明细信息，以此来获得信托贷款的规模与具体投向。

因为这种统计方法是直接从信托公司的放款终端统计的，所以不管资金是来自哪里，中间经过了多少嵌套，有多复杂的交易结构，都不会影响信托贷款规模的真实性与准确性，从而也就不存在金融创新导致信托贷款被低估或被高估的情况。

在分析信托贷款时，我们通常会结合当时的经济与金融环境展开，寻找信托贷款规模变化的内在原因，并推测未来的演变趋势。

比如，如果国家积极放宽信用政策，地方政府加快发专项债券，国家扩大基建投资稳增长，信托贷款在需求端就可能存在一定的支撑；如果国家对金融实行严格监管，要去通道、去资金池，信托公司业务开展难度就加大，信托计划的资金募集就会受影响，从而信托贷款就可能会出现大幅的萎缩等。

2012—2013 年和 2016—2017 年的信托贷款扩张，都是受融资需求的影响。

2012 年是新一轮稳增长周期，叠加 2009 年 4 万亿元刺激政策下开工的很多长期基建项目还没有完工、表内监管严及套利的诉求，导致信托贷款大幅增长。

2016—2017 年是因为地方政府隐性债务扩张和房价上涨房地产拿地融资需求强劲导致信托贷款大幅增长。

相应地，2014—2015 年信托贷款低迷也是受到了融资需求的影响，反腐和房地产市场的下行影响了实体融资需求，导致信托贷款持续下行(见图 11.11)。

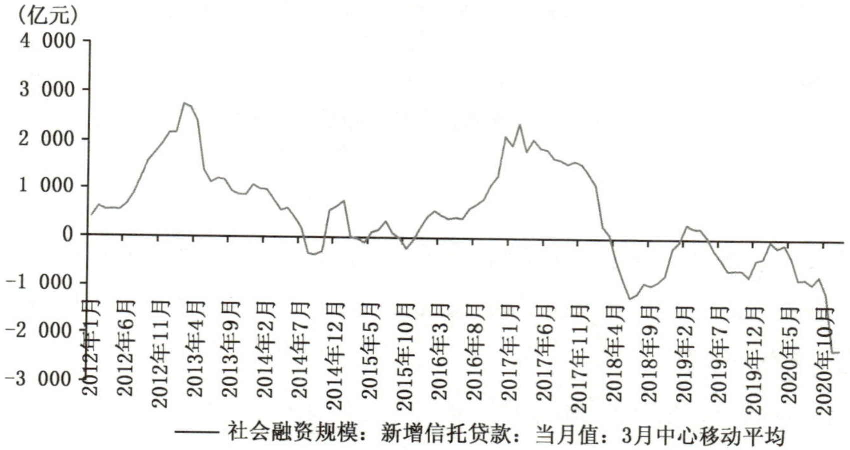

资料来源：Wind。

图 11.11　信托贷款规模下降

真正的拐点是 2018 年，持续的金融强监管措施让信托贷款长期萎靡不振了，可以说是持续了好几年的负增长。一个是非标项目应该与理财产品的期限匹配，不让理财搞资金池，理财应该转型为净值型；另一个是不让搞多重嵌套，而且也对地方政府隐性债务和房企融资做了限制。

居民部门过去对信托产品比较偏爱的一个重要原因是，老百姓把信托产品当成无风险、具有刚兑属性的产品了。

但随着实体杠杆率往上走，前期信托贷款贷出去的资金不便宜，不少融资主体到期还本付息的难度在加大，信托产品的刚兑属性被动摇。

信托未来很难以银行的影子形式存在，未来的大方向是做好财富管理和财富代际传承，回归信托本源，未来社融口径下的信托贷款可能会在较长时间内低迷。

再来看委托贷款。

对于社融中的委托贷款，央行的定义是："社会融资规模中的委托贷款只包括由企事业单位及个人等委托人提供资金，由金融机构（即贷款人或受托人）根据委托人确定的贷款对象、用途、金额、期限、利率等向境内实体经济代为发放、监督使用并协助收回的一般委托贷款。"

简单来说，委托贷款就是委托人提供资金，由委托人确定贷款对象，然后商业银行帮委托人放款。

在这个过程当中，委托人一般是个人或者企业，银行不承担信用风险，只是帮助放款。

但在实际运行过程当中，委托人有可能募集资管产品，比如信托、各类资管计划、有限合伙基金，然后给银行，由银行放款。

从委托贷款的本源看，银行应该只是委托方的代理人，帮忙放款，不承担信用风险。

但实际上因为表内贷款有诸多限制，比如给城投、开发商、"两高一剩"企业发放贷款不符合监管导向，银行为了让业务能顺利做下去，会把表内信贷转移到表外，通过委托贷款的形式给他们放贷，然后银行给这笔委托贷款做信用担保。

显然，这样下去是会给金融体系和实体经济持续积累金融风险的，也不符合经济转型和调结构的政策初衷，于是 2018 年出台了委托贷款新规。

委托贷款新规的几个核心点是：

（1）资金来源不得是受托管理的他人资金，这就意味着委托人不能是信托、基金、券商资管等资管产品了；

（2）银行不能代委托人确定借款人，或为委托贷款提供各种形式的担保。

这意味着通过资管产品，把资金通过委托贷款，以表外的形式，发放到银行指定客户，并由银行提供担保的"假委贷、真非标"模式，就此终结。

从事实来看，新规出台后，委托贷款的增量持续为负（见图 11.12），委托贷款自此回归了本源。

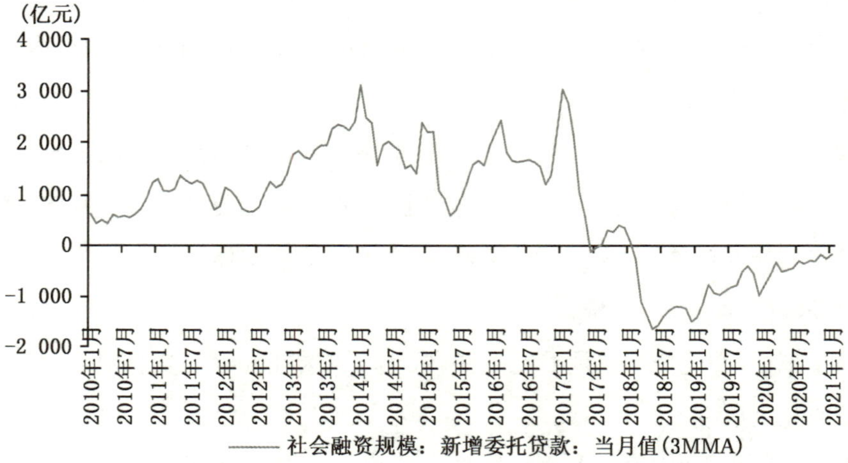

资料来源：Wind。

图 11.12　委托贷款 2018 年以后持续低迷

未贴现银行承兑汇票是三项表外业务中最为神秘的一项。

它的波动非常大，对社融的影响也较为显著，但很多时候大部分市场研究都会避开或仅仅只言片语地略过此项，所以很多人对这一项不是很了解，尤其是其与票据融资相比，有什么差别和联系，更是让人疑惑。

假设有一家企业 A，向批发商预订了 100 万元的货物，但短期内没办法立刻给批发商全款。于是它找到了银行 B，让银行 B 给批发商写张期限为 6 个月的“欠条”，并让银行在 6 个月后代替企业支付 100 万元的货款。

这里的“欠条”就是银行承兑汇票。

如果过了 3 个月，批发商也缺资金周转，那么它可以把银行承兑汇票转让给银行 C 来变现。这个转让过程，我们称为贴现或直贴。

贴现后，银行承兑汇票就进入银行体系，变成一种类似于债券的资产，银行 C 可以把它转让给另一个银行 D。这个过程我们称为转贴，等同于二级股票市场或债券市场上的买卖交易。

造成银行承兑汇票规模变化的原因比较复杂，比较常见的有：

(1)监管约束，比如前几年某个大银行出现票据大案后，银保监会加强了对票据业务的监管，造成未贴现银行承兑汇票明显减少。

(2)获取存款。一般来说，银行在答应企业开具承兑汇票前，会要求企业在银行内存入相应比例的保证金。如果资金充裕，企业可以选择存入 100%的保证金，以定期存款、存单或结构性存款等形式存入银行，获取其中的利息收入。

(3)融资需求。如果现金流紧张，企业也可选择 20%、30%或 50%等其他比例的保证金，低于银行承兑汇票面额的金额以企业在银行的授信额度抵补，以达到"以少博多"的杠杆功能。

由于银行承兑汇票业务可以为银行带来存款负债，且不占用表内资本，因此很多时候，银行自身也存在着做大冲量的内在动力。

11.2.3　直接融资：企业债券融资与非金融企业境内股票融资

企业债券融资的统计方式比较复杂，它是每个月由交易所、中央国债登记结算公司、交易商协会等负责注册、登记与托管的机构，将各类债券数据报送给央行，然后央行再加总统计所得。

具体券种包括非金融企业发行的企业债、超短期融资券、短期融资券、中期票据、中小企业集合票据、非公开定向融资工具、资产支持票据、公司债、可转债、可分离可转债和中小企业私募债等。

不过，如果我们自己依照央行发布的券种口径做加总，试图提前预测出当月的债券融资规模，就会发现不管如何组合，最后的结果虽然在趋势上是一致的，但不精确，与实际值存在或多或少的差距。

因此，从目前了解到的情况来看，企业债券融资的统计口径事实上是一个黑箱。

但好就好在具体数据虽然有差异，但趋势是一致的。

在具体分析时，趋势存在可预测性，即企业债券融资的趋势性变化可以与信用债市场一级配置需求情况相对照，企业债券新增规模的变化和债券市场行情、投资者与非金融企业的行为关联密切。

当信用债配置需求强的时候，企业债券新增融资一般不低；相反，企业债券新增融资压力较大。可以根据每个月的信用债市场交投情况对企业债券新增融资做高频的跟踪。

非金融企业境内股票融资指非金融企业通过境内正规金融市场的股票融资，具体包括 IPO、定向增发等方式的融资，受监管政策和股票市场行情影响较大。

当股票市场是牛市、IPO 多的时候，这块新增量就会放大，不过股票融资毕竟在国内还不是主流，每个月高的时候也就新增 1 000 亿元出头，低的时候只有几百亿元，分析社融的时候不需要太过关注。

11.2.4　其他

这部分目前一共囊括了七个子项目。其中投资性房地产、保险公司赔偿、小额贷款合同、贷款公司贷款规模很小，影响不大，2011 年后央行就不再公开披露相关数据了；另外三项贷款核销、存款性金融机构资产支持证券、政府债券规模较大。

为什么要把贷款核销、存款性金融机构资产支持证券、政府债券这三项纳入社融呢？

贷款核销与存款性金融机构资产支持证券纳入社融，是因为两者都会使银行表内的贷款存量减少，但实际上又已经支持了实体，有加回去的必要。

政府债券纳入社融，是因为原本银行可以把资金用于支持实体，但现在拿去配置了政府债券，由政府去做基建或其他项目代替非金融企业部门支持实体经济，也可以看作金融体系对实体经济的支持，满足社融的统计原则。

有时候政府债券会给社融带来较大的扰动。

以 2020 年为例，经济受新冠肺炎疫情影响下行压力较大，二季度集中出台了逆周期调节政策，新增特别国债 1 万亿元，赤字规模 3.76 万亿元（比 2019 年多了 1 万亿元），新增专项债 3.75 万亿元（比 2019 年多了 1.6 万亿元）。

集中的逆周期调节措施出台，导致社融口径下的政府债券融资较 2019 年出现了明显的上升（见图 11.13 和图 11.14），2019 年新增的政府债券融资规模是 4.7 万亿元，占了 2019 年新增社融的 18%，而 2020 年新增的政府债券融资规模上升到了 8.34 万亿元，占了 2020 年新增社融的 24%。

问题还没结束。

二季度中国控制好疫情后，2020 年全年经济表现比想象中的好，逆周期调整措施到了 2020 年三季度以后，就没再加码了。

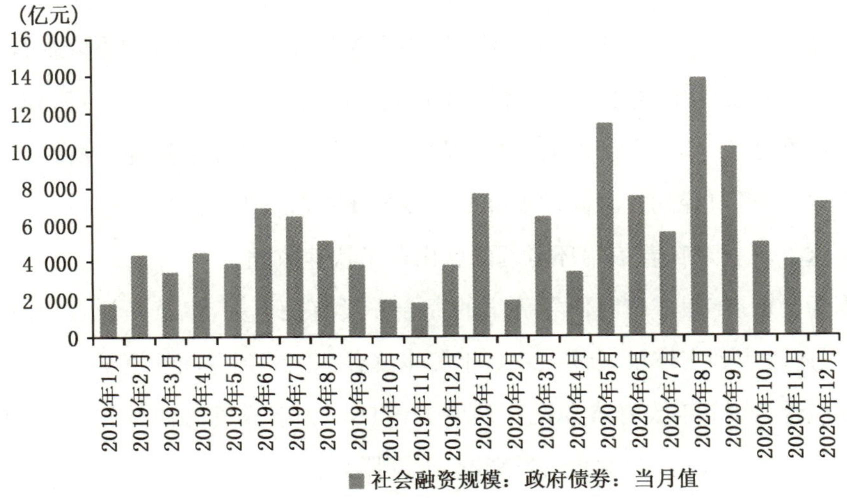

资料来源：Wind。

图 11.13　2020 年新增政府债券融资规模明显上升

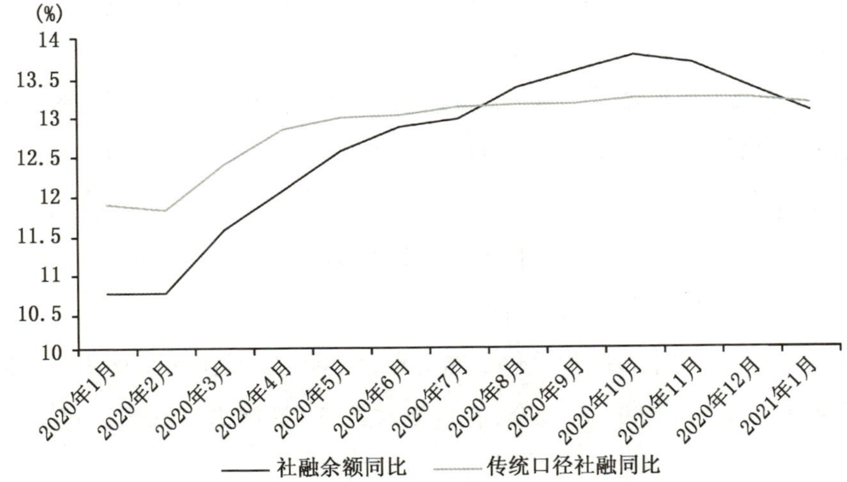

资料来源：Wind。

图 11.14　2020 年新增政府债券融资规模明显上升

也就是说，2020 年发了很多政府债券，后来经济好了，再加上地方政府专项债券资金要对应项目，资金使用监管比较严格，导致资金沉淀在财政存款账户里，

2021 年需要新增的政府债券规模少了。

于是市场担心 2021 年社融会不会因为政府债券融资规模大幅下降而被拖累？

如果仅看数据本身，2021 年社融确实会被政府债券融资拖累，政府债券发行额度没有在 2021 年一季度提前下发，因为 2020 年的都还没有用完。所以，2020 年四季度以来，老口径的社融同比下降的速度要比新口径慢很多。

但这并不就意味着信用环境真的就出现了快速收缩。

因为 2020 年很多政府债券募集的资金并没有投下去，也就是说，虽然计入了社融，但还没用到实体里，所以 2020 年实体没有“享受”到专项债资金的好处。

相应地，2021 年政府债券发行是少了，但 2020 年募集的钱是放在 2021 年用的，所以从对实体支持的真实效果来看，也没那么悲观。

11.3 货币供应量分析

对货币供应量，央行会公布三个口径的数据，分别是 M0、M1(狭义货币)、M2(广义货币)。

M0 是流通中的现金，等于商业银行的库存现金和社会公众现金(通俗理解是放钱包里的现钞)之和。M0 的活性最高，从钱包里拿出来就可以购物，是流动性最强、最活跃的货币。

M1 是流动性次于 M0 的货币，等于 M0 再加上单位的活期存款，其中单位包括“企业、事业机关、部队及其他团体”。

M2＝M1＋准货币。准货币包括储蓄存款、单位定期存款以及其他存款。其他存款包罗万象，从 1994 年至今，有过四次改变，具体内容和原因可以参考表 11.1，不再表述。

表 11.1　　M2 其他存款口径的四次调整

时　间	其他存款口径的变化	变化的原因
2001 年	将证券公司的客户保证金计入 M2	随着股票市场快速发展，越来越多股民进入股票市场，大量居民储蓄和企业存款转为证券客户保证金
2002 年初	将在中国的外资银行、合资银行、外国银行分行、外资财务公司以及外资企业集团财务公司等相关的人民币存款业务，分别计入不同层次的货币供应量	2001 年 11 月我国被批准加入 WTO，国内外资、合资机构数量及资金规模开始增加并且未来会越来越多，此类存款数量将会对 M2 有可观影响
2011 年	将住房公积金存款和非存款类金融机构在存款类金融机构存款计入 M2，其中非存款类金融机构存款主要有保险、证券公司等存款	随着金融工具的不断创新和发展，住房公积金存款和非存款类金融机构在存款类金融机构存款的数量已经较大，对货币的影响已经加大
2018 年	用非存款机构部门持有的货币市场基金取代货币市场基金存款（含存单）	货币基金规模已经较大，且在 T＋0/T＋1 的申赎制度下，具有较高的流动性，一定程度上具备了“准货币”的特征

资料来源：Wind。

既然货币供应量是由存款和流通中的现金（比例不足 5%，基本忽略）构成，那么我们就从存款入手，分析各项存款规模变化的原因，从而得到 M1 与 M2 增速上涨或下降的驱动因素。

具体来看，有以下几个因素是分析货币供应量比较常用的。

先来看存款波动的季节性因素。

和贷款一样，每个季末银行内部都会有存款规模考核，所以每个银行到了季末的时候，都会提高揽储的力度，增加表内的居民或企业存款，有些银行会将到期理财暂时转入表内做存款等。

当然因为每年都会有这样的事，所以如果是同比增速，会很自然地将这种季节性的效应给抹掉。

在具体分析某一个季末月的存款规模时，可以将该数值与季节性均值相比，从而看这种季节性冲量效应的强弱与贡献。

春节的时点也容易出现存款的异动。很多企业在春节前发年终奖，所以我们会看到在 1 月或 2 月，企业端的存款规模会大幅减少，而居民端的存款规模会有很明显的上涨。

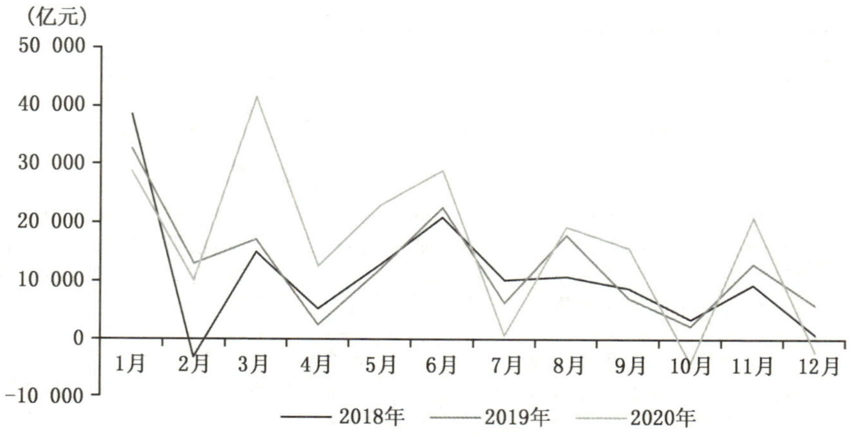

资料来源:Wind。

图 11.15　新增存款的季节性波动

还需要关注财政存款的变化引发的存款波动。

特别注意的是,央行在披露货币供应量的同时,还会披露财政存款的规模,但财政存款不在 M2 的口径范围内。

一旦财政存款增加,就意味着企业把钱上缴给了国库,货币从企业或个人手中流向了政府部门,存留于实体经济的钱少了。

相反,当财政存款下降,就意味着国库里的钱流向了实体经济,货币从政府部门到了企业部门,存留于实体经济的钱多了。

因此,财政存款增长会拖累 M1 和 M2;财政存款的下降会提升 M1 和 M2。

财政存款有其自身的季节性变化。一般来讲,1 月、4 月、5 月、7 月、10 月是财政存款上缴月,而 3 月、6 月、9 月、12 月(也就是每个季末)是财政资金投放的时点。

尤其是每年 12 月的时候,由于财政会突击花钱,因此财政存款是大幅下降的,财政资金会大笔流向实体,进而推高货币供应量。

最后可以通过信用派生的变化看货币供应量的强弱。

根据货币银行学原理,存款是由贷款派生的。如果央行给银行 100 元初始资金,银行将 100 元贷款给企业,企业会再把这 100 元存入另一家银行,这时存款就增加 100 元。获得这 100 元的银行,又把钱贷款给了另外一家企业,企业又把钱存在了第三家银行，在不考虑存款准备金上缴和漏损的前提下，存款就变成了 200 元。循环下去，存款就随着贷款的增长而不断增长。所以，如果信用派生能力强，那么存款就自然容易有比较高的增速。

一般来讲，信用派生的几个渠道是人民币贷款、非标融资、新增企业债券融资等，是从金融机构资产端变化而来，我们也可以通过金融机构资产端的变化找对应。

怎么做呢？不妨从存款类金融机构的信贷收支表入手。

根据表 11.2 所显示的信贷收支表科目，扣除规模较小的对国际金融机构负债、对国际金融机构资产、黄金外汇占款三项后，利用资金来源等于资金使用的原则移项变换，我们可以得到以下等式：

M2＝各项存款－财政存款＋流通中货币

＝各项贷款＋债券投资－财政存款＋股权及其他投资＋中央银行外汇占款－金融债券－其他

＝各项贷款＋(债券投资－金融债券)＋(股权及其他投资－其他)＋中央银行外汇占款－财政存款

＝各项贷款＋一级市场信用债投资＋非标＋外汇占款－财政存款

表 11.2　　简化版的存款类金融机构信贷收支表　　单位：亿元

项　目 Item	2021.01	2021.02	2021.03	2021.04	2021.05
来源方项目 Funds Sources					
一、各项存款 Total Deposits	2 165 255.66	2 178 146.53	2 215 475.95	2 208 358.37	2 232 894.53
(一)境内存款 Domestic Deposits	2 152 000.84	2 164 784.88	2 201 988.20	2 194 720.89	2 219 166.74
1. 住户存款 Deposits of Households	940 836.25	973 407.83	992 776.22	977 067.09	978 139.05
(1)活期存款 Demand Deposits	325 420.87	333 150.62	337 786.96	323 643.73	322 701.64
(2)定期及其他存款 Time & Other Deposits	615 415.38	640 257.21	654 989.25	653 423.36	655 437.41
2. 非金融企业存款 Deposits of Non-financial Enterprises	667 042.03	642 849.70	660 192.17	656 567.05	655 317.27
(1)活期存款 Demand Deposits	249 940.53	229 803.14	242 633.34	234 239.87	237 566.91

续表

项　目 Item	2021.01	2021.02	2021.03	2021.04	2021.05
(2)定期及其他存款 Time & Other Deposits	417 101.50	413 046.56	417 558.83	422 327.18	417 750.36
3.机关团体存款 Deposits of Government Departments & Organizations	299 914.61	295 304.71	302 946.56	303 765.30	312 382.33
4.财政性存款 Fiscal Deposits	56 486.26	48 007.39	43 137.00	48 914.19	58 170.84
5.非存款类金融机构存款 Deposits of Non-depository Financial Institutions	187 721.68	205 215.25	202 936.25	208 407.27	215 157.26
(二)境外存款 Overseas Deposits	13 254.82	13 361.66	13 487.76	13 637.47	13 727.79
二、金融债券 Financial Bonds	110 129.49	109 316.08	111 741.51	112 139.93	113 409.91
三、流通中货币 Currency in Circulation	89 625.24	91 924.60	86 543.64	85 803.37	84 177.72
四、对国际金融机构负债 Liabilities to International Financial Institutions	4.05	4.05	4.09	4.05	4.15
五、其他 Other Items	252 985.10	256 119.35	250 319.90	274 724.09	268 296.13
资金来源总计 Total Funds Sources	2 617 999.53	2 635 510.62	2 664 085.10	2 681 029.81	2 698 782.44
来源方项目 Funds Sources					
一、各项贷款 Total Loans	1 761 922.05	1 774 950.31	1 802 465.19	1 817 790.65	1 833 638.63
(一)境内贷款 Domestic Loans	1 756 235.35	1 769 258.72	1 796 718.11	1 811 724.71	1 827 522.47
1.住户贷款 Loans to Households	636 896.92	638 415.53	649 837.34	655 071.54	661 261.47
(1)短期贷款 Short-term Loans	157 891.31	155 197.56	160 440.30	160 803.13	162 611.10
消费贷款 Consumption Loans	88 017.86	84 791.91	87 094.42	87 395.71	88 349.86
经营贷款 Operating Loans	69 873.45	70 405.65	73 345.89	73 407.42	74 261.24
(2)中长期贷款 Mid & Long-term Loans	479 005.61	483 217.98	489 397.04	494 268.41	498 650.36

续表

项　目 Item	2021.01	2021.02	2021.03	2021.04	2021.05
消费贷款 Consumption Loans	408 179.22	411 489.70	415 648.00	419 575.04	423 029.70
经营贷款 Operating Loans	70 826.39	71 728.28	73 749.04	74 693.37	75 620.67
2. 企(事)业单位贷款 Loans to Non-financial Enterprises and Government Departments & Organizations	1 081 738.80	1 093 483.40	1 109 144.68	1 116 343.62	1 124 158.43
(1)短期贷款 Short-term Loans	324 041.11	326 598.60	330 363.19	328 237.34	327 596.08
(2)中长期贷款 Mid & Long-term Loans	673 211.03	684 235.17	697 418.94	703 968.66	710 503.72
(3)票据融资 Paper Financing	82 151.57	80 296.44	78 771.40	81 482.57	83 020.83
(4)融资租赁 Financial Leases	737.93	739.10	799.02	816.78	830.93
(5)各项垫款 Total Advances	1 597.15	1 614.08	1 792.13	1 838.28	2 206.88
3. 非存款类金融机构贷款 Loans to Non-depository Financial Institutions	37 599.64	37 359.79	37 736.08	40 309.55	42 102.57
(二)境外贷款 Overseas Loans	5 686.69	5 691.59	5 747.08	6 065.93	6 116.16
二、债券投资 Portfolio Investments	460 301.90	461 172.23	465 249.18	466 662.05	470 112.74
三、股权及其他投资 Shares and Other Investments	180 004.82	183 383.33	180 469.62	180 506.65	178761.71
四、黄金占款 Position for Bullion Purchase	2 855.63	2 855.63	2 855.63	2 855.63	2 855.63
五、中央银行外汇占款 Foreign Exchange	211 400.06	211 634.89	211 553.27	211 727.11	211 939.84
六、在国际金融机构资产 Assets with International Financial Institutions	1 515.07	1 514.24	1 492.21	1 487.72	1 473.90
资金运用总计 Total Funds Uses	2 617 999.53	2 635 510.62	2 664 085.10	2 681 029.81	2 698 782.44

资料来源：Wind。

通过对信贷收支表的调整，可以看出 M2 的几个创造渠道，无非是各项贷款、债券投资、非标、中央银行外汇占款这几项，财政存款是扣减项。

(1)贷款可以派生出存款，对 M2 是正贡献。

(2)债券投资主要是银行自营持有的国债、地方政府债以及非金融企业发行的信用债，但要扣减掉其他诸如政策性银行债、存单及二级资本债等债券，因为这部分没有直接创造存款。债券投资扣减金融债券的部分才是能够反映创造存款的债券投资部分。

如果银行自营持有的是国债和地方政府债，那么相当于货币流向了政府部门，增加的是财政存款，所以我们在等式右边减掉了财政存款，将这部分债券投资规模去掉。

只有国债和地方债用于财政支出，财政的钱转化为企业的钱，才能算成存款。

如果银行自营持有的非金融企业发行的信用债，那么这些资金会带来银行企业存款的增长，对 M2 同样是正贡献。

因此，债券投资能够增加 M2 的部分主要指的是一级市场上的信用债投资。

(3)股权及其他投资项里，主要是银行自营持有的非标、券商资管计划、同业理财、公募基金等资管产品。

如果投资的是非标，那么资金直接流向企业部门，增加的是企业存款；如果投资的是券商资管计划、公募基金等资管产品，那么资金流向非银机构，短期增加的是非银存款，非银存款也计入 M2；如果非银机构用非银存款买了债，或者做了非标，非银存款还是会回到实体，同样对 M2 是正向贡献。

需要注意的是在股权及其他投资项里，要扣减其他项，这一项目前没有一个明确的答案。从了解得到的信息来看，这一项主要是用来平衡资金运用和资金来源的等式关系的，但它的波动似乎与金融同业活动头寸没有轧差干净有关，所以把它扣减在表内委托和非标投资里。

(4)央行口径的外汇占款。这个代表的是外部力量带来的增长动力，当出口企业收到外汇时，它们找商业银行结汇，这个过程让企业得到了人民币(存在了银行体系)，银行得到了外汇，企业存款得到了增加。

将 M2 的变化转化为贷款、银行自营信用债投资、非标、外汇占款、财政存款可以方便我们归因，也方便预测。

11.4　金融数据的隐藏信息

在所有的统计数据中，金融数据可能是最被投资者所重视与关心的数据。

对债券来说，好的金融数据一方面会驱动经济转好，使货币政策收紧或转向，短端利率上行，并最终传导至长期；另一方面说明实体有足够的、能够创造出较多高收益的非标资产，挤压银行自营、保险与银行理财等机构的配债额度，从而直接造成债券市场流动性的流失。

而对股票来说，好的金融数据可能意味着企业盈利的好转，风险偏好的回升，也意味着居民部门/企业部门可用于购置股票的货币资金增多，会有更多的流动性入市。

除此之外，现在市场研究者还对金融数据进行了更多的变形转换，来更好地揭示金融数据对各类金融资产价格走势的指示意义，比较常见的有 M1 与 M2 增速差（俗称剪刀差）、社融与 M2 增速差。

11.4.1　M1 与 M2 剪刀差

M1 的构成是企业活期存款和流通中的现金，由于可以随时支取，因此相对来说是流动性更强的货币供应。直观理解，如果货币供应结构中 M1 的占比更高，那么货币在实体经济中的潜在流通速度就更快，对实体经济的促进作用就会更强。

具体来讲，如果企业对未来预期谨慎，对增长前景悲观，企业会更倾向于低风险的金融投资，将存款定期化，或者买货币基金、保本银行理财、大额存单等，这个时候 M1 会向 M2 转化，M1 与 M2 的剪刀差就会收窄。

相反，如果企业对未来增长前景乐观，准备补库存或者扩大资本开支，企业就会选择将存款活期化，以随时应对补库存和扩大资本开支所需要的现金，这个时候企业账户上活期存款的部分占比会相对较高，M1 与 M2 的剪刀差就会扩大。

因此 M1－M2 这一指标可以被认为是企业对未来的预期反映。

除此之外，房地产销售转好也会导致 M1－M2 同比差值扩大。

在一手房认购时，居民部门购买开发商新盘，实际等同于居民部门的储蓄存款

(M2)转向企业部门的存款。

尤其在地产销售转好的同时,如果开发商对未来楼市预期乐观,可能有购地的动作,那么由居民储蓄存款转来的企业存款大概率会以活期形式沉淀在企业活期账户上,也就是 M1 了。

地产对经济增长的重要性不言而喻,地产向上的周期与 M1－M2 同比差值扩大对应,也从另一角度论证了 M1 与 M2 的剪刀差对增长的判断有前瞻性。

在运用这一指标的时候,有一点需要注意,那就是在春节期间,由于工资奖金支付的需要,因此企业的活期存款会大幅转向居民储蓄存款。如果春节时间错位,就会对 M1 同比读数产生较大的扰动。为了消除这种干扰,我们一般会对每年 1 月和 2 月的 M1 余额数据做平均化处理。

如果经处理后的 M1－M2 同比差值在扩大,或者 M1/M2 在往上走,大体可以反映企业层面对未来经济增长预期是向好的,反之则是悲观的。

我们以工业增加值与 PPI 之和来近似拟合名义经济增长水平,会发现 M1－M2 同比差值确实对增长具有一定领先性,且拟合度较高(见图 11.16)。

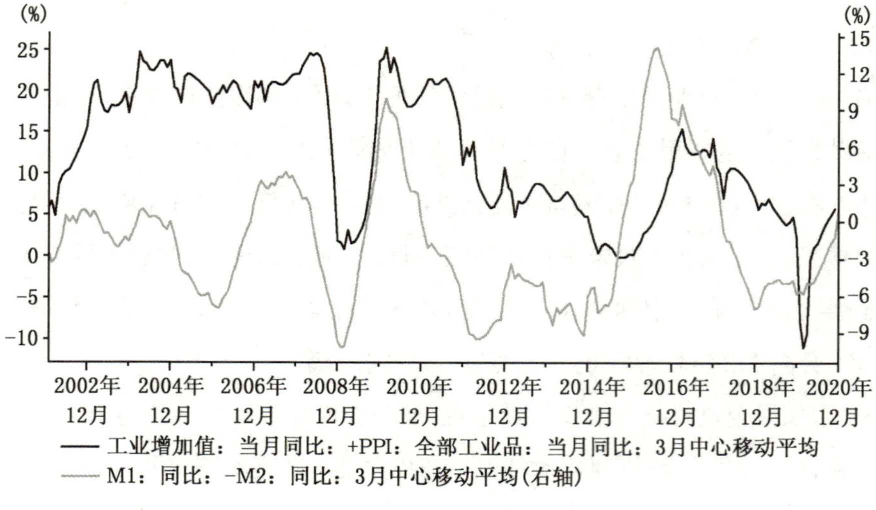

资料来源:Wind。

图 11.16　名义工业增加值和 M1－M2 之间存在较好的相关性

11.4.2　社融与 M2 增速差

社融和 M2 是同一枚硬币的两面。

社融代表的是所有金融机构表内表外业务创造出来的总资产，M2 代表的是银行体系的负债，银行的负债是与资产相伴共生的，上文也详细阐述过，M2 本质上也是银行体系各类资产所派生出来的。

但两者既有相似的地方，也有不同之处。

先明确社融的定义，社融反映的是金融机构对实体经济的信贷支持，这里既包括了银行，也包括了非银机构。

但 M2 不同，M2 是银行的负债端，主体是银行的存款。

按照这个定义，社融和 M2 的区别就出来了：

(1)M2 有外汇占款和财政存款，外汇占款增加和财政存款减少会抬高 M2，但这不是金融机构的行为，不会计入社融。

因此，外汇占款提高(下降)和财政存款下降(提高)会收窄(提高)社融与 M2 之间的缺口。

(2)如果银行通过资管产品买一级的企业债和非标，会创造出企业存款，这里既有社融扩张，也包括了 M2 扩张，社融与 M2 的差值不变。

(3)如果是居民部门或者企业部门买了理财、资管产品(表外业务)，理财、资管产品投了一级的企业债和非标，社融就会扩张，因为金融机构支持了实体，但 M2 是不变的，因此，社融和 M2 的差值会走阔。

外汇占款自 2012 年以后对 M2 的影响变得很小，社融和 M2 之差主要表示的是非银机构和表外业务的扩张情况。

当社融同比增速与 M2 同比增速的差值走阔，表外资产规模扩张时，说明实体融资需求较强，在耗完了银行体系的融资额度后，还有较多尚未得到满足的融资需求要靠非银机构补充。

而这些银行表内没法满足的融资需求都有哪些呢?

按照以往经验，主要就是那些监管有限额的，需要借助通道或者非标来做的，比如房地产、城投基建和“两高一剩”等行业，而这些正是中国经济周期波动的主要推手。

因此当社融与 M2 增速之差走阔时，往往说明实体融资需求好，表内搞不定了，还需要表外才能满足实体的融资需求，债券收益率会有上行的压力，反之则有下行的动力。

由此，我们能看到社融与 M2 增速之差和 10 年国开收益率有一定的正相关性（见图 11.17）。

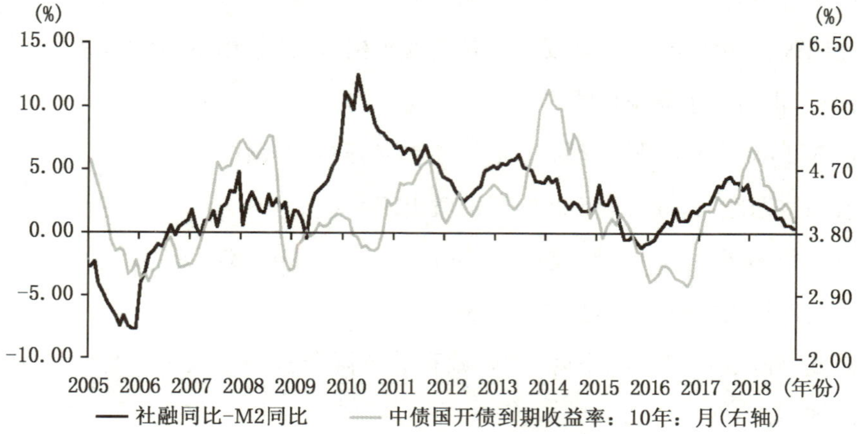

资料来源：Wind。

图 11.17 社融同比－M2 同比与 10 年国开到期收益率有一定的正相关性

11.5 案例分析

11.5.1 上行周期的金融数据解读

在一个上升周期中，2020 年 10 月社融数据出现了下降，2020 年 10 月社融新增 1.4 万亿元，而 9 月新增是 3.4 万亿元，与 9 月相比可以用“腰斩”来形容了。

第一步，面对单月的数据下降，首先需要排除的是季节性压力。

每年 10 月社融都会有季节性滑落，9 月有监管指标考核的压力，得多放点，既然 9 月把储备项目都放没了，到了 10 月，信贷自然就不那么给力了。

这个时候最好看同比，实际上 10 月存量社融同比增长 13.7%，再度创下 2020 年年内新高(见图 11.18)。因此，2020 年 10 月新增社融的下降主要是季节性因素，还不太要紧，存量的同比增速目前还是稳定的。

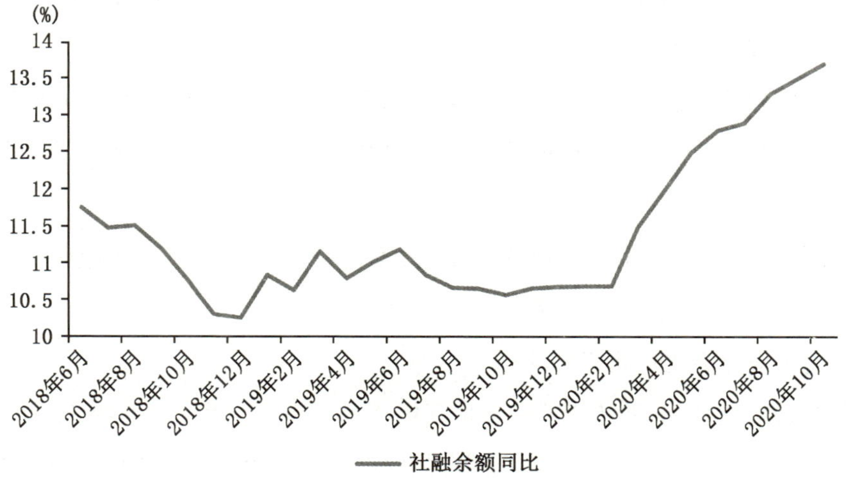

资料来源：Wind。

图 11.18　2020 年 10 月社融增速同比继续上升

第二步，可以看社融除信贷以外的几个分项。

分析信贷数据前，可以看社融的其他几个分项。

企业债券净融资 2 522 亿元，无论是同比还是环比，都是变多的，同比多了 490 亿元，环比多了 1 110 亿元。

其实 2020 年下半年以来，债券市场是下跌的，债券市场收益率持续上行。

那为什么在债券市场熊市的时候，企业债融资会上升呢?

主要是因为理财对信用债的配置需求很强。2020 年有一波银行结构性存款的监管，有部分存款转化为银行理财，而企业债券可以提供的票息高，理财对企业债的配置需求是刚性的。

但是 11 月以来，近期 AAA 信用级的国企连续出现信用违约，需要关注近期 AAA 信用级国企债风险的传导效应。截至 11 月 10 日，2020 年违约的超 1 200 亿元债券中，AAA 信用级国企债违约金额占比为 32%。

AAA 信用级的国企都可以违约，说明国企刚兑信仰已经被打破了，这肯定会影响金融机构的配置意愿，后续企业债新增量肯定会受负面影响。

总之，企业债券融资部分需要密切关注债券市场的运行状况。

一般来讲，当企业债券的票息和资金成本之间的利差走得很阔的时候，企业债的配置需求都不会太差。

当货币政策调整、资金面持续收紧的时候，因为资金利率短期升得太快，和企业债的票息利差收窄，再加上钱紧，没办法做配置，此时一级市场的企业债券配置需求就会比较弱了。

当刚兑打破、信用违约出现的时候，大家对企业债券的违约风险都会比较担心，企业债券配置需求也会比较弱。

看完企业债券之后再来看非标。

非标是信托贷款、委托贷款和未贴现银行承兑汇票之和，2020 年 10 月净融资为－2 138 亿元，虽然比 2019 年同期减少 206 亿元，但实际上，非标的压力仍然不小。

分析信托贷款的数据，可以看用益信托网的统计。

根据用益信托网的统计，9 月发行了 2 144 亿元，而 10 月共发行 1 808 亿元，是下降的。但是 10 月到期量减少了不少，从 9 月的 1 740 亿元降低到 1 223 亿元。

从数据看，显然是到期量下降支撑了信托贷款，如果没有新的增量，到期量减少不可持续，信托贷款的压力就大了。

事实上也是如此，11 月和 12 月信托贷款的到期规模会明显上升，11 月和 12 月到期规模分别为 1 659 亿元和 2 346 亿元(见图 11.19)。而信托贷款的增量还是受到融资类信托的监管，压降压力很大。

第三步，可以看信贷数据了。

信贷的压力前面有过分析，季节性因素影响很大。由于 9 月底有各种普惠贷款、制造业贷款指标考核，因此银行怎么都得多放点。既然 9 月放过了，10 月就下来了。

1. 看居民部门

10 月居民中长期贷款新增了 4 059 亿元，比 2019 年同期的 3 500 多亿元要高

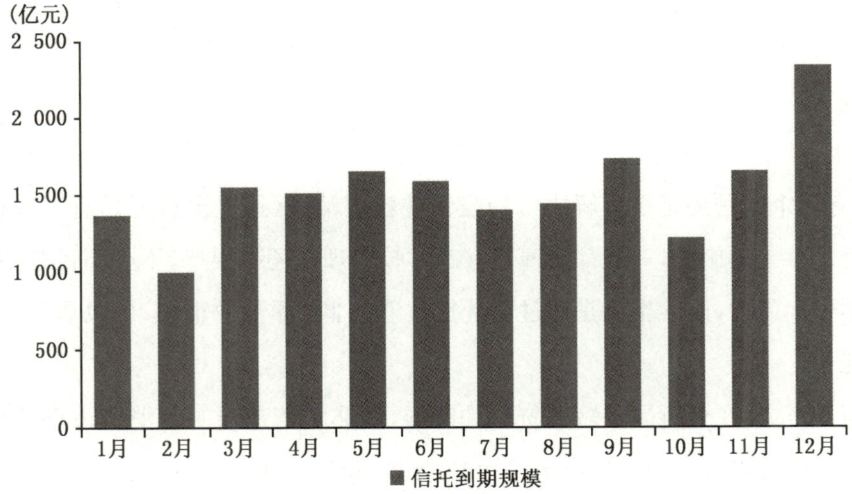

资料来源：Wind。

图 11.19 2020 年 11 月和 12 月信托贷款到期规模将回升

一些。从高频数据“30 大中城市商品房的成交面积”看，同比数据从 10.8%大幅下滑到－0.8%，说明房地产整体上有一定下行压力。

但从结构上看，一线城市的房地产销售状况挺好，上海和深圳的房价还在上涨，整体来看，一线和核心二线城市的强势只要还在，居民中长期贷款的支撑就能看到。未来居民的中长期贷款将继续维持高位。

而且从房企的角度来说，现在外部融资卡得紧，依靠销售回款降低资产负债率是非常重要的，房地产销售回款占整个房企资金来源 50%以上。趁现在房子的总体销量趋势还有景气度，应该继续加快周转，抓紧把现金捏在自己手里，免得以后被动了。

房企降负债会加大一手房供给。目前来看，一线城市和核心二线城市的一手房是有限价的，比周边二手房普遍低 20%－30%，如果房企加快周转，扩大一手房供给，居民中长期贷款还能有较强的支撑。

简而言之，在分析居民中长期贷款的时候，要非常清楚当时房地产市场的状况，这对判断居民中长期贷款的情况至关重要。

居民短期贷款下降得很快，从 3 394 亿元下降到了 272 亿元，和 2019 年同期的

623亿元也不算多。看到这样的数据，就得从居民消费上去找原因了。

考虑到2020年的宏观大环境，10月居民短期贷款下降主要还是疫情对消费的影响。

“十一”期间消费只占去年的70%－80%，虽然大家对疫情已经没那么紧张了，但有两个问题还是没有解决：(1)疫情并没有消失，远途出行还是有不确定性，尤其是带孩子的旅游，一般都会谨慎；(2)学校管理得还是很严，不少高校是不能随便让学生出门的，而学生又是通过消费贷款消费非常重要的群体，所以居民贷款表现不佳。

简而言之，在分析居民短期贷款的时候，要非常清楚当时的消费市场的状况，尤其是大件可以分期的消费市场的状况，比如汽车、电子产品等。

2. 看企业部门

从数据看，企业部门的信贷是非常好的，这也正是我们对社融的趋势不太担心的重要原因。

非金融企业新增贷款2 335亿元，同比多增了1 073亿元。而且在总量增加的同时，结构继续优化，企业信贷结构是偏长期的(见图11.20)。企业短期信贷少了837亿元，票据融资少了1 124亿元，但企业中长期贷款增加了4 113亿元。

这主要是因为：(1)2020年一季度为了对抗疫情，银行给企业放的人民币短期贷款和票据现在陆续到期；(2)企业通过票据融资金融套利被监管控制住，结构化存款被强制压降，通过票据融资买结构化存款的途径被堵；(3)银行对制造业中长期贷款的政策支持叠加制造业融资需求本身也在恢复。

需要注意的是，企业的制造业投资意愿或会回升。主要是疫情对经济的影响、对企业的预期已经没那么大了，出口超预期也让部分制造业企业感受到了产能不足，主动补库存目前已经出现，在廉价信贷支持下，后续制造业投资(要么是新增产能、要么是技改)大概率会上升。

企业中长期贷款一般对应的是基建、地产投资和制造业投资三类，最能反映实体资本开支意愿和实体融资需求的状况，分析时候要看是什么在驱动企业中长期贷款，进而在判断实体投资趋势的时候，就能知道未来的投资增长引擎。

第四步，可以看人民币存款和货币供应量数据。

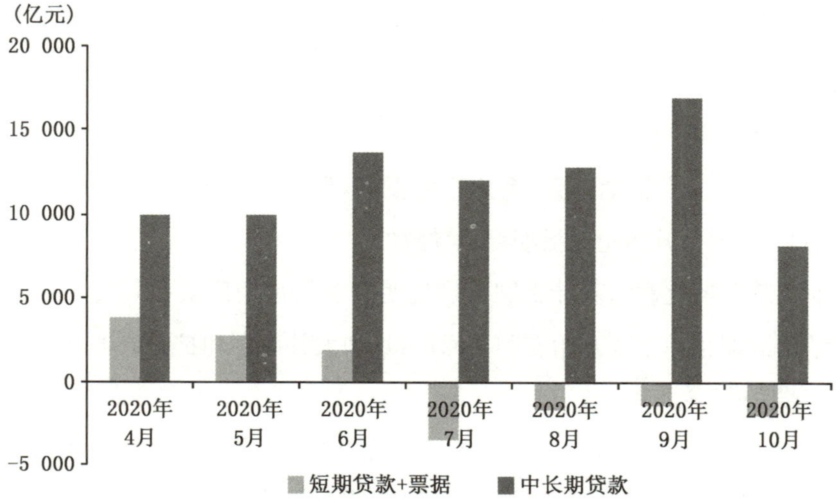

资料来源:Wind。

图 11.20 信贷结构继续长期化

2020 年 10 月的金融数据最让人迷茫的是存款为啥少了这么多,居民新增存款少了 9 569 亿元,企业存款少了 8 642 亿元。

存款下降自然导致了 M2 增速不给力,M2 同比从 10.9%下降到 10.5%,绝对量也比 9 月少了 1.4 万亿元。

主要原因是:

(1)结构性存款继续在压降,通过票据融资向结构性存款套利的链条被卡住了,年底如果结构性存款要压降到 2019 年年底的 2/3,还要压降 2 万亿元左右。

理财产品一般是作为结构性存款的替代产品存在的,如果居民储蓄转向理财产品,理财产品去做一级市场的企业债和非标投资,就会计入社融而不会计入 M2。

(2)财政存款的钱还没用出去,新增了 9 000 多亿元,10 月作为季初的第一个月是缴税大月,财政存款一般会季节性上升,不过 2020 年财政存款上升的幅度远超了季节性。一方面,政府债券发行得多,财政存款积累得多;另一方面,也是更重要的原因,政府债券募集的资金向基建投资传导有问题,所以 2020 年我们经常看到财政存款高增的状况。

从这个现象也可以推测出，专项债向基建投资的传导不是太顺畅。后两个月的基建投资，也很难有想象空间了。

不过，需要关注的信号是 M1 同比上升到了 9.1%，绝对量上了 6 887 亿元，与企业存款下降形成了鲜明的对比！

M1 是 M0＋企业活期存款，企业存款下降，但 M1 上升，M0 和 9 月比也是下降，这说明 M1 的上升是企业活期存款导致的。

企业存款活期化意味着什么呢？这说明企业的预期确实在好转了，开始把企业存款结构活期化。企业开始有购买原材料、加大补库存和扩大资本开支的需要。

第五步，下结论。

(1)2020 年 10 月社融同比仍然维持高位，增量下降主要是季节性的原因，不过考虑到 2020 年抗疫的情况，为了支持实体，货币宽松，信用投放多，基数很高，未来社融同比增速会慢慢降下去。

(2)但即使后续社融同比见顶，对实体经济的影响也不会太大，因为存款的结构发生了变化，企业的预期在好转，企业存款结构在活期化，对应了较强的主动补库存和原材料购置预期。

(3)经济后续大概率继续偏强运行，债券的不确定性还是比较高，股票和商品的机会(主动补库存看上游原材料价格上涨)较为确定。

11.5.2　下行周期的金融数据解读

比较典型的是 2018 年，金融去杠杆对金融数据产生了明显的冲击，全年金融数据都处于下行趋势。

但是 2018 年 6 月新增社融高达 2 万亿元，人民币信贷新增 1.84 万亿元，均较 5 月明显反弹。

前面我们看了一个上行周期下降的单月数据，现在再看一下 2018 年 6 月这个下行周期上升的单月数据。

第一步，先看季节性因素。

总量上，2 万亿元新增社融和 1.84 万亿元的新增信贷确实比 5 月多了不少，但是，过去 3 年银行信贷都呈现出 6 月出现峰值的季节性规律，可能因为银行在季末考核压力下有冲量的习惯、企业由于二季报披露时间有融资美化现金流的考量。

要过滤季节性因素，最便捷的办法是看同比。从数据看，2018 年 6 月社融存量同比为 11.76％，较 5 月 12.2％的增速是下降的。

也就是说，新增社融虽然高于 5 月，但同比压力还是很大，这说明好转只是季节性好转，而不是趋势上的反转，当然，需要更多的细节支撑。

第二步，看社融除信贷以外的分项。

未贴现银行承兑票据、信托贷款和委托贷款分别下降了 3 650 亿元、1 576 亿元和 1 623 亿元，降幅均较 5 月有所扩大，延续了 2018 年以来持续下降的趋势。

原因很简单，非标和表外融资是金融去杠杆政策重点打击的对象。

委托贷款大幅下降是因为委托贷款新规的出台，让委托贷款回归了本源，没办法通过资管产品，让银行的表内客户表外化。

信托贷款是受到了去通道化、多重嵌套监管以及资管新规的冲击(产品的资金来源和项目期限必须匹配)，可以预见的是，随着金融去杠杆措施和影子银行监管常态化，信托贷款未来的增量也不是很乐观，将持续拖累社融。

未贴现银行承兑票据降幅最为明显，是因为表内加速票据贴现的影响，对应的是表内票据融资大幅增长。表内票据大幅增长也不是什么好现象，大概率反映的是实体融资需求不强和银行信贷额度充裕之间的矛盾。

企业债券融资有反弹，从 5 月的－351 亿元上升到了 1 307 亿元。企业债券融资之所以能够反弹，是因为经济有下行压力之后，货币政策较为宽松，资金利率维持着低位，而且 2017 年债券市场是熊市，企业债券的票息较高，有套息的空间。

但是企业债券融资存在结构问题，期限持续短期化、资质逐步高评级化，也就是说，信用债市场冰火两重天的现象很明显：一方面，高评级的企业很容易获得融资，尤其是 AAA 级和 AA＋级以上的城投；另一方面，融资的期限结构偏短，融资再滚动压力不断加剧，短期融资毕竟没有长期融资稳定，很容易出现续存不上、融资链条断裂的风险。

而且，随着金融去杠杆的进行，资管新规和理财产品净值化改造，理财产品越来越关注资产标的变现能力，这也是为什么理财产品加大了高评级、短久期资产的布局，以前那些长久期、低评级、流动性不好的品种都是靠资金池滚动的模式持有的，现在改成净值型后，长久期、低评级的买方力量就消失了。

随着长久期、低评级的发行人发行压力加大，企业发行人的再融资压力就会加剧，出现信用事件的可能性就会加大，现在需要关注的是流动性风险可能向信用风险转化，进而进一步压抑市场对低评级发行人的配置需求。

也就是说，尽管企业债券净融资在恢复，但信用债是在分层的，只有高评级、短久期兼具的企业债券发行人受益，而低评级、长久期发行人融资难度仍在不断加大。

实体的资本开支需要长期资金，短久期的债券发行只适合流动性运营管理，不适合做投资，因此，虽然企业债券发行反弹，但对实体经济的支持还是很有限。

第三步，可以看信贷数据。

1.84 万亿元的新增信贷看起来比 5 月多了不少，但前文也提到过，这只是季末冲量导致的季节性上升，反映不了趋势。

从数据看，银行更偏爱居民贷款。6 月新增居民贷款 7 073 亿元，较 5 月增幅扩大，其中短期贷款和中长期贷款分别新增 2 370 亿元和 4 634 亿元。

银行为什么更喜欢居民贷款呢?

从居民短期贷款的角度来说，消费贷款有助于缓解银行的资产荒压力。

首先，居民消费信贷额度普遍偏小，对于利率的敏感性远不如大额贷款的企业，可收取较高的利率。

其次，居民短期贷款具有分散性，风险低，不良率尚且可控，毕竟在国内我们听说过企业破产，但没听过个人破产。

再次，居民短期贷款可较为方便地用作资产证券化的底层资产，市场认可度较好，银行可以在配置后尽可能地加快周转。

最后，互联网平台通过大数据化获取了居民的底层消费信息，缓解了银行资产配置的信息不对称问题，不用大额抵押物，不用收入证明，一样可以放款。互联网平台也让居民贷款更加容易。

从居民中长期贷款的角度说，按揭可以拉长银行资产久期，在企业融资需求萎缩、银行风险偏好低的时候，按揭贷款有较强的避险和收益实现的双重功能，而且三、四线城市受益于棚户区改造货币化安置，一、二线城市的新盘受益于限价(与周边二手房价格倒挂)，二手房价格稳定，购房需求好。

但 2018 年 6 月企业的信贷数据不容乐观。

企业短期贷款新增量不低，有 2 592 亿元，中长期贷款新增乏力，新增 4 001 亿元，与 5 月基本持平，低于 2017 年同期的 5 778 亿元。可见，用于资本开支的非金融企业中长期贷款在显著恶化。

真正一枝独秀的是票据融资，新增了 4 500 多亿元，而且 6 月的票据利率是加速向下的，银行票据贴现意愿非常强。

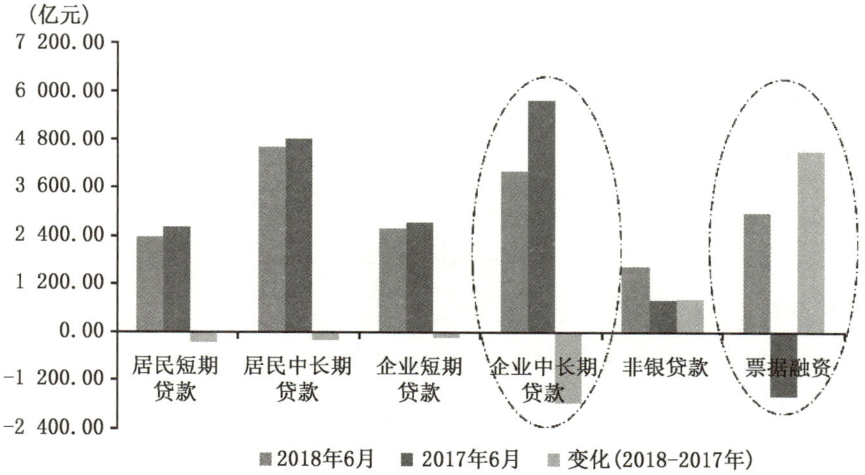

资料来源：Wind。

图 11.21 2018 年 6 月信贷结构明显短期化

为什么 6 月票据融资会增加这么多呢？因为 6 月监管层给了金融机构资金、额度与指导，银行存在加强对实体经济支持的任务，但实体经济本身不好，银行风险偏好也不高，因此不得不选择了风险相对低、期限短的票据资产冲量，满足监管层的要求。

从 6 月的企业信贷数据，也可以推测出非标转标没有那么容易。企业与银行之前之所以选择非标作为两者的合作模式，本身就是因为表内贷款无法合规地给予支持，原因可能是行业限制、授信额度管制或其他，现在压缩非标，这些限制性因素依然没有发生改变，银行也不可能贸然把此前不符合表内业务规范的非标放在表内。

第四步，可以看存款和货币供应数据。

6月居民部门新增存款1.1万亿元，同比大体与2017年持平，但企业部门新增存款9 500亿元，同比少增超过1 000亿元，6月M2同比增速进一步降至8%，前值是8.3%，创了历史新低。

存款之所以压力变大，是因为资产端信用派生的问题。贷款增量还可以，但表外收缩太快了，表外的收缩削弱了信用创造的能力。

尽管财政存款6月减少6 888亿元，比往年同期减少的数量都要多，体现了财政支出开始有所发力，但也没有改变存款的颓势，这侧面说明，目前金融去杠杆对实体经济流动性的挤压，仅依靠信贷是无法弥补的。

第五步，下结论。

(1)很明显，因为实体融资需求收缩，银行风险偏好回落，出现了货币向信用传导不畅的问题，也就是说，尽管央行定向降准，给足了银行信贷额度，但还是没能支持好实体经济。

(2)主要问题在于金融去杠杆、中美贸易摩擦确实给实体经济放缓产生了较大的压力，信用风险不断释放，导致金融机构风险偏好下降。

(3)在这种宏观背景下，股票、商品等风险资产得谨慎配置。

(4)鉴于现在银行手中持有相对偏多的流动性但信贷领域缺乏足够优质资产，对债券的配置力量会逐渐加强，政策上为防风险与对冲经济下行压力，货币宽松有望进一步加码，利率债和高等级信用债收益率仍有下行的空间。

第12章

PMI 分析

PMI 反映的经济信息非常全面，从需求到价格，从价格到生产，从生产到库存，应有尽有。

宏观经济指标很多,PMI是其中非常重要的一个。

一方面,PMI在每个月的最后一天公布,比金融数据、物价数据、增长数据、工业企业利润数据公布得都要早,除了每个月的周、旬度高频数据外,PMI是最早能反映出当月经济全貌的数据。

另一方面,PMI信息量也很大,反映总需求的有新订单、新出口订单、在手订单;反映生产的有生产、从业人员、采购量、进口、供货商配送时间、进口等;反映库存的有产成品库存和原材料库存;反映价格的有主要原材料购进价格、出厂价格等。可以说,PMI反映的经济信息非常全面,从需求到价格,从价格到生产,从生产到库存,应有尽有。

12.1 官方PMI的基本概况

PMI全称Purchasing Managers'Index,翻译过来就是采购经理人指数。官方PMI由国家统计局和中国物流与采购联合会联合对外发布,自2005年7月开始,正式发布PMI数据。

最早发布PMI数据的是美国供应管理协会(ISM),从1948年开始,按月发布,发展至今,主要的经济体都有发布PMI数据,用来做宏观经济分析和预警。

PMI数据和工业增加值、GDP等数据是不一样的,后者是统计加总得来的,而PMI是靠抽样调查得到的。

PMI调查涉及制造业31个行业大类,样本企业有3 000家。在权重方面,行业增加值占制造业总增加值比例大的行业权重要高一些,制造业各行业内部样本则根据企业的主营业务收入的比例分配。

尽管统计部门没有公布具体的样本企业名单,但按照这个抽样方法,对PMI读数影响大的,显然是大中型制造业,以央企、国企为主,反映的是大企业的状况,而小型企业和民企的权重很低,对官方PMI的读数影响较小。

然后再来看看PMI的数据搜集。

数据搜集的方法主要是填问卷,由样本企业的采购经理或者主管企业运行的负责人来完成。完成的时间是每个月的22—25日。

因此，每个月的制造业 PMI，实际上反映的是上个月 26 日到当月 25 日，制造业企业的生产经营情况，并非完全是当月的。

通过图 12.1，就能发现 PMI 具体有哪些分项了。

制造业采购经理调查问卷

表　号：N 2 4 1 表
制定机关：国 家 统 计 局
文　号：国统字〔2017〕157 号
有效期至：2 0 1 9 年 1 月

2018 年　月

A 单位详细名称 ______________

B 组织机构代码□□□□□□□□-□
统一社会信用代码□□□□□□□□□□□□□□□□□□

01 生产量：贵企业本月主要产品的生产量比上月
□增加　□基本持平　□减少

02 订货量：贵企业本月来自客户的产品订货数量比上月
□增加　□基本持平　□减少

021 出口订货量：贵企业本月用于出口的产品订货数量比上月
□增加　□基本持平　□减少　□没有出口

03 剩余订货量：贵企业目前存有但尚未交付客户的产品订货数量比一个月前
□增加　□基本持平　□减少

04 产成品库存：贵企业目前主要产品的产成品库存数量比一个月前
□增加　□基本持平　□减少

05 采购量：贵企业本月主要原材料（含零部件）的采购数量比上月
□增加　□基本持平　□减少

051 进口：贵企业本月主要原材料（含零部件）的进口数量比上月
□增长　□基本持平　□减少　□没有进口

06 购进价格：贵企业本月主要原材料（含零部件）的平均购进价格比上月
□上升　□变化不大　□下降

061 在本月购进的主要原材料中，价格上升或下降的有哪些？（请按常用名称列示）
- 价格上升：______________
- 价格下降：______________

07 出厂价格：贵企业本月主要产品的平均出厂价格比上月
□上升　□变化不大　□下降

08 主要原材料库存：贵企业目前主要原材料（含零部件）的库存数量比一个月前
□增加　□基本持平　□减少

09 生产经营人员：贵企业目前生产经营人员的数量比一个月前
□增加　□基本持平　□减少

10 供应商配送时间：贵企业本月主要供应商的交货时间比上月
□放慢　□差别不大　□加快

101 下列各类原材料一般需要提前多少天订货？（不包括套期保值与投机商品）
- 国内采购的生产用原材料　□随用随买　□30 天　□60 天　□90 天　□6 个月　□1 年
- 进口的生产用原材料　□随用随买　□30 天　□60 天　□90 天　□6 个月　□1 年　□没有进口
- 生产或维修用零部件　□随用随买　□30 天　□60 天　□90 天　□6 个月　□1 年
- 生产用固定资产　□随用随买　□30 天　□60 天　□90 天　□6 个月　□1 年　□没有订货

102 在企业主要原材料中，本月出现供应短缺的有哪些？（请按常用名称列示）：______________

11 生产经营活动预期：贵企业在未来 3 个月内生产经营活动整体水平预计
□上升　□变化不大　□下降

12 贵企业目前在生产经营和采购过程中遇到的主要问题或困难是什么？（可多选）
□①资金紧张　□②市场需求不足　□③原材料成本高
□④物流成本高　□⑤劳动力成本高　□⑥融资难
□⑦劳动力供应不足　□⑧人民币汇率波动　□⑨其他（请具体说明）：______________

13 您对本行业或企业发展如何评价？有何建议？______________

14 盈利（亏损）变化（经营效益状况）：贵企业本月盈利（亏损）比上月
□增盈/减亏　□盈亏不变　□增亏/减盈

填表人姓名：　职务：　电话：　报出日期：20　年　月　日

说明：1. 统计范围：选中的制造业样本单位及其采购（供应）经理或主管采购（供应）业务的总经理。
2. 报送日期及方式：每月 22-26 日（16:00 前）网上直报（http://www.lwzb.gov.cn）或移动终端（http://219.235.129.147/pmi）报送国家统计局。
3. 本表由制造业企业采购（供应）经理或主管采购（供应）业务的总经理填报。
4. 选项的界限："基本持平"、"变化不大"或"差别不大"选项的界限主要由企业采购经理根据自己平时的经验进行判断。
5. 对比期的确定：对于流量问题（时期指标，如生产量、采购量等），对比期为上个月；对于存量问题（时点指标，如库存量、人员等），对比期为一个月前。

资料来源：国家统计局。

图 12.1　2018 版制造业采购经理调查问卷

PMI一共有13个分项，它们分别是：生产、新订单、原材料库存、从业人员、供应商配送时间、新出口订单、进口、采购量、主要原材料购进价格、出厂价格、产成品库存、在手订单、生产经营活动预期（见表12.1）。

表12.1 **PMI分项一览表**

PMI分类指数	意　义
生产	本月主要产品的生产量
新订单	本月来自客户的产品订货数量
原材料库存	目前主要原材料（含零部件）的库存数量
从业人员	目前主要生产经营人员的数量
供应商配送时间	本月主要供应商的交货时间
新出口订单	本月用于出口的产品订货数量
进口	本月主要原材料（含零部件）的进口数量
采购量	本月主要原材料（含零部件）的采购数量
主要原材料购进价格	本月主要原材料（含零部件）的平均购进价格
出厂价格	本月主要产品的平均出厂价格
产成品库存	目前主要产品的产成品库存数量
在手订单	目前存有但尚未交付客户的产品订货数量
生产经营活动预期	未来3个月内生产经营活动整体水平预计

资料来源：国家统计局。

每个分类指数都采用扩散指数方法计算，即正向回答的企业个数百分比加上回答不变百分比的一半。

计算公式为：

制造业PMI分类指数＝“增加”选项的百分比＋“持平”选项的百分比×0.5

所有分项里，只有供应商配送时间是逆指数，因为供应商配送时间越长，往往说明流通环节受阻、经济增速放缓。

制造业PMI是个综合指数，确定好制造业PMI分类指数，就可以确定制造业PMI了。因为制造业PMI是由生产、新订单、原材料库存、从业人员、供应商配送时间5个分类指数加权平均而成。

具体计算公式为：

制造业 PMI＝新订单指数×30％＋生产指数×25％＋从业人员指数×20％＋(100－供应商配送时间指数)×15％＋主要原材料库存指数×10％

也就是说，构成 PMI 计算公式的只有 5 个指标，其他 8 个分类指数并不是制造业 PMI 的组成。

尽管这 8 个指标没有放在制造业 PMI 计算构成中，但也不能排除其他 8 个指数对于宏观经济分析的重要意义。

比如新出口订单，可以当作出口增速同比的领先指标；再比如购进价格指数，可以当成 PPI 环比的领先指标。(详细的分析在 PMI 分析部分再展开。)

制造业 PMI 是月度调查数据，受季节性因素影响较大，所以相关部门会季节性调整后再对外发布数据，要不然数据波动可能是由季节性波动带来的，而不是由宏观经济本身的变化带来的。

但从实践经验看，现有的季节性调整手段没有完全消除季节性因素的影响。所以，针对 PMI 数据季节性变化还是要谨慎对待，最好的方法是跟历史同期的环比变化对比。

看某个月的环比变化是不是超过了历史均值，如果当月的环比变化在历史环比均值附近或者历史环比均值内，那就要慎言数据的趋势性波动了。

以 2018 年 2 月和 3 月的 PMI 数据为例，2018 年春节在 2 月，所以 2 月 PMI 出现明显下行，国家统计局领导在解读 2018 年 2 月制造业 PMI 时称“从历史数据看，春节所在月份的 PMI 大多会出现一些调整”。可见，季节性调整难以完全消除季节性因素的影响。

由于 PMI 调查的是环比变化，2 月的 PMI 下行自然给了 3 月一个较低的基数，2018 年 3 月 PMI 数据明显反弹，反弹了 1.2，但这个时候要慎言 2018 年 3 月经济进入复苏周期。

因为春节为 2 月的年份，3 月比 2 月反弹 1.2，可以说是“标配”(见图 12.2)。从事实看，在金融去杠杆和中美贸易摩擦的压力下，2018 年经济是有下行压力的。

相应地，如果春节在 2 月，3 月 PMI 反弹还不给力，那就真要担心经济的下行压力了。比如 2015 年 3 月只比 2015 年 2 月的 PMI 反弹了 0.2，这充分说明经济

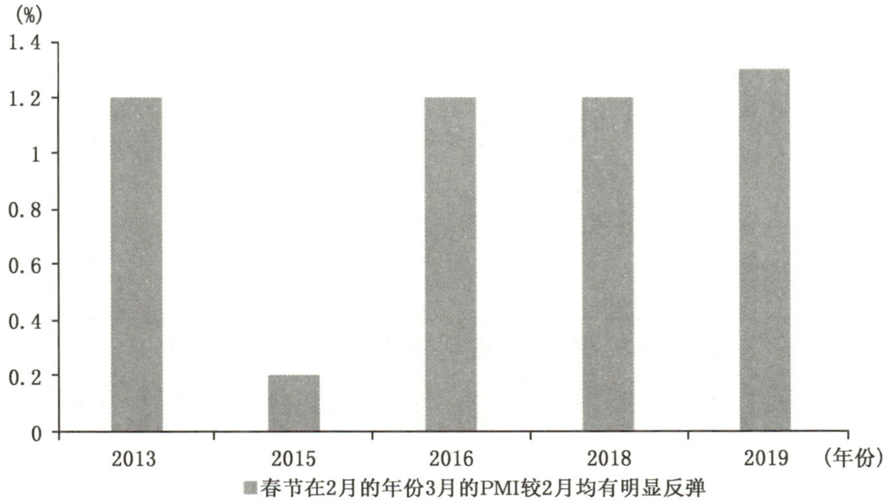

资料来源：Wind。

图 12.2　春节在 2 月的年份 3 月的 PMI 较 2 月均有明显反弹

内生动能是非常弱的。

简而言之，切莫把季节性变化错当趋势。

12.2　财新 PMI

在宏观分析中，常用的另一个采购经理指数是财新 PMI，它由市场调查机构 IHS Markit 编制、财新传媒冠名。

2015 年 8 月之前，由汇丰冠名，因此以前被称为汇丰 PMI。

2015 年 8 月以后，因汇丰银行不再继续冠名赞助 IHS Markit 公司编制的采购经理人指数(PMI)，冠名权被财新获得，于是汇丰 PMI 变成了财新 PMI。

由于都是采购经理指数，财新 PMI 和制造业 PMI 理论上应该同步。但实际上，两者经常出现背离，有时候是趋势上的背离，比如一个升一个降，有时候是经济景气程度上的背离，比如一个在 50 以上一个在 50 以下(见图 12.3)。

为何官方制造业 PMI 和财新 PMI 经常出现背离呢？

实际上，两个指标除了抽样方法(都采用概率比例规模抽样方法)、核心指标和

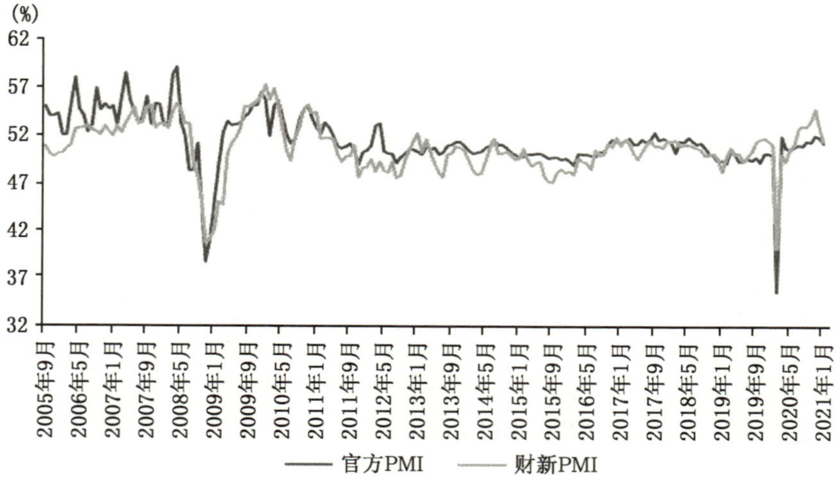

资料来源：Wind。

图 12.3　官方 PMI 与财新 PMI

权重相同（都包括生产指数、新订单指数、原材料库存指数、从业人员指数、供应商配送时间指数这五个核心指标）外，其他方面都有差异。

（1）两个指标的统计样本数量相差很大。官方制造业 PMI 涉及《国民经济行业分类》中制造业的 31 个行业大类，样本企业有 3 000 家。而财新 PMI 的样本数，按照 IHS Markit 公司的统计惯例，只有 400 家。

财新 PMI 统计样本数较小，容易造成财新 PMI 更大的波动。

（2）两个指标所选择的企业规模和所有制也有差别。官方制造业 PMI 的样本企业以大中型的央企、国企为主，小型企业的比例较低。而财新 PMI 以中小企业为主，而且都是民企。

（3）两个指标的样本企业区域和行业不同。官方制造业 PMI 样本企业覆盖全国，涵盖了 31 个制造业大类。财新 PMI 的样本企业，没有明确对外公布，但参考 IHS Markit 在全球范围内的统计经验，市场主流观点认为主要是东部沿海地区、出口占比较高的民营企业。

（4）数据录入时，官方制造业 PMI 由国家统计局直属调查队具体落实，具有一定的官方性和强制性，而且各级统计调查大队会审核，数据更加完整、准确。而财新 PMI 由商业机构 IHS Markit 操作，企业是自愿的，存在漏报的可能性，加之样本数相对来说要小很多，数据缺失对统计结果有比较大的影响。

(5)两个指标的季节性调整方法有所区别。2012 年 3 月开始，中国官方制造业按照 $X-13$ 的方法进行季节性调整。而财新 PMI 季节性调整方法是 IHS Markit 基于 33 个国家的历史数据生成的，这种方法可以保证财新 PMI 等由 Markit 调查发布的各国 PMI 之间进行跨国比较。两者不同的季节性调整方法，也会导致统计结果上的差异。

不过因为官方制造业 PMI 和财新 PMI 的核心指标和权重相同，官方 PMI 和财新 PMI 的各个分项指标的解读方法也是一样的，只要我们会解读官方 PMI 数据，基本上就会解读财新 PMI 数据。

12.3 官方非制造业 PMI 的基本情况

中国官方非制造业 PMI 调查要略晚一点，2008 年 1 月起才开始正式对外发布。

非制造业 PMI 主要指的是商务活动这个分类指数，我们通常说的非制造业 PMI，实际上是非制造业商务活动指数。

与制造业 PMI 一样，非制造业 PMI 同样来自调查，调查方式也基本相同。

非制造业采购经理调查涉及《国民经济行业分类》中的非制造业 36 个行业大类，共 4 000 家企业。

在确定样本企业时，和制造业采购经理调查一样，用行业增加值占比、企业主营业务收入占比确定各非制造业行业以及各行业内部子行业的样本数量。

问卷调查的格式也与制造业的 PMI 差不多，内容因制造业和非制造业行业的特点存在不同，所以有稍许区别(见图 12.4)。

非制造业采购经理调查问卷

表　　号：X 2 4 2 表
制定机关：国　家　统　计　局
文　　号：国统字（2017）157号
有效期至：2019　年　1　月

2018年　月

A 单位详细名称＿＿＿＿＿＿＿＿＿＿＿＿＿＿＿＿　B 组织机构代码□□□□□□□□-□
统一社会信用代码□□□□□□□□□□□□□□□□□□

01 业务总量：贵企业本月完成的业务总量比上月
□增加　　□基本持平　　□减少

02 新订单（客户需求）：贵企业本月来自客户的新订单（业务需求量）比上月（不考虑是否完成）
□增加　　□基本持平　　□减少

021 国（境）外新订单：贵企业本月来自国（境）外客户的新订单（业务需求量）比上月（不考虑是否完成）
□增加　　□基本持平　　□减少　　□没有

03 未完成订单（业务）：贵企业目前尚未完成的来自客户的订单（业务量）比一个月前
□增加　　□基本持平　　□减少　　□不好估计或没有

04 存货：贵企业目前用于经营活动的存货数量比一个月前
□增加　　□基本持平　　□减少　　□没有

05 投入价格：贵企业本月购买的主要商品（或服务）平均价格水平比上月
□上升　　□变化不大　　□下降

051 请分别列出本月主要投入中价格上升或下降的项目（请按常用名称列示）
- 价格上升：＿＿＿＿＿＿＿＿＿＿＿＿＿＿＿＿
- 价格下降：＿＿＿＿＿＿＿＿＿＿＿＿＿＿＿＿

06 收费价格：贵企业本月提供的主要商品（或服务）的销售（或收费）平均价格水平比上月
□上升　　□变化不大　　□下降

07 从业人员：贵企业目前从事经营活动的人员数量（含在岗职工、劳务派遣人员及其他从业人员）比一个月前
□增加　　□基本持平　　□减少

08 供应商配送时间：贵企业本月购买商品（或服务）的交付时间比上月
□放慢　　□差别不大　　□加快　　□没有

09 业务活动预期：贵企业在未来3个月内业务活动整体水平预计
□上升　　□变化不大　　□下降

10 贵企业本月经营活动中需要的商品（或服务）出现短缺的有哪些？（请按常用名称列示）
＿＿＿＿＿＿＿＿＿＿＿＿＿＿＿＿＿＿＿＿

11 贵企业目前在经营活动过程中遇到的主要问题或困难是什么？（可多选）
□①资金紧张　　□②市场需求不足　　□③原材料或商品成本高
□④物流成本高　　□⑤劳动力成本高　　□⑥融资难
□⑦劳动力供应不足　　□⑧人民币汇率波动　　□⑨其他（请具体说明）：＿＿＿＿

12 您对本行业或企业发展如何评价？有何建议？＿＿＿＿＿＿＿＿＿＿＿＿＿＿＿＿

13 盈利（亏损）变化（经营效益状况）：贵企业本月盈利（亏损）比上月
□增盈/减亏　　□盈亏不变　　□增亏/减盈

填表人姓名：　　职务：　　电话：　　报出日期：20　年　月　日

说明：1. 统计范围：选中的建筑业，批发和零售业，交通运输、仓储和邮政业，住宿和餐饮业，信息传输、软件和信息技术服务业，金融业，房地产业，租赁和商务服务业，科学研究和技术服务业，水利、环境和公共设施管理业，居民服务、修理和其他服务业，教育，卫生和社会工作，文化、体育和娱乐业样本单位及其主管企业运营的负责人或采购经理。
2. 报送日期及方式：每月22-25日（16:00前）网上直报（http://www.lwzb.gov.cn）或移动终端（http://219.235.129.147/pmi）报送国家统计局。
3. 本表由非制造业企业主管企业运营的负责人或采购经理填报。
4. 选项的界限："基本持平"、"变化不大"或"差别不大"选项的界限由非制造业企业填表人根据经验进行选择判断。
5. 对比期的确定：对于流量问题（时期指标，如客户需求等），对比期为上个月；对于存量问题（时点指标，如存货、从业人员等），对比期为一个月前。

资料来源：国家统计局。

图 12.4　2018 年的非制造业采购经理调查问卷

从问卷调查很容易看出非制造业PMI的各个分项，分别是商务活动、新订单、新出口订单、在手订单、存货、投入品价格、销售价格、从业人员、供应商配送时间、业务活动预期10个指标(见表12.2)。

表12.2　　非制造业PMI的10个分类指数

非制造业PMI分类指数	意　义
商务活动	本月完成的业务活动总量，可以根据客户数、销售量、工程量或者完成投资等实物量综合评价
新订单	本月签订的服务、生产订货合同或收到的其他形式需求总量
新出口订单	本月与国(境)外企业签订的服务、生产订货合同或收到的其他形式需求总量
在手订单	本月还没有完成的业务量
存货	本月原材料、在产品、半成品、产成品、商品以及周转材料等，金融业等企业可以填"没有"这一选项
投入品价格	本月经营活动或提供服务过程中购买的主要商品或服务等加权平均价格水平
销售价格	本月提供的主要商品(或服务)销售(或收费)的加权平均价格水平
从业人员	本月在企业工作并取得工资或其他形式劳动报酬的人员
供应商配送时间	本月收到的主要供应商交付商品(或服务)的时间
业务活动预期	本月企业对未来3个月业务活动整体水平的预计

资料来源：国家统计局。

与制造业PMI类似，非制造PMI各个分项同样用扩散指数方法计算：

非制造业PMI分类指数＝"增加"选项的百分比＋"持平"选项的百分比×0.5

非制造业供应商配送时间指数也是逆指数，统计局公布的各个分类指数也都是经过季节性调整的。

非制造业PMI里又分了建筑业PMI和服务业PMI。

一般来说，建筑业产业链核心取决于地产和基建，地产开工、施工行为以及基建投资直接能影响建筑活动，进而影响建筑业PMI读数。因此，建筑业PMI的变化可以与基建地产活动的强弱相对应。

服务业分行业来看，主要包括：电信广播电视卫星传输服务、货币金融服务、资本市场服务、保险、航空运输、道路运输、住宿、餐饮、居民服务、文化体育娱乐服务等。

这些行业既有生产性服务业，也有生活性服务业，无论是生产性服务业还是生活性服务业，本质上都与制造业有较强的相关性，尤其是生产性服务业，本质上是依附于制造生产环节的。

一旦制造业不景气，生产性服务业肯定就会跟着受影响；一旦制造业不景气，收入下降的压力就会传导到生活性服务业。所以，在绝大多数时候，制造业 PMI 和非制造业 PMI 走势都较为接近(见图 12.5)。

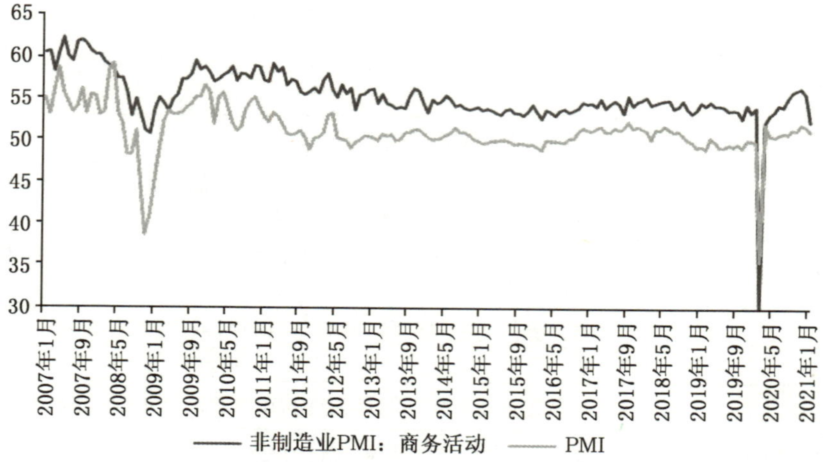

资料来源：Wind。

图 12.5　制造业 PMI 和非制造业 PMI

有时候，经济遭遇负向冲击的时候，不同部门遭遇的冲击是不同的。

2008 年全球金融危机，很明显直接遭遇冲击的是中国的外需，与制造业息息相关，所以制造业 PMI 降幅快于非制造业 PMI。

2020 年新冠肺炎疫情期间，因居家隔离，居民不得不取消所有外出群聚型活动，对线下消费和线下服务业打击更大，所以非制造业 PMI 降幅大于制造业 PMI；2021 年 1 月部分地区疫情反复，也能看到非制造业 PMI 降幅快于制造业 PMI 这一事实。

把制造业和非制造业 PMI 加权，可以得到一个新指数：综合 PMI 产出指数。

综合 PMI 产出指数的目标是要综合反映企业生产、经营的情况，这个指数从 2017 年开始编制，2018 年 1 月正式对外发布。

综合PMI产出指数并没有直接通过统计调查获得数据，而是简单地通过制造业PMI和非制造业PMI的加权平均测算得出：

综合PMI产出指数＝制造业占GDP比重×制造业PMI＋非制造业占GDP比重×非制造业PMI

从这个公式可以看出，制造业和非制造业占GDP的比重都是动态的。可见，综合PMI产出指数考虑到了经济结构的调整。

在介绍完这三类官方PMI之后，有两点必须要明确：

(1)PMI是环比意义上的指标。从上面的两张PMI问卷调查表中可以看到，问题多是相对于上个月的变化情况。因此，PMI反映的是经济相比于上个月是扩张还是收缩，这和宏观经济分析时常用的同比数据有所不同。

(2)PMI所反映的“量”的变化和“货币量”无关。制造业PMI和非制造业PMI的各个分类指数，都是在问卷调查后，根据“增加”和“持平”的百分比加权平均后得到的。

即使是制造业PMI中的主要原材料购进价格、出厂价格，以及非制造业PMI中的投入品价格和销售价格，反映的也都是认为价格相比于上个月上涨和持平的比例加权平均后的值，而不是价格本身的变化。

例如，假设某月认为制造业主要原材料购进价格上涨的比例为50%，认为持平的比例为10%，可计算出这个月制造业PMI主要原材料购进价格指数为55，55比50多了10%，但我们不能据此说主要原材料价格涨了10%。

12.4 如何分析PMI

12.4.1 如何理解PMI读数

看财经新闻的时候，大家都会有个感觉，PMI是否在50以上是经济强弱的临界点，50也就是大家常说的荣枯线。

当PMI高于50时，经济总体在扩张；当PMI低于50时，经济总体在收缩。

但不知道大家想过没有，这个50究竟是怎么得出来的？

我们假设制造业PMI问卷调查样本企业中认为经济扩张的比例为 $a\%$，经济收缩的比例为 $b\%$，那么认为经济状况和上个月持平的比例为 $(100-a-b)\%$。

根据PMI的公式定义，这个月制造业 $PMI=a+0.5\times(100-a-b)=50+0.5\times(a-b)$。

当 $a=b$ 时，也就是认为经济扩张和收缩的比例持平时，从统计意义上讲经济和上月相比没有什么变化，此时 $PMI=50$；

当 $a>b$ 时，即调查者里面认为经济扩张的比例大于认为经济收缩的比例，从统计的角度看可以认为经济是在扩张的，这个时候 $PMI>50$；

当 $a<b$ 时，即调查者里面认为经济扩张的比例少于认为经济收缩的比例，从统计的角度看可以认为经济是在收缩的，这个时候 $PMI<50$。

不过在做PMI分析的时候，只看PMI是不是大于50，太单薄了，没什么分析价值。

做PMI分析，关键是要看环比动能的变化。这就又分为两种情况：

(1)当月的 $a-b$ 要比上个月的 $a-b$ 大，也就是说这个月认为经济扩张与经济收缩两个比例的差值，要比上个月大，说明这个月经济扩张的节奏相比上个月在加快；

(2)相反，当月的 $a-b$ 要比上个月的 $a-b$ 小，这个时候尽管PMI在50以上，但是要比前值小，可以理解为虽然经济在扩张，但是认为经济扩张多于经济收缩的人数，比上个月要少了，可以推出经济扩张的节奏放缓，经济在边际上是有下行压力的。

做市场分析的，当然要更关注基本面边际的力量。

写到这里，我们可以给PMI的不同象限做个总结：

当 $PMI>50$，且比前值高时，经济总体扩张，扩张的速度在加快，经济整体的趋势在上行；

当 $PMI>50$，且比前值低时，虽然经济仍处于扩张阶段，但是扩张的节奏放缓了，经济边际上是有下行压力的，而市场最关注的是边际力量；

当 $PMI<50$，且比前值高时，经济虽然在收缩，但是在逐步好转，经济正在复苏，有否极泰来的可能性；

当 PMI＜50，且比前值低时，经济有加速收缩的趋势，处于明显的经济下行阶段。

当然，上述分析的前提是要过滤掉季节性因素的影响，不能错把季节性波动当成趋势。

理论上，如果 $a=100$，也就是样本内所有的企业都认为经济会更好，这个时候 PMI 就是 100。

相反，如果 $b=100$，也就是样本内所有的企业都认为经济会更糟糕，这个时候 PMI 就是 0。

现实世界的经济运行，不太可能出现一边倒的情况，多数情况下，PMI 读数都会在 50 左右波动。

有两次 PMI 特别低的时候，一次是 2008 年 11 月，PMI 为 38.8；还有一次是 2020 年 2 月 PMI 为 35.7。前者是因为全球金融危机导致出口受到重创；后者是新冠肺炎疫情导致经济活动短期被冻结。

最大一次环比改善出现在 2020 年 3 月，这是因为 2 月疫情影响下的低基数和 3 月疫情控制住后经济活动的自然修复。

12.4.2　如何分析 PMI 各个分项

为了便于做宏观经济分析，我们把 PMI 的各个分项分成需求、生产、采购和库存这四大块。

1. 需求分析

一般来讲，经济增长的趋势往往是由需求驱动的，企业的存在是为了利润，要有利润得先有订单，有了订单才能有利润。

以向上的经济周期为例，当需求好的时候，企业会发现手里的存货越来越少，产成品库存会下降，这个时候企业往往会加大马力生产，这个时候生产就跟着需求上去了。

如果企业对未来经济增长较为乐观，预期未来的需求会更好，企业就会多备货（也就是所谓的主动补库存），并加大采购的力度，进行更大规模的生产。

相反，当经济步入下行周期，需求越来越乏力的时候，企业会发现手里的存货越来越多，因为生产出来的东西卖不出去，只能堆积在仓库里，从而导致产成品库存上升。

这个时候企业会逐步减小生产的力度，生产随着需求的下降而下降了。

如果企业对未来经济增长预期较为悲观，预期未来的需求会更糟糕，企业就会减少备货，甚至会对仓库的存货做清仓大甩卖，并减少采购的力度，进行更小规模的生产。

需求是经济增长的核心驱动力，那么，在 PMI 分项里，有哪几个分项是包含需求的呢？

一般来说，包含需求的 PMI 分项有三个：新订单、新出口订单以及在手订单。

新订单反映的是内需的变化，新出口订单反映的是外需的变化。在手订单，指的是企业已经承接了，但目前还没有交付客户的产品订货数量。

新订单占 PMI 读数权重的 30%，在需求端的几个指数里，新订单毫无疑问是最重要的一个分项。12 个月移动平均的 PMI 新订单指数和名义 GDP 当季增速是正相关关系，且有一定的同步性（见图 12.6）。

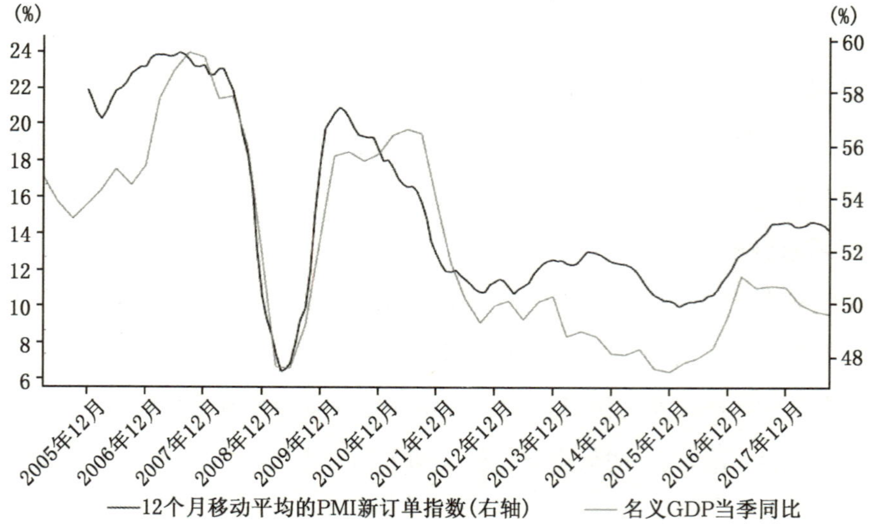

资料来源：Wind。

图 12.6　12 个月移动平均的新订单指数和名义 GDP 增速有一定同步性

新订单有时候可以通过建筑业 PMI 找对应，后者主要对应的是基建地产开工的强弱，而基建地产开工的强弱又与宏观经济周期紧密相关。

理论上讲，PMI 新出口订单是出口的领先指标（见图 12.7），一方面，PMI 新出口订单反映的是出口的环比变化，对出口的边际变化反映得更为敏感；另一方面，因为和海外企业签订好订单之后，过段时间需要交付，这计入新出口订单，但等交付后才会体现在出口数据上。

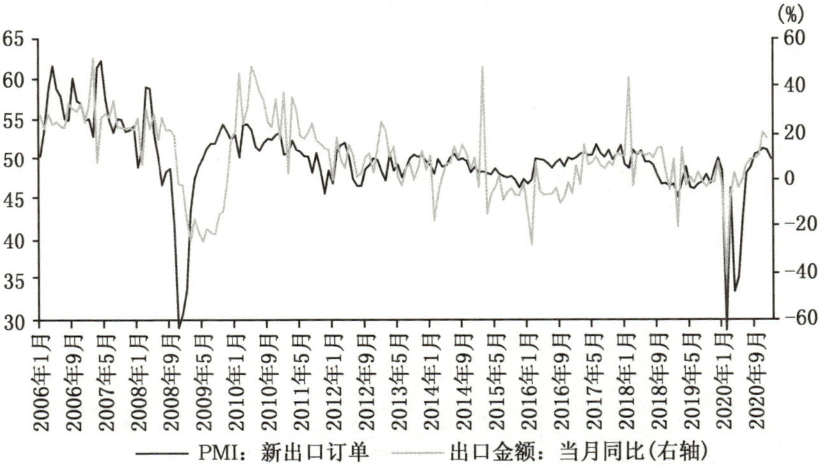

资料来源：Wind。

图 12.7　PMI 新订单对出口有一定领先性

如果 PMI 新出口订单连续 2—3 个月放缓（上行），就要思考一下未来出口增速是不是有下行（上行）的压力，支撑前期出口上行（下行）的逻辑是不是有些变化。

我们举一个例子来说清楚这个分析范式。

2020 年下半年，因中国成功控制了疫情，同时疫情在海外蔓延，海外对抗疫情的财政、货币双积极措施频繁出台，导致需求集中爆发，与此同时，海外生产能力因为疫情没有恢复，这些都转化为中国的外需，所以中国的出口在 2020 年下半年迅猛上升。

但 2020 年 12 月和 2021 年 1 月，连续两个月 PMI 新出口订单出现了下行，这个变化还是需要关注的，要思考一下这是不是意味着出口扩张的逻辑被证伪了。

前期出口扩张的逻辑是疫情停工叠加需求刺激，导致有需求没有供给。既然数据有了下行的信号，那就要思考：是需求端发生了变化，还是供给端发生了变化？

海外需求不仅不会弱，甚至还会强化，海外房地产在过剩流动性的驱动下，处在不断复苏的趋势之中，财政刺激也在继续加码，美国 1.9 万亿美元的财政刺激大概率会出台。

在需求端扩张的同时，海外疫苗接种的速度在加快，海外复工复产的速度也在加快，与美国的 PMI 对应着看，可以发现美国 PMI 的产出指数在上升，但进口分项在下降（见图 12.8）。

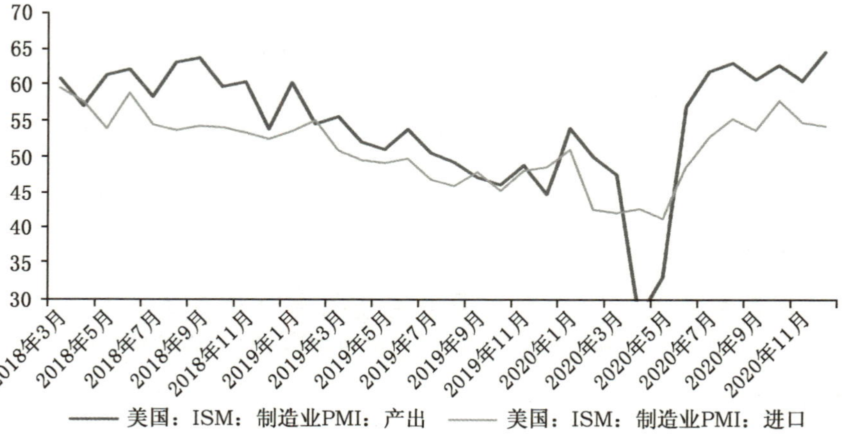

资料来源：Wind。

图 12.8　美国 PMI 产出指数上升的同时进口指数在下降

因此，基本可以确定，出口是受到了供给的影响，因为海外产能在恢复，替代了部分中国的出口需求。未来出口能不能持续，关键就是看需求端能不能持续复苏。

当新出口订单出现连续 2—3 个月下滑（上升）的时候，需要做的是，回顾前期出口上行（下行）的主要动因，然后看支撑前期出口上行（下行）的主要动因能否继续持续。

需求是非常重要的，需求好了，产成品库存就能下去，后续就有希望看到生产旺、价格涨，如果企业预期还很好，就还能看到企业加大力度采购。

因此，新订单与产成品库存之差，是可以作为生产的领先指标的（见图 12.9）。

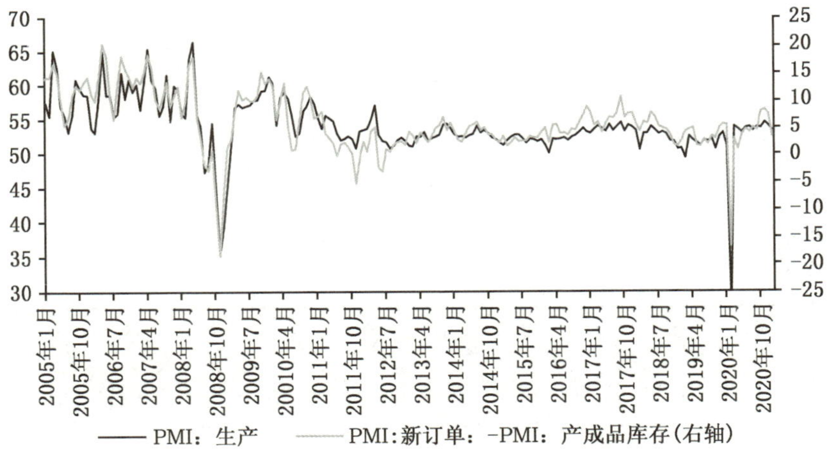

资料来源：Wind。

图 12.9 新订单减去产成品库存与生产指数关联度很高

只有在新订单消化了产成品库存的前提下，才能看到后面旺盛的生产。

如果新订单连产成品库存都消化不了，那后面生产肯定也好不到哪去。

可以看到近期新订单减去产成品库存指数走出了拐点，这并不是一个很好的信号，毕竟这说明需求开始消化不了上升的库存。

而且从需求结构看，新订单开始往下走了，在手订单仍处于高位，这反映出的信号是需求乏力，现在的订单是靠过去旺盛的需求支撑的(见图 12.10)，而将来的需求则出现了环比走弱的迹象。

2. 生产分析

生产主要就是生产指数，从 PMI 的构成看，它权重为 25%，是最重要的分类指数之一，仅次于新订单。

生产指数有一定的季节性，这是首先需要关注和调整的，因为有时候容易把季节性波动当趋势，所以，在分析生产的时候，首先需要把季节性因素给剥离掉。

从月均数据上看，生产的季节性主要体现在春节和二季度(见图 12.11)，春节所在月份通常是年内低点，春节期间生产活动是冻结的，另外两个低点是 7 月和 12 月，7 月太热、12 月太冷，高点多在开春和秋季，对应的是生产旺季。

生产环节有很多高频数据都可以观测，找到二者的对应关系，比如日均粗钢产

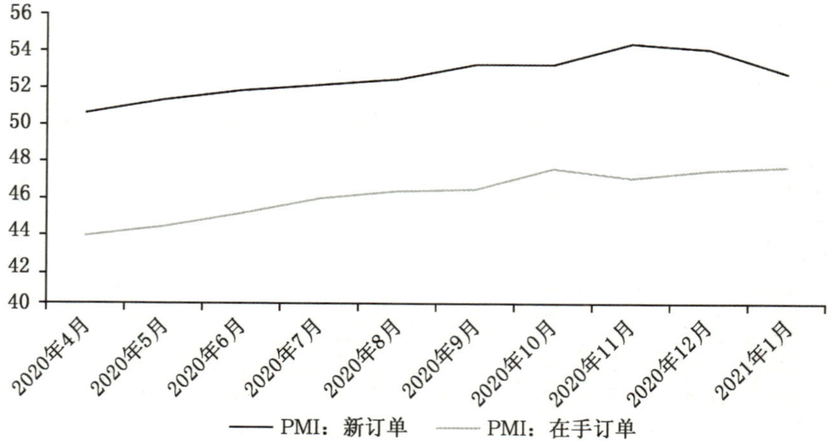

资料来源：Wind。

图 12.10 需求结构主要靠在手订单支撑

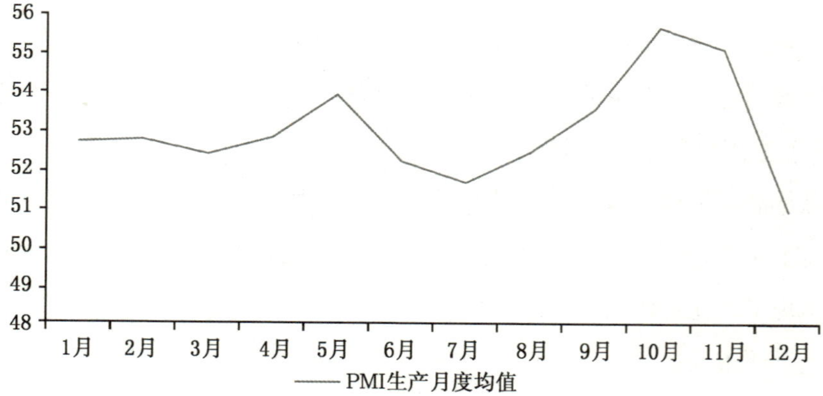

资料来源：Wind。

图 12.11 生产的季节性规律

量、全国高炉开工率、6 大发电集团日均耗煤量(已停止更新)等。

PMI 新订单指数和 PMI 生产指数的差，可以近似看作是供需关系的缺口：当需求好于供给，产出品价格应该会上涨；当需求比供给弱，产出品价格应该会下跌。

可见，PMI 新订单指数与产出指数之差和 PPI 环比有一定同步性(见图 12.12)。

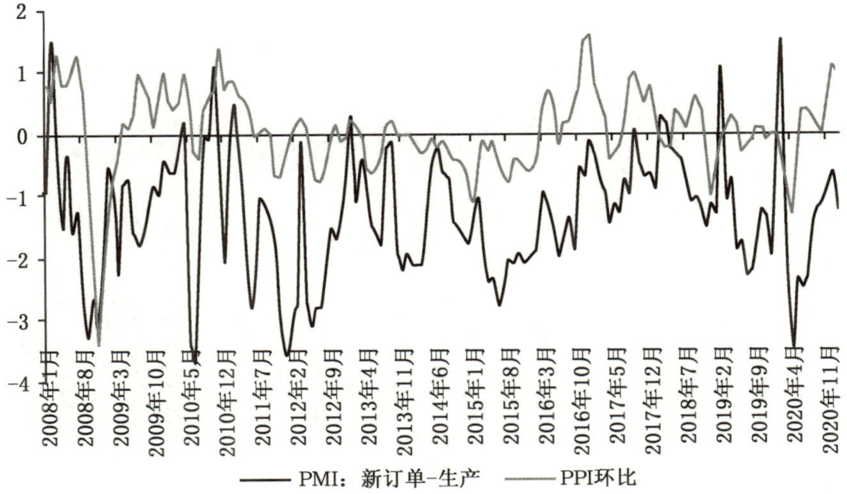

资料来源：Wind。

图 12.12　PMI 新订单与产出指数之差与 PPI 环比有相关性

3. 采购分析

当生产强的时候，就需要采购了，当然，也可以通过进口满足生产需求（见图 12.13）。一般来讲，当需求好、生产旺的时候，企业会加大采购的力度；相反，当需求不好、生产弱的时候，企业会减少采购，主要目标放在消化库存上。

强劲的需求和生产也会反映在价格上，当需求比供给（生产＋产成品库存）强时，显然会推高产出品价格，也就是出厂价格指数。

根据该价格指数的变化方向，可以较为准确地判定 PPI 环比的变化方向，两者基本是同步的（见图 12.14）。对两者做回归分析，PPI 环比＝0.126×PMI 出厂价格指数－6.226，拟合优度达到了 0.81。

比如 2018 年 9 月 PMI 出厂价格指数为 54.3，通过模型计算得 PPI 环比为 0.62％，与实际值 0.60％较为接近。

还有一个价格指数是主要原材料购进价格。主要原材料购进价格相比于出厂价格指数，要偏上游一些，后者是产出品价格。

当需求旺盛、生产强的时候，企业加大原材料购买，大概率就会推高原材料购进价格；相反，当需求下行、生产弱的时候，企业会减少原材料购买，甚至会暂停购

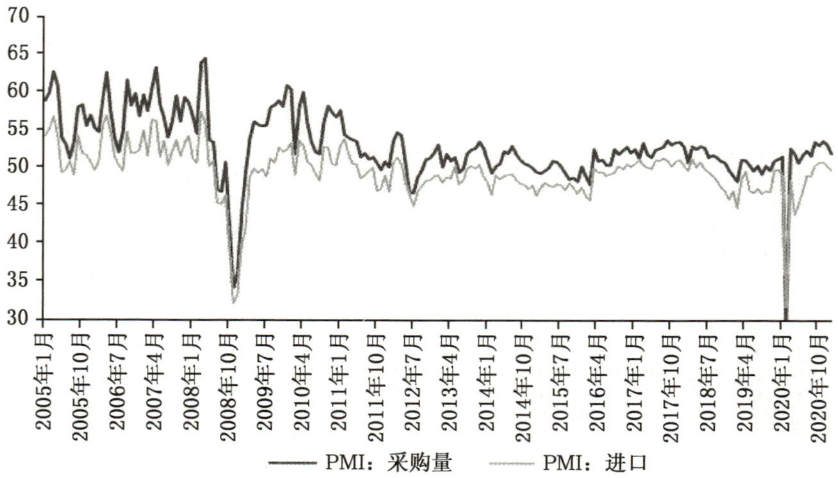

资料来源：Wind。

图 12.13　PMI 进口与 PMI 采购量有较强的相关性

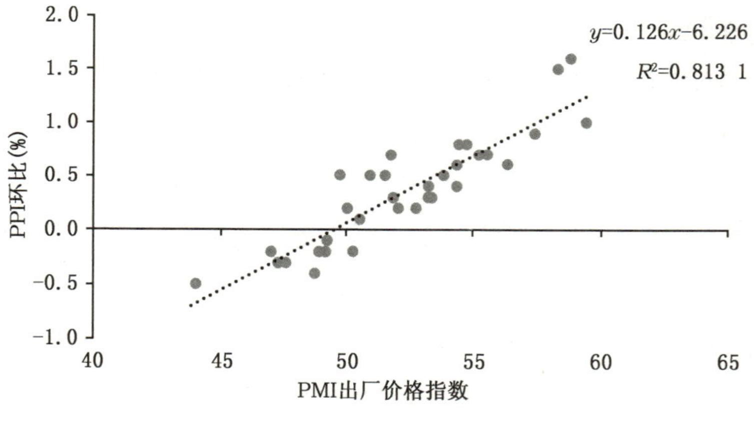

资料来源：Wind。

图 12.14　可以根据 PMI 出厂价格指数估算 PPI 环比

买去库存，原材料购进价格就会有下行压力。

PMI 主要原材料购进价格指数偏上游，所以它与工业生产者购进价格指数(PPIRM)环比对应，也是 PPIRM 环比的良好预测指标(见图 12.15)。

根据两者的回归方程，我们可以估算出 2018 年 9 月 PPIRM 的环比为

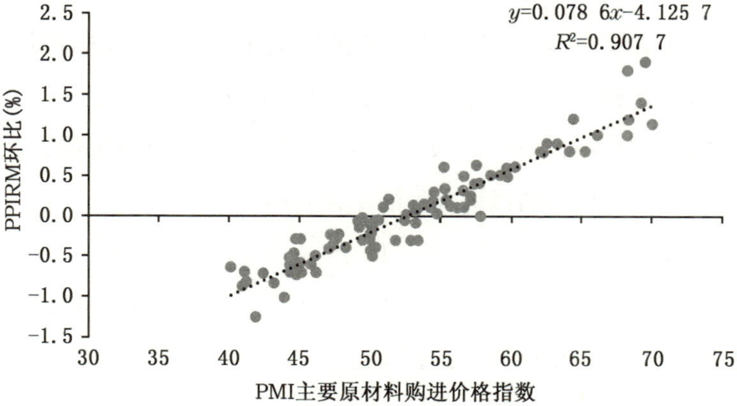

资料来源：Wind。

图 12.15 主要购进原材料价格和 PPIRM 环比回归分析的拟合优度达到 0.90

0.57%，与实际值 0.60%较为接近。

4. 库存分析

库存可以看产成品库存和原材料库存，一般来说，库存周期有几个对应的规律：

当产成品库存往下，原材料库存也往下，这意味着企业不仅减缓了采购的速度（原材料库存往下），企业还在降价处理自己仓库里的库存（产成品库存也在往下），对应的往往是主动去库存周期。

当产成品库存往上，原材料库存也往上，这意味着企业不仅加快了采购速度（原材料库存往上），还不断往仓库里补库存（产成品库存也在往上），一般只有在需求好并且企业预期未来需求也会好的时候，企业才会这么做，这个时候对应的是主动补库存周期。

当产成品库存往下，原材料库存往上，这意味着企业在加快采购的速度（原材料库存往上），同时企业仓库里的产成品在不断售出（产成品库存往下），这意味着需求不错，企业也在慢慢加大原材料购置，准备好生产应对需求，这个时候对应的是被动去库存。

当产成品库存往上，原材料库存往下，这意味着企业已经在减缓采购的力度了

(原材料库存往下),同时企业因生产的惯性,产成品库存还在累积(产成品库存往上)。需求不好的时候,企业才会出现这种状况,库存卖不动,只能堆积在仓库,同时也减少采购,原材料库存下降,这个时候对应的是被动补库存。

通过产成品库存、原材料库存,如果再结合新订单、生产和采购量这几个 PMI 的分类指数,就大致可以判断经济所处的库存周期。

举个 2018 年 5 月至 2018 年 9 月的例子。

2018 年的宏观大背景是金融去杠杆叠加中美贸易摩擦,全年经济有下行压力,我们看看这个时期的库存是怎么表现的。

PMI 新订单指数从 53.8 降到 52.0,这一看,就发现需求不怎么样了。

然后看产成品库存,从 46.1 上升到了 47.4,基本可以判断库存在被动累积,因为需求弱,货卖不出去,只能放仓库里。

所以生产和采购的积极性肯定也下来了,生产指数从 54.1 降到 53.0,采购量指数从 53.0 降至 51.5。

这也就意味着原材料库存会下降,因为不采购了,自然就没有原材料库存,原材料库存指数从 49.6 降到 47.8。

这是典型的被动补库存,对应着经济的衰退阶段。虽然企业在需求放缓之下,主动减慢原材料采购和生产的节奏,但是仍不及需求放缓的速度,导致产成品库存去化变慢。对企业来说,这种库存累积是被动的。

官方制造业 PMI 为了照顾数据的全面性,也会按大、中、小三种企业类型分别公布 PMI 数据。

从企业类型的不同,可以看出不同企业的生存状况,尤其是 2016 年以后,中国经济进入了存量博弈时代,小企业的生存状况大不如从前,不再像过去一样,可以和大企业齐头并进了。

比如在 2020 年四季度,中国经济持续复苏的时候,小企业 PMI 却在持续下行。

为什么会这样呢?

2020 年在国内疫情控制后,出口高增长,但带来了人民币汇率升值,在主动补库存趋势下,也带来了原材料价格上涨。

这些对小企业来说,有较强的挤出效应。

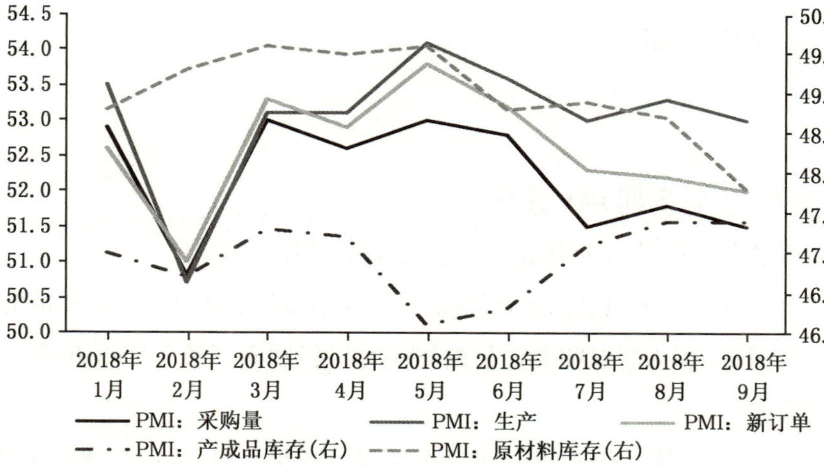

资料来源：Wind。

图 12.16　2018 年 5 月至 2018 年 9 月经济处于被动补库存阶段

而且，疫情虽然被控制，但并没有完全消除，对线下消费和服务业的打压还在，不少中小企业又是以线下服务和消费为生的。

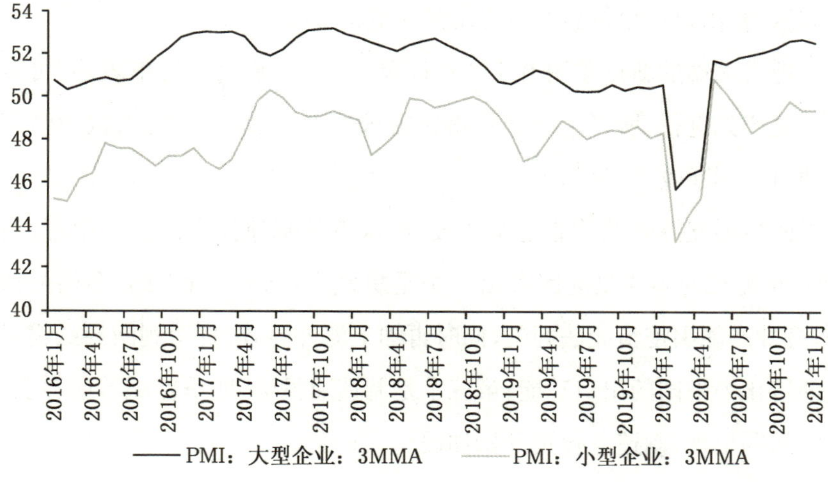

资料来源：Wind。

图 12.17　2016 年以来，小企业与大企业的 PMI 出现了明显分化

12.5　案例分析

12.5.1　上行周期 PMI 分析

下面通过几个案例，生动讲述一下怎么分析 PMI。

2020 年全年是一个典型的上行周期，这一年中国经济从疫情中逐渐走出来。

2020 年开年，因为新冠肺炎疫情的影响，经济被“砸了坑”，PMI 掉到了 35.7 的历史最低位。

但从 2020 年 3 月，中国逐步从疫情的阴霾下走了出来，叠加全球的流动性宽松和财政刺激，中国经济开始走向了复苏之旅。

先来看需求，疫情走出来后，是先复工复产，对应的是 PMI 生产指数先恢复，不过同时需求同样恢复得很快。

新订单指数从 29.3 反弹到 52，而且后续持续上行到年底的 53.9，新出口订单指数从 28.7 反弹到 46.4，但因为疫情在海外爆发，4 月又下降到 33.5，后续随着海外财政刺激，新出口订单指数一直上涨到年底的 51.5。

我们把需求端的新订单用 0.7×新订单＋0.3×新出口订单表述，可以看到，因为复工复产先进行，所以生产恢复得比需求快，但后续随着需求快速恢复，其与生产的裂口在不断收窄(见图 12.18)。

需求的主要支撑来源并非是基建投资，这点从基建投资的数据中可以找到印证。2020 年需求的主要驱动因素第一个是房地产，新开工和投资都很强；第二个是出口，海外产能因疫情无法开工，同时再加上海外财政、货币刺激导致需求旺盛，这又全部转化为中国的出口动能；第三个是制造业投资，四季度随着库存去化和产能不足的问题出现，制造业投资开始加码。

需求好的另一个特点可以在产成品库存不断去化中体现。

疫情的时候，都不出门消费了，企业的库存肯定只能被动累积在仓库里，因为货卖不出去。后来先复工复产，也会累积产成品库存。

但 3 月以后，PMI 新订单和产成品库存的裂口在不断走阔(见图 12.19)，这说

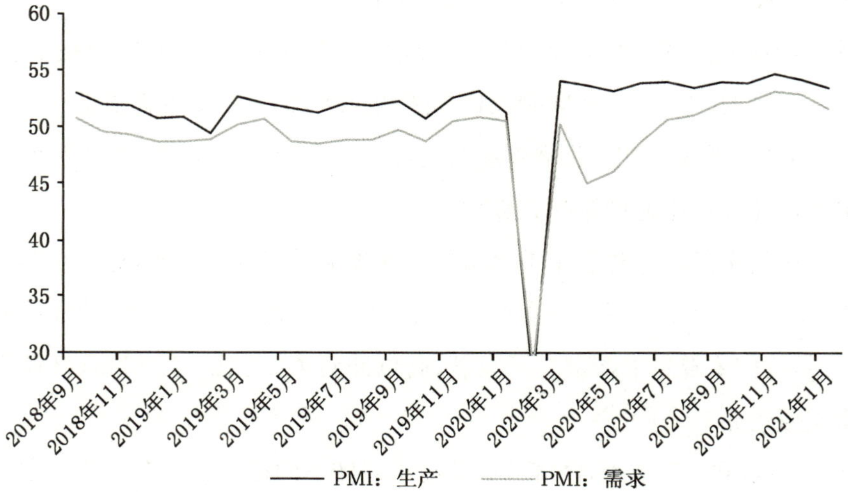

资料来源：Wind。

图 12.18 生产与需求的裂口在快速收窄

明需求是能不断消化生产和库存的，这一点非常重要，为后续的生产持续和从被动去库存转为主动补库存的判断打下了基础。

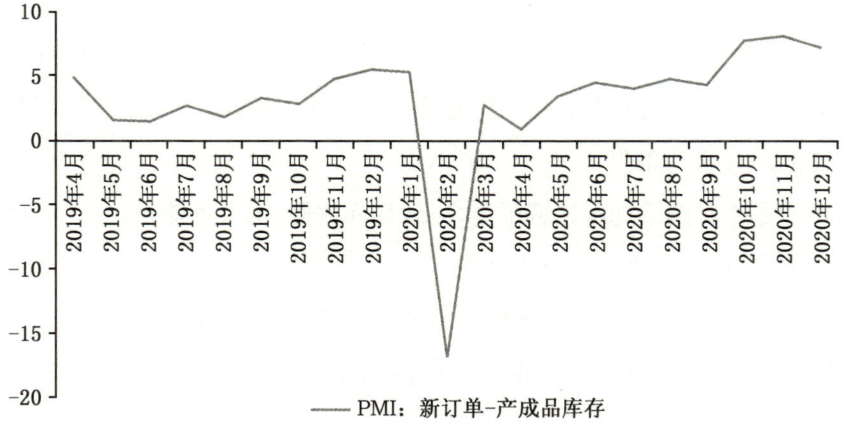

资料来源：Wind。

图 12.19 新订单与产成品库存不断走阔

需求既然有保障，那生产的持续性就有了保证。要不然复工复产后卖不出去，全部是产成品库存，复工复产的趋势也就维持不下去了。

既然产成品能够持续去化，那么生产就有持续上升的动力，生产指数从 27.8 上升到了年底的 54.7。与此同时，出厂价格指数从 4 月 42.2 的低点上升到了年底的 52.4，这也从侧面说明了供需关系是比较紧的，需求大于供给（生产和库存），对应了 PPI 同比和环比走势都在不断修复。

当产成品库存不断去化后，自然就有了采购和补库存的动能，尽管采购指数是 2 月最低，但 3 月环比反弹后一直在 51—52 震荡，直到三季度开始，产成品库存不断去化后，我们才看到采购量有了突破，高点冲到了 53.7。进口和原材料购进价格也有类似走势。

换句话说，到了三季度，经济开始从需求好转下的被动去库存变成了主动补库存。库存数据也能够反映这一点，三季度开始，产成品库存和原材料库存一起上行了。

分析到这里，其实投资的逻辑和政策的逻辑就都可以推演出来了：

(1)主动补库存阶段，没有债券的牛市，股票机会就是顺周期；

(2)政策上，总量宽松肯定会退了，财政低于预期，货币总量宽松看不到了，但小企业状况不好，结构性支持还是可以看到的。

需要关注的是，2020 年 12 月和 2021 年 1 月的新订单和新出口订单都有下行压力，而产成品库存加速往上，这意味着需求开始相对不足，消化不了生产和库存，导致产成品库存被动累积。

有可能是 1 月疫情局部区域反复，工地提前放假，也有可能是出口环节海外生产开始恢复，国内出口订单部分被替代。

这个拐点需要警惕吗？那要看支持经济增长的中长期增长动能发生变化没有，以及这个不利的影响是短期的还是长期的，是不是前期支撑经济增长的关键逻辑的根本性颠覆。

目前来看，我国疫情又被控制住了，海外财政刺激还在继续加码，需求端对出口的支持肯定还在，所以，基本可以判断，经济增长的问题是不大的，复苏还能持续。

12.5.2　下行周期 PMI 分析

2018 年受中美贸易摩擦和金融去杠杆影响，经济有下行压力，这次看 2018 年 9 月的单月数据解读。

2018 年 9 月的制造业 PMI 为 50.8，和前值 51.3 相比，下行了 0.5 个点。

看到数据后，第一步，需要排除季节性的影响。

从过往的经验看，9 月是开工旺季，很少有比 8 月还低的。2008 年至 2017 年这 10 年中，有 8 年的 9 月制造业 PMI 高于前值，有 2 年持平，并没有出现 9 月比 8 月低的情况。9 月制造业 PMI 平均比 8 月的高 0.7，9 月制造业 PMI 大幅回落远超季节性因素的影响。

既然确定了不是季节性影响，那这次回落就要从基本面上找解释了。

第二步，看需求。

新订单和新出口订单都在往下，新订单指数从 52.2 下降到 52.0，新出口订单指数从 49.4 大幅回落至 48.0。

先看看内需。短期没有新的有效托底力量出现。虽然一直强调要稳增长，但拖累基建投资的地方债务监管、金融监管并没有实质性放松，房地产资金来源也因金融强监管被收紧，目前看主要靠制造业设备更新改造。供给侧结构性改革后，头部制造业企业内部盈余较厚，即使外部融资紧，也可以通过设备更新改造支撑制造业投资，但从整体的经济增长角度来看，显然是独木难支。

再来看外需。新出口订单指数连续 4 个月位于荣枯线以下，而 9 月继续大幅下滑了 1.4，这很明显是中美贸易摩擦的影响。

从这两个需求的数据，基本可以把经济下行的原因锁定为金融去杠杆导致基建、地产、中小企业融资偏紧，以及中美贸易摩擦导致的出口下行压力。

第三步，看生产和采购。

PMI 生产指数从 53.3 下滑至 53.0，下滑的幅度要小一些，主要是因为 9 月是生产旺季，不过生产旺季还下滑本身就能说明经济有下行压力了。

生产放缓一是需求弱，没有订单，所以没有生产的积极性和必要。二是产成品库存上升，二季度以来工业企业产成品库存累计同比持续上升，说明需求太弱，导致库存只能堆在仓库里，这意味着未来有主动去库存的压力。

生产弱，企业预期也不好，9 月 PMI 生产经营活动预期指数为 56.4，创 2016 年 7 月以来的新低，自然就不会采购了，采购量指数从 51.8 下降至 51.5，进口指数也从 49.1 下降至 48.5。

最后一步，看库存。

9 月产成品库存指数持平于 47.4，原材料库存指数从 48.7 下降至 47.8，新订单和产成品库存的裂口在不断收窄，这一看就是被动补库存了。

被动补库存的趋势是非常糟糕的，这意味着经济短期还没见底，至少也要等到库存去化以后，后面还有一波主动去库存。

除非需求突然出现大幅好转，直接带动产成品库存去化，走入被动去库存。但这很显然需要明显的促发因素，目前很难看到。

在这一背景下，被动补库存后大概率是主动去库存，债券的机会是明确的，可以布局，而股票市场至少从基本面的角度来看，还需要再等等。

第13章

外汇数据分析

本章主要讲三个数据，分别是外汇占款、银行结售汇和国际收支平衡表。

本章主要讲三个数据，分别是外汇占款、银行结售汇和国际收支平衡表。

13.1 外汇占款

假设有出口贸易商张某出口商品到国外，赚了 100 万美元。

除非张某要继续从国外进口零部件原材料或者有很强的人民币汇率贬值预期，张某一般会选择把 100 万美元换成人民币，因为在国内使用美元是不方便的。比如在国内买银行理财产品、在国内买日常的消费品或者买楼、买股票等经济活动都不是用美元结算的。

假设按当前的人民币汇率，1 美元可以换成 6.5 元人民币，那么张某这 100 万美元就可以转化为 650 万元的人民币存款，这个 650 万元人民币存款，就是金融机构口径下的外汇占款。

如果张某不是内地的出口商，是一名港澳商人，看好内地经济增长前景，他也可以拿着 100 万美元投资内地，只是内地的经济活动，比如要在内地买楼、雇人、配套零部件，肯定得用人民币结算，所以张某需要把 100 万美元换成 650 万元的人民币，形成 650 万元人民币存款，这也是金融机构口径下的外汇占款，这对中国内地来讲，是 FDI。

张某如果是一个境外投资者，看好中国房地产的表现，他可以拿 100 万美元换成 650 万元人民币投资中国的房地产，同样可以形成 650 万元的人民币存款，这对中国来讲，是一笔热钱。

从这三个故事里，可以看出外汇占款形成的三个主要渠道：贸易顺差、FDI 和热钱。

当银行拿到张某的 100 万美元时，对银行来说，境外资产配置的机遇在资本管制下是有限的，银行可以找到央行，把 100 万美元换成 650 万元人民币。

这 100 万美元放在央行，形成的就是外汇储备，650 万元是银行从央行获得的人民币基础货币，这 650 万元可以根据银行的需要发放贷款、同业拆借、存银行的超储账户等。这笔外汇占款是央行口径下的外汇占款（见图 13.1）。

2016 年以前还有金融机构口径的外汇占款，2016 年后就不公布了，只能看到

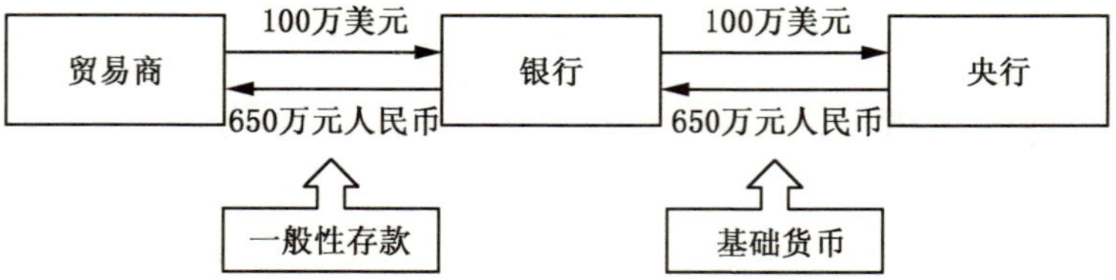

图 13.1 外汇占款的形成过程

央行口径下的外汇占款。

打开央行的资产负债表，可以发现央行资产端规模最大的就是外汇占款了。

中国加入 WTO 以后，出口长期保持高增长并积累了巨额的贸易顺差，再加上人民币资产较高的回报率吸引境外资金流入，外汇占款一直是中国人民银行基础货币的主要来源。

但随着强制结售汇制度放开，再加上各种原因，单边的人民币升值预期发生了一些变化，随着人民币汇改的推进，人民币汇率的波动率开始加大，因此，外汇占款虽然在存量上还是占据了绝对的主导，但在增量上，外汇占款对基础货币增量的贡献度已明显下降了。

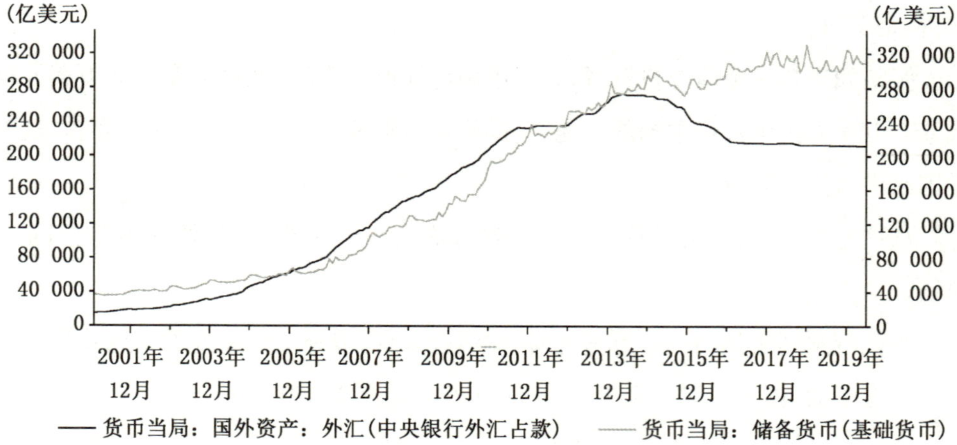

数据来源：Wind。

图 13.2 外汇占款一度是基础货币的主要来源，但增量贡献已明显下降

外汇占款作为基础货币主要供应渠道是存在明显缺陷的。最显著的缺陷之一是外汇占款对货币供应的调节是顺周期的。

举例来说，当国内经济过热的时候，往往需要货币政策收紧对抗通货膨胀和资产价格快速上涨的压力，但经济过热又通常与高实体回报率和人民币资产价格上行相伴，外汇占款在这个时候搞不好会加速流入，进而导致在经济过热期间中央银行甚至在被动扩大货币供应。

相反，当经济下行需要货币政策更加宽松，加大逆周期调节功能的时候，由于经济下行往往伴随着人民币资产回报率低迷和实体经济的风险溢价显著上升，搞不好会有外汇占款流出的风险。如果货币政策的独立性受外汇占款掣肘，就等同于在经济过冷之际还收缩了货币，这无疑会加剧经济下行的风险。

从历史经验看，至少在 2012 年以前，由于持续的国际收支双顺差，再加上强制结售汇制度(有多少外汇都得去找银行结汇)，因此中央银行面对的主要矛盾是控制外汇占款过多流入。尤其在经济过热阶段，当外汇占款加速流入，中央银行需要想办法回笼过剩的外汇占款。

具体应该如何对冲过剩的外汇占款呢?

提高法定存款准备金率是个可行的办法。一方面，提高存款准备金率可以压低货币乘数，降低全社会货币供应水平；另一方面，提高存款准备金率可以改变基础货币的结构，将过剩的外汇占款转化为趴在央行账上的法定存款准备金。

但存款准备金率调整尽管可以做到调控流动性投放规模，但存款准备金率的变动释放的流动性规模较大，而且法定存款准备金率的调整还可以改变货币乘数，进而影响全社会货币供应规模，有货币政策的“巨斧”之称，频繁操作对经济和市场预期冲击太大。

要平滑外汇占款频繁的波动，需要在日常的公开市场操作中引入央行票据这一常态化的货币政策工具。央行票据由央行付利息，银行认购央行票据旨在减少外汇占款创造出来的过剩流动性。此外，央行票据也可以在短期国债市场定价不完善时，凭借其较好的流动性，作为短端利率定价的基准存在。

考虑到央行票据需要央行付息，是有利息支出成本的，只能作为对冲外汇占款的临时性操作手段。一旦外汇占款下降，不再是新增基础货币主要供应来源，央行票据就逐步退出历史舞台了。

近期，出现了离岸央票的新工具。主要是央行通过发行离岸市场的央票，暂时性地收紧离岸人民币池子的水位，通过收缩离岸人民币市场的供给，提高人民币空头做空人民币的难度和成本。

有哪些日常工具可以观测和预期外汇占款的变化呢？

有时候，做资金面分析，等到外汇占款数据公布，都是下个月中上旬的事了。比如现在是2020年8月20日，你需要分析8月的资金面，外汇占款的分析必不可少，但等外汇占款的数据，要到9月中上旬了，指望不上。

可以通过1年期无须本金交割的远期市场汇率（NDF汇率）隐含的贬值预期观测外汇占款的规模。

先解释一下什么是需要交割本金的远期交易（DF）。

假设现在市场即期汇率是6.3，某机构对外卖出了一份1年期、合同规模为100万美元的远期售汇合约，约定汇率是6.5。一年到期后，市场汇率变成了6.7。

如果这笔远期购汇合约是需要交割本金的远期交易（DF），那么到期后，该机构就需要拿出100万美元给对手方。如果说这个机构现在以6.7的价格在市场上买入100万美元交割给对手方，那么显然机构是亏损的。

所以一般情况下，对于要交割本金的远期交易，机构会做风险对冲，即在出售远期售汇的同时，在即期市场上花630万元人民币买入100万美元，来为一年后的交割做准备。

在这一年时间里，机构可以将100万美元存入银行或者借给其他机构，收取利息，有一定的收益。但同时，这100万美元也占用了机构630万元人民币的头寸，存在机会成本。

也就是说，为了对冲风险，机构需要付出成本（630万元人民币的机会成本－100万美元的利息收益），我们简称为利息成本。

因此，在不考虑其他费用的情况下，该机构实际支出（630万元人民币＋利息成本），实际收入是一年到期后，对手方按约定汇率支付的人民币。使两者相等，我们就能得到使金融机构完全没有风险的远期汇率，这个就是“利率平价”原理。

但这里面的问题是：首先，DF没有反映出金融机构对未来汇率的预期，反映的实际上是“利率平价”公式；其次，DF 市场背后由于夹杂了较多具有真实结售汇需求的实盘，多被厌恶风险做对冲的银行主导。最后，DF 市场机构没有外汇头寸，不存在外汇风险，自然也就不存在他们对未来汇率方向的判断。

DF 的本金交割属性和市场参与结构是完全反映不出对人民币汇率升贬值预期的。NDF 之所以可以当成对未来汇率预期的指标，第一是因为市场参与者有较多高风险偏好、会利用外汇衍生品盈利的对冲基金等机构，交易属性更浓；第二是因为 NDF 无须本金交割，对机构来说是有外汇敞口的，存在外汇风险，他们所报出的远期汇率价格才会隐含着对未来汇率的预期。

通过 1 年期 NDF 构建升贬值预期有两种做法。一种是(1 年期 NDF 汇率－即期汇率)，得到的是绝对数值，另一种是(1 年期 NDF 汇率－即期汇率)/离岸即期汇率，得到的是百分比。比较常见的是第二种。

由于 NDF 汇率和即期汇率都是每日有数据公布的，在每个月的中旬，就可以大致通过 NDF 和即期汇率的拟合，模拟出这个月的人民币升贬值预期，然后拿这个指标拟合外汇占款当月的变化。

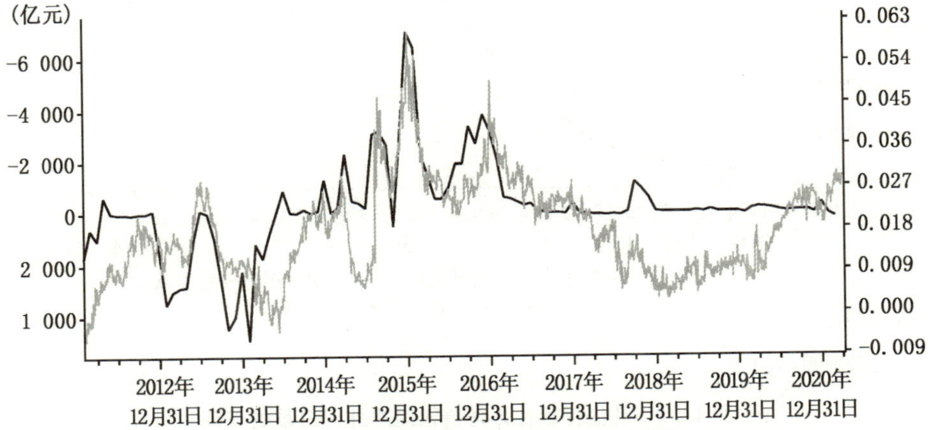

数据来源：Wind。

图 13.3 外汇占款与人民币汇率升贬值预期(左轴，逆序，向上反映升值预期)

随着人民币汇率单边升值预期被打破，人民币汇率波动率放大，人民币资产回报率也随着 GDP 逐步下台阶，外汇占款进入低增长的状态，尤其是 2017 年以来，新增外汇占款每个月都围绕着不到 500 亿元的中枢上下波动。

也就是说，外汇占款不再是基础货币主要的增量来源。

2013 年以前，外汇占款是主要的基础货币投放方式，央行被动对冲增加的外汇占款，用央票、正回购等手段回收流动性。

2013 年后，随着外汇占款下降，基础货币来源亟须新的补充渠道，公开市场操作开始频繁使用（见图 13.4）。这一项被体现在对其他存款性公司债权中，主要是央行对银行的再贴现、再贷款、公开市场操作等，该项会随着央行货币政策的变动而有较大的变动。由于该项绝对规模占比不低、波动率大且隐含了央行货币政策调控的意图，因此基础货币分析应给予重点关注。

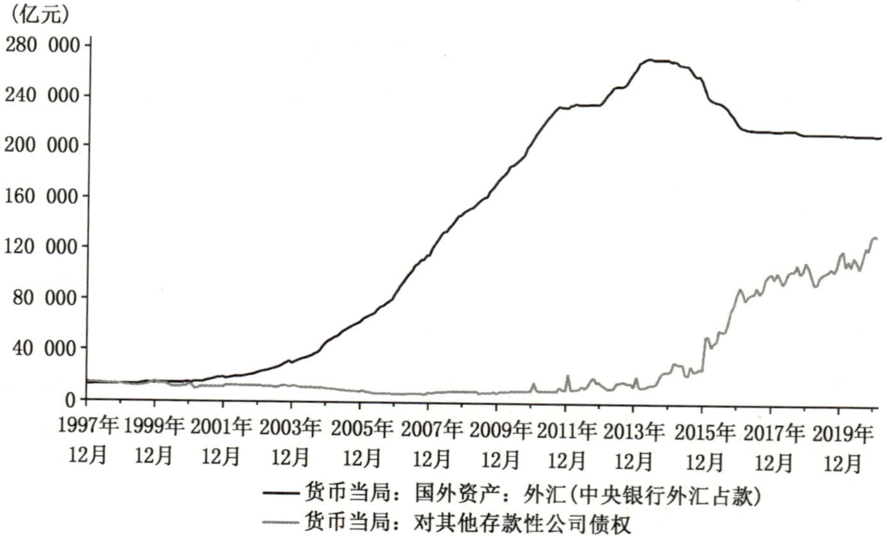

数据来源：Wind。

图 13.4 其他存款性公司债权对冲外汇占款的下降

同为央行口径，外汇占款与外汇储备数据有什么异同呢？

外汇储备与外汇占款之间的核心差异在于记账方式的不同。

外汇占款反映的是央行购买外汇时的人民币成本，以历史成本计价，后续不会变化。

但外汇储备统计的是各时点外汇资产的美元价值，央行 2002 年投放人民币买回来的外储，其价值会随着人民币汇率的变化而变化，但外汇占款数据不会，当时放出去多少人民币，就是多少人民币，是恒定的。

另外，外汇储备是由一揽子货币及国外资产组成的，国外汇率间的变化也影响外汇储备的价值。外汇储备是美元计价的，如果外汇储备构成多元化，非美资产多，当美元指数下跌的时候，非美储备资产的估值就上去了，外汇储备就会变多。

最后，外汇资产的投资能力也会影响外汇储备的价值。比如外汇储备里如果持有很多美债，当美债收益率下行的时候，美债涨了，外汇储备的估值就上去了。

相比于外汇储备的变化，外汇占款对基础货币的变化更值得重点分析，因为无论是人民币汇率、美元和非美货币的汇率变化还是投资损益带来的外汇储备价值波动，都不会影响国内流动性已经投放的既成事实。

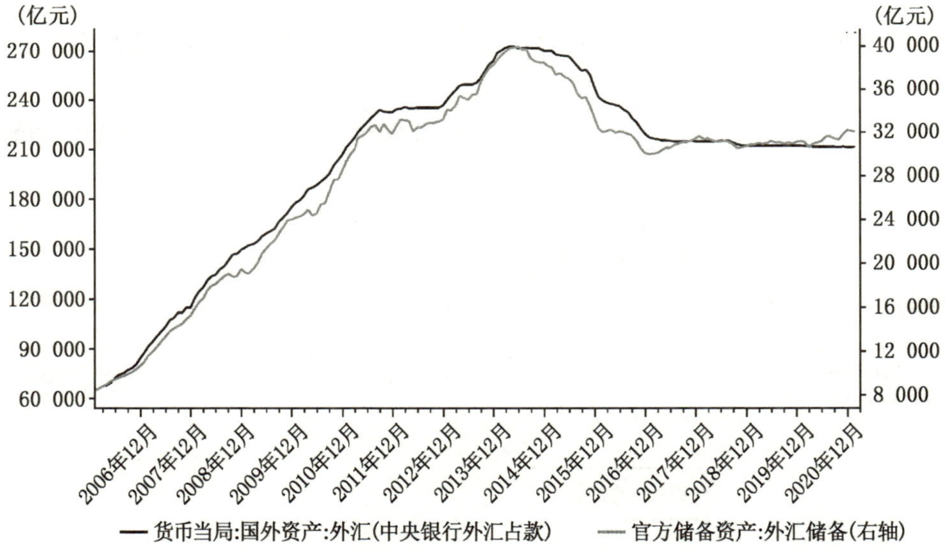

数据来源：Wind。

图 13.5 外汇占款与外汇储备

13.2 银行结售汇数据

银行结售汇可以分成银行自身结售汇和银行代客结售汇。银行自身结售汇主要涉及银行对外的股息红利支付、海外利润汇回等，波动非常小。观测外汇占款有意义的数据主要是银行代客结售汇。

有时候企业也会用到远期结售汇。

远期结售汇是指确定汇价在前而实际外汇收支发生在后的结售汇业务，和即期结售汇最大的区别是，即期结售汇汇率定价和实际外汇收支业务是同时发生的。

远期结售汇客户要和银行提前签订远期结售汇合同，现在就确定好未来的汇率、金额，然后交割日当天，按之前约定的汇率、金额成交。

远期结售汇净额也可以反映客户对未来汇率升贬值预期。

当人民币汇率升值预期强的时候，远期结汇意愿强，但远期售汇意愿弱。

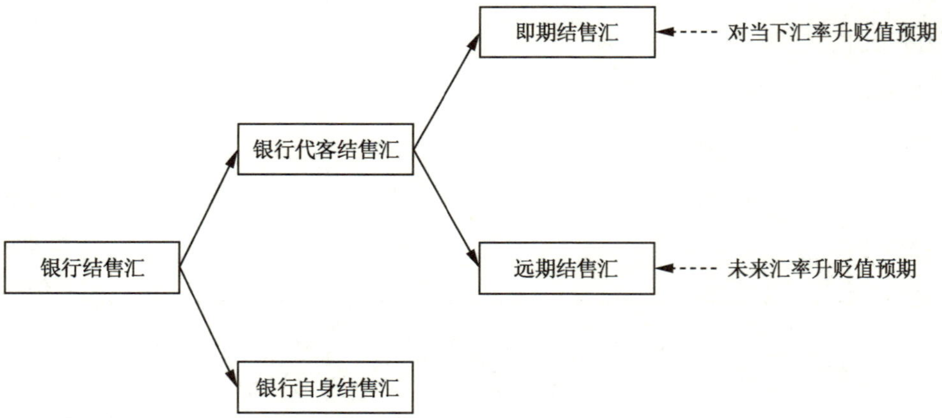

图 13.6 银行结售汇、银行自身结售汇和银行代客结售汇的关系

如果说张某 1 年后会有笔出口生意的 100 万美元到账，现在银行通过利率平价算的远期汇率是 6.5，但张某不信，他有强烈的升值预期，认为未来人民币汇率是 6，按照 6.5 的汇率锁汇，显然张某赚了，因为这种情况下他可以获得 650 万元人民币，未来如果真的到了 6，他能获得 600 万元人民币。所以，这个时候张某会抓紧

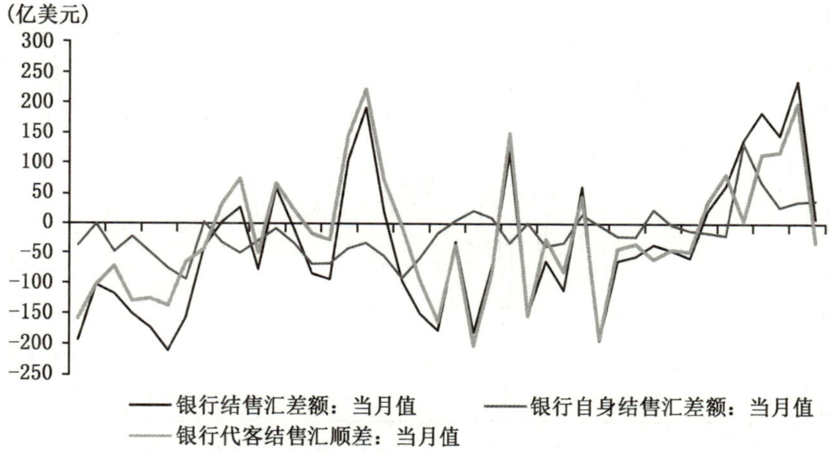

图 13.7　银行结售汇顺差主要由银行代客结售汇顺差贡献

跟银行签远期结汇合约。

如果说张某 1 年后有笔进口需要花出去 100 万美元，现在银行通过利率平价算的远期汇率是 6.5，但张某认为未来人民币汇率是 6，张某不会着急在这个时候远期售汇，他会等到汇率真成了 6，再售汇。

相反，当人民币汇率贬值预期强的时候，远期售汇意愿强，但远期结汇意愿弱。

如果张某 1 年后会有笔出口生意的 100 万美元到账，现在银行通过利率平价算的远期汇率是 6.5，但张某不信，他有强烈的贬值预期，认为未来人民币汇率是 7，按照 6.5 的汇率锁汇，显然张某吃亏了，因为这种情况下他只能获得 650 万元人民币，未来如果真的到了 7，他能获得 700 万元人民币。所以，这个时候张某可能不会跟银行签远期结汇合约，会等到 100 万美元到账后跟银行签。

如果张某 1 年后有笔进口生意需要 100 万美元，现在银行通过利率平价算的远期汇率是 6.5，但张某认为未来人民币汇率是 7，张某一定会抢着先用 6.5 锁定付汇的成本，因为万一真贬值到 7，张某就麻烦了，他得多付出 50 万元(700 万－650 万)。所以，他会赶紧找银行远期售汇，把汇率成本给锁定住。

外管局公布的即期结售汇数据是有缺陷的，因为即期结售汇数据没有把之前远期到期的合同给剔除掉。之前签的、现在到期的远期合同反映的毕竟是过去，只

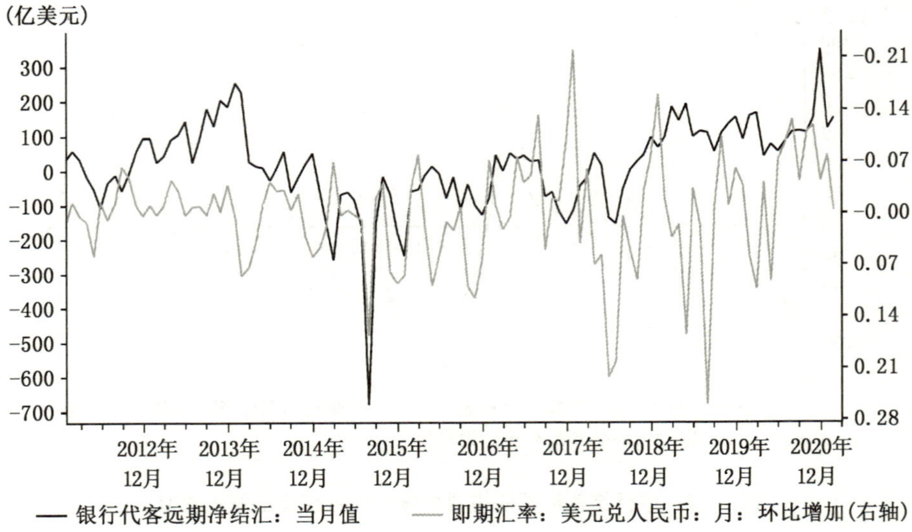

数据来源：Wind。

图 13.8 远期结售汇净额与人民币升贬值预期相关(汇率是右轴，逆序，向上反映升值)

是在当下产生了结售汇行为，这和当前人民币汇率升贬值预期产生的即期结售汇行为没有什么关系。

问题是怎么剔除之前签的远期到期合约呢？

以 2020 年 8 月的数据为例，2020 年 7 月底远期结售汇累计未到期额的数据是有的，8 月的远期结售汇净额是有的，把两者加起来，就是 8 月全部的远期结售汇额，再减去 8 月远期结售汇累计未到期额，相当于总数减去未到期的，就是 8 月到期的远期合约了。

然后把外管局公布的即期结售汇净额减去 8 月到期的远期合约，就是 8 月真正的即期结售汇净额了。

银行结售汇有时候也不完全与贸易顺差对应，原因很简单，即使企业有了贸易盈余，也代表它一定会去结汇。企业选择结汇与否，还要看企业自身的结汇意愿。

比如张某出口赚了 100 万美元，现在 1 美元可以换 6.5 元的人民币，他现在换可以获得 650 万元人民币，如果他预期未来人民币汇率会到 7，到时候 100 万美元可以换 700 万元人民币，那张某就不会着急换汇，因为不如捂着美元等人民币汇率

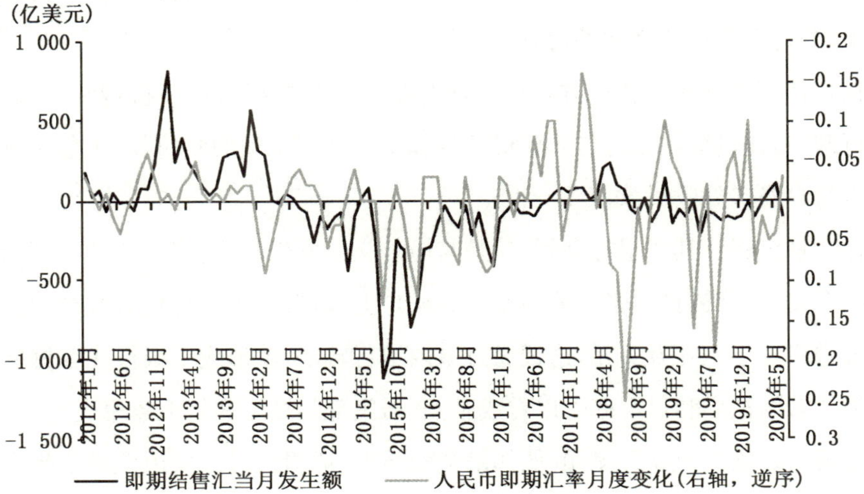

图 13.9　当月即期发生额与人民币汇率(汇率是右轴,逆序,向上反映升值)

贬值了再换。

人民币汇率的贬值预期会降低张某结汇的意愿。

如果张某预期未来人民币汇率会升值到 6,到时候 100 万美元只能换 600 万元人民币,那张某就会马上选择换汇。

人民币汇率的升值预期会提升张某的结汇意愿。

再考虑另外一种情形。

比如张某进口原材料需要支付 100 万美元,但他手头只有人民币,现在 1 美元可以换 6.5 元的人民币,如果他预期未来人民币汇率会贬值到 7,到时候获得 100 万美元需要 700 万元人民币,就会加速售汇,赶紧拿人民币兑换美元。

人民币汇率的贬值预期会提升张某售汇的意愿。

如果张某未来预期人民币汇率会升值到 6,到时候获得 100 万美元只需 600 万元人民币,张某就没必要着急售汇了,可以等人民币汇率升值了再说。

人民币汇率的升值预期会降低张某售汇的意愿。

那么,问题来了,怎么去衡量企业的结售汇意愿呢?

衡量的方法就是结售汇率。

结售汇率分为结汇率和售汇率。

结汇率分子是银行代客结汇，分母是银行代客涉外收入；售汇率分子是银行代客售汇，分母是银行代客涉外付款。

银行代客涉外收付款官方给出的概念是指境内非银行居民机构和个人（统称非银行部门）通过境内银行与非居民机构和个人之间发生的收付款，不包括现钞收付和银行自身涉外收付款。

什么意思呢？其实很好理解，就是与境外交易发生的收付款，比如张某出口赚了 100 万美元，这钱打到张某境内银行的账户上，就形成了银行代客收款；相反，如果张某进口花了 100 万美元，这钱通过境内银行转出，就形成了银行代客付款。

为什么结汇率和付汇率可以看成企业、居民部门结汇和售汇意愿呢？

张某出口赚了 100 万美元，他如果全额结汇，证明他对人民币汇率坚挺还是很看好的，否则他可以等人民币汇率贬值了再结汇，也就是说，张某对贬值的预期越强，愿意结汇的意愿越低，尽管对外收款额很大，但结汇额很低，因此，结汇率就会低。

如果张某进口需要对外支付 100 万美元，他全额售汇 100 万美元，说明他对人民币汇率很不看好，怕贬值以后需要支付更多的美元给对方，相反如果他仅售汇 50 万美元，还留 50 万美元，可能是预期未来人民币汇率要升值，升值后少支付点人民币就能换回美元了，不着急售汇。

在分析结售汇率的时候，还有一点需要考虑，那就是跨境贸易人民币结算的比重在不断上升，2020 年年底，对外收款是 4.4 万亿美元，但人民币对外收款近 1.6 万亿美元，已经占比近 1/3 了。

所以，在分析结售汇率的时候，要把对外收付款里面和人民币相关的收款刨掉，用外币作为收付款，当结售汇率的分母，这样才能准确地反映结售汇率。

一般来说，当结汇率大幅下降，售汇率大幅上升的时候，反映的是经济主体对人民币汇率有较强的贬值预期。

比如 2015 年“8·11”汇改后，结汇率大幅下降，售汇率大幅上升，经济主体手上有美元也不给银行了（见图 13.10）。再比如 2012 年，人民币汇率单边升值的时候，结汇率大幅上升而售汇率大幅下降，反映出经济主体较强的人民币汇率升值预期，赶紧把自己手中的美元换成人民币。

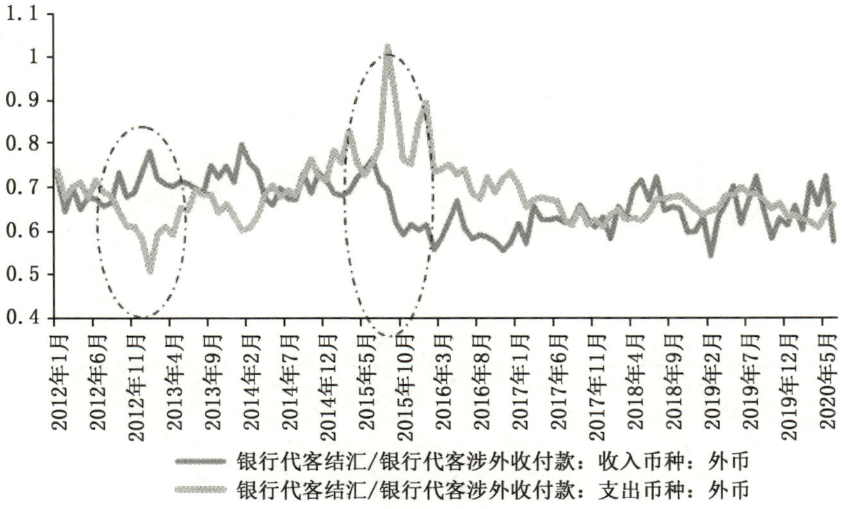

图 13.10 结汇率与售汇率

13.3 国际收支平衡表

从中长期的角度来说，国际收支对汇率有着基础性与决定性的作用，情绪、预期、政策这些因素都是在这一基础上形成的。

我们可以看到在 2005 年汇改后，国际收支一直处于顺差的状态，美元兑人民币的即期汇率也一直处于升值的趋势。

但在 2014—2016 年，随着国际收支开始出现逆差，人民币开始贬值；2017 年后，随着收支总差额开始转正，即期汇率又开始了升值趋势。

可以说，国际收支差额很好地解释了人民币汇率的中长期走势(见图 13.11)。

国际收支平衡表主要分为经常账户、非储备资本与金融账户、储备资产账户、净误差与遗漏四大类。

13.3.1 经常账户

经常账户包括货物、服务、初次收入与二次收入四项。

货物的主要构成是贸易的顺差，加入 WTO 以后，这块一直都是中国经常账户

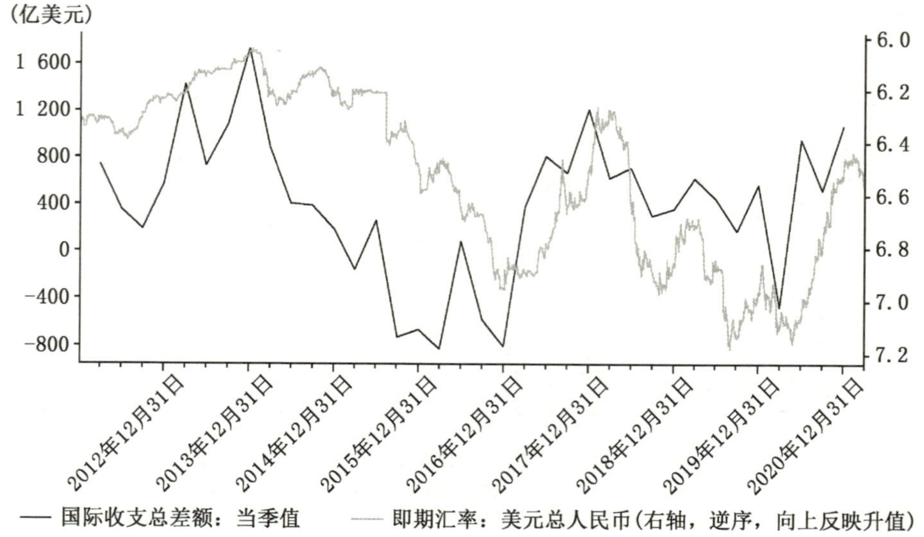

数据来源：Wind。

图 13.11 国际收支差额决定了人民币汇率中长期走势

顺差的最主要来源，有些年份甚至是顺差的唯一来源(见图 13.12)。

服务业过去一直处于逆差的状态，这块最大的逆差来源就是旅游，主要是国人出国旅游、留学导致的，2020 年因为海外新冠肺炎疫情暴发得较为严重，所以出国旅游、留学的需求大幅减少，服务逆差也跟着明显收窄。

初次收入可分为雇员报酬与投资收益两个细项。雇员报酬差额大多数时候都是大于 0 的，说明中国公民在海外的劳动收入高于外方人员在中国的收入。不过投资收益大多数时候都是小于 0 的，而中国又拥有 2.1 万亿美元的对外净资产，只能说，国内对外投资收益太低，远低于海外在华的投资收益。

二次收入比重小，主要有债务豁免、政府间经济援助、捐款，还有侨民汇款等。2013 年以后，二次收入差额持续下降，可能是因为中国豁免的债务和对外援助变多了。

怎么解读经常账户数据呢？以 2020 年为例。

2020 年经常账户顺差 2 739 亿美元，2019 年仅为 1 413 亿美元。

货物和服务差额 2020 年是 3 696 亿美元，2019 年仅为 1 641 亿美元。

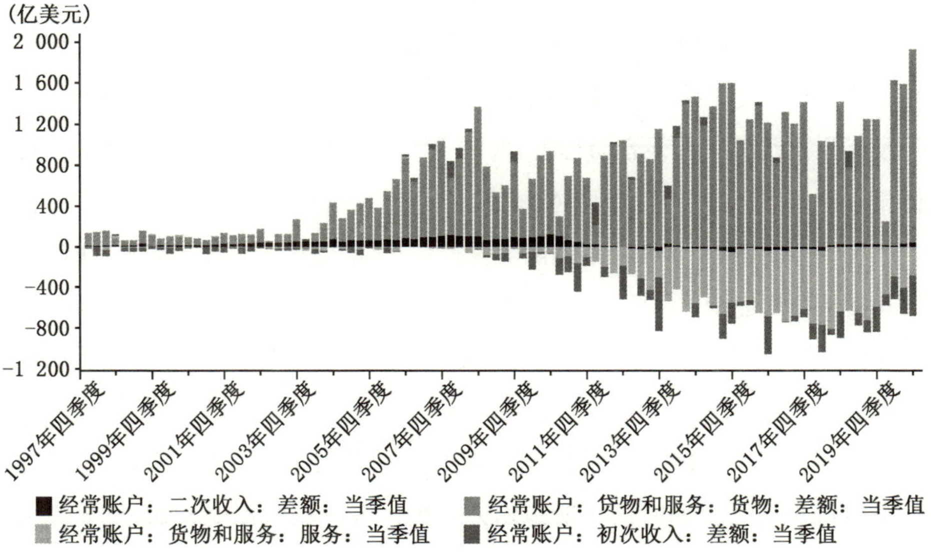

数据来源：Wind。

图 13.12　经常账户顺差主要是靠货物顺差贡献

其中：货物差额 2020 年是 5 150 亿美元，2019 年为 4 252 亿美元，服务差额 2020 年是－1 453 亿美元，2019 年为－2 611 亿美元。

这就基本判断出，2020 年经常账户顺差扩大的原因是货物差额扩大和服务差额缺口收窄。

货物差额扩大就是因为全球经济在疫情冲击下，不得不加大了财政刺激规模，但同时又因为疫情，产能恢复不了，只能靠中国的产能供应。

而且由于海外生产能力没有恢复，很多东西中国只能本土生产，因此进口也被拖累了。

2020 年货物的贷方近 2.5 万亿美元，借方－1.98 万亿美元，2019 年分别为 2.4 万亿美元和－1.97 万亿美元，确实体现了出口扩大而进口收缩的特征。

服务差额收窄的原因同样是因为海外疫情扩散，多数人不敢出去旅游、留学、就医了。服务这块最重要的就是旅游，2020 年旅游分项的差额是－1 162 亿美元，2019 年为－2 187 亿美元，2020 年明显收窄。

2020 年的经常账户里也有一个拖累项，那就是初次收入的差额从 2019 年的

－330 亿美元下降到－1 051 亿美元。

初次收入下降的原因主要是因为投资收益的差额扩大了，2019 年是－372 亿美元，2020 年扩大到了－1 071 亿美元。

投资收益差额扩大很容易理解，2020 年中国经济率先从疫情走出来，中国的实体相对回报率会高于其他大多数国家。

还有一个问题，经常账户顺差的规模扩大，一定会导致人民币汇率升值吗？

其实从历史经验上来看，绝大多数时候经常账户顺差是对应了人民币升值的，但也有例外，典型的例子是 2015 年。2015 年经常项目顺差 3 042 亿美元，但人民币汇率是贬值的。

经常账户顺差却对应了人民币汇率贬值一般是因为资本流出压力太大了。

资本流出压力大的时候一般是因为人民币汇率贬值预期较强，比如 2015 年 8·11 汇改的时候，汇率出现了一定幅度的波动，导致短期资本出现较大规模的流出。

另外也要分析经常账户顺差出现的原因。有时候经常账户顺差走阔是因为进口规模下降了，这个时候的经常账户顺差是国内经济下行导致的"衰退式"顺差。但由于这个时候经济有下行预期，本币资产的回报率下降，也会出现本币汇率贬值的压力。

13.3.2 非储备资本与金融账户

非储备资本与金融账户分为直接投资、证券投资与其他投资三个子项。金融账户的统计口径需要注意一下，负债净产生的部分是资本流入，无论是海外投资中国的股权、债权还是二级市场股票和债券，都是中国对外的负债增多；相反，资产净获得是流出，是中国对外持有的金融资产变多。

直接投资是外国来中国投资与中国对外投资相减的部分，与中国和全球其他国家实体的相对回报率高度相关。

由于中国对外开放、积极招商引资和劳动力成本优势，2013 年以前，直接投资差额都是明显为正的，但后续随着企业对外投资放宽以及内部成本优势下降，直接投资差额开始下降，不过 2020 年中国率先控制了疫情，产业链稳定性强的优势凸显，导致直接投资净流入额明显增加，2020 年直接投资差额 1 034 亿美元。

既然直接投资与实体回报率相关，而制造业投资同样与实体回报率相关，我们把直接投资负债净产生的部分（也就是海外投资中国的部分）做一个累计同比，和制造业投资做比较，会发现直接投资负债净产生的累计同比和制造业投资累计同比是正相关关系（见图 13.13）。

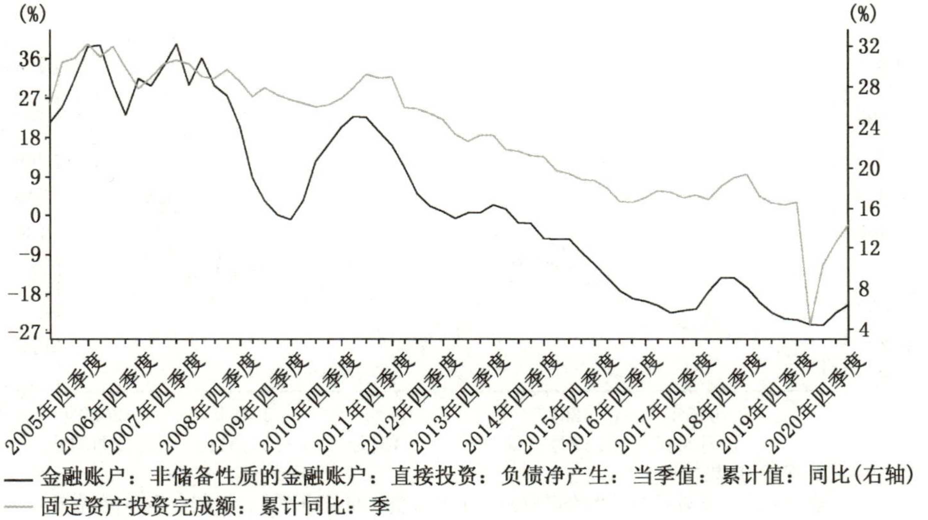

数据来源：Wind。

图 13.13 直接投资负债净产生的累计同比和制造业投资累计同比正相关

2020 年直接投资差额为 1 025 亿美元，其中直接投资负债净增加（外国来华投资）2 125 亿美元，可见，在全球疫情暴发阶段，中国由于率先控制了疫情，因此产业链展现了较强的稳定性，吸引外资不断流入。

直接投资资产净获得（对外投资）1 099 亿美元，比 2019 年 977 亿美元略高，从外管局《2020 年中国国际收支报告》来看，2020 年对外投资增长的主力主要是金融部门，非金融企业对外直接投资 2020 年没有扩大。其实这一点也比较容易理解，在全球疫情扩散的时候，实体经济的风险溢价会比较高。

证券投资主要与资本市场的相对表现和金融市场对外开放的制度高度相关。国内投海外主要是靠 QDII，过去境外投国内主要是 QFII/RQFII，后来引入了沪港通、深港通，明显扩宽了海外证券投资准入，再加上债券通，金融对外开放明显加速，随后国内资本市场与海外金融市场的联动性开始加强。

比如，股票市场的定价（沪深 300 指数）与证券投资下的股权（负债净产生）关联度较高（见图 13.14），2021 年一季度美债收益率上行对沪深 300 指数产生了较大的影响；再比如证券投资下的债券（负债产生）与中美利差之间的关联度较高（见图 13.15）。

数据来源：Wind。

图 13.14 沪深 300 指数的表现与证券投资下的股权(负债净产生)关联度较高

2020 年证券投资差额 873 亿美元，2019 年仅为 579 亿美元，相比于股权部分，债权部分吸引流入更多，股权部分的负债净产生是 641 亿美元，2019 年是 449 亿美元，而债权部分是 1 905 亿美元，2019 年是 1 024 亿美元，多了近 900 亿美元。

可见，证券投资差额的产生更多是中美利差走阔驱动的，中国率先控制了疫情，经济基本面向好驱动了国内货币政策率先向常态化回归。

比较受市场关注的是“其他投资项”。从定义上讲，它属于除去直接投资和证券投资以外的所有投资引起的资金在境内外的流动，包括其他股权、货币和存款、贷款、保险和养老金、贸易信贷和其他应收/应付款等，其中贸易信贷、货币和存款与贷款是其他投资项目下最主要的几个项目（见图 13.16）。

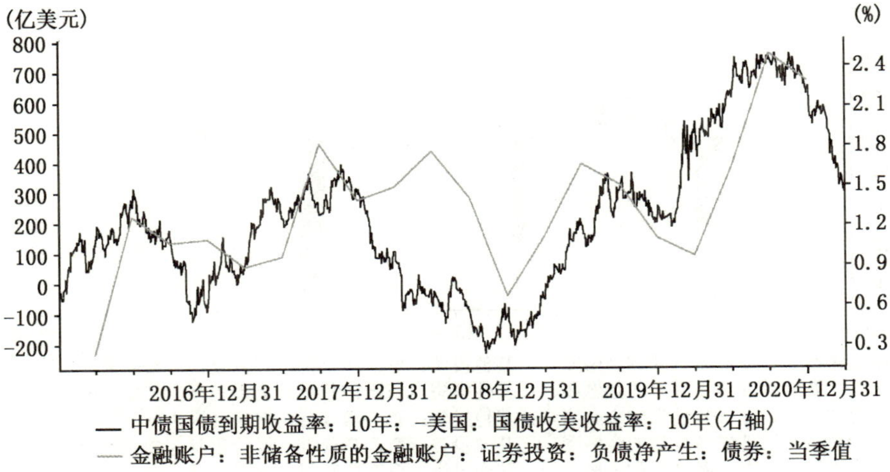

数据来源：Wind。

图 13.15 中美债利差与证券投资下的债权(负债净产生)关联度较高

其他投资和净误差与遗漏一道，属于不易被察觉的资本流入(流出)的渠道，相比于直接投资和证券投资，有较高的波动率。

直接投资好理解，一般热钱快进快出不会通过直接投资渠道来，投资建厂是长期的事，不太可能今年来明年就关厂跑路。虽然金融开放是大势所趋，但证券投资渠道的额度和范围总体还是可控的。

但其他投资和净误差与遗漏的随意性和波动性就很大了，这块资本流入流出也不易被监管所察觉，不少热钱就是混迹于此。近年来，其他投资和净误差与遗漏之和，很明显拖累了金融账户(见图 13.17)，是资本流出的主要驱动因素。

2014 年以来，每年其他投资和净误差与遗漏之和都在千亿美元规模以上。

其他投资和净误差与遗漏之所以负缺口不断放大，一方面是因为人民币汇率的贬值预期，例如，当人民币预期贬值强的时候，企业即使出口赚到外汇了，也会延迟美元收款，这等同于通过应收账款间接持有了海外资产，这种情况下，就会增加其他投资口径下的贸易信贷。

另一方面也是因为居民对外资产配置的渠道变多了，仍然以 2020 年为例。

前文提到过，2020 年因中国率先控制住疫情，生产恢复，海外财政刺激但产能

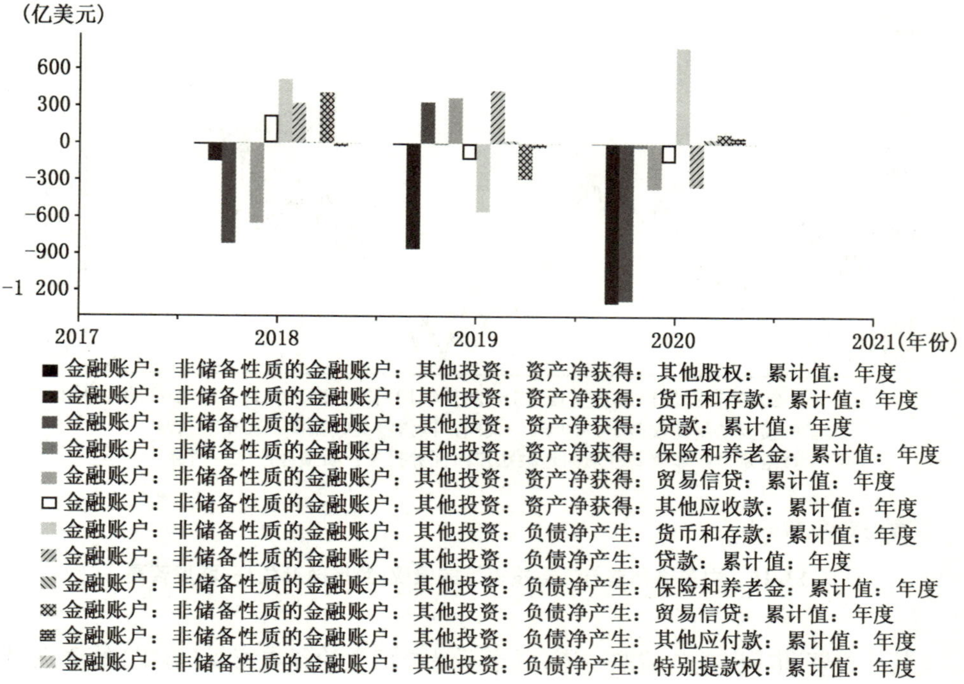

数据来源：Wind。

图 13.16　贸易信贷、货币和存款与贷款是其他投资项目下最主要的项目

没恢复，再加上海外有疫情，外出旅游、留学的需求也没了，导致 2020 年经常账户大增。

经常账户大增导致人民币汇率持续升值，但即使人民币升值，其他投资仍大幅净流出，其他投资项差额为 2 562 亿美元，较 2019 年 759 亿美元明显增加，另外，净误差与遗漏项也贡献了 1 681 亿美元的差额。

我们看一下其他投资的各个分项，尤其是资产净获得的部分，看看对外资本流出为什么会增加。2020 年其他投资资产净增加 3 142 亿美元，其中，存款净流出 1 304 亿美元，贷款资产净增加 1 282 亿美元，贸易信贷资产净流出 369 亿美元，这些均显著高于 2019 年(见表 13.1)。

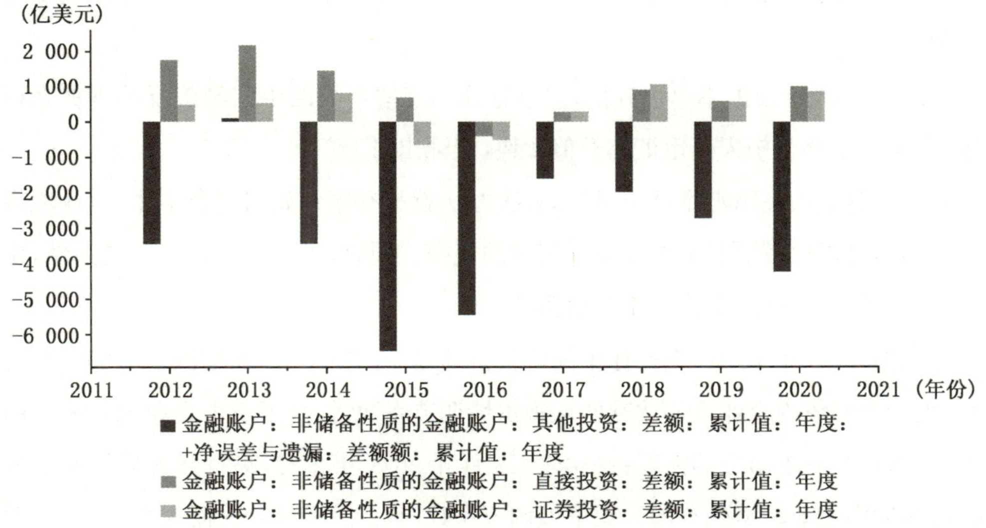

数据来源：Wind。

图 13.17　其他投资和净误差与遗漏之和明显拖累了金融账户

表 13.1　　**其他投资分项对比**　　单位：亿美元

		2020	2019	差额
资产净获得	货币和存款	−1 304	−863	−441
	贷款	−1 282	331	−1 613
	贸易信贷	−369	368	−737
	其他应收款	−149	−132	−16
负债净产生	货币和存款	774	−557	1 332
	贷款	−354	425	−780
	贸易信贷	76	−288	363
	其他应收款	51	−35	86

根据《2020 年中国国际收支报告》的解释，货币和存款净流出是因为银行增加了对外拆借、企业增加了境外存款，出口规模增加带动了贸易信贷规模的扩张。

2020 年全年人民币汇率是明显升值的，按理说，其他投资与净误差和遗漏部分项下的资本流出，不应该是人民币汇率贬值预期导致的。

既然不是人民币汇率贬值预期导致的，那么这部分资本流出就只能从制度层面解读。

2020 年人民币汇率单边升值，但毕竟受到疫情影响的中国经济复苏不那么稳定，决策层不会希望人民币汇率升值太快，侵蚀出口。

为了防止人民币汇率升值过快，解决办法就是有序开放国内资本账户，让境内私人部门可以比较顺利地扩大海外资产的规模。同时，提高人民币汇率的弹性，别让市场主体有太强的单边汇率升值预期。

比如 2020 年 10 月，央行让中间价报价陆续淡出使用“逆周期因子”；2021 年 1 月，央行上调境内企业境外放款的宏观审慎调节系数，提高了境内企业境外放款的上限，满足企业走出去的需要；2020 年 12 月和 2021 年 1 月，央行又先后下调金融机构和境内企业跨境融资的宏观审慎调节系数，减少跨境资金的流入。

其他投资与净误差和遗漏部分项下的资本流出扩大，也反映出经常账户顺差和直接投资差额积累的外汇资产逐渐为私人部门持有，不再转化为外汇储备。

所以 2020 年“经常项目顺差＋直接投资”差额为 4 023 亿美元，但短期资本流出了 3 742 亿美元，二者相减，就是积累的储备资产，仅新增了 280 亿美元。

一般来说，可以把经常账户和直接投资之和看成基础国际收支，因为它们与实体经济本身关联最紧密，把“证券投资＋其他投资＋净误差与遗漏”看成短期资本，这些要么是与二级市场表现相关，要么是与汇率升贬值预期相关，要么与资本账户开放政策相关，总之，不是那么确定。

从 2020 年的国际收支表来看，市场相信的中美利差走阔、热钱流入驱动了人民币汇率升值的逻辑主线是有问题的。因为驱动人民币汇率升值的，更可能的是来自经常账户顺差，而非热钱，相反，为了对冲人民币汇率升值的压力，资本项下还是大幅流出的。

写到这里，我们可以总结一下国际收支平衡表的规律了：

经常账户差额＋非储备资本与金融账户差额＋储备资产净获得变化＋净误差与遗漏＝0

经常账户差额＋直接投资差额＋证券投资差额＋其他投资差额＋储备资产净获得变化＋净误差与遗漏＝0

经常账户与直接投资比较稳定，证券投资、其他投资和净误差与遗漏不太稳定，可以理解为是所谓的热钱，于是有：

经常账户差额＋直接投资差额＋热钱的变化＋储备资产净获得变化＝0

如果经常账户是顺差，那么要么体现为直接投资差额为负、要么体现为热钱流出、要么体现为积累外汇资产，前者外汇资产在私人部门手里，后者是在官方手里，总之都是在对外积累资产的（中、日、德、中东地区和有生产能力的新兴经济体）。

如果经常账户是逆差，那么要么体现为直接投资差额为正，要么体现为热钱流入本国，要么就消耗了外汇储备，总之，是在对外负债（美国和没有什么生产能力靠对外负债过日子的新兴经济体）。

中国加入 WTO 以来，国内的经常账户和直接投资差额一直处于顺差的状态。

与此同时，由于中国的资本账户对外开放还不够，经常账户和直接投资差额积累的顺差，多数都转化为外汇储备，好处是提高了金融体系的稳定性，代价是容易积累资产价格泡沫和加速人民币汇率升值。

这些从海外赚回来的美元本可以通过全球多元化资产配置流出去，却都通过结汇变成了人民币存款，也就是金融口径下的外汇占款。

中国的对外总资产有 8.7 万亿美元（数据截止到 2020 年年末），净资产为 2.1 万亿美元，这反映出中国因为长期的国际收支双顺差积累了大量的对外净资产，但对外净资产构成里，外汇储备为 3.4 万亿，占了总资产近 40%。

从趋势上看，2014 年以来储备资产占对外总资产的比重是不断下降的（见图 13.18），说明对外净资产在不断地从公共部门转移到私人部门，开始逐步地“藏汇于民”。

但仅从目前的投资收益看，中国的居民部门和企业部门还没有体现出更强的投资能力（见图 13.19），这既可能是因为资本账户开放还有限制、对外投资渠道有限，也可能是因为时间短、经验不足、对外投资能力还需提高。

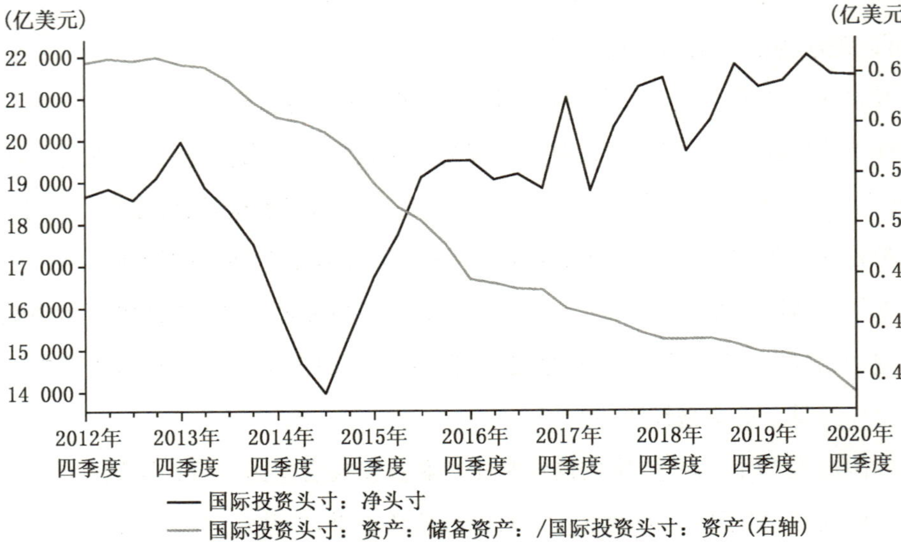

数据来源：Wind。

图 13.18　对外投资中外储占比不断下降

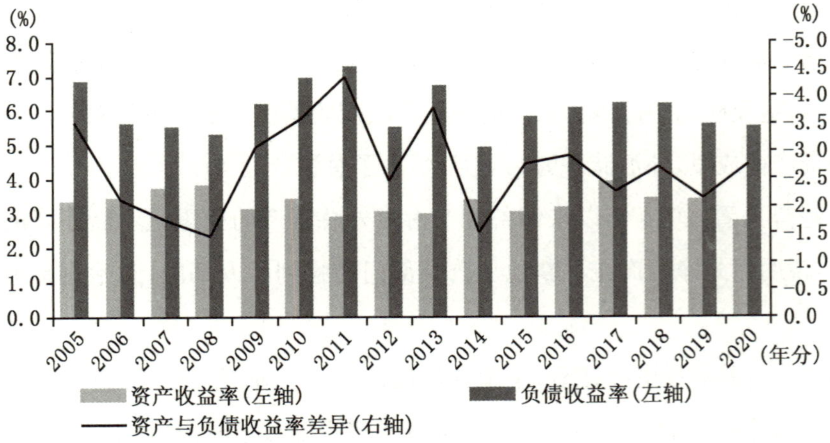

注：1. 资产(或负债)收益率 $=\dfrac{\text{年度投资收益收入(或支出)}}{[\text{上年末}+\text{本年末对外资产(或负债)存量}]/2}$；

2. 资产负债收益率差异＝资产收益率－负债收益率。

图 13.19　对外投资的资产收益率未见明显提高

13.4　外汇占款、银行结售汇与国际收支之间的关系

如果回想一下外汇占款形成的例子，就可以发现贸易顺（逆）差是故事的起点。

张某因为有了 100 万美元的出（进）口，才有了后面的结（售）汇需求，才有了外汇占款的上升（下降）。

但是，从实际数据看，贸易顺（逆）差不等于银行代客涉外收付款，银行代客涉外收付款不等于银行结售汇，银行结售汇也并不等于外汇占款的变化。

这又是为什么呢？

前文提到过，银行代客涉外收付款官方给的定义是指境内非银行居民机构和个人（统称非银行部门）通过境内银行与非居民机构和个人之间发生的收付款。需要注明的是，它是一个实际发生额的概念。

也就是说，张某在确认了出口 100 万美元的货物后，这个时候已经可以体现为贸易顺差扩大了 100 万美元，但只有在张某确认收到了对方支付的 100 万美元后，才会形成银行代客涉外收付款。

从图 13.20 来看，我们看到自 2012 年以来，贸易顺差是持续大于涉外收付款差额的，可见，贸易顺差和对外收付款还不仅仅是延迟支付的问题。

贸易顺差之所以不等于涉外收付款，是因为除了时滞问题，还有人民币汇率升贬值预期问题。

读者回想一下国际收支账户里的其他投资，贸易信贷、货币与存款和贷款是其他投资项目下最主要的几个项目。

其他投资里面的贸易信贷，主要就是跨境企业之间的应收与应付账款。

如果张某报关了 100 万美元的出口，但是张某又有人民币汇率贬值预期，他会怎么做呢？他会把这 100 万美元留在境外，会计上记成 100 万美元的应收账款，张某通过 100 万美元的应收账款间接持有了 100 万美元的海外资产，等人民币汇率真贬值了，预期兑现了，再把 100 万美元换成人民币。

当然，导致贸易顺差和涉外收付款之间有差额的，可能不是因为人民币汇率升贬值预期，只是因为资本账户逐步放开，引导企业对外多元化资产配置，缓解人民

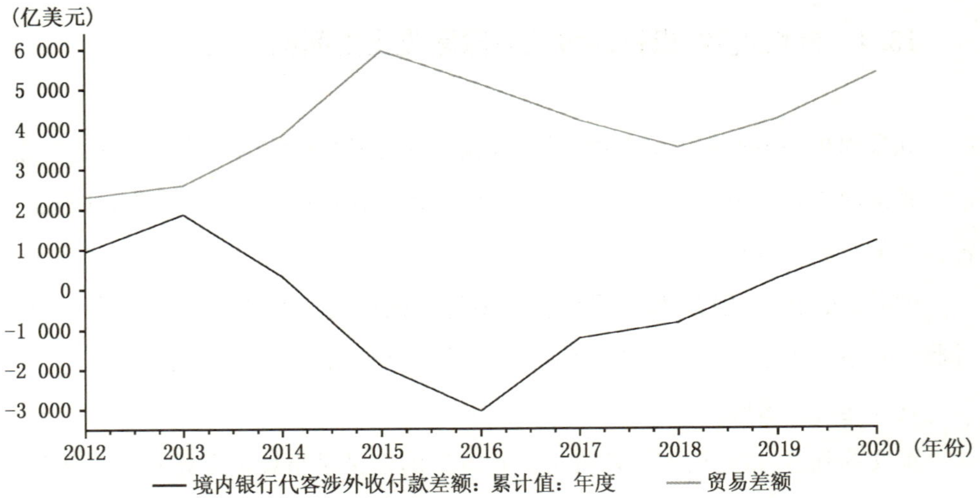

数据来源：Wind。

图 13.20　2012 年以来贸易顺差持续大于涉外收付款差额

币汇率升值过快的需要，这个时候也能看到其他投资增加。

简而言之，贸易顺差只是涉外收付款顺差走阔的条件之一，但不一定真的可以转化为涉外收付款顺差，这里面既有时滞的原因，也有可能因为人民币汇率贬值预期或对外开放进程加快导致贸易顺差变成了对外净资产。

然后，涉外收付款顺差也不会完全转化为结售汇顺差。

这一点前文已经提到过了，主要是要考虑到结售汇意愿，用结售汇率来衡量，结售汇率同样受到了人民币汇率升贬值预期的影响。

另外一个需要关注的趋势是人民币跨境结算比重在不断提升，这也影响了涉外收付款顺差向结售汇顺差的转化。

张某出口的货物赚来的不是 100 万美元，而直接是 650 万元人民币，这个时候张某涉外收付款是 650 万元人民币，但张某已经没有结汇的必要，因为张某拿到的本来就是人民币。

可见，要衡量结售汇率，分母涉外收付款顺差的口径只能是以外币计量的。

以 2020 年为例，2020 年人民币为结算币种的银行代客涉外收付款差额为 −4 461 亿元(见图 13.21)，也就是说，在人民币跨境结算环节，境内企业和居民对

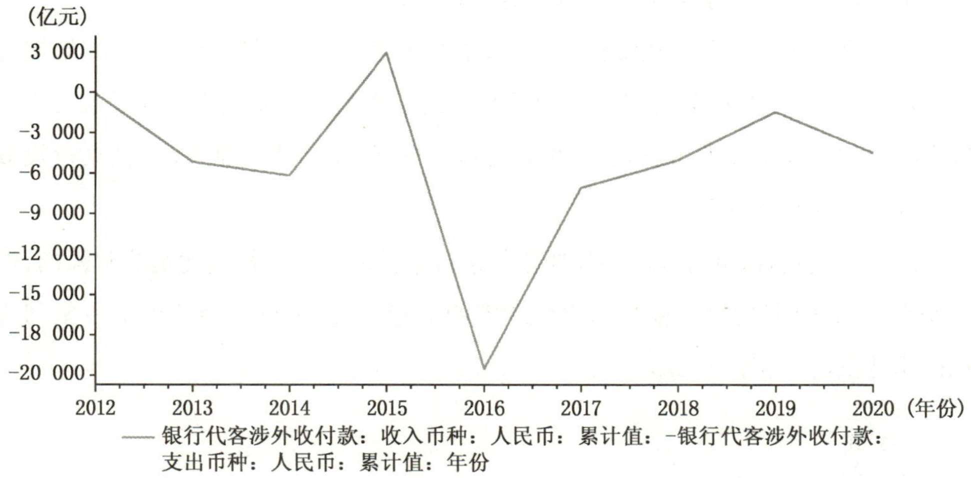

数据来源：Wind。

图 13.21　2020 年人民币跨境收付款为逆差

外收的人民币比对外付出去的人民币要少。

人民币为什么在 2020 年会体现出净流出的趋势呢？两个原因都有可能：

(1)在人民币国际化和 2020 年人民币汇率升值预期共同的推动下，境外主体比境内有更强的人民币汇率升值预期，所以境外主体想要境内一方多用人民币给他们付款，而境内主体接收人民币方面积极性则要弱一些；

(2)境内美元汇出的监管还是比较严的，于是先通过人民币跨境贸易结算，把人民币汇出到海外，到了海外再换汇，不过一般这么做是因为有人民币汇率贬值的预期，但 2020 年全年人民币汇率是大幅升值的。

不管怎样，有一点可以确定，2020 年人民币跨境结算是大幅流出的，绝不能通过银行结售汇顺差就推测出外汇占款很多，然后会派生出人民币存款，进而看好股票、债券等金融资产。

另外，人民币向境外输出，也会给本国的外汇占款造成压力。因为人民币通过跨境贸易到了离岸市场，市场主体可以在离岸换汇，离岸换汇行为会导致离岸人民币汇率有贬值压力。如果央行干预，就必须在离岸市场回笼人民币、卖出美元，这将消耗外汇占款。

最后还有一步就是从结售汇顺差到外汇占款了。

张某拿着100万美元找银行结汇，这个时候银行就有国外资产了。如果银行找央行，把100万美元换成650万元（假设当时汇率是1美元兑换6.5元人民币），这个时候就形成了外汇占款，100万美元到了央行，成了外汇储备，并且央行投放了650万元的基础货币。

从历史经验看，央行外汇占款变化与银行结售汇顺差的相关性是非常强的，但2020年出现了明显背离，银行结售汇顺差明显走阔，但央行口径的外汇占款却表现得非常稳定（见图13.22）。

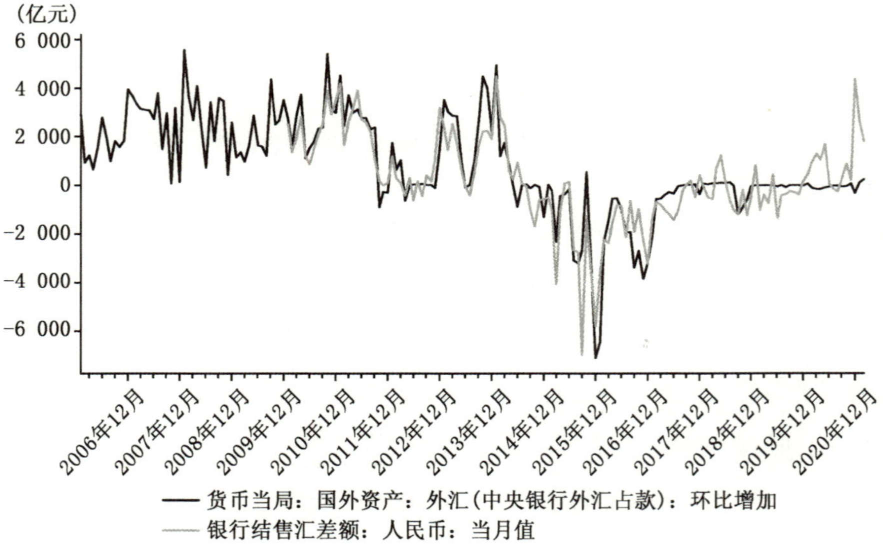

数据来源：Wind。

图13.22 2020年银行结售汇顺差与央行外汇占款出现明显背离

这是为什么呢？

张某在结汇的时候，银行拿到了外汇资产，银行可以交给央行，也可以选择不交给央行。

如果银行不交给央行，那么，这笔外汇放在银行，是计入国外资产的。

其他存款性公司的国外资产2020年年底是6.9万亿元，2019年年底是6.36万亿元，增加了5 000亿—6 000亿元。

其实从 2020 年国际收支平衡表里，无论是直接投资差额中金融部门对外投资规模增加，还是其他投资口径里存款规模扩大(银行增加了境外拆借)，都可以反映出银行自身持有了不少外汇资产，是没有找央行结汇的。

如果银行交给了央行，那么央行可以选择结汇，形成外汇占款，投放基础货币。

但央行也可能因为担心投放的基础货币太多，希望在不与银行结汇的同时还能把外汇给收上来。

比如 2007 年的时候，因为国际收支持续双顺差，积累的外汇占款太多，央行让银行以外汇的形式缴纳存款准备金；再比如 2015 年年底，人民币汇率有贬值压力的时候，央行要求银行以外汇形式上缴了代客远期售汇缴纳的风险准备金。

央行如果收走(投放)了外汇资产，同时又没有发生与银行之间的结售汇行为，这个时候，外汇资产的变化就会计入央行资产负债表“国外资产:其他”的口径里。

长期以来，外汇占款变化与银行代客结售汇顺差走势基本一致，主要是因国际收支双顺差，市场上积累了大量的外汇供给和人民币汇率升值压力，央行需要干预外汇市场。

但 2019 年以来，国际收支双顺差的格局已经发生了改变，虽然经常账户仍然是顺差，但资本项下流出抵消了经常账户的顺差，再加上人民币汇率市场化改革，人民币汇率双向波动，央行逐步减少了与银行之间的结售汇行为，所以外汇占款和结售汇顺差的相关性明显降低。

最后还有一个外汇储备口径的问题。

央行公布的外汇储备余额增加 1 086 亿美元，但外管局的国际收支平衡表下的外汇储备资产仅增加 280 亿美元。

为什么央行口径下的外汇储备余额增量要大于国际收支平衡表里的外汇储备资产增量呢?

前文提到过，央行口径下的外汇储备余额考虑了估值效应。2020 年二季度以来，为了对冲疫情对实体经济和金融市场的冲击，全球央行基本上都出现了大幅扩表的行为，在此推动下，全球金融市场无论是股票还是债券均出现不小的涨幅，所以外汇储备的估值效应导致央行口径下的外汇储备余额大于国际收支平衡表里的外汇资产增量。

最后，我们通过图 13.23 系统地梳理出从经常账户顺差到外汇占款的形成过程。

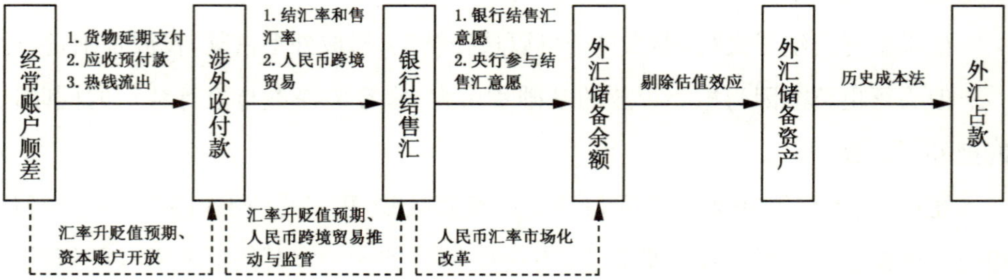

图 13.23　从经常账户顺差到外汇占款

第14章

财政数据分析

财政政策和货币政策一起，成为政府调控市场经济的两大手段，解读财政数据，对于我们理解现在的宏观经济运行情况有着重要的帮助。

在现代经济体系下，财政政策和货币政策一起，成为政府调控市场经济的两大手段。解读财政数据，对于我们理解现在的宏观经济运行情况有着重要的帮助。

一方面，财政收入数据能为我们分析当下的经济运行情况提供一个窗口。比如企业所得税和增值税与企业的经营密切相关，关税与进口数据往往相互印证，个人所得税则是观察就业收入情况的一个窗口。

另一方面，通过分析财政预算的完成进度，我们能大致估算今后财政对经济的支持力度。如果前期钱花得比较少，那么后面财政可能加快支出节奏，反之则相反。而分析财政具体支出领域，也能看出目前的财政重心在哪里。

本章我们将带领大家解读中国的财政数据。

14.1　看懂“财政四本账”

在当下的财政预算体系下，我国政府预算包括一般公共预算、政府性基金预算、国有资本经营预算和社会保险基金预算四类。一般我们称之为“财政四本账”。

其中，一般公共预算（第一本账）规模最大，2020 年收入占比达到了 51.8%，主要来源于各类税收（占比 84.3%）；支出占比达 55.2%。

政府性基金预算（第二本账）规模其次，2020 年收入占比 26.5%，主要来源于土地出让以及发行专项债；支出占比 26.5%，主要用于基建领域（比如国有土地出让相关支出、铁路建设基金支出）。

国有资本经营预算（第三本账）规模最小，2020 年收入占比 1.4%，主要来源于各类国有企业上缴的利润、股利股息等；支出占比 0.6%，主要用于国企经营。

社会保险基金预算（第四本账），2020 年收入占比 20.4%，主要来源于各类社保收入，比如养老保险、医疗保险等；支出占比 17.7%，主要用于养老、医疗等社保支出。

一般财政部会在年初的时候做好全国、中央和地方的收支预算计划，并形成预算表。这就和我们年初的时候给自己定目标一样，先规划好今年工资、投资等各项收入，再算一下吃穿用住等各项支出。

然后每个月财政部会公布一次自己的收入和支出计划完成情况，确定自己现在的完成进度。

等到了年终，财政部就要总结回顾一下全年的预算完成情况，并形成收支决算表。类似于我们年初定了计划，年末回顾看看年初的计划完成得怎么样了。

年度的预算表和决算表包含了全部四本账，我们可以在财政部预算司的财政数据栏目里找到往年的财政预算、决算报表。

另外，每年两会之后，财政部会公布上一年的财政预算执行情况和今年的财政预算草案，这个时间会早于决算表和预算表的公布时间，从这里我们能够看到年度的预决算数据，不过在数据上没有那么详细。

还有一种方法是看《中国财政年鉴》，上面的数据更加完整，不过因为财政年鉴的出版时间具有较久的滞后性，比较适合用于做总结回顾，不适合用于及时跟踪。

相比于年度数据，月度数据是比较简陋的。

财政部一般会在每个月的中下旬在官网上公布上个月的财政收支数据，主要包括一般公共预算收支情况（第一本账）、政府性基金预算收支情况（第二本账）、国有及国有控股企业经济运行情况以及地方政府债券发行和债务余额。

即月度数据仅包含第一、第二本账，并不包括第三、第四本账，且第一、第二本账的内容也比较简单，很多细分项都没有公布。

除了财政部官方公布渠道，《中国财政》《预算管理与会计》以及《中国经济景气月报》等期刊也都会按月公布部分财政数据，比如《预算管理与会计》会公布地方一般公共预算收支情况，但时间比较滞后，2021 年 1 月刊才公布 2020 年 11 月的数据。

在数据的具体统计上，有两个部门负责财政数据的统计，一是各级财政部门；二是社会保险行政部门。

各级财政部门负责的是公共财政收支、政府性基金收支、国有资本经营收支这三类数据的统计工作。

地方财政收支一般由 31 个省（自治区、直辖市）的地方各级财政部门汇总计算本地区的财政收支数据后，逐级向上提交形成。

比如杭州市西湖区财政局在统计了自己区域内的财政收支情况后，向杭州市财政局上报数据，杭州市财政局汇总全市数据后，上报给浙江省财政厅，浙江省财政厅汇总全省数据并上报给财政部。

财政部在得到中央(由财政部负责)和地方财政数据后，再汇总编制全国财政收支数据。

社会保险行政部门则负责全国社会保险基金数据的编制，毕竟各级社保行政部门直接负责社保收支，掌握着一手数据，在统计时也更为方便。同时，财政部也会参与这一过程，其主要负责数据审核工作。

整个流程一般是先由社保经办机构编制底层数据，然后由本级社保行政部门汇总编制，并报给同级别的财政部门审核。此后，一起上报给上一级的财政和社保部门，并一步步汇总上报到财政部和中央社会保险行政部门。

接下来我们分别讲解这四类财政预算的具体构成，以及彼此之间的关系。

14.1.1 “财政四本账”的关系

在分析四本账的具体内容之前，有几个概念性的事情需要讲清楚。

1. 这四本账之间的关系

简单来说，就是第二、第三本账的盈余资金可以拿去补充第一本账的赤字，而第一、第三本账又有专门的支出项目补充第四本账，第四本账只进不出。

另外，考虑到资金的跨期平衡，财政设立了两个项目：一是“预算稳定调节基金”；二是“结转结余资金”。

预算稳定调节基金就像一个储备库，如果第一、第二本账当年预算充裕，收大于支，就会将一部分资金存放在这个储备库。

不过，这个储备库的钱只有第一本账能用，当第一本账遇到收不抵支的时候，就可以从预算稳定调节基金里面拿出一笔钱来应急。

结转结余资金则是暂时性的，要么结转资金在次年被用完，要么最后被划入预算稳定调节基金项目。

具体是什么意思呢？比如今年政府预算花 1 000 万元建设一条公路，然后今年公路没建好，只完工了 80%，用了 700 万元，那么剩下的 300 万元在明年继续用于建公路，那这 300 万元就是结转资金。

如果今年这条公路完工了，但是只用了 700 万元，有 300 万元的资金剩余，这

300 万元就是结余资金。

而按《预算法》的规定，一般公共预算的结余资金是要转到预算稳定调节基金中的。同时，两年没用完的结转资金，就要被列为结余资金，之后就会按照结余资金被转入预算稳定调节基金。

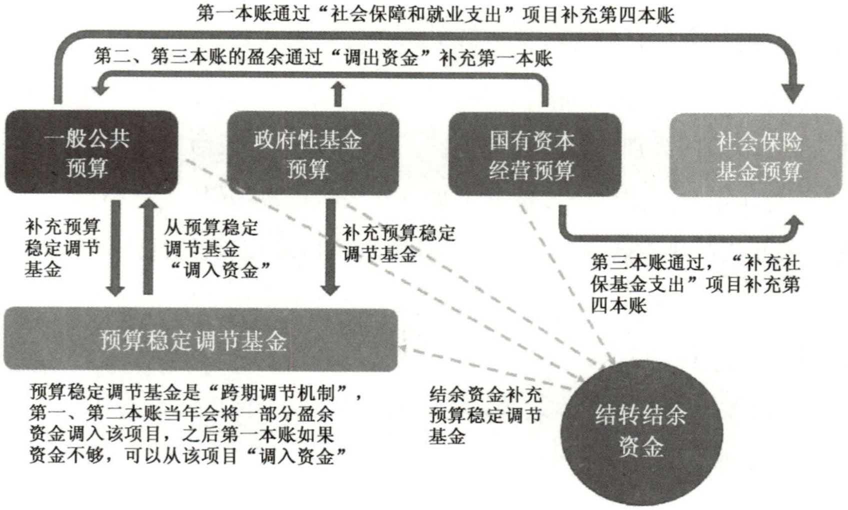

图 14.1　四本账之间的资金平衡

2. 统计口径大小的问题

因为四本账之间存在资金转移，同时不同年份也存在跨期资金转移，所以每一本账都有两个口径：收支和收支总量。

收支口径就是每一本账对应项目的实际收支情况。

比如一般公共预算收入来源于税收收入和非税收入两项。2020 年一般公共预算税收收入 15.4 万亿元，非税收入 2.9 亿元，那么一般公共预算收入就是 18.3 万亿元。

而收支总量口径还要计算从其他账目转移过来的资金和以前年份结转下来的资金。

比如 2020 年，一般公共预算从预算稳定调节基金、政府性基金预算、国有资本经营预算调入资金，以及使用结转结余资金共计 2.6 万亿元，加上自己的预算收入

18.3 万亿元，合计一般公共预算收入总量达到了 20.9 万亿元。

四本账的总量收支口径有细微的区别。

以 2020 年为例，第一本账一般公共预算收入总量为 20.9 万亿元，支出总量(一般公共预算支出＋补充预算稳定调节基金)为 24.7 万亿元。支出总量大于收入总量，而多出的这一部分就是财政赤字，赤字规模 3.8 万亿元(四舍五入)，即第一本账收入总量＋当年财政赤字＝第一本账的支出总量。

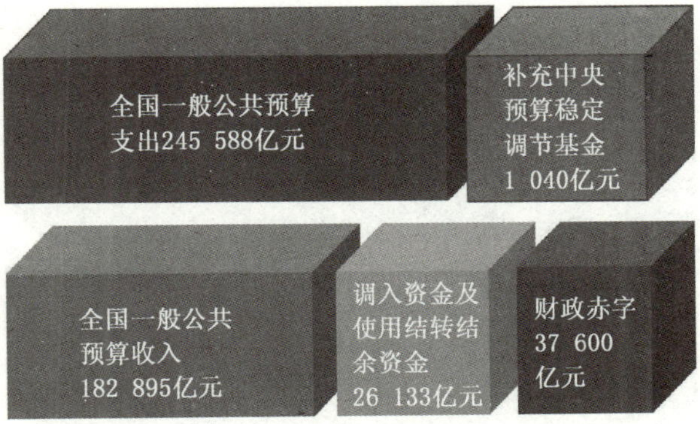

图 14.2　2020 年全国一般公共预算收支情况

但这种支出大于收入的情况是不会出现在其他账的。原因很简单，按照《预算法》的规定，只有第一本账是可以列赤字的，赤字对应的资金，则通过发行政府债券弥补。

因此，在知道当年政府财政赤字的时候，我们就知道今年会新增发多少一般债了，比如 2021 年地方财政赤字 8 200 亿元，相应地就会发行 8 200 亿元的地方政府一般债。

除第一本账外，第二本账可以发行专项债，但是不列赤字，即使专项债和赤字的含义差不多。

专项债的额度在年初规划预算的时候就已经知道了，比如 2021 年可以发行的专项债规模为 3.65 万亿元。

专项债＋一般债(财政赤字)就是我们预计今年市场会新发的政府债规模。有时候还要考虑上年没发完的政府债和当年发的短期贴现国债，比如 2020 年有

2 000 亿元专项债用于补充银行资本金，但还有接近 1 500 亿元的规模没发完，应该会在 2021 年发，这样 2021 年的新增债规模就会大一些。

具体来看第二本账，第二本账的收支和收支总量口径会比第一本账简单一点，我们不用考虑从其他账户的调入资金，只需要看这个账户本身的情况就行了。

下面以 2019 年的决算数据为例。2019 年，政府性基金预算收入来源于三个领域，正常项目的预算收入 8.5 万亿元，上年结转的收入 360 亿元，专项债务收入 21 500 亿元（见图 14.3）。

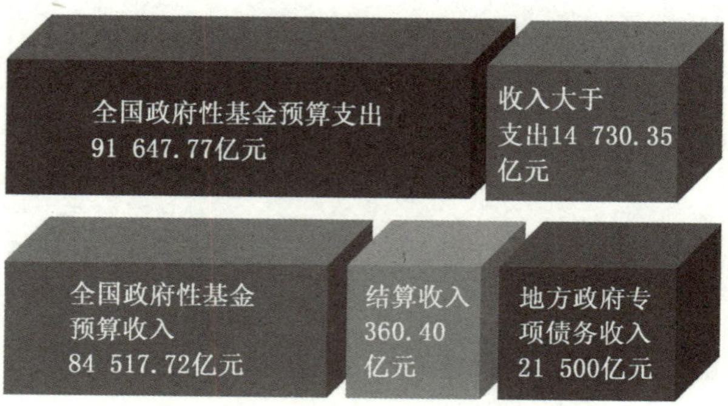

图 14.3　2019 年政府性基金预算的收支项目

支出也有三个领域，正常各类项目的支出共 9.2 亿元，调入一般公共预算和结转下年支出共 1.47 万亿元，其具体用于何处，决算表并不细分，不过从收入端来看，其实结转下年的支出是很少的，主要还是拿去补充第一本账了。

如果我们细看政府性基金收支情况，会发现政府性基金收入大于支出的规模在不断走高，2016—2019 年间，收入大于支出的规模分别为 4 015 亿元、8 810 亿元、8 761 亿元、14 730 亿元，这也从侧面反映出第二本账盈余的调出资金对第一本账越来越重要。

第三本账和第四本账在编制的时候都要求做到"以收定支、收支平衡"，所以这两本账并不存在赤字或者发债的情况。

需要关注的一点是，第三本账是可以直接补充第四本账的，不过正如我们前面说的，第三本账规模不大，无论是补充第一本账还是第四本账，规模都不多。

2019 年，第三本账补充社保基金支出仅 0.43 亿元，补充第一本账为 1 459 亿元(当年第一本账使用调入资金和结转结余资金 2.2 万亿元)。

第四本账只进不出,不过第四本账设立了专门的结余账户,当年收入大于支出的部分,会存入结余账户。比如 2019 年社保基金支出(五险一金等支出)7.5 亿元,收入 8.3 亿元,结余 0.8 亿元。

3. 不同口径下的财政赤字

第一种财政预算赤字就是我们前面提到过的财政赤字。

即财政预算赤字＝第一本账支出总量－第一本账收入总量。这个赤字的规模在年初就已经公布了。

不过在每个月的时候,因为月度数据是不公布总量口径的,所以我们不知道预算财政赤字到底执行了多少。因此市场提出了“实际赤字”的概念。

实际赤字就是在不考虑从其他账户调入资金的情况下,第一本账的实际收支情况,即实际赤字＝一般公共预算支出－一般公共预算收入。

一般情况下,实际赤字的规模会大于预算。比如根据决算数据,2020 年的财政赤字是 3.76 万亿元,但实际赤字是 6.27 万亿元(见图 14.4)。

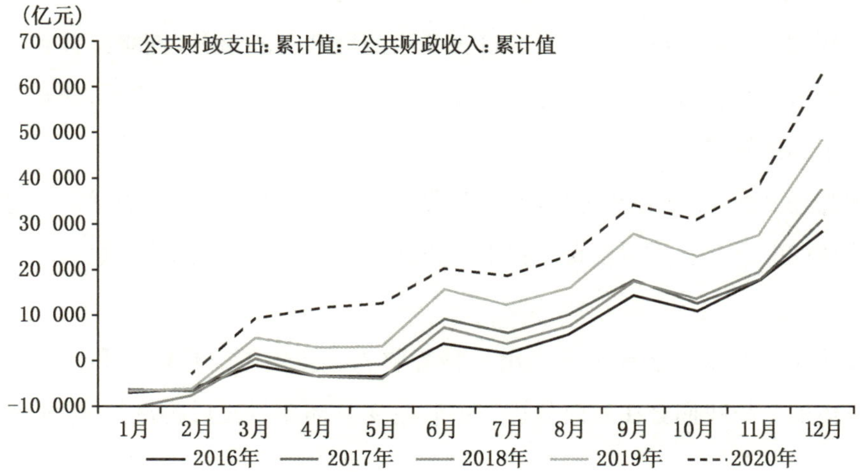

图 14.4　财政赤字的变化情况

因为这两个数据每个月都公布,所以我们就能够及时知道现在的实际赤字规模,以及本年度实际赤字的完成情况(见图 14.5)。

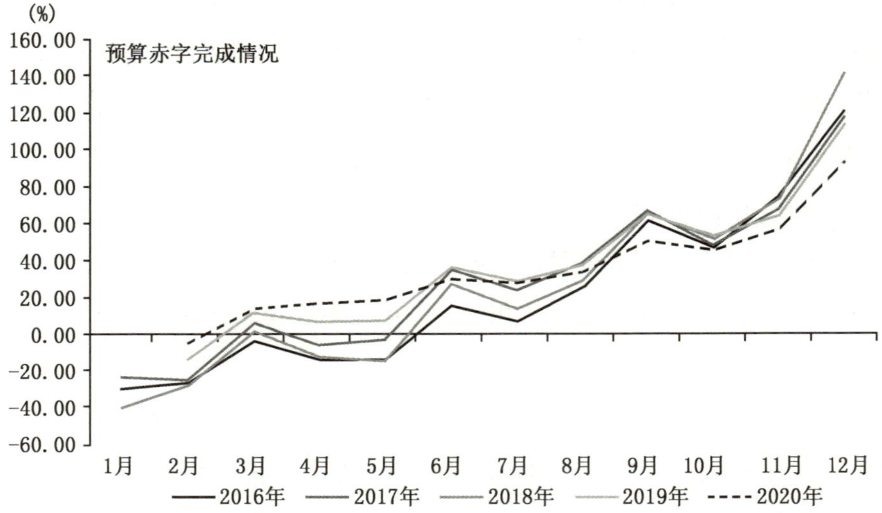

图 14.5　财政赤字的完成节奏

财政赤字的绝对值受到当年预算赤字的影响比较大，比如 2020 年因为疫情，财政实际赤字规模达到了 6.27 万亿元，远高于 2019 年的 4.85 万亿元，所以我们会看到 2020 年几乎每个月的财政赤字规模都高于 2019 年。

重要的是财政完成节奏。回顾过去几年的财政完成情况，就能够看到财政赤字的完成节奏是很接近的，通过比较当前月份完成度在历史上的水平，能够为我们提供一个预测标尺。

比如在 2020 年 9 月的时候，实际财政赤字的完成度才 50.6%，远低于过去三年的均值(66.1%)。这时候我们就要去分析为什么这个时候的实际财政赤字完成度会这么低。

按照实际财政赤字＝预算支出－预算收入。我们可以从收入和支出两端分析。具体的分析我们会在后面分析完财政收支具体项目之后再进行，这里先按下不表。

除了这两类，还有一个口径。

上面我们说的预算财政赤字和实际财政赤字，都只考虑了第一本账，所以又被称为狭义的预算财政赤字和狭义的实际财政赤字。与此对应，市场提出了广义的财政赤字。

广义的财政赤字是一个很广泛的说法，有的人会将城投债等也认定为政府的负债，并算出一个很高的广义赤字。

我们这里为了更好地符合月度数据，仅仅考虑第一本账和第二本账。

广义的预算财政赤字比较好理解，就是一般债（第一本账的预算赤字）＋专项债的规模。

广义的实际赤字就是一般公共预算实际赤字加上政府性基金的实际赤字。其中，政府性基金赤字＝政府性基金支出－政府性基金收入。

财政部每月都会发布“一般公共预算收支”和“政府性基金预算收支”数据，因而我们也能够计算出每个月的广义赤字完成情况。我们放在后面具体分析。

14.1.2 一般公共预算

按照《预算法》的定义，一般公共预算是对以税收为主体的财政收入，安排用于保障和改善民生、推动经济社会发展、维护国家安全、维持国家机构正常运转等方面的收支预算。

1. 一般公共预算收入

一般公共预算收入主要有两部分构成：一是税收收入，其占一般公共预算收入的比重都在 80％以上；二是各项非税收入，规模相对比较小（见表 14.1）。

表 14.1　　各级一般公共预算收入的具体构成

全国一般公共预算收入	全国一般公共预算支出
一、税收收入	支出项目
1. 国内增值税	一、一般公共服务支出
2. 国内消费税	二、外交支出
3. 进口货物增值税、消费税	三、国防支出
4. 出口货物退增值税、消费税	四、公共安全支出
5. 企业所得税	五、教育支出
6. 个人所得税	六、科学技术支出
7. 资源税	七、文化体育与传媒支出
8. 城市维护建设税	八、社会保障和就业支出

续表

全国一般公共预算收入	全国一般公共预算支出
9. 房产税	九、卫生健康支出
10. 印花税	十、节能环保支出
11. 城镇土地使用税	十一、城乡社区支出
12. 土地增值税	十二、农林水支出
13. 车船税	十三、交通运输支出
14. 船舶吨税	十四、资源勘探信息等支出
15. 车辆购置税	十五、商业服务业等支出
16. 关税	十六、金融支出
17. 耕地占用税	十七、援助其他地区支出
18. 契税	十八、国土海洋气象等支出
19. 烟叶税	十九、住房保障支出
20. 环境保护税	二十、粮油物资储备支出
21. 其他税收收入	二十一、灾害防治及应急管理支出
二、非税收入	二十二、其他支出
1. 专项收入	二十三、债务付息支出
2. 行政事业性收费收入	二十四、债务发行费用支出
3. 罚没收入	二十五、预备费
4. 国有资本经营收入	
5. 国有资源(资产)有偿使用收入	
6. 其他收入	
全国一般公共预算收入	全国一般公共预算支出
全国财政使用结转结余及调入资金	补充中央预算稳定调节基金
支出大于收入的差额	

第一项,税收收入。

目前,税收收入是我国最主要的财政收入来源。我国现行的税收类型共有18项,具体又可以分为所得税、流转税(比如增值税)、财产税(比如房产税)、行为目的税(比如船舶吨税)和资源税(比如环境保护税)五大类。

其中增值税和企业所得税是我国目前最大的两类税收，2019 年这两类税占总税收的比重达到了 62.2%（见图 14.6）。

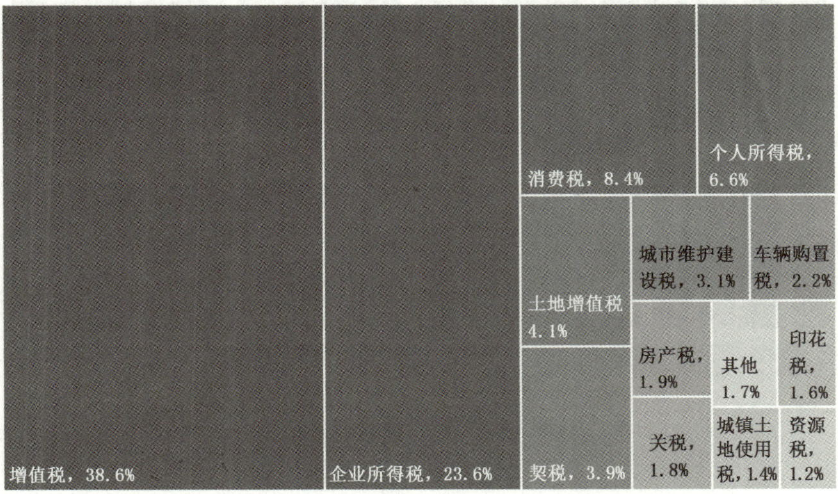

图 14.6　增值税和企业所得税是我国目前最大的两类税收(2019)

除了按照类型可以分为 5 类外，按照税收收入的归属，可以将其分为中央税、地方税和中央地方共享税。

具体来看，关税、进口环节货物增值税、消费税、车辆购置税和船舶吨税属于中央税；地方税则包括了房产税、车船税、契税、环境保护税、土地增值税、城镇土地使用税、耕地占用税和烟叶税 8 类；剩余的 6 类税收则属于中央和地方共享税（见图 14.7）。

这几类共享税的划分比例并不一样，比如增值税（不包含进口）是中央和地方五五分账；企业和个人的所得税则是中央和地方六四分账，而且还加了特例，像是中国铁路总公司、银行总行和海洋石油企业的所得税归中央。

中央和地方税收收入来源的不同，在某些时候，能够解释中央和地方一般财政收入走势出现背离现象。

比如 2018 年 11 月的时候，中央财政收入同比下滑 14.8%（前值−7.1%）、地方本级财政收入同比增长 9.15%（前值 4.24%）。

这种走势上的分化，主要就是因为中央和地方的税收来源是不一样的。

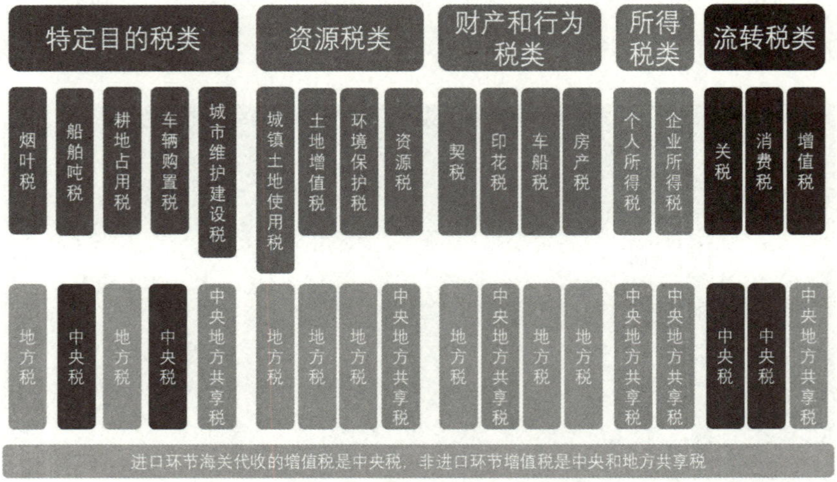

图 14.7 国内税收的划分

2018 年 11 月，经济下行压力比较大，所以消费税（专属于中央的税种）就不容易收上来了，消费税当月同比下滑了 71.2%（前值−61.6%）。

不过，因为当时房地产市场还算不错，地方政府加大了土地出让力度，加上年末本来就是土地出让的高峰，地方专享的土地增值税同比增长了 11.8%（前值 5.3%）。这就导致中央和地方收入在方向上出现背离。

第二项，非税收入。

非税收入简单来说，是除了税收以外，政府获取的合法财政资金。按照官方的定义，像是政府性基金、国有资本经营收益这些也是非税收益。

不过这里我们说的非税收入指的是一般公共预算收入下除税收以外的其他收入，包含专项收入、行政事业性收费收入、罚没收入、国有资本经营收入、国有资源（资产）有偿使用收入和其他收入 6 项（见表 14.2），算是狭义上的非税收入了。

表 14.2　非税收入的定义和具体内容

非税收入	定　义	具体内容
专项收入	是指根据特定需要由国务院批准或者经国务院授权由财政部批准，设置、征集和纳入预算管理、有专门用途的收入	如教育费附加收入、残疾人就业保障金收入、水利建设专项收入等

续表

非税收入	定　义	具体内容
行政事业性收费收入	国家机关、事业单位等按照法律法规的规定，在向公民、法人提供特定服务的过程中，按照成本补偿和非营利原则向特定服务对象收取的费用	如公安行政事业性收费（驾驶证工本费等）、法院行政事业性收费（诉讼费、司法考试收入等）等
罚没收入	国家行政机关、司法机关和法律、法规授权的机构依据法律、法规，对公民、法人和其他组织实施处罚所取得的罚款（罚金）、没收款、赃款、没收物资、赃物的变价款收入	如公安罚没收入、海关罚没收入、税务部门罚没收入
国有资本经营收入	主要是指各级人民政府及其部门、机构履行出资人职责的企业（即一级企业）上缴的国有资本收益，包括利润、股利、股息等收入	中国人民银行上缴收入、金融企业利润收入、其他企业利润收入、产权转让收入
国有资源（资产）有偿使用收入	是指有偿转让国有资源（资产）使用权而取得的收入	包括海域使用金收入、场地和矿区使用费收入、特种矿产品出售收入等
其他收入	除上述各款项收入以外的其他收入	包括捐赠收入、政府住房基金收入、免税商品特许经营费收入等

从非税收入的各项占比看，国有资源（资产）有偿使用收入和专项收入两项的占比较高且波动较小（见图 14.8）。

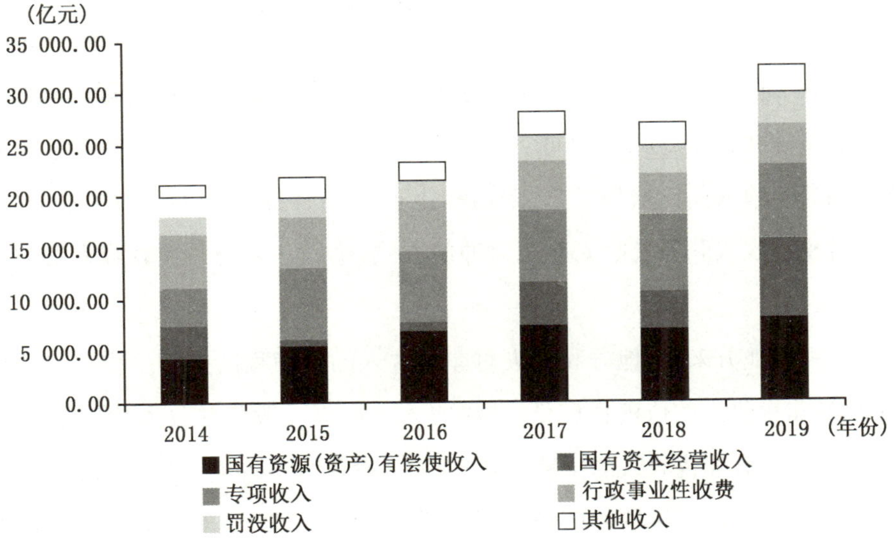

图 14.8　全国非税收入的各项构成

变化比较大的是国有资本经营收入，比如 2019 年国有资本经营收入达到了 7 720 亿元，同比增长了 116%，贡献了当年非税收入增量的 76.3%。

其中主要中央特定金融机构和央企上缴利润 6 100 亿元，拉高全国非税收入增幅约 13 个百分点。在减税降费的当时，国有资本经营收入的大幅上升，极大地补充了财政收入。

一般来说，非税收入与税收收入两者之间具有一定替代性(见图 14.9)。

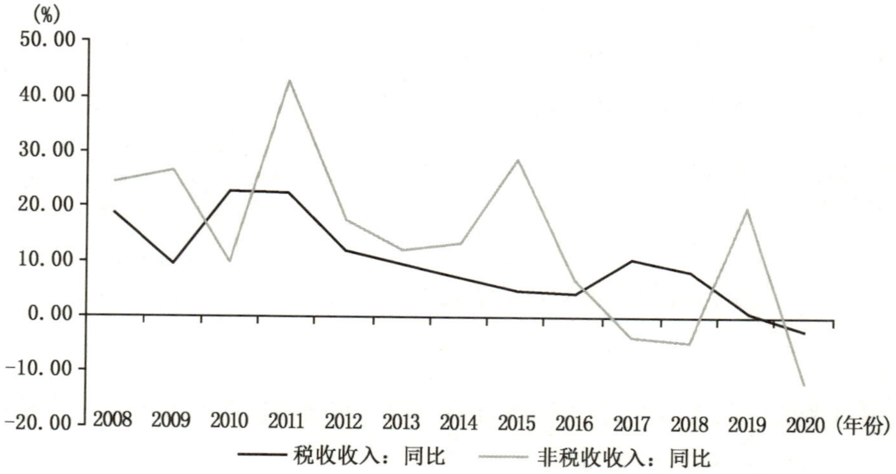

图 14.9　税收收入和非税收入之间存在一定的替代关系

比如在 2019 年，大规模减税政策的推行以及经济增速的下滑使得当年的税收收入同比增速相比于 2018 年下滑了 7.3 个百分点，全年同比增速仅为 1%。不过，当年全国非税收入同比增长了 20.2%，相比于 2018 年提高了 24.5 个百分点。

通过税收收入和非税收入互相对冲的方式，全国一般公共预算收入的波动就会减小。

分中央和地方来看，地方和中央对非税收入的依赖程度是不一样的。数据显示，中央对非税收入的依赖比较低，非税收入占中央一般公共收入的比重在 10%以下。反之，地方非税收入的比重会高一些，一般在 22%左右(见图 14.10)。

所以，这两年政府说的要压降各项费用，要减税降费，这对地方财政的影响会更大一些的。

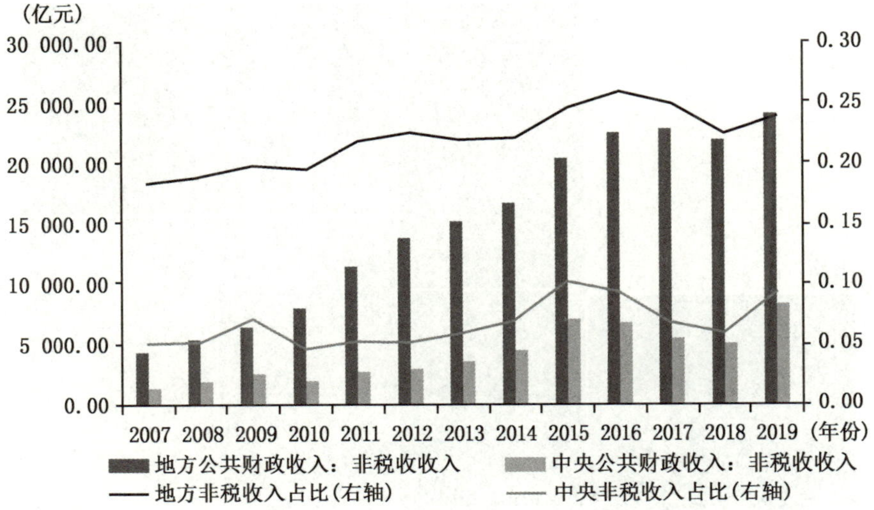

图 14.10　地方一般公共预算收入对非税收入的依赖更强

毕竟在 1994 年分税制改革之后，地方的税收收入就下滑了一大截，然后地方很大一部分收入就要依靠各类非税收入了。

可以看到，在 2016 年之前，地方非税收入占地方财政收入的比重一直在上升，并在 2016 年达到了 26%。

2. 一般公共预算支出

根据 2019 年的全国一般公共预算支出决算表，一般公共服务支出共包含 25 个细分项，涵盖了一般公共服务支出，外交、公共安全、国防支出，农业、环境保护支出，科教文卫支出等多个领域。

而且一般公共预算支出的项目也不是一成不变的，比如 2019 年的支出细分项目相比于 2018 年多了一项“灾害防治及应急管理支出”。另外，随着计划生育退出历史舞台，“医疗卫生与计划生育支出”也变更为“卫生健康支出”。

从规模上看，在 2019 年全国一般公共预算支出项目中，占比靠前的分别是教育支出(14.57%)、社会保障和就业支出(12.3%)、城乡社区支出(10.42%)、农林水支出(9.57%)和一般公共服务支出(8.52%)(见图 14.11)。

为了方便比较，我们可以给这么多项支出分类。我们重点关注的是这么几项：

基建类支出：包括环保节能支出、城乡社区支出、农林水支出和交通运输支出

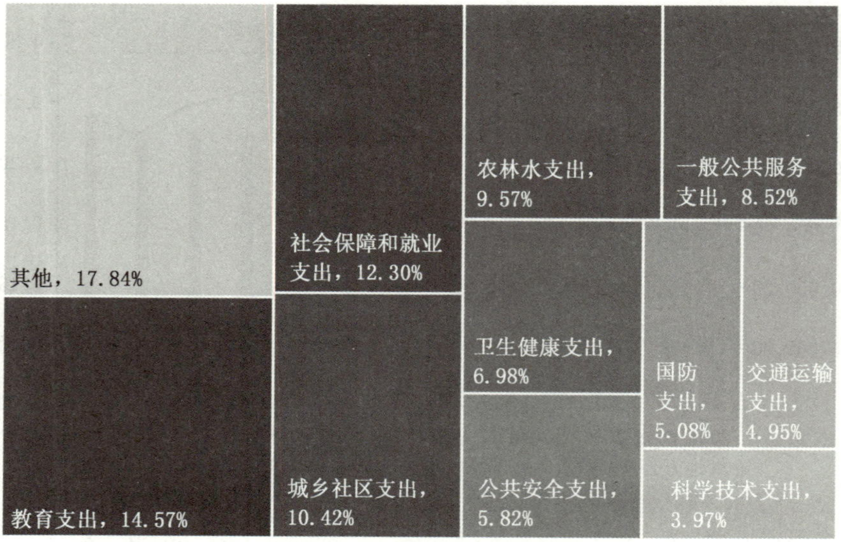

图 14.11　2019 年一般公共预算各项支出的占比情况

四项。

民生类支出：包括教育支出、文化旅游体育与传媒支出、社会保障和就业支出、卫生健康支出等。

债务支出：债务付息支出。

需要注意的是，民生类支出涵盖的范围是比较广的，像是交通运输支出、城乡社区支出、住房保障支出等也会涵盖在民生类支出里面，所以我们会看到各地政府会说民生类支出占比超过 70%。这里为了区分，我们将交通运输支出划在基建里。

相应地，我们就可以通过分析各项预算支出的变化，了解不同年份、不同时间段的财政支出重点。

比如在 2020 年的时候，因为疫情的暴发，财政支出一方面加大了在社会保障和就业、卫生健康等方面的支出，做到防控疫情、保民生、保就业；另一方面，政府通过压缩其他非必要支出的方式，腾挪出更多的资金用于社保等领域，把好钢用在刀刃上（见图 14.12）。

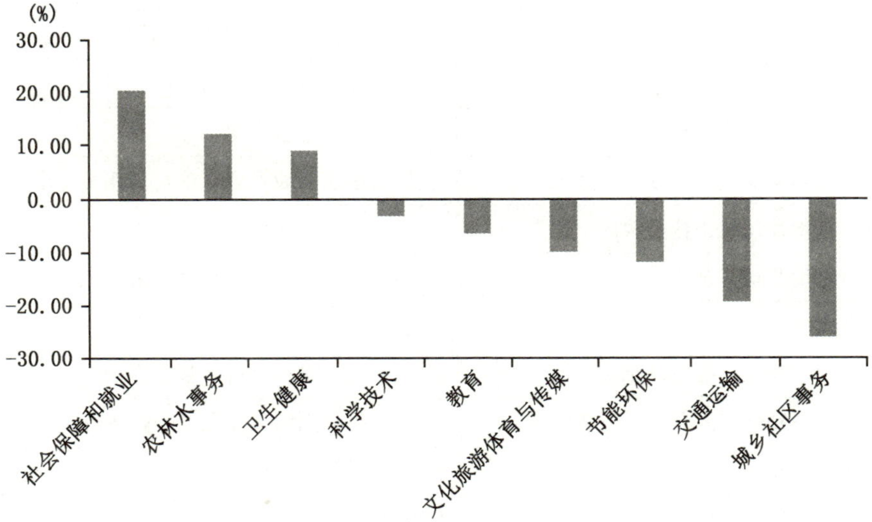

图 14.12 2020 年 5 月一般公共预算支出同比变化情况

14.1.3 政府性基金预算

按照《预算法》的规定,政府性基金预算指的是对依照法律、行政法规的规定在一定期限内向特定对象征收、收取或者以其他方式筹集的资金,专项用于特定公共事业发展的收支预算。

在编制预算的时候,政府性基金遵循依据政府性基金项目,做到“以收定支”的原则,这也意味着政府性基金预算往往是收大于支的,且项目是一一对应的。

根据 2019 年的政府性基金决算表,我们能看到,政府性基金收入包含了 24 个细分项,而这 24 个细分项都一一对应在支出端(见表 14.3)。

表 14.3 政府性基金预算收支项目

全国政府性基金收入	全国政府性基金支出
一、农网还贷资金收入	一、农网还贷资金支出
二、铁路建设基金收入	二、铁路建设基金支出
三、民航发展基金收入	三、民航发展基金支出
四、海南省高等级公路车辆通行附加费收入	四、海南省高等级公路车辆通行附加费相关支出

续表

全国政府性基金收入	全国政府性基金支出
五、港口建设费收入	五、港口建设费相关支出
六、旅游发展基金收入	六、旅游发展基金支出
七、国家电影事业发展专项资金收入	七、国家电影事业发展专项资金相关支出
八、国有土地使用权出让金收入	八、国有土地使用权出让金收入相关支出
九、国有土地收益基金收入	九、国有土地收益基金相关支出
十、农业土地开发资金收入	十、农业土地开发资金相关支出
十一、中央水库移民扶持基金收入	十一、中央水库移民扶持基金支出
十二、中央特别国债经营基金财务收入	十二、中央特别国债经营基金财务支出
十三、彩票公益金收入	十三、彩票公益金相关支出
十四、城市基础设施配套费收入	十四、城市基础设施配套费相关支出
十五、地方水库移民扶持基金收入	十五、地方水库移民扶持基金相关支出
十六、国家重大水利工程建设基金收入	十六、国家重大水利工程建设基金相关支出
十七、车辆通行费收入	十七、车辆通行费相关支出
十八、核电站乏燃料处理处置基金收入	十八、核电站乏燃料处理处置基金支出
十九、可再生能源电价附加收入	十九、可再生能源电价附加收入安排的支出
二十、船舶油污损害赔偿基金收入	二十、船舶油污损害赔偿基金支出
二十一、废弃电器电子产品处理基金收入	二十一、废弃电器电子产品处理基金支出
二十二、彩票发行和销售机构业务费收入	二十二、彩票发行和销售机构业务费安排的支出
二十三、污水处理费收入	二十三、污水处理费相关支出
二十四、其他政府性基金收入	二十四、其他政府性基金相关支出
	二十五、地方政府专项债券安排的支出
	二十六、地方政府专项债券付息支出
	二十七、地方政府专项债券发行费用支出
全国政府性基金收入	全国政府性基金支出
地方政府专项债务收入	政府性基金预算调出资金
上年结转收入	收入大于支出

另外，支出端多出来的三项“地方政府专项债券安排的支出”“地方政府专项债

券付息支出”和“地方政府专项债券发行费用支出”对应的则是收入端里的“地方政府专项债务收入”。

1. 收入端

从各项构成上来看的话，在不考虑专项债的时候，2019 年“国有土地使用权出让金收入”占全国政府性基金收入的比重达到了 84%，是政府性基金最主要的来源（见图 14.13）。其次是城镇基础设施配套费收入（3%）和国有土地收益基金收入（2%）等，其他项目的规模都不大。

图 14.13　2019 年政府性基金收入各项构成

分中央和地方来看，地方政府性基金收入是全国政府性基金收入的主体，2019 年地方政府性基金收入的占比达到了 96.5%。

这是因为国有土地使用权出让金主要都归属于地方政府，2019 年全国土地出让金收入为 7.07 万亿元，其中地方政府的占比达到了 99.9%，中央政府也就占了一个零头。

相应地，地方政府对土地出让金也更加地依赖，2019 年地方政府性基金中土地出让金的收入占比达到了 87.8%。

这也和地方以前的经济增长方式相关。在以 GDP 为纲的考核机制下，地方政府都有花钱的冲动，但是“一本账”可以操作的余地不大，那地方政府能够找钱的地方主要就是靠卖地了。

地方政府通过卖地筹集资金用于基建等项目的支出，而基建的推进又对当地的房价等形成了正反馈，土地—房地产产业链对各地的经济形成了很大的推动。因此，土地出让金也是我们观察房地产行业未来走势的一个重要数据。

不过，这种高度依赖也意味着房地产市场的波动会对政府性基金预算收入产生较大的影响。

目前我国房地产行业存在 4 年左右的房地产短周期，而房地产的周期性波动则会通过土地出让规模传导到政府性基金收入当中。从数据上也能够看出，国房景气指数与土地出让收入累计同比的走势是呈现正相关的（见图 14.14）。

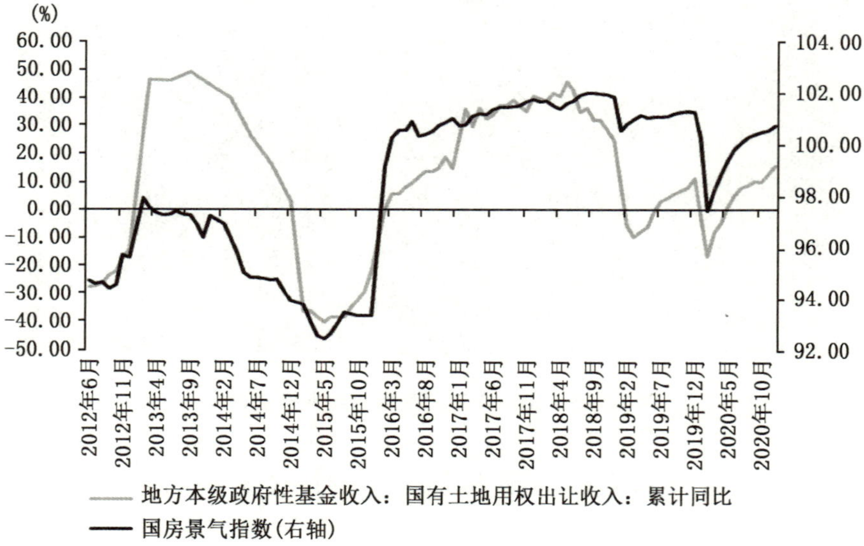

图 14.14　土地出让情况与房地产景气度密切相关

那么，如果政府开始加大对房地产的监管力度，我们就要考虑，对楼市的监管，是不是会影响政府性基金的预算收入。

除了土地使用权出让收入，收入端还需要关注的一项是地方政府发行专项债形成的“地方政府性专项债务收入”。

在年初的时候，我们就知道了政府专项债的发行规模，比如 2020 年是 3.75 万亿元，2021年是3.65万亿元。知道总规模之后，剩下来我们需要关注的就是专项债的发行节奏了。

需要注意的是，政府发行的专项债规模和新增的专项债额度是不一样的。这里需要区分不同用途的债券。

按照用途分，政府债券可以分为新增债券、再融资债券和置换债三类。

其中置换债主要是为了偿还此前的隐性债务，在2017年的时候，规模特别大，现在已经很少见了，我们可以通过看“非政府债券形式存量政府债务”简单估计置换债的规模，目前该项目仅剩下1 751亿元了。

再融资债券则主要是为了偿还到期地方政府债券而发行的地方政府债券，即“借新还旧”债券，这类债券近年来的规模是在上升的，这也从侧面反映出了政府的债务压力是很大的。其规模我们可以从当年到期规模简单估算。

新增债券才是政府发行的能够运用于新项目的债券。比如2021年专项债的发行额度为3.65万亿元，指的是新增专项债额度是3.65万亿元，相应地在计算专项债的发行进度的时候，我们用的也是累计已发行新增专项债规模。

比如截止到2019年7月，地方政府发行债券33 931亿元，其中一般债券14 478亿元，专项债券19 453亿元。而这1.95万亿元的专项债中，只有1.69万亿元的新增专项债，剩余的0.26万亿元则是置换债券和再融资债券。

因此，到2019年7月，政府专项债的发行进度完成了78.6%，还有4 637亿元的新增专项债要发行。

需要指出的是，专项债的发行节奏是很难预测的，此前也没有表现出明显的季节性。其发行节奏，除了要考虑剩余额度外，还要考虑政府政策的引导、一般债的发行情况等。

第一，注意政策的引导，财政部经常会发文要求专项债早发行。

比如在2018年8月的时候，为了加快专项债的发行节奏，财政部发文表示要加快发行节奏，要各地做到在9月底至少完成80%的新增专项债发行规模，同时剩余额度尽量在10月发行。

所以，我们会看到在2018年的8月、9月，专项债的发行规模是很高的(见图14.15)。

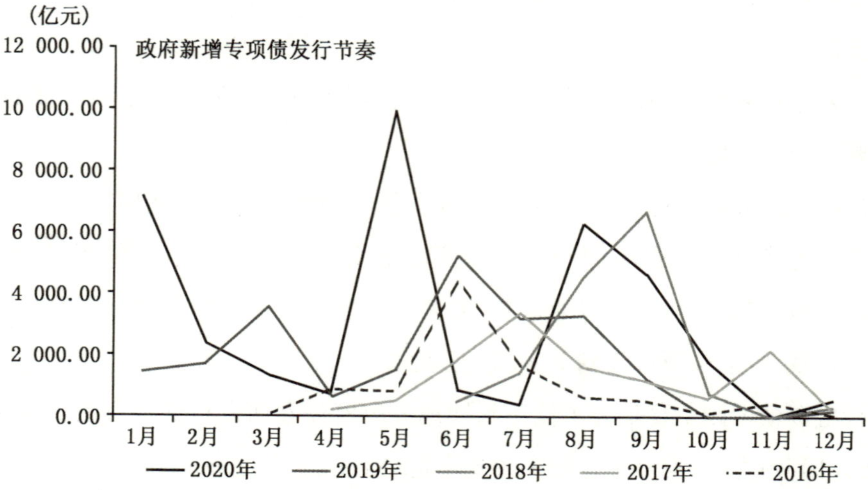

图 14.15　新增政府专项债的发行情况

另外，需要注意在 2018 年之前，专项债发行是在 3 月全国人民代表大会确定了规模之后，才开始发行的。

但是从 2019 年开始，政府为了做到让专项债资金早发行、早使用，会在上一年年末提前下达一部分专项债和一般债额度，所以在 2019 年和 2020 年的 1 月、2 月就有新增专项债发行了。

在 2021 年的时候，因为 2020 年财政支出力度低于预期，前期募集的一部分资金没用完等因素，所以 2021 年并没有提前下发额度。

第二，专项债的发行会和一般债的发行错开节奏。

比如 2020 年的时候，政府下达了 1 万亿元的抗疫国债，并且计划从 6 月中旬开始发行，并在 7 月底前发行完毕。而 6 月抗疫国债仅发行了 2 900 亿元，这意味着 7 月仅抗疫国债的发行规模就会达到 7 100 亿元，加上一般国债，我们站在 6 月底就预计国债的发行规模会超 8 000 亿元。

在这么高的国债发行规模下，地方政府一般是不会大规模发行专项债的。不然债券的供给压力太大，不利于债券市场。数据也显示在 7 月，新增专项债的发行规模仅为 348 亿元。

到了 8 月，随着抗疫国债的发行压力过去，而专项债又有早发行、早使用的要求，所以 8 月的发行规模就达到了 6 307 亿元。

2. 支出端

我们前面说过，政府性基金预算的收入和支出是一一对应的，所以支出端需要关注的也只有两项：国有土地使用权出让金收入安排的支出和地方政府专项债券安排的支出，这两项合计支出的占比超过 80%。

(1)国有土地使用权出让金收入相关支出

这一项支出主要用于与出让土地相关的项目，比如拆迁补偿、征地补偿、土地开放使用等。因为近年来相关部门没有对外披露过土地出让收支的细分科目，所以我们使用 2015 年披露的数据，来做一个简单的回顾。

2015 年全国土地出让支出 33 727.78 亿元，其中征地拆迁补偿、补助被征地农民(53%)，土地前期开发支出(19%)，城市建设(11%)，农村农业支出(8%)，保障性安居工程(2%)，其他支出(7%)(见图 14.16)。

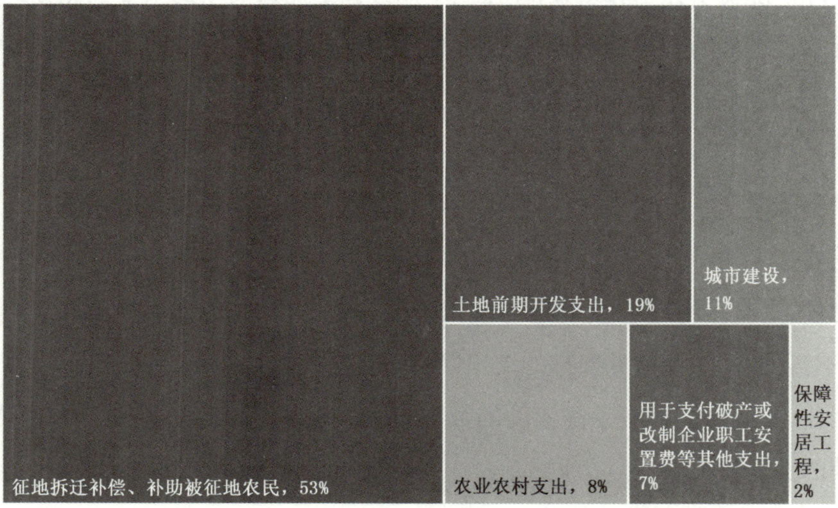

图 14.16　2015 年国有土地使用权出让金收入相关支出的具体投向

由此看来，国有土地使用权出让金收入相关支出其实大部分都是成本性、费用性支出，只有很少一部分用于基础设施建设，比如城市建设和农业农村支出。

所以，简单地将土地出让金相关支出认为是政府对基建的支持是不太合适的，毕竟该项目与基建相关的支出合计占比也就 20%左右。

(2)地方政府专项债券安排的支出

专项债筹集的资金是专款专用的,按照项目来划分,专项债可以分为土地储备专项债、棚改专项债、收费公路专项债、轨道交通专项债等。

从2017—2019年发行情况看,大部分专项债募集的资金用于土储(即收揽土地、土地平整、前期开发等等)和棚改领域,即主要用于与房地产相关的领域。例如2019年共发行了约2.15万亿元新增专项债,其中棚改专项债大约占34%,土储专项债占比大约为32%。

不过2020年年初的时候,监管部门明确2020年全年专项债不得用于土地储备、棚改等与房地产相关领域,并在之后提出专项债资金要重点用于能源项目、农林水利等七大领域,积极支持"两新一重"等项目。

直观来看,这些措施就是为了让政府将专项债资金用于基建,通过加大基建的投资,来拉动经济。

实际情况其实并不容乐观,在压制了棚改和土储这两项最主要的用途之后,专项债面临没有好的基建项目匹配的问题,专项债资金用不出去,所以在2020年5月的时候,政府一度将棚改专项债放开了一个小口子。

但是,这并没有改变专项债资金没有好去处的状况。因为没有好的基建项目,专项债资金淤积在财政体系内,体现为财政存款走高和国内基建增速低。

需要注意的一点是,专项债资金的最终使用情况我们是不知道的,而且财政决算的时候,是直接将专项债资金的使用按照具体项目划分到前面说的24个项目里,而不再列明"专项债券安排的支出"项目了。

因此,我们只能根据一些辅助的数据,比如基建投资增速、政府的报告等判断专项债的支出情况。

14.1.4　国有资本经营预算

相比于第一、二本账,第三本账的重要性就明显下滑了,毕竟这本账的规模太小了,收支占比往往不到2%。

按照官方定义,国有资本经营预算是对国有资本收益做出支出安排的收支预算。同时,按规定国有资本经营预算应当按照收支平衡的原则编制,不列赤字,并安排资金调入一般公共预算。

1. 收入端

国有资本简单理解就是各类国有企业，包括国有独资企业、国有控股企业、国有参股企业等，它们上缴的各类收入就是国有资本经营收入。

按照具体收入项目的不同，国有资本经营收入可以分为利润收入（国有独资企业上缴的利润），股利、股息收入（国有参股、控股企业获得的股利和股息），产权转让收入（转让国有产权获得的收入），清算收入（国有独资企业的清算收入，参股、控股公司分项的清算收入），其他国有资本经营预算收入这五项。

其中，利润收入和股利、股息收入是国有资本经营收入的大头，2019 年占比分别为 71.9％和 14.3％，合计占比达 86.2％。

2. 支出端

支出端我们需要关注的有两项：

第一项，国有资本经营预算补充社保基金支出。这一项很明确，说的是从第三本账拿去补充第四本账的资金的规模。不过，这个规模太小了，2019 年的决算表显示，第三本账仅有 0.43 亿元拿去补充社保基金支出了。这个规模对于社保基金支出的体量而言，几乎没什么影响。我们只需要知道有这么一项就行了。

第二项，国有资本经营预算调出资金。这一项体现的是第三本账拿去补充第一本账的规模，相比于补充社保基金支出，这个规模就大多了。

2014 年，政府提出要提高国有资本收益上缴公共财政的比例，要在 2020 年提高到 30％。自此之后，第三本账拿去补充第一本账的规模就在不断上升。

2019 年国有资本经营预算调出资金 1 458.53 亿元，占全部支出的比重达到了 36.6％。

虽然规模不大，但是国有经济预算调出资金是一笔明账，不像第二本账，虽然有一大笔资金调入第一本账，但是没有将其单列，只是列明了“收入大于支出”的总额，其中一部分调入第一部账，一部分结转下年支出。

除了这两项外，其他几项都是用于国有企业日常开支的，比如国企政策补贴，为国企注入资本金等，市场不必过于关注。

表 14.4　　国有资本经营收入收支项目

全国国有资本经营收入	全国国有资本经营支出
一、利润收入	一、国有资本经营预算补充社保基金支出
二、股利、股息收入	二、解决历史遗留问题及改革成本支出
三、产权转让收入	三、国有企业资本金注入
四、清算收入	四、国有企业政策性补贴
五、其他国有资本经营预算收入	五、金融国有资本经营预算支出
	六、其他国有资本经营预算支出
全国国有资本经营收入	全国国有资本经营支出
上年结转收入	国有资本经营预算调出资金
	结转下年支出

14.1.5　社会保险基金预算

按照《预算法》的定义，社会保险基金（简称社保基金）预算是对社会保险缴款、一般公共预算安排和其他方式筹集的资金，专项用于社会保险的收支预算。

社保基金与我们的生活是密切相关的，比如我们缴纳的“五险”、退休人员领取的养老金等都会体现在这个科目里。

近年来的一个社会热点问题就是，现在的社保资金还能够使用多久，未来我们会不会面临无社保可用的问题，而这些都可以通过社保基金账户的数据一窥究竟。

比如未来的社保基金能用多久，我们可以根据现在的社保结余资金结合社保的历史支出节奏简单估算。

不过，在分析财政数据的时候，社保基金反而用到的不多。

1. 社保基金的收入端

从收入端来看，社会保险基金收入可以分为养老保险（68.3%）、医疗保险（29.2%）、工伤保险（1%）和失业保险（1.5%）。其中，养老保险可以进一步细分为机关事业单位、企业职工和城乡居民养老保险；医疗保险可以分为职工医疗和居民医疗。

需要注意的一点是，这里只有“四险”，即养老、医疗、工伤和失业保险。至于生育保险，则是按照社保基金的财务制度规定和职工基本医疗保险合并，不再单列。

除了按照保险类型来分，还有一种是按照收入的来源，将社保基金分为保险费收入（72.1%）、财政补贴收入（23.0%）、利息收入（2.7%）和委托投资收入（0.6%）。

这里需要关注的一项是财政补贴收入。

财政补贴收入即一般公共预算（第一本账）向社保基金的转移支出，体现了财政对社保基金的支持。

近年来，社保基金的收支缺口有扩大的趋势，与此对应的是，财政补贴占总收入的比重越来越高（见图 14.17），在 2013 年的时候，财政补贴金额为 7 371 亿元，占比为 20%，到了 2020 年，财政补贴的金额就达到了 2.1 万亿元，相比于 2013 年增长了 185%，占比也提升到了 29%。

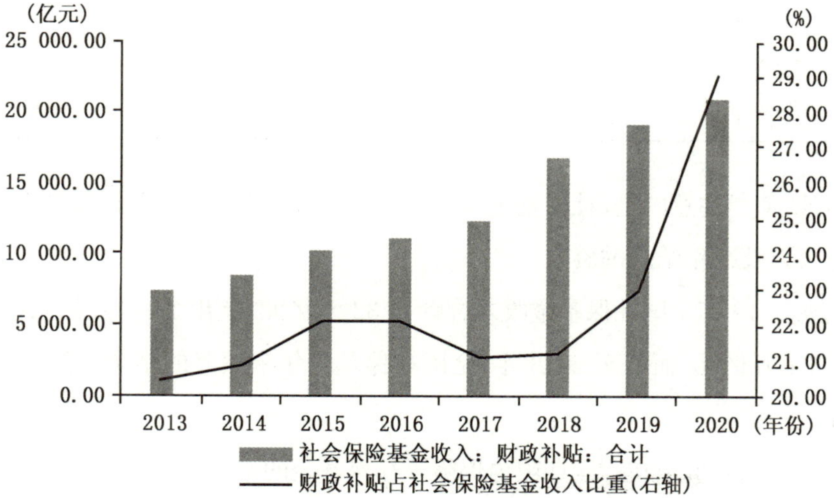

图 14.17　社保基金对公共财政的依赖程度在提高

2. 社保基金的支出端

从支出端来看，支出端与收入端也是一一对应的，比如养老保险支出、医疗保险支出（见表 14.5）。

其中养老支出的占比最高，达到了 69.4%，这也反映出了随着我国逐步进入老龄化，养老的压力是很大的。医疗保险支出占比 27.8%，工伤保险占比 1%，失业保险占比 1.7%。

表 14.5　　　　社会保险基金收支项目

全国社会保险基金收入	全国社会保险基金支出
一、企业职工基本养老保险基金收入	一、企业职工基本养老保险基金支出
二、城乡居民基本养老保险基金收入	二、城乡居民基本养老保险基金支出
三、机关事业单位基本养老保险基金收入	三、机关事业单位基本养老保险基金支出
四、职工基本医疗保险基金收入	四、职工基本医疗保险基金支出
五、居民基本医疗保险基金收入	五、居民基本医疗保险基金支出
六、工伤保险基金收入	六、工伤保险基金支出
七、失业保险基金收入	七、失业保险基金支出
全国社会保险基金收入合计	全国社会保险基金支出合计
其中:保险费收入	其中:社会保险待遇支出
财政补贴收入	
利息收入	
委托投资收益	

另外,值得注意的是,社保基金设立了专门的结余账户,体现社保基金当年的收支盈余以及往年结余的资金。

比如 2019 年全国社保基金收入合计 8.32 万亿元,支出 7.47 万亿元,2019 年结余 0.84 万亿元,而截至 2019 年,全国社保基金年末滚存的结余则达到了 9.65 万亿元。

较高的结余资金在一定期限内保障了社保基金的稳定运行。

但不同省份之间的社保结余资金是不一致的。一些富裕的省份,社保基金往往比较充裕,而一些经济发展一般的省份,社保收支缺口的压力会比较大,个别省份可能还出现了社保赤字的情况。

像是广东,2019 年广东社会保险基金当年结余 1 986 亿元,滚存结余 1.71 万亿元,其中企业养老保险当期结余 1 368 亿元,滚存结余 1.17 万亿元,可以说是相当有钱了。而部分省份的社保基金结余规模都不到 1 000 亿元,压力就很大。

有人看到这个社保基金滚存规模这么高了,就想到近几年政府一直说的要引导社保基金入市,这指的是这个社保滚存资金吗?

这里我们需要注意区分两个概念:社会保险基金和社会保障基金。

社会保障基金可以理解为国家为了应对人口老龄化高峰时期的养老保险等社会保障支出压力而设立的战略储备基金。

其资金来源有:(1)中央财政预算拨款;(2)国有资本划转;(3)投资收益;(4)国务院批准的其他方式。

同时成立了社会保障基金理事会来管理这笔资金。而理事会为了实现社会保障基金保值增值,除了自己投资外,一般会委托专业的投资管理机构(比如大型基金公司)等作为投资管理人帮助自己投资,相应也会设定一些考评标准。

每年社保基金理事会公布社保基金的运行情况。比如 2019 年的时候,社保基金资产总额已经达到了 2.6 万亿元,其中 1 万亿元自己投资,1.6 万亿元委托投资,2019 年赚了 2 917 亿元。

政府说的引导社保基金入市,主要指的是社会保障基金,而不是社会保险基金。

我们可以将社会保障基金理解为社会保险基金的一个备用小金库,在社会保险基金收不抵支的时候,就可以从社会保障基金划转出一笔钱,用来补充社会保险基金。

比如在 2020 年的时候,因为疫情,政府出台了系列社会保险费减免政策,这使得全国社会保险基金预算收入下滑,仅达到了预算的 93.3%,于是为了降低缺口,社会保障基金调入了 500 亿元,拿去弥补养老基金的缺口。这也是首次动用社会保障基金这个小金库弥补社会保险基金的收支缺口。

14.2 解读财政数据

在了解了“财政四本账”的具体项目构成后,我们再来说说怎么分析财政数据。

虽然我们上面说了“财政四本账”,但是财政部每个月公布的财政数据仅包含一般公共预算和政府性基金预算两本账,并不包含国有资本经营预算和社保基金预算数据。

14.2.1 一般公共预算数据

1. 公共财政收入

如果我们看往年的公共财政收入，就会发现公共财政收入呈现出明显的季节性变化(见图 14.18)。在 1 月、4 月、5 月、7 月、10 月这几个月份里的财政收入规模都比较大。为什么会这样呢?

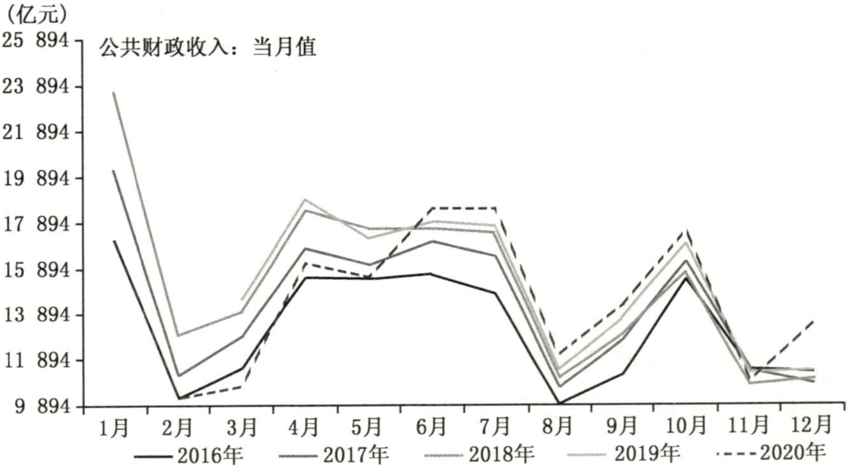

图 14.18 季节性趋势明显的公共财政收入

在前面我们已经说过了，公共财政收入分为税收收入和非税收入两项。那要分析财政收入的变化，也需要从这两项去分析。

回顾过去几年的税收收入，我们会发现税收收入也呈现出明显的季节性变化，一般也在 1 月、4 月、5 月、7 月、10 月这几个月份的规模比较高(见图 14.19)，因为税收收入占公共财政收入的比重一般在 85%左右，所以我们有理由相信税收收入是导致财政收入呈现季节性变动的主要原因。

之所以税收收入会这样变化，是因为一般企业会选择按季节缴纳所得税、增值税等税收，缴纳时间是季末的次月，即 1 月、4 月、7 月和 10 月。当然也可以按月交，不过那样比较麻烦，所以很多企业还是愿意按季缴纳的。

而 5 月的峰值是因为每年的 5 月是企业上年所得税汇缴清算的日子，因此 5

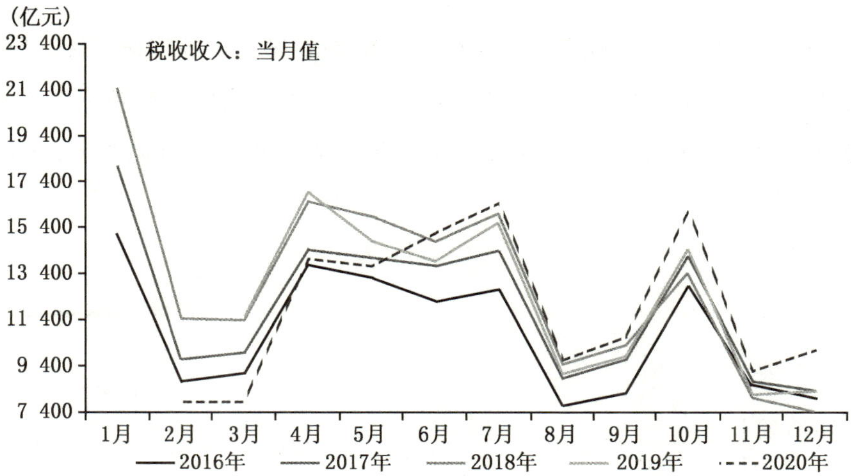

图 14.19 呈现季节性变化的税收收入

月的税收收入规模也不低。

而这种季节性的变化也意味着我们在分析数据的时候，要考虑到季节性因素的影响，不能仅仅去关注绝对量。

进一步分析各项具体的税收收入，我们需要注意的是其中的几类税收：

第一，与企业经营状况密切相关的企业所得税和增值税。税收是能够比较直观地体现企业经营情况的一个数据。一般企业所得税税率为 25%，那么如果当月企业的所得或预计所得高，相应就会缴纳更多的所得税。增值税也是一样的道理，虽然增值税的税率更为复杂。

那么如果某个月的所得税和增值税出现超季节性的增长，我们有理由相信经济是在好转，比如在 2020 年 3 月之后，随着国内经济的逐步复苏，工业增加值月度同比由负转正，对应的增值税、企业所得税等同比数据也在走高。

第二，关注个人所得税。与企业所得税能够分季预缴不一样，个人所得税是按月缴纳的，季节性趋势也不明显。个人所得税的变动可以从就业人数和就业工资这两个角度观察。

在 2020 年年初，因为疫情的冲击，市场失业率上行，而且很多人处于半失业状态，工资或主动或被动下降，所以我们能看到在 2020 年 4 月之前，个人所得税收入明显低于此前收入。

而 2020 年 4 月之后，随着经济的稳步复苏，国内就业形势快速好转，全年新增就业 1 186 万人，城镇调查失业率平均为 5.6%，且四季度的城镇登记失业率更是下滑到了 4.24%，所以我们能够看到个人所得税规模明显上升(见图 14.20)。

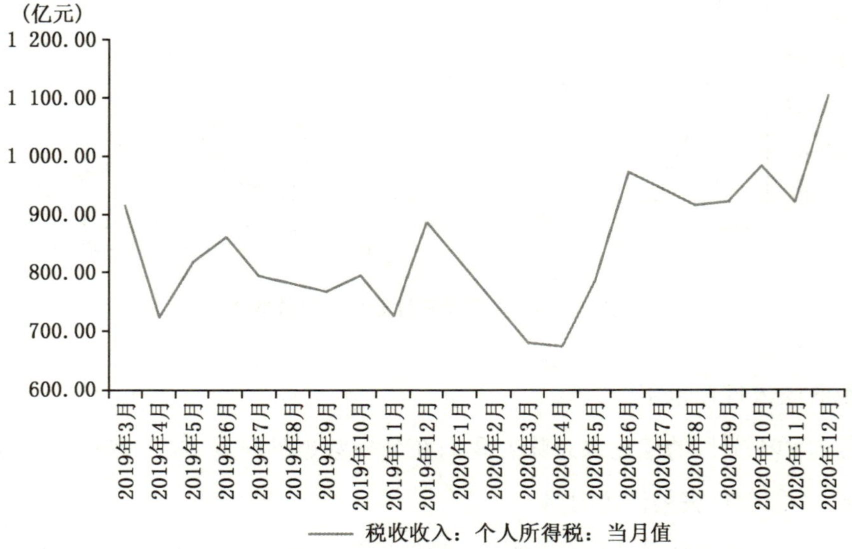

图 14.20　明显修复的个人所得税

第三，关注与进出口相关的税种。

出口退税指的是对报关出口的商品退还已经缴纳的增值税和消费税，比如一批商品原先缴纳了 80 万元的消费税和增值税，那么在出口的时候，国家就会把这笔税费退还给相关企业。

这也意味着出口的规模越大，退税的规模往往会越高，而且因为出口退税的商品是已经报关离境的商品，所以退税与出口之间也不存在时滞。当然这也不是绝对的，如果出口商品的结构变化了，也有可能出现退税与出口走势不一致。

在进口方面，进口增值税和消费税、关税这三个税种是和进口情况密切相关的税种(见图 14.21)。一般进口税种的分析往往着眼于内需。

比如在 2020 年年初的时候，因为疫情，国内经济下行压力很大，城镇调查失业率在 2 月达到了 6.3%，是近年来的新高。在经济下行，内需不足的情况下，进口表

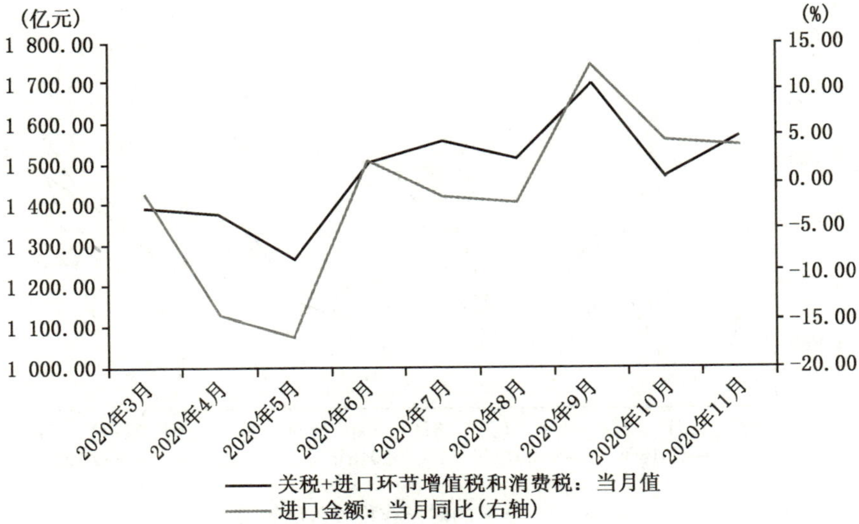

图 14.21　进口与进口相关税收相关性比较高

现一般，相应的与进口相关的税收也收不上来。

第四，关注与土地和房地产相关的税种。比如土地增值税、契税、耕地占用税和城镇土地使用税。

这几类税收与土地和房地产市场的变化密切相关。比如我们在二手房市场上买入了一套房，那么按规定，我们就需要缴纳 3%—5%的契税，卖家则需要缴纳一笔土地增值税。比如政府为了建公路，占用了一部分耕地，就需要缴纳一笔耕地占用税。

所以在分析与土地和房地产相关的税收的时候，我们往往需要看一下当时的房地产市场和土地市场是怎么样的。如果房地产市场运行比较好，那么这几类税收就往往不会差，反之则相反。

第五，关注非税收入。其实非税收入也有着明显的季节性，一般 3 月、6 月、9 月、12 月这几个月份的非税收入规模会比较高(见图 14.22)。不过因为非税收入占整体收入的比重仅有 15%左右，所以非税收入的季节性变化更多的是影响幅度，而很难影响趋势。

在分析非税收入的时候，我们需要注意两个点。第一点是国有资本经营收入，

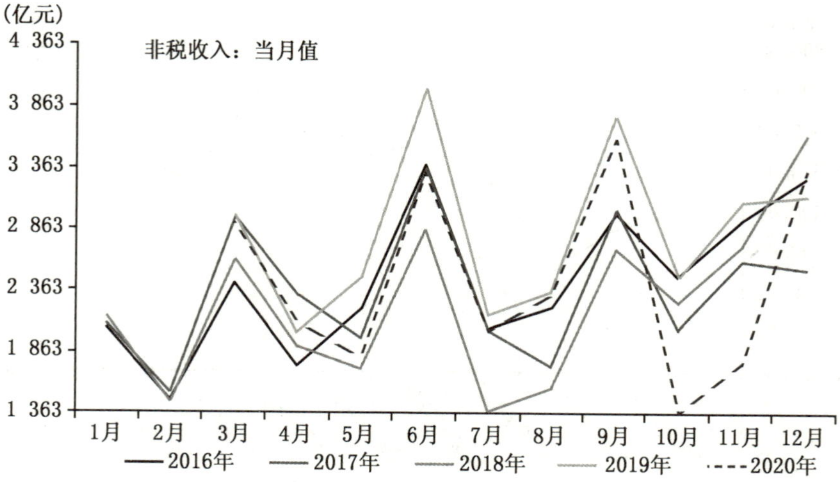

图 14.22　季末的时候非税收入比较高

这一项是非税收入中波动比较大且占比较高的一项。例如，在 2019 年，国有资本经营收入明显抬高。

第二点是减税降费带来的影响。这几年，政府一直在说要减税降费，要降低企业的税费压力。在这样的背景下，全国行政事业性收费收入是有明显下行压力的。

2. 公共财政支出

从历史数据看，公共财政支出也具有明显的季节性，财政一般喜欢在 3 月、6 月、9 月和 12 月这几个月里花钱，和财政收入是错位的(见图 14.23)。

关于财政支出，我们关注的是这几点。

第一，关注支出的各个分项，特别是基建类支出。

关注支出的各个分项能够帮助我们了解现在的财政重点。比如，在 2020 年，社会保障和就业支出、卫生健康支出这类民生支出的同比增速就特别明显，这和当时疫情冲击后政府要求保民生、保就业的政策是相符合的。

与此对应的是城乡社区支出的快速下滑，这和当时财政说要大力压降非急需、非刚性等支出是一致的。

另外，一般公共支出中与基建相关的支出包括节能环保、城乡社区支出、农林水支出、交通运输支出这四项。分析这几项则能够看出财政对基建的支持力度。

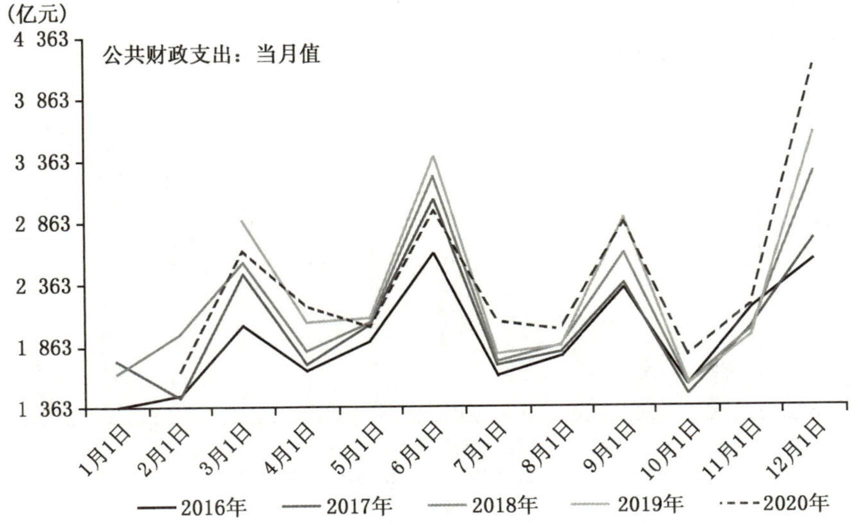

图 14.23 财政一般会在季末加大支出力度

第二，关注预算收支的完成进度。预算收支的进度可以基于年初的年度预算规模和现在的完成额计算得到。

关注预算收支进度能够帮助我们了解此后的财政收支力度。以支出为例，一般如果前期预算的完成度比较低，那么到了年末的时候，政府可能会加大财政支出力度，会“突击花钱”。

反之，如果前期支出太快了，那么到了年末政府可能就要节衣缩食了。

以 2020 年为例，在年初的时候，因为疫情冲击，政府为了支持经济，出台了覆盖面广泛的减税降费政策，受此影响，我们能够看到在上半年的时候，公共财政收入完成进度是明显低于过去几年的。

到了下半年，随着经济的复苏，政府的税收收入也开始明显恢复，相应的公共财政收入完成度就上来了(见图 14.24)。

这里需要注意的一点是，最后的完成度并不是 100%，因为我们使用的分母是年初的预算数，而实际完成情况总会和预算情况有所出入。

再来看 2020 年的支出节奏。2020 年中央政府带头过“紧日子”，要求各级政府压缩一般性支出，削减行政经费，同时将资金向卫生健康和社保就业等与民生密

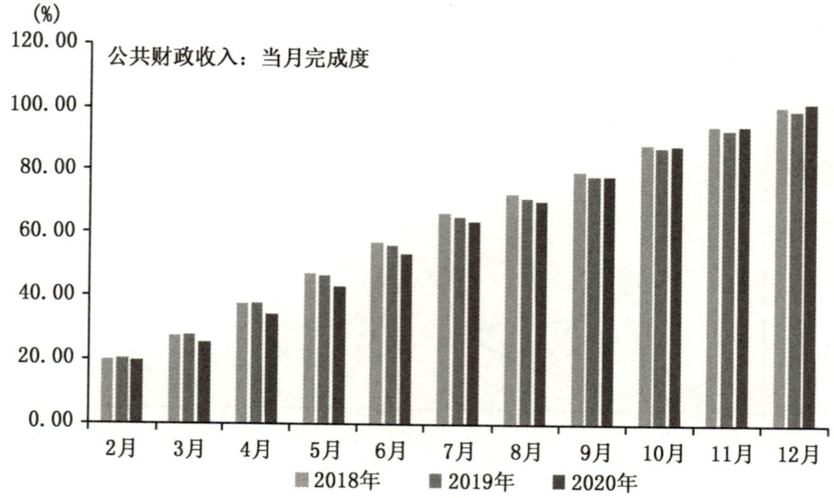

图 14.24　2020 年公共财政收支完成进度

切相关的支出倾斜。

在 2020 年年初的时候，我们就发现财政支出的完成进度是慢于往年的（见图 14.25），当时一度认为可能是前期收入端恢复缓慢拖累了支出力度，并且估计在前期财政支出力度不足的情况下，下半年政府可能会加大财政支出力度。

但是随着经济的好转，财政收入逐步恢复了，而支出的节奏却依旧明显偏慢。随着经济的逐步好转，财政支持基建的必要性也在逐渐下滑，加上财政一直没有加快支出步伐，我们就要开始考虑是不是财政会主动降低支出。

从最后的结果看，2020 年财政支出仅完成了预算的 99.1%，这也是 2014 年以来，财政支出首次低于预算额。

14.2.2　政府性预算基金

月度的政府性基金数据其实公布的内容并不多，并不会公布详细的细分项。值得我们关注的主要有以下几点。

第一，关注国有土地使用权出让收入，这也是唯一公布的细分项，其占比在 80%以上，是第二本账最主要的收入来源。

同时，土地出让是观察房地产行业的重要指标，如果土地出让很好，就表示企

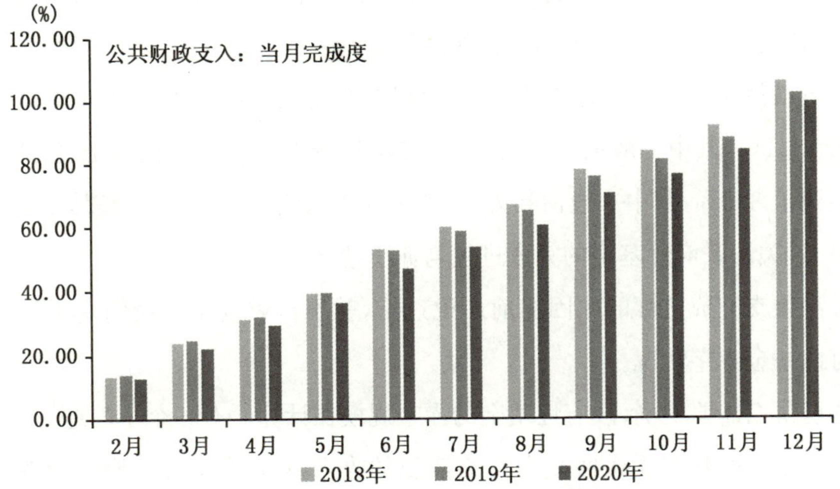

图 14.25 各月份财政预算支出完成情况(2018—2020)

业的拿地热情比较高,房地产市场往往会表现不错。反之则相反。

另外,土地出让也和政府的财政情况比较相关,一般如果政府比较缺钱,财政比较紧,政府就可能会加快土地出让,缓解财政收支压力。

第二,关注地方政府债券发行情况。

一是政府债发行的规模。一般在年初预算的时候,我们就知道当年地方政府能够发债的规模了,那么结合已经发行的规模,能够知道之后债券市场还有多大的发行压力。

当然,更及时的方式是从 Wind 数据里自己统计目前已经发行的政府债券规模,然后计算剩余发行额度。

二是可以关注地方债券的平均发行期限和平均发行利率。

近几年来地方债的平均发行期限有拉长的趋势,比如在 2019 年 1 月的时候,地方政府债券剩余平均年限 4.4 年,其中一般债券 4.4 年,专项债券 4.5 年。而到了 2021 年 1 月,地方政府债券剩余平均年限就达到了 6.8 年,其中一般债券 6.2 年,专项债券 7.4 年。

地方政府之所以发行长期限的债券,可能是为了降低债务到期压力,近年来地方政府的债务到期压力比较大,比如 2021 年地方债的到期规模达到了 2.6 万亿元，之后还有上升的态势。而拉长发行期限能够降低短期债务集中到期的压力。另外，拉长期限也可以让债务与项目相匹配。

不过虽然发行期限上升了，但是发行利率变化反而不大。2021 年 1 月末平均利率为 3.51%，其中一般债券为 3.51%，专项债券为 3.50%。而 2019 年的平均利率也达到了 3.5%，其中一般债券为 3.49%，专项债券为 3.52%。整体变化不大。

第三，关注政府性基金的完成进度与赤字情况。

关注收支完成进度的原因在前面说过了，就不再重复了。我们这里可以说一下政府性基金赤字情况。

这里我们需要明确，政府性基金的赤字规模在计算时有一个小问题。

全国政府性基金预算收入是 24 个项目的收入，不包含地方政府发行专项债筹集的资金。而全国政府性基金预算支出则是包含了专项债的支出，这一点我们前面在说政府性基金的时候也提到过。

因此，在看政府性基金赤字的时候，我们最好再加上当月新增专项债的发行情况（见表 14.6）。

表 14.6　　**第二本账的资金盈余情况**　　单位：亿元

	全国政府性基金收入：累计值	全国政府性基金支出：累计值	政府性基金赤字情况（支出－收入）	新增专项债券：累计值	考虑专项债后，政府性基金盈余情况
2020 年 2 月	7 688	12 879	5 191	9 498	4 307
2020 年 3 月	12 577	19 749	7 172	10 829	3 657
2020 年 4 月	17 770	25 766	7 996	11 522	3 526
2020 年 5 月	23 641	31 856	8 215	21.502	13 287
2020 年 6 月	31 479	45 212	13.733	22 313	8 580
2020 年 7 月	39 173	52 985	13 812	22 661	8 849
2020 年 8 月	47 030	63 889	16 859	28 969	12 110
2020 年 9 月	55 207	78 218	23 011	33 652	10 641
2020 年 10 月	62 645	85 619	22 974	35 466	12 492
2020 年 11 月	72.672	95 553	22 881	35 466	12 585
2020 年 12 月	93 489	117 999	24 510	36 019	11 509

到这里，其实月度的财政数据就说完了。最后，我们可以将第一、第二本账的

收支放在一起来看。

我们需要关注的有这么几项:公共财政收支与赤字、全国政府性基金收支与赤字、新增专项债和一般债发行规模、国债净融资。

从表 14.7 里,我们能看出:

第一,每个月的收支完成度。根据年初的预算,我们能够计算各项目在各个月份的完成度。比如 2019 年公共财政预算收入是 19.25 万亿元,支出是 23.52 万亿元,那么 7 月的时候,公共预算收入完成度是 65.3%,支出的完成度 58.7%。

第二,资金缺口。2019 年末,公共财政赤字 48 492 亿元,政府性基金赤字 6 849 亿元,资金缺口合计为 5.5 万亿元。其中,通过发行一般债、专项债、国债获得的融资规模为 4.8 万亿元,加上年初预算的时候有 1 673 亿元的国有资本经营预算调入,那么资金缺口就是 5 560 亿元。

这一笔缺口就需要从预算稳定调节基金和结转结余资金里调入来填补。

表 14.7 **各类财政月度数据汇总** 单位:亿元

	公共财政收入:累计值	公共财政支出:累计值	公共财政预算赤字情况	全国政府性基金收入:累计值	全国政府性基金支出:累计值	政府性基金赤字情况	新增专项债发行规模	新增一般债发行规模	国债净融资
2019 年 2 月	39 104	33 314	−5 790	9 450	14 374	4 924	3 078	3 883	479
2019 年 3 月	53 656	58 629	4 973	14 300	18 881	4 581	6 660	5 187	−78
2019 年 4 月	72 651	75 667	3 016	19 563	22 421	2 858	7 297	5 643	1 877
2019 年 5 月	89 919	93 023	3 104	24 744	27 857	3 113	8 598	5 998	4 252
2019 年 6 月	107 846	123 538	15 692	31 781	37 150	5 369	13 866	7 899	5 162
2019 年 7 月	125 623	137 963	12 340	38 691	44 446	5 755	16 863	8 667	6 502
2019 年 8 月	137 061	153 069	16 008	45 987	52 745	6 758	20 057	8 893	8 836
2019 年 9 月	150 678	78 612	27 934	53 163	61 768	8 605	21 297	9 070	10 072
2019 年 10 月	167 704	190 587	22 883	60 206	68 647	8 441	21 297	9 070	11 696
2019 年 11 月	178 967	206 463	27 496	68 080	75 976	7 896	21 297	9 070	14 369
2019 年 12 月	190 382	238 874	48 492	84 516	91 365	6 849	21 487	9 073	17 547

14.2.3 关注财政存款

除了分析财政部每个月公布的财政收支情况,我们还能通过央行公布的央行资产负债表分析财政活动。

目前,我国实行的是国库集中收付体系,根据《预算法》的规定,除了特定专用资金可以放在财政专户,政府所有收入都应该上缴国库。即所有的财政收入和支出都要通过国库单一账户进行。

以税收为例,每个月到了快纳税的时候,企业就要通过专门的纳税系统,将自己在商业银行账户上的钱,通过代理银行,划转到国库。

而国库是由央行管理的,因此我们能够通过央行的资产负债表看政府现在手上有多少钱。

当然,并非所有财政资金都在央行,比如财政部为了提高财政资金效益,会将一部分财政资金定存在商业银行,获取利息,即国库现金定存。

另外,财政专款等也会体现在商业银行资产负债表上,而不会体现在央行的资产负债表上。不过这几项的规模都不大。

之所以要分析这一项,一方面是可以结合财政收支数据印证财政资金的使用效率。如果财政资金淤积在央行,政府存款规模走高,就往往表示财政资金的使用效率不高,财政支出节奏比较慢。反之,如果财政存款走低,就表示财政支出力度较大,资金效率比较高。

另一方面是因为财政资金会对市场的流动性产生很大的影响。一般在每个月的纳税日,特别是纳税大月的纳税日,资金会从商业银行流向中央银行,市场的流动性会明显收紧。

另外,正如我们前面说的,每个季度的最后一个月,财政都会加大支出力度。而这就使得资金从央行流到了商业银行,近似于向市场注入了流动性。在财政加大支出的情况下,央行一般就不怎么会投放流动性了,而且可能会回收流动性。

央行的资产负债表哪几项体现的是财政存款呢?

看一下央行的资产负债表,我们会发现其中与政府相关的主要有两项:一是资产端的"对政府债权",二是负债端的"政府存款"。其中对政府债权体现的是央行持有的国债(特别国债),这一项主要是因为历史原因形成的,近年来规模变动不大。

我们在意的是"政府存款"项目,这一项体现的就是政府存放在央行的资金。

从往年政府存款的变动上来看,政府存款也有明显的季节性,一般3月、6月、

9 月、12 月这几个月的财政存款会明显下滑(见图 14.26)。而在 4 月、5 月、7 月、10 月这几个月的财政存款则往往比较高。

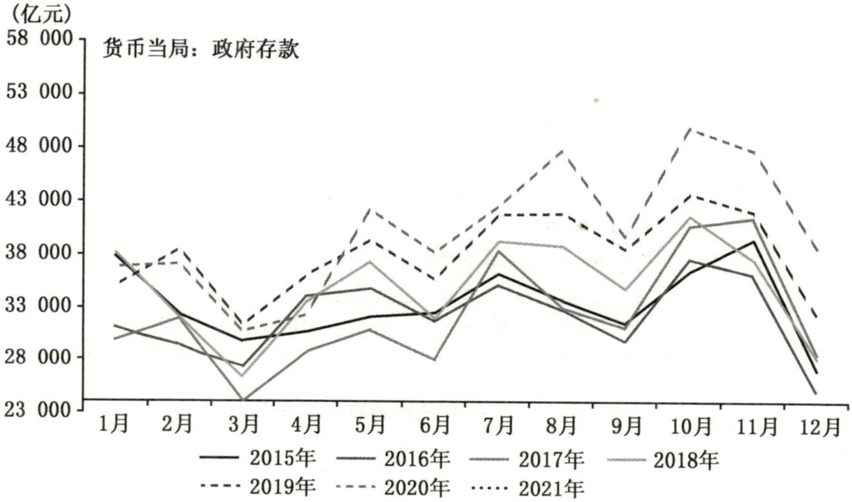

图 14.26 呈现出季节性变化的政府存款

要想理解政府存款的变化,就要从财政收支情况的角度分析,毕竟简单来说,财政存款就是财政收入大于支出的部分。

一般公共预算收支我们在前面说过了,一般公共预算收入一般在 1 月、4 月、5 月、7 月、10 月这几个月比较多,支出则主要集中在 3 月、6 月、9 月、12 月。

财政收支节奏的错位已经能够解释财政存款的波动了。

比如在季末的时候,因为收入比较少而财政支出又比较大,自然会消耗此前的存款。而在季初的时候,因为支出比较少,又是收入大月,收大于支,自然就能存下钱,使得财政存款走高。

我们再来分析政府性基金预算的收支节奏,看看是不是和公共预算有冲突。

政府性基金收入其实并没有季节性特征,除了在年末的时候,政府性收入会出现明显的上涨(见图 14.27)。与此对应的是政府性支出在年末也会明显走高,收支的高峰都出现在 12 月(见图 14.28),且规模都差不多,相应其对财政存款的影响也会降低。

另外,6 月和 9 月也是政府性基金的支出小高峰,不过不是特别明显。而且这

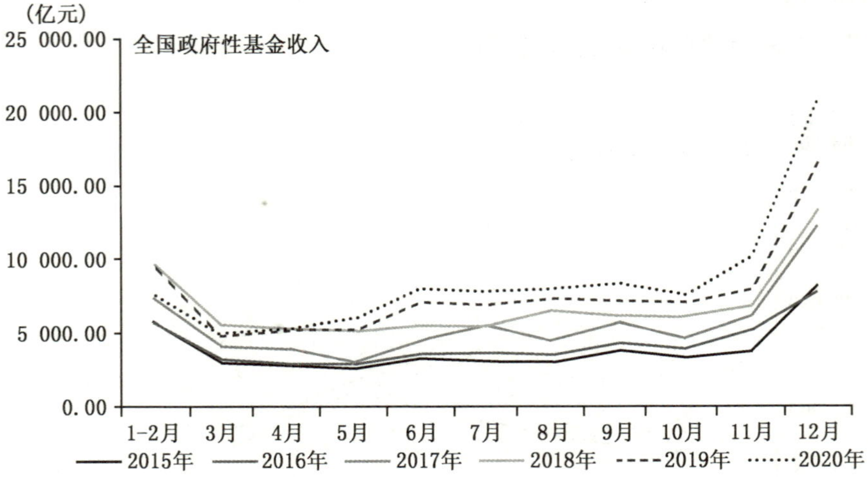

图 14.27　年末上涨的政府性基金收入

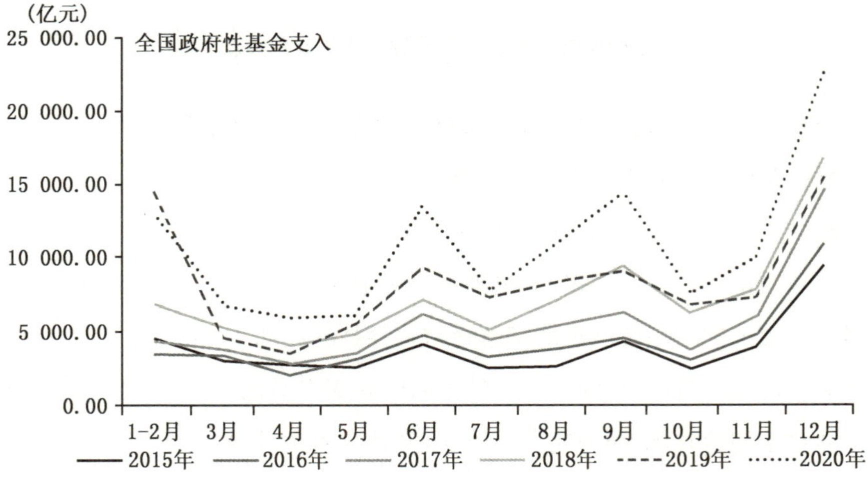

图 14.28　年末是政府性基金支出的高峰

个支出节奏和一般公共预算支出的节奏是一样的，所以对趋势的影响不大。

综合来看，因为季末是财政支出的高峰期，支出大于收入，财政存款在这几个月会比较低。同时，大额的财政支出也会对市场流动性形成一定的支持。

而季度初，财政的收入会明显高于支出，因此财政存款往往会比较高，也会吸纳较多的市场流动性。

虽然趋势性节奏是这样的，但是具体的财政存款规模肯定不一样。从财政存款的规模上，我们能够了解财政资金的使用效率。

按理说政府在筹集资金之后，是没有动力将钱都放在央行的，毕竟那样又不能对 GDP 形成实际支持，而且政府发债融入的资金是有使用成本的。

所以政府是想将资金尽快用出去的，但是受限于法律法规的要求，资金能否顺利地用出去也是一个问题。

看 2020 年的财政存款数据，我们会发现，在 2020 年 5 月之后，虽然财政存款的节奏和往年一样，但是财政存款的规模远超往常年份（见图 14.29）。为什么会出现这种情况？

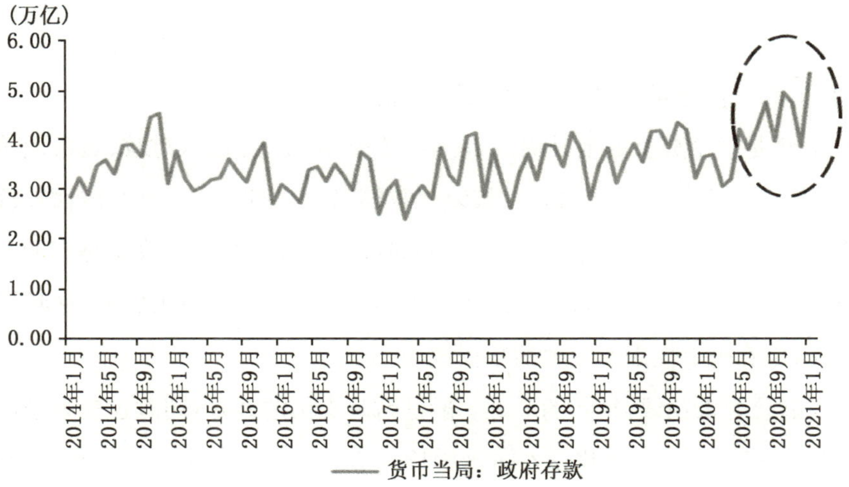

图 14.29　2020 年财政存款偏高

先来看收入端，2020 年因为疫情，财政是比较积极的，财政赤字率达到了 3.6%，新增专项债额度 3.75 万亿元，比 2019 年增加了 1 万亿元，同时又发行了 1 万亿元的特别国债。

在积极的财政政策下，政府是不怎么缺钱的。比如 5 月地方政府就发行了 1.03 万亿元的专项债，加上一般债，总的债券融资规模达到了 1.3 万亿元。所以我们会看到 2020 年 5 月的财政存款就明显高于往年同期水平。

另外，随着经济的好转，一般公共预算收入也在稳步回升。

再来看支出端。2020 年财政的支出力度是不大的。2020 年全国一般公共预算支出 24.56 万亿元，仅完成预算的 99.1％，这是 2015 年以来首次支出没完成预算指标。

另外，由于地方政府缺乏好的投资项目，专项债募集的资金也很难实际用到项目上去，资金沉淀在存款账户上。

这么一分析，我们就知道了，财政存款之所以多于往年，主要是因为财政收入比较高，而财政支出力度不够。

14.3 案例分析

14.3.1 上行周期中的财政数据分析

2020 年是一个典型的上升周期，在年初的疫情冲击过后，财政、货币政策双积极，加上出口的好转，国内经济快速修复。我们以 2020 年 6 月为例分析财政数据。

第一步，考虑季节性因素的影响。如同我们前面说的，财政收支是有明显季节性趋势的。因此，我们在分析财政数据的时候，需要通过看同比数据、往年历史走势等方式，排除季节性因素导致的数据波动。

因为财政季末花钱，每年的 6 月一般是财政支出的大月，同时也是财政收入的小月。2020 年 6 月公共财政收入同比增长 3.22％（前值－10.1％），涨幅明显；公共财政支出同比下滑 14.37％，跌幅明显大于季节性（见图 14.30）。

因此，我们需要去考虑季节性因素以外的其他因素。

第二步，分析一般公共预算收入。

6 月全国一般公共预算收入同比增长 3.2％，是 2020 年来首次由负转正。分中央和地方来看，中央一般公共预算收入 6 月同比增长 1.9％（前值－14.4％），地方本级财政收入同比增长 4.3％（前值－5.6％）。

公共预算收入的快速修复也很好理解，当时疫情的影响已经逐渐褪去，国内经济稳步复苏，比如 6 月国内工业增加值同比从 5 月的 4.4％回升到 4.8％，出口同比从 5 月的－3.5％回升到 6 月的 0.2％，房地产开发投资也达到了 1.9％。而经

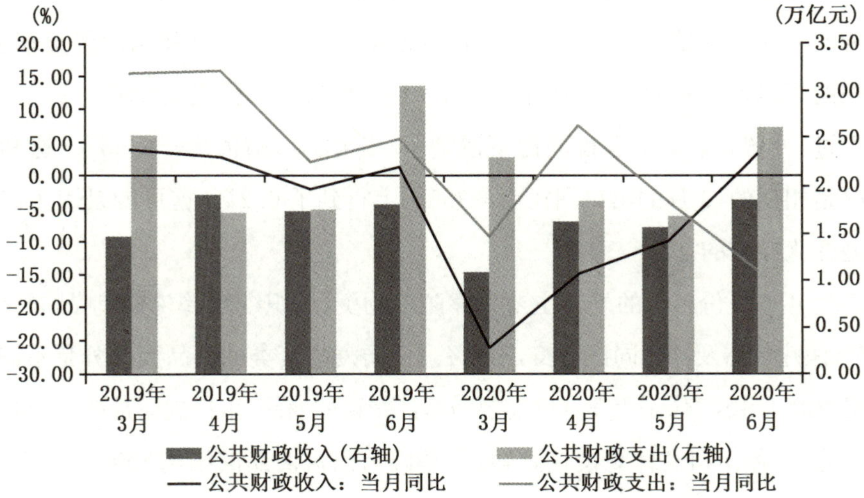

图 14.30 2020 年上半年公共财政收支情况

济的修复自然会带动公共预算收入的回升。

分项目来看,6 月税收收入 1.52 万亿元,同比增速从 5 月的−7.2%上行到了 9%。其中,企业所得税同比增长 22.4%,这和 5 月所得税集中汇缴清算有关,因为 2020 年 5 月 31 日是周末,汇缴清算按规定延迟到 6 月 1 日,税收日期的错位一定程度上使得所得税同比高增。另外,随着经济的稳步修复、企业的复产复工,所得税自然也会水涨船高。

个人所得税同比增长 12.9%,相比 5 月增长了 16.9 个百分点。个人所得税的上涨,有以下几个原因:

一是失业率下滑,2020 年 6 月城镇调查失业率下滑到了 5.7%(前值 5.9%);

二是隐性失业情况也在减少,随着企业复产复工,就业人员每周工作时间逐步从 2 月的 40.2 小时上升到为 6 月的 46.8 小时;

三是工资在上涨,上半年全国居民人均工资性收入 9 010 元,增长了 2.5%。

消费税方面,6 月消费税同比回升至 7.7%,前值−3.4%。消费税的回升可能和汽车销售较好相关,在汽车购置补贴政策的刺激下,2020 年汽车消费率先整体回升,2020 年 6 月汽车产量同比上升到了 20.4%,带动消费税回升(乘用车消费税是在生产环节缴纳的)。

再看与进出口相关的税种。进口方面，关税与进口环节增值税和消费税同比分别为－3.5％（前值－26.4％）和9.7％（前值－15.5％），这和国内经济修复、内需走强的逻辑是一样的，6月国内进口从－16.7％快速上行至2.3％。

不过，外贸企业出口退税同比下滑到了－10.2％，前值为－9.4％。这和出口的情况是相反的，6月的出口同比由－3.5％上行到了0.2％，这可能是因为出口商品类型变化导致的。

2020年6月份出口的好转主要是靠防疫物资，纺织纱线、织物及制品同比增长32.4％，医疗仪器及器械同比增长46.4％。而防疫物资类的商品大部分是不需要缴纳消费税的。相反，像是汽车这些需要缴纳消费税的商品，出口规模是在下滑的。

因此，即使出口总体规模在好转，但是因为出口商品的结构发生了变化，适合退税的商品是在减少的，所以出口退税反而有所下滑。

最后，非税收入6月同比下降16.8％（前值－26.63％），降幅明显收窄。不过依旧位于负区间，对财政收入形成拖累。2020年非税收入大幅下降主要还是因为政策说要减税降费，要保市场主体。在政策的引导下，政府自然会减少行政事业性收费等非税收入。

而且随着经济的好转，税收收入走高，政府财政压力降低，也意味着政府也不太会提高非税收入。预计非税收入可能会对财政形成较长期的拖累。

第三步，分析一般公共预算支出。

6月一般公共预算支出同比下滑14.4％（前值－3.87％），创下了近几年来的新低。分中央和地方来看，中央和地方6月的财政支出同比分别下滑8.1％（前值－9.0％）和15.18％（前值－2.7％），因此，地方财政支出的下滑是此次财政支出同比下滑的主因。

具体分项目来看。基建类支出中，城乡社区支出降幅最大，同比下降48.6％（前值－25.9％），拉动支出下滑8.1个百分点，而城乡社区支出以地方为主（占比在99.5％左右），这也是地方财政支出下滑的主要原因。

城乡社区支出的下滑一来可能是2020年6月的时候天气不好，当年夏天南方很多地方都发生了洪涝灾害，项目施工受到了气候的影响。

二来去年政府要求压降“非刚需、非急需”支出，而城乡社区支出中有一部分是投向行政运行的，比如城管执法、一般行政管理事务等，这一部分应该也被压降了不少。

另外，社会保障和就业支出同比下滑 13.2%（前值 20.4%），卫生健康支出同比下滑 20.1%（前值 9.01%）。2020 年疫情暴发后，社会保障和就业支出、卫生健康支出是明显走高的，但是到了 6 月，疫情冲击过去后，就业开始好转（这和前面个人所得税上行是相匹配的），相应的这两项也开始明显下滑。

增加得比较明显的首先是农林水支出，同比增长了 28.29%（前值 12.13%），农林水支出的增加的主要原因也是南方的洪涝。因为南方洪涝爆发，各地自然会增加在水利设施等方面的投入，无论是建设新的水利工程还是防汛等，都会推高农林水支出。

其次是债务付息，同比增长了 22.9%（前值是 19.97%），债务付息的增长其实比较好理解，毕竟政府的债务在不断增长，2018 年末的时候国债与地方政府债的规模为 32.9 万亿元，2020 年 6 月就增长到了 41.6 万亿元，债务规模的增加自然会带动债务付息的增加。

第四步，分析政府性基金收支。

2020 年 6 月政府性基金收入累计同比－1%（前值－4.5%），地方国有土地使用权出让收入累计同比 5.2%（前值 0.9%）。

2020 年因为市场流动性较为充裕，部分资金流入房地产市场，因此房地产市场的表现是不差的，2020 年 6 月房地产开发投资完成额累计同比 1.9%（前值－0.3%），由负转正，同时百城住宅价格指数同比增长 3.16%，特别是一线城市的涨幅更为明显。

房地产销售好，房企也有动力加大拿地力度，2020 年 6 月土地成交溢价率 16.16%，相比于前几个月明显上行。

6 月政府性基金支出累计同比增长 21.7%（前值 14.4%），6 月单月同比 43.7%（前值 12%），其中地方国有土地使用权出让支出累计同比下降 10.7%。

政府性基金支出的大幅增长可以从 5 月的地方专项债发行额度里找到答案。5 月地方政府专项债发行了 1.03 万亿元，专项债发行后，筹集的资金自然会被用到专门的项目，因此推高了政府性基金的支出同比。

但需要注意的是，专项债资金向基建的传递路径可能并没有那么顺利。这一点我们下面结合财政存款和财政赤字来说。

第五步，分析财政赤字情况。

6 月一般公共预算赤字(一般公共预算支出－收入)7 626 亿元，1—6 月份累计赤字 20 235 亿元；6 月政府性基金赤字 5 518 亿元，1—6 月累计赤字 13 733 亿元。1—6 月一般公共预算和政府性基金的累计赤字是 3.4 万亿元，2019 年同期的赤字规模是 2.1 万亿元。

从规模上看，2020 年的赤字规模比 2019 年增长了很多，但是我们要看当年完成度。2020 年 6 月，财政支出仅完成了 47%(2019 年同期是 52.5%)，政府性基金支出仅完成了 35.8%(2019 年同期是 37.2%)，财政支出远远低于往年平均水平。

财政存款的情况也证明了这一点，2020 年 6 月政府财政达到 3.8 万亿元，相比于 5 月仅下滑了 4 000 亿元，高于往年同期水平。而且 6 月往往是财政支出的大月，特别是 2020 年还有这么高的赤字，按理说政府应该加大财政支出力度，但是事实上好像并没有，财政支出的力度不高。

这一方面可能是因为 2020 年夏天的洪涝灾害，拖延了财政支出节奏，如果是这样，我们就还需要观察后续财政有没有加快支出。

另一方面则可能是财政筹集的资金没有好的用途，特别是专项债募集的资金可能没有好的项目对应，资金用不出去。这在当时也是有几点可以印证的：

一是根据财政部的说法，截至 6 月 15 日，新发的专项债用于新建项目的仅 36%，而有 64%的资金用于以前的在建项目，而在 4 月 15 日，用于新开工项目的专项债资金也为 36%，这意味着新开工项目并没有随着疫情的消散而增加。

二是可以从基建的增速上来看。在 5 月全国“两会”之后，因为政府财政政策表现得十分积极，市场普遍看好基建，毕竟专项债筹集的资金一般都会用到基建上。但是从实际情况来看，国内基建的增速一直低于市场的预期，这从侧面也反映出政府资金向基建传导是不通畅的。

最后一步，下结论。

(1)2020 年 6 月，随着国内经济的复苏，企业复产复工的推进，财政收入会持续好转。6 月一般公共预算由正转负，政府性基金累计同比有望在 7 月转正。

(2)上半年财政支出力度低于预期，接下来要关注财政支出力度，看下半年财政会不会突击花钱。

(3)关注财政对基建的支持。此前因为疫情，市场认为积极的财政政策会推高基建，通过基建带动经济好转。但是目前来看，财政资金向基建的传导渠道是不顺畅的，这可能是因为洪涝灾害，但也有可能是因为政府没有好的基建项目。如果是后者，就需要调整对基建增速的预期了。

14.3.2　下行周期中的财政数据分析

2018 年，因为中美贸易摩擦等原因，国内经济下行压力比较大，我们来看 2018 年 11 月的财政数据。

第一步，依旧是考虑季节性因素的影响。因为季度初是财政收入大月，季度末是财政支出大月，而这次我们选了 11 月，这样受季节性因素的影响也会小一些。

第二步，看财政预算收入。

2018 年 11 月全国一般公共预算收入同比下降 5.4%(前值－3.12%)，创下了 2017 年来的新低。分中央和地方看，中央同比增速下滑到了 14.8%(前值－7.1%)，而地方本级财政收入同比从 1%上升到了 4.24%。

中央和地方的不同变化可能是因为收入的来源不一样导致的，消费税等专属于中央的税种在 11 月的大幅下滑，应该是导致中央同比收入快速下降的主因。

分项目来看，2018 年 11 月，税收收入同比下降了 8.3%，降幅比前值扩大了 3.2 个百分点。企业所得税方面，2018 年同比下滑 9.29%，和上个月差不多，2018 年所得税的下滑主要是因为经济景气度不高，比如 2018 年 PMI 一路从 5 月的 51.9 下滑到了 11 月的 50。

个人所得税直接从 10 月的 6.96%下行到了－17.29%。这可能是因为经济不景气，居民就业和工资受到了影响。不过更大的原因是 2018 年 10 月 1 日新的《个人所得税法》落地，个人所得税免征额从 3 500 元提高到了 5 000 元，免征额门槛的上升，使得 11 月的个人所得税大幅下滑。

消费税方面，2018 年 11 月消费税同比下行 71.2%，创下了 21 世纪以来的新低。消费税的走低应该与国内经济下行压力加大，奢侈品、汽车等消费税应税商品消费走低相关，比如2018年11月汽车产量同比下行16.7%，乘用车零售销量下行至18%，这也带动了车辆购置税同比下行13.65%。

增值税同比下行1.21%，连续三个月位于负增长区间，这和当时国内经济下行，工业增加值同比从8月的6.1%下行到11月的5.4%是相符的。另外，2018年增值税改革，降低了增值税税率，也有一定的影响。

出口税种方面，2018年因为中美贸易摩擦，中国的出口压力比较大，2018年出口同比仅增长3.92%(前值14.29%)，按理说外贸企业的出口退税规模也应该减小，毕竟出口少了。

在11月的时候，为了支持外贸企业，政府提高了出口退税率，比如原先按9%退税的，现在按照10%退税，有些更是按13%退税，因而11月的出口退税规模不降反升。

进口方面，因为进口大幅下滑，11月同比仅增长2.84%(前值20.38%)，关税和进口环节增值税和消费税同比转负，降幅均超过10个百分点。

非税收入方面，同比增长4.5%。这一点我们在前面说过，税收收入和非税收入往往会有替代的作用，在税收收入大幅下滑的时候，可以通过非税收入弥补一部分财政缺口。

第三步，分析一般公共预算支出。

11月全国一般公共预算支出1.64万亿元，同比降低0.8%(前值8.2%)。其中，中央支出上行至12.7%，地方支出则下行至−3.2%，此次财政支出由正转负主要是受地方财政支出的拖累。

地方财政支出在11月下行可能是因为前期支出节奏太快了，导致剩余额度不足，就只能放慢进度了，截至11月地方一般公共预算支出完成年初预算92.5%，高于全国的91.4%。

分项目来看，虽然财政支出的力度在放缓，但基建类支出的增速是不低的，交通运输同比增长46.08%(前值14.75%)、城乡社区支出同比下滑−19.5%(前值−46.07%)、节能环保支出同比增长15.56%(前值10.91%)、农林水支出同比增长28.8%(前值36.5%)。与之对应的是，基础设施建设投资累计同比从10月的0.92%上行到了1.19%。

不过与民生相关的支出增速在放缓。11 月，社会保障与就业、医疗卫生、教育三项的同比分别为－19.63％、－17.24％和－13.37％，而这三项在 10 月的时候同比增速都是正的。

第四步，分析政府性基金收支。

11 月政府性基金收入累计同比增长 26.1％，前值 28.4％，增速回落。而 11 月当月，土地出让收入同比增长 7.6％，前值为 32.9％。

从房地产市场看，目前百城土地成交溢价率为 7.52％，延续自 2016 年以来的下行趋势。同时，房地产开发投资也从 3 月的 10.4％，震荡下滑到 11 月的 9.7％，同时百城住宅价格指数同比也在震荡下行。站在当时来看，房地产行业的景气度是不高的，因此，此后政府性基金的收入压力也会比较大。

11 月政府性基金支出累计同比增长 38.2％，其中土地出让收入相关支出同比增长 42.1％。

第五步，分析财政赤字情况。

11 月一般公共预算赤字 5 656 亿元，政府性基金赤字 1 094 亿元，合计 6 750 亿元，高于 2017 年同期水平。另外，1－11 月一般公共预算赤字 1.94 万亿元，政府性基金赤字 1 674 亿元。

同时，11 月政府存款从 4.17 万亿元，下行至 3.76 万亿元，因为 11 月不是财政支出大月，这个下行幅度是比较大的，比如在 2017 年，11 月的财政存款相比 10 月是上涨的，2016 年也不过是下行不到 1 500 亿元。

从这也能看出，即使因为经济下行、政府减税等原因，财政收入下滑，但政府的财政支出力度还是比较大的。政府可能是希望通过加大财政支出力度，对经济形成支撑。

最后一步，下结论。

(1)由于中美贸易摩擦等原因，中国经济下行压力比较大，同时为了支持经济，政府推出了加大出口退税力度、降低增值税税率、提高个人所得税门槛等措施，因此，财政的收入端是有压力的。同时，房地产行情一般，政府性基金收入端的压力也不小。

(2)财政支持力度比较大，为了支持经济，虽然财政收入端压力不小，但是政府在压缩民生等领域支出的同时，加大了对基建的支持力度。而年底，政府还有一定的财政赤字额度，政府依旧有一定的发力空间。

(3)对市场而言，12 月是财政支出的大月，财政支出会对市场流动性形成一定的支撑，而且从基本面角度来看，中美贸易摩擦的影响还在持续，经济短期内企稳向好的可能性也不高，债券市场有望延续此前的牛市行情。